DICTIONARY OF
SOCIAL WELFARE

現代社会福祉用語の基礎知識

【第13版】

成清 美治
加納 光子
【編集代表】

学文社

編集委員

本多洋実
山下裕史
山田　容

香取代
高橋紀代
高間　満
津田耕一
鳥海直美
西川淑子
藤井博志

保朗誠
木村持田
村倉田勉
合重野大介
鈴木砂脇恵

広志史
国崎元真久良
岡田浩司
神部智
木村　敦

新井岩岡

（五十音順）

執 筆 者

相澤譲治
青木聖久一照子
梓川部行貴
安部綾井緑
荒井有川洋司
池田和枝
池田和彦
石井祐理子
石倉智史
石田慎二
伊藤葉子
井上寿美
井上序代
今村雅代
植戸貴子
大西雅裕
大野まどか
岡田忠克
岡田直人
岡本秀明
柿木志津江
唐津尚子

河川崎川洋典司
瓦瀬井昇三
河野雄ら
木内さくら
北池健三
北川拓紀
久保美忠和也
熊谷石哲子
倉名賀典子
桑古小崎恭博
駒井博美
酒井美和
阪田憲二
桜井智恵
櫻井秀雄子
佐藤順子
鎮目真人
新治玲子
新家めぐみ
杉原真理子

鈴木けい子
竹川俊夫
竹田　功
武田康晴
武山梅乗保
立川博彦
田中誉樹
田辺毅彦
田谷康平
津田謙六
土屋田健明
鶴手島　洋
寺田玲美
寺本尚博
戸江茂
所田ぐみ子
豊中村晶明美
中川　純
奈須田靖子
成清敦子
西村佳一

狭間直代
秦紀代美枝
林由紀苗
美藤井早正教
平田公
福藤井　薫
古川隆司
前田芳孝
松久保博章
真鍋顕久子
三島亜紀子
南多恵子
吉弘淳一
安岡文倫子
山口　美
山田真奈美
山本明美
吉田悦み
米澤美保子
米津三千代

（五十音順）

はじめに

これまで，少子高齢化社会の到来のなかで，社会福祉の制度・政策は，新世紀に向けてさまざまな改革を試みてきました．たとえば，社会福祉基礎構造改革のもとで，社会福祉法（旧称・社会福祉事業法）などの社会福祉の法改正や，介護保険法などの新法の制定が行われました．社会福祉士，介護福祉士，保育士，精神保健福祉士などの国家資格も誕生しました．

また，全国には，多少の名称の違いはあれ，社会福祉学部や社会福祉学科あるいは社会福祉コースや社会福祉専攻として，社会福祉専門教育機関が急増しました．そして，看護教育においても社会福祉関連科目の履修の充実が図られています．一方，こうした教育機関で学ぶ社会福祉の学問領域では，社会福祉が学際的であるがゆえに，同様に変化・変革の激しい隣接諸科学の影響を受けて，多くの専門的用語が流入し，あふれ始めました．

以上のような事態は学問としての社会福祉の普遍化，一般化につながりましたが，他方，社会福祉を学ぶ大学生，短期大学生並びに専門学校生や，その他の社会福祉関連領域にいる人びとにとって，多数の専門用語を正しく理解することが不可欠という状況を招きました．

そこで，このめまぐるしさの中で社会福祉を学ぶ学生・社会人および実践家のために，豊かな内容と正確な表現をもち，携帯に便利，かつ利用価値の高い社会福祉の専門用語集を出版することにしました．

この用語集の特色は，社会福祉士，介護福祉士，保育士，精神保健福祉士，ケアマネジャーなどの国家試験並びに資格試験に準じた用語を配していること，くわえて看護師の社会福祉関連科目の受験に役立つ用語を配したこと，さらに理解を深めるために，参考文献や社会福祉資料を巻末に配していることです．各受験生にとっては大いに参考になりうると編集者・執筆者一同，自負しております．そして，今後さらに充実した内容をもつ用語集にしたいと願っております．

最後に，当書の刊行にあたって，何かとご尽力いただきました学文社の田中千津子代表に心から御礼申し上げます．

2001年4月

編集代表
成清　美治
加納　光子

第11版刊行にさいして

『現代社会福祉用語の基礎知識』は，読者の皆様がたの支援のお陰をもちまして，第11版を刊行することになりました．つきましては，新課程の社会福祉士国家試験に対応すべく新たな181項目を加え，国家試験に対応できるよう努めました．また，字体も見やすく，装丁も一新致しました．今後も読者のご要望に応えるべく努力し，さらに役立つ用語集を編んでいきます．
　2013年3月

編集代表　　成清　美治・加納　光子

第12版刊行にさいして

　本書は，読者の皆様がたの暖かい支援のお蔭をもちまして，第12版を刊行することになりました．今版は，新たに95項目を加え，国家試験のみならず，社会福祉全般に対応できるように配慮しました．今後も読者のご要望に可能な限り対応させていただくように努めてまいります．
　2015年3月

編集代表　　成清　美治・加納　光子

第13版刊行にさいして

　本書は，読者の暖かいご支援のもと第13版を刊行することになりました．今回の刊行に際して，諸法律改正に伴う用語の加筆・訂正と新たな用語を掲載し，社会福祉を学ぶ学生あるいは社会人の読者の期待に沿えるよう編集しました．第13版刊行により本書が読者の社会福祉に対する理解・知識が深まることを念じてやみません．
　2019年3月

編集代表　　成清　美治・加納　光子

凡　例

特　長

掲載総項目数　2035．
社会福祉六法，社会福祉の増進のための社会福祉事業法等の一部を改正する等の法律，社会福祉士および介護福祉士法，関連分野の介護保険法，老人保健法，医療法，健康保険法，公的年金制度等，社会福祉，社会保障，社会政策に関連する分野を網羅．加えて，社会福祉士，介護福祉士，保育士，精神保健福祉士，介護支援専門員等に関連する用語も収録．

見出し

1）現代かなづかいにより，50音順に配列した．
2）注記のない欧文は，英語．ドイツ語，フランス語などはそれぞれ独，仏などと注記した．
3）人名項目（　）内数字は，生年，没年を示す．
4）欧文表記については，慣用的な読みに従い，それ以外はカタカナ表記とし，50音順にした．
5）類似項目もしくは参照項目については，⇒ で示した．

本　文

1）文末の矢印は，関連項目および参照項目を示し，50音順に列記した．
2）文中の著作名のあとの（　）内の数字は，発行年を示す．

あ

IADL
(Instrumental Activities of Daily Living)

手段的日常生活動作．毎日の生活を送るための基本的動作のうち，電話，買い物，料理，家事，洗濯，旅行，薬の管理，家計の管理など，社会生活を営むにあたって必要な動作をいう．これらは，ADLに比べて高度な判断力を要するため，認知症でも早期に障害がみられることがある．IADLの低下がみられる高齢者の場合，加齢による機能低下がすすむと，ADLの低下が明らかになる．介護保険制度において，IADLはADLとともに要介護認定の調査項目にも含まれており，介護の必要度を把握する指標にもなっている．→ ADL　　　　[鳥海直美]

IL 運動 (Independent Living)
⇒自立生活運動

IQ ⇒知能検査

ICIDH
(国際障害分類：International Classification of Impairments, Disabilities and Handicaps)

世界保健機関（WHO）が1980年に発表した，障害の構造を理解するための世界初の基準．心身の生理的・解剖学的レベルの機能障害（impairment），活動レベルの能力障害（disability），社会生活レベルの社会的不利（handicap）という3つのレベルで障害をとらえる．医学的レベルだけではない障害のとらえ方として注目されたが，2001年に，さらに社会的要因や要因間の相互作用を重視したICF（国際生活機能分類）へと改訂された．→ ICF　　　　[植戸貴子]

ICF
(国際生活機能分類：International Classification of Functioning, Disability and Health)

2001年5月のWHO総会において採択された新しい障害の考え方．1980年の国際障害分類初版（ICIDH：International Classification of Impairments, Disabilities and Handicaps）を改訂したもの．特徴としては，マイナス面を中心に評価する傾向の強かったICIDHとは異なり，潜在的な力を開発することにつながるプラス面も評価し，障害を中立的価値としてとらえている．心身機能・構造，活動や参加が環境や個人を背景因子として制限されたり，制約されることによって障害は発生し，変化するととらえ，人と環境の相互作用を重視している．　　　　[伊藤葉子]

ICM
(Intensive Case Management)

ケアマネジメントの類型としては，仲介型ケアマネジメント（以下，CM），積極的地域ケア型CM，ストレングス型CMに加え，ICMがある．これは「集中型ケアマネジメント」と訳され，仲介型CMとACTの中間に位置づけられる．対象としては，頻繁に入退院を繰り返す重度の精神障害者としており，必ずしも多職種協働を前提とせず，既存の社会資源を活用したケアマネジャーの濃厚な個別支援を基本とする．　[青木聖久]

ICT（情報通信技術 Information and Communication Technology）

インフォメーションの情報に加えて，コミュニケーションの伝達が加わっている，ネットワーク通信による，情報・知識の共有が意識された表現である．IT（情報技術 Information Technology）の後にとりいれられた．IT は2000年ごろ盛んに用いられ，総務省は e-Japan 構想のもと，2001年度よりの「IT 政策大綱」を発表してきたが，2004年8月には u-Japan 構想のもと，「平成17年度 ICT 政策大綱」を発表して，IT 政策から ICT 政策大綱へと名称変更をした．国際的にはICTのほうが用いられている．e-Japan 構想とは，すべての国民が情報通信技術を活用できる日本型 IT 社会を実現するための構想であり，u-Japan 構想とは，e-Japan 構想後の次の課題として，「いつでも，どこでも，何でも，誰でも」ネットワークにつながるという生活の利便性の向上と，緊急時，医療，食の安心・安全といった社会問題の情報通信技術による軽減や地域や経済への波及効果も視野に入れた構想である．
[加納光子]

ICD（国際疾病分類）

疾病や傷害及び死因の統計分類に関して，「疾病及び関連保健問題の国際統計分類（ICD：International Statistical Classification of Diseases and Related Health Problems）」が定められている．異なる国や地域から，異なる時点で集計された死亡や疾病のデータの体系的な記録，分析，解釈及び比較を行うため，世界保健機関憲章に基づき，世界保健機関（WHO）が作成した分類のことである．最新の分類は，ICD の第10回目の修正版として，1990（平成2）年の第43回世界保健総会において採択されたものであり，ICD-10とよばれている．現在，わが国では，ICD-10に準拠した「疾病，傷害及び死因の統計分類」を作成し，統計法に基づく統計調査に使用されるほか，医学的分類として医療機関における診療録の管理等に活用されている．
[木村志保]

愛着障害

広義には，特定の大人との安定・安心した人間関係（愛着関係）を築くことができないために，他者との人間関係の構築が不得手になる，情緒が安定しないなどの困難を来すことをさす心理学用語．特に乳幼児期にこの愛着関係を築くことがその後の生活に多大な影響を及ぼすとされている．とくに行動や情緒にいちじるしく影響を及ぼした場合に考えられる障害として，反応性愛着障害という名称で，ICD-10や DSM-Ⅳ-TR などには診断ガイドラインとともに記載されている．
[木内さくら]

アイデンティティ（identity）

自我同一性．identify（身分証明をする）と同種の言葉で，エリクソン（Erikson, E.H.）が自我の発達および確立の基本概念を規定するために用いた．① 自分自身が固有の存在であること，② 時間的な連続性と一貫性があること，③ 自他共に何らかの社会的集団に帰属していること，の3点の確信からなる自己意識をさす．後にマーシア（Marcia, J.E.）は，自我同一性（ego-identity）の達成状態を，① 同一性達成（identity achievement），② モラトリアム（moratorium）：達成の延長，③ 早期完了（foreclosure），④ 同一性拡散（identity diffusion）：達成の失敗の4つに分類した．→エリクソン，E.H. [田辺毅彦]

IPS（Individual Placement and Support）

個別就労支援プログラムと訳され，ア

メリカで1990年代前半に開発された就労支援モデルである．数多くの無作為化比較研究が行われ，一般就労率の向上などの有効性が実証されており，近年注目されている科学的根拠に基づく実践のひとつである．わが国においては，2005年より導入され，近年，各地域でIPSを志向した取組みが実践されている．IPSでは，就労は治療的効果があり，ノーマライゼーションをもたらすと考えられており，その最終目標はリカバリーである．IPSは，従来の職業支援サービスと違い，職業準備性ができている，できていないなどの判断をしない．診断名，症状の重篤度，入院歴等と就労達成率との関係に相関しないという根拠に基づき，本人が「働きたい」という希望があれば一般の職に就けるという信念に基づき，ケアマネジメントの手法を用いて，本人の好みや長所に注目した求職活動と同伴的な支援を継続する等がこのモデルの特徴とされる． ［木村志保］

🍃アウトリーチ (Outreach)

手を差し伸べること，より遠くに達することを意味し，近年では，社会福祉の分野で，地域社会に出向いて，ケアやサービスを行ったり，公共機関が現場出張サービスをすることに用いられたりしている．また，研究開発を行う機関が，一般社会に向けて教育普及啓発活動を行うこともいう． ［加納光子］

🍃赤沢鍾美（あかざわあつとみ）(1867-1937)

日本初の常設託児所を創設した教育者．新潟静修学校の経営者であった赤沢鍾美・仲子夫妻は，農繁期に幼い妹や弟を連れてくる農家の子どものために学校の一室で生徒の勉学の妨げとならないように間食や玩具といったもので世話をし，無償の託児所をはじめた．しだいに，学校に通う子どもの親だけでなく，多くの貧しい農家の親たちが託児所を頼みにきた．これが，1907（明治41）年「守孤扶独幼稚児保護会」と名称し，幼児数も増加した．その対応で保育士を雇い教室を保育室に転用，夫妻は託児に専念していった．その後，新潟静修学校附設託児所とよばれる日本で最初の託児常設保育所として保育事業へ発展させた． ［吉弘淳一］

🍃明るい長寿社会づくりと健康づくり推進事業

高齢者の生きがい対策の推進として，高齢者保健福祉推進10か年戦略（ゴールドプラン）には「高齢者の生きがいと健康づくり推進モデル事業」（平成元年度に創設）がある．厚生省（現厚生労働省）は国レベルとして財団法人長寿社会開発センターを創設し，全都道府県には「明るい長寿社会づくり推進機構」を整備した．国民の高齢者観に対する意識改革を図り，高齢者の豊かな人生経験や知識や技能を生かし，社会参加活動が一層活発に展開されることを推進する．社会活動の啓発と普及，スポーツ・文化の活動，長寿大学校の開催，情報の収集と提供，高齢者無料職業紹介等がある． ［梓川 一］

🍃アクションリサーチ (action research)

レヴィン（Lewin, K.）によって1940年代に提唱された社会問題の解決や改善を目的とした実践的な研究方法のことである．レヴィンはグループダイナミックス研究に基づき，リサーチ（研究）とアクション（実践）が統合されることによって偏見や葛藤などの社会問題が効果的に解決できるとした．アクションリサーチは社会心理学，経営工学の分野で進められてきたが，問題が実践のなかで定義，共有され，実践のなかで解決されること，研究者だけでなく現場の関係者や被験者も研究の参加者となること等の点

に大きな特徴がある． [武山梅乗]

アクティビティケア
(activity care)

アクティビティとは，名詞で，①「活動性」「活躍」，②「活動」「運動」とあり，高齢者自身に対して自ら楽しいと思える「活動」を提供し，高齢者が心から楽しいと思える瞬間を引き出すことで，精神の向上や安定を図るケアである．活動の内容については，歌やゲーム，生け花や運動などさまざまなものがある．昔，得意だったこと，趣味や好きなことなど，一人ひとりの高齢者のこれまでの生活のなかからその人に合ったケアを提供することが求められる．また，ただ好きな活動を提供するだけでなく，その人が心から楽しいと思えるようにケアの最中のかかわり方も重要となる．認知症の予防として，また認知症のある高齢者にとって，安心して日々を過ごすことができる効果があるケアである．[山田真奈美]

ACT（アクト）
(Assertive Community Treatment)

「包括型地域生活支援プログラム」と訳され，欧米での脱施設化後の重度精神障害者を対象としたケースマネジメントの方法のひとつ．1960年代後半，米国ウィスコンシン州マディソン市メンドータ州立病院の研究ユニットから発展した．特徴は，①さまざまな専門職種がチームを組んでサービスを行う，②集中的なサービスが提供できるように10人程度のチームの場合は対象者が100人程度と利用者の上限を設定している，③必要なサービスをチームが直接提供する，④チーム全員で一人の利用者のケアを共有する，⑤サービスの提供に期限を定めず継続的な関わりを行う，⑥より効果が上がるように自宅や職場を積極的に訪問する，⑦1日24時間・365日体制で危機介入にも対応する，などである． [阪田憲二郎]

アグレッシブ・アプローチ (aggressive approach) ⇒積極的アプローチ

浅賀ふさ（1894-1986）

愛知県生まれ．日本女子大学卒業後，1919年に兄の渡米に同行，シモンズ女子大学社会事業専門学校に入学．渡米中はキャボット（Cabot, R.C.）医師や医療ソーシャルワーカーのアイーダ（Ida, C.）に師事．1929年に帰国後，現在の聖路加国際病院に社会事業部を設置し，医療ソーシャルワーカーとなる．その業務を医療チームの一員として，患者・家族の抱える心理・社会的問題への援助と考え，院内外の幅広い実践に取り組む．戦後，厚生省（現厚生労働省）で児童福祉専門官となり，1953年，現在の日本福祉大学へ赴任．日本医療社会事業家協会設立とともに1973年まで初代会長となり，医療分野の専門職養成とその組織化に従事する．また，朝日訴訟第二審では原告の証人として証言を行った．→朝日訴訟，医療ソーシャルワーカー，キャボット, R． [伊藤葉子]

朝日訴訟

1957（昭和33）年，重症結核で国立岡山療養所に入院していた朝日茂が生活保護法で長期入院患者に支給される日用品費月額600円は低額で憲法第25条にいう「健康で文化的な最低限度の生活」ができないとして，厚生大臣（現厚生労働大臣）を被告として提訴した訴訟．争点はおよそ次の2点に集約される．①に生活保護基準の見直しを求めるもの．②に憲法第25条生存権規定が実体的権利（国民側に最低生活保障を請求することができるもの）か，反射的権利

（国側に社会福祉の対象の要保護性を制定する裁量を認めその結果として保護受給が国民に認められる）か，である．一審は人間に値する生活は予算の有無によって左右されるものではなく，予算を指導，支配すべきものと明言した．二審は敗訴した．1967（昭和42）年の最高裁判決は原告の死亡により養子による訴訟の継承を認めず，憲法25条は反射的利益ではなく，法的権利であることを示し訴訟を終了した．また憲法25条にいう社会保障の権利性が問われたものとして，その後の訴訟や政策に大きな影響を与えたことから「人間裁判」ともよばれている． 　　　　　　　　　　　　［中村明美］

アジア医師連絡協議会 (The Association of Medical Doctors of Asia：AMDA)

1984年に設立され岡山県に本部を置く特定非営利活動法人組織である．1991年にはAMDA国際医療情報センターも設立されている．組織の目的はアジア，アフリカ，中南米において戦争や自然災害あるいは貧困等により生み出された難民や生活困難者等への医療救済並びに生活状態改善への支援活動である．現在，アジア，アフリカ，ヨーロッパ，中南米に30の支部と14のプロジェクト・オフィスがある．1995年にはこれまでの活動・功績が認められて，国連経済社会理事会（UNECOSOC）より，国連の協議資格が授与された．また，1995年の阪神・淡路大震災での医療救助活動は記憶に新しい． 　　　　　　　［成清美治］

アジア・太平洋障害者の10年

1992年のアジア太平洋経済社会委員会（ESCAP）において決議された．「国連・障害者の10年」は，それぞれの国に成果をもたらし先進国では各国内で継続して障害者福祉の進展を図ることとなった．しかし，アジア太平洋地域においては障害者施策に格差がみられた．そこで，障害者に関する世界行動計画の実施に向け，これまでの取り組みを一層発展させることをめざして1993年から2002年が「アジア・太平洋障害者の10年」とされた．とくに，「完全参加と平等」の達成に向けた取り組みが強化されることとなった．わが国は共同提案国となっていた． 　　　　　　　　　　　［津田耕一］

アスペルガー症候群

広汎性発達障害の中でも，知的な発達の遅れを伴わない高機能広汎性発達障害．発達に応じた仲間関係形成の難しさ，他者との共有体験のとぼしさ，こだわり，反復等，社会性，コミュニケーション，想像力等における障害が見られるが，いちじるしい言葉の遅れなどを伴わないため，乳幼児診断時において適切に判断されにくく，早期支援の提供を受けにくい．このため，後に教育，就労，地域生活等において困難を生ずることも多い．名称は，オーストリアの小児科医であるハンス・アスペルガーが症例報告したことによる． 　　　　　　　　［伊藤葉子］

アセスメント (assessment)

アセスメントについては諸説がある中で，援助過程における情報収集に基づいた問題状況の全体的な「把握」と「評価」の段階であると位置づけるのがもっとも一般的である．リッチモンドに始まる診断主義ケースワーク，あるいは医学モデルにおいては「診断」とよばれていた援助過程の一段階であり，概念や実践においても重複する部分が多い．クライエント（福祉サービス利用者）の置かれている問題状況の原因や現状について，クライエント自身の能力も含めて総合的に把握・分析し，問題解決のもっとも有効な方向性を模索することが重要なテーマとなるのである． 　　　　　　［武田康晴］

アタッチメント (attachment)

愛着.「人間あるいは動物が,特定の個体に対してもつ情愛的絆」のことで,とくに母親と子どもの心理的一体感を示すことが多い.ボウルビィ(Bowlby, J.)は,乳幼児が,生誕直後から外界に積極的に働きかけを行う能動的な存在であり,このような本能的行動システムが人間関係の起源であるとみなす愛着理論を提唱し,その形成過程を4段階に分けた.エインズワース(Ainsworth, M. D.S.)は,愛着の特徴として,①愛情を含む,②特異的・弁別的である,③外側から観察が可能である,④受動的行動ではない,⑤相手の感動を喚起する双方向的過程である,の5つを示した.　　　　　　　　　　　　　[田辺毅彦]

アダムズ,A.P. (米 Adams, Alice. Pettee: 1866-1937)

米国人女性宣教師アダムズは,来日後セツルメント運動に従事した.1891年岡山に日曜学校を開設し,貧困家庭の児童教育に傾注した.彼女の活動は,貧しい子どもを対象とした小学校,施療所(無料診療),保育園等の設置であった.これらの活動を総合して,1910年に岡山博愛会を設立した.そして,1912年には団法人岡山博愛会として認可された.

その後岡山博愛会は,1905年に岡山博愛会病院に発展し,今日に至っている.

[成清美治]

アダムズ,J. (米 Addams, Jane; 1860-1935)

アメリカの女性社会事業家,社会運動家.英国遊学中にトインビーホールのセツルメント活動に影響をうけ,帰国後の1889年にスター(Starr, E.)とともにシカゴのスラム街に,ハル・ハウス(Hull-House)を創設し,就労児童の保護や児童公園創設,貧民の保護などに貢献した.しかし,アメリカの第1次世界大戦参加への反対運動をきっかけに,平和運動へと活動の場をかえていった.1931年ノーベル平和賞を受賞,その著書に『ハル・ハウスの20年』(1910)がある.　　　　　　　　　　　　　[西川淑子]

新しい公共

国民の自主的な活動を核とした,多様な主体の協働による地域作りを目指す考え方.2010(平成21)年に発表された「新しい公共」宣言では,国民一人ひとりが日常的な場面でお互いを気遣い,人の役に立ちたいという気持ちで,それぞれができることをすることが「新しい公共」の基本となるとしている.同時に企業も「新しい公共」の重要な担い手であり,本業における社会性や,社会貢献活動などによる多様な評価を積極的に求めることとしている.そのうえで,政府・行政も「官」が独占してきた領域を「新しい公共」に開き,国民に選択肢を提供し,多様な主体が「新しい公共」に参画できるように,寄附税制を含め,社会制度を整備し,政府,企業,NPO等が協働で社会的活動を担う人材育成と教育の充実を進め,国や自治体等と市民セクター等との関係の再編成を行うこととしている.また公共を担うことについての国民・企業・政府等の関係のあり方について引き続き議論をする場を設けることも提起している.　　　　　　　　　　　　　[鈴木大介]

新しい障害者基本計画

2002年12月に決定された障害者基本法第7条に基づく,2003年から2012年の10年間を計画期間とする国の障害者基本計画.①社会のバリアフリー化,②利用者本位の支援,③障害の特性を踏まえた施策の展開,④総合的かつ効果的な施策の推進を基本方針とし,①活動し,参加する力の向上,②活動し,参加する基盤の整備,③精神障

者施策の総合的な取り組み，④アジア太平洋地域における域内協力の強化の重点化をめざす．その他，啓発・広報，生活支援，生活環境，教育・育成，雇用・就業，保険・医療，情報・コミュニケーション，国際協力の重点施策があげられていた．→障害者基本計画　［伊藤葉子］

アダルト・チルドレン（adult children）

アルコール依存症の親をもつ家庭で育った人のことで，正式にはACOA（adult children of alcoholics）のことである．最近では解釈が広がり，アルコールの問題だけでなく，機能不全の家庭で育った人という意味でACOD（adult children of disfunctional family）のことを意味する．子どもの頃，情緒的に安定した家庭環境に恵まれず，自我の確立ができずに未熟なまま大人になったため，自己評価が低い，極度に愛情欲求が強い，他人から批判されることを極度に恐れる等，情緒的な偏りがある人のことをいう．　［岡田良浩］

アート（art）

スーザン・バワーズによって提唱された個別援助技術定義のひとつ．クライエント（利用者）とワーカーの力動と社会資源の導入により，対象となる生活ストレスが軽減される援助の過程は，理論を超えた創造的活動であるとする考え方．診断論と機能論を踏襲しながら，人間活動に焦点を当てた実践論として受け入れられている．→バワーズ，S.　［倉石哲也］

アトピー性皮膚炎（せいひふえん）

遺伝的な素因に環境要因が加わって慢性的に湿疹を繰り返し，激しいかゆみを特徴とする．原因や病気の仕組みがすべて分かっているわけではなく，専門家による鑑別診断を受ける必要がある．多くは乳幼児期に発症し現代病として近年増加の傾向にあるといわれている．極端な食事制限による成長障害，治療ステロイドの副作用に対する不安，不適切な治療による悪化などを経験した患者もいる．治療の3つの柱として，悪化要因を解明して除くこと，皮膚を清潔に保って保湿するなどのスキンケア，薬物療法などがあげられる．厚生省（現厚生労働省）や日本皮膚科学会がガイドラインを策定している．　［高橋紀代香］

アドボカシー（advocacy）

自分の権利やニーズを自ら主張するのが困難な人に代わってその権利やニーズを主張し，また自分で権利を行使できるように支援すること．日常生活自立支援事業にもみられるが，ソーシャルワーカーの重要な役割のひとつと考えられている．ケース（またはパーソナル）アドボカシーとクラス（またはシステム）アドボカシーがある．前者（ケースアドボカシー）は個人または家族が必要かつ最適なサービスが受けられるよう，個別的に行政やサービス供給者に働きかけることで，その人たちの権利を擁護する．後者（クラスアドボカシー）はシステムや制度上の問題から生じる共通のニーズをもつ人たちが，その必要とする福祉サービスや社会資源を得る権利を獲得できるように，社会や体制の変革を求めていくものである．　［植戸貴子］

アドラー心理学（しんりがく）（Adlerian Psychology）

アドラー（Adler, A.）は自身の理論をIndividual Psychology（個人心理学）とよんだ．アドラーの理論の特徴は，古典的精神分析理論に対するアンチテーゼとしての意味合いが強い．「すべての人間行動には目的がある」と考える立場としての「目的論」，意識・無意識などを分けてとらえず，人間を分割しえない全体としてとらえる「全体論」，精

神内界ではなく，個人と環境との相互関係を対象とする「対象関係論」，客観的世界そのものではなく，客観的世界をどのように主観的に認知するかによって，人間は行動を決定するととらえる「現象学」の4つが，その主な特徴として集約できる． [唐津尚子]

アトリー，C.
(英 Attlee, C; 1883-1967)

イギリスの政治家．オックスフォード大学にて学び，弁護士資格を取得する．のちにロンドンのスラム街においてセツルメント活動に携わる．その後，労働党下院議員となり，1935年には労働党党首となる．そして，1945年から1951年まで首相を務めた．彼の業績は，首相在任中，「ベヴァリッジ報告」が描いた社会保障制度を具体化したことである．すなわち，①「家族手当法」(1945)，②「国民保険法」(1946)，③「国民保健サービス法」(1946)，④「児童法」(1948)等の導入を行った．これによって，イギリスがめざした第2次世界大戦後の国家像である福祉国家を端的に示した「ゆりかごから墓場まで」(From the Cradle to the Grave) が具体化されたのである． [成清美治]

アニマルセラピー

動物とのふれあい，交流によって精神と肉体機能を向上させる療法のひとつ．治療を目的として専門的な訓練を受けたセラピストが専門職との協力のもとに実施する動物介在療法 (AAT：Animal Assisted Therapy) と，動物とのふれあい，コミュニケーション等をとおして癒し効果を期待するアニマルヒーリングとしての動物介在活動 (AAA：Animal Assisted Activity) とがある．動物介在療法には，乗馬療法やイルカ療法などがある．動物介在活動では，犬，猫，モルモット等の小動物が活用されることが多い． [伊藤葉子]

アノミー (anomie)

社会的規範の弱体化や崩壊によって起こる行為や欲求の無規制状態をいう．この概念は，デュルケム (Durkheim, É.) によって社会学的概念として定式化された．彼は『自殺論』(1897) において，自殺は個人の精神的な病理に起因するよりも，社会的規範の崩壊による行動目標の喪失によるところが大きいとしている．さらに，マートン (Merton, R. K.) は，アノミーの概念を発展させ，非行や犯罪などの社会的逸脱現象の分析にも適用させている．彼のアノミー論では，逸脱行動の発生原因は個人ではなく，社会の側にあることになる． [岩崎久志]

アフターケア (after care)

児童養護施設などの児童福祉施設を退所した児童の家庭生活の安定および自立の支援を行うことをいう．2004年の児童福祉法改正により，乳児院，母子生活支援施設，児童養護施設，情緒障害児短期治療施設および児童自立支援施設について，施設の業務として退所した者への相談その他の援助を行うこと（アフターケア）が明確にされた．新しく施設入所直後に行うアドミッションケア (admission care)，施設入所中に行う生活支援のインケア (in care) の後に続くものである．リービングケア (leaving care) はインケアとアフターケアを分断してとらえるのではなく両側面を含めたケアのことである．なお，労災保険でも対象は異なるがアフターケアという語が用いられている． [加納光子]

アプテカー，H.H.
(米 Aptekar, Herbert H.)

アメリカの社会福祉学者である．ケースワークは，フロイト (Freud, S.) の

正統精神分析理論による診断主義派（Diagnostic School）とランク（Rank, O.）の機能主義派（Functional School）に2大別されるが，アプテカーは機能主義派の立場から機能主義と診断主義の折衷主義を唱えた．そして，両派の基盤を治療技法に内在する力動性の概念に見出だして，ケースワークの力動的アプローチの体系化に貢献し，1955年に『ケースワークとカウンセリング』を著した．『ケースワークとカウンセリング』のなかの「ケースワーク，カウンセリングおよび心理療法の重なり」は，現在も，引用されることが多い．アプテカーは，1941年に『機能主義ケースワーク入門』も著しているが，機能的アプローチは現在ではソーシャルワークの理論として取り上げられることはほとんどない．　［加納光子］

安部磯雄（あべいそお）（1865-1949）

福岡市に生まれる．1879年に同志社入学し新島襄より受洗．同校在学中に社会主義を知り，後にキリスト教社会主義の代表的存在となって日本初の社会主義政党・社会民主党を結成した（1901年）．貧困問題の原因が個人責任にあると一般的に理解される明治中期にあって，主著『社会問題解釈法』（1901年）では貧困の経済的社会的原因について追究し，貧困などの社会問題への対応策としての慈善事業や社会政策，社会主義の関係性を説いた．早稲田大学野球部の創設者としても有名．　［倉持史朗］

阿部志郎（あべしろう）（1926-）

東京に生まれる．1949年東京商科大学（現一橋大学）卒業後，1950～1952年に米国ユニオン神学大学に留学して神学を学ぶ．帰国後，社会福祉法人横須賀基督教社会館館長に就任し，キリスト教の視点から社会福祉活動を幅広く行い，地域福祉論の研究，ボランティア・市民運動を展開すると同時に著名な社会福祉思想家でもある．主著は『地域の福祉を築く人びと』（1978），『福祉実践への架橋』（1989），『福祉の哲学』（1997）等である．　［成清美治］

アメニティ（amenity）

人間らしい生活を営むうえでの快適さ，住み良さ，健やかな環境．ラテン語のアモーレ（amare, 愛）が語源．19世紀後半，産業革命発祥の地イギリスで，劣悪な居住環境を克服する過程で追求され，長年，都市・農村計画の目的概念として国民的コンセンサスを得ている．わが国では，1970年代以降，公害問題，自然環境および歴史的環境の破壊，OECD（経済協力開発機構）による環境政策批判などによって関心が高まった．環境庁（現環境省）は，「快適環境」を訳語に，①緑の豊かさ，②空気のさわやかさ，③自然環境の身近さ，④静けさ，⑤町並み，文化的雰囲気，⑥きれいな水環境，⑦道路・空気の清潔さなどを重視している．その一環として実施された「快適環境整備事業」（1994-1996）では，「やすらぎ」「ふれあい」「快適」などを要素に，「市民参加型」の「行政の横断的取り組み」によるまちづくりが試みられた．交通網，福祉施設，在宅設備などの生活環境整備に加え，諸サービスにおける快適さの追求に重要な概念である．　［成清敦子］

アメリカグループワーカー協会（きょうかい）

1946年に設立された．グループワークを，グループワーカーが，グループの相互作用とプログラム活動によって，個人の成長と，社会的に望ましい目的の達成とを援助できるような方法であり，さまざまな型のグループの機能を可能にするための方法でもある，と定義（1949年）した．その後1955年に全米ソーシャルワーカー協会に統合された．

　［大野まどか］

アラノン (Al-Anon)

家族,友人など身近な人がアルコール,薬物依存の問題を抱えている人の自助グループで,AA (alcoholic anonymous) の創始者であるビル (Bill, W.) の妻ロイス (Rois, W.) によって創立された.AAと同様に依存症からの回復のための「12のステップ」という行動・考え方の指針がある.また,参加者は匿名性で,住所,氏名など自らのプライバシーを明かす必要はない.アラノンでは,定期的にミーティングや依存症の治療に関する勉強会等の活動を行っており,依存症者本人は活動に参加しない.当事者の集まりではなく,依存症者の家族や友人のための自助グループである. [岡田良浩]

アリストテレス
(Aristotelēs; 前384-322)

古代ギリシャの哲学者・科学者.ソクラテスやプラトンと並んで古代を代表する哲学者のひとりである.マケドニア生まれで父は侍医であった.17歳でアテネに出てプラトンの学園アカデメイアに入門し20年間学生として,そして教師として滞在した.プラトンの死後,小アジアのアッソスに移り,前342年マケドニア王フィリップに招かれて王子アレキサンドロス(のちの大王)の家庭教師となった.王子が即位するとアテネで学園リュケイオンを開き子弟の教育にあたった.彼の学派はペリパトス学派と呼ばれた.幸福(エウダイモニア)こそ我々が達成しうる最大の善であるとした,その「幸福論」は有名である.『ニコマコス倫理学』は息子ニコマコスとその協力者によって編集されたソクラテスの講義の集積であるといわれている.アリストテレスの著作は9世紀にアラビア語で紹介され,13世紀にはラテン語で紹介されトマス・アキナスに受け入れられて,後期スコラ哲学に影響を与えた.その業績は広範に及ぶ. [加納光子]

Rコマンダー (R Commander)

R(アール)とは,フリーソフトウェアの統計解析向けのプログラミング言語あるいはその開発実行環境を指すR言語のことである.さまざまなプラットフォームに対応している,誰でも自由にダウンロードできる,計算が速い上にグラフィックも充実しているなどのメリットがあるが,Rはプログラム経験のないユーザーにとっては敷居の高いものとなっている.そこで,ExcelやSPSSのように,マウスでメニューを選択しながらRを操作することができるパッケージが開発された.そのパッケージがRコマンダーである. [武山梅乗]

アルコール依存(いぞん)
(alcohol dependence)

アルコール飲料を長年にわたって連用しているうちに,やめようとしてもやめることができなくなる状態.一般的には慢性アルコール中毒とよばれているが,精神的にも身体的にもアルコールに依存した状態なので,薬物依存の一種である.身体的依存が進むと,飲酒中断時に手足の震えと小動物幻視をともなった意識混濁状態(振戦せん妄)などの離脱症状が現れる.妄想が現れたり運動性興奮をともなうことも多い.こうなると日常生活に破綻をきたし,家庭や職場からも孤立しがちになる.治療としては,薬物療法でアルコールに対する生理的嫌悪感を繰り返し経験させる一方,断酒会などに参加して集団精神療法を行うことで継続的な禁酒という目標への動機づけが行われる.しかし本人の自覚と努力なしではなかなか治療効果が上がらない.
→ AA 断酒会,振戦,せん妄 [津田兼六]

アルツハイマー病/アルツハイマー型認知症

(Alzheimer disease/Alzheimer type dementia)

病名は，本病について初めて報告した精神医学者アルツハイマー（Alzheimer, A. 1864-1915）に因む．従来，初老期痴呆（認知症）とアルツハイマー型老年痴呆（認知症）は別の疾患と見なされていたが，1970年代後半より両者は発症時期の違いはあるものの，ともに神経原繊維変化と老人斑が多数出現するなど脳の病理学的所見が共通することから，現在では両者を含めてアルツハイマー病またはアルツハイマー型認知症とするのが一般的である．その特徴は大脳皮質全体の萎縮と脳室の拡大が認められることである．症状として，記憶障害，認知障害の他，見当識障害，徘徊，妄想，幻覚，抑うつ症状，自発性の低下，攻撃性などの症状が出現する．認知機能障害は止まることなく進行するが，基本的に症状は緩やかに進行する．→記憶障害，見当識障害，認知症，脳血管性認知症，徘徊．

[岡田直人]

アルマ・アタ宣言

(Alma-Ata Declaration on Primary Health Care)

1978年にカザフ・ソビエト社会主義連邦共和国（現在のカザフスタン共和国）のアルマ・アタ（現在のアマルティ）において世界保健機構（WHO）とユニセフ（UNICEF）との共催によるプライマリ・ヘルス・ケアに関する国際会議が開催された．そこでの共同宣言が「アルマ・アタ宣言」である．宣言の目標は「2000年までに世界の全ての人々とが社会経済的に生産的な生活を送ることができる健康状態を達成する」となっている．

[成清美治]

アルモナー (almoner)

1895年にイギリスのロイヤルフリー病院で発生した医療ソーシャルワーカーの当初の名称．初代アルモナーはメアリー（Mary, S.）．その後10年の間に7つの病院で採用される．1903年に病院アルモナー協会（Hospital Almoner's Association），1906年には病院アルモナー協議（Hospital Almoner's Council）会が組織され，病院で働く以前は慈善組織協会で働いていたアルモナーの訓練計画，スーパービジョン，採用の促進を進めた．1922年，病院アルモナー研究所（Institute of Hospital Almoners）を設立し，1945年には協会の約600名，研究所の研修生120名を合体させ，アルモナー研究所（Institute of Almoners）を設立．1963年からは医療ソーシャルワーカー研究所（Institute of Medical Social Workers）となり，訓練，採用の促進，業務の発展と調査研究を行った．1975年，英国ソーシャルワーカー協会へ合併．→スチュアート，M., ロイヤルフリー病院

[伊藤葉子]

あんしん賃貸支援事業

厚生労働省，地方公共団体，NPO，社会福祉法人，不動産関係事業者等が連携して，高齢者，障害外国人，子育て世帯の入居を受け入れることとする民間賃貸住宅の整備事業，入居前後における居住を支援するための各種サポートを提供する事業である．民間賃貸住宅ストックを有効に活用しながら，高齢者等の円滑な入居と，安定した住生活が実現できるよう，重層的かつ柔軟な住宅セーフティネットの構築を目指した事業．2006（平成18）年度以降，国土交通省が中心となって基盤整備を進めてきた．平成23年度以降は，地域の実情に応じた効果的な活動が行えるよう，居住支援協議会活動支援事業（居住支援協議会が行う民間

賃貸住宅等への入居の円滑化に係る支援に関する事業）を行う者に対して，国が必要な費用を補助するかたちで住宅確保要配慮者の居住の安定確保を図ることを目指している． [成清敦子]

アンデルセン，H.C.（デンマーク Andersen, Hans. Christian）

世界的童話作家．アンデルセンは，世界で最も著名な童話作家の一人であり，現在でも彼の作品は，多くの人びとに読まれている．彼は，1805年にフュン島のオーデンセンの貧しい靴職人の家に生まれる．そして，14歳のとき，コペンハーゲンの舞台俳優を目指して，王立劇場に就職するが，のちに望みかなわず解雇される．その後，24歳のときコペンハーゲン大学に合格するが学業を断念し，作家に転身する．作家として，彼は数多くの作品を生み出した．

彼自身下級社会の出身であることも手伝って，作品の多くは，当時の階級社会を批判・風刺したもので，自由で平等な社会の到来を夢見たのである．たとえば『マッチ売りの少女』，『みにくいアヒルの子』，『ナイチンゲール』，『養老院の窓から』等では階級社会を皮肉った内容となっている．彼の思いは童話・小説を介して国民の間に広く浸透し，今日のデンマークの社会福祉国家思想の礎となったのである． [成清美治]

安心と希望の医療確保ビジョン

このビジョンは，2008（平成20）年6月に厚生労働省が発表したものである．その主旨は，わが国の少子高齢社会の進展のなかで，地域社会における医療サービスの質と量の確保を図ることである．ビジョンの3本柱は，1．医療従事者等の数と役割として，(1) 医師数の増加：ア．医師養成数の増加，イ．コメディカル雇用数の増加，ウ．総合的な診療能力をもつ医師の養成，エ．臨床研修医制度の見直し，オ．歯科医師の養成，(2) 医師の勤務環境の改善：ア．女性医師の離職防止・復職支援，イ．医師の多様な勤務形態，(3) 診療科のバランスの改善等，(4) 職種間の協働・チーム医療の充実：ア．医師と看護職との協働の充実，イ．医師と歯科医師・薬剤師等との協働と充実，ウ．医師とコメディカルとの協働の充実，エ．医師・看護職と看護補助・メディカルクラーク等との協働の充実．2．地域で支える医療の推進として，(1) 救急医療の改善策の推進：ア．救急医療の充実，イ．夜間・救急利用の適正化，(2)「地域完結型医療」の推進，(3) 在宅医療の推進，(4) 地域医療の充実・遠隔医療の推進．3．医療従事者と患者・家族の協働の推進として，(1) 相互理解の必要性，(2) 医療の公共性に関する認識，(3) 患者や家族の医療に関する理解の支援（患者や家族に対する療養生活上の心理的社会的問題の解決援助者として医療ソーシャルワーカー等の役割を指摘している）等となっていた．なお，同ビジョンの方向性としては，「治す医療」から「治し支える医療」があげられていた． [成清美治]

安心と希望の介護ビジョン

厚生労働省の有識者会議「安心と希望の介護ビジョン」は，もっとも高齢化が進展する2025年の超高齢社会を見据えて，「安心」と「希望」をもって生活できる社会のビジョンの報告書を，2008（平成20）年11月20日に提言書としてまとめた．その骨子は，①高齢者自らが安心と希望の地域づくりに貢献できる環境づくり，②高齢者が住み慣れた自宅や地域で住み続けるための介護の質の向上，③介護従事者にとって安全と希望の実現等の3つであった． [成清美治]

アンビバレンス（ambivalence）

両面価値の感情．両価性とも訳され

る．愛情と憎しみ，独立と依存など，同一の人間が同一の対象に対して同時に相反する感情をもつことをいう．この言葉を最初に用いたのはブロイラー(Bleuler, E.)で，総合失調症に特有の症状としてとらえたが，正常なアンビバレンスが存在することも指摘している．フロイト(Freud, S.)は，神経症における愛情と憎悪の葛藤について論じ，これを人間感情の本来の性質と述べている．人間行動の動機を理解するうえできわめて重要な概念であり，対人関係を扱うときは，これを十分理解する必要がある．→フロイト，S.　　　　　　　　　　　　［岩崎久志］

罨法（あんぽう）

身体の一部に温熱や寒冷の刺激を与え，筋肉，血液循環，神経に作用させて，疾病の治癒の促進や苦痛をともなう症状を軽減させ，局所の安静および気持ちのよさに効果をもたらす方法で，古くから行われている．しかし，罨法は罨法貼用時，身体に強い刺激を与えるので，局所の皮膚に熱傷，または凍傷を生じさせないように注意が必要である．快感が基本であるが，選択の基本は，炎症症状（痛み，腫れ，発赤，発熱）の強い場合は冷やし，炎症症状が軽くなれば暖める．特別の禁忌（きんき）がない限り，個人にとってもっとも良い方法を判断し，使用する．　　　　　　　［新治玲子］

安眠援助（あんみんえんじょ）

睡眠のパターンは年齢により変化がみられる．乳幼児や老人は成人と異なり，1日2回以上の睡眠と覚醒がみられる多相性睡眠である．睡眠は休養の典型的なもので，活動と表裏一体である．不眠の原因や背景は個人差が大きいが，自然な睡眠が得られるような援助が大切である．自然な睡眠への援助には，一日の規則的な生活リズムの習慣化，睡眠前の環境（衣服，寝具，室内等）の変化と整備，身体的（発熱，痛み，空腹，手足の冷え等）および精神的（興奮，イライラ，不安，孤独感等）要因を除去するよう援助する．なかなか安眠が得られない場合には，状況によってはかかりつけの医師の指示のもと薬が使用される．
　　　　　　　　　　　　　　［新治玲子］

安楽（あんらく）

安楽とは，身体的には病気から身をまもり病気でない状態，また精神的には不安がなく満足して日常生活が過ごせることである．身体のどこかに苦痛（痛み）や，不眠，精神的不安，生活環境などに変化を生じると，心身の安楽は妨げられる．たとえば身体的側面では，人間の体型には生理的な彎曲があり，また身体の変形や障害によって臥床（がしょう）時，寝床面との空間を生じ，心身に緊張をともなう．その緊張を和らげ，エネルギーの消耗を最小限に止めるのに体位の工夫や，安楽を助ける用具（円座，枕，座布団）が用いられる．→円座　［新治玲子］

い

EE（Expressed Emotion）

家族間での感情的なストレスのこと．患者に対して家族が表出する感情の種類によって測定されたものを家族のEEという．イギリスのレフ（Leff, J.P.）の研究が有名で，家族が患者に対して批判的，攻撃的であったり感情に巻き込まれすぎているような場合を高EEという．家族が患者に対して批判的，攻撃的に接すると患者の症状の悪化を招くことが実証されているため，EEの研究が盛んに

なり多くの医療機関では再発予防のために，家族に対して精神病や薬の知識について説明したり，患者への接し方などの情報を提供する心理教育が行われるようになってきている．　　　　　　［岡田良浩］

❧ イエス・テンデンシー
（Yes Tendency）

回答者には，質問に対して「はい」と答える傾向があるが，こうした傾向をイエス・テンデンシーとよぶ．こうした傾向は，賛成・反対等があまり明確でない質問の場合にとくに現れやすい．質問紙法を用いた調査においてはこの傾向を念頭に，質問文の文章化を考える必要がある．　　　　　　　　　［松久保博章］

❧ 医学的リハビリテーション

リハビリテーションには，医学的リハビリテーション，教育的リハビリテーション，職業的リハビリテーション，社会的リハビリテーションがある．医学的リハビリテーションは，リハビリテーション医学を基盤にして障害に焦点をあてて，障害の軽減を図る．訓練などによる方法と，歩装具などの使用による代償的な方法がある．そして，上記の4つのリハビリテーションのうちで最も歴史が古く，傷痍軍人への対応から始まったものである．精神科領域では服薬自己管理指導，短期教育入院，精神科デイケアなどへの導入を図る．→社会的リハビリテーション　　　　　　　　　　［加納光子］

❧ 医学モデル（medical model）

クライエント（福祉サービス利用者）のもつ問題を診断・評価し，次に処遇するという枠組みをもつ．医学が，疾患の特定の原因を探り，診断・治療するのと同じように，個人の心理的・社会的問題を，いわば疾患としてとらえ，その症状の発生と直接関係があると思われる原因を探り，治療・処遇しようとする立場である．伝統的ケースワーク理論はその中心にあった．クライエント像は「適応上の問題をもった人が，動機づけをもって自ら機関にきて，長期間の心理的援助を受ける」と仮定されることが多い．生活モデルは，医学モデルを批判的に克服しようとしたものである．　［加納光子］

❧ 生きがい就労

1970年代に東京都で実験的に実施された高齢者事業団の理念が「生きがい就労」であった．これをモデルとしたシルバー人材センターは高齢者の就業機会を増大させ，能力を生かした活力ある地域社会づくりに寄与するために実施された．就労の目的は生活収入だけでなく，充実感や生きがいを得るためでもある．就労を通して高齢者は他世代と交流し，知識・経験・能力を積極的に発揮することにより，生きがいや生きている喜びを実感できる．活力ある長寿社会が築かれるために，就労環境が整い，生きがいある就労を通じて高齢者が自己実現できることが求められる．　　　［梓川　一］

❧ 育児・介護休業制度

育児・介護休業法（正式名称：育児休業介護休業等育児又は家族介護を行う労働者の福祉に関する法律）が2009（平成21）年6月に改正され，一部（常時100人以下の労働者を雇用する中小企業については2012年7月1日から施行）を除き，2010（平成22）年6月30日から施行された．改正の目的は，少子化対策の観点から仕事と子育ての両立支援等を一層進めるため，男女ともに子育て等をしながら働き続けることができる雇用環境を整備することにある．改正の内容は，
1．子育て期間中の働き方の見直し（①短時間勤務制度（1日原則6時間）を設けることが事業主の義務となる，②所定外労働（残業）が免除されることなる）
2．子の看護休暇の拡充（小学校就学前

の子の現行1人あたり5日が，法改正により1人であれば5日，2人以上であれば年10日となる）3．父親の育児休業の取得促進（現行は父母が育児休業を取得する場合1歳に達するまでの1年間の育児休業が，法改正により1歳2か月まで延長される）4．介護のための短期の休暇制度の創設（新たに要介護状態の対象家族が1人であれば年5日，2人以上であれば年10日の介護休暇が取得できるようになった）5．法の実効性の確保（①都道府県労働局長による紛争解決の援助，調停委員による調停制度を設ける，②勧告に従わない企業名の公表制度，虚偽の報告等をした企業に対する過料の制度を設ける）等となっている．[成清美治]

育児休業，介護休業等育児又は家族介護を行う労働者の福祉に関する法律（「育児・介護休業法」）

2001年制定の育児・介護休業法は数次にわたる改正を経ている．そのうち，2009年の改正は，①子育て期間中の働き方の見直し，②父親も子育てができる働き方の実現，③仕事と介護の両立支援，④実効性の確保を内容とした．2017年の改正では，①育児休業期間の延長，②育児休業等制度の個別周知，③育児目的休暇の新設が盛り込まれた．
[成清美治]

育児不安

子どもをかわいく思えない，子育てがつらい，子育てに自信がもてないという母親が増加している．その背景には核家族化・地域社会の崩壊・父親不在などにより，母親が誰からの手助けもなく育児の責任をひとりで担い，しかも氾濫する育児情報に翻弄され，相談相手もなく孤立して育児しているという実態がある．不安が過度に高まると子どもの虐待に結びつくこともある．育児不安の軽減に向けては，一時保育・園庭開放，育児相談などの子育て支援の取り組みにみられるように，育児を社会化し，多くの人の手によって子どもを育てる育児文化を作り出すことが必要である．[井上寿美]

育成医療

身体に障害のある児童または，そのまま放置すると将来障害を残すと認められる疾患がある児童が，その障害を除去・軽減する効果が期待できる手術等の治療を行う場合の医療費を一部公費負担する制度．以前は児童福祉法に基づく制度であったが，障害者自立支援法の施行に伴い，自立支援医療のひとつとなった．
[大野まどか]

石井十次 (1865-1914)

宮崎県に生まれる．岡山医学校在学中の1887（明治20）年，岡山孤児院の前身である孤児教育会を創設，1890（明治23）年に岡山孤児院に改名．十次は孤児の無制限収容を実践し，1906（明治39）年の東北大飢饉のさいには，1,200人を超える児童を受け入れた．収容型の救済だけではなく，里親事業に取り組み，宮崎県茶臼原に里親村を建設した．また，大阪の日本橋に保育所，夜間学校を設立するなどセツルメント活動を行った．[米津三千代]

石井亮一 (1867-1937)

佐賀県に生まれる．1891（明治24）年，立教女学校教頭時代，濃尾大地震により生じた孤児20余名を自宅に引き取り孤女学院を創設した．その孤児のうちの2名が知的障害児（当時は白痴といった）であったために，障害児福祉・教育の必要性が痛感され，日本で最初の知的障害児施設・滝乃川学園の設立をみている．障害児福祉における草分け的存在である．そこでは，とくに宗教教育，労作教育や臨床心理学に依拠した独自の実践

が展開されている．→滝乃川学園
[新家めぐみ]

維持的リハビリテーション

回復的リハビリテーションにおいて回復した機能や残存機能を活用し，生活機能の維持向上をめざし，能力低下をできるだけ延滞させることを目的とするリハビリテーション．また，高齢者や障害者の生活環境の整備や社会参加の促進を行い，自立生活を支援する．障害の重度化の防止には，予防的リハビリテーション，回復的リハビリテーション，維持的リハビリテーションが継続的に提供される必要がある．
[米津三千代]

いじめ

文部科学省によると，「いじめ」とは，「当該児童生徒が，一定の人間関係のある者から，心理的，物理的な攻撃を受けたことにより，精神的な苦痛を感じているもの」であり，起こった場所は学校の内外を問わないという．この定義において，「いじめられた児童生徒の立場に立って」とは，いじめられたとする児童の気持ちを重視すること，学校の内外を問わず，たとえば，同じ学校・学級や部活動の者，当該児童生徒が関わっている仲間や集団（グループ）など，当該児童生徒と何らかの人間関係のある者を「一定の人間関係のある者」と指すこと，「攻撃」とは「仲間はずれ」や「集団による無視」など直接的にかかわるものではないが，心理的な圧迫などで相手に苦痛を与えるものも含むこと，「物理的な攻撃」とは，身体的な攻撃のほか，金品をたかられたり，隠されたりすることなどを意味することとされている．
[加納光子]

いじめ防止対策推進法

2013年6月に成立，同年9月より施行された本法は，「いじめ」を子どもを取り巻く深刻な社会問題として，教育現場のみならず社会全体でいじめ問題解消へと取り組むための法律であり，対策の基本理念，学校や地域におけるいじめの禁止，関係者の責務等を定めたものである．具体的には国・地方公共団体及び学校は「いじめの防止等のための対策に関する基本的な方針」を定める（国・学校は策定義務，地方公共団体は努力義務）．とくに学校は複数の教員や心理・福祉の専門家などで構成する「いじめ防止等の対策のための組織」を設置し，いじめにより児童等の生命や心身又は財産に重大な被害が生じた疑いがあるなどの際（「重大事態」の発生：2017年度444件）に調査を行う機関を設置することとなった（学校もしくは学校設置者）．また，いじめ発生時の対応や被害児等のケア，調査などの際には学校と地方公共団体（「いじめ問題対策連絡協議会」等の設置可），警察などが緊密な連携をとりながら必要な措置を講ずることなども規定されている．
[倉持史朗]

異食

通常の食物としては普通でないとされているものを好んで飲食すること．視野にうつるものを食物であるかどうかを正しく認知することができなくなり，そのため何でも口の中に入れてしまう行為．たとえば，ごみや便，紙などを食べるといった状態があげられる．本症状は，認知症疾患で重度の者，統合失調症などの精神障害者，ヒステリー症状のある者や妊婦などにみられることがある．
[綾部貴子]

移送サービス

施設や病院への通所・通院ほか，障害者や高齢者の外出や移動に関わるニーズに対応する主にリフトバス等特殊車両を使ってのサービス．1981年の国際障害者年あたりを契機として，全国各地で主にボランティアにより，公共交通機関に

よる移動が困難な障害者や高齢者の外出や移動を保障することを目的に始まった．近年，バリアフリーの考えが次第に定着する中，公共交通機関である鉄道やバスも障害者や老人がより利用しやすいよう改善が進みつつあり，彼らの移動に関わる環境は大きく変化しているが，まだ十分とはいえず，個別の多様なニーズに対応する移送サービスに対する期待は大きいといえよう． [佐藤順子]

遺族基礎年金（いぞくきそねんきん）

全国民を対象にした基礎年金制度における遺族給付．被保険者が死亡した場合に，その被保険者によって生計を維持されていた遺族に基礎的な生活費を保障するものとして給付される．日本の場合，遺族基礎年金の支給対象は，18歳到達年度の末日（3月31日）までの子，または20歳未満で1級・2級の障害の子のある妻，もしくは，妻がいない場合は，上記の要件を満たす子である．遺族基礎年金の支給を受けるには，原則として保険料納付済み期間と保険料免除期間が，保険料を納めなければならない期間の3分の2以上あることが必要である． [鎮目真人]

遺族厚生年金（いぞくこうせいねんきん）

民間の被用者を対象にした厚生年金保険における遺族給付．遺族厚生年金は以下の場合に死亡した人の遺族に対して支給される．① 厚生年金保険の被保険者が死亡した時，② かつて厚生年金保険の被保険者であった者が被保険者期間中の病気やけがで初診日から5年以内に死亡した時，③ 1級または2級の障害厚生年金をうけている人が死亡した時，④ 老齢厚生年金をうけている人または受けられる資格期間を満たした人が死亡した時．ただし，上記 ① と ② の場合は，遺族基礎年金の保険料納付要件を満たしていなければならない．子のある妻または子に対しては，遺族基礎年金と一緒に支給され，それ以外の場合は，遺族厚生年金のみが支給される． [鎮目真人]

遺族補償給付（いぞくほしょうきゅうふ）

業務災害に関する労災保険給付のひとつ．労働者が業務上死亡した場合に，その遺族の所得保障を目的として行われる金銭給付をいう．給付内容には，① 死亡した労働者が死亡当時その収入によって生計を維持していた配偶者（内縁関係を含む），子，父母，孫，祖父母および兄弟姉妹に対して年齢などの要件に基づいて行われる遺族補償年金，② 労働者の死亡当時，遺族補償年金の受給資格のある遺族がいないときに行われる遺族補償一時金がある． [中川 純]

一億総活躍社会（いちおくそうかつやくしゃかい）

政府は，① その属性にかかわらずすべての人が包摂され活躍でき，② 一人ひとりが個性と多様性を社会・集団の中で尊重されそれぞれが生きがいを感じることができ，③ 経済成長によって子育て支援や社会保障の基盤を強化しそれが更に経済を強くするという「成長と分配の好循環」を生み出していく社会を「一億総活躍社会」と命名している．2016年には「ニッポン一億総活躍プラン」が閣議決定され，① 成長と分配の好循環メカニズム，② 働き方改革，③ 子育ての環境整備，④ 介護の環境整備，⑤ すべての子供が希望する教育を受けられる環境の整備，⑥「希望出生率1.8」に向けた取組，⑦「介護離職ゼロ」に向けた取組，⑧「戦後最大の名目GDP600兆円」に向けた取組の各点について提言された． [木村 敦]

一時保育（いちじほいく）（非定型・緊急保育）

保護者のパートタイム就労や就学のため（非定型），保護者の急病・入院・看護等のため（緊急），さらに保護者の育

児疲れ等の私的な理由によって，一時的に保育に欠ける乳幼児を対象として行われるものである．一時保育担当の保育士を配置すること，また原則として専用の保育室が必要である．柔軟に通常の入所児童との交流保育も行われる．需要は年々増加傾向にあり，2000（平成12）年策定の新エンゼルプランでは，2004（平成16）年度までに全国で3,000ヵ所の設置を目標としていた． ［戸江茂博］

一時保護

都道府県知事，児童相談所長が児童福祉法第33条によって一時保護を必要とする児童の措置が決定するまでの行動観察および各種の調査指導することを意味する．児童相談所の業務のひとつである．一時保護の対象児童は，棄児・家出等緊急の生活保護を要する者，また適切な施設へ入所措置をするための行動観察，集中的な心理療法・生活指導を要する者と認定された児童である．一時保護を必要とする児童の保護観察等をする施設を一時保護所といい，児童相談所に付設されている．一時保護所の設備および運営は児童養護施設に準ずる．近年の被虐待児の増加により入所率も高くなっている．→児童相談所　　　　［安部行照］

123号通知

1981（昭和56）年11月，厚生省社会局（現厚生労働省社会・援護局）保護課長，監査指導課長発通知「生活保護の適正実施の推進について」のこと．1980年の暴力団関係者の不正受給問題を契機に，不正受給防止，生活保護の「適正化」の徹底を求めたものである．本通知において，①資産・収入状況を克明に記入し，事実に相違ない旨，署名捺印とともに付記した書類の提出を求める，②関係先への照会を白紙委任する「同意書」を要保護者から取ることができる，③これらを拒めば申請却下，保護の停止を検討する等の方針が出された．この通知を契機として，いわゆる「水際作戦」（生活保護に関する手続的権利の形骸化を通じた保護申請の窓口規制）が推し進められた． ［砂脇 恵］

一番ヶ瀬康子（1927-2012）

1927年，東京で生まれる．日本女子大学で社会事業を専攻し，法政大学大学院社会科学科修士修了する．経済学博士．学生時代から婦人問題や婦人労働に関心をもつ．一時，紡績工場に勤務し，女子労働者の教育などにあたった．社会福祉運動論の立場に立ち，社会福祉政策論に主体性と現実指向性を与えた．数多くの著作や教育活動により社会福祉学界，介護福祉学界を牽引してきた．福祉は与えられるものではなく，創りだすものであり，究極には文化であると主張し，真の文化は福祉を必要とする人びとの人生の苦悩やよろこびの中からむしろ創りだされてくると考え，福祉文化を唱える． ［加納光子］

移動支援事業

市町村が行う地域生活支援事業のひとつで，屋外での移動が困難な障害者等について，外出のための支援を行うことにより，地域における自立生活及び社会参加を促すことを目的とする．移動支援の実施により，社会生活上必要不可欠な外出及び余暇活動等の社会参加のための外出の際の移動が容易になる．各市町村の判断により地域の特性や利用者の状況やニーズに応じた柔軟な形態で実施することが期待される．個別的支援が必要な者に対するマンツーマンによる支援を行う個別支援型，複数の障害者等への同時支援や屋外でのグループワーク，同一目的地・同一イベントへの複数人同時参加の際の支援を行うグループ支援型，福祉バス等車両の巡回による送迎支援や公共施設，駅，福祉センター等障害者等の利便

を考慮し，経路を定めた運行，各種行事の参加のための運行等，必要に応じて支援する車両移送型がある． ［加納光子］

5つの巨人 (five giant evils)
ベヴァリッジ報告の中で，人びとを苦しめ，生活困難に陥れる原因であり，ひいてはイギリス社会の進歩を阻むものとしてあげられた，窮乏 (want)，疾病 (disease)，無知 (ignorance)，不潔・環境悪化 (squalor)，無為・怠惰 (idleness) の5つが，総じて「5つの巨人」とよばれている．ベヴァリッジ報告とは，1942年にイギリス政府に対して提出された，『社会保険および関連サービス』と題する，ベヴァリッジ (Beveridge, W.H.) を代表とする委員会の報告書のことで，社会保障の具体的な体系を示し，その後の各国の社会保障制度の形成に影響を与えた． ［前田芳孝］

一般扶助主義
公的扶助法において，制限扶助主義が，生活困窮者のうち労働能力のある者をその対象外とする考え方であるのに対して，労働能力の有無を問わずすべての生活困窮者を対象とするという考え方．日本では，戦前の恤救規則（1874年）・救護法（1929年）において制限扶助主義が採用されていた．戦後の立法である旧生活保護法（1946年）では，「生活の保護を要する者」に対する無差別平等の保護を謳ったが，「勤労を怠る者」「素行不良の者」等を保護しないとする欠格条項を残していた．現行生活保護法（1950年）において旧法の欠格条項は廃止され，一般扶助の性格を確立した． ［木村　敦］

遺伝子組換え食品
ある生物の細胞内の核に存在するDNA（デオキシリボ核酸）から特定の遺伝子を選別して，その遺伝情報を他の生物の細胞に導入する技術を用いて新しく開発された農作物や，それを原料として作られた食品のこと．ある種の除草剤に耐性のある大豆，トウモロコシ，ナタネや病害虫に対して抵抗力のあるイネ，ジャガイモなどがあるが，わが国においては，強い拒否反応があり，とくに豆腐や納豆などの大豆製品ではあえて，「遺伝子組換え大豆使用せず」との表示がみられる． ［谷　康平］

イド⇒フロイト，S．

移動用リフト
車椅子への移乗が困難な者に対し，その介護負担を軽減する目的で使用される．リフターまたはホイストともいう．キャスターつきの床走行型，天井にレールを取り付ける天井走行型，ベッド本体に固定するものなど家屋構造，目的に合わせ機種を選ぶ．電動，手動があり，用途もベッドから車椅子への移乗用，浴室用，排泄時介助用がある．吊り具（スリングシート）も多彩で標準型，背部の狭いもの，広いもの，大腿部と背部が分かれているもの，排泄用などがある．
［川瀬良司］

糸賀一雄 (1914-1968)
鳥取県に生まれる．1940（昭和15）年に滋賀県吏員となり，戦時中は食糧課課長に就任している．戦後1946（昭和21）年，近江学園設立以来，20年にわたって独自の福祉・教育実践を行った．「精神薄弱児の父」と称される人物である．当時わが国において支配的であった障害者福祉における保護主義的観点――これから再建させねばならぬ健常者社会を障害者から保護する――を引き受けながら，「この子らを世の光に」と願い，その実践の中から紡ぎ出された「発達保障」論は，糸賀における福祉哲学の到達点といえるだろう． ［新家めぐみ］

井上友一 (いのうえともいち) (1871-1919)

石川県に生まれる．1893（明治26）年内務省に入り，府県課長などをつとめ，留岡幸助らと地方改良運動，感化救済事業を推進．また，1900（大正9）年にパリの万国公私救済事業会議に出席した．1915（大正4）年，東京府知事となる．友一は，『救済制度要義』（1909）の中で，「慈恵的救助制度の濫用」は「独立自営の機能を害し，節制と責任とに欠ける人口濫殖の風を促す」と述べ，「隣保相助の美風」を説いた．

[米津三千代]

EPA
(Economic Partnership Agreement)

EPAは経済連携協定という意味であるが，FTA（自由貿易協定）に加えて経済領域での連携強化，協力の促進を含めた協定である．現在，日本はシンガポール，メキシコ，インドネシア，タイ，チリ，フィリピン等と協定を結んでいる．2008年8月7日にインドネシアから看護師・介護福祉士の候補が205人来日したのは，この協定に基づいている．なお，同国との間の協定において，看護師，介護福祉士候補の受け入れ予定数は当初の2年間で1000人（看護師400名，介護福祉士600人）とされていた．

[成清美治]

井深八重 (いぶかやえ) (1897-1989)

国会議員の井深彦三郎を父として生まれ，幼少期から明治学院長だった父方の叔父井深梶之助のもとで育った．1910年同志社女学校普通学部に入学し，後，専門部英文科に進み1918年卒業した．卒業後長崎県立長崎高等女学校英語教師として赴任したが，1年あまり後皮膚に斑点が生じハンセン病と診断された．1919年，レゼー神父を病院長とする私立カトリックらい（ハンセン病）病院神山復生病院に隔離入院となり「堀清子」と名乗った．井深家は除籍となった．軽症患者として，レゼー院長を手伝う日々であったが，1922年誤診とわかった．しかし，病院に留まることを望み，看護婦免許を取得して，ハンセン病患者の看護と救済に生涯を捧げた．1959年，復生病院70周年にローマ法王ヨハネ23世から聖十字勲章を受章．日本では黄綬褒章を授与．1961年，国際赤十字よりフローレンス・ナイチンゲール賞を受賞．1978年，昭和52年度朝日社会福祉賞を受賞した．

[加納光子]

医療・介護サービスの質向上・効率化プログラム (いりょう・かいごサービスのしつこうじょう・こうりつかプログラム)

このプログラムは，2007（平成19）年5月15日に厚生労働省より提出された．その趣旨は必要なサービスの確保と質の維持向上を図りつつ，効率化等により供給コストを低減させていくための総合的な取り組みを計画的に推進するため，可能な限り定量的な指標を盛り込んだプログラムを策定するとなっている．このプログラムの観点は，①予防重視の観点，②サービスの質向上の観点，③診療報酬体系等の見直し，④国民の利便性向上の観点，⑤国民の安全・安心を支える良質かつ適正なサービスの確保の観点，等である．なお，目標期間は，2008（平成20）年度から2012（平成24）年度となっている．

[成清美治]

医療協同組合 (いりょうきょうどうくみあい) （医療利用組合）

1900（明治33）年に制定された「産業組合法」に基づく産業組合のうち，出資金を集めて病院を建設し，医師を招へいし，医療事業を行うもののこと．これは主として東北地方の農村において発達したものであり，医師・医療機関の不足が深刻化し，医療問題が個人の問題としては解決しがたいことが明らかになって

きたことに対する農民の自衛策であったと考えることができる．1938（昭和13）年に国民健康保険法が制定されると，これらは国民健康保険組合（保険者）の代行法人とされることとなった．

[木村 敦]

医療ソーシャルワーカー
(medical social worker：MSW)

保健医療分野でソーシャルワークを行う社会福祉専門職で配属先によっては社会福祉士，精神保健福祉士やリハビリテーションソーシャルワーカーも含み，総称して医療ソーシャルワーカー，略称でMSWとよぶ．なお，MSWは欧米では修士課程修了のソーシャルワーカー（Master of Social Worker）をさし，病院ソーシャルワーカー（hospital social worker または social worker in hospital）ということが多い．その役割は，利用者の抱える経済的，心理・社会的問題に対して，解決，調整を援助し，社会復帰の促進を図ることである．→医療福祉，社会福祉士，精神保健福祉士

[伊藤葉子]

医療ソーシャルワーカー業務指針

1989（平成11）年2月に厚生省（現厚生労働省）内に設置された医療ソーシャルワーカー業務指針検討委員会により出され，2002年秋に「医療ソーシャルワーカー業務指針改正検討会」が開催され，改正した．今回の改正は，近年の介護保険制度，支援費制度の創設をはじめとする保健・医療・福祉に関わる制度改革など，保健医療を取り巻く状況下で社会福祉の立場から患者・家族の抱える経済的，心理・社会的問題の解決，調整を援助し，社会復帰の促進を図る医療ソーシャルワーカーの役割がこれまで以上に大きくなっていることも踏まえ行われた．業務指針は，「医療ソーシャルワーカー全体の業務の範囲，方法等について指針を定め，資質の向上を図るとともに，医療ソーシャルワーカーが社会福祉学を基にした専門性を十分発揮し業務を適正に行うことができるよう，関係者の理解の促進に資すること」を目的としている．その内容は，①療養中の心理的・社会的問題の解決，調整援助，②退院援助，③社会復帰援助，④受診・受療援助，⑤経済的問題の解決，調整援助，⑥地域活動の6つの業務範囲と，①個別援助に係る業務の具体的展開，②患者の主体性の尊重，③プライバシーの保護，④他の保健医療スタッフ及び地域の関係機関との連携，⑤受診・受療援助と医師の指示，⑥問題の予測と計画的対応，⑦記録の作成等の業務の方法等があげられている．そのほか，環境整備について触れられている．

[伊藤葉子]

医療費の減免

医療費とは，医療機関等における傷病の治療にかかる費用をいう．医療費は，診療費・薬剤費・看護費・移送費・入院療養費などの社会保険からの保険給付対象額と患者が窓口で支払う一部負担を含んでいる．厳密には正常な妊娠や分娩に関する費用や健康の維持・増進を目的とした健康診断・予防接種等に要する費用は含まれない．一般的に医療費の減免とは，患者の一部負担に対する制度的な負担軽減ないし免除することをいうが，医療機関独自の対応によって行われる場合もある．国民健康保険法の場合は，法第44条1項に「保険者は，特別の理由がある被保険者で，保険医療機関等に……〈中略〉……一部負担金を支払うことが困難であると認められるものに対し，次の各号の措置を採ることができる．(1)一部負担金を減額すること．(2)一部負担金の支払いを免除すること．(3)保険医療機関等に対する支払いに代えて，一部負担金を直接に徴収することとし，

その徴収を猶予すること.」と規定されている. 特別の理由とは, ① 災害により重大な被害を被ったとき, ② 農作物の不作, 不漁, その他これに類するとき, ③ 事業の休廃止, 失業等により収入がいちじるしく減少したときである. しかし, 実態として要領や基準を定めて運用している自治体は多くはない.

[熊谷忠和]

医療福祉 (いりょうふくし)

(health and medical social work)

医療福祉には, 一般に広義と狭義のとらえ方があるとされている. 広義の医療福祉は, 保健・医療サービス(政策・実践)と社会保障・社会福祉に関連する諸政策を含む広汎なサービス(政策・実践)をいう. 一方, 狭義の医療福祉は, 医療社会事業とのつながりをもつもので各保健・医療機関等において患者・家族の経済的・社会的・心理的悩み等のニーズを充足するために医療ソーシャルワーカーが行う対人サービスをいう.

[成清美治]

医療扶助 (いりょうふじょ)

生活保護法によって規定された保護の方法のひとつ. 以下に掲げる範囲において行われる. ① 診察, ② 薬剤または治療材料, ③ 医学的処置, 手術およびその他の治療並びに施術, ④ 居宅における療養上の管理および, その療養にともなう世話その他の看護, ⑤ 病院または診療所への入院およびその療養にともなう世話その他の看護, ⑥ 移送. 基本的に現物給付によって行われるが, 保護の目的に照らしてこれが適切でないと判断される場合は現金給付も行われることがある. 被保護者が保護の実施機関より交付された医療券を指定医療機関に提出することで給付される.

[田中誉樹]

医療法 (いりょうほう)

医療法が制定されたのは, 1948(昭和23)年である. この法律の前身は戦時体制のもとで制定された「国民医療法」(1942)であるが, 国家統制による医療供給を図ることを目的とした同法は戦後の新しい医療体制と社会情勢の変化に適応できなくなり, 医療制度審議会は「医療機関の整備改善方策」(1948)を厚生大臣(現厚生労働大臣)に答申した. また同時期に医療制度調査会も「医師法」案, 「歯科医師法」案, 「保健助産看護婦法」案, 「医療法」案を答申した. これによって同年7月に「医療法」が制定された. なお, 医療法の構成は, ① 総則, ② 病院, 診療所及び助産所, ③ 医療計画, ④ 公的医療機関, ⑤ 医療法人, ⑥ 医業, 歯科医業または助産婦の業務等の広告, ⑦ 雑則, ⑧ 罰則等であり, わが国の医療供給体制の確保をはかるため, 病院, 診療所, 助産所等の整備を推進する必要な事項が定めてある.

[成清美治]

医療法改正 (いりょうほうかいせい)

「医療法」は, 医療情勢の変容に対応するため, これまで幾度か改正された. その最初が1985(昭和60)年の第1次医療法改正である. この改正によって, ① 都道府県医療計画の導入と, ② 医療法人の指導監督の規定が整備された. つづいて, 第2次医療法改正が実施されたのは, 1992(平成4)年であった. この改正の要点は, ① 医療提供の理念規定の整備, ② 特定機能病院および療養型病床群の制度化, ③ 広告規制の緩和および病院掲示の義務づけ, ④ 医療機関の義務委託の水準の確保, ⑤ 医療法人に関する規定の整備, となっている. そして, 社会保障・社会福祉の構造改革のもとで実施されたのが, 第3次医療法の改正(1997)であった. この改正の

狙いは医療供給体制の整備と患者の立場を重視した医療の提供にあった．具体的には，①医療提供に当たっての患者への説明と理解，②診療所への療養型病床群の設置，③地域医療支援病院制度の創設，④医療計画制度の改正，⑤医療法人制度の改正，⑥広告事項の拡大等となっている． ［成清美治］

医療法人
(medical cooperation)

1948（昭和23）年に医療機関に関する基本法律である「医療法」が成立した．この法律のもとでは，医療法人制度が設けられておらず，民間医療機関の事業活動は不利な立場におかれていた．しかし，1950（昭和25）年の法改正により，新たに医療法人制度が設けられた．これによって医療事業主体が非営利法人として認められた．これ以降，病院数の増加と増床が促進されることとなった． ［成清美治］

医療保険制度
(medical insurance system)

医療保険制度は，国民が病気，けが，障害，死亡，分娩等の場合に，社会保険の仕組みを通じて医療費の保障を行うものである．国民の健康保持にとって重要な役割を果たしているが年々医療費が高騰化しているため各保険財政は危機に面しており，安定した運営・経営を行うため医療費の抑制のための抜本的改革が今後の課題となっている．現在，わが国の医療保険制度は，大別すると職域保険と地域保険との2領域に区分することができる．さらに，職域保険は自営業者が加入する国民健康保険組合（医師，歯科医師，弁護士，理容師，美容師等同業職種より組織される法人で知事の認可を受ける）の自営業者保険と，保険者が国である船員保険，保険者が公的法人である全国健康保険協会管掌健康保険（旧政府管掌健康保険），そして，保険者が健康保険組合である組合管掌健康保険，国家公務員共済組合，地方公務員等共済組合，私学教職員共済等の被用者保険に分かれる．一方，地域保険に属するのは職域保険（自営業者保険と被用者保険）に属さない人びとを対象とし，各市町村及び特別区が保険者の国民健康保険となっている．その他に各医療保険制度加入者の75歳以上の者及び65歳以上70歳未満のねたきり状態にある者を対象とした老人保健制度と被用者保険の退職者を対象とした退職者医療制度がある． ［成清美治］

医療保護施設

生活保護法（昭和25年法律第144号）第38条の規定による保護施設のひとつ．医療を必要とする要保護者に対して，医療の給付を行うことを目的とする施設．医療扶助の給付に際し，医療保護施設を利用させる．平成22（2010）年度の医療保護施設数は全国に60ヵ所である．近年，医療保険制度の充実等に比べ，その存在価値はうすれている．
［阪田憲二郎］

医療保護入院

精神保健指定医の診察の結果，精神障害者であり，かつ医療および保護のために入院が必要で保護者の同意があるときは，精神障害者本人の同意がなくても入院させることができる（精神保健福祉法第33条）．入院にさいして，保護者の同意書を添えた都道府県への届出書が必要であり，退院時にも同様に知事にその旨を届け出る必要がある．また，1年ごとに定期病状報告をしなければならない．保護者がいないとき（又は保護者がその義務を行うことができないとき）は，その精神障害者の現在地を管轄する市町村長が保護者となる．1999（平成11）年の法改正により，医療保護入院の要件が，患者本人に病識がない等で入院の必

要性について適切な判断を行うことができない状態，つまり，任意入院が行われる状態にないと判断した場合であることと明確化されたことから，2000（平成12）年以降，）医療保護入院の患者数は増加した． [重野 勉]

医療保護入院のための移送

1999年の精神保健福祉法の改正により，法第34条「医療保護入院等のための移送」の規定が新設された．都道府県知事が，その指定する医師による診察の結果，直ちに入院させなければ医療および保護を図る上でいちじるしく支障がある精神障害者であってその精神障害のために本人の同意に基づく入院が行われる状態にないと判断されたものを，医療保護入院（保護者の同意がある場合）または応急入院（保護者の同意がない場合）させるため，応急入院指定病院に移送することができる制度．→医療保護入院 [阪田憲二郎]

医療保護入院の入院届，退院届

医療保護入院をさせた精神病院の管理者は，10日以内に最寄りの保健所長を経て都道府県知事（指定都市の市長）に入院届を届けなければならない．また，このことは同様に退院させた時も10日以内に退院届を届けなければならない．なお，ここでいう入院・退院とは医療保護入院という入院形態の発生・消滅を指すことから，たとえば入院を継続しながら本入院形態から任意入院へ移行する場合は，退院届の届出が求められることになる．→医療保護入院 [青木聖久]

医療保障 (medical security)

わが国の社会保障制度は社会保険を中心に構成されているが，所得保障，社会福祉と並んで医療保障は，社会保障の根幹をなしている．医療保障についてはこれまで，健康の保障かあるいは医療費の保障かが問われてきたが，現代社会における医療保障とは，国家責任においてすべての国民の健康保持，回復を目的とした機会を保障するため公的施策としての予防，治療，リハビリテーション，等を実施することと定義することができる． [成清美治]

岩田民次郎 (1869-1954)

岐阜町に生まれる．1898年から大阪にて貸座敷業を営むかたわら，留岡幸助の講演の影響によって養老事業を思い立ち，1902年12月に大阪市内で大阪養老院を設立（03年に府の認可）した．06年の東北大凶作に際して100名近い児童の救済にあたる．貸座敷業を廃業後，聖徳太子信仰である聖徳会を結成．大阪府方面委員としても活躍し，1925年には第1回全国養老事業大会を成功させた．32年には全国養老事業協会を結成，理事として国内の養老事業を牽引した．46年に施設経営を引退． [倉持史朗]

岩永マキ (1849-1920)

（現・長崎県）浦上山里村に生まれる．キリスト教の信仰により「浦上四番崩れ」とよばれた明治政府の激しい弾圧に遭い，岡山県へ流罪となる．その後浦上へ戻り74年には孤児や棄児の養育施設「子部屋」を設立する（後の浦上養育院）．施設は準修道会「十字会」（会長は岩永）で共同生活をおくる女性たちだけで自給自足の運営がなされたが，カトリックのフランス人神父ド・ロらの支援もあった．岩永は1920年1月に他界するまで，1800名以上の子どもを救済したといわれる． [倉持史朗]

岩橋武夫 (1898-1954)

大阪府に生まれる．昭和期の社会事業家．早稲田大学在学中に失明し，関西学院大学を経てエジンバラ大学に留学する．帰国後関西学院大学などで教鞭をと

る一方，愛盲運動を行い，1935（昭和10）年，日本初のライトハウスを創設，点字出版，点字図書館，更生援護施設など盲人福祉事業を行った．さらに日本盲人会連合，日本盲人福祉協議会結成に尽力し，大阪盲人協会長や世界盲人福祉協議会委員を務め国際的にも盲人福祉の先駆者として評価された．その後1937（昭和12）年と1948（昭和23）年にヘレン・ケラー（Keller, H.）を日本招致し，愛盲運動を行った． [中村明美]

❧ インクルージョン (inclusion)

「包含」あるいは「包括」を意味する英語で，1980年代からアメリカの特殊教育の分野で活発化した考え方．この考え方は，メインストリーム（＝統合教育と同じ意味をもつ用語で，学習あるいは生活の場で障害児と健常児とを統合して教育・保育すること）が子どもの能力に合わせて教育の一部を「普通教育」の枠に「統合」して適切な教育環境を保障するのに対して，障害の種別の枠にとらわれずに，また子どもの能力にとらわれず，子どもたちの「生活年齢に相応する普通教育の環境を保障していく」ということに重点が置かれている．→ソーシャル・インクルージョン [石倉智史]

❧ 陰性転移

過去の特定の人物に対する感情や態度を，現在の人間関係の中で，ある人物に対して（過去の特定の人物とは関連性のない人物）向けることである．感情転移ともいわれ，憎しみ，敵意等の感情および態度の場合，これを陰性転移とする．転移は精神分析療法において重視される概念で，治療者と患者との関係性の中で患者が反復・反応する感情や態度をさすことが多い．精神科の患者が過去の心的外傷体験や，これまで抑圧してきた感情を治療者に対して向け，陰性転移を起こすことがしばしばある．また，父親から性的虐待をうけたことのある女性患者が，男性スタッフを必要以上に拒否したり，長年支配的な夫におとなしく尽くしてきた妻が，治療者に対して別人のようにわがままをいったり，今まで出せなかった感情を，治療者に対して向ける場合もある．精神分析療法では，転移を適切に解釈する転移分析を行うことで，患者は対象との関係について洞察を深めることが可能である．当然のことながら治療者はストレスを感じるが，患者のこれまでの生活体験や背景を十分理解し，受容的に接する必要がある． [岡田良浩]

❧ インターグループワーク説 (intergroup work)

事業やサービスに関係する機関・団体・グループ，個人の相互関係を改善促進し，連絡調整を推進する技術であるインター・グループワークは，1947年の全米社会事業会議で，ピッツバーグ大学のニューステッター（Newstetter, W. I.）らが理論的に強化して発表し，その代表的論者となった．多様なグループで構成される地域社会は，そのグループ同士の相互作用およびグループとコミュニティとの相互作用により発展する．インター・グループワーク説は，こうした相互作用が促進するようにグループ間を調整し，ニーズを充足させることを目標とする理論として構築され，ニーズ・資源調整説とともに日本の社会福祉協議会の創設期に影響を与えた． [瓦井 昇]

❧ インターベンション (intervention)

日本語では「介入」と訳され，クライエント（福祉サービス利用者）自身の変化や問題状況の改善を目的としてなされるワーカーによる働きかけのことである．伝統的なケースワークの援助過程においては「治療」あるいは「処遇（treatment）」とよばれてきた段階であるが，

統合されたソーシャルワークの援助過程においては、しばしば「介入」あるいは「活動（action）」が使われるようになった。ソーシャルワークの焦点を社会と人間との接点に絞り、その接触面から、社会と人間あるいは両者の相互作用に働きかけるという意味合いが「処遇」よりも強い．　　　　　　　　　[武田康晴]

インテーク （intake）

ケースワークの援助過程における最初の段階であり、そこで行われる面接を「受理面接」あるいは「インテーク面接」という．インテーク面接には、直面する問題の解決を求めて社会福祉機関に来談する申請者＝アプリカント（applicant）が援助者と初めて出会い、援助関係の基礎をつくるという重要な意味がある．ただし、厳密にいえば、インテークは援助開始以前の段階にあり、申請者の来談理由を明確化し、当該機関の援助内容を説明したうえで、当該機関において援助を受けるか否かについて申請者の意思を確認することが主な目的となる．
[武田康晴]

インテグレーション （integration）

ノーマライゼーションの理念を具体化する取り組みの一環．障害のあるなしに関わらない、同年代の分け隔てのない仲間として共に学ぶシステムが形成される状態をいう．わが国では、学校教育の中で、普通学級に障害児を積極的に受け入れる「統合教育」と、併設された特殊学級に通う障害児と、同学年のそうでない児童が一定の教科について一緒に学習する「交流教育」等が全国的に普及している．　　　　　　　　　　　[石倉智史]

インフォーマル・ケア
（informal care）

制度に基づく専門職によるフォーマル・ケアに対して、個人をとりまく家族、親戚、友人、同僚、近隣、ボランティアなどによって提供される非公式なケアの総称．個別のニーズへの柔軟な対応は可能であるが、専門性に欠け、安定した供給には課題がある．個人の多様化・高度化したニーズに対応するために、フォーマル・ケアとインフォーマル・ケアとを組み合わせて提供されることが求められているが、そのためには専門職がケアを必要とする個人の人間関係や地域の社会資源を把握して、日常生活を包括的に支援する視点をもつことが必要である．→フォーマル・ケア　　　[鳥海直美]

インフォーマルネットワーク

個人が取り結んでいる家族、親族、友人、近隣、同僚、ボランティア等の人間関係のこと．人びとの社会生活上の欲求充足においてこのネットワークのサポートが不可欠なものであり、福祉援助においては社会資源としてネットワークの充実と公的機関や専門職等によるフォーマルなサポートとを繋ぐコーディネートが必要である．　　　　　　　[大野まどか]

インフォームド・コンセント
（informed consent）

患者またはその家族が、医療行為の性質や結果について十分な情報を得る権利（接近権）、医療行為をうけるかどうかを自ら判断する権利（自己決定権）、およびそれを可能にするための医師による十分な説明義務（還元義務）を前提とした医療行為に関する両者の同意のこと．医師は患者に病名、症状、必要な検査の目的と内容、予測される治療の結果や危険性、治療をした場合としなかった場合の予後の違いなどについて患者に理解できるように説明し、患者は自らがおかれた状況をよく理解したうえで治療をうけるかどうかを判断する．医療における患者と治療者の平等な関係を保証しようとする概念である．　　　　　　　　[田中誉樹]

インプリンティング (imprinting)

刻印づけ，刷り込みと訳される．孵化直後から歩くことのできる離巣性の鳥類（カモ，アヒル，ガンなど）の雛は，生後の一定の期間で最初に見た動くものの後を追いかける．親鳥や動物のみならず転がしたボールなど無生物に対しても，動けば後追い反応を示す．比較行動学者ローレンツ（Lorenz, K.Z.）は孵化直後のハイイロガンを観察中にこの現象を発見した．この行動は，いったん形成されると消去しないので，imprint（刷り込む），という言葉で表現されたわけである．インプリンティングが生じるのは孵化後のある一定期間だけで，それを過ぎると，未知のものに対する恐怖が生じ，後追い行動をしなくなる．この一定の期間を臨界期あるいは敏感期とよぶ．→アタッチメント　　　　　　　　［津田兼六］

う

ヴァルネラビリティ (vulnerability)

社会的に弱い立場におかれ，孤立し排除されやすい人びとのもつ性質を指し示す用語．「傷つきやすさ」「脆弱性」と訳される．社会的援護を要する状態に陥りやすい障害者・高齢者・女性・低所得者などの人びとの要援護性を説明する際に用いられる．ワーキングプアやホームレス等，貧困の再発見に伴って注目されるようになった．　　　　　　　　［古川隆司］

ウイリアムズ, G. (Williams, George; 1821-1905)

1844年に，ロンドンで始まったYMCA（キリスト教青年会 Young Men's Christian Association．キリスト教の信仰に基づく男子青年の人間教育と社会奉仕を目指す団体．本部をジュネーブにおき，2008年現在122国が参加している）の創始者．G.ウイリアムズは，産業革命期に地方からロンドンに出てきていた若者たちが孤独や不安からギャンブルや不健全な遊びに陥る状況を憂えて，若者たちに呼びかけて聖書を読む会や祈祷集会を開き，同世代の人格的成長や生活の改善をはかろうとした．この運動はイギリス全土にひろがり，1851年には24組織と2,700人の会員をもつに至った．北アメリカやヨーロッパにも広がり，1851年にはボストンにアメリカ最初のYMCAが設立された．1855年にはパリで世界大会が開かれた．日本では1880（明治13）年5月に小崎弘道らが東京基督教青年会を，6月に宮川経輝らが大阪基督教青年会を結成した．ウイリアムズは1894年のロンドンYMCA創立50周年記念大会で，人類に対する非凡な奉仕をたたえられて，ナイトの称号を与えられた．なお，対応するものとして，女子青年には，1877年に同じくイギリスで発足した，YWCA（キリスト教女子青年会 Young Women's Christian Association）がある．

［加納光子］

ウィレンスキー, H. (米 Wilensky, H.L.)

アメリカの社会学者・社会福祉学者である彼は，社会福祉を「残余としての社会福祉」と「制度としての社会福祉」に分類した．また，福祉国家に影響を与えるのは産業の高度化による経済水準の上昇であり，このことが如何なる影響も受けないとする「収斂（しゅうれん）理論」を展開した．　　　　　　　　［成清美治］

ウインスロー
(Winslow, C.E.A.; 1877-1957)

アメリカの公衆衛生学者である．公衆衛生学の発展に大きく貢献した．公衆衛生学は，産業革命当時のイギリスで誕生し，英米を中心に発展してきた学問である．日本においては，第2次世界大戦後の1946年に公布された日本国憲法第25条において，"国民の権利としての健康を守る国家の機能である"というように位置づけられたものであった．ウインスローによる公衆衛生の定義は，「組織された地域社会の努力を通して，疾病を予防し，生命を延長し，身体的そして精神的機能の増進を図る技術であり，科学」である． ［加納光子］

ウェッブ夫妻（ふさい）
(英 Webb, Sidney; 1859-1947. Webb, Beatrice; 1858-1943)

社会改良主義者であり経済学者あるいは歴史家でもあるシドニーとビアトリス夫妻はイギリスの社会改革運動に一生を捧げた．2人のパートナーシップとしての功績は共著『産業民主制論』(Industrial Democracy, 1897) においてナショナル・ミニマム論（最低限の生活保障）を提唱したことである．この考え方は後の社会保障の基本理念となった．そして，1905～1909年の間に開催された「救貧法および失業者に関する王立委員会」(The Royal Commission on the Poor Law and the Unemployed) の多数派（14名）のメンバーが福祉政策における公的救済の拡大を否定すると同時に民間部門は公的部門の拡大に優先するという立場の意見をまとめた「多数派報告」を提出したのに対して，少数派（4名）の中心的メンバーであった妻のビアトリスは夫シドニーの協力のもとで救貧法の廃止並びに公的部門を主とし民間活動を従とするサービスの展開を唱えた「少数派報告」をまとめ上げた．こうしたウェッブ夫妻の社会改良事業は救貧事業から社会事業へ橋渡しの役割を担い，イギリスの社会保障，社会福祉政策に影響を与えることとなった． ［成清美治］

ウェーバー
(独 Weber, Max.; 1864-1920)

社会学者，経済学者．ハイデルベルク，ベルリンの両大学で学び，ベルリン，フライベルク，ヘイデルベルク，ミュンヘンの各大学で教鞭をとる．主な著作に『プロテスタンティズムと資本主義の精神』(1904～1905) があり，近代資本主義の発達をプロテスタンティズムのエートス（宗教倫理）に基づく世俗内禁欲（人びとが職業活動に禁欲的に励むこと）と関連づけて究明した．この他，ウェーバーは，『経済と社会』(1921～1922) において，近代社会への移行を支配関係の合理化の過程として考え，① 伝統的支配，② カリスマ的支配，③ 合法的支配という支配（権力・影響力）の3類型を示している．特に，近代に入って登場した官僚制を合法的支配の純粋型とみなし，規則によって秩序づけられた職務・権限の配分，職務権限のヒエラルキー，公私の分離・非人格的な人間関係，職務の専門化，文書による事務処理など，合理的な特徴をもつものとして肯定的にとらえた．以上の業績に加えて，ワイマール共和国憲法の草案作成に助力したことでも知られる． ［成清敦子］

ウェルビーイング (well-being)

1946年，世界保健機関（WHO）草案における「健康」の定義の中で「社会的に良好な状態：well-being」と初めて登場．1994年の国際家族年においては，「個人のウェルビーイングを高めるための家族のあり方を考え，家族生活を促進することを目的としている」とある．近年の社会福祉分野（ソーシャルウ

ェルビーイング）においては，個人の権利を保障し，自己実現をめざし，理想的な目標として掲げる福祉を意味するソーシャルワークの理念に基づく事業や活動達成された状態をいう．生活の質（QOL）の豊かさを示す概念でもあり，ウェルフェアより充実した状態を示す用語である．　　　　　　　　　［荒井　緑］

ウェルフェア（welfare）

「福祉」と訳す．well と fare が合わさった言葉であり，well は快い・満足な状況を表し，fare は状態・旅路を表す．権利保障，自己実現を追求するといったものではなく，日常生活において「快い満足な暮らし」「幸福」「安寧」を意味する概念である．ウェルビーイングと対比して用いられる場合，救貧的・慈恵的・恩恵的な思想を背景としている．社会的に弱い立場にある人びとへの制度や援助観をさす文脈で使用されることがある．social welfare（ソーシャルウェルフェア）は社会福祉と訳す．［荒井　緑］

ウォーターマット

身体局所にかかる体圧を分散して，褥瘡を予防したり，すでに発生している褥瘡を改善することを目的としたマットで，水の減圧による体圧分散効果にすぐれた全身用のマットである．「厚生大臣（現厚生労働大臣）が定める福祉用具貸与に係る福祉用具の種目」では，「じょく瘡予防用具」として位置付けられている．褥瘡予防のマットは，柔軟性が高いために，寝返りや起き上がりなどの動作や介助が困難になったり，座位がとりにくくなる場合があるので，注意が必要である．→エアーマット，褥瘡［岡本秀明］

ヴォルフェンスベルガー，W.
（米 Wolfensberger, Wolf; 1934-2011）

アメリカ，ニューヨーク，シラキュース大学教授．アメリカ，カナダの北米で，ノーマライゼーション理念を刷新することをめざし Social Role Valorization「社会的役割の実現」概念を提唱した．障害当事者を「社会的に価値を引き下げられている人びと」ととらえ，社会的イメージや個人的適応力の増進を図ることで障害当事者が果たしている社会的な役割に目を向け，価値づけ，意味づけを行うことをめざした．そのアプローチを「同化主義」と批判する声もあるが，ノーマライゼーションの理念を目標とするよりむしろ具体的な手段として「ノーマライゼーションの目標を実行するためのサービスシステムのプログラム分析（Program Analysis of Service System Im-plementation of Normalization Goal：PASSING)」の開発，研修にも精力的に携わり，ノーマライゼーションを実現するため具体的な実践を展開した．　　　　　　　　　［伊藤菓子］

内田・クレペリン検査⇒作業検査

宇都宮病院事件

報徳会宇都宮病院事件は，病院職員の暴行による患者の死亡が1年も経た1984年に明るみに出て，その後，当病院の恐るべき実態が明らかになった．この事件をきっかけに日本の精神医療が国連の小委員会にもちこまれ，精神病床数の多さ，強制入院や長期入院等の状況について国際的な批判を浴びることとなった．当時の報告によると，暴力と恐怖による患者支配，無資格の患者を医療職として働かせたことを含む強制労働等々，数々の恐るべき人権侵害が日常的に行われていたというものであった．［重野　勉］

瓜生　岩（1829-1897）

福島県に生まれる．通称岩子．江戸後期・明治期の慈善事業家．1868（明治元）年，戊辰戦争中敵味方なく傷病者や

窮民を救護する．戦後，幼年学校を設立し教育を行った．1871（明治4）年，東京深川の教育養護施設救養会所で児童保護，救貧事業などを研修し帰郷後，1889（明治22）年福島救育所，会津育児会を設立し貧民救済，堕胎圧殺防止に努めた．1893（明治26）年，有力者たちの援助を受け若松済生病院を創設し無料で医療を行い，婦女子に教育を施した．混乱期の社会福祉運動の先駆けとしてわが国女性初の藍綬褒章を受賞し，日本のナイチンゲールと称される．

[中村明美]

ウルフェンデン報告

多元的な福祉システムにおけるイギリスのボランタリー・セクターの役割について，ウルフェンデン（Wolfenden, J. F.）を座長にして検討し，出された委員会報告書（Wolfenden Committee Report）である．1978年に *The Future of Voluntary Organisations* として発刊された．社会福祉サービスの供給主体を公的部門，民間営利部門，民間非営利部門，インフォーマル部門の4つに分け，公的サービスの役割の重要性を認めつつも，多様な供給主体の独自の役割についても認めるという福祉サービス供給における福祉多元主義の考え方に立っている．ボランタリー・セクターの将来の方向性として，個人のニーズの充足や，援助を求める者とボランティアとの橋渡しなど，補完的，先駆的，仲介的な役割を果たすことを示した．

[加納光子]

え

エアーマット

身体局所にかかる体圧を分散して，褥瘡を予防したり，すでに発生している褥瘡を改善することを目的としたマットで，送風装置または空気圧調整装置を備えた空気マットである．「厚生大臣（現厚生労働大臣）が定める福祉用具貸与に係る福祉用具の種目」では，「じょく瘡予防用具」として位置づけられている．
→ウォーターマット，褥瘡　[岡本秀明]

AA

（alcoholics anonymous：AA）

匿名のアルコール依存者の自助グループをさす．1935年アメリカにおいて誕生し，現在では世界各国においてその会合がみられる．AAはその名のように匿名性（アノニミティー）を重視し，名前，住所，職業など明らかにする必要がなく，酒をやめたい人なら誰でも参加できる．非会費制でその運営は献金によりなされ，『12のステップ』とよばれるアルコール依存からの回復プロセスの原理に基づきミーティングが開かれる．キリスト教の教会で例会が開かれており，わが国においても近年，大きな広がりをみせている．

[北川 拓]

ASD（急性ストレス障害：Acute Stress Disorder）

ICD-10における名称は，急性ストレス反応である．自分や他人の生命や安全に対する重大な脅威を，実際に体験したり，目撃して，トラウマ（心的外傷）を経験した後，4週間以内に，感覚麻痺や，周囲に対して注意がむけられなくなったり，現実感がなくなったり，注意力が低下したり，体験の重要な側面を思い出せなくなるなどの精神症状と動悸，呼吸困難，めまい，首や肩のこり，震え，不眠などの身体症状が起こるが，数時間，数日から4週間以内に自然治癒する一過性の障害である．以下の3つの症状を示す．①追体験：フラッシュバックともいう．トラウマ（心的外傷）の原因

となった出来事が繰り返しはっきりと思い返されたり，悪夢を見たりする症状．② 回避：トラウマに関する出来事や，関連する事柄を避けようとする傾向．③ 過覚醒：神経が高ぶった状態が続き，不眠や不安などが強く現れる症状．他に多動傾向などがあらわれる．治療法は4週間以内に短時間の薬物療法や心理療法が用いられる．予後は良好であるが，PTSDへと移行することがある．

[加納光子]

英国ソーシャルワーカー協会（British Association of Social Workers：BASW）

イギリスにおけるソーシャルワーカーの職能団体組織である．1970年に，児童主事協会（ACCO），医療ソーシャルワーカー協会（IMSW），精神科ソーシャルワーカー協会（APSW）などソーシャルワーカー諸団体常設会議（SCOSW）に所属していた8つの団体が統合され結成された．ソーシャルワーカーの認定機関である中央ソーシャルワーク教育訓練協議会（CCETSW）に協議会委員を送り込み影響力は大きい．会員はソーシャルワーカーとしての認定資格保持者やソーシャルワーク業務の経験者なども含めて構成されている．会員数は1980年から2000年にかけておおよそ8,000から9,000で推移している．1975年にエディンバラ市で開催された総会において倫理綱領を採択している（以後1986年，1996年に改訂されている）．協会の全構成員は，この倫理綱領を強く遵守することが求められている．この倫理綱領は，「目的」「序文」「声明」として9の項目が掲げられ，さらに実践行動の基準として12の「実践の諸原則」が示されている．また，協会は，① ソーシャルワークの価値や倫理を社会に喚起する，② 会員の個別性の高い損害賠償などの問題に関しての助言や代理サービをする，③ 損害に関する保険に加入をする，④ 会員の関心領域に関するグループや国際的な取り組みについて地方支部を通してサービスをする，⑤ 低価格で参加できるソーシャルワーク業務の研修やトレーニングコースの案内，⑥ 特別価格による専門ソーシャルワーク誌の予約購読，月刊誌や関係テキストの発行など，会員がソーシャルワーカーの専門家としての誇りをもち援助を展開していくための幅広いサポートを提供している．

[熊谷忠和]

エイジズム（ageism）

エイジズムは，アメリカの精神医学者のバトラー（Butler, Robert）による1969年の造語で，その語意は年齢差別，高齢者差別等であるが，そこには，高齢者に対する差別観が含有されている．かつての社会においては，高齢者は，培った経験あるいは体験に基づく知識を社会生活に有効に生かすことが可能であったので，高齢者に対する価値観は肯定的であった．しかしながら現代社会の都市化・工業化のもとで急速に変化する技術・知識に対して，これまでの経験・体験を生かすことが不可能となり，高齢者に対する価値観は否定的となり，高齢者を排除する社会となっており，そこには差別・偏見が常態化している．

[成清美治]

HIV／AIDS

HIV（Human Immunodeficiency Virus）はヒト免疫不全ウイルスのことである．AIDS（Acquired Immune Deficiency Syndrome）は後天性免疫不全症候群のことであり，HIVウイルスの感染によって起こる病気である．HIVはヒトの血液中や精液・膣分泌液などのなかにいて，これらの体液が性行為，母子感染などによって，他のヒトの粘膜や傷ついた皮膚に触れると感染する

可能性がある．HIVは免疫機能を担うリンパ球に入り込み，免疫細胞を壊しながら増殖するので，感染すると免疫力が低下し，通常は病原性のほとんどない微生物による感染症（日和見感染症）などの合併症を発症する．ニューモシスチス肺炎など厚生労働省が定めた23の合併症のいずれかを発症するとAIDSと診断する．発症までの潜伏期間は個人差があり，半年から10年といわれている．

[加納光子]

ADA法
(Americans with Disabilities Act)

「障害を持つアメリカ人法」．機会均等の理念に基づき，障害者差別の撤廃と障害者の社会参加を目的として1990年7月に制定された，アメリカ連邦法．公共施設，移動・交通，教育，雇用，住宅，通信など社会的活動や生活場面における障害者に対する差別や排除を禁止し，しかも，障害者の社会参加を保障するための具体的な条件整備を政府・行政機関や民間企業に義務づけている．段階的に施行され，2020年に全面施行となる．障害者の人権保障という立場に立った画期的な法律で，各国の障害者差別禁止法の先駆けとなった．

[植戸貴子]

ADL (activities of daily living)

日常生活動作．毎日の生活をするために必要な基本的動作のうち，食事，衣服の着脱，整容，排せつ，入浴，移動の身体動作をいう．ADL評価とは高齢者や障害者（児）などを対象に，項目ごとの身体動作を自分の力でどの程度できるか，その能力を測ることであり，介護の必要度の把握やリハビリテーションの効果測定のための指標となる．近年，人生の主体者として生きる患者や要介護者などをどのように援助するかという観点から，治療や介護やリハビリテーションの目標として従来のADLの向上に代わり，QOLの向上がいわれている．→IADL，QOL

[鳥海直美]

栄養ケアマネジメント
(栄養管理指導)

これまでの介護保険法のもとで介護保険施設が提供する食事サービス（基本食事サービス費）において，利用者の栄養状態に問題があることが指摘されていた．2005（平成17）年の「介護保険法」の改正では，従来の食費が保険給付の対象外になった機会に基本食事サービス費の廃止に伴い従来の管理栄養士等の業務（給食管理業務が多くを占め，栄養ケア業務が機能しなかった）を見直し，利用者個々の栄養状態，健康状態（介護予防）に主眼をおいた栄養ケアマネジメントを別途加算することとなった．なお，①栄養スクリーニング，②栄養アセスメント，③栄養ケア計画の作成，④栄養ケア実施・チェック，モニタリング，評価の一連の業務を行うことが加算の条件となっている．

[成清美治]

ALS
(amyotrophic lateral sclerosis：筋萎縮性側索硬化症)

運動神経が侵されて筋肉が萎縮していく進行性の神経疾患である．1次および2次運動のニューロンに障害がおこる．1869年にシャルコー(Charcot, J. M.)が疾患概念を確立した．発症原因は不明であるが，ひとつではなく多数の遺伝子的要因が関係していると考えられている．治療法も確立していない．有病率は10万人に1から3人で，10歳代後半から80歳代にわたって発症するが中年期の40歳代から50歳代に多いといわれる．多くは孤発であるが，5から10％ぐらいは家族性と考えられている．筋萎縮，筋力低下，繊維束攣縮，深部腱反射亢進などの症状がある．症状の進行と

ともに全身の筋群が侵される．発病後年で死にいたることが多かったが，最近では人口呼吸器などにより延命もすすんでいる． [加納光子]

ADHD ⇒注意欠陥／多動性障害

駅型保育所

　財団法人こども未来財団の助成による民間保育サービスのひとつであり，1994年度より試行的にスタートした．駅ビルや駅近辺のオフィスビル等の通勤に便利な場所に設置される保育所である．良質の保育を提供するため，保育施設内の保育室やほふく室の広さや保育に従事する職員数については，児童福祉施設最低基準に準じたものが要求されている．子どもの健康を守るため，医療機関と連携することも大切である．1998年度現在，全国に28ヵ所の駅型保育所がある． [戸江茂博]

エゴ⇒フロイト，S.

エコマップ（ecomap）

　生態学の視点を導入して創られた生態地図．ハートマン（Hartman, Ann）が社会福祉実践用として1975年に考案した，クライエント（福祉サービス利用者）とクライエントをとりまく環境との複雑な関係を円や線を使って図式化して表現する方法．クライエントを含めた家族や個人の人間関係や社会関係を簡潔に把握し，社会資源の活用や援助的介入の方法を組み立てていくうえで大きな役割を担っている．
　援助活動の記録や事例研究，スーパービジョンなどで活用されるだけでなく，クライエントがエコマップを描くことによって，自らの状況を社会環境との関わりの中でとらえることができるため，面接の道具として活用される． [久保美紀]

エコロジカルソーシャルワーク
（ecological social work）⇒生態学理論

SST（social skills training）

　認知行動療法の理論に基づいた，リハビリテーション技法のひとつで，社会生活技能訓練と訳される．リバーマン（Riverman, R.P.）によって確立され，わが国でも精神科リハビリテーションの中に，積極的に取り入れられるようになってきている．精神障害者は疾病による認知の障害のため，コミュニケーション技能が阻害されていることが多い．そのためにスポイルされている対人関係などの社会生活技能の回復をはかるための訓練である．具体的には，自分の考えや感情を上手に表現することや，生活の中で場面に合った適切な行動ができるようにする等，コミュニケーション技能の向上を図る．数名のグループで対人関係の具体的な場面を想定し，ロールプレイ等，実技リハーサルを通して，適切な会話，行動などを練習する．そして，良いところをフィードバックして自信をつけ，実際の場面で使えるようにする訓練技法である． [岡田良浩]

SFA ⇒社会生活力

エスピン＝アンデルセン，G.
（デンマーク Esping-Andersen, Gøsta; 1947-）

　福祉国家論研究者，比較政治経済学者．デンマーク生まれで，現在はスペインのポンペウ・ファブラ大学政治社会学部教授であり，福祉国家論研究の第一人者である．彼は，主著『福祉資本主義の三つの世界』（The Three Worlds of Welfare Capitalism）（1990）の中で，

福祉国家の3つの類型を提示して世界的に注目を集めた．すなわち，3つの類型とは ① 自由主義型（リベラル型）福祉国家：アメリカ，カナダ，オーストラリア等，② 保守主義（コーポラティブ））型福祉国家：イタリア，フランス，ドイツ等，③ 普遍主義（社会民主主義）型福祉国家：北欧諸国である． ［成清美治］

エディプス・コンプレックス
(Oedipus complex)

精神分析の用語．フロイト（Freud, S.）は，4～5歳の子どもが異性の親に対して性的関心とそのことへの罪悪感をもち，同性の親には敵対心と尊敬の気持ちを抱くようになることを指摘し，このような複雑な感情に彩られた心のしこりをエディプス・コンプレックスとよんだ．これは父を殺して母を妻としたギリシア神話「エディプス王」に由来する．男児にとって母親を愛することは，嫉妬した父親から罰せられるのではないかという去勢不安を引き起こすが，通常この不安は父親と性の同一視をすることで解消し，子どもは性役割を獲得していくとされる．→フロイト，S. ［津田兼六］

エーデル改革

スウェーデンにおいて1992年1月1日より開始された高齢者福祉改革の総称．高齢者の保健医療と社会福祉サービスの統合を目的とする．エーデル改革により，コミューンが高齢者福祉を一部の医療を除いて担当することになった．ランスティングで雇用されていた看護師・作業療法士・ケースワーカー等の中で老人保健医療の従事者がコミューン職員となり，訪問看護もコミューンに移管された．新たに内科・外科の救急病棟と老年科の病棟の入院患者に対して，「社会的入院費支払い責任」がコミューンに課せられたことで，社会的入院患者は減少した． ［米津三千代］

エドワード，V.R.
(米 Edward, V. Roberts; 1939-1995)

アメリカの自立生活運動のリーダー的存在．「自立生活の父」といわれている．14歳の時ポリオを発症．障害をもちながらもカリフォルニア州立大学バークレー校に入学を希望．当時のリハビリテーション局は重度の障害があるため資金援助を却下したが，粘り強い働きかけでその権利を得ることができた．1970年，大学で障害をもつ学生のためのプログラム作りをきっかけに他の障害者の活動家や支持者たちと一緒に最初の「自立生活センター」を設立する．この時より今までの「自立観」を大きく変革させる「自立生活運動」へと結びついていったのである．一貫して医療モデルを拒否し，消費者中心主義，ピア・サポート，変革のためのアドボカシー，そして，自立生活スキルのトレーニングに焦点をあて続け，1995年に死去するまで「世界障害者問題研究所」の代表として活躍した． ［石倉智史］

エドワード，D.T.
(米 Edward, Devine T.; 1867-1948)

社会福祉学者であり，実践者でもある．20世紀前半のアメリカの社会福祉の進展において，理論的かつ実践的な面での指導者の役割を果たした．実践者としては，ニューヨーク慈善組織協会の活動に関わり，1896年には同協会の総主事となっている．さらに，1898年のニューヨーク博愛学校の設立にも関わり，後に同校の校長を務めた．また，学者としての業績は，1922年の"Social Work"がもっとも有名．同書は，社会福祉を体系的に論じたものとして，古典的名著のひとつに数えられている． ［前田芳孝］

NHS およびコミュニティ・ケア法(ほう)

(National Health Service and Community Care Act)

1990年にイギリスで行われた国民保健サービス法制度の改革への新法．その主な目的は，限られた財源の中でより良いサービスを提供することである．そのため，サービス供給主体の多元化を促進するため，民間供給主体による市場の競争原理を導入するとともに，地方への権限や責任の委譲，薬剤の使用など医療行為の制約などを行った．地方自治体に対してはコミュニティ・ケア計画の策定を義務づけ，ケアマネジメントを推進．シーボーム報告による地方自治体の福祉行政関係事務の社会サービス部への一元化，バークレー報告によるソーシャルワーカーの役割と任務とコミュニティワークの推進，グリフィス報告によるコミュニティ・ケア改革の流れの中から制定された．→国民保健サービス法 [伊藤葉子]

NGO

(Non-Governmental Organization)

「非政府組織」のこと．もともとは国際連合憲章に起源をもつ言葉である．社会問題や保健・医療，人権，教育などの問題を国際的に討議するうえで，加盟国政府のみでなく，独自の視点や情報をもつ民間団体にもオブザーバーや発言の機会を保証するシステムから生まれた用語．今では一般に，国連をはじめとする国際会議などで民間団体をさす名称となっており，範囲は膨大に広い．ただし，国連では慣習的に営利企業を NGO には含んでいない． [南 多恵子]

NPO (Non-Profit Organization)

「民間非営利組織」のこと．「利益拡大のためではなく，その（営利性でない）使命実現のために活動する」という組織原理をもつ．したがって，NPO が包括する範囲は広い．狭義の意味では，特定非営利活動法人（NPO 法人）として設立された組織をさす．しかし，一般的にはボランティア団体や市民活動団体も含まれる．広義にとらえれば，宗教法人，社会福祉法人，社団法人，私立学校法人，医療法人等非営利とされる法人や，農協，生協，町内会・自治会なども含まれる． [南 多恵子]

NPO 法(ほう)

正式名称を「特定非営利活動促進法」という．1998（平成10）年3月19日に成立，同年12月1日施行．NPO 法はその通称．この法律は，第1に特定非営利活動（福祉の増進，環境保全，国際協力，まちづくりなどの分野の活動など20分野）を行う団体に法人格を付与することを目的としている．事実，一定の要件を満たせば簡単に法人格が取れるようになり，活動促進を支援するものとなっている．2012（平成24）年の法改正により，NPO 法人に関する事務の地方自治体への一元化，申請手続きの簡素化・柔軟化，認定制度の見直しなどが行われた． [南 多恵子]

エビデンス・ベースト・メディスン

(Evidence-Based Medicine：EBM)

1991年カナダのマクマスター大学一般内科・臨床疫学部門のガイヤット教授が，患者の診断を効果的に行うために文献をどのように用いるかを示した論文の中で EBM という言葉を提唱した．診断や治療を長年の臨床経験に頼らず，臨床研究で得られた事実を根拠に判断する方法．EBM の手順は，① 患者の問題点を明確にする，② 問題点の解決に役立つ文献を見出す，③ 文献の妥当性の評価，④ 文献の結果を患者に適応することの

判断，の4段階に分けられる．
[阪田憲二郎]

エプスタイン，L.
(米 Epstein, Laura)

課題中心ケースワーク（task centered casework）の提唱者のひとり．シカゴ大学でリードとともに実証的な研究を進め，短期処遇の利点を指摘した．この中で，目標となる課題は具体的である必要性を訴え，その課題は話し合いの中で，クライエント（福祉サービス利用者）とともに選定されるものであり，最終的にクライエントとともに援助に関する評価を行い，課題達成できていない，あるいは新たな課題が生じた場合には，最初に戻って援助が再スタートするという援助過程を提唱した．この主張は援助過程あるいは援助関係において，今日でも重要な視点であるとして多大な影響を及ぼしている．
[土屋健弘]

MRSA
(methicillin resistant staphylococcus aureus)

メチシリン耐性黄色ブドウ球菌，俗にマーサのこと．MRSAはメチシリンをはじめとしてペニシリン系セフェム系など複数の抗生物質に薬剤耐性された細菌である．これは常在菌であり，健康状態のよい時はなんら問題がないが，高齢者や手術後の患者などのように抵抗力が低下した状態のときに感染力が高まり，生命を脅かすものとなる．MRSAに感染している患者から医師や看護師などが媒体となり他の患者へといった院内感染が引き起こされやすい．予防方法は，手洗い，手指の消毒，予防衣の着用などである．→感染症
[山本明美]

MSW⇒医療ソーシャルワーカー

MMPI⇒人格検査

MCOモデル

パールマン（Perlman, H.H.）が，クライエントのケースワーク援助を用いる力として提唱した'ワーカビリティ'（workability）の構成要素としてあげたもの．①'動機づけ'（motivation）：クライエントがサービスを利用して問題解決に取り組んでいく意欲，②'能力'（capacity）：クライエントのもっている問題解決に活用できる情緒的能力，知的能力，身体的能力，③問題解決の取り組みができる'機会'（opportunity）の3側面からなるととらえる．クライエントのこの力を積極的に援助に生かすことが，ケースワーク援助には不可欠であり，クライエントの動機づけ，能力，機会について，さらに，それらを妨げている要因について評価することがケースワークの目標設定を適切にするとした．
[久保美紀]

エリア型コミュニティ

一定エリアの地域にともにくらしていることを契機に作られるコミュニティ．自治会・町内会といった地縁型団体による取組みを核として，同じ生活圏域に居住する住民の間でつくられる集団．2005（平成17）年の国民生活審議会の報告書によると，エリア型コミュニティの特徴としては，住民の生活にかかる問題全般を活動の対象としている，全世帯加入を原則としている，住民の立場から行政の取組みを支える機能をも担っている等がある．
[鈴木大介]

エリクソン，E.H.
(米 Erikson, Erik Homburger; 1902-1994)

フロイトの理論などを基に独自の自我心理学を展開した精神分析学者．デンマーク系ドイツ人．出生前に両親が離婚し，母が再婚したドイツ人医師の養子と

なる．画家志望であった彼はウィーンで美術教師をしていたが，精神分析学にも興味をもち，精神分析研究所に通ってアンナ・フロイト（Freud, A.）から児童精神分析を学ぶ．その後28歳まで放浪の旅を続け，1933年にアメリカに移住．ハーバード大，エール大などで児童分析家として臨床，研究に従事した．1950年には『幼年期と社会』を発表．この中で述べられた発達理論や自我同一性，モラトリアムの概念は，自らの青年期の体験と深く関わっている．→アイデンティティ　　　　　　　　　　　　［津田兼六］

❧ エリザベス救貧法
（Elizabethan Poor Law）

1601年，エリザベス女王のもとで完成したイギリスの救貧法であり，1834年に改正された法律を新救貧法とよぶのに対して，旧救貧法ともよばれている．この法律の目的は，封建制度崩壊によって生み出された浮浪貧民を治安維持のため収容し，産業化によって要請される労働力を確保することにあった．貧民を高齢者や障害者，児童といった労働力のない無能貧民（the impotent poor）と労働能力のある有能貧民（the able-bodied poor）とに分別して，有能貧民には強制労働を強いて，無能貧民は救貧院（almshouse）に収容した．財源は各教区（parish）ごとに救貧税（poor rate）を課税して貧民監督官に徴収させた．→貧民監督官　　　　　　　　　　　　［西川淑子］

❧ エルバーフェルト制度
（Elberfeld system）

ドイツの救貧制度のひとつ．1852年にエルバーフェルト市の条例に基づいて実施され，後にドイツ各地で採用された．システムの内容としては，全市を複数の区に分け（1区の中に救済の対象となる貧困者・世帯が3世帯以下となるようにされた），無給の名誉職としての救貧委員がそれぞれの担当区をもち，その救貧委員が担当区内の貧困者に対して，ケースワーク的手法を用いて，救済，指導などを行うこととされた．このシステムはわが国の済世顧問制度や方面委員制度に影響を与えたとされるが，議論の分かれるところとなっている．［前田芳孝］

❧ エンカウンターグループ
（encounter group）

自己成長を図ることを目的として，一時的に契約して作った体験学習のグループ．個人やグループの成長を促進させる役のファシリテーターと参加者メンバーとで構成される．実習課題を提示する構成的エンカウンターグループと，特定の課題は提示しないベーシックエンカウンターグループに大きく分かれるが，それぞれの具体的な目標や，グループの大きさ・形態はさまざまである．グループは，一般的には，「いま，ここ」でのお互いの出会いやグループ内での体験を大切にして，自己開示と他者受容の経験を繰り返しながら進められていく．→ロジャーズ，C.R.　　　　　　　　　　［井上序子］

❧ 遠隔地扶養

健康保険法は第3条7項において被扶養者の範囲を定めているが，その内，直系尊属・配偶者（「内縁関係」を含む）・子・孫・弟妹については同一世帯に属していない場合においても被扶養者とすることを認めている．このような，世帯を別にする者を被扶養者とすることを遠隔地扶養とよび，その被扶養者に対して保険者は別途遠隔地用被保険者証を発行することができる．　　　　　　　　［木村 敦］

❧ 園芸療法
（horticultural therapy）

アメリカやイギリスで発達してきた．人びとが森林浴をすることも園芸療法という考え方から，「医療や福祉の現場で

専門的に行われるプログラムの中で，治療やリハビリテーションを目的に，植物および園芸活動を媒体として応用すること」（アメリカ園芸療法協会（AHTA））という考え方まである．園芸や植物が心身の健康に効果があることはすでに，古代エジプト時代から知られており，医者は患者に庭園の散歩などを勧めていた．アメリカでは，19世紀の初め，患者が菜園や果樹園の手入れを行っていた精神病院もあった．1949年には，カンザス州の州立病院でメニンガー（Menninger, K.）が，園芸プログラムを始めた．1950にはPSWで作業療法士であったバーリンゲーム（Burlingame, A.）が療法としての園芸活用の道具を開発して発表した．そして，1960年代から園芸療法が大学教育の中に取り入れられ始めた．イギリスでは1978年に園芸療法協会が設立された．日本では1958年の公衆衛生学会で，福間病院における作業療法のひとつとしての農・園芸作業の成果が発表された．また，1993年には日本最初の園芸療法に関する講演会が開かれた．

[加納光子]

嚥下障害／嚥下困難
(disphagia)

水や食べ物が飲み込めなくなったり，気管の方へ入ってしまう（誤嚥）ようになることをいう．原因は，舌などの構造そのものに障害がある器質的原因と舌などを動かす神経や筋肉などに問題がある機能的原因の2つに大別される．また，心理的原因が関与する場合もある．嚥下障害を起こす疾患には，脳血管障害，パーキンソン病，神経・筋疾患，炎症，腫瘍，中毒，外傷などがある．水でむせる場合は喉の嚥下反射に問題がある．食べ物でむせる場合は問題が3つあり，歯や歯ぐきに問題がある場合，口の中で小さな食塊形成を行う過程に問題がある場合，嚥下反射に問題がある場合である．→誤嚥

[岡田直人]

エンゲル方式

生活保護法に基づく保護基準のうち，生活扶助の基準を算定するための一方法．日本においては1961（昭和36）年から1964（昭和39）年まで，マーケットバスケット方式の後を受けて採用されていた．まず標準世帯の飲食物費の理論上の計算を行い，その上で低所得世帯のエンゲル係数を抽出し，そのエンゲル係数で標準世帯の飲食物費を除し，生活費総額を算定するという方法である．この方式は，高度経済成長期に採用されていたこともあって，一般世帯の所得の向上に対応することが困難となり廃止され，格差縮小方式が採用されることとなった．

[木村　敦]

エンゲルス，F.
(独 Engels, Friedrich; 1820-1895)

マルクスの盟友．マルクスを支援し，彼に協力し，そして共同作業により，マルクス主義の確立と普及に努めた思想家・経済学者．『資本論』の完成などでマルクスを助けた．また著作『イギリスにおける労働者階級の状態』において，資本主義社会での労働者の貧困を論じた．国際労働運動を主導し，ドイツ社会主義労働党に大きな影響を及ぼした．

[高間　満]

円座

褥瘡を予防する局所用の用具で，身体の突出している部分や圧迫されている部分にあてて，圧迫を避ける目的で用いられるドーナツ状等の円形の用具．材質には，スポンジ製，ゴム製，綿花製等があり，大きさは使用する身体の部位に合うように何種類かある．円座は，褥瘡を予防するための補助的な用具であるので，日常のケアを適切に行うことが必要である．→褥瘡

[岡本秀明]

援助過程 (helping process)

社会福祉の援助を「時間」および「課題」という軸でとらえると、大きく「初期」「中間期」「終結期」に分類することができる。厳密な区別はないが、初期には、援助関係への導入として、インテーク（受付・受理）や援助契約およびアセスメントが含まれ、中間期には援助計画の立案から介入（あるいは処遇）、そして終結期には、援助関係の終結を意図した効果測定および評価などが含まれる。これらは単に時間の経過だけではなく総合的に判断され、また、どの時期においても、それぞれ焦点を当てるべき課題について十分に考慮しなければならない。

[武田康晴]

援助計画 (planning)

情報収集およびアセスメントの結果に基づいて、援助の方向性や具体的な内容、時間的な流れなどを計画することである。援助計画を作成するさいには、まず、クライエント（福祉サービス利用者）が抱える問題のうち焦点を当てるべき問題を明確化し、援助の目標を設定する。実際の援助は援助計画にそって実行されるので、目標および計画は具体的で実現可能なものでなければならない。また、援助計画の作成は、可能な範囲でクライエントとともに行うことが望ましい。援助計画作成への主体的な参加は、援助過程への動機づけと責任感へとつながるのである。

[武田康晴]

援助的コミュニケーション

社会福祉援助においては、援助を円滑に行ううえで援助者と利用者との間に信頼性のある援助関係が結ばれることが重要とされている。そのため援助者には、専門的知識、技術、倫理観が要求され、それらを駆使して利用者と向き合わねばならない。この場合利用者の話・事実関係にのみ注目するのではなく、利用者が訴え、表出している感情、思い、心の動きを積極的に傾聴し、共感し、受容していく必要がある。このことが相談援助の基本的な理解態度であり、重要な鍵となる。→バイステックの7原則、コミュニケーション

[河崎洋充]

援助（者）の機能

社会福祉援助者が援助活動において果たす、援助の目的や価値観を反映した「働き」を援助（者）の機能とよぶことができる。ソーシャルワークにおいて伝統的に重視されていたのは治療的な機能であったが、複雑化する問題の拡がりにともなう生活モデル (life model) への転換、ノーマライゼーション (normalization) など福祉理念の進展や権利意識の高まりなどを背景に、代弁的機能や仲介的機能、調整的機能、連携的機能などが強調されている。これらはクライエント（福祉サービス利用者）を生活者として認識し、その環境との関係を重視した近年の援助理念の表れであるといえる。

[山田 容]

援助方法

総称としてソーシャルワークとよばれるが、クライエント（福祉サービス利用者）と直接的関係を結びながら援助を行うケースワークやグループワークからなる直接援助技術、コミュニティワークなどの間接援助技術がある。また、ケアマネジメント、スーパービジョンなどの関連援助技術の重要性も高まっている。歴史的に各援助技術は個々別々に発展してきたが、クライエントに総合的な援助を行うために方法論の統合化が進んでいる。

[山田 容]

援助目的

社会福祉は基本的人権を保障することを根本目的とし、人間としての基本的ニ

ーズが満たされ,どのような状態にある人も差別なく暮らしていける社会づくりをめざしている.ソーシャルワークはこれらを具現化するため,個々の援助展開においても目的,目標を掲げる.究極の目的としては,自己実現をあげることもできるが,クライエント(福祉サービス利用者)の自立(自律)は多くの援助に共通するより具体的な目的であるといえる.また,個別の状況の評価やクライエントの意志をもとに,それぞれの援助に別個の目標が立てられ,それをめざして援助の計画や方針が決定される.

[山田 容]

❧ エンゼルプラン

急速に進行する少子化に対応するため1994(平成6)年,文部・厚生・労働(現厚生労働省)・建設(現国土交通省)4大臣合意による総合的な子育て支援のための計画が策定された.これをエンゼルプランという.正式名称は「今後の子育て支援のための施策の基本的方向について」である.10年間を策定期間とし,保育サービスの充実などでは緊急保育対策等5ヵ年事業として具体的な数値目標を示し,施策の実施を促した.社会全体による子育て支援の気運を醸成し,企業・職場,地域,国が一体となって子育て支援の取り組みを推進する基本理念は,1999(平成11)年の「少子化対策推進基本方針」に引き継がれ,新エンゼルプランとよばれた.

[桑名恵子]

❧ 延長保育(預かり保育)

保育所は,児童福祉施設最低基準により1日8時間の保育を原則とするが,保護者の労働時間や家庭の状況等を考慮して保育時間の延長(延長保育)が認められている.保護者の就労形態の多様化や通勤時間の増加にともない,延長保育に対する需要は増加傾向にある.延長保育の実施にあたっては保育士の配置,間食または給食の提供が必要である.なお,幼稚園において,地域の実態や保護者の要請により標準の4時間の教育時間を超えて行う保育を預かり保育という.通常の時間を超える保育については,乳幼児の心身の負担に十分考慮しなければならない.

[戸江茂博]

❧ エンパワメントアプローチ
(empowerment approach)

ソーシャルワークの主体者としてクライエント(福祉サービス利用者)自身を位置づけ,クライエントの病理・欠陥ではなくクライエントの強さ・生き抜く力を重視し,クライエントとクライエントをとりまく環境のもつ潜在的な強さ・能力を引き出し,増強させていく一連の諸活動である.人と環境との間の関係性に焦点をあて,問題をかかえる当事者が,自分のニーズを充足させ,生活の質を高め,自尊感情をもち,自分の生活のあり方をコントロールできるように,環境とのよりよい相互作用能力を増進させる援助方法である.援助過程はクライエントとワーカーとの協働作業で展開される.

[久保美紀]

お

❧ OECD(経済協力開発機構:Organization for Economic Co-operation and Development)

先進国間の自由な意見交換・情報交換を通じて,①経済成長,②貿易自由化,③途上国支援(これを「OECDの三大目的」という)に貢献することを目的としている.本部はフランスのパリにある.予算は加盟各国の拠出金で賄われ

る．最高意思決定機関は年に1回開催される閣僚理事会であり，加盟各国の外相や蔵相などが出席する．下部組織としては，経済政策・貿易・金融・開発・環境・科学技術・教育・原子力・食糧などの12分野に委員会がある．

設立は，第2次世界大戦後，アメリカの国務長官マーシャルが，経済的に混乱状態にあった欧州各国を救済するべく「マーシャルプラン」を発表し，これを契機として，OECDの前身であるOEEC（欧州経済協力機構）が1948年4欧州16か国で発足した．1961年9月，アメリカとカナダが加わって新たにOECD（経済協力開発機構）となった．日本は1964年にOECD加盟国となった．2010年には，34か国が加盟している． [加納光子]

応益負担 (おうえきふたん)

サービス利用を受けた人が，その利用により受けた利益に応じ費用を負担すること．受益者負担ともいう．医療・介護サービスや障害者の生活支援・介護サービス，保育サービスの利用料などで採用されている考え方．実際の運用では，サービスをより多く利用する人の負担が大きくなるため，一定額以上の利用には負担を軽減する高額療養費支給の措置などが行われる場合がある．なお応益負担を採用する障害者自立支援法に関しては，これを国家の義務救助主義の方向転換と受け止めた関係者による批判があり，訴訟も起こされている． [古川隆司]

応急入院 (おうきゅうにゅういん)

急速を要し，保護者や扶養義務者の同意を得ることができない場合には，本人の同意がなくても，指定医の診察により，72時間に限り，応急入院指定病院に入院させることができる規定である（精神保健福祉法第33条の4）．この入院規定は患者と保護者の同意が得られない状況において，医学的判断により入院が決められるので，患者の人権擁護の観点から制度の適正な運用が要請される．なお応急入院指定病院は，厚生労働大臣が定める基準に適合し，都道府県知事が指定した精神病院である．なお，障害者自立支援法の成立にともなって，精神保健福祉法の一部改正があり，一定の要件をみたせば，緊急やむを得ない場合は非指定医（特定医師）の診察・判断で12時間を超えない範囲で入院等させることが可能になった． [阪田憲二郎]

応能負担 (おうのうふたん)

主に社会保険制度において，サービス利用を受ける人がその所得に応じて負担を行うこと．所得階層別に算定基準が設けられる．国民健康保険料・税や介護保険料などの社会保険拠出の基礎となる考え方．実際の運用では，低所得階層に負担の減免措置が図られているが，前年度の所得に応じた保険料賦課のため，実際の生活状況に比例しない過重負担となる場合があり，保険料の未納世帯増加の一因となっている． [古川隆司]

オーエン，R.

（英 Owen, Robert; 1771-1858）

マンチェスターの紡績工場主であったが労働者の悲惨な状況を改善することに尽力した．自分の経営する工場では10歳以下の児童就労を禁止し，「性格形成学院」を設置して，それぞれの年齢におうじた教育を施した．彼の目的とするところの教育は愛と幸福の教育，労働と結びついた教育，性格形成の環境改善教育であったことから，徐々に労働条件向上の必要性を求める社会運動に変更していった．しかし，彼の社会改革は支配階級や資本家に過度に期待した点でマルクスやエンゲルスから空想社会主義（ユートピア社会主義）とよばれた． [西川淑子]

岡田藤太郎 (1917-2003)

旧満洲に生まれる．同志社大学院社会福祉学専攻修了（1956）．1967-68年コロンビア大学大学院，1980-81年ロンドン大学大学院（LSE）留学．四国学院大学，神戸女学院大学，龍谷大学の大学教授をへて，福祉世界研究所所長．季刊誌『ソーシャルワーク研究』編集代表．英国社会福祉理論を研究し，岡田福祉学を構築する．ソーシャルワークの「大義」として「福祉国家」からさらに「福祉世界」論を展開する．主な著書に『現代社会福祉学入門』(1968)，『社会福祉とソーシャルワーク』(1977)，『福祉国家と福祉社会—社会福祉政策の視点』(1984)，『社会福祉一般理論の系譜—英国のモデルに学ぶ』(1995)など多数ある． ［杉原真理子］

岡村重夫 (1906-2001)

大阪府に生まれる．東京帝国大学倫理学科卒．大阪市立大学名誉教授．大阪市立大学，関西学院大学，佛教大学各教授，大阪社会事業短期大学学長を歴任．社会関係の主体的側面に焦点を当て，社会福祉固有の領域を強調することで，独自の体系を確立した（岡村理論）．社会学のコミュニティ形成を「福祉コミュニティ」概念としてとらえ，地域福祉の活動に「福祉コミュニティ」づくりを位置づけ，生活者的視点や実践としての技術を重視した．著書は『社会福祉学総論』(1957)，『社会福祉各論』(1963)，『地域福祉論』(1973)，『社会福祉学原論』(1983) 他多数． ［杉原真理子］

小河滋次郎 (1862-1925)

長野県に生まれる．内務省監獄局（後の司法省），地方局勤務を経て，1913（大正2）年，当時大阪府知事であった大久保利武に招聘され救済事業指導嘱託に就任する．1918（大正7）年には，大阪府知事林市蔵のもとで方面委員制度の創設に携わる．この制度は，小河が監獄局在任中に欧米視察を行ったさいに見聞したドイツのエルバーフェルト制度をモデルとして構想されたもので，その内容は，彼の著書『社会事業と方面委員制度』(1924) などに記されている．方面委員制度は，その後全国各地で実施され，戦後民生委員制度として引き継がれている． ［新家めぐみ］

小川政亮 (1920-)

法学者．東京大学法学部卒業後，日本社会事業大学教授を経て，金沢大学教授，日本福祉大学教授を歴任．朝日訴訟の原告側証人として，証言台に立つ．また，堀木訴訟中央対策協議会会長を務め，人権あるいは社会保障制度問題を通じて人間の生きる権利に関する研究を究める．主著に『権利としての社会保障』(1964)，『社会事業法制概説』(1964)等がある． ［成清美治］

オタワ憲章

1986年にカナダのオタワで開かれたヘルスプロモーションに関する第1回国際会議においてヘルスプロモーションの定義，その実現手段を提唱したもの．ヘルスプロモーションとは，人びとが自らの健康をコントロールし，改善していけるようになるプロセスであり，健康的なライフスタイルからウェルビーイングにまで及ぶとしている． ［大野まどか］

ODA
(Official Development Assistance)

政府開発援助．発展途上国の経済開発や福祉の向上に寄与することを主たる目的とし，政府や政府機関によって行われ，贈与要素が25％以上の資金協力や技術協力をいう．発展途上国に直接供与する2国間のものと，国際機関に対する

供与の多国間のものがある．また，無償資金協力，技術協力など，返済や金利支払い義務をともなわない贈与型と，返済や支払い義務をともなう貸付型がある．日本のODAは，人道的考慮，相互依存性の認識，環境の保全，自助努力への支援を基本理念としている． [本多洋実]

❧ オペラント条件づけ
(operant conditioning)

スキナー（Skinner, B.F.）が提唱した学習心理学モデルのひとつ．バーに偶然触れるという行動の度に好物の餌が出る，という実験ボックスにネズミを入れたところ，バーを押す行動頻度が上昇した．この結果から，行動と結果の随伴性に注目し，行動はその結果として与えられる因子（物的，人的，社会的）によって学習される，という条件づけモデルである．行動療法や行動変容法に応用され，1970年代以降，わが国でも広く認識されるようになった． [倉石哲也]

❧ おもちゃ図書館

障害があることにより，安心して自由に遊ぶことのできる場が制約されている子どもたちが，おもちゃで自由に遊び，気に入ったおもちゃを借り，さらに人と出会い交流することができる場．当初，障害児の親やボランティアを中心に，関係機関・団体，その職員などの組織化がはかられひとつの運動として取り組まれたが，1980年代に全国社会福祉協議会がその普及促進に乗り出したことにより，社会福祉協議会の地域福祉活動の一環として全国各地で取り組まれるようになった．現在全国に500ヵ所以上設置され，運営においては親，ボランティアなどがその役割を中心的に担っている．

[佐藤順子]

❧ オルタナティブストーリー
(alternative story)

1990年代以降，家族療法の領域で注目されるようになった臨床実践であるナラティブ・セラピーにおける重要な概念．本セラピーの特徴は，セラピストとクライエント（利用者）が共同で「物語としての自己」を構成していくことにある．そこでは，いまクライエント（福祉サービス利用者）が生きている物語（ドミナントストーリー）とは異なる「新たな物語」（オルタナティブストーリー）を紡ぎ出すことが目的とされる．いまだ語られることのなかった物語を顕在化させることにより，クライエントはそれまでの自己に対する過度な制約を解き放ち，十分に生きられる自己を再構成していく．→ナラティブ・セラピー

[岩崎久志]

❧ 親子心中

保護者が子どもとともに自殺することをさすが，親の事情により子どもを殺す，子殺しの一種である．また，ほとんどの場合が無理心中である．心中という言葉によって，親子心中は子どもが被害者である殺人として意識されにくい．近年では，子どもを一人の人格として意識するという子どもの人権に関する意識の変化から児童虐待の一種として扱う動きもあるが，社会通念として未だに子殺しという意識が浸透しにくい．[木内さくら]

❧ オレンジリボンキャンペーン

2004年に栃木県小山市で起きた児童虐待死事件をきっかけに，二度とこのような痛ましい事件が起こらないことを願い，2005年に小山市の市民グループ「カンガルーOYAMA」が児童虐待防止の啓発活動を始めた．その後「里親子支援のアン基金プロジェクト」「児童虐待防止全国ネットワーク」等の団体が協力し

その活動はオレンジリボンキャンペーンとして全国に広がった．厚生労働省は毎年11月を児童虐待防止推進月間に定めており，全国各地域において児童虐待の防止・根絶に向けた啓発運動が行われている． ［木村志保］

音楽療法 (music therapy)

音楽を治療目的で使うという考え方はピタゴラスの昔からあったが，本格的には1950年代からアメリカで，帰還兵の心の傷を癒すために始められた．音楽は，コミュニケーションを通じてより良い対人関係の確立する伝達手段として，コミュニケーション・プロセスの損傷がある場合にも利用できるという前提がある．日本では96年に音楽療法士が制度化された．認知症の高齢者の記憶を呼び覚ましたり，死期が迫った患者の心の平穏を取り戻すために行われる．行動療法の立場とヒューマニスティックな立場の2つの立場が挙げられる．前者は刺激―反応，刺激―有機体―反応という考え方に基づいており，後者は，心理学者のマズロー（Maslow, A.H.）や，ロジャーズ（Rogers, C.R.）のヒューマニスティック・サイコロジー（人間性心理学）の考え方に基づいている．近年では自閉症や不登校の子どもたちを対象とした領域にも適用されるようになり，医師と音楽療法士がチームを組んで行っている．ピアノ，電子オルガン，バイオリン，太鼓などが用いられる．→行動療法，マズロー, A.H., ロジャーズ, C.R. ［加納光子］

恩賜財団済生会

1911（明治44）年創設の救済的医療と実費診療を行うための団体．「済生勅語」に基づく150万円の下賜金（救療費）や大資本家からの寄付金等を原資とする．各地に「済生会病院」を建設した．明治末期においては，恤救規則の適用を中心とする公的救済は極端に抑制され，代って天皇・皇室の下賜金による慈恵的救済が強化されていった．恩賜財団済生会ならびに済生会病院の活動はその慈恵的救済の典型といえる． ［木村　敦］

恩赦

行政権によって（裁判手続によらず）刑事裁判の内容を変更し，その効力を変更もしくは消滅させるもので，政令で恩赦の対象となる罪や刑の種類等を定めてその要件に該当する人に対して一律に行われる政令恩赦（大赦・減刑・復権）と，特定の人について個別に審査して行われる個別恩赦（特赦・減刑・刑の執行の免除・復権）がある．恩赦は内閣が決定（憲法73条）し，天皇が認証する（同7条）という手続きをとるため，行政権による立法権および司法権への干渉という側面もあることから慎重に運用される必要がある． ［倉持史朗］

オンブズマン

スウェーデン語で，「代理人」という．行政から独立した機関で，市民の代表が，公共サービスによる権力の濫用や誤用の監視や，苦情の受け付けをし，利用者の立場にたって処理をする．1809年にスウェーデンで初めて設置され，その後，北欧諸国や英米に普及し，現在では世界各地で採用されている．日本ではまだ，国レベルとしてのオンブズマン制度は設置されていないが，地方自治体や民間の社会福祉団体では導入している．最近では，ジェンダーの視点からオンブズマンではなく，オンブズパーソンという表現が一般化しつつある． ［鶴田明子］

か

絵画統覚検査（TAT）⇒人格検査

解決志向アプローチ
（solution focused approach）
短期療法（ブリーフセラピー）のひとつ．アメリカのシェイザー（Shazer, S.D.）とバーグ（Berg, I.K.）の2人によって開発された心理療法で解決志向短期療法ともよばれている．問題について過去の原因の追及をせず，解決に役立つリソース（能力，強さ，可能性等）に焦点を当て，それを活用することに特徴がある．クライエントが将来の解決した姿をワーカーとの協働作業において短期間で作り上げていく方法であり，クライエント中心に展開する．その展開においては，例外の探索，ウェルフォームドゴールの設定，ミラクル・クエスチョン，コーピング・クエスチョン，スケーリング・クエスチョンなど特徴的な質問法を用いる．　　　　　　　　　[大野まどか]

介護医療院
2017年の介護保険法改正によって創設された施設．「主として長期にわたり療養が必要である」要介護者に対して，「施設サービス計画に基づいて，療養上の管理，看護，医学的管理の下における介護及び機能訓練その他の必要な医療及び日常生活上の世話」を行う施設である（介護保険法第8条第29項）．従来の介護療養病床（介護療養型医療施設）が，2024年3月までに介護医療院に転換する予定である．　　　　　　　　　[成清美治]

介護過程
利用者と介護者の相互関係において問題解決思考により展開される介護実践の意図的な活動をいう．介護過程の展開は①アセスメント，②課題の明確化，③介護計画の立案，④介護の実施，⑤評価と修正の5段階で構成される．アセスメントにおいて個々の利用者の情報の収集・問題と希望の抽出を行い，浮かび上がってきたニーズの充足に向けて介護計画を立案し，実施する．そして評価と修正では，実施した介護内容，介護方法について再アセスメントを行い介護計画を修正していく．　　　　　　　　[米津三千代]

介護機器
介護を必要とする人を支援する機器の総称．福祉機器ともいわれるが，使用場面によっては医療機器も含まれる．同一の介護機器が，法律に規定されている「福祉用具」または「日常生活用具」等の範疇に入るものも多く，これらの概念は明確に区別しにくい．→福祉用具，日常生活用具　　　　　　　　　　[岡本秀明]

介護給付
介護保険法に基づく保険給付のうち要介護者に対するもの．居宅サービスとしては，①訪問介護，②訪問入浴介護，③訪問看護，④訪問リハビリテーション，⑤居宅療養管理指導，⑥通所介護，⑦通所リハビリテーション，⑧短期入所生活介護，⑨短期入所療養介護，⑩特定施設入居者生活介護，⑪福祉用具貸与，⑫特定福祉用具販売の12種類が，施設サービスとしては，①介護老人福祉施設サービス，②介護保健施設サービス，③介護医療院サービスの3種類が規定されている．地域密着型サービスは，①定期巡回・随時対応型訪問介護看護，②夜間対応型訪問介護，③認知症対応型通所介護，④小規模多機能型居宅介護，⑤認知症対応型共同生活介護，⑥地域密着型特

定施設入居者生活介護，⑦地域密着型介護老人福祉施設入所者生活介護，⑧複合型サービス、⑨地域密着型通所介護の9種類である．その他に，居宅介護支援と住宅改修が規定されている．→予防給付

[木村　敦]

介護給付費分科会

介護保険法の規定により，その権限に属させられた事項を処理するために社会保障審議会に設置された分科会．厚生労働大臣は，①居宅介護サービス費などの介護給付費の額に関する基準，②指定居宅サービスなどの事業の設備および運営に関する基準を定めようとするときは，あらかじめ社会保障審議会の意見を聴かなければならないとされており，この分科会においてこれらを審議している．

[福田公教]

介護記録

介護記録の目的として，①利用者と介護従事者，介護従事者間，さらに連携する多職種との間で情報を共有すること，②介護内容を検討したり評価すること，③調査や研究の資料として活用すること，などがあげられる．身体面，精神面，社会面における情報を分析し，利用者の自立援助に結びつけた介護が提供できるように記録する．そのことによって介護の内容の統一と継続，介護の内容の検討と評価が行われ，適正が図られる．また介護は直接生命に関わる責任ある仕事でもあるため，社会的責任を問われる場合には資料として提出を求められる．

[新治玲子]

外国人の技能実習の適正な実施及び技能実習生の保護に関する法律

技能実習制度は，我が国で開発され培われた技能，技術又は知識の開発途上国等への移転を図り，その開発途上国等の経済発展を担う「人づくり」に協力することを目的とする制度として，2016（平成28）年11月に技能実習法および関連法が制定された．基本理念として「技能実習は，労働力の需給の調整の手段として行われてはならない」と規定されている．また，期間は最長5年とされ，技能等の修得は技能実習計画に基づいて行われる．さらに，2019（平成31）年4月施行予定の改正入国管理法で，新たな在留資格「特定技能（仮称）」が創設され，特定の業種で単純労働に従事することが可能となること，一定の技能や日本語能力を条件に最長5年の在留が許可されることなどの方針が出されている．

[木村志保]

介護サービス計画⇒ケアプラン

介護サービスの基盤強化のための介護保険法等の一部を改正する法律（2011）

2011年の介護保険法の改正は，2005（平成17）年の介護予防にポイントを定めた改正，2008（平成20）年の介護事業者の法令順守にポイントを定めた改正につづいて3回目の改正である．今回の改正の特徴は，高齢者が住み慣れた地域社会で，暮らしを継続できるよう医療，介護，予防，住まい，生活支援サービスを継続的に提供するため，地域包括ケアシステムの構築を強調しているところにある．具体的対策として，①医療と介護の連携強化，②介護人材の確保とサービスの質の向上，③高齢者の住まいの整備等，④認知症対策の推進，⑤保険者機能の充実，⑥保険料の上昇の緩和，等が挙げられている．

[成清美治]

介護支援サービス⇒ケアマネジメント

介護支援専門員⇒ケアマネジャー

介護実習・普及センター

本格的な高齢化社会の到来とともに介護問題への国民の理解，介護知識，介護技術の普及と啓発活動の推進を図ることを目的として，1992（平成4）年に都道府県，指定都市に設置された．主たる事業内容は，(1)介護実習・普及事業，(2)介護機器普及事業であり，地域住民，家族介護者，介護専門職を対象とした情報提供や研修等を行っている．

[砂脇 恵]

介護従事者等の人材確保のための介護従事者等の処遇改善に関する法律（介護人材確保法）

かねてから，懸案事項であつた介護従事者の処遇改善（賃金・人材確保）に関する同法が超党派で2008年5月21日に成立した．その概要は2009年4月までに介護従事者の賃金や労働条件の改善を謳ったものであり，検討の結果必要と認めるときは結果に基づいて必要な措置を講ずるというものである．また，政府はこの同法の成立に関連して2009年4月から介護報酬を引き上げることを決定するとともに，介護職員処遇改善交付金を創設した．

[成清美治]

介護相談員派遣事業

市町村に登録された介護相談員が介護サービスの提供の場を訪問し，介護サービスの質的向上をはかることを目的としている．介護相談員は①サービス事業所での利用者やその家族の相談に応じる，②サービスの現状を把握する，③事業者の管理者や従事者と意見を交換する，④施設の行事に参加するなどの活動を行う．なお，介護相談派遣事業の取り組みについては地域差がみられ，実施する市町村の拡大が今後の課題である．

[米津三千代]

介護等体験事業

小・中学校の教職養成課程の中に「介護等の体験」が要件として組み込まれた「小学校及び中学校の教諭の普通免許状授与に係る教育職員免許法の特例法」が1997（平成9）年6月に成立し，1998（平成10）年4月1日より施行された．介護等体験とは，「障害者，高齢者等に対する介護，介助，これらの者との交流等の体験」であり，「義務教育に従事する教員が個人の尊厳及び社会連帯の理念に関する認識を深めることの重要性にかんがみ，教員としての資質の向上を図り，義務教育の一層の充実を期する観点から」体験が義務付けられている．

[南 多恵子]

介護認定審査会

介護保険に関する審査判定業務を行うため，市町村に置かれる．原則として各市町村にひとつ設置されるが，要介護認定者数に応じて，認定審査会の下に複数の合議体を設置して運営に当たる．合議体は認定審査会の委員5名程度によって構成される．委員は，要介護者等の保健，医療または福祉に関する学識経験者の中から，市町村長が任命する．委員の任期は2年で，再任が可能である．小規模な市町村などは都道府県の支援を得て，認定審査会を共同設置することができる．→要介護認定，要支援認定

[岡田直人]

介護の社会化

家族が担ってきた介護労働を，施設やホームヘルプサービス等の利用を通して外部の介護サービス提供主体に委ねること．長寿化，慢性病の増加，中途障害者の増加などによって，高齢者や障害者などの要介護者が増加する一方で，核家族

化の進展や女性の社会参加の進展などを要因として家族介護力が低下してきた．また，フェミニズムの立場からは女性に担わせてきた家族介護の現状が批判され，もはや家族介護力のみに依存することはできない中で，家族に代わって介護を担う介護サービスに対するニーズが，介護を家庭から社会に外部化することを促進した． [鳥海直美]

介護福祉士

「社会福祉士及び介護福祉士法」（1987）によって設置された名称独占の国家資格．介護福祉士とは，専門的知識及び技術をもって，身体上又は精神上の障害があることにより日常生活を営むのに支障がある者につき心身の状況に応じた介護（医師の指示の下に行われる喀痰吸引等を含む）を行い，並びにその者及びその介護者に対して介護に関する指導を行うことを業とする者（法第二条第2項）とされる．資格取得のためには，介護福祉士養成施設を卒業，または一定の実務経験を経て国家試験に合格し登録するという方法がある．2012（平成24）年度からは養成施設卒業者も国家試験合格が必要となる．→社会福祉士及び介護福祉士法 [鳥海直美]

介護・福祉タクシー

重度の障害等により，公共交通機関を利用することが困難な障害者に対して，移動の便宜を図り，生活圏の拡大を図るため，タクシー料金の一部が自治体によって助成される（実施の有無あるいは内容については自治体によって異なる）．介護・福祉タクシーの利用者が必要な者に対しては，クーポン券等が自治体より交付される．車両のタイプはさまざまで，リフト付きタクシーや寝台，吸引器や在宅酸素が備えられているタクシー等がある．乗務員は乗降や送迎だけでなく，自宅での着替えや病院での付き添いなどの介助もすることができる．介護保険施行後にできた介護・福祉タクシーは，ホームヘルパー2級以上の資格をもつ乗務員と定められている．[山田真奈美]

介護扶助

2000年4月の介護保険法の施行にともない新設された生活保護の扶助のひとつ．困窮のため最低限度の生活を維持することのできない要介護者・要支援者に対して，① 居宅介護支援計画に基づいて行われる居宅介護，② 福祉用具，③ 住宅改修，④ 施設介護，⑤ 介護予防支援計画に基づいて行われる介護予防，⑥ 介護予防福祉用具，⑦介護予防住宅改修，⑧移送など，原則として介護保険と同様のサービスを提供する．65歳以上の者および40歳以上65歳未満の医療保険加入者は自己負担分を，40歳以上65歳未満で医療保険未加入の被保護者には10割を介護扶助により給付する．扶助の方法は，原則として現物給付とされている． [寺本尚美]

介護報酬

介護報酬は，介護保険の保険給付の対象となる各種介護サービスの費用の額の算定基準である．介護報酬は介護行為ごとに単位数で表示され，1単位数当たりの単価は10円を基本とするが，各地域における人件費等の格差を勘案して地域差が設けられている．訪問介護等の在宅サービスの場合は，サービス内容や提供時間等に応じて定められ，施設サービスや通所介護，短期入所介護のような施設を利用した在宅サービスの場合は，要介護状態区分に応じて設定される． [寺本尚美]

介護報酬の見直し

介護報酬とは，事業者が利用者に対して介護サービスを提供した場合，保険者（市町村）が介護給付費単位数表に基づ

き事業者に支払う報酬のことである．介護報酬は，原則3年に1回見直される．これまでの見直しは，2003（平成15）年度（△2.3％），2006（平成18）年度（△0.5％），2009（平成21）年度（＋3％），2012（平成24）年度（＋1.2％）の各年度において行われてきた．2012年度の改正のポイントは，①在宅サービスの充実と施設の重点化，②自立支援型サービスの強化と重点化，③医療と介護の連携・機能分担，④介護人材の確保とサービスの質の向上等となっている．

2014（平成26）年に新たに介護報酬の改定があった．改定率は＋0.63％である．これは消費税8％の引き上げに伴うものである．しかし，2015（平成27）年に介護報酬が改定された．改定率は2.27％の減額である．2018年には，質が高く効率的な介護の提供体制の整備を推進するため，0.54％引き上げられた． ［成清美治］

介護保険事業計画

この計画は，介護保険事業に係る給付を円滑に実施するため厚生労働大臣が定める基本指針に基づいて市町村は3年を1期とする保険給付の円滑な実施に関する計画を定めることとなっている．また，都道府県も基本指針に基づいて3年を1期とする介護保険事業に係る保険給付の円滑な実施の支援に関する計画を定めることになっている．これに基づいて，介護サービスの供給体制の整備が図られている． ［成清美治］

介護保険施設

介護保険法に規定された指定介護老人福祉施設（老人福祉法上の特別養護老人ホーム），介護老人保健施設および介護医療院である（指定介護療養型医療施設については，2024年3月末日をもって廃止される予定となっている）．施設の種別ごとに，その趣旨や基本方針，人員，設備および運営に関する基準が定められている．施設に入所している要介護者に対し，提供するサービスの内容と担当する者，その他の事項等を定めた施設サービス計画に基づいて，日常生活上の世話，介護，機能訓練などが行われる． ［神部智司］

介護保険審査会

保険者が行った保険給付に関する処分または保険料その他介護保険法の規定による徴収金に関する処分に対して不服申立ての審理・裁決を行う第三者機関として都道府県に介護保険審査会が置かれる．地方自治法上の都道府県知事の附属機関である．介護保険審査会は，被保険者を代表する委員3人，市町村を代表する委員3人，公益を代表する委員3人以上で組織される．委員は都道県知事により任命され，非常勤である．委員の任期は3年で，再任が可能である．要介護認定または要支援認定に関する処分に対する審査請求について，審理を正確かつ迅速に行うため，介護保険審査会に保健・医療・福祉の学識経験者を専門調査員としてを置くことができる。→専門調査員，要介護認定，要支援認定 ［岡田直人］

介護保険制度

介護保険法に基づき，加齢にともなって生ずる心身の変化に起因する疾病等により要介護状態または要支援状態となった被保険者に，必要な保健医療サービスおよび福祉サービスに係る給付を行う制度．保険者は市町村であり，被保険者は満40歳以上の者である．保険給付には，要介護状態に関する介護給付，要介護状態となるおそれがある状態に関する予防給付，このほかに市町村が条例で定める市町村特別給付の3種類がある．給付を受けるためには，市町村の要介護認定を受けなければならない．財源は，総給付費の50％を保険料で賄い，残りを国が

25%（調整交付金を含む），都道府県と市町村が12.5%ずつ負担する．［寺本尚美］

介護保険法

1997（平成9）年に制定された介護を必要とする高齢者等に必要な保険給付を行うことを定めた法律で，2000（平成12）年4月から施行されている．措置制度による福祉サービスの硬直化，総合的な保健・医療・福祉サービスの要請，高齢者の社会的入院の解消等の課題に対処するために，保険方式を通した利用者主体のシステムの構築をめざしている．利用者ニーズの判定にケアマネジメントが導入されており，介護支援専門員（ケアマネジャー）等によって策定された介護サービス計画に基づいてサービスが提供されることになっている．
［岡田忠克］

介護保険法及び老人福祉法の一部を改正する法律

この改正は，コムスン問題を受けて，不正事案の再発防止及び介護事業運営の適正化を図るため，2008年5月に法律が制定され，2009年5月から施行されている．主な改正点は，①法令遵守等の業務管理体制の整備，②事業者の本部などに対する立入検査権の創設，③不正事業者の処分逃れ対策，④事業の指定・更新時などの欠格事由の見直し，⑤事業廃止時におけるサービスの確保，である．　　　　［真鍋顕久］

介護予防

人間は年齢を増すとともに生理機能（呼吸機能，神経・筋活動，循環機能）が衰え，日常における生活動作が低下する．このような老化による運動機能の低下を防止することにより，健康な老後の生活を送れるようにするのが介護予防の目的である．つまり，高齢者が要支援・要介護状態にならないようにすることと，高齢者が要介護状態となっても，より重度化しないようにすることである．介護を予防するためには毎日の生活習慣の改善（食生活の改善，適度な運動，ストレスの解消等）も大切であるが，高齢者が「生きがい」をもって日々の生活を送ることが，介護予防にとってきわめて重要である．なお，2005（平成17）年の介護保険法の改正以降，介護保険制度は介護予防重視型の内容となった．
［成清美治］

介護予防ケアマネジメント

2005（平成17）年の介護保険法の改正にともなって導入されたサービスである．このサービスには2つの種類がある．そのひとつは，要支援1，2の認定を受けた高齢者に対して，主として，地域包括支援センターの保健師が利用者並びに家族と話し合い，課題分析を行い，利用者の意志と意欲を尊重した介護予防プランを作成して，利用者が要介護高齢者にならないようにするための介護予防支援である．また，二次予防事業対象者（特定高齢者）で介護予備軍にある高齢者を対象とした介護予防事業（市町村事業）のケアマネジメントがある．
［成清美治］

介護予防10ヵ年戦略

高齢者の生活機能の低下や要介護状態等の主要因である脳卒中や認知症を防ぎ，効果的な介護予防の推進をめざして，2004（平成16）年に策定された戦略である．健康フロンティア戦略の一環として2005（平成17）年から2014年までの10年を戦略期間とする．要支援・要介護状態への予防のため，①家庭や地域で行う介護予防対策，②効果的な予防プログラムの開発・普及，③脳卒中対策の推進，④地域で支える認知症ケアに取り組む．　　　　［米津三千代］

介護予防・地域支え合い事業

　介護保険制度の円滑な運営を行うため、①高齢者等の生活支援事業、②介護予防・生きがい活動支援事業、③家族介護自立支援事業等を目的とした介護予防・生活支援事業が2000年4月よりスタートした．その後、2003年4月に、当該名称となり事業内容も一部新たに追加され再スタートした．その内容は、①市町村事業（生活支援事業、介護予防事業、家族介護支援事業、在宅介護支援事業）と、②都道府県・指定都市事業、③老人クラブ活動等事業となっている．なお、介護保険法の改正により地域支援事業が導入されたため、介護予防・地域支え合い事業は廃止されることとなった．　　　　　　　　　[成清美治]

介護予防・日常生活支援総合事業

　2011（平成23）年の介護保険法改正により、地域支援事業の一環として実施される事業として創設された．2017（平成29）年4月より完全実施となった現在の事業は、市町村の判断により、地域の実情に応じて要支援者および基本チェックリストで把握される介護予防・生活支援サービス事業対象者に対して、介護予防・生活支援サービス等を総合的かつ一体的に提供することを目的としている．事業内容は、必須事業である「介護予防・生活支援サービス事業」および「一般介護予防事業」、そして任意事業の3つで構成されている．「介護予防・生活支援サービス事業」の種類としては、①訪問型サービス（第一号訪問事業）、②通所型サービス（第一号通所事業）、③その他の生活支援サービス（第一号生活支援事業）、④介護予防ケアマネジメント（第一号介護予防支援事業）がある．「一般介護予防事業」の種類としては、介護予防把握事業、介護予防普及啓発事業、地域介護予防活動支援事業、一般介護予防事業評価事業、地域リハビリテーション活動支援事業がある．
[神部智司]

介護離職

　家族を介護するために仕事を辞めること．介護離職者は年々増加し、2017年の総務省「就業構造基本調査」によると、1年間で介護離職者は9万1,000人に達した．これに対して政府は2016年6月「ニッポン1億総活躍プラン」を閣議決定し、「介護離職ゼロ」を打ち出している．　　　　　　　　　　　[成清美治]

介護療養型医療施設

　介護保険施設のひとつで、療養病床等を有する病院又は診療所であって、入院する要介護者に対して施設サービス計画に基づいて行われる療養上の管理、看護、医学的管理の下における介護その他の世話及び機能訓練その他必要な医療を行う施設である．現在、介護保険給付の指定対象となる病床は療養病床、老人性痴呆疾患療養病棟となっており、これまでの療養型病床群は廃止された．これは、医療法の第4次改正（2000年11月）によるもので、これまで一般病院は一般病床と療養型病床群に区分されていたのが、新たに一般病床と療養病床に区分された．この結果、療養病床が介護療養型医療施設として介護保険の指定対象となった．→療養病床　　　[成清美治]

介護力強化病院

　医療法上の特例許可老人病棟のうち、主として老人慢性疾患にかかっている高齢者を入院させることを目的とした病床（療養型病床群の病床を除く）を有するものであって、当該病床において老人病棟入院医療管理を行う病院がこうよばれた．介護保険法の施行日から起算して3年を超えない範囲内において政令で定め

る日までの間に限り，介護療養型医療施設としての指定の対象となっていたが，その後は介護保険制度の対象とならないことから，療養型病床群等へ移行していくことが求められていた．2013（平成25）年3月末に廃止された． [石田慎二]

介護老人保健施設

介護保険施設のひとつ．介護保険法に規定する老人保健施設で，都道府県知事の許可を受けたものである．設置主体は，地方公共団体，医療法人，社会福祉法人等である．要介護認定を受けた者に対して，看護，医学的管理の下における介護および機能訓練，その他必要な医療並びに日常生活上の世話を行うことにより，利用者がその有する能力に応じ自立した日常生活を営むことができるようにすることとともに，その者の居宅における生活への復帰をめざす．入所にさいしては，施設と被介護保険者との契約によるものとする．→介護保険施設，要介護認定 [今村雅代]

カイ二乗検定（χ^2-test）

独立性の検定ともよばれる．サンプル（標本）調査で得られた2つの変数の関係が，母集団での2変数間の関係と関連性をもつのかをクロス集計表をもとに判定する方法である．たとえば，クロス集計から，「若者は友人の数が少ないほど携帯電話の1日の利用時間が短くなる」ことがわかったとする．しかし，この結果が母集団にもあてはまるかどうかはわからない．そこでサンプルデータにみられた特徴が偶然に過ぎず，そこに意味はないと考える「帰無仮説」（友人の数と携帯電話の利用時間の間には関連性がない）を立てる．それに基づいて計算される期待度数と実際に得られた観測度数からχ^2値を計算し，χ^2分布表で臨界値を確認する．χ^2値が臨界値を超えていない場合は帰無仮説が採択され，臨界値を超えている場合は帰無仮説が棄却され，友人の数と携帯電話の利用時間には関連があるという仮説（帰無仮説に対して対立仮説という）が採択されることになる．→クロス集計 [武山梅乗]

介助犬

肢体不自由により日常生活に支障のある身体障害者のために物の拾い上げ，運搬，着脱衣の補助，スイッチ操作，緊急の場合における救助の要請など，肢体不自由を補う補助を行う犬．日本では，2002年5月に成立し，同年10月から施行された「身体障害者補助犬法」において，指定法人より認定を受けているものを指す．同法における補助犬とは，盲導犬，介助犬および聴導犬をいう．その育成と社会へのアクセス権の保障が今後の課題となっている． [伊藤葉子]

改正育児・介護休業法（2017）

従来，育児休業期間は原則として子どもが1歳に達するまでであったが，この改正により，子どもが保育所に入れない場合，最長2歳まで延長できることとなった．また，育児休業制度等の個別周知義務が規定され，事業主は，労働者またはその配偶者が妊娠・出産したことを知った場合，個別に育児休業等に関する制度を知らせるよう努力する義務を負うこととなった．さらに，育児目的休暇制度を設ける努力義務が規定され，事業主は，労働者が小学校就学に達するまでの子を養育する場合，育児に関する目的で利用できる休暇制度を知らせるよう努力する義務を負うこととなった．[成清美治]

改正障害者の雇用の促進に関する法律並びに障害者雇用納付金制度

障害者の雇用に伴う事業主の経済的負担を軽減するとともに障害者の雇用の促

進を目的として,「障害者の雇用の促進に関する法律」が1960年に制定された.同法律に基づいて事業主は一定の障害者を雇用しなければならない.しかしながら障害者の雇用状況が停滞したため障害者の雇用状況を改善する目的で同法律が2013(平成25)年に改正(「障害者の雇用の促進等に関する法律の一部を改正する法律」)され,2016(平成28年)4月1日より施行されることとなった.その基本理念は,① 障害者に対する差別の禁止 ② 合理的配慮の提供義務 ③ 苦情処理・紛争解決援助等となっている.

同法律改正によって,常時雇用している労働者が100人を超え200人以下の中小企業も申告が必要となった.法定雇用率は ① 民間企業は,一般の民間企業2.0％,特殊法人及び独立行政法人2.3％,② 国及び地方公共団体等は,国,地方公共団体2.3％,都道府県等の教育委員会2.2％となっている.また,障害者雇用納付金制度とは,法定雇用率未達成事業主に対するペナルティとして,同法律に基づき,事業主が障害者雇用納付金を納めることである.その金額は,法定雇用障害者数に対する不足分1人につき月額50,000円となっている. [成清美治]

疥癬(かいせん)

疥癬(ひぜん)ともいい,疥癬虫(別称ヒゼンダニ)の感染により,皮膚の柔かな部分である下腹部,外陰部,指間部,関節部などに強い瘙痒をともなう皮疹を生じる.性感染症(STD)の一種で,皮膚の直接接触が主な感染経路である. [谷 康平]

回想法(かいそうほう)

昔の写真や出版物,生活用品などを利用しながら,認知症患者が過去の人生のさまざまな時期について回想して言語化する.それに耳を傾けることによって,認知症患者の情動の安定,自尊心の向上,残存認知機能の活用,人格の統合を図ることを目的とする精神療法.見当識障害を有する認知症患者に対して現実認識を深めさせる時にも用いられる.施行形式によってグループ回想法と個人回想法に大別される.情緒安定,問題行動の減少,意欲の向上,集中力の増加,社会的交流の促進など,痴呆性老人に対する有効性が報告されている. [西村佳一]

ガイドヘルパー

日本語では,移動支援事業従事者という.移動支援事業とは,障害者自立支援法に基づく事業で,単独では外出困難な障害者(児)が,社会生活上必要不可欠な外出および余暇活動や社会参加のための外出をする際に,ガイドヘルパーを派遣して,外出時に必要となる移動の介助および外出にともなって必要となる身の回りの介護を行う事業である.現在「地域支援事業」として行っている自治体が多い.なお,視覚障害者の外出の補助を行う視覚障害者移動支援従業者,全身性障害者の外出の補助を行う全身性障害者移動支援従業者,知的障害者の外出の補助を行う知的障害者移動支援従業者などがあり,知的障害者移動支援従事者については,ホームヘルパー2級の資格があれば担うことができる. [大西雅裕]

回復者クラブ(かいふくしゃ)

当事者会,患者会ともよばれ,専門職からは独立した自助グループである.精神障害をもつ当事者同士が集まり交流することで,自身の病気に対する理解を深めたり,互いに情報交換をすることによって生活経験の拡大を図る.主に地域の保健センターや病院,作業所等で活動を行っており,グループ活動以外に生活相談など,患者同士のピアカウンセリングの場としての役割も担っている.近年,回復者クラブが作業所等を立ち上げ,運営しているところもある. [岡田良浩]

回復的リハビリテーション

疾患や機能障害の回復を図り，ADLの向上，寝たきりの防止，家庭復帰を目的とするリハビリテーション．回復的リハビリテーションにおいては，チームアプローチが重要視される．医師・看護師・理学療法士・作業療法士・言語聴覚士・介護福祉士等による連携したチームアプローチを集中的かつ効果的に提供する必要がある． 　　　［米津三千代］

カウンセリング（counseling）

社会適応上の課題や心理的，精神的な内面の問題に対して行われる心理的援助であり，心理治療的な性格をもつ．専門的な知識，技能を有したカウンセラー（counselor）により，主に面接を通した言語的なコミュニケーションを中心に展開される．カウンセラーはクライエント（福祉サービス利用者）との間に専門的信頼関係を築き，クライエントが自己の感情や葛藤を表現し，自己洞察や周囲への理解が深まるよう支援して，クライエントの認識や行動の変容，自己実現をめざす． 　　　［山田　容］

賀川豊彦（1888-1960）

兵庫県に生まれる．明治から大正，昭和の時代にかけて活躍した社会活動家．キリスト教の伝道者であったが，その活動は多方面にわたっている．1909（明治42）年に神学生として神戸の貧民街に移り住んで伝道の傍ら，貧民救済や教育にあたった．これは，日本における初期のセツルメント活動として注目される．その後，労働組合や農民組合を結成してその先頭に立ち，消費組合や医療組合を組織して地域住民に貢献した．『貧民心理の研究』(1915)，『自由組合論』(1921) 等多数の著作があるが，自伝小説『死線を越えて』(1920) はベストセラーとして大衆に読まれた． 　　　［西川淑子］

核家族化

核家族とは，夫婦のみの世帯，夫婦またはひとり親と未婚の子どもからなる家族であり，核家族化とは，その社会の家族の典型的な家族として核家族が浸透すること．核家族化は，①「家族形態の変化」をさす場合と，②直系の関係を軸にした家族（直系家族制）から，夫婦関係を軸にした家族（夫婦家族制）への転換，つまり「家族理念の変化」をさす場合の2つがある．前者の場合は，一般世帯における核家族世帯の割合など「核家族率」によって測定されるが，これは必ずしも理念の転換を意味するわけではない．家族形態の動向は「同居」「別居」「近居」等についても慎重に分析する必要がある． 　　　［所　めぐみ］

格差社会

戦後の高度経済成長期からバブル期までの「一億総中流」という国民の生活意識が崩れ，所得や教育，職業などさまざまな分野において，国民の間で格差の拡大と二極化が進行し，もはや個人の努力では埋めることができないほどの格差意識状況になった社会を指す．この背景にはグローバル化と市場原理主義，それにともなう規制緩和や雇用不安などがあるとされる． 　　　［高間　満］

格差縮小方式

生活保護法に基づく保護基準のうち，生活扶助基準を決定するための一方法．エンゲル方式の後をうけて，1965（昭和40）年から1983（昭和58）年まで採用されていた．エンゲル方式が一般世帯の所得の向上に対応することが困難であったことを踏まえて，一般世帯と被保護世帯との消費水準の格差を是正するという観点から，生活扶助基準の改定率を決定するという方法である．国民の消費水準の予測される伸び率に低所得世帯（被

保護世帯）についての格差縮小分を加え，生活扶助基準の改定率が決定された． ［木村　敦］

学習障害（learning disorder）

聞く，話す，読む，書く，推論する，あるいは数学的能力などの習得と使用において，いちじるしい困難を示すさまざまな状態をさすものである．子どもが学齢期になり，これらの技能を獲得する頃に他者との違いなどから明らかになる．知的障害や聴覚，視覚，情緒障害あるいは自閉症などが直接の原因ではない．また家庭や学校や地域社会などの環境的な要因も直接的な原因となるものではない．つまり，他の障害種別とは区別され，また学習する機会や環境でなかったために習得できない状態は除外される．背景には中枢神経系の何らかの機能障害が推定される． ［小﨑恭弘］

学習理論（learning theory）

経験により認識や行動傾向が変化することを学習とよび，強化（行動の形成過程），消去，般化と弁別（類似の行動の出現とそれらが区別される過程）等から成る．①認識や適応的行動は，環境に応じて形成されるとする条件づけ理論：パブロフ（Pavlov, I.P.）の古典的条件づけ（レスポンデント respondent 条件づけ），スキナー（Skinner, B.F.）のオペラント（operant）条件づけ．②学習者の認知構造と環境との相互作用から行動が形成されるとする認知論的学習理論：レヴィン（Lewin, K.）の学習理論やピアジェ（Piaget, J.）の同化と調節理論，等が知られる．→古典的条件づけ，オペラント条件づけ ［田辺毅彦］

学生納付特例制度

日本国内に居住する20歳以上の人は，国民年金の被保険者となるが，学生に関しては，本人の申請により在学中の保険料の納付が猶予される制度である．ただし，本人の所得（家族の所得の多寡は関係なし）が一定以下の学生であることが条件となる．学生とは，大学院，大学，短期大学，高等学校，高等専門学校，専修学校並びに各種学校等に在学する学生となっている．なお，2012（平成24）年度の所得基準は，118万円＋扶養親族等の数×38万円＋社会保険料控除等となっている． ［成清美治］

学生無年金障害者訴訟

無年金障害者とは，障害年金を受給できる障害の状態にありながら，年金の制度的な不備等の問題により障害年金を受給できない者のことをさす．1991年3月以前，学生は国民年金制度において任意加入とされていたため，実際加入していた学生は1％強であった．そして，任意加入未加入期間に障害を負った者はその障害による障害年金を永久に受給できないことになったのである．そして，この制度的な不備を不服とした者たちが2001年7月より「学生無年金障害者訴訟」として全国9ヵ所で裁判をおこした．裁判所によっては原告勝訴という裁判結果も出たが，国の控訴による第二審によって逆転敗訴，などというように一進一退が続いている．裁判の最大の争点である当時の国民年金制度が憲法違反であったかどうかについては原告の請求が退けられている．また，統合失調症の20歳未満の発症認定については原告の勝訴が確定している裁判結果もある．そのような中，これらの地道な活動が功を奏して，2005年4月より特別障害給付金制度が施行されている．→特別障害給付金 ［青木聖久］

囲い込み運動（エンクロージャー）

16～17世紀頃のイギリスにおいて発生した，生産様式の変化による土地の奪取＝囲い込み現象をさす．農奴解放によ

り生まれた有力な農民層が，当時興隆しつつあった毛織物工業の原料となる羊を飼育するための牧草地を確保するために，農民の共同地を囲い込んだ．これにより土地を追われた当時の農民の窮乏状況は，トマス・モアによって「羊が人間を喰い殺す」と揶揄された．これによって，利潤の獲得という主観的意図とは関わりなく，資本主義経済を成立させるためには不可欠な要素である，土地から解放された自由な労働力を出現させることになった． [新家めぐみ]

加算

生活保護制度には，特別な需要のある者に対し，それに応ずるために生活扶助に各種加算が設けられている．これらには妊産婦・母子・障害者・介護施設入所者・在宅患者・放射線障害者・児童養育・介護保険料の8種類の加算がある．なお近年の社会保障改革の影響により，従来70歳以上の被保護者に支給されていた老齢加算が2004年度から段階的に廃止された．また，2005年度から母子加算が段階的に廃止されたが，政権交代後の2009年12月より復活した．
[高間 満]

家族会

疾患や障害をはじめとして，さまざまな問題や課題を抱える当事者の家族を対象とした，セルフヘルプグループ（自助組織）のことである．アルコール依存症の当事者の家族，不登校やひきこもりの問題を抱える当事者家族，高齢者・認知症等の介護を担う家族，等があげられる．共通の悩みを家族同士で語り合い，励まし，支え合うことを目的とする．たとえば，精神障害者の家族会では，精神疾患についての正しい知識や精神障害者が利用できる保健福祉制度を勉強したり，施設を運営したり，啓発活動等を行っている． [木村志保]

家族機能 (family functions)

家族をシステムととらえた場合，家族がシステムとして存在するために他のシステム（他の家族システムやそれらを構成要素とする社会システム）との交渉やそれらからの影響に対しての行動決定をするための役割を家族機能と考えることができる．家族機能は各々の家族やその家族が属する文化，そして家族がどのライフサイクルの最中にあるかによって，多種多様に存在する．一例として，社会学者のマードック（Murdock, G.P.）は，家族機能を，①性的機能，②経済的機能，③生殖的機能，④教育的機能，ととらえている．→家族システム論，家族周期 [唐津尚子]

家族教室

家族教室は，精神障害者の家族を対象として，精神科医療機関や保健所・精神保健福祉センター等の行政機関を中心に行われてきた経緯がある．家族教室の具体的内容は，疾患や障害に関する知識や情報の伝達，相談や参加者同士の交流の機会，相互支援等である．近年では，心理教育的アプローチを取り入れた家族教室の実践も展開されている．家族教室の目的は，①心の病のことを充分に知り，理解すること，②家族が心も身体も健康であること，③家族が自分自身の生き方をすること，家族が人生を楽しむこと家族が統合失調症を知ること，さらに，その効果として，①家族自身が楽になること，②精神疾患患者と生活する上で対処が上手になること，③患者自身の状態が良くなること，等がある．
→家族心理教育 [木村志保]

家族システム論
(family system theory)

家族をひとつのまとまりをもつシステムとしてとらえた理論．一般システム理

論（ベルタランフィ Bertalanffy, L. von）や一般システム理論（ミラー Miller, J.）などの自然科学的な理論の影響を受けて発展してきている．システムには階層性がある．あるシステムを構成する要素システムをサブシステム（例．家族システムを構成する家族成員システム），あるシステムによって構成されるシステムをスプラシステム（例．家族システムなどによって構成される社会システム）とよび，相互に影響を与え合っている．またこの理論では，現象の関係を『原因→結果』というつながり（直線的因果律）ととらえるのではなく，同じパターンが繰り返されている（円環的因果律）ととらえる．→家族力動
[唐津尚子]

家族周期 (family life cycle)

エリクソン（Erikson, E.H.）は個人のライフサイクル理論を提唱したが，同様に個人の集合体としての家族にも，ライフサイクルが存在するという視点がもたれている．概念化を試みる研究者によって段階がいくつあるかが異なる．各論におおよそ共通して考えられている段階は，①新婚期，②出産・育児期，③思春期の子どもをもつ時期，④子どもが巣立つ時期，⑤夫婦の老年期の5段階であり，それぞれの段階に達成すべき課題が想定されている．しかしどのようなメンバーで家族が構成されているかや，メンバー各々のもつ個人ライフサイクルが家族全体としてどのように重なっているかによって，課題は異なってくるであろう．→エリクソン，E.H. [唐津尚子]

家族出産育児一時金

健康保険法に規定された金銭給付．被扶養者の分娩にさいし，42万円（産科医療補償制度対象出産ではない場合は39万円）が支給される．国家公務員共済組合法，地方公務員等共済組合法，私立学校教職員共済法にも同様の給付が規定されているが，これらは家族出産費という名称でよばれ，金額は健康保険なみの42万円（2011（平成23）年3月より）である．
[木村 敦]

家族心理教育

統合失調症をはじめとする精神疾患患者・精神障害者の家族を対象として，精神科医や専門職が行う心理教育アプローチであり，精神疾患以外を対象とした家族心理教育も実践され始めている．具体的には，主治医による告知や説明，専門職による疾患に関する情報提供や対処方法の教育，およびその後のサポートなどがある．家族心理教育の特徴としては，①ストレス脆弱性モデルや生物心理社会モデルを採用する，②感情表出（expressed emotion）の研究成果を理論的背景とし，再発予防を目指す，③薬物療法や作業療法と併用する，④疾病に関する情報伝達と，家族・当事者の対処能力向上のための教育・訓練を主内容とする，⑤家族を治療協力者と考える，⑥複数の家族に対して行い，疾病受容の過程で集団力動を活用する，⑦心理的解釈や洞察などの心理療法過程を志向しない，等があげられる．→心理教育，家族教室 [木村志保]

家族福祉

個々の家族が，家族周期における発達課題を達成できるための家族機能や問題解決能力を確保，維持していくために援助をするための体系．児童福祉や老人福祉，障害者福祉を遂行するにあたって，それぞれの対象者が家族から切り離されることなく，また，他の家族成員への精神的・身体的犠牲のもとで援助が成立するようなことがないよう，家族をひとつのまとまりとしてとらえて援助を実践していくためのものである．[唐津尚子]

家族力動 (family dynamics)

家族は程度の違いこそあれ，常に安定→成長・変化→不安定→解決→安定というパターンを繰り返している（家族システム論）．そのパターンの中では家族構成員間でさまざまな力が働き，相互に心理的変化が引き起こされている．つまり，何らかの形で不安定な状態になった家族が，安定状態を作り出すように働くような，家族構成員間の力の関係を家族力動という．一般的に好ましいと思われる方向に家族力動が作用すると，葛藤状態が解決するという形になるが，好ましくないと思われる方向に作用すると，成員の誰かが精神的健康を損ねることで，家族全体として安定状態へ向かう場合もある．→家族システム論　　　　［唐津尚子］

家族療法の技法

家族療法の技法は，援助モデルによって多岐にわたる．代表的には，家族にとけ込むためのジョイニング技法，家族の問題状況を肯定的に意味づけをするポジティブ・リフレーミング法（リフレーミング）である．ジョイニングは家族全員から話を聴いたり，犯人探しをせず中立的な立場をとり，家族の長所や家族の取り組みを評価する．リフレーミングは家族関係の対立や葛藤を調整し，否定的とみられる関係を肯定的に価値変換されるものである．両技法とも円滑に行うためには十分なトレーニングが必要である．

［倉石哲也］

家族療養費

健康保険法に基づく保険給付が行われる場合，現実の運用としては，被扶養者についても療養の給付が行われ，その者は医療機関の窓口では3割（未就学児童2割，70歳から74歳までの者は法律上2割で平成25年3月31日までは1割［現役並み所得者は3割］）の自己負担を支払うだけでよい．しかし法律上の原則では，被扶養者は窓口でいったん医療費の全額を支払い，後に保険者より保険給付分の療養費の支給をうける（償還払いされる）というしくみになっている．この療養費が家族療養費とよばれている．

［木村　敦］

課題中心モデル
(task-centerd model)

クライエント（福祉サービス利用者）が解決を望む問題に対し，当面取り組むべき課題を明らかにし，具体的な作業計画の策定，実行，評価を通じて，短期間内でその解決を図ろうとするソーシャルワークの援助モデルである．課題の達成状況に焦点が当てられ，ワーカーはクライエントが実行可能な課題の設定やその達成に向けての作業に対し援助を行う．リード（Reid, W.J.），エプスタイン（Epstein, L.）らの実証的な調査研究をもとに，1970年代初めに構築された．パールマン（Perlman, H.H.）の問題解決の過程としての視点とスタット（Studt）のサービスの焦点をクライエントの課題にしぼるという考え方の影響が強い．→エプスタイン，L.　［駒井博志］

課題分析

アセスメント．現在の利用者の生活環境や問題状況，心理的・身体的な状態などを客観的に情報収集すること．介護保険制度において，アセスメントの用紙は現在定められておらず，厚生労働省が定めるアセスメントの標準23項目を満たすものであれば，どの用紙を活用するのかは自由とされている．現在活用されている用紙として，厚生省の「97年度高齢者介護サービス体制整備支援事業」資料では，①MDS-HC方式，②3団体ケアプラン策定研究会方式（包括的自立支援プログラム），③日本訪問看護振興財団方式，④日本社会福祉士会方式，

⑤日本介護福祉士会方式が示されている．→アセスメント　　　　　　[綾部貴子]

片麻痺（かたまひ）

一側上下肢の麻痺のこと．大脳皮質から頸髄上部までの間の障害により発生する．原因としては，大脳内包付近の血管障害または外傷が多い．急性期には，弛緩性麻痺を示し，各種の反射異常がみられる．回復期になると痙直が出現し，深部反射の亢進がみられるようになる．後遺症がみられることも多くあり，理学・作業療法によるリハビリや整形外科的アプローチが必要となる．　　　　[谷　康平]

片山　潜（かたやま　せん）(1859-1933)

キリスト教社会主義者，国際的社会運動指導者．岡山県生まれで藪木家にうまれたが，のちに片山家の養子となる．苦学しながらアメリカのエール大学で学び神学士の資格を得る．帰国後，キリスト教社会主義の立場から，労働運動・社会問題に取り組む．セツルメント運動の拠点として東京・神田三崎町にアメリカのピッツバークに黒人やイタリア移民労働者のために設けられたキングスレー館と同名の「キングスレー館」を設立する．その後，幸徳秋水らと社会主義研究会を1898年に組織する．これ以降，社会主義運動に傾注し，アメリカ，ソ連の社会主義運動に参加・指導者として活躍する．しかし，祖国の土を踏むことなく，ソ連（現，ロシア）にて1933年に死去する．　　　　　　　　　　　[成清美治]

カタルシス (catharsis)

ギリシャ語の「浄化」に由来し，除反応（abreaction）ともいう．不安や緊張などの神経的な症状を引き起こすような抑圧された過去の不快な体験にまつわる感情や衝動や葛藤を，言語や行動で表現させることにより発散させること．また，それにより症状が消えることをカタルシス効果という．精神医学の分野では，ブロイアー（Breuer, J.）やフロイト（Freud, S.）が精神分析の治療手段のひとつとして用いた．心的外傷（trauma）の意識化と，そのきっかけとなった出来事の再体験を容易にすることができる．→フロイト, S.　　　[井上序子]

学校カウンセラー（がっこうカウンセラー）

不登校，いじめ，心の悩み等，問題をもつ個人の主観的事実や感情等について学校教育の場で行う相談・援助活動をする人（教員）．信頼関係を通じて面接により問題解決への援助を行う．ケースワーク同様個人的に扱うが，カウンセリングは個人の心理性格上の諸問題を解決しようとするものである．近年児童・生徒・学生のもつ身体上・健康上の問題，学習上の問題，社会生活上の問題等について適切な診断と助言が要求されている．そのためには専門的技術と人格的特性を備えたカウンセラーのいることが各学校での条件となってきている．子どもたちの保健室利用の急増等からも専門的技術のある人的配置が望まれるところである．　　　　　　　　　　　[安部行照]

学校教育法の一部改正（がっこうきょういくほうのいちぶかいせい）(2006)

2003年の特別支援教育の在り方に関する調査研究協力者会議「今後の特別支援教育の在り方について（最終報告）」，2005年の中央教育審議会「特別支援教育を推進するための制度の在り方について（答申）」を受け，2006年6月21日に公布，2007年4月1日から施行された．従来の特殊教育を一本化し特別支援学校を創設．従来の特殊学級の名称も「特別支援学級」に変更し，障害ごとの教員免許状も教育職員免許法を改正することにより，一本化した教員免許状にした．　　　　　　　　　　　[伊藤葉子]

学校ソーシャルワーク

文部科学省は,「問題を抱えた児童生徒に対し,当該児童生徒が置かれた環境へ働き掛けたり,関係機関等とのネットワークを活用したりするなど,多様な支援方法を用いて,課題解決への対応を図っていくこと」を学校ソーシャルワーカーの仕事としている.日本では2008年に文部科学省が研究事業として「スクールソーシャルワーカー活用事業」を開始(2009年度からは補助事業に)した.実際の活動においては学校に配置,あるいは教育委員会に配置され学校に派遣,という形となっている.不登校,児童虐待,家庭の貧困,精神疾患等の個別事例への支援だけでなく,学校組織の改善,教育行政との協働まで幅広い活動を行っている. [大野まどか]

家庭裁判所 (family court)

司法権を行う通常裁判所の系列下にある下級裁判所である(裁判所法第3章に規定).家事審判部と少年審判部があり,前者は家庭内に生じる種々の問題や悩みについて解決するために援助する部門で「家事調停事項」と「家事審判事項」とに区分される.家事調停は一般的な家庭に関する事項を扱い,家事審判官,弁護士,学者,調停委員等で構成する調停委員会によって行われる.家事審判は児童に関わる事項として,親権喪失の宣告,後見人等の選任・辞任許可・解任,監護者の指定,親権者の指定・変更等が審判の対象である.後者の少年審判部は,非行少年の保護事件の審判を担当し,非行事件処理の中枢的機能を果たしている.そのスローガンは,「家庭に光を少年に愛を」である.→非行,保護処分 [安部行照]

家庭支援専門相談員

乳児院,児童養護施設,情緒障害児短期治療施設および児童自立支援施設に配置され,児童相談所等との連携のもとに入所児童の早期家庭復帰等を図るため,施設入所以前から退所まで,さらには退所後のアフターケアに至る総合的な家族調整を担う児童およびその家族支援のための相談・援助等を行う職種である.また,地域の要保護児童の状況把握や情報交換を行うために,要保護児童対策地域協議会へ参加することも多い.この職種はファミリーソーシャルワーカーともよばれている. [真鍋顕久]

家庭児童相談室

設置運営については,厚生省令として都道府県知事・指定都市・中核市の各市長に通達として出され,趣旨として下記の如くうたわれている.「家庭は児童育成の基盤であり,児童の人格形成にとってきわめて大きな影響を及ぼすものであるが,近年における社会の変動にともなう家庭生活の変化は,家庭における児童養育にも大きく影響し,これが児童の非行発生の要因ともなっている現状にかんがみ,とくに家庭における人間関係の健全化,および児童養育の適正化等家庭児童福祉の向上を図るための相談指導援助を充実強化するため,福祉事務所に,家庭児童相談室を設置できることとしたものである.」.専門職員として,社会福祉主事や家庭相談員が設置され,虐待・不登校・離婚等の家庭問題全般の相談指導に当たり,児童委員とも連携して地域住民の利便も図っている.→家庭相談員,児童委員 [立川博保]

家庭相談員

福祉事務所の児童家庭福祉に関する機能を強化するため,1964(昭和39)年度から福祉事務所内に家庭児童相談室が設置されている.家庭児童相談室には家庭児童福祉の業務に従事する社会福祉主事と家庭相談員が配置されており,専門

的技術を必要とする業務を担当している．また同年，児童をもつ家庭全体の福祉の重要性に着目し，従来の児童局の名称が児童家庭局と改められた．相談の主な内容は，性格，生活習慣，知能，言語，学校生活，非行，家族関係，環境福祉，心身障害等である．施設入所が必要な者については児童相談所に送致し，また，児童相談所からの依頼に応じて調査や援助を行うなど，児童相談所と連携して相談活動を行っている．→家庭児童相談室，児童相談所　　　　　　［安部行照］

家庭的保育事業（保育ママ）

児童福祉法第6条の3第9項に「乳児又は幼児であつて，市町村が第24条第1項（保護者の労働又は疾病その他の政令で定める基準に従い条例で定める事由により，その監護すべき乳児，幼児又は第39条第2項に規定する児童の保育に欠けるところがある場合）に規定する児童に該当すると認めるものについて，家庭的保育者（市町村長（特別区の区長を含む．以下同じ．）が行う研修を修了した保育士その他の厚生労働省令で定める者であって，これらの乳児又は幼児の保育を行う者として市町村長が適当と認めるものをいう．以下同じ．）の居宅その他の場所において，家庭的保育者による保育を行う事業をいう．」とある．家庭的保育事業の実施主体は市町村とし，家庭的保育者又は保育所を経営する者に委託して事業が実施される．家庭的保育事業を行うには，区市町村の認定を受ける必要があり，要件は区市町村により異なっている．　　　　　　　　　［山口倫子］

家庭復帰施設

とくに明確な定義はないが，一般に社会福祉の分野で用いる場合には，病状が安定し，病院へ入院して治療する必要はないが，家庭での日常生活に支障がみられる者が在宅生活に戻るまで利用し，リハビリテーション，看護，介護を通じて自立を支援することによって，家庭復帰をめざしていく施設をさす場合が多い．医療の場と生活の場を結ぶ中間的な役割を果たすことから「中間施設」とよばれることもある．具体的には，高齢者を対象とした介護老人保健施設，精神障害者を対象とした精神障害者社会復帰施設などが家庭復帰施設と考えられている．
［石田慎二］

家庭養育促進事業

児童福祉法の要保護児童対策として，定められた保護者のもとで養育・監護をうけることができない児童の養育環境を整備する事業．里親，里親になることを希望する者，養子縁組を希望する者，関係職員に対し，養育技術の向上，里親委託の推進，里親の開拓を図るための研修を行うことを提唱している．1988年より始められたが，里親の登録数・委託数が施設入所児童の1割程度と少なく，里親制度のより一層の推進を図るため実施されている．実施主体は都道府県・指定都市および関係団体の委託事業もある．
［桑名恵子］

家庭養護

我が国ではさまざまな事情で家庭で養育できない児童に対して，家庭に代わるサービスやケアを通じて健全な成長を保障する取り組みを「社会的養護」とし，児童養護施設などを中心とした「施設養護」と里親委託を中心とした「家庭的養護」の2つの系統によって展開してきたが，2009年12月の国連「児童の代替的養護に関する指針」などを受けて，里親やファミリーホームにおける養育を「家庭養護：family-based care」，グループホームなどの施設による小規模グループケアを「家庭的養護：family-like care」と区分することになった．2016年の児童福祉法改正においても国・地方

公共団体の責務として「児童を家庭において養育することが困難であり又は適当でない場合にあつては児童が家庭における養育環境と同様の養育環境において継続的に養育されるよう，児童を家庭及び当該養育環境において養育することが適当でない場合にあつては児童ができる限り良好な家庭的環境において養育されるよう，必要な措置を講じなければならない」（第3条の2）とし，翌17年8月の「新しい社会的養育ビジョン」（新たな社会的養育の在り方に関する検討会）においても，代替養育については「家庭養護」（＝「家庭における養育環境と同様の養育環境」）を優先することが提唱された． [倉持史朗]

加藤裁判

生活保護受給中の加藤鉄男氏（当時59歳）が自分や妻（当時63歳）の入院，在宅療養に備えて保護費からかろうじて貯蓄できた80万円余について，1985（昭和60）年，担当の秋田県仙北福祉事務所長は，うち約35万円を収入認定し，それに相当する額を保護費から減額する処分を下し，加えて残り約46万円の用途を葬儀代等に限定する旨の指導・指示を行った．原告の加藤氏は1990年，上記処分の取り消しを求めて提訴した．1993（平成5）年，秋田地裁は加藤氏の主張を全面的に認め，保護費減額処分の取り消し及び指導指示無効の判決を下した．国と秋田県は控訴を断念し，判決は確定した． [砂脇 恵]

寡婦年金

基礎年金（国民年金）の第1号被保険者のみを対象とする独自給付のひとつで，一定の条件を満たした場合に寡婦に対して支給される遺族給付．第1号被保険者として老齢基礎年金の受給資格を満たしている者が，老齢基礎年金，障害基礎年金ともにうけることなく死亡した場合に，死亡した者と10年以上婚姻関係があり，生計を維持されていた65歳未満の妻に60歳から65歳になるまでの間に支給される．寡婦年金の額は，死亡した者について受給権が確定した老齢基礎年金の額の4分の3に相当する額である．なお，死亡一時金もうけられる時はどちらか一方を選択する． [鎮目真人]

貨幣的ニーズ

人びとがもつさまざまなニーズのうち，現金給付によって充足を図ることができるニーズをさす．したがって，貨幣的ニーズは貧困や低所得に起因する生存のために必要な生活基盤の充足をめざすものがその内容となる．なお，近年生活の質をより高めるための領域のニーズ（非貨幣的ニーズ）が増大している．

[駒井博志]

紙オムツ

一般的に不織布，パルプ，ポリマー，防水シートから構成される．失禁対策に使用され，製品の改良，販売網の拡大，処理の簡便さが図られた結果，布オムツと比較し，紙オムツが在宅での主流となっている．失禁の原因やADL，排泄パターン，性別，体型，尿量，経済性，交換の頻度，認知症による問題行動の有無等により，個人に合ったオムツの選択が求められる．オムツカバー等や他のオムツと併用するフラットタイプとパットタイプ，単独で使用可能なパンツタイプがあり，テープで止める型とはく型に分かれる．大人用オムツは，医療費控除の対象になる場合がある． [秦 紀代美]

空の巣症候群（エンプティネスト・シンドローム）

子どもの自立に付随して起こる「親（父親・母親）の役割」の低下や喪失が，親としてのアイデンティティを拡散して，人生に対する空虚感・無意味感・

喪失感を強める症候群で，頭痛・腹痛・めまい・肩こり・腰痛など不定愁訴としての身体症状をともなうこともある．好発は，40〜50代の女性によく見られ子どもの自立といった環境的要因と，更年期のホルモン変動などの内的要因が重なり合い，子育てに専念していた女性に多い．放っておくと，不眠や手の震えなどさまざまな症状が現れる自律神経失調症やうつ病になるケースもある．さらに，空の巣症候群は俗に台所症候群とよばれるように，逃避行動として台所にこもってキッチンドリンカーになり，アルコール依存症になる恐れもある．　［安岡文子］

借り上げ住宅

既存の民間賃貸住宅を活用するかたちで，借り上げ方式によって提供される住宅．一例として，借上公営住宅があり，1996（平成8）年の公営住宅法改正により，民間事業者等が建設・保有する住宅を借り上げて供給される公営住宅が導入された．この他，大規模災害が発生した場合，災害救助法に基づいて被災者に供与される「応急借り上げ住宅」があり，「応急仮設住宅」のひとつとして，都道府県が民間賃貸住宅を借り上げて供与されている（2011〈平成23〉年の東日本大震災発災直後，「みなし仮設住宅」とも呼ばれた）．　［成清敦子］

仮釈放

矯正施設の収容者で「改悛の状」のある者について，その収容期間の満了前に仮に釈放（退院）させることで，より円滑な更生・社会復帰の促進を図る制度．有期刑では刑期の3分の1，無期刑では10年経過後に矯正施設の長の申し出等によって地方更生保護委員会が審理・決定を行う（死刑が確定した者の仮釈放はない）．有期刑の場合，残りの刑期は保護観察が実施されるが，無期刑の場合は保護観察期間が無期限，少年院の仮退院者では原則として対象者が20歳になるまで保護観察が実施されることになる．
→矯正施設，地方更生保護委員会
　［倉持史朗］

カリタス（caritas）

ラテン語で，キリスト教の愛，慈善を意味する．ギリシャ語ではアガペー，英語ではチャリティ（charity）にあたる．ローマには，カトリック教会の国際的慈善事業組織「カリタス・インターナショナル」（国際カリタス）の本部があり，日本のカトリック団体も加盟して（カリタス・ジャパン），災害救援や発展途上国に対する救援活動等を行っている．カリタスは，キリスト教慈善活動の思想的根拠であり，アウシュビッツ収容所でのコルベ神父の言動やインドのマザーテレサ修道女の活動などを生み出した．
　［西川淑子］

ガルブレイス
（Galbraith, J.K., 1908-2006）

カナダ・オンタリオ州生まれの経済学者．トロント大学，カリフォルニア大学，ケンブリッジ大学等で学ぶ．ハーバード大学名誉教授．制度派経済学を代表する経済学者である．主著に『アメリカ資本主義』（1952），『豊かな社会』（1958），『新しい産業国家』（1967），『不確実性の時代』（1977）等．　［成清美治］

感化院

1900（明治33）年に制定の感化法によって各道府県に設置された，8〜16歳（その後18歳までに引き上げられた）までの不良少年を入所させて，懲罰ではなく感化教育を行った児童施設．1884（明治17）年に池上雪江が神道の布教のために神道祈祷所を設置したさいに，浮浪する不良少年を憐れみ児童保護事業として大阪に開設したのが日本で最初の感化院であるといわれている．翌年1885

(明治18) 年には，高瀬真卿（しんけい）が「私立予備感化院」を，そして1899（明治32）年には留岡幸助が東京巣鴨に「家庭学校」を創設するなど先駆者による設立運動の機運のなかで感化院は制度化された．1933（昭和8）年に少年教護法の少年教護院，1947（昭和22）年に児童福祉法の教護院，1997（平成9）年に児童福祉法改正によって児童自立支援施設と名称変更されている． ［西川淑子］

感化救済事業

1900（明治33）年制定の感化法が1908（明治41）年に改正され，同年9月から10月にかけて，内務省主催の第1回感化救済事業講習会が開催されたことを契機として，現在一般に社会福祉と呼称されている営みが感化救済事業といわれるようになった．この呼称は，米騒動以後の社会事業成立まで使用された．感化救済事業講習会の開会式で平田東助内務大臣は，感化救済事業とは，単なる救済に止まるものではなく，対象者を教導し，人の人たる道をふませ，国家の良民とする事業であることを強調した．ここでは救済は手段，感化が目的となっているといえよう． ［池田和彦］

環境の改善

障害者や高齢者などの社会的不利の解消をめざす環境の改善には，「物的環境改善」「制度的環境改善」「意識的環境改善」がある．物的環境改善は，要援護者の生活や活動を阻害している物的条件の改善を図ることであり，ハートビル法や交通バリアフリー法（2000年5月10日に可決成立）などの法的な整備も進んでいる．制度的環境改善は，要援護者の社会参加を促進するために必要な制度的条件（例，障害者法定雇用率）の改善や整備をさしている．意識的環境改善は，要援護者に対する住民の意識や態度の変容を目的とする． ［瓦井 昇］

観察法 (observation method)

文字通り，調査の対象を「眺める」調査方法であるが，大きくは「統制的観察法」と「非統制的観察法」に分けられる．統制的観察法というのは，観察対象の条件を操作したり，観察技術を標準化したりする観察方法で，実験観察を思い浮かべればわかりやすい．これに対して非統制的観察法は観察対象をあるがままに眺める方法で，調査者が調査対象となる集団の生活に入りこみ，集団の一員として振舞いながら観察をする「参与観察法」と，マジックミラーを使って観察するなど，観察対象者には関与せずあくまで部外者として観察を行う「非参与観察法」がある．→参与観察 ［武山梅乗］

感情転移

過去の特定の人物に対する感情を，当人ではなく他者に向けること．精神科では治療関係上，患者が治療者に対して感情転移を起こすことが比較的多い．母親のように慕って必要以上に甘えたり，治療者を独占しようとする等，治療者に対して好意的な感情転移を陽性転移という．逆に「厳しく支配的だった父に似ている」と治療者に対して非協力的になったり拒否的，攻撃的になることを陰性転移という．また，治療者が患者に対して特別な感情を抱いたり，攻撃的になったりすることを逆転移という．経験の浅い治療者には逆転移を起こすことがしばしばみうけられる． ［岡田良浩］

間接援助技術

クライエント（福祉サービス利用者）に対して直接的に働きかける援助の方法を直接援助技術，それ以外の援助方法を間接援助技術と分類されることがある．コミュニティワーク，ソーシャルワーク・リサーチ，ソーシャルアドミニスト

レーション，ソーシャルアクション，ソーシャルプランニングなどがこれにあたる．これらは個々のクライエントの問題を直接の対象としないが，間接的な働きかけを行うことで結果的に広く援助的な効果をもたらす．その意味で間接という表現が用いられているが，クライエントの家族や職場などの環境に働きかける間接処遇とは異なる． ［山田　容］

関節可動域訓練

人体の各関節（肩，肘，手指，股，膝，足等）や頸部は一定方向や一定角度の運動がある．手指あるいは四肢が，自動的にも他動的にも目的とする部位に動くように可動性を有するためには，各関節の一定の可動域が必要である．身体の運動機能が長期にわたって制限されると，身体的にも精神的にも退行現象があらわれ，関節可動域の減少，拘縮や萎縮，筋力低下，知的，情緒的障害等がみられる．日常生活動作の基本動作に可動性を維持したり，回復するためには，これら各関節の可動域を維持できるように，適切な訓練を十分に行う必要がある． ［新治玲子］

完全参加と平等

国際障害者年のテーマである．すべての障害者が市民として障害をもたない市民と同じ生活を営む権利を実現させることである．障害者福祉を進展させていくうえできわめて重要な考えとなっている．ここでいう完全参加とは，社会を構成する一員として社会，経済，文化などあらゆる活動に参加していくことである．また，障害者施策などについて，政策決定段階から障害者が参加していくことをも意味している．政策決定段階で障害者が委員として積極的に関わっていくことが不可欠である．平等とは，その国の社会経済の発展による利益の平等な配分をうけることである． ［津田耕一］

完全自動物価スライド

公的年金に関して，法律改正によらず，全国消費者物価指数に応じて年金給付額を自動的に改定するしくみ．物価スライドは物価上昇による年金給付額の相対的な目減りを防ぐ役割を果たす．1989（平成元）年から毎年，前年度の全国消費者物価指数の伸びに応じて，年金給付額の調整が行われている．それ以前では，1973（昭和48）年から，全国消費者物価指数が5％を超えて変動した場合にのみ，年金額の改定が行われていた． ［鎮目真人］

感染症

病原体微生物が体内に侵入して，臓器や組織あるいは細胞の中で分裂増殖し，その結果として惹き起こされる疾病を感染症という．感染を起こしても，かならず発病するとはかぎらず，その病原体微生物の感染力に対し，感染した生体の抵抗力が強ければ症状は起こらない．［古賀典子］

がん対策基本法

わが国のがん対策をより一層充実させるために，2006年6月の第164回通常国会において成立し，翌年の2007年4月から施行された．この法律は，がん対策に対して3つの理念を掲げ，がん対策を総合的に実施することとなっている．政府は「がん対策推進基本計画」を策定することになっているが，この計画の案を促成するために厚生労働大臣は，患者や家族あるいは遺族を代表する者，がん医療従事者，学識経験者より構成される「がん対策推進協議会」の意見を聴くこととなっている． ［成清美治］

官僚制

大規模な組織に典型的に発達したところの管理組織の原理，また，管理の機能を遂行する人びとの組織を意味する．官

僚制は一定の集団目標や目的達成のために組織化された集団をもその範疇にとらえる。たとえば、労働組合、政党、宗教団体などである。ウェーバー（Weber, M.）によると「近代官僚制とは、①規則による職務の配分、②階級制、③公私の分離、④文書による事務処理、⑤専門的な職員の任用」を構造的特色としている。また、官僚制の逆機能とは、組織原則に忠実のあまり現実への柔軟な対応ができないとか、法律・制度に忠実のあまり法規万能に陥った対応のことをいう。　　　　　　　［北池健三］

関連援助技術

社会福祉援助技術において、ケースワークやグループワークなどの直接援助技術、コミュニティワークなどの間接援助技術の他に、それらに分類されない援助技術が注目されるようになっている。具体的には、ソーシャル・サポート・ネットワーク、ケアマネジメント、スーパービジョン、カウンセリング、コンサルテーションなどがあげられ、今後新たな援助技術が加わっていく可能性もある。これらは社会福祉援助の発展にともない開発された技術であり、また隣接領域の援助技術であるが、従来からの社会福祉援助活動を有効に機能させたり、利用者主体の援助活動を支える意味で重視な意味をもっている。→援助方法　　［山田　容］

緩和ケア

WHO（世界保健機関）は緩和ケアについて、「緩和ケアとは、生命を脅かす疾患による問題に直面している患者とその家族に対して、疾患の早期より痛み、身体的問題、心理社会的問題、スピリチュアルな（霊的・魂の）問題に関してきちんとした評価を行い、それが障害とならないように予防したり対処したりすることで、クオリティオブライフを改善するためのアプローチである。」（2002年、日本ホスピスケア協会翻訳）と定義している。つまり、緩和ケアとは治癒の見込みがない患者に対して、無理な延命等をせず、痛みやそのほかの苦痛となる症状を癒す（緩和）等をして、その人らしく生きていくことを支援する専門的ケアといえる。　　　　　　　　　［青木聖久］

き

記憶 (memory)

記憶過程は、記銘（情報の入力）、保持、再生からなる。保持時間から分類すると、作動記憶、短期記憶、長期記憶などがあり、長期記憶には、スポーツや楽器演奏など非言語的な身体記憶である手続き記憶と、それ以外の言語記憶がある。さらに言語記憶は、一般的な知識である意味記憶と、日常の出来事の集積であるエピソード記憶に分けることができる。また、一度に可能な記憶容量としては、チャンクとよばれる意味ある言葉のまとまりがあり、成人の場合、5～9（magical number 7）個がもっとも適切であるといわれている。　　［田辺毅彦］

記憶障害

記憶とは、新しいことを覚える記銘、覚えたことを維持しておく保持、覚えたこと、過去の記憶を思い出す追想、記銘したことと、追想したことが同じであることを確認する再認がある。生理的、精神的要因によってこれらの記憶機能の働きが減退、消失した状態を記憶障害という。原因としては、記銘障害が目立つ痴呆や頭部外傷、中毒、感染症による意識障害、知的障害、統合失調症、うつ病、アルコール中毒などからおこるコルサコフ症候群などに認められることが多いと

されている. ［西村佳一］

機会の均等化
「国連障害者の10年」（1983-1992）の経験と成果を踏まえ，さらに障害者の「完全参加と平等」を推進するために，国際連合は新たな国際的基準として「障害者の均等化に関する標準規則」（1993）を定めた．これは，障害者の建築物や情報へのアクセス，教育，雇用，社会保障など地域における目標や手段を明らかにし，バリアフリーな地域生活を実現させようとするものである．文化（規則10），スポーツ，レクリエーション（規則11）の活動に関しても具体的推進策を講じることが盛り込まれた．
［本多洋実］

機関委任事務
地方公共団体の執行機関，とくに都道府県知事および市町村長を国の機関とし，これに国の事務を委任して執行させること．生存に関わるナショナル・ミニマムを確保し，全国一律に公平・平等な保護を実施する必要性から，生活保護法の実施にかかる事務については，機関委任事務として定められた．しかし，1999年7月の「地方分権の推進を図るための関係法律の整備等に関する法律」成立による機関委任事務制度廃止にともない，生活保護の決定・実施に関する事務等は「法定受託事務」に変更された．
［砂脇 恵］

危機介入 (crisis intervention)
これまでに獲得している対処方法では問題解決を図ることができず不安定な情緒的状況（危機状況）にあるクライエント（福祉サービス利用者）に対し，積極的・集中的な援助を行い，危機状況からの脱出を目的とする援助方法である．危機介入が効果をもたらすためには，ソーシャルワーカーがクライエントの状況に応じて，タイミングよく介入することが必要である．危機状況は人の発達段階等で生じる予測できるものと身近な人の突然の死など予期できないものとに分類され，通常一定期間しか持続せず，反応・回復過程も一定の原則があるとされている．
［駒井博志］

企業の社会的責任
（CSR：Corporate Social Responsibility）

企業の社会的責任（CSR）とは，企業が市民として果たすべき責任のことで，法令を遵守するだけでなく，人権に配慮した適正な雇用・労働条件，消費者への適切な対応，環境問題への配慮，地域社会への貢献などが含まれる．CSRの内容を示したもののひとつに，1991年に社団法人日本経済団体連合会が制定した「企業行動憲章」がある（2010年改正）．そこでは，企業が果たすべき責任として，十の項目があげられており，そのなかには，「良き企業市民」として積極的に社会貢献活動を行うといったこともうたわれている．
［鈴木大介］

菊池俊諦 (1875-1972)
石川県羽咋郡に生まれる．東京帝国大学卒業．師範学校校長などを経て，1918年国立感化院・武蔵野学院初代院長に就任．児童保護協会など児童保護事業方面の指導的人物として活躍し少年教護法成立に尽力した．主著『児童保護論』（1931年）などで児童保護とは国家的社会的保護であるべきだと主張し，このような国家・社会による保護責任を導き出す根拠として早くから児童の権利に注目した．41年武蔵野学院院長を辞任の後，郷里石川にて戦後の児童福祉を見守った．
［倉持史朗］

基準該当サービスの事業者
居宅介護支援と居宅サービスについて

は，指定事業者が行うもの以外のサービスについても保険給付の対象とされている．基準該当サービスの事業者は，事業者としての指定はうけていないものの，行おうとするものについて，職員数，管理者，利用定員，設備および備品など，それぞれ厚生労働省令で定める基準を満たしている必要がある．→指定居宅介護支援事業者，指定居宅サービス事業者

[岡田直人]

羈束行為

一般に行政行為のうち，行政機関に認められる自由裁量の範囲がきわめて狭く，ほぼ全面的に憲法・法律の規定に拘束される行為のこと．自由裁量の認められる範囲が狭い順に，羈束行為，羈束裁量行為，自由裁量行為であるとされている．生活保護制度においては，厚生大臣の行う保護基準設定行為がこの羈束行為であるかどうかについて従来議論が行われてきた．「朝日訴訟」においては，第一審判決（東京地裁）が羈束行為であると判示しているのに対して，第二審判決（東京高裁）は羈束裁量行為であるとの判断を下している．

[木村 敦]

基礎的財政収支
（プライマリー・バランス）

税収・税外収入と，国債費（国債の元本返済や利子の支払いにあてられる費用）を除く歳出との収支のこと．プライマリー・バランスの均衡は，国の税収と政策的経費の均衡を意味しており，経済成長率が利子率を上回るのであれば，国の収入は国債の利子償還に要する費用を賄って余り，国の財政は改善すると考えられている．

[木村 敦]

基礎年金

被保険者の職種や就業の有無に関わらず，全国民に共通して適用される年金制度．日本では1985（昭和60）年から導入され，国民年金制度から支給される年金をさす．被保険者は就業形態等に応じて，第1号被保険者，第2号被保険者，第3号被保険者に区分される．給付は，全被保険者共通に支給される，老齢基礎年金，障害基礎年金，遺族基礎年金と，第1号被保険のみに支給される，付加年金，寡婦年金，死亡一時金からなる．運営は国が行い，財源は被保険者から徴収する保険料と税金によって賄われている．

[鎭目真人]

ギターマン，A.
（米 Gitterman, Alex）

ソーシャルワーク（social work）に生態学的視座を導入し，ライフモデル（life model）を提唱した研究者のひとり．ジャーメイン（Germain, C.B.）とともに研究を進め生態学的視座の導入とその概念の構築に貢献した．とくに「個人と環境との交互作用関係」あるいは「課題解決における対処能力の強化」といった事柄に対し，有効に機能する相互援助システム（mutual aid system）を形成していくためのプロセス（process）あるいは具体的な援助方法について言及した．これらの仕事は因果律に支配された医学モデルから円環的な認識方法であるライフモデルへと，ソーシャルワークの発展に大きく寄与するものであった．

[土屋健弘]

キネステティク（kinaesthetik）

心理学者のフランク・ハッチ（Hatch, F.）と心理療法士のレニー・マイエッタ（Maietta, L.）の2人が創設．キネステティクは「動きの感覚の学問」であり，その基本的概念は「接触と動きはコミュニケーション」である．利用者と介助者が一緒に動くことでコミュニケーションができ，またコミュニケーションが伝わるとされる．キネステティクの介助は，利用者のキネステジア（動きの感覚）を

介助者が感じ取り、そのことにより介助の動きとして利用者にフィードバックされる。このような介助の動きが「接触と動きはコミュニケーション」である。ボディメカニクスとの違いは、ボディメカニクスが「利用者を動かす原理」であるのに対し、キネステティクは「利用者が動くのを補助する原理」である。その補助の特質は、① 利用者がもっている力を最大限に引き出す、② 利用者の足りない部分を介助者が援助する、ことにある。　　　　　　　　　　　　[米津三千代]

機能強化型在宅診療所

従来の在宅療養支援診療所が以下の機能、すなわち ① 24時間連絡を受ける体制を確保している、② 24時間往診可能である、③ 24時間訪問看護が可能である、④ 緊急時に入院できる病床を確保しているという特徴を有していた。それに対して機能強化型在宅診療所は、① 在宅医療を担当する常勤の医師が3名以上配置されている、② 過去1年間の緊急の往診の実績を5件以上有する、③ 過去1年間の在宅における看取りの実績を2件以上有する、④ 24時間連絡の取れる体制である、以上の4つの条件を満たしていることが条件となる。[成清美治]

機能主義 (functionalism)

1930年代に登場した考え方である。ランク(Rank, O.) の「意志心理学」(will psychology) を基礎理論としている。人間のパーソナリティの健康な部分に注目し、成長への意志と創造力を有する存在として人間を規定し、ケースワーカーはクライエント(福祉サービス利用者)の潜在している成長の力を引き出すための過程に援助者として参加するとした。すなわちワーカーの役割は、援助関係のなかで、本来クライエントがもっている意志の力を十分に発揮するような場を提供し、クライエントが自らの力で、現実の制約のなかで提供されたサービスを選択し、活用していくのを援助することであるとした。スモーリー (Smalley, R.E.) らがこの機能主義の発展に貢献した。　　　　　　　[加納光子]

機能障害 (impairment)

1980年の国際障害分類(ICIDH)で示されたWHOの定義では、広義の障害の基礎をなす概念。WHOの試案の定義では、「心理的、生理的、解剖的な構造、機能のなんらかの喪失または異常である」としている。いわゆる「疾病」の症状から生じてくる日常生活や社会生活上の困難を生ずるような原因となりうる機能や形態のなんらかの異常である。なお、2001年、WHOで採択されたICFは、障害と健康にかかわる生活機能を包括的にとらえており、機能障害は、心身機能と構造の、否定的側面として捉えられている。　　　　[大西雅裕]

機能低下

疾病や障害および加齢等の原因によって、生体の生理的機能が低下する状態をいう。この状態を安静や非活動的な生活のまま放置すると、心身ともに2次的な合併症をもたらす。これを廃用症候群(筋肉、骨の萎縮、関節の拘縮、心肺機能や循環機能の低下、精神活動の低下)といい、機能障害に止まらず、能力障害にも影響を与える。→廃用症候群
　　　　　　　　　　　　　[新治玲子]

機能的アプローチ

構造的アプローチとならぶ地域福祉概念への接近法。牧里毎治による整理が広く知られている。この視点からみた地域福祉は、要援護者層を中心に、国民諸階層の社会的ニーズを充足するための公私の社会サービス・社会資源の供給システムとしてとらえられる。さらにこのアプローチは、ニーズの主体である住民の側

から地域福祉の構成を展開する主体論的アプローチと，供給者の側からそのシステム構成を展開する資源論的アプローチに分かれる．　　　　　　［竹川俊夫］

気分障害（躁うつ病）

躁うつ病は，統合失調症と並ぶ2大内因性精神病とされてきたが，今日では気分（感情）障害としてより広く定義されている．感情障害を主症状とし周期的経過をとることが多い．原因は不明であるが，遺伝的素質，病前性格，環境要因などが発症の誘因として重視されている．思春期以後のいずれの年齢にも発症し臨床型としては，うつ病相のみのもの，躁病相のみのもの，躁・うつ病両病相を繰り返すものがあるが，うつ病相のものが最も多い．治療は薬物療法と精神療法が主体となり，治癒後は，人格荒廃，精神障害をのこさない．　　　　［安岡文子］

基本相談支援

障害者総合支援法第5条第17項に基づき，基本相談支援とは，地域の障害者等の福祉に関する各般の問題につき，障害者等，障害児の保護者又は障害等の介護を行う者からの相談に応じ，必要な情報の提供及び助言を行い，併せてこれら者と市町村及び指定障害者福祉サービス事業者等との連絡調整その他の厚生労働省令で定める便宜を総合的に提供することをいう．　　　　　　　　　　［成清美治］

基本的人権

すべての人間が人間として生まれながらにしてもっている当然の基本的な権利．日本国憲法では，すべての国民に基本的人権の享有を永久不可侵に保障し（第11条），国民は平等で独立した人格をもつ個人として公共の福祉に反しない限り立法その他，国政の上で最大の尊重を保障される（13条）と，人権尊重と個人主義の思想が明言されている．権利の性質により，自由権（思想・信教・集会・結社・財産権の不可侵・営業の自由），社会権，参政権に大別される．社会の変化にともなって，プライバシー権や環境権も尊重される必要がある．
［平井　正］

逆機能（dysfunction）

アメリカの社会学者マートン（Merton, R. K.）の概念である．1950年代から機能主義の一般化にともなって用いられるようになった．機能という言葉は，人びとの欲求充足や目標達成にとって有用な活動や，あるいはシステムの存続発展にとって，ある活動が貢献することなどを指す．したがって逆機能は，そのような働きと逆の働き，つまり，システムの維持存続に貢献すべき部分要素が，その機能を適切に果たさないかあるいは逆に妨害する作用をしていることをいう．ただし，一般的には人びとは意図して，あるいは好んで逆機能の状態を求めるわけではないので，逆機能は，ある活動の意図しなかった，予期しなかった結果として生じるものとされている．［加納光子］

逆転移（counter transference）

対抗感情転移．過去にある人物に対してもっていた感情を別の人に置き換えることを感情転移，または転移とよぶ．面接場面でもクライエント（利用者）が治療者に対して特別な感情を抱くことがある．治療者に好意をもち依存的になるのが陽性転移，憎しみなどの否定的感情によって反抗的になるのが陰性転移である．

一方，治療の過程でセラピストの方が自分自身の無意識的な葛藤や愛情などをクライエントに対して抱いてしまうのが，逆転移である．治療者は転移を解釈し，自らの逆転移をも自覚しながら，これらをうまくコントロールして治療に結びつけていかねばならない．→感情転移

［津田兼六］

ギャッジベッド

特殊寝台ともよばれ、電動または手動により、主に、背部の傾斜角度を調整する機能（背上げ機能）や、脚部の傾斜角度を調整する機能（脚上げ機能）を有するベッド．ベッドの高さを調整する機能が付いているものもある．ギャッジベッドを利用することにより、起居動作が容易になり、介助が必要な人でも、介助なしで起き上がりや立ち上がりができるようになることもある．また、介助する者にとっても、負担軽減の効果が期待できる．　　　　　　　　　　［岡本秀明］

キャプラン，G.
（米 Caplan, Gerald; 1938-不詳）

アメリカの精神科医．インフォーマルな関係にある人の支援する力に着目し、地域精神医学を発展させた．彼は、地域社会のなかでの人びとの精神的健康を満たすプロセスに注目して、地域社会にいる人びとの精神的健康を高めることによって精神障害の発生を減少させようとした．そのなかから危機概念も生まれた．キャプランによると、精神的健康状態を左右するもっとも大きな要素は自我の状態であり、この自我の働きによって人は絶えず均衡状態を維持しようとし、問題に直面しても、やがてはバランスを取り戻すが、問題が今までの仕方でうまく処理できない時、危機状態が生じるとした．地域精神医学をやがて予防精神医学に発展させて、発生予防である第1次予防、早期発見、早期治療である第2次予防、再発予防である第3次予防の考え方を提唱した．　　　　　　　［加納光子］

キャボット，R.
（米 Cabot, Richard; 1865-1939）

1905年に医師として、アメリカにおける最初の医療ソーシャルワーカーであるソーシャル・アシスタントを設置．1892年、ハーバード大学医学部卒業後、ボストン児童護協会と関わり専門的社会事業に触れる．1893年よりマサチューセッツ・ジェネラル・ホスピタルの外来診療所医師となり、日々の診療業務の中で、患者の生活歴、経済状況、心理面、社会的環境条件の情報を診断と治療へ活用することの必要性を感じ、看護婦出身のガーネット（Garnet, P.）を採用．2代目の社会事業を学んだアイーダ（Ida, C.）らとともにケースにチーム医療で関わり、医療社会事業を発展させた．
［伊藤葉子］

キャメロン，D.E.
（加 Cameron, D.E.; 1901-1967）

モントリオール・マクギル大学の精神科教授（1943-1964）．1946年に世界では先駆的な精神科デイ・ホスピタルを開設したことで知られる．今日における精神科デイケアの先駆といえるものの、その内容はエクストラ・ミューラルケア（病院外治療）といわれるものであった．在宅の精神障害者に対して、電気ショック療法や、インシュリンショック療法を試みるなど、精神障害者の生活維持を目的とするよりは、在宅医療を強調したものであった．ほぼ同時期にイギリスのビエラ（Bierer, J.）がコミュニティ・ケアを指向したデイケアとは、その方向性は異なっている．　　　　　　　　［重野　勉］

キャリィオーバー効果（こうか）
（carry-over effect）

質問紙法において、前に置かれた項目が、後に置かれた項目の回答に誘導的作用を与える効果をキャリィオーバー効果とよぶ．このような質問は、前問が後の問への賛成率に影響を与えたり、あるいはその恐れがあるため、前後の質問文を離して配置するか、順番を逆にするなどして、こうした効果が生ずるのを避ける必要がある．　　　　　　　［松久保博章］

吸引

体内に貯留した不用な浸出液，血液，分泌物などを陰圧の状態にして体外に排除する方法である．目的によって一時的吸引と持続的吸引とに分けられる．持続的吸引は，治療上で用いられることが多い．一時的吸引は，自分の力で痰の排出が困難なときに行う．気道内吸引の場合は，無菌操作で行う．気道内吸引は苦痛をともなうので速やかに確実に痰がとれるように手技の熟練が必要である．吸引器は，手動式，足踏み式，電動式があり，身体障害の認定等をうけると，給付・貸与をうけられる場合がある．

[鈴木けい子]

QOL ⇒生活の質

休業補償給付

業務上の傷病を被った労働者に対する労災保険給付のひとつ．労働者が業務上の傷病に起因する療養のために就労できず，賃金が得られない場合に，所得保障を目的として行われる金銭給付をいう．待期3日をおいて，休業4日目から支給される．傷病が1年6ヵ月を経過しても治癒していない場合には，傷病補償年金が支給されるため，休業補償給付は行われなくなる．給付額は，給付基礎日額の6割相当である． [中川 純]

旧国民健康保険法

1938（昭和13）年制定．当時，農村の多くは深刻な医療・健康問題を抱えており，本法はその状況に対応しようとするものであった．現行の国民健康保険法が市町村の強制設立と住民の強制加入を原則としているのに対して，保険者は任意設立制の国民健康保険組合であり，住民も任意加入であった．また，第1章総則1に，「相互救済の精神に則り，疾病，負傷，分娩または死亡に関し，保険給付を為すことを目的とする」とあるように，国家の国民に対する医療保障の責務ではなく，国民・地域住民の「相互扶助」を規定した法律であった．[木村 敦]

救護施設

生活保護法第38条に規定された保護施設のひとつ．身体上又は精神上著しい障害があるために日常生活を営むことが困難な要保護者を入所させ，生活扶助を行うことを目的としている．2010年度現在，188施設，在所者17,375人である．生活扶助は居宅において実施されることが原則であるが，居宅によることができないとき，保護の目的を達しがたいとき，被保護者が希望したときには施設保護を認めている（法第30条）．また，保護施設から居宅生活への円滑な移行を支援するために，保護施設通所事業（2002年），居宅生活訓練事業（2004年）が創設された． [木村 敦]

救護法

時代の要請にもはや応え得なくなっていた恤救規則にかわって，1929（昭和4）年公布，1932（昭和7）年に施行されたわが国の救貧法．戦後，旧生活保護法の制定によって廃止された．内容としては，恤救規則に比すれば大幅な前進がみられるものの，いちじるしく性行不良または怠惰とみなされた者は救護の対象としないとされていたり，被救護者からは選挙権・被選挙権を奪うなど，貧困の社会的原因を認識し，要救護者の救護をうける権利を承認した救貧法であるとは到底評価できない．実際の救護には，市町村と補助機関としての方面委員があたった． [池田和彦]

救護法実施促進運動

社会の実情から乖離したまま生き長らえてきた恤救規則にかわって，1929（昭和4）年にようやく制定公布された救護

法であったが，政府は翌年度より実施すべしとの議会における附帯決議を無視した．昭和5（1930）年には，方面委員を中心に救護法実施期成同盟会を結成し，同法の実施促進運動を開始，陳情を繰り返した．それでも実施には至らない中で，方面委員たちはついに上奏を決意し，上奏文「救護法実施請願ノ表」を出した．その内容は，天皇制国家の枠組みを一歩も超えるものではなく，陛下の赤子を飢えさせてはならぬからというものであった． ［池田和彦］

救済規制通達（イギリス）

1930年，保健省が発令．これによって，1834年の「新救貧法」において確立した有能（労働能力）貧民についての労役場（ワークハウス）での処遇と劣等処遇の原則が廃止された．イギリス救貧法においては19世紀半ば以来，労働能力貧民の処遇が最大の課題であった．すでに20世紀初頭における一連の失業（者）対策の展開において，労働能力貧民は失業者と認識され対応されるようになり，救貧法はその存在意義をきわめて薄くさせられることとなっていた．この通達によりその流れにはさらに拍車がかけられることとなった． ［木村　敦］

休日保育

保護者の就労形態の多様化にともなう日曜・祝日等の休日勤務により，児童の保育に欠ける状況が生じた場合に実施される保育である．必要なときに利用できる多様な保育サービスの一環として，近年増加する傾向にある．1999（平成11）年度には全国で84ヵ所の保育所が休日保育を実施したが，2000（平成12）年度策定の新エンゼルプランで設置が推進され，2004（平成16）年度には666ヵ所に急増した．休日保育を実施するあたっては，2名以上の保育士の配置を行い，適宜，間食または給食を提供する必要がある． ［戸江茂博］

求職者給付

雇用保険における失業給付のひとつ．金銭給付であり，給付内容には，①失業による所得の中断に対し，所得保障を目的として支給する基本手当，②被保険者資格を有する失業者が公共職業訓練を受ける期間中日当として支給する技能習得手当，③被保険者資格を有する失業者が公共職業訓練を行う施設へ通う交通費を支給する寄宿手当，④被保険者資格を有する失業者が基本手当を受ける要件を満たしているにもかかわらず，その後傷病により就業が困難な場合に支給する傷病手当がある．雇用保険の一般被保険者が失業したとき，離職の日以前1年間に通算して6ヵ月以上の被保険者期間ある場合に抽象的な受給権が存在するが，この要件を満たした者が公共職業安定所に出頭し，離職票を提出し，求職の申込みをして，受給資格の決定により受給者資格証を受けることにより具体的な受給権が生ずる．また，基本手当日額は賃金日額の45％から80％である．

［中川　純］

求職者支援制度

雇用保険を受給できない求職者に対する無料の職業訓練（3～6ヵ月の求職者支援訓練），職業訓練の受講を容易にするための給付金（月10万円の職業訓練受講給付金），ハローワーク（公共職業安定所）における就職支援を行う制度で，第二のセーフティネットの一環として2011年10月より恒久的制度として法定化，施行された．求職者支援制度の対象者は，①ハローワークに求職の申込みをしていること，②雇用保険被保険者や雇用保険受給者でないこと，③労働の意思と能力があること，④職業訓練などの支援を行う必要があるとハローワーク所長が認めたことのいずれの条件も満たす

「特定求職者」とされている．［砂脇 恵］

旧生活保護法

1946（昭和21）年9月に成立した公的扶助制度の根拠法のこと．同法は，保護を要する者に対して国家が無差別平等に保護することを定めたという意味では，画期的な意義をもつ法律である．その反面，勤労を怠る者や「素行不良な者」を保護の対象外とする欠格条項により，無差別平等原則には一定の制限が設けられたこと，国家に対する国民の保護請求権ならびに不服申立て制度を認めていないこと等の問題点も内包していた．そのため同法は1950（昭和25）年5月全面改正され，（新）生活保護法が成立した．　　　　　　　　　　［砂脇 恵］

救世軍（The Salvation Army）

キリスト教プロテスタント宗派の伝道と慈善団体．イギリスの牧師ブース（Booth, W.）がロンドン東部の貧民街の伝道のために，1865年に運動を開始，1878年に救世軍の名を用いた．1895（明治28）年東京に，イギリスのライト氏一行が来日して日本救世軍が創立され，機関誌『ときのこえ』を発刊した．伝道者であった山室軍平が日本最初の士官となって，廃娼運動やセツルメントなど，伝道と社会事業活動を一体化させた運動を展開した．→山室軍平　［西川淑子］

級地別生活保護基準

生活保護制度の保護基準は，要保護者の年齢別，性別，世帯構成別，所在地域別に応じて必要な事情を考慮した最低生活の需要をもとに厚生労働大臣が定める（生活保護法第8条）．生活様式，物価など所在地域によって異なる生活水準を保護基準に反映させるために3段階に分けた基準額が設定されている．これを級地制という．1級地は大都市およびその周辺市町，2級地は県庁所在地をはじめとする中都市，3級地はその他の市町村である．級地制が採用されているのは，生活扶助，住宅扶助，葬祭扶助であり，生活扶助については，1～3級地をそれぞれ2分割した6段階に設定されている．
　　　　　　　　　　　　［砂脇 恵］

急迫保護

生活保護法は，保護の一連の手続は要保護者・扶養義務者・他の同居親族の申請に基づき開始される旨規定している（「申請保護の原則」，第7条）が，要保護者が急迫した状態にあるときには，保護の申請がなくても必要な保護を行うことができるとも規定している（同条）．この申請によらない保護を一般に急迫保護と称している．要保護者が急迫した状況にあるときは，保護の実施機関は職権をもって保護の種類・程度・方法について決定し，実施にあたらなければならない（「職権保護」，第25条）．　［木村 敦］

救貧院

貧困者の収容施設．救貧院は，イギリスの救貧法や新救貧法下における労役場（ワークハウス）として理解されることが多いが，中世ヨーロッパにおける教会や修道院による慈善事業の中での保護施設（アームズハウス）をその系譜にもっており，労役場も含めた，救貧法などによる救貧行政の中で設置された貧困者の収容施設を総じて救貧院とよんでいる．救貧行政下における収容保護は，結果的に救貧費の増大を招き，救貧抑制へとつながっていった．労役場はその一環として普及した．　　　　　　［前田芳孝］

救貧事業

近代資本主義経済の展開過程において，貧困問題が現象し，公的対応の必要性が認められる段階に入って実施されるようになった救貧立法・事業をさすのが一般的である．とくに，イギリスのエリ

ザベス救貧法や新救貧法下で実施された救貧事業がよく知られている．生存権保障の観点からなされるイギリスの救貧事業を否定的にとらえ，貧困への対応をもっぱら隣保相扶に委ねていた日本では，救貧事業はほとんど実施されなかったといってよい．むしろ，救貧よりも防貧を重視する救済事業が主流であった．

[新家めぐみ]

救貧法および貧困救済に関する王立委員会

(Royal Commission on the Poor Laws and Relief of the Distress)

救貧法の再検討について1905年に政府から任命された委員会である．1909年に報告書を提出したが，多数派報告と少数派報告に分かれた．多数派は慈善組織協会（COS）のメンバーが主体で，救貧法の改良と慈善活動の強化を主張した．他方，フェビアン協会のウェッブら少数派は救貧法を解体し，「ナショナルミニマム」（国民最低限）確立を主張した．政府はいずれの報告も採用することなく，それまでの救貧法を存続させた．

[高間 満]

キューブラー・ロス，E.

(米 Kübler-Ross, Elisabeth; 1926-2004)

スイスのチューリッヒ生まれ．チューリッヒ大学医学部で医学博士の学位を取得し，その後アメリカに移り住み，マンハッタン州立病院やシカゴ大学附属病院にて精神科医として勤務．1965年より「死とその過程」に関するセミナーを始め，200人の末期がん患者と面談し彼らの死に逝く過程における克明な心理状況を分析した．その詳細を医師などの教育の一環としてまとめ上げたOn Death and Dying『死ぬ瞬間』(1969年) が世界的なベストセラーとなった．ロスの研究の中でも特筆すべきは，死のプロセスとして5段階を示したことである．第1段階は「否認と隔離」，第2段階は「怒り」，第3段階は「取り引き」，第4段階は「抑鬱」，そして第5段階は「受容」とした．

[熊谷忠和]

教育的リハビリテーション

年齢階層を問わず，障害児（者）に関して行われる教育的支援のこと．実質的には学齢期における障害児教育がこれにあたる．教育を通して人格の全面的な発達，能力の開発を目的として養護学校，盲・ろう学校，また在宅や病院での療養中の児童や重度の障害児に対しての訪問教育などがある．

[石倉哲史]

教育扶助

生活保護法第13条に定められた扶助のひとつ．生活困窮者に対し，義務教育にともなって必要となる学用品（教科書等），通学用品，学校給食にともなって必要なもの等を支給することをその内容とする．児童一般の高等学校進学率が97％を超える現状のなかで，教育扶助が義務教育の範囲内でしか扶助を認めていないという課題を残しつつも，2005年度からは，生業扶助の中に高等学校等就学費が創設されることとなった．

[木村 敦]

共感 (empathy)

相手の立場に立って気持ちを理解し同じ感情を共有すること．そのさい，自分を忘れて感情に巻き込まれてしまうのは，同情（sympathy）である．共感には，自分と相手は別の人間だということをはっきり認識しながら相手の感情世界を深く理解し感じる，という意味合いがある．共感によって相手を理解していくことは，共感的理解とよばれ，ロジャーズ（Rogers, C.R.）の来談者中心療法で求められるカウンセラーの基本的態度の

ひとつである．相手に共感的理解を示し受容的態度で接することでラポール（rapport, 治療者とクライエント（福祉サービス利用者）の間の良好な人間関係）を形成することが，カウンセリングや心理療法の第一歩である．→ラポール，ロジャーズ，C.R.　　[津田兼六]

行基 (668-749)

奈良時代の僧侶．仏教布教を目的として各地を遊歴し，橋を架けたり池を造成したりした．また運客夫や旅行者の宿泊施設である布施屋を建設した．その活動は，律令国家の慈恵である当時の天皇や皇后によって行われた悲田院や施薬院などとは一線を画している．なぜなら，行基の活動は僧による社会的活動が禁止される中で，民衆の立場に立ち，民衆の参加を得て行われたからである．後に大仏建立に協力し，聖武天皇から大僧正の位を授けられた（745年）が，行基はそれに対しても関心を示さずに思想や立場をかえることがなかったとされる．

[西川淑子]

教区委員

1601年制定のイギリスのエリザベス救貧法は，その実施単位を宗教上の単位である教区とした．その教区において，貧民監督官のもと，救貧法行政の一翼を担った，いうならば住民代表者たちが教区委員である．具体的には，救貧税徴収等の救済行政の実施について責任の一端を負わされた．なお，この教区委員はもちろんのこと，貧民監督官にしても無給の名誉職である．エリザベス救貧法においては，宗教単位である教区を利用することにより，国費節約型の行政が行われたというべきである．　　[木村　敦]

強制加入

医療保険制度を含む社会保険制度において，一定の要件を満たすだけでその人を自動的に被保険者とすること．たとえば，健康保険法では強制適用事業所に「使用される」だけでその人は自動的に被保険者となるし，また国民健康保険法においては，保険者たる当該市町村に住所を有するだけで特定の適用除外規定（被用者保険の被保険者である等）にあてはまらない限り，その人は被保険者となる．　　[木村　敦]

矯正施設

刑務所・少年刑務所・拘置所・少年院・少年鑑別所および婦人補導院の総称であり，このうち刑務所・少年刑務所・拘置所を特に「刑事施設」と呼ぶ．刑務所・少年刑務所は主として受刑者を収容して矯正処遇（作業・改善指導・教科指導）を行い，拘置所は主として刑事裁判が確定していない未決拘禁者を収容する．その数は2011年4月現在，刑務所62，少年刑務所7，拘置所8，刑務支所8，拘置支所103の合計188である．また，婦人補導院は，売春防止法第5条（勧誘等）の罪を犯して補導処分に付された満20歳以上の女子を収容し社会復帰させることを目的として，全国に1ヵ所のみ設置された国立施設（東京婦人補導院）である．→少年院，少年鑑別所

[倉持史朗]

強制設立

社会保険制度において，法律に基づき，一定の団体（地方公共団体等）に，保険者として保険制度を実施・運営する責務を課すこと．たとえば，国民健康保険法に基づいては，すべての市町村が国民健康保険事業を実施する義務を課されている．　　[木村　敦]

強制適用事業所

被用者保険において，法律の定めによって，事業主や従業員の意思にかかわらず，そこで働く従業員に対して保険の加

入が義務づけられた事業所．また，事業の内容，従業員の規模，企業の経営形態などに応じて，強制適用事業所とはならず，任意適用事業所となる場合もある．健康保険や厚生年金保険の場合，法人事業所，および，法人事業所でなくても原則として5人以上の従業員が働いている事業所は強制適用事業所となる．

[鎮目真人]

強制被保険者

健康保険法は，その第3条第3項第1号に規定する事業を行う事業所で常時5人以上の従業員を使用するもの（国または法人の事業所については人数条件なし）を強制適用事業所としている．この強制適用事業所に使用される者が強制被保険者である．ひとつの問題は何をもって「使用される」とみなすかであるが，これについては，事実上の使用関係があれば足りるとされており，書面で取り交わされた契約等の存否は参考とはなるが絶対要件ではないとされている．[木村 敦]

京都岩倉村

11世紀頃，後三条天皇の皇女の発病に，岩倉の大雲寺の冷泉を飲ませよとのお告げに従ったところ病状がよくなったという故事により，当時の精神障害者が岩倉村に集まったために自然発生的に家庭保護が始まった村で，後に1881（明治14）年に岩倉癲狂院が設立された．

[重野 勉]

共同生活援助

障害者総合支援法第5条第15項に，「『共同生活援助』とは，障害者につき，主として夜間において，共同生活を営むべき住居において相談，入浴，排せつ又は食事の介護その他の日常生活上の援助を行うことをいう．」と規定されている．

[成清美治]

共同保育所

認可外保育施設のひとつ．個人の家を開放したり，団地の一室を保育室に見立ててスタートするなど，保育の必要な保護者やそれを支援する地域住民等が保育所づくり運動を進めて運営する．認可保育所のサービスでは十分対応できない0歳児保育，産休明け，育休明けや長時間保育に取り組む場合が多い．独自の主張をもち活動しているが，施設等の整備を進め，認可保育所にかわるところもある．→認可外保育所 [桑名恵子]

共同募金

毎年10月1日から12月31日までの間に，各都道府県にある社会福祉法人の共同募金会が実施する寄付金の募集であり，第1種社会福祉事業に位置づけられている．集まった寄付金は区域内の社会福祉事業，更生保護事業，その他の社会福祉を目的とする事業を経営する民間の法人および個人に配分される．また2000（平成12）年の社会福祉法制定により，共同募金の目的が新たに地域福祉推進と位置づけられ，社会福祉事業者への過半数配分規定の撤廃や，災害時での区域を越えた対応などが改正された．共同募金の原型は，19世紀の英米での貧困者への慈善活動のための募金計画にあり，とくに1918年にニューヨーク州ローチェスター市に組織された「コミュニティ・チェスト」は全米に普及した．その方式が日本にも導入されて，赤い羽根をシンボルとする国民たすけあい共同募金運動となり，1947（昭和22）年から取り組まれた． [瓦井 昇]

業務独占

国家資格の有資格者が，その定められた業務を独占すること．たとえば，医療行為を，医師の資格がない者がすると違法行為になる．看護師や弁護士も，その業

務を無資格者がすると罰せられる．もちろん，その名称を使用することも禁じられている．このように専門性が高く，自由化にすることで危険性が高くなるものは，業務独占の法的規制があることが多い．同じ国家資格でも，社会福祉士・介護福祉士は，その資格を勝手に名乗ることは禁じられているが，その業務については法規制がない名称独占である．［鶴田明子］

居住地保護

生活保護法は，都道府県知事，市長，福祉事務所を設置する町村長に対し，その管理下にある福祉事務所の所管区域内に居住地を有する要保護者について，保護の決定・実施の義務を課している（第19条）．逆に要保護者の立場からいうと，保護についてはその者の「居住する」場所を所管する福祉事務所を管理する地方公共団体の首長が責任を負うこととなる．このように，日本の生活保護制度は原則としてどこに「居住地」を有するかが保護の責任を負う行政機関を決定する．このことを居住地保護と称している．　　　　　　　　　　　　　［木村　敦］

居住福祉

すべての人が人間としての尊厳を確保し，豊かに暮らせる生活環境をつくろうという考え方．居住権の保障を前提に，個人，家族，社会の健康と調和を得られる住環境づくりをめざす．欧米諸国では，国民生活にとって良質な住環境の形成が政策課題のひとつとして重視されてきた．近年では，居住を基本的人権とする動きが世界的規模で展開している．反面，わが国では，持ち家至上主義やスクラップ・アンド・ビルドによる住宅政策などを背景に住宅を始めとする住環境問題が深刻化しており，1995（平成7）年に多くの人びとの命を奪った阪神淡路大震災は，来る高齢社会の縮図としてその実態を浮き彫りにした．このような現状にあって，生活の基盤である住まいやまちのあり方について，住み手を主体に見直す居住福祉の考え方は重要であり，社会福祉の実現に不可欠な視点である．
［成清敦子］

居宅介護

居宅介護とは，障害者総合支援法の第5条第2項に，「障害者等につき，居宅において入浴，排せつ又は食事の介護その他の厚生労働省令で定める便宜を供与することをいう．」と規定されている．
［成清美治］

居宅介護サービス計画費

介護保険における介護給付のひとつで，指定居宅介護支援事業者から，居宅介護支援（居宅介護サービス計画の作成，事業者との利用調整等）をうけた場合に行う給付．他の保険給付が9割給付とされているのに対し，この給付は10割給付であり，利用者負担は生じない．→介護給付，指定居宅介護支援事業者，ケアプラン　　　　　　　　　［井元真澄］

居宅介護サービス費

介護保険における介護給付のひとつで，指定居宅サービス事業者から居宅サービスを受けた場合の給付．訪問介護，訪問入浴介護，訪問看護，訪問リハビリテーション，通所介護，通所リハビリテーション，短期入所生活介護，短期入所療養介護，福祉用具貸与，特定福祉用具販売，居宅介護住宅改修，居宅療養管理指導，特定施設入居者生活介護の13種類である．→介護給付，指定居宅サービス事業者　　　　　　　　　　　　［井元真澄］

居宅介護支援事業者

市町村長の指定を受けて，要介護者に対して居宅介護支援サービス（ケアマネジメント）を行う．このサービスのプラン作成費を居宅介護サービス計画費とい

い，介護保険から10割給付（利用者の負担なし）される．このサービスの事業方針は，利用者が居宅において日常生活を営むことができるよう配慮し，多様な事業者から適切な保健医療サービスならびに福祉サービスが効果的かつ効率的に提供されると同時に利用者の意思と人格を尊重した公正中立なものでなければならないと定められている．この指定事業者は事業運営にあたって，市町村，地域包括支援センター，等との連携が要求されている．→居宅介護サービス費

[成清美治]

居宅介護住宅改修費

介護保険における介護給付のひとつで，手すりの取り付けなど，住宅改修を行った場合の給付．ここでいう住宅改修は，被保険者が現に居住する住宅について行われたものであり，かつ，被保険者の心身の状況，住宅の状況などを勘案して必要と認められる場合に限られている．→介護給付

[井元真澄]

居宅介護福祉用具購入費

介護保険における介護給付のひとつで，入浴または排泄に用いる福祉用具を購入した場合に行われる給付．被保険者の日常生活の自立を助けるために必要と認められる場合に限り支給される．→介護給付

[井元真澄]

居宅支援サービス計画費⇒居宅介護サービス計画費

居宅支援サービス費⇒居宅介護サービス費

居宅支援住宅改修費⇒居宅介護住宅改修費

居宅支援福祉用具購入費⇒居宅介護福祉用具購入費

居宅保護

生活保護法は，生活扶助について，特段の事由があると実施機関が判断した場合，または被保護者が希望する等の場合においては，救護施設，更生施設等の適当な施設に入所させて行うことを例外的に認めている（ただし，入所を強制することはできない）が，原則は被保護者の居宅において行うこととしている（第30条）．このことが居宅保護，または居宅保護の原則とよばれている．

[木村　敦]

居宅療養管理指導

介護保険における居宅サービスの中に位置づけられる．対象者は，居宅の要介護者または要支援者である．居宅療養管理指導を行う職員は，医師，薬剤師，管理栄養士，歯科衛生士などであり，居宅を訪問して指導を行う．具体的な内容としては，病院や診療所または薬局の医師，歯科医師は，療養上の管理に基づいた指導や助言，居宅介護支援事業者などへの情報提供を行う．薬剤師は服薬指導，管理栄養士は特別食（糖尿病食など）が必要な利用者に対して，具体的な献立に従って指導を行う．歯科衛生士は，口腔内や義歯の清掃などに関する指導を行う．

[綾部貴子]

キルケゴール，S.

（デンマーク Kierkegaard, Sören; 1813-1855）

デンマークの首都コペンハーゲンの生まれで，実存主義哲学の創始者である．彼の実存主義思想は，宗教的体験に基づいたもので，ヘーゲル哲学（観念哲学）を批判するところから成り立っている．彼は，ヘーゲルの精神的（＝理性的）なものだけが現実的であるという考え方に

反対し，信仰絶対主義の立場に立った．そして，個々の存在こそ現実であり，最も大切なものは個人の主体性（＝意思決定）であり，自らの選択により，自己が形成されるとしている．彼の哲学はキリスト教的実存主義といわれているが，彼の思想が今日の福祉の目標である自立・自己決定にも影響を与えていると考えられる．なお，代表的著作として『あれかこれか』（1843）『哲学的断片』（1844）『死に至る病』（1849）を挙げることができる． ［成清美治］

ギルバート法 (Gilbert's Act)

1782年に制定されたイギリスの法律．1722年のワークハウステスト法で推進された，救貧費抑制のための施設としての労役場を，高齢・疾病・障害者や孤児など無能貧民（the impotent poor）の救済収容の場とし，労働能力のある有能貧民（the able-bodied poor）は，失業者とみなして雇用斡旋を行ったり，賃金補助を行うなどの院外救済（outdoor relief）による一般的な雇用を推進させようとした法律である．この法律の制定の目的は，産業革命によって新たに生まれた貧民が増大してきたことに対する対応であった．→エリザベス救貧法，ワークハウステスト法 ［西川淑子］

筋萎縮性側索硬化症⇒ALS

緊急措置入院

精神保健福祉法第29条の2．ライシャワー事件を契機に精神衛生法の改正が行われ（1965）新設された制度が精神保健福祉法下の現在に残存している．自傷・他害のおそれのある精神障害者について，急速を要し，通常の入院手続をとることができない場合にのみ行われる都道府県知事の権限で入院させる制度．入院については1名の精神保健指定医の判定を必要とし，72時間を超えることはできない． ［重野　勉］

緊急通報システム (emergency aids)

緊急通報装置は，1988（昭和63）年から日常生活用具給付等事業のメニューに加えられ，2000（平成12）年からは介護予防・生活支援事業の市町村事業のひとつとして，主に65歳以上のひとり暮らし老人を対象に配布している．それには転送方式とセンター方式の2種類があるが，前者は家庭用機器から電話回線を通じて，緊急通報先（協力員宅）へ自動通報する単方向のシステムであるのに対し，後者は24時間体制のセンターを仲介した双方向のシステムである分，より完成されている．このセンター方式の緊急通報システムを強化し，緊急通報装置をもつ対象者の健康状態などの個人データをコンピューターに入力することで，通報時に最適な指導を図ることが課題となっている． ［瓦井　昇］

キングスレー館 (Kingsley Hall)

アメリカにおけるセツルメントの拠点であり，「セツルメントの母」と称される．1893年，ジョージ（George, H.）が黒人やイタリア系の未組織不熟練労働者のためにピッツバーグ市に開設．名称はイギリスのキリスト教主義者キングスレー（Kingsley, C.）による．また，1897（明治30）年に片山潜が東京の神田三崎町にキングスレー館という日本における最初のセツルメントを設立した． ［米津三千代］

筋ジストロフィー

筋線維の破壊・変性（筋壊死）と再生を繰り返しながら，次第に筋萎縮と筋力低下が進行していく遺伝性筋疾患の総称であり，根本的な治療法が確立していない難病．発症年齢や遺伝形式，臨床的経過等からさまざまな病型に分類される．

そのうち，最も頻度の高いのはデュシェンヌ型である．デュシェンヌ型は，性染色体伴性劣性遺伝のため，基本的に男性のみに発病する．2～5歳頃から歩き方がおかしい，転びやすいなどの症状で発症する．初期には腰帯筋，次第に大殿筋，肩甲帯筋へと筋力の低下の範囲を広げて筋力低下は対称的に起きるという特徴がある．病勢の進行と共に筋の萎縮，関節拘縮，アキレス腱の短縮なども加わり，起立・歩行不能となり，心不全や呼吸障害を併発する． ［安岡文子］

く

苦情解決事業

福祉サービスの利用者から表明される苦情を適切に解決するために，社会福祉法第2条に定められている事業で．第1種・第2種社会福祉事業が対象になっている．事業内容は2段階で構成され，すべての社会福祉事業の経営者は，①苦情受付担当者・苦情解決責任者の明確化，②苦情解決時の助言を行う第三者委員の設置，に努めることとしている．また，事業者段階での困難事例の解決あっせんを行う運営適正委員会を都道府県社会福祉協議会に置くことを定めている．
［手島　洋］

グットマン，L.
（英 Guttmann, Ludwig; 1899-1980）

パラリンピックの創始者といえるイギリスの神経科医．ドイツに生まれ，その後イギリスに渡り，脊髄損傷センターが設立されたストーク・マンデビル病院でセンター長として勤務．脊髄損傷者に対する包括医療体制の実施と医学的リハビリテーションにスポーツを取り入れた．この試みを通して，スポーツが身体機能の回復，向上，心理的効果，自立と自律の両面においても成果が現れることが明らかとなり，「失った機能を数えず，残された機能を活かす」ことへの転換をもたらした．その後，スポーツ大会をストーク・マンデビル病院にて開催，院内の大会は1952年には第1回国際ストーク・マンデビル大会として国際的な大会に発展を遂げ，その後も開催されることとなる．さらに，1960年の第9回大会をオリンピック開催地のローマで開催し，後にこの大会は第1回のパラリンピックとして位置づけられた． ［伊藤葉子］

区分支給限度基準額

介護保険における居宅サービスおよび地域密着型サービス（ただし，地域密着型介護老人福祉施設入居者生活介護を除く）の種類ごとの相互の代替性に着目し，要介護度ごとに保険給付される区分支給基準額が設定されている。保険給付される総額は，区分支給限度基準額の100分の90に相当する額を超えることができない．その範囲内で，同じ区分のサービスの中から複数を組み合わせて利用することができる。介護予防給付も同様となっている。→居宅介護サービス費，支給限度額，種類支給限度額，特別居宅介護サービス費，要介護認定
［岡田直人］

組合管掌健康保険

単一で700人以上の被保険者を使用する適用事業所あるいは複数で3,000人以上の被保険者を有する適用事業所が厚生大臣に「健康保険組合」設立の申請をし，許可された場合，保険者として健康保険事業の運営を行うことができると定められている。このような，事業所に設立された組合を健康保険組合というが，前者を単一健康保険組合，後者を総合健

康保険組合といい，健康保険組合が保険者となる健康保険が組合管掌健康保険とよばれている． [成清美治]

くも膜下出血

くも膜下腔内に出血が起こり，脳脊髄液に血液が混入した状態．原因疾患としては，脳動脈瘤が多いがその他に脳動静脈奇形，高血圧性・脳動脈硬化などがある．発症は，全年代にみられるが，とくに40～60歳に多く，脳卒中（脳血管障害）の約10％を占める．症状は，突発性の激しい頭痛，他覚的には項部硬直など髄膜刺激徴候を認める．CTスキャン，髄液検査で診断され脳血管撮影などにより原因疾患を確定し，治療方針を決める． [安岡文子]

クライエント (client)

ソーシャルワークにおけるクライエントとは，サービスを利用する個人，集団，地域などのことをさす．かつては対象者とも表現されたが，そこには援助を提供する側の主導的なニュアンスが込められており，近年では援助を受ける側の主体性を重視する観点から，福祉サービスの利用者，あるいは消費者という用語が用いられることが多い．クライエントと称されるのは，単になんらかの問題状況にいるだけでなく，援助機関とサービス提供の契約を交わした段階からであり，援助の申請段階ではアプリカント（applicant）とよばれる． [山田　容]

クライエント・システム
(client system)

ピンカス（Pincus, A.）とミナハン（Minahan, A.）によって，1973年に提示されたシステム理論を基盤とする「ソーシャルワーク実践における４つの基本システム」（クライエント・システム，ワーカー・システム，ターゲット・システム，アクション・システム）のひとつである．社会福祉サービスを必要とし，そのための問題解決に取り組もうとしている個人や家族，または，彼らを含む小集団をいう． [加納光子]

クライエント中心療法⇒ロジャース, C.R.

クライエントの参加

社会福祉の援助過程における原則のひとつで，「援助」はクライエント（福祉サービス利用者）の積極的かつ主体的な参加を前提として成立するという考え方である．援助関係における中心は援助者ではなく，あくまでもクライエント自身である．クライエントが問題状況を解決・改善していこうとするとき，援助者は専門知識と専門技術を駆使して側面から援助を行う．すなわち，クライエント不在の状況では「援助」自体が成立しない．援助者は，援助関係の主体はクライエント自身であるという観点に立ち，クライエントの積極的な参加を援助の前提としなければならないのである．

[武田康晴]

グラウンデッド・セオリー・アプローチ
(Grounded Theory Approach)

グレイザー（Glaser, B.）とストラウス（Strauss, A.）は，一般理論の検証を目指す調査者のスタンスを批判し，現場で集めたデータに基づいて発見ないしは生成される理論を「グラウンデッド・セオリー」とよび，あらかじめ調査者によって決めつけられた「グラウド・セオリー」と区別した．グラウンデッド・セオリー・アプローチとは，現場で集めたデータから理論を構築するという研究者のスタンスであり，具体的には定性的コーディングや継続的比較方法などの方法を用いた質的な研究方法を指している．グラウンデッド・セオリー・アプローチ

の大きな特徴はデータ収集と分析が一体となっている点，また，データに意味をあてはめるコーディングを行いながらデータ解釈がなされるという点にある．コーディングの方法としては，切片化されたデータ（たとえば一行，一文）ごとにコーディングし，コードをまとめてカテゴリー化する「オープンコーディング」，抽象度の高い概念的カテゴリーに対応するコードを選択的に割り振り，それらのカテゴリー同士の関係について明らかにする「軸足コーディング」などがある．
→質的調査　　　　　　　　　［武山梅乗］

クラーク勧告（かんこく）

日本における地域精神衛生の推進のために，日本政府の要請によって，WHOから英国のクラーク（David H. Clark）博士（フルボーン病院の院長であり，病院内の治療コミュニティ活動と地域精神衛生活動に専念していた）が来日し，1967年11月から1968年2月まで日本に滞在し，15の精神病院（国公立7，私立8），7の精神薄弱児・者施設，5の精神衛生センターおよび児童相談所，5の大学クリニックおよび多くの他の施設（保護作業所，ハーフウェイ・ハウス，県および政府機関）を訪問し，1968年5月30日に日本政府に対して勧告書を提出した．

クラーク博士は，日本に対して，精神病院の改善策を勧告した．すなわち，非常に多数の精神分裂病（現在，統合失調症）患者が精神病院（現在，精神科病院）に入院患者として滞留していた．長期収容による無欲状態に陥っている状態に対して，社会療法，作業療法および治療的コミュニティという方法が有効であることや，アフターケアとして，治療（すなわち投薬と精神療法），長期間の追跡，地域社会にいる精神分裂病患者のための社会扶助を与える精神科医及び地域社会ワーカーによって構成される外来クリニックの必要性が大きいこと，夜間病院やハーフ・ウエイ・ハウス及びホステル，昼間病院，保護工場，治療的社交クラブ，リハビリテーションのための法律，専門家の訓練の必要性などの指摘や，その充実を勧告するものであった．

［加納光子］

クラブハウスモデル

社会心理リハビリテーション，職業リハビリテーションと位置付けられ，1940年代のアメリカのニューヨークで始まった精神障害者の自助活動による相互支援を基盤にした活動であり，世界各地に広がっている．

その特徴は，デイプログラムと呼ばれるクラブハウス運営維持のための「仕事」を，メンバーといわれる利用者とスタッフが共に行うことにある．しかし，日本の福祉的就労と異なり，金銭的な報酬はない．クラブハウスの「仕事」は，参加者相互の協力によって行われ，その「仕事」を行うことを通して自助の力を育み，失った自信や能力を回復することを目標としている．1948年に作られたアメリカのファウンテンハウスが名高い．

［加納光子］

グラミン銀行（ぎんこう）

バングラデシュの経済学者ムハマド・ユヌスが1976（昭和51）年に始め，1983（昭和58）年に認可された民間金融機関．農村低所得層を対象に「マイクロクレジット」という無担保融資を行い，生活改善に寄与することを目的にしている．融資は女性グループの行う事業の起業等へ行われ，それまでバングラデシュで乏しかった地域社会の相互扶助関係を育成することにも寄与している．これにより，2007（平成19）年にユヌス氏はノーベル平和賞を受賞した．→ユヌス，ムハマド　　　　　　　［古川隆司］

クーリー, C.H.
(米 Cooley, Charles Horton; 1864-1929)

初期アメリカ社会学の心理学的社会学派を代表するアメリカの社会学者である.「社会的自我（social self）——共感的内省により個人主義的社会観と集団主義的社会観を調整する」の概念を唱え，その形成が第一次集団（primary group）に負うことが多いと主張した．第一次集団とは家族等，対面的で親密な，個人の選択によるものでなく，人が生まれながらに所属している集団を指す．第二次集団とは，会社や学校，趣味のサークル等，人が選択して所属している集団を指す．この分類はテンニース（Tönnies, F.）のゲマインシャフト，ゲゼルシャフトと並んで有名である．

[加納光子]

繰り上げ支給

公的年金の老齢給付において，通常の支給開始年齢よりも1年から5年の範囲で早く年金を受給すること．繰り上げ支給した場合は，受給年齢ごとに一定率で減額された年金を生涯に渡って受給することになる．老齢基礎年金を繰り上げ支給した場合は，特別支給の老齢厚生年金は支給停止される（1941年4月2日以降に生まれた人で，60歳から報酬比例部分を受給する場合を除く）．また，繰上げ支給にともなって，寡婦年金や障害基礎年金の受給権の喪失などが生じる．

[鎮目真人]

繰り下げ支給

公的年金の老齢給付において，通常の支給開始年齢よりも希望する年齢を起点として遅く年金を受給すること．繰り下げ支給した場合は，受給年齢ごとに一定率で増額された年金を生涯に渡って受給することになる．老齢厚生年金の受給権者が66歳以降の希望する年齢から老齢基礎年金を繰り下げ支給した場合は，老齢厚生年金も繰り下げ支給となる．この場合，老齢基礎年金と老齢厚生年金は同率で増額された給付額を受給する．なお，特別支給の老齢厚生年金については，繰り下げ支給はできない．[鎮目真人]

クリティカル・パス
(Critical Path：CP)

1985年，ニューイングランドメディカルセンターの看護婦カレン（Karen, Z.）により発案された．医療ケアの効率化と質の維持，さらに医療費削減をもたらす医療管理手法である．一定の疾患や疾病をもつ患者に対して，入院指導，患者へのオリエンテーション，ケア処置，検査項目，退院指導などを時間軸の横軸とし，ケア介入を縦軸としてスケジュール表のようにまとめたもの．同時に，医師，看護職，コメディカルが他職種との連携の中で効率的に患者のケアを行うためのケアのワークフローシートでもある．

[阪田憲二郎]

グリフィス報告
(Griffiths report)

イギリスにおいて，1988年にグリフィス卿を代表とするグリフィス委員会が提出した報告書,『コミュニティケア：行動のための指針』（Community Care : Agenda for Action）の通称．この報告書は，サッチャー政権より依頼された，コミュニティケア政策の検討の結果がまとめられたもので，これに基づいて，1990年にCommunity Care Actが制定されている．内容的には，コミュニティケアの目的は，在宅でケアを実施することであるとしたうえで，要援護者のケアに携わる家族，友人，近隣の人びとに対する援助の必要性を説いている．

[前田芳孝]

グリーフケア (grief care)

愛する人を失うことによる，グリーフ（悲嘆）の死別反応を悲嘆反応といい，健康を害することが多い．悲嘆が招く症状には，不安，抑うつ，不眠等の精神症状，関節炎，リウマチ，自律神経失調，免疫機能の低下などの身体症状，そして，ぼんやりしたり，あるいは，落ち着きなく動き回ろうとする日常生活や行動上の変化がある．こうした悲嘆反応を起こしている遺族などに寄り添い，支え，援助することをグリーフケアという．悲しみの癒しには，① グリーフによって起こることについての知識をもつこと，② 十分に悲しみ，何らかの方法で悲しみを表出して行くこと，③ 一人で抱え込まないことが必要であるといわれている．これらを行うために，寄り添い，支えるケアである． [加納光子]

クルーグマン, R.P.
(米 Krugman, Robin Paul; 1953-)

アメリカの経済学者でプリンストン大学教授である彼は2008年のノーベル経済学賞を受賞した．授賞理由は「貿易パターンと経済活動の立地」である．彼はこれまでの国際貿易理論に新たな概念を導入した．それは，「規模が大きいほど生産性が高まる」，「消費者は多様性を好む」等である．また，彼はアメリカの格差社会大国の原因を明らかにした．主著に『格差はつくられた』がある．

[成清美治]

グループダイナミックス (Group Dynamics)

集団力学と訳される．場の理論研究で知られたドイツの心理学者レヴィン (Lewin, Kurt) が大成した．社会活動などに関係する小集団のなかでの，個人の間に起こる相互作用，相互の力動関係をいう．集団の構造や機能，構成員の果たす役割などが関わりをもってくる．

[加納光子]

グループワーク (social groupwork)

集団援助技術．グループを活用して，グループのメンバー個々人やグループ全体が直面している問題の解決とメンバーの成長を促す社会福祉の援助技術の体系である．正確にはソーシャルグループワークといい，集団援助技術ともいわれている．グループワークの源流は，セツルメント運動やYMCA運動などに求めることができる．個人と集団がもつ特殊な力と動きに着目して，メンバー間の相互作用，プログラム活動の展開，グループと社会資源とのつながりの4つを柱として，援助者はグループが自らの目的に沿って，効果的に機能していけるように専門的な援助調整をするところに特徴がある．→集団援助技術 [久保美紀]

グループワークの3つのモデル

代表的なモデルは，① 社会的諸目標モデル (social goals model)，② 治療的（矯正的）モデル，③ 相互（交互）作用モデルである．① の社会的諸目標モデルは，トレッカー (Trecker, Harleigh)，コノプカ (Konopka, Gisela) らに代表されるモデルで，その目的を社会的意識，社会的責任の育成，社会問題の解決におく．ワーカーの役割はそれを可能にすることである．② の治療的モデルはヴィンター (Vinter, Robert)，コノプカらに代表されるモデルで，その目的はメンバーの社会的な適応，統合である．ワーカーの役割はメンバーに変化をおこすことである．③ の相互作用モデルは，シュワルツ (Schwartz, Wiliam) に代表されるモデルで，その目的を互恵的な相互援助システムの達成におく．ワーカーは，グループの個々のメンバーとそのグループの双方に働きかけた

り（内部的媒介），全体としてのグループとそれを部分として包み込むより大きなシステム（地域社会など）との間を媒介（外部的媒介）して，それぞれの課題解決を支援する．ワーカーの役割は，媒介者（仲介者）あるいは資料提供者である． [加納光子]

❥ グルンドヴィ，N.F.S.
（デンマーク Grundtvi, Nicolaj.. Frederik. Severin.; 1783-1872）

教育者，牧師，作家，哲学者，政治家と多彩な顔を持つ彼はデンマークのシェラン島南東部のウドビィの牧師の子として1783年に生まれた．

彼はデンマークにおいて最も著名な人物の一人である．彼は19世紀のデンマークにおける民主主義の形成過程において，国民に多大なる影響を与えた人物である．教育面では「教える」教育でなく生きることを啓発する「生のための学校」の建設を唱えた．1884年に試験や単位を廃止し，資格も付与せず，国家の干渉を受けない精神の自由と人間解放を目指す私立の国民高等学校（フォルケホイスコーレ）が創設された． [成清美治]

❥ 呉秀三（くれしゅうぞう）（1866-1932）

東京都に生まれる．わが国の精神医学の基礎を築き，精神病者慈善救治会を創始し，精神衛生の啓蒙運動を起こした．4年間に渡る欧州留学を終えて東京巣鴨病院長に就任すると，監禁や身体拘束のような悪習を改めさせ，農耕などの病棟外の作業を奨励した．その後，呉は東京帝国大学精神病学教室に就任し，1910（明治43）年から6年間，夏期休暇ごとに教室員を全国に送って，364ヵ所の看護室の状況などを調査し詳細な記録と写真を添え1918（大正7）年に『精神病者私宅監置の実況およびその統計的観察』を発表した．「我国十何万の精神病者は実にこの病をうけたるの不幸の外に，この国に生まれたる不幸を重ぬるものというべし」は呉の1918年の言葉である． [重野勉]

❥ クレペリン検査⇒作業検査

❥ クロス集計（cross tabulation）

ひとつの変数の度数分布を数える作業を単純集計という．これに対して，たとえば友人の数と1日の携帯電話の利用時間という2つの変数の組み合わせについ

【クロス集計】

	合計	30分未満	30分～1時間未満	1時間～3時間未満	3時間以上
1人もいない	10	7	1	1	1
	100.0	70.0	10.0	10.0	10.0
1人～5人	15	4	7	3	1
	100.0	26.7	46.7	20.0	6.7
5人～9人	15	3	7	2	3
	100.0	20.0	46.7	13.3	20.0
10人以上	10	1	5	2	2
	100.0	10.0	50.0	20.0	20.0
合計	50	15	20	8	7
	100.0	30.0	40.0	16.0	14.0

下段：構成割合（％）

【単純集計】

	実数(人)	構成割合(％)
30分未満	15	30.0
30分～1時間未満	20	40.0
1時間～3時間未満	8	16.0
3時間以上	7	14.0
合　計	50	100.0

て度数を示す相関表を作る作業をクロス集計といい，作成された相関表をクロス表という．単純集計では，1日の携帯電話の利用時間30分未満の人が15人いて，それは全体の30.0％を占めている…というように個々の変数の度数分布しか明らかにされないが，クロス集計では，「友だちの数が少ないほど1日の携帯電話利用時間が短くなる」というように，友だちの数と1日の携帯電話利用時間という2つの変数の間の関係が示されることになる．→カイ二乗検定

[武山梅乗]

グローバリゼーション
(Globalization)

グローバリゼーションの訳語は，「地球規模化」であるが，この地球規模化の内容は世界経済の地球規模化，異文化交流の地球規模化，政治の地球規模化等である．この用語は1970年代から使われ始めたが，その目的は，国家間のバリアー（障壁）を取り除き文化・経済の交流と促進をすることにある．しかしながら，経済活動の地球規模化は市場原理優先に展開してきたため，農業や工業等において世界規模の競争が始まり，競争に勝利した国が負けた国を経済的に支配する一極集中化の構図が見えてきた．わが国も，アメリカと同じく，経済活動における市場原理の導入を図り，経済効率化，活性化を図るためさまざまの規制緩和を図り，異業種間の競争を促した．しかし，結果として，国内においてもグローバリゼーションの進展により，東京一極集中化が図られ，都市部と地方の経済格差が顕著となった．また，社会福祉においても基礎構造改革以降，民間企業の参入が導入され，福祉サービスの供給主体の多様化・多元化が推進されたが，その代表的なものが介護保険制度である．

[成清美治]

クロポトキン，П.А.
(露 Кропоткин, П. A.; 1842-1921)

ロシアの思想家，地理学者である．主著は『パンの征服』(1892)『相互扶助論』(1902)となっている．彼は相互扶助論を理論化したが，それは，①動物世界における相互扶助論と，②人類世界・中世都市におけるギルドにおける相互扶助論であった．その特徴は，①に関しては動物の生存競争は同種間の闘争ではなく自然との闘争が重要であり，このことが相互扶助であるとした．また，②に関しては，村落共同体においては共同の狩猟，漁労，耕作が必要であるとした．また，ギルドは技術・職業の共同体による遂行と組織の相互支持と相互防衛から必然的に発生したものであるとした．

[成清美治]

訓練等給付

障害者自立支援法の障害福祉サービス．訓練等給付には，自立訓練，就労移行支援，就労継続支援，共同生活援助がある．

[伊藤葉子]

け

ケア (care)

ケアの語源は、ラテン語の「カルー」(caru)であるが、その意味は、名詞では、①「心配」「気苦労」「不安」「気がかり」、②「注意」「用心」「留意」「気配り」、③「世話」「保護」「看護」「介護」「養護」「監督」等があり、動詞では、「気遣う」「心配する」「世話をする」「面倒をみる」等がある。ケアは、これまで、医療や看護の領域で使用されてきたが、介護保険制度導入以降、福祉(介護)の領域でも用いられるようになった。メイヤロフ (Mayeroff, M.) は、『ケアの本質 (On Caring)』(1971) のなかで、ケアの主要素として、①知識、②リズムを変えること、③忍耐、④正直、⑤信頼、⑥謙虚、⑦希望、⑧勇気をあげている。このケアの存在意義に多大なる影響を与えたのがドイツの実存主義哲学者ハイデガー (Heidegger, M.) である。彼は、『存在と時間 (Sein und Zeit)』(1927) のなかで、ケアは人間の実存性(=存在)の在り方そのものであり、「我々においてケアが存在しなければ人間としての存在意義を失うことになる」と指摘している。

[成清美治]

ケアカンファレンス

要支援・要介護者や家族が自立した日常生活を送れるよう、ケアのサービス内容について討議する会議である。事前にアセスメントを行い、現状を把握し、困難点などを検討項目として挙げる。それに対してケアカンファレンスで、支援方法や今後の生活に向けて要支援・要介護者にとって必要な介護サービスの内容を決定する。会議において決定されたサービスは、居宅利用者の場合は「居宅サービス計画書」、施設利用者の場合は「施設サービス計画書」として今後のケアサービスのもとになる。ただし、注意すべきことは、ケアマネジャーが中心となり、要支援者・要介護者本人と家族の要望を十分傾聴し、必要な各専門分野の専門職と広い視野で意見交換することが必要だということである。定期的にモニタリングを行い、その都度現状に合ったサービス計画書の見直しが必要で、ケアカンファレンスも定期的に開催する必要がある。

[山田真奈美]

ケア付住宅

日常的にケアを必要とする人が地域で暮らすため、ケアと住宅とを連動させて提供するサービスシステム。グループホーム、福祉ホームやグループホーム等からの介助者の派遣を受けながら派遣圏内での単独生活等が該当する。職員や家族に依存又は管理される傾向にある「施設」や「在宅」は障害当事者の生活に関わる選択と自己決定を狭め、さまざまな経験、失敗から学ぶ機会を奪うことにもなりかねない。しかし、日常的にケアを必要とする人にとって介助者なしには生活は成り立たない。ケア付住宅は個人の尊厳と自律が護られる居住スペースを個別に確保するとともにケアスタッフ、資金や設備を効率的に提供できることでも有効とされる。

[伊藤葉子]

ケアハウス

軽費老人ホームの一種であり、介護利用型軽費老人ホームともよばれる。1989 (平成元) 年に創設され、自炊できない程度の身体機能の低下があるため、独立した生活ができない高齢者が対象であり、食事、入浴、生活相談等の便宜が図られている。要介護状態になれば

在宅サービスも利用できるため，施設機能面に加え，住宅としての機能が強調される．高齢者の多様なニーズに応えるためにも，設置主体は社会福祉法人以外に公益法人，農業協同組合，医療法人等も認められている． ［山下裕史］

ケアプラン
（care plan, planning）

介護サービス計画．居宅や施設における要介護者等に対して作成される援助計画．介護サービス計画は，居宅サービス計画と施設サービス計画に分類される．計画の内容には，アセスメントをもとにした対象者にとって適切なサービスの種類や内容，回数などがあげられている．

作成方法は，介護支援専門員が要介護者から依頼をうけて作成する場合と，本人が作成する場合がある．また，要介護者の状態の変化によって計画の内容は変更される．作成された居宅サービス計画の原案は，サービス担当者会議で検討され，最終的には，本人や家族から了解を得て作成される．→アセスメント，ケアマネジャー，介護老人保健施設，課題分析，サービス担当者会議 ［綾部貴子］

ケアマネジメント
（care management）

介護支援サービス．介護保険法で認定された要介護者に対して，介護サービス計画（ケアプラン）の作成や，市町村や居宅サービス事業者，介護保険施設との連絡調整，権利擁護（adovocacy）などを行うこと．また，ケアマネジメントを行う専門職をケアマネジャー（介護支援専門員）という．具体的な援助の流れとしては，要介護者やその家族による申請～認定調査のための訪問～給付の決定と要介護認定～アセスメントと介護サービス計画作成～介護サービス計画実施（サービス提供）～再アセスメントの実施，となる．→アセスメント，介護サービス計画，介護保険施設，ケアマネジャー，サービス担当者会議 ［綾部貴子］

ケアマネジメントリーダー活動支援事業

介護保険制度の円滑な運用のために2002年度から導入された事業である．介護保険制度の要といわれる介護支援専門員を支え，ケアマネジメントの質の向上をめざしている．都道府県レベルでは，市町村が実施するケアマネジメントリーダー活動の把握と支援，ケアマネジメントリーダー養成研修の支援などを行う．市町村レベルでは地域の実情に合わせたケアマネジメントリーダー活動の検討，市町村内の介護支援専門員などの自主組織による協力体制の確保などを行い，介護支援専門員の支援体制を整えることをめざす． ［加納光子］

ケアマネジャー（care manager）

介護支援専門員．居宅介護支援事業者や介護保険施設に所属し，ケアマネジメント業務や要介護認定の訪問調査の代行，保険支給限度額管理などを行う専門職．ケアマネジャーになるための条件としては，保健・医療・福祉分野などで資格を得ており，5年以上の実務経験を有する従事者である．そして，各都道府県が実施する介護支援専門員実務研修受講資格筆記試験に合格後，実務研修を受講し修了し，都道府県知事から修了書の交付を受けて資格を取得することになる．全国で行われた第1回目（1998年）の試験では，9万人の介護支援専門員が誕生している．→介護保険施設，（介護支援サービス），ケアマネジメント，要介護認定 ［綾部貴子］

ケアリング（caring）

ケアとケアリングは，意味に大差はないが共に人間関係を共通の「場」としている．『ケアリング（Caring）』（1997）

のなかで，看護実践の理論家である著者クーゼ（Kuhse, H.）は，ケアは幅広く意味のとらえにくいものであるが，ケアリングの意味を，①「心配」「気づかい」「何かに専念する」（感情）と，②「世話をする」（行動）に大別し，この2つの意味がケアの看護倫理を体系化していると指摘している．また，同じく看護理論の研究者であるレイニンガーは，主著『ケア：看護と健康の本質（Care: The Essence of Nursing and Health）』(1984)のなかで，「ケアが他者に対する援助の行動にかかわる現象である」のに対して「ケアリングは，他者に対する援助をめざす行為である」としている．要約すると，ケアは他者援助における「理念」，ケアリングは「行為」と理解することができる． ［成清美治］

ケアワーカー（care worker）

社会生活上に困難をもつ高齢者や障害者（児），発達途上の年少児童などに対して直接的・具体的な援助を行う専門職．在宅の場合はホームヘルパーが，社会福祉施設の場合は寮母などが相当し，身体介護，生活援助，社会生活を営むために必要な援助を行う．その者の有する能力に応じて自立した日常生活を営むことができるように支援する視点が求められる．ケアワーカーの資質を向上させ業務全般の発展を図るために，「社会福祉士及び介護福祉士法」（1987）に基づき，業務独占ではないが「介護福祉士」の国家資格制度が設けられた．→介護福祉士 ［鳥海直美］

ケアワーク（care work）

ケアは人間が抱えている苦しみ，痛み，悩み，損傷，発達障害，身辺自立等に対する軽減，回復，獲得をするための個々の残存能力あるいは潜在能力を生かすことによって，自己実現を達成するための援助である．そのために，援助は価値／倫理を含有した「善」であり「望ましい」行為，実践でなければならない．また，ケアは，人間的関係のかかわりにおいて相互がコミュニケーション（「心の交流」）を図ることによって成立する．常に互いに問題に対する共有関係が成立し，共に育ち・向上するという目的意識をもつことが，課題解決・軽減を達成するのである．すなわち，両者が互いに向かい合うことによって相互交流と自発性が生じる．そこにはケアする側とケアをうける側との間の「卑屈な関係」（上下関係）が除去され，良好な「人間的関係」が生まれる．本来, care という英語の意味には，世話・気配り・保護・監督等が含まれるが，一般的に「世話をする」と理解するのが適切であるとされている．また，ケアの対象は日常生活にあって自立支援を必要とする子どもから大人までが含まれ，病気，知的障害，精神障害，身体障害，自立，自己決定等の問題を抱えている人びとである．このようなケアの対象者（利用者）に直接的・具体的サービス（身体的援助，生活援助）とソーシャルワーク援助（心理的・精神的援助，社会的援助・ケアマネジメント）を実践するのがケアワーカーであり，そのような対人福祉サービスをケアワークという． ［成清美治］

ケイ, E.
（スウェーデン Key, Ellen; 1849-1926）

スウェーデンの女性教育学者であり女性問題研究家，児童運動家．著書『児童の世紀』(1900)での「20世紀は児童の世紀」という主張は広く世界の人びとに知られた．彼女の述べるところは，子どもは，両親の自由な結婚生活の中で母親によって育てられるべきである．そのためには母親を良き教育者として教育・訓練する必要がある．女性の本分は家庭と育児とにあるとしたこの考え方は近代

社会にあって，時代を逆行しているかのように考えられるが，子どもは一切の抑圧や干渉から解放して最良の環境で育てられるべきである，と徹底した児童中心主義を主張した点において注目された．

[西川淑子]

経過的寡婦加算

遺族厚生年金の付加的給付のひとつ．遺族厚生年金と中高年寡婦加算を受給していた者が65歳に達すると，新たに老齢基礎年金を受給することになり，中高年寡婦加算が支給停止になるため，その中高年寡婦加算にかわって65歳以降に遺族厚生年金に加算される給付．加算は，1956（昭和31）年4月1日以前に生まれた者が対象で，加算額は，年齢によって増減し，対象となる寡婦が1986（昭和61）年4月以降60歳に達するまで基礎年金（国民年金）に加入可能な期間について加入した場合の老齢基礎年金の額に相当する額と加算額の合計が満額の老齢基礎年金の4分の3になるように調整される．

[鎮目真人]

経過的福祉手当

1986（昭和61）年に国民年金法，厚生年金保険法の改正にともない障害基礎年金が創設され，従来の福祉手当受給者のうち，特別障害者手当に該当せず，また，障害基礎年金についても支給されないものに対して，経過措置として従来通りの福祉手当を支給している．なお，本人または配偶者，扶養義務者の前年所得が基準額を超える場合，または原子爆弾被爆者に対する援護に関する法律に基づく介護手当を受給している場合は，支給に制限が設けられている．

[大西雅裕]

経管栄養

チューブを用いて，消化管に直接流動食を注入する栄養法である．鼻腔栄養法と胃や空腸，回腸に直接注入する瘻口栄養法がある．胃や腸管を使うことは，自然に近い消化・吸収が維持できるので必要な栄養補給ができる．経静脈栄養法に比べると管理も容易で利点が多いが，経口摂取のような食べる楽しみが得られない．可能な限り経口摂取への移行を進めていくことが望ましい．

[鈴木けい子]

警察官通報およびその他の通報義務

警察官はその職務を執行するに当たり，異常な挙動その他周囲の事情から判断して，精神障害のために自身を傷つけまたは他人に害を及ぼす恐れがあると認められる者を発見した時は，ただちにその旨をもよりの保健所長を経て都道府県知事に通報しなければならない（精神保健福祉法第24条・警察官職務執行法第3条も同様の通報義務をあらわしている）．また，検察官，保護観察所の長，矯正施設の長は，それぞれの職務遂行上必要ある時は精神障害者またはその疑いある者に関する通報義務がある．

[重野　勉]

KJ法

文化人類学者の川喜田二郎が1960年代に考案した研究法・質的データ分析方法であり，心理学や看護学他，多様な領域において応用されている．データ分析の方法は，収集した情報をカードに記入し，類似の内容のもつデータをグループ化していく．さらに，グループごとの関係を図解化した上で，そのカード群に論理的関連性をもたせ，それを文章化し解釈を行う情報収集・分析方法である．

[木村志保]

経静脈栄養

疾病や外傷，その他の理由によって経口摂取や経管（鼻腔）による栄養摂取ができないためエネルギーの喪失がいちじるしく，また，経口摂取した食物が病巣

を刺激して，治癒を障害するような場合，静脈を経由して栄養を摂取する．鎖骨下静脈や中心静脈（上大静脈）内にカテーテルを挿入して固定し，長期間高カロリーの輸液剤を点滴によって静脈内注入する方法で，高カロリー輸液または完全静脈栄養という．静脈内注入は感染を防止するために，すべての操作が無菌的に行われる．→経管栄養　　　　［新治玲子］

頸髄損傷 (けいついそんしょう)

頸髄は脊椎の背面に沿って走っている脊髄の上部に位置し，7つの椎からなっている．頸髄損傷は脊髄損傷の一部で，損傷を受ける部位によって運動障害，感覚障害などが生じる．頸髄損傷においては呼吸筋が障害されるため換気障害を生じ，呼吸効率が低下するため肺炎の危険が常にある．また，体温調節障害も認められ環境温度上昇時にはうつ熱を生じやすいなどの症状がでる．　　　　［石倉哲史］

傾聴 (けいちょう)

クライエント（福祉サービス利用者）の言葉や態度に援助者が耳と心を傾けることであり，援助関係において，援助者に求められるもっとも基本的で必要不可欠な援助姿勢のひとつである．ただ単にクライエントの話を「聞く」のではなく，クライエント自身に全人的な関心をもって「聴く」ことが重要である．クライエントは，「この人（援助者）は自分を理解しようとしてくれている」と感じた時に初めて，自分では抱えきれない問題や不安を援助者に打ち明けることができるのである．「傾聴」は，援助過程全体を通じてラポールの基礎になると考えることができる．　　　　［武田康晴］

軽費老人ホーム (けいひろうじん)

老人福祉施設の一種．60歳以上，または，夫婦のどちらかが60歳以上で，環境的（住宅や家庭などの事情）理由により，居宅での生活が困難な者が無料または低額な料金で入所する施設．軽費老人ホームには，A型，B型，ケアハウス（介護利用型軽費老人ホーム）の3種類がある．それぞれの特徴として，A型は給食型，B型は自炊型，ケアハウスは個室型でホームヘルパーなどの在宅福祉サービスの利用が可能であることがあげられる．入所者と施設の設置者との直接契約によって利用者の入所が決定される．
→ケアハウス　　　　　　［山下裕史］

契約 (けいやく)

一般的には，複数の行為主体間の合意に基づいて成立する取り決めのことをさす．社会福祉基礎構造改革などでは，行政処分である措置制度から，個人が自ら選択し，それを提供者との契約により利用する制度への転換が基本とされている．措置制度では，サービスの利用者と提供者の間の法的な権利義務関係が不明確であり，対等な関係が望めない．契約による利用は，権利義務関係を明確にしたうえで，利用者の選択を可能にし，利用者の満足度を高めるとされる．その一方で，自己決定能力が低下している者などの権利擁護の制度などの充実が不可避となる．　　　　［三島亜紀子］

敬老の日 (けいろうのひ)

1966（昭和41）年に制定された国民の祝日（制定当初9月15日．現在9月の第三月曜日）．老人福祉法（1963）は，敬老の日に国民が老人の福祉について関心と理解を深め，老人自らが生活の向上に努めることを明記する．同法は「多年にわたり社会の進展に寄与してきた」ことを敬老の根拠とし，1990（平成2）年改正で「豊富な知識と経験を有する者」の条件が付けられたが，実績主義的な敬老思想として高齢者差別につながりかねない．すべての高齢者が人間としての尊厳にふさわしい処遇をうけると

いう意味で敬愛され，健全で安らかな生活が保障されることが世代間において認め合える敬老の日が望まれる．

[梓川 一]

ゲシュタルト療法（りょうほう）

1950年代にフレデリック・パールス（Perls, F.S.）らによって創始された心理療法のひとつ．精神分析，ゲシュタルト心理学，実存主義の影響を受けている．ゲシュタルトとは，ドイツ語で「全体性をもった形態」という意味であり，人間を一個の統一された有機体としてとらえ，自己の全体性の回復を重視する．自分が環境をどのように認識し，どのように反応しているのかに「今・ここで」「気づく」経験を重視する点に特徴がある．

[大野まどか]

ケースカンファレンス（case conference）

通常，社会福祉の実践現場においては「ケース会議」と同義に使われ，ケース記録に基づく事例報告・検討会議を意味する場合が多い．とくに，施設福祉サービスなどひとりのクライエント（client：サービス利用者）に複数の援助者が関与するような場合，援助内容や援助過程に関する共通認識が必要不可欠となる．また，ケースカンファレンスには，スーパーバイザー（supervisor）によるスーパービジョン（supervision）という教育的な意味合いも含まれており，個別の援助内容を評価し，援助方法を検討・修正し，今後の援助について方向性を協議する内容が求められるのである．

[武田康晴]

ケース記録（きろく）（case record）

援助の経過を個人別に示したものをケース記録という．具体的には，個人の帰属情報を記したフェースシート（face sheet），生育歴や生活歴を記したケース・ヒストリー（case history），時間に沿って展開された内容を示した過程記録などに整理できる．また記述法としては叙述体・要約体・説明体などがあり，目的に応じ使い分ける必要がある．援助者にとっては，援助目的あるいは援助の経過を再確認し，現在何をすべきかを明確にすることに有用であり，組織としては機関が抱えるクライエント（福祉サービス利用者）の個人情報あるいは援助の内容を共有化するためにも重要なものである．

[土屋健弘]

ケースワーカー（case worker）

一般に社会福祉において，相談・援助に携わる専門職のことをいう．生活保護行政においては，社会福祉法に規定（第15条）された「福祉に関する事務所」（福祉事務所）に設置される所員のうちの「現業を行う所員」のことをいう．社会福祉法は，福祉事務所の所員の総定数を定めるところではないが，このケースワーカー（現業員）については定数を定めている．福祉事務所の設置者によって異なるが，おおむね65～80の被保護世帯につきひとりと定められている（第16条）．このことなどからケースワーカーは「地区担当員」ともよばれる．

[木村 敦]

ケースワーク（social casework）

個別援助技術．個人や家族が直面するさまざまな社会生活上の諸困難を解決したり，ニーズを充足するために，ワーカーがクライエントとの直接的な専門的対人関係をとおして，個別に的確な援助をする社会福祉の援助技術である．正確にはソーシャルケースワークといい，個別援助技術ともいわれている．ケースワークの源流はCOS（慈善組織化協会）の活動に求めることができ，ソーシャルワークの基礎的・中核的な位置を占めて展開してきた．ケースワークの特徴は，個

人と社会環境との相互作用に焦点をあて，個人の内的変化と社会環境の変化の双方を同時に視野に入れて援助を展開するところにある． [久保美紀]

ゲゼルシャフト
(独：Gesellschaft)

テンニース（Tönnies, F.）によれば，ゲゼルシャフトとは「互いに他者を自己の利害と目的に基づく手段とする，共通の目的意識や契約によって結びついた社会」である．あらゆる結合にもかかわらず本質的に分離している．社会としては利益・契約・機械的な集合体であり，その類型として，大都市生活・国・世界をあげている．ゲゼルシャフトは，合理的選択と打算に基づく契約社会でもある．文化はゲゼルシャフト的な社会では衰退する．社会はゲマインシャフトからゲゼルシャフトに移行するが形を変えゲマインシャフトに戻る．集団類型論のひとつである． [北池健三]

欠格条項見直し

精神病を理由とする資格や施設利用の制限について，精神保健法改正時(1987)，厚生省が都道府県知事に宛てて関係諸資格・諸制度の検討を行うよう通知を出した．これにより公衆浴場の精神障害者の利用規制が削除された．また，精神保健福祉法への改正時には調理師法，理容師・美容師法が改正され，精神病が絶対的欠格条項から相対的欠格条項へと緩和された．絶対的欠格条項とは，精神病であれば資格が取れない，ないしは資格が取り消されるというものである． [重野 勉]

結核予防法

結核予防法（昭和26年法律第96号）は結核の予防および結核患者に対する適正な医療の普及を図ることを目的に定められた法律であった．内容は，健康診断，予防接種，届出と登録，伝染防止のほか公費負担による医療の給付，命令入所（強制入院）に関することなどであった．公費負担の対象となる医療では，感染力の弱い通院治療可能なものを一般患者といい（適正医療），医療費の95%（ただし，健康保険などの給付を除いた分）を都道府県は公費負担することができた．感染力の強い場合は，就業を禁止し隔離入院させる必要がある．これを命令入所患者といい，医療費の全額が公費で負担された（ただし，健康保険などの給付を除いた分）．この場合，患者と扶養義務者の負担能力によって自己負担があった．同法は2007年3月31日付けで廃止された． [阪田憲二郎]

ゲマインシャフト
(独：Gemeinschaft)

テンニース（Tönnies, F.）によれば，ゲマインシャフトとは「相互に愛し合い，親しみ，ともに語り考えあうという，あらゆる分離にもかかわらず本質的に結合しつづける，感情融和の結合」である．本質意志に基づく関係態でもある．社会としては始源的であると同時に持続的でもある．その形態としては，第1に血縁関係を中心として成立する家族生活．第2に地縁的関係を中心として成立する村落生活．第3宗教・芸術などの友情関係を中心として成立する中世都市生活をあげている．人間の社会的結合の形式としては共同社会的である．集団類型論のひとつである． [北池健三]

ケラー，H.A.
(米 Keller, Helen Adams; 1880-1968)

アメリカのアラバマで生まれる．盲ろうあ者救済運動を開始し盲人福祉事業に尽力した．生後19ヵ月時，重病で盲ろうあの三重障害者となる．家庭教師サリバンの教育を受け，その後サリバンの献

身的な助けを受けながら、1889年ボストンとニューヨークのろう学校、1900年にはラドクリフ女子大学で4年間学ぶ。1906年から世界の盲ろうあ者救済運動を開始し、各国を巡り、「青い鳥の訪れ」として人びとに感銘を与え、とくに盲ろうあ者に身をもって希望をもたらした。テンプル大学から人道文化博士、グラスゴー大学から法学博士称号を授与される。著書は『私の半生記』など多数ある。 [中村明美]

原因論的診断

クライエント（福祉サービス利用者）の心理的・社会的問題は幼少期のパーソナリティ形成に影響をうけると考えるフロイト（Freud, S.）の精神分析力動モデルに代表される。昨今はシステム理論の普及により、原因→結果という直線的因果律から、原因←→結果という円環的因果律が重視される傾向にあるが、クライエントの心的力動を評価するさいに適応される基礎的なアセスメントモデルのひとつである。 [倉石哲也]

健康支援保育（病児保育、病後児保育）

病気回復期の児童で、安静の確保が必要であり、かつ仕事等のため保護者が世話することができない児童に対する保育を病後児保育という。病気回復期の児童2名に対し、職員1名の配置、利用定員に応じて看護師および保育士の配置が必要である。診療所や病院で行ってきたが、2000（平成12）年度に策定された新エンゼルプランにより、乳幼児健康支援一時預かり事業として保育所でも実施することができるようになった。なお、保育所に通う児童が病気のため通所できなくなったときに、一時的に預かり、病状に合った保育を実施することを病児保育という。 [戸江茂博]

健康増進法

2002年8月に公布、2003年5月に施行された国民の健康の増進の基本的な方針などを定めた法律。「環境の整備」「情報提供の推進」「生涯を通じた保健事業の推進」の3つを柱とし、「国民の健康の増進の総合的な推進に関し基本的な事項を定めるとともに、国民の健康の増進をはかるための措置を講じ、国民保健の向上を図る」ことを目的とする。本法の第25条は、多数の人が利用する施設の管理者に対し「受動喫煙を防止するため、必要な措置を講ずるよう努める」と規定した。なお、健康増進法の制定により、栄養改善法は廃止された。

[米津三千代]

健康日本21

すべての国民が健康で活力ある社会であることをも目的として2000年3月に策定されたのが「21世紀における国民健康づくり運動」（健康日本21）である。この目的は、「21世紀のわが国をすべての国民が健やかで心豊かに生活できる活力ある社会とするため、壮年期死亡の減少、健康寿命の延伸及び生活の質の向上を実現することを目的とする」となっている。その基本方針として、一次予防の重視、健康づくり支援のための環境整備、目標等の設定と評価、多様な実施主体による連携のとれた効果的な運動の推進、等となっている。また、取り組みの方向性と具体的取り組みとして、①栄養・食生活、②身体活動・運動、③休養・こころの健康づくり、④たばこ、⑤アルコール、⑥歯の健康、⑦糖尿病、⑧循環器病、⑨がん、等となっている。 [成清美治]

健康保険法

（Health Insurance Law）
わが国で健康保険法が制定されたの

は，1922（大正11）年であった（ただし，施行は関東大震災などのため1927年1月からとなった）．この健康保険は，企業・事業体等主として民間企業等に使用される者（＝被保険者）が業務外の疾病・負傷，出産，休業，死亡等によって不測の状態に陥った時，家族を含めた給付を行うことによって被保険者の負担を軽減することを目的とするものである．健康保険法では，保険者を①健康保険組合と②全国健康保険協会に区分している．前者は，ア．単一健康保険組合（被保険者を700人以上使用する事業所）イ．総合健康保険組合（2つ以上事業主が集って，合計3,000人以上の被保険者を組織して設立）に分かれている．一方，後者には，ア．常時5人以上の従業員を使用する事業所イ．常時従業員を使用する国又は法人の事業所に分かれている（1984年の改正により，それまでの日雇労働者健康保険制度が廃止され，日雇特例被保険者として健康保険法に組み入れられた）． [成清美治]

言語聴覚士

(speech-therapist：ST)

脳卒中等による言語機能障害や先天的難聴等の聴覚障害を有する人びとに対するリハビリテーションや検査，診断，治療を施すことを目的としている．わが国では，病院や福祉関係の諸機関に所属していたが名称については統一されたものがなく，1997（平成9）年「言語聴覚士法」が制定されたことによって「言語聴覚士の名称を用いて，音声機能・言語機能または聴覚に障害のある人々に対して，その機能の維持向上を図るため，言語訓練その他の訓練，これに必要な検査および助言，指導その他の援助を行うことを業とする者」という定義が行われた． [石倉智史]

現在地保護

生活保護法の実施機関の実施責任について，「居住地がないか，又は明らかでない要保護者」について，その現在地を所管区域とする実施機関に保護の実施責任が属するとした規定（同法第19条1項2号）．保護の実施機関は，原則としてその所管区域に居住地を有する要保護者の実施責任を負う（居住地保護）が，現在地保護の規定は，ホームレス状態の要保護者など住居・住所のない（明らかでない）要保護者への実施責任を定めたものである．したがって，住所がないことを理由に保護申請を受理しない運用は明らかな違法行為である． [砂脇 恵]

倦怠感

身体がだるい，仕事をする気力が湧かないなど，いわゆるシャッキリしない状態で，単なるカゼから重篤な疾患までほとんどすべての疾患時にみられる症状で，これだけでは判別のしようがない．しかし，とくに肝疾患（肝炎，肝硬変など）時や，腎疾患（腎炎，腎不全など）時，また糖尿病などにおいては強い倦怠感がみられることが多い． [谷 康平]

見当識障害／失見当

(disorientation)

認知症の一症状としてよくみられるが，認知症特有の症状でなく，知能低下，意識障害，失認によっても起きる．見当識とは，自分と他者あるいは周囲との関係についての基本的認識，自分が何者であるかという自己の基本属性の認識のことである．見当識に障害があると，今日が何年何月何日か，何曜日か，今は昼か夜か，季節はいつかなどがはっきりしない時間的失見当，自分が今どこにいるのか分からず，自宅と施設を混同するなどの地理的失見当，身近な家族が分からず，子を死んだ親と間違えたり，家族

に対して赤の他人のようにあいさつするなどの人物誤認が起こる．→認知症

[岡田直人]

現物給付（介護保険）

社会保障の給付形態のひとつで，必要なサービスや物品を現物の形で給付すること．介護保険は，法律上は償還払い方式の規定になっている．しかし，償還払いでは，被保険者はサービス利用時にいったん費用の全額を自費で支払わなければならないため，負担が大きい．そのため，実際には，介護サービス計画を作成しないでサービスをうけた場合等を除き，保険者が被保険者に代わって事業者等に保険給付分の支払いを行う代理受領方式による現物給付の扱いがとられており，被保険者は，サービス利用時に利用者負担のみを支払うことでサービスをうける．

[寺本尚美]

憲法第25条分離論

日本国憲法第25条は，その第1項で「救貧的施策」について定め，第2項において「防貧的施策」の責務を規定しているとする，憲法第25条の1項と2項とをそれぞれ別々のものであるとする学説．「堀木訴訟」の第二審判決において採用された．そこからは，第2項に根拠をもつ「防貧的施策」には財政事情等の限界により「できる限りの」ものでよいという一定の結論が導き出される．しかしながら現在においては，第1項は目的・理念を，そして2項は施策・手段を定めたものとして統一的に解釈すべきであるとするのが有力説である．[木村 敦]

権利擁護⇒アドボカシー

こ

コイル，G.

（米 Coyle, Grace; 1892-1962）

グループワークの母といわれている．セツルメントワーカーとして勤務した後，YWCAの職員となり成人教育とレクリエーションを担当した．「グループワークとは，任意に作られたグループで，余暇を利用して，グループリーダーの援助のもとに実践される一種の教育的過程であり，グループ経験を通して，個人の成長と発達をはかるとともに，社会的に望ましい目的のため，各成員がグループを利用することである」（『グループワーク年鑑』1939年）という定義が有名である．

[加納光子]

公営住宅法の改正

従来，公営住宅は第1種公営住宅と第2種公営住宅に区分されていたが，1996（平成8）年の公営住宅法の改正により廃止された．また，2000（平成12）年7月の「公営住宅法施行令の一部を改正する政令について」により，常時の介護を必要とする高齢者，身体障害者等であっても，居宅において必要な介護をうけることができ，これにより単身入居が可能な者については，公営住宅への単身での入居者資格が認められるよう規定の明確化が図られた．　[石田慎二]

高額介護サービス費

介護保険における介護給付のひとつで，1割の定率利用者負担がいちじるしく高額となった場合に，その負担軽減を図るために，一定の基準を超える自己負担分について行われる給付．これによって，所得の低い人については，利用者負担の上限額が低く設定される．具体的には，一般の上限額が月額37,200円であるのに対し，市町村民税非課税世帯者で24,600円，老齢福祉年金受給者で市町

村民税非課税世帯者である者および被保護者で15,000円となっている（2012年11月現在）．→介護給付　　　　［井上真澄］

高額居宅支援サービス費⇒高額介護サービス費

高額療養費

健康保険等の保険診療において，被保険者の自己負担額が一定の額を超えて高額になった場合，その超えた部分について，被保険者の申請に基づいて支給される現金給付の制度である．1ヵ月あたりの自己負担限度額は，70歳未満では3つの区分に分かれており，平成22年度は，上位所得者は150,000円＋（総医療費−500,000円）×1％，一般は80,100円＋（総医療費−267,000円）×1％，低所得者は35,400円となっている．70歳以上では所得で4つの区分（上位所得者，一般，低所得者Ⅱ，低所得者Ⅰ）と世帯単位（入院・外来）か個人単位（外来のみ）かによってそれぞれ分かれている．　　　　　　　　　　　　［田中誉樹］

高額療養費貸付制度

生活保護の被保護者または要保護者，市町村民税の非課税者などに，高額療養費相当額の8割程度を貸し付け，医療費の支払いに充てる制度．高額療養費の支給は，申請から2ヵ月以上かかるため，これら低所得者の経済的負担が大きいことを考慮した制度である．→高額療養費
　　　　　　　　　　　　［田中誉樹］

効果測定

実際に行われた援助について，援助内容および援助過程，また援助に活用された社会資源や社会システムが有効かつ効率的であったかを測定することをさす．効果測定の方法としては，アンケート調査等により援助実施の前後を比較する方法や，同一の社会資源が別々のケースで活用された場合を比較する方法が使われるが，いずれも作用因子（測定基準）を設定することがむずかしい．また，個別のケースに関する効果測定には，複数の視点からの検討がより有効であるため，効果測定を目的としたケース会議やスーパービジョンの実施が望まれる．
　　　　　　　　　　　　［武田康晴］

口渇

のどの渇きのことで運動時，高温時などでもみられるが，脱水状態になると発生する．日常で注意を要するのは，今日700万人を越える患者がいるといわれる糖尿病（頻尿，多尿のために口渇が生じ，多飲，多食の傾向がある），また，高齢者や介護をうけている人では意識的に飲食を控えている場合に口渇から脱水症状に陥ることがある．→脱水
　　　　　　　　　　　　［谷　康平］

後期高齢者医療制度

この制度は，2008（平成20）年4月からはじまった後期高齢者（75歳以上の高齢者）を対象とした医療制度であり，老人保健法が改正されて「高齢者の医療の確保に関する法律」のもとで提供されている．運営主体は，後期高齢者医療広域連合（市町村が加入）で保険料の給付並びに給付内容を決定する．なお，保険料は75歳以上の者に課せられる．また，自己負担は原則1割負担となっている．ただし，現役並み所得者は3割負担となっている．　　　　　［成清美治］

後期高齢人口

前期高齢人口が65歳以上75歳未満であるのに対し，75歳以上（場合によっては80歳以上）の人口を後期高齢人口とよぶ．前期高齢者には，健康で経済力があり，積極的な社会活動を行う人が相対的に多いのに対し，後期高齢者は虚弱者，要介護者を含む要援護者の出現率が

高い．老化の進行は個人差が大きいのも事実だが，要介護高齢者の発生率は，65～69歳で1.5%程度であるのに対し，75～79歳では6.5%，85歳以上では約24%と上昇する． ［三島亜紀子］

公共企業体等職員共済組合法

1956（昭和31）年，公共企業体制度が創設されるにともなって制定．国鉄・専売・電信電話のいわゆる「三公社」の職員が対象．短期給付（医療保険）部門と長期給付（年金保険）部門とを併せもっていた．1984（昭和59）年，国家公務員共済組合法に統合され廃止．その後，「三公社」がそれぞれ民営化され，国家公務員共済組合法の当該部分は，医療保険は健康保険法が，年金保険は厚生年金保険法がそれぞれ所管することとなった． ［木村　敦］

口腔ケア

口腔は外界と体内の呼吸器や消化器と直結する出入り口で，さらに唾液腺や耳管が開口している．脳障害等で心身に麻痺を伴ったり，嚥下困難をともなうと食物のかすが口腔内にたまって不潔になりやすく，口腔内の自浄作用が妨げられるので，口腔は身体を清潔にする部位としてかかせない．水や薬液によるうがい，綿棒，歯ブラシ等を用いて口腔内全体，また歯と歯の間をきれいにすることは，微生物の繁殖，悪臭や感染の予防となるとともに，自他ともに気分を爽快にする．さらに歯肉を刺激して血液の循環を促進し，歯肉を引き締める． ［新治玲子］

校区社会福祉協議会

市区町村の社会福祉協議会が小地域での福祉活動を行うために，自治会・町内会などの住民組織や関係団体と連携して，小学校や中学校の校区に細分化した社会福祉協議会（もしくは福祉委員会）を組織することが全国的に広がっている．その活動目的は，潜在する福祉ニーズを把握して共通課題としたり，環境改善の実践をするところにある．今のところ校区社会福祉協議会に常勤職員が配置されることはほとんどなく，民生委員やボランティアなどが主体となって組織運営しているが，本体の市区町村社会福祉協議会などから補助金を得て，自主的に独自事業を取り組むことが多い．→地域組織化・福祉組織化 ［瓦井　昇］

校区福祉委員

市区町村社会福祉協議会の内部組織として，地域に密着した地域住民による福祉活動の充実と発展を目標に，おおむね小学校区ごとの自治会が中心となって設置された校区福祉委員会の構成員をさす．実際に地域で福祉活動やボランティア活動などに関わっている住民組織や当事者団体・グループ，福祉・保健・医療領域の専門機関の代表者らが，福祉委員として選出される．高齢者，障害者，子ども等地域住民に対する各種福祉活動や住民相互のふれあい活動をはじめ，総会や研修会への参加，各構成団体との連絡・調整などの活動を行っている．
［神部智司］

合計特殊出生率

ひとりの女性が一生涯に出産する子どもの平均の人数をあらわす言葉である．厚生労働省の「人口動態統計」によると，1947～49（昭和22～24）年の第1次ベビーブームの時には，その数値は4.32人，総数で270万人の出生があり，1973（昭和48）年の第2次ベビーブーム時の2.14人，総数209万人をピークとして，その数値は下がる一方にある．1989（平成元）年には，「1.57ショック」とよばれる戦後最低を示したが，その後も下がり続け，1999（平成11）年には，1.34人，総数でも110万人を割り込み，将来の生産年齢人口の減少という

観点から考えると，国家存亡に関わる状況であるといえる．生活や子育て不安を払拭する必要から，1999年末には，「少子化対策推進基本方針」に基づき，新エンゼルプランが策定され，保育サービス等子育て支援策が打ちたてられている．なお北欧でもその充実によって，生産維持の数値2.2人を回復したところであり，先進国共通の課題でもある．なお，わが国の合計特殊出生率は2005（平成17）年に1.26と最低値を記録し，2007（平成19）年では1.34，2011（平成23）年では1.39である． ［立川博保］

交互作用

トランザクション（transaction）ともいわれ，個人と環境が，その間で行われる継続的なやりとりを通して，相互に影響しあうことをいう．交互作用を取り上げた生態学的アプローチでは，人びとの問題状況は，個人と環境の間に生じるこのやりとりがうまくいかない結果生じるとする．「適応」（adaptation），「相互交換」（reciprocity），「相互依存」（mutuality），「良好な適合状態」（goodness-of-fit），「ストレス」（stress），「対処」（coping），「汚染」（pollution）などの下位概念を有する．類似の相互作用（interaction）は，交互作用と異なり双方が自己を変革させるほど深くかかわらない． ［加納光子］

高次脳機能障害

認識機能と関わりの深い記憶，言語（会話，読字，書字），計算，道具の使用，対人交流，社会交流，思考，創作，判断などの大脳皮質や皮質下機構，小脳の正常な働きが，脳卒中や脳外傷，脳腫瘍などで損傷を受けることによって起こる．代表的な障害は，健忘，失語，失行，失認，認知症であるが，左右の大脳半球のどちらかによって出現するものとないものがある．日常的な生活動作や仕事と結びついた能力に深く関わることがあるのでIADLに影響を与える．
→IADL ［石倉智史］

高次脳機能障害支援モデル事業

高次脳機能障害者への具体的な支援体制の確立をめざし，地方自治体および国立身体障害者リハビリテーションセンターにおいて行われたモデル事業．2001（平成13）年度から5ヵ年の予定で始められた．前期の2001～2003（平成13～15）年度の3ヵ年において，「高次脳機能障害診断基準」「高次脳機能障害標準的訓練プログラム」「高次脳機能障害社会復帰支援及び生活・介護支援プログラム」が作成された．後期の2004～2005（平成16～17）年度では，前期の取り組みの評価および，社会生活支援のネットワーク形成に向けモデル事業の地域に「支援センター」および「支援コーディネーター」を配置し支援体制の確立および人材育成を行った．2006（平成18）年度以降は，障害者自立支援法における自立支援給付として制度化され，さらに地域生活支援事業の一環として「高次脳機能障害支援普及事業」が開始された． ［伊藤葉子］

公衆衛生

日本国憲法は健康で文化的な最低限度の生活の保障をその第25条で定め，同2項で「社会保障」「社会福祉」「公衆衛生」を生存権保障の柱として規定している．公衆衛生の領域では，具体的には個人よりもむしろ集団および社会全体を対象に，①直接国民に健康診断，予防接種，保健指導，特定の疾患の治療の援助，②保健医療従事者の教育体制の整備，保健・医療機関の整備，③薬事行政，④食品衛生，⑤上下水道やごみ処理などの生活環境整備，⑥労働衛生，学校衛生，衛生統計などが行われる．保健所法が地域保健法に改正され（1995）

市町村も事業を担当している．[平井　正]

公衆衛生審議会
疾病予防，健康増進，治療など公衆衛生に関する重要事項について，調査・審議し，意見を述べる厚生労働省の諮問機関である．委員は100人以内で2年の任期で活動し，必要に応じて専門委員が置かれる．この審議会には精神保健福祉部会が設置されており，法改正の内容を検討したり，精神保健福祉行政の適切な推進のために，調査・審議を行っている．
[岡田良浩]

公助
生活問題に公的に対応する仕組みを意味する日本政府の造語．1970年代末，日本の社会福祉政策は，「日本型福祉社会」論にもとづき，国家による社会保障を後退させ家族機能を活用する方向に転じた．そのさい生活保障手段として最優先されたのは「自助」であり，二番目に家族による相互扶助である「互助」が配置され，国家による生活保障は「公助」と名付けられ後方に配置された．この三段階の生活保障システム「自助・互助・公助」は1986（昭和61）年版厚生白書ではじめて明確に国民に示されるが，同様の思想は現在にもみられる．2008（平成20）年版厚生労働白書には「自助・（互助にかえ）共助・公助」の考え方が明記されているが，そのなかで政府は，公助について，その対象を「自助や共助によっても対応できない困窮など」と限定したうえで，「所得や生活水準・家族状況などの受給要件を定めた上で」と受給資格も限定し，引き続き後方におくことを国民に示した．　　　　[木村　敦]

甲状腺疾患
甲状腺は，元気や活力を調整する甲状腺ホルモンを分泌する臓器である．甲状腺疾患は，全身にさまざまな辛い症状が現れ，どこが悪いのか判らず「いつも調子が悪い状態」になりやすく，気のせいとか，ただの怠け者などと誤解される場合がある．疾患の発症は，20代から40代の女性に多く，「自律神経失調症」や「更年期障害」，だるさや無気力から「うつ病」，動悸息切れから「心臓病」，体重減少から「癌」，むくみから「腎臓病」，肝障害が出ることから「肝臓病」，かゆみがあるので「蕁麻疹」，高血糖や尿糖があるので「糖尿病」，血圧が上がるので「高血圧」，物忘れしやすくボーッとしていることから「認知症」などの病気にも間違えられやすい．甲状腺ホルモンが低めだと，橋本病（甲状腺機能低下症），高いとバセドウ氏病（甲状腺機能亢進症）などが疑われる．　　　[安岡文子]

工場法（イギリス・日本）
イギリスにおいては，19世紀前半に制定された一連の労働保護法規の総称．1819年法は児童についての規制を定め，1833年法においては，工場監督官制度が導入され，また一般労働者についても労働時間が制限された．日本においては1911（明治44）年に制定（1916年施行）された最初の労働保護法規．安全衛生・労働時間制限・災害補償等について規定されたが，施行時の内容は，たとえば労働時間制限についても，そもそも対象を15歳未満の児童と女子のみに限定し，上限時間も12時間であるなど，非常に貧弱なものであった．　　[木村　敦]

公証役場
公証人が執務するところである．全国に約300ヵ所あり，地域によって「公証役場」「公証人合同役場」「公証センター」等の名称の場合がある．公証人の職務は，原則として公証役場として開設した事務所で行うことになっているが，病院や嘱託人の自宅で遺言公正証書を作成するときや，当然職務の内容が他の場所

で行われる貸金庫の開披，土地・建物の形状などについての事実実験公正証書を作成する場合には公証役場以外で執務を行う．公証人は，自己が所属する法務局・地方法務局の管轄外で職務を行うことはできないとされているが，管轄区域外に居住する嘱託人が他の管轄地にある公証役場において公正証書を作成することは可能である．→公正証書　[木村志保]

更生緊急保護

懲役・禁固等の刑の執行終了者・仮釈放の期間満了者，少年院の（仮）退院者，執行猶予を受けた者などが，親族の援助や公共の福祉機関等の援助を受けることができない，もしくはそれらのみで改善更生が期待できない場合に，保護観察所長が食事・宿泊場所等の供与や貸与・就職援助等の保護を行うこと（更生保護法85条）．対象となる本人が保護観察所へ申出ることにより，原則として6ヵ月以内（さらに6ヵ月以内の延長可能）の保護を行い，保護観察所長による直接保護のほか，更生保護施設等に委託を行うことも可能である．→更生保護施設　[倉持史朗]

更生訓練費

身体障害者更生援護施設における訓練のために必要な費用（物品購入費，交通費）を支給する制度．支給は，所得等による制限があり，支給額は施設の種類や訓練目的によって異なる．1968（昭和43）年，身体障害者福祉法の改正時に加えられた．1979（昭和54）年度からあんま師，はり師，きゅう師の養成施設に認定された失明者更生施設については，雇用対策法による訓練手当の受講手当に見合う額が支給されることになっている．　[相澤譲治]

厚生事業

社会事業の戦時形態のひとつと理解される．基本的には，総力戦のための非社会構成員（勤労可能な失業者・障害者）の人的資源への再生が中心課題である．わが国の場合，日中戦争が開始された1937（昭和12）年から敗戦までの期間に，国家的・全体的見地から実施された「協同体に於ける全体主義的精神に基き，社会的諸欠陥を匡正し，およびその発生を予防し，以て国民生活の安定と生活力の増進を図らむとする事業」をさす（古坂明詮「『厚生事業』の再提唱」『社会事業研究』第27巻9号，大阪社会事業協会，1939）．こうした生産至上主義においては，人的資源として役立たない病者・障害者のかかえる生活問題は軽視されることとなった．　[新家めぐみ]

更生施設

生活保護法第38条に定められた保護施設のひとつ．身体上または精神上の理由により養護および生活指導を必要とする要保護者を入所させて，生活扶助を行うことを目的とする施設である．2010年度現在，19施設，在所者1,457人となっている．2002年度からは，保護施設通所事業が創設され，適切な援助があれば居宅生活が可能な施設退所者を通所させ，訓練指導などを実施し，併せて職員が居宅に訪問し生活指導などを行うことにより居宅において継続した自立生活が送れるように支援している．　[砂脇　恵]

公正証書

法律の専門家である公証人が公証人法・民法などの法律に従い，作成する公文書のことある．公文書は高い証明力があることに加え，債務者が金銭債務の支払を怠ると，裁判所の判決などを待たないで直ちに強制執行手続きに移ることが可能である．たとえば，金銭の貸借や養育費の支払など金銭の支払いを内容とする契約の場合，債務者が支払いをしない時には，裁判行い，裁判所の判決等を得

なければ強制執行をすることができないが、公正証書を作成しておくことによって、速やかに執行手続きを行うことができる。公正証書には、①遺言公正証書、②任意後見契約公正証書、③金銭の貸借に関する契約や土地・建物などの賃貸借に関する公正証書、④離婚にともなう慰謝料・養育費の支払に関する公正証書、⑤事実実験に関する公正証書などがある。さらに、法律で公正証書の作成等が義務付けられている契約としては、事業用定期借地権と任意後見契約の契約書がある。→公証役場　　［木村志保］

厚生年金基金

　厚生年金の一部を代行給付するとともに、独自の加算を行う企業年金のひとつ。厚生年金基金を設置している企業の被用者は、厚生年金の被保険者であると同時に、厚生年金基金の加入員となる。基金の設立形態には、ひとつの企業が単独で設立する「単独型」、グループ会社など系列の企業同士で設立する「連合型」、同業同種の企業や同一都道府県内にある企業同士で設立する「総合型」がある。給付は老齢給付のみで、老齢厚生年金の受給権を取得した時に、受給可能となる。財源は、厚生年金の代行部分にかかる免除保険料と独自の給付にかかる保険料からなり、それが積み立て方式で運用される。　　［鎮目真人］

厚生年金保険法

　1941（昭和16）年制定の労働者年金保険法が1944（昭和19）年に改称され厚生年金保険法（旧法）となった。この制定・改称は、いわゆる「戦時厚生事業」の一環であり、年金保険の長期的・貯蓄的性格に着目した戦費調達が主目的であったと考えられている。内容は、10人以上の勤労者を雇用する工場・事業所を強制適用事業所とし、20年以上被保険者であった55歳以上の者に対し平均標準報酬年額の2分の1以内の老齢年金を支給するというものであった。同法は戦後1954（昭和29）年に大改正され、現行法となっている。　　［木村　敦］

更生保護施設

　保護観察に付された者や少年院を仮退院した者など（被保護者）を宿泊させ、その改善更生に必要な保護を行うことを目的とする施設（更生保護事業法第2条の7）であり、一部の例外を除き更生保護法人によって運営されている。同施設では、施設長と補導主任（両者は必置）、補導員、調理員、その他事務職員が配置されており、被保護者に対して社会復帰のための生活態度や金銭管理、就労に関する指導が行われているが、近年はSST（社会生活技能訓練）や酒害・薬害教育など、被保護者が抱えた問題に対する専門的処遇も行われている。→保護観察、SST　　［倉持史朗］

更生保護法

　1949年に制定された犯罪者予防更生法と54年の執行猶予者保護観察法を母体として2007年に制定された更生保護分野の基本法であり、更生保護の中核となる保護観察や仮釈放等の運用について規定している。同法1条（目的）では、犯罪者及び非行少年に対して社会内処遇を行うことにより再犯罪・非行を防ぎ、これらの者が善良な社会の一員として自立し、改善更生することを助けるほか、恩赦の適正な運用、犯罪予防の活動の促進等を行い、それらによって社会を保護し個人及び公共の福祉を増進するという更生保護制度の基本的枠組みが示されている。→恩赦、仮釈放、更生緊急保護、保護観察　　［倉持史朗］

厚生労働省
(Ministry of Health, Labour and Welfare)

21世紀の日本の新しい国家機能を再構築するため2001（平成13）年1月6日から中央省庁が従来の1府22省庁から1府12省庁へ再編成された．その中でこれまで国民の健康・生活を守る役割を担ってきた厚生省は戦後，厚生省から分離独立した労働省を吸収する形で新たに「厚生労働省」として再編成されることになった．これによって，同省は国民の生活全般（保険，医療，福祉，雇用，労働，年金等）に関する行政を担当する省となる．また，厚生労働省の外局として社会保険庁と中央労働委員会が設置されることとなった． ［成清美治］

構造的アプローチ

機能的アプローチとならぶ地域福祉概念への接近法．牧里毎治による整理が広く知られている．この視点からみた地域福祉は，国・自治体が行う社会問題対策の一環としての地域政策であり，資本制社会によって生み出される貧困問題を中心に，主として貧困・低所得階層の生活問題に対応した無料ないし低額の公的施策としてとらえられる．さらにこのアプローチは，焦点の相違によって，制度政策論的アプローチと運動論的アプローチに分かれる． ［竹川俊夫］

交通バリアフリー法

正式名称は「高齢者，身体障害者等の公共交通機関を利用した移動の円滑化の促進に関する法律」．2000（平成12）年に制定された．鉄道駅等の旅客施設および車両について事業者によるバリアフリー化を推進することと，市町村が重点整備地区を設け基本構想を策定することが定められた．今後，この法律の具体化は，障害者の外出権を保障するうえで注目されるところである．→バリアフリー新法 ［藤井博志］

公的住宅

国や地方公共団体の補助，建設，管理によって供給される住宅をいう．一般に，住宅金融公庫による融資，公営住宅，公団住宅，公社住宅など，公的資金によって供給される住宅は「公的住宅」と総称される．なかでも，公営住宅，公団住宅，公社住宅など，より直接的に供給される住宅は「公共住宅」と呼ばれる．近年では，「特定優良賃貸住宅制度」(1993)，「公営住宅法改正」(1996) など，民間住宅を活用した新たな供給方式が打ち出されており，定義は明確でない．また，公的住宅の供給が住宅市場を補完する方向に縮小しつつある現状は，多くの議論をよんでいる．経済的状況，社会的状況，身体的状況など，国民の需要に応じた住まいづくりに向けて取り組むべき課題は多い．［成清敦子］

公的扶助

社会保障制度（給付）のうち，現に最低生活費を下まわって生活する者（生活困窮者）に対して，租税（一般財源）をもとに主として現金を給付することにより，その最低生活を国家責任において保障し，もって生存権を保障しようとする制度（給付類型）．給付の要否や程度を判断するために，給付に先立って資力調査を実施する．ヨーロッパでは救貧法，日本では恤救規則・救護法等の貧民救済立法を，形式上はその源流にもつ．イギリスの所得補助（かつての補足給付），ドイツの社会扶助，日本の生活保護制度などが好例． ［木村 敦］

行動援護

障害者総合支援法第5条第5項に，「『行動援護』とは，知的障害者又は精神障害により行動上著しい困難を有する障

害者等であって常時介護を要するものにつき，当該障害者等が行動する際に生じ得る危険を回避するため必要な援護，外出時における移動中の介護その他の厚生労働省令で定める便宜を供与すること」と規定されている．　　　　　　[成清美治]

行動修正モデル

人の行動は学習によって形成され，また，その改善も学習によって達成されるとする学習理論に基づき，クライエントの問題行動の解消，修正を図る援助モデルである．このモデルでは，その問題行動が消えたり修正されることが援助の目標となり，その結果，クライエントの意識や思考も変容するものと考える．このモデルは，標的となる行動（問題）や処遇（修正）プログラムが理解しやすく，処遇の効果測定が具体的に行えることが特徴である．　　　　　　　[駒井博志]

行動療法 (behavior therapy)

社会的に不適切な感じ方，行動などを，学習理論に基づいて変化させる技法で，アイゼンク（Eysenck, H.J.）が提唱し普及した．代表的な技法は3つある．① 古典的条件づけ法：筋肉の弛緩反応で不安や恐怖感を低減させる，ウォルピ（Wolpe, J.）の，系統的脱感作法など．② オペラント条件づけ法：日常習慣の形成をめざす，行動形成（シェーピング shaping）法や，自律神経支配下の生理現象を調節しようとするバイオフィードバック（bio feedback）法など．③ 認知行動条件づけ法：他人の行動観察から学習を行うバンデューラ（Bandura, A.）の技法など．なお，古典的条件づけ法は，レスポンデント条件づけ法またはパブロフ型条件づけ法ともいう．→学習理論，古典的条件づけ
　　　　　　　　　　　　　　[田辺毅彦]

高度先進医療

医療保険被保険者本人が，高度の医療を提供する大学病院などの特定承認保険医療機関（中央社会保険医療協議会の専門家会議で検討され厚生大臣が承認）において，高度先進医療と通常の保険医療が混在した医療を受けた場合，高度先進医療の部分は被保険者の自己負担となる一方，基礎部分（診察・検査・投薬・入院料等）に関しては医療保険から給付されるシステム．実質的には混合診療である．　　　　　　　　　　　　[成清美治]

校内ケース会議

スクールソーシャルワーク実践において，子どもが抱える問題に適切に対応するために校長，教頭，養護教諭，生徒指導担当，学年担当などが協働して行う学校内でのケース会議である．参加者全員が意見を出し合うことで情報の共有化を図り，子どもの問題行動の背景を共通理解し，ニーズに対する支援の方向性について検討することを目的としている．基本的には，①ケースの発見・相談，②情報収集・整理，③アセスメント（見立て），④プランニング（支援計画の作成），⑤プランの実行（支援計画の実施），⑥モニタリング，評価，⑦終結の展開過程で実施される．　[山口倫子]

校内チーム体制

不登校やいじめ，子ども虐待など学級担任や担任以外の学校教員だけでは対応困難となりやすい児童・生徒の指導に関する諸問題に対して，校内で関係者が協働して支援に当たる体制のこと．校内の学級担任や学年主任，養護教諭，生徒指導担当，校長，教頭等のほか，外部からスクールカウンセラーやスクールソーシャルワーカー，保健師，生活保護のケースワーカーなど，当該児童・生徒に関係する他機関の関係者にも協力を依頼して

チームを形成する． [山口倫子]

公認心理師

2017（平成29）年9月15日に「公認心理師法」が施行された．心理専門職として初めての国家資格である．公認心理師は登録を受け，公認心理師の名称を用い，保健医療・福祉・教育その他の分野において，心理学に関する専門的知識及び技術をもって，心理支援業務を行う心理専門職を指す．具体的には，1）心理的支援が必要な人の心理状態を観察・分析し，心理に関する相談や助言等を行う，2）心理的支援が必要な人の関係者に対する相談・助言を行う，3）心の健康に関する知識の普及を図るための教育及び情報の提供を行うことである．

[木村志保]

高年齢者等の雇用の安定等に関する法律

1971（昭和46）年に制定された高年齢者の安定した雇用の確保の促進，高年齢者等の再就職の促進，定年退職者その他の高年齢者に対する就業の機会の確保等の措置を総合的に講じる法律．60歳以上定年の義務，65歳までの定年引き上げ・継続雇用制度導入等の努力義務などによる高年齢者の安定した雇用の確保，公共職業安定所による求人の開拓や事業主による高年齢者等の再就職の援助などによる高年齢者等の再就職の促進のほか，高年齢者等雇用安定センター，高年齢者職業経験活用センター，シルバー人材センターなどについて規定されている． [狭間直樹]

孝橋正一（1912-1999）

兵庫県に生まれる．京都帝国大学卒業．大阪社会事業短期大学，龍谷大学，東洋大学，佛教大学教授を歴任，文学博士．社会科学的視点に基づき，社会事業を（現在では社会福祉）の本質を資本主義の産物とする独自の孝橋理論で知られる．「資本主義制度の構造的必然の所産である社会問題に向けられた合目的・補充的な公・私の社会的方策の総称であって，その本質の現象的表現は，労働者＝国民大衆における社会的必要の欠乏（社会的障害）状態に対応する精神的・物質的な救済，保護及び福祉の増進を一定の社会的手段を通じて，組織的に行うところに存ずる」と規定し，戦後の社会福祉理論の発展に寄与した．主な著書として『全訂社会事業の基本問題』（1962），『続社会事業の基本問題』（1973）等多数ある． [杉原真理子]

公費負担医療制度

国や地方公共団体が租税で医療費を負担する制度．原爆被爆者等に対する補償，公害健康被害の補償，感染症患者の医療，生活保護法の医療扶助，母子保健法の養育医療，障害者自立支援法の自立支援医療（旧更生医療・育成医療・精神通院医療），精神障害者の措置入院等がある．補償的な医療の場合は全額公費負担，その他は医療保険給付優先となっている．また，地方公共団体によっては，障害者の医療費自己負担分を公費で賄う制度もある． [植戸貴子]

公平性

人が公正（justice）と考える資源の分配の基準には，公平（equity）・平等（equality）・必要性に基づいた分配などさまざまなものがある．これらは基本的に自由で平等な主体による相互承認によって成立する．公平とは，協同関係にある各人がそれぞれの貢献度に応じた分配をうけることをいう．比例原則に基づくと，資金や労働力などの投入（input）に対して，見返りとしてうけるサービス・利益・名誉などの結果（outcome）は，投入に比例したものがよしとされる． [三島亜紀子]

合理化⇒防衛機制

交流教育

　特殊教育諸学校における心身障害児の社会性や好ましい人間関係の育成のため，学校の教育活動を通じて，児童・生徒および地域社会の人びとと活動をともにする機会を積極的に設けるよう交流教育が強調されたのは，盲・ろう・養護学校の指導要領が一本化された1979（昭和54）年の総則改訂によるところが大きい．その後，さまざまな文部省の交流教育促進のための事業が展開される中，1998（平成10）年度の学習指導要領の改訂により，すべての校種（幼稚園・小学校・中学校）に交流教育についての規定が設けられ，小・中・高等学校に総合的な学習の時間が設置されたことにより，交流教育は新しい段階に入るものと思われる． ［櫻井秀雄］

交流分析
（transactional analysis：TA）

　アメリカの精神科医エリック・バーン（Berne, E.）によって創始された心理療法．略称は TA という．精神分析から出発し，コミュニケーション理論などを導入して対人関係の交流様式に関する理論体系とそれに基づく治療技法を提唱した．TA は，以下の4つの分析方法からなる．① 構造分析：自我状態のあり方をみる．② 交流パターン分析：2者間のコミュニケーション様式を明確化する．③ ゲーム分析：TA の中核をなし，不快感情をともなう交流様式を明確化する．④ 脚本分析：子ども時代に形成され，その人の生き方を規定する人生脚本を見直す． ［岩崎久志］

高齢アメリカ人法
（Older Americans Act）

　高齢者虐待問題に関して先進国であるアメリカは1965年に「高齢アメリカ人法」（アメリカ高齢者法）を制定した．この法律によって，アメリカの各種の高齢者福祉サービスが保健ヒューマンサービス省の監督のもとで各州において提供されるようになった．そして，同法の改正（1992）により，高齢者の権利と利益の保護を強化するための第7条が追加された．それによると「高齢者の身体的虐待，ネグレクトおよび搾取の防止と対応を行うための諸活動を開発・強化し，（中略）州や郡の機関の連携を強化し，虐待を受けやすい成人，とくに高齢者を保護するためのサービスを提供すること」と定義し，高齢者虐待防止のための法的保護を定めている． ［成清美治］

高齢化社会（aging society）

　国際連合の分類によると，高齢者人口（65歳以上人口）の比率が7％以上，14％未満の社会を高齢化社会という．日本では1970（昭和45）年に7％に，1980年代後半には10％台へと上昇した．これにともなって，急速な高齢化によってもたらされる問題への関心が高まり，施策の充実を求める声が集まった．高齢化の要因としては，衛生水準や生活水準が向上し平均寿命が伸びたこと，女性の高学歴化や就業率の上昇により晩婚化が進み，少子化が進行したことなどがあげられる． ［三島亜紀子］

高齢化率（人口高齢化率）

　65歳以上の高齢者の人口が総人口に占める割合を高齢化率（人口高齢化率）とよぶ．国連の定義では，65歳以上を高齢者とし，高齢者人口が7％を越えると「高齢化社会」，14％を越えると「高齢社会」としている．なお，高齢者人口が20％を越えた状態の社会を「超高齢社会」という．高齢社会・超高齢社会では，75歳以上のいわゆる後期高齢者の人口も多くなり，保健・医療・福祉サー

ビスを必要とする虚弱者や要介護者の人口も必然的に増加する．日本の高齢化率をみると，1970（昭和45）年の国勢調査で7％を越え，1994（平成6）年には14.5％となった．2011（平成23）年には23.3％を越え，超高齢社会に突入した．2020（平成32）年には29％に，2050（平成62）年には40％に達すると推計されている．[平井　正・三島亜紀子]

高齢社会対策基本法

1995（平成7）年に高齢社会対策の基本理念を明示し，国をはじめ社会全体で高齢社会対策を総合的に推進していくことを目的として制定された法律．基本的理念として，①多様な社会的活動に参加する機会が確保される公正で活力ある社会，②地域社会が自立と連帯の精神に立脚して形成される社会，③生涯にわたって健やかで充実した生活を営むことができる豊かな社会の構築を唱えている．また，高齢社会対策の大綱の策定や年次報告書の作成，特別の機関として，高齢社会対策に関する重要事項について審議し，高齢社会対策の実施を推進する高齢社会対策会議の設置を規定している．

[岡田忠克]

高齢社会対策大綱

1996（平成8）年7月に高齢社会対策基本法第6条に基づいて作成された大綱．国民の一人ひとりが長生きしてよかったと実感できる，豊かで活力のある社会を築き上げることを目的として，政府の高齢社会対策の基本的・総合的指針として定められた．大綱は，「目的および基本的考え方」「分野別の基本的な施策」および「高齢社会対策の推進について」から成っており，就業・所得，健康・福祉，学習・社会参加，生活環境，調査研究等の推進の各分野にわたって施策の展開を図ることを定めている．

[岡田忠克]

高齢者虐待（Old Age Abuse）

高齢者の虐待は，家庭内或いは施設等の介護の場面で起こるが，被虐待者（被介護者）は無抵抗な場合が多く，その現状が明らかになることは困難な状況にあった．しかし，要介護高齢者が増加することによって，高齢者虐待がマスコミ等で報道されることにより，社会的問題化するようになった．そこで，厚生労働省は，高齢者虐待に関する初めての大規模な全国的調査を実施した（「家庭内における高齢者虐待に関する調査」2004年3月）．同調査報告によると，虐待の分類を身体的虐待，心理的虐待，性的虐待，経済的虐待，介護・世話の放棄・放任と分類している．そして，虐待の中でもっとも多いのは「身体的虐待」（暴力行為などで，身体に傷やアザ，痛みを与える行為や，外部との接触を意図的に，継続的に遮断する行為）となっている．また，虐待を受けている高齢者の属性は高年齢で，要介護度が高い者となっている．虐待者の続柄は「息子」がもっとも多く，つづいて，「息子の配偶者」，そして「配偶者」の順となっている．

[成清美治]

高齢者虐待の防止，高齢者の養護者に対する支援等に関する法律（高齢者虐待防止法）

高齢者の虐待は児童虐待に比較して，被虐待者が自ら声をあげて虐待の実態を他者に訴える機会が乏しく，また社会もこれまで余り関心を示さなかった．しかし，高齢者の尊厳を保持するうえにおいて虐待はあってはならないことである．これまでの有識者・専門家の努力，諸調査報告の結果，国民の関心の向上もあって，児童虐待防止法に遅れること5年目にして，ようやく同法（2005・11・1）が成立した．その概要は以下の通りであ

る．まず，①「高齢者虐待」とは，養護者（高齢者を養護する者）による高齢者虐待及び養介護施設従事者等による高齢者虐待であると定義している．次に，②養護者或いは養介護施設従事者（前者と一部異なる下線上の文言は別途括弧内に挿入）等による虐待の内容は，イ．高齢者の身体に外傷が生じ，または生じる恐れのある暴行を加える．ロ．高齢者を衰弱させるような著しい減食または長時間の放置，養護者以外の同居人によるイ．ハ．またはニ．に掲げる行為と同様の行為の放置等養護を著しく怠る（その他の高齢者を養護すべき職務上の義務を著しく怠る）．ハ．高齢者に対する著しい暴言または著しく拒絶的な対応その他の高齢者に著しい心理的外傷を与える言動を行う．ニ．高齢者にわいせつな行為をする．または高齢者をしてわいせつな行為をさせる．ホ．高齢者の財産を不当に処分する．その他当該高齢者から不当に財産上の利益を得る，等となっている．なお，同法の特徴は虐待を受けた高齢者を発見した場合，発見者に通報義務が課せられたことと，介護にあたる家族を支援する規定が設けられたことにある．

[成清美治]

高齢者，身体障害者等が円滑に利用できる特定建築物の建築の促進に関する法律（ハートビル法）

1994（平成6）年に施行され，高齢者や身体障害者等日常生活または社会生活でなんらかの制限をうける人たちが，円滑に誰でも利用できる建築物の建築を促進することを目的としている．病院，劇場，観覧場，集会場，展示場，百貨店等不特定多数の者の利用する建築物（特定建築物）を建築しようとする者は，出入口，廊下，階段，便所等を高齢者や障害者等が円滑に利用できるようにするため措置を講じるように努めなければならないとしている．ただし，建築主に対しては努力義務．「基礎的基準」「誘導的基準」の2つの判断基準が設けられており，より高い基準である「誘導的基準」で建築された建築物については，都道府県知事に申請し認定がされた場合は，建築費の補助や優遇措置をうけることができる．→バリアフリー新法

[大西雅裕]

高齢者世帯

厚生省（現厚生労働省）が実施する「国民生活基礎調査」における世帯類型のひとつで，65歳以上の者のみで構成されるか，またはこれらに18歳未満の未婚の者が加わった世帯という新定義が1997（平成9）年調査結果から適用されている．この調査によれば高齢者世帯の全世帯に占める割合は年々増加しており，1975（昭和50）年には高齢者世帯は全世帯の3.3％を占めるにすぎなかったが，1998（平成10）年では，その割合は12.6％，2013（平成25）年では23.2％に達している．

[所　めぐみ]

高齢者総合相談センター

高齢者およびその家族等の抱える保健，福祉，医療等に関わる各種の心配ごと，悩みごとに対する相談に応じるとともに，市町村の相談体制を支援することにより，高齢者およびその家族等の福祉の増進を図る機関のこと．シルバー110番ともよばれ，各都道府県に1ヵ所設置されている．主な事業内容は，①問題解決のための情報の収集・整理，②電話相談・面接相談，③関係機関への情報提供・研修等，④高齢者の住環境整備のための啓発・研修・福祉機器の展示および情報誌の発行等である．なお，電話相談は，全国共通の「＃8080（ハレバレ）」でつながるようになっている．

[福田公教]

高齢者の生きがいと健康づくり推進事業

高齢者が家庭・地域・企業等社会の各分野で，健康で生きがいをもって活発な社会活動ができるよう，また社会の各層における高齢者観についての意識改革を図るよう次のような事業を推進している．① 高齢者の社会活動についての国民の啓発，② 高齢者のスポーツ活動，健康づくり活動および地域活動等を推進するための組織づくり，③ 高齢者の社会活動のための指導者等育成事業の推進等を図る事業．その推進母体として中央に「長寿社会開発センター」，都道府県に「明るい長寿社会づくり推進機構」が整備されている．また，試行的市町村が指定され事業の実施が図られている．

[所　めぐみ]

高齢者の医療の確保に関する法律

第1条に「高齢期における国民の適切な医療の確保を図るため，医療費の適正化を推進するための計画の作成及び保険者による健康診査等の実施に関する措置を講じるとともに，高齢者の医療について，国民の共同連帯の理念等に基づき，前期高齢者に係る保険者間の費用負担の調整，後期高齢者に対する適切な医療の給付等を行うために必要な制度を設け，もつて国民保健の向上及び高齢者の福祉の増進を図ることを目的とする」と制定されている．

[成清美治]

高齢者能力開発情報センター

厚生省（現 厚生労働省）の在宅老人福祉対策事業における社会活動促進事業のうちのひとつとして設置され，公共職業安定所および高齢者相談室と連携をとりながら運営されている．高齢者の生活の安定と生きがいを高めるための能力の開発や向上を目的として，各種の相談に応じるとともに，① 就労斡旋事業として仕事の指導・紹介，求人開拓および啓蒙普及，高齢者の適職の研究など，② 福祉情報等のサービス事業として社会参加促進のための情報など各種福祉情報提供を行っている．利用料は無料で，おおむね65歳以上，情報サービスはおおむね60歳以上の高齢者が利用できる．

[狭間直樹]

高齢者の居住の安定確保に関する法律（高齢者住まい法）

この法律は高齢社会のもとでの住宅政策と福祉の連携を図る目的で2001（平成13）年3月30日に成立した．概要は，① 登録住宅制度（民間賃貸住宅の家主が高齢者の入居を拒まない証明を都道府県知事に登録すること．このことによって高齢者の入居を円滑にする），② 高齢者向け優良賃貸住宅制度（バリアフリーを取り入れた高齢者向け賃貸住宅の供給を促進すること），③ 終身建物賃貸借制度（高齢者が亡くなるまでバリアフリー化した賃貸住宅に住むことができるようにすること），④ 高齢者向け返済特例制度（高齢者が住宅をバリアフリー化する場合，資金の融資を受けるとき生存中は利子のみを返済し，死亡時に住宅を処分等して元金を一括して返済すること）等となっている．このようにこの法律は高齢者が安心して生活を送ることができる居住環境を整備することを目的としている．なお，この法律の対象は60歳以上（夫婦のみ，高齢者親族と同居）となっている．2011年4月に一部を改正する法律が成立した．

[成清美治]

高齢者の居住の安定確保に関する法律等の一部を改正する法律

今回の法律改正案は，2011年4月に成立したが，その目的は，急速に進む高齢化のもとで，介護と医療が連携し，高齢者を支援するサービスを強化するた

め，これまでの高齢者円滑入居賃貸住宅，高齢者向け優良賃貸住宅，高齢者専用賃貸住宅等を廃止し，欧米に比較して遅れている「サービス付き高齢者向け住宅」（登録制）を創設し，サービスの一本化を行うことにある．このサービス付き高齢者向け住宅は，登録制となっており，規模・構造・設備，サービス，契約内容等において一定の基準に適合した場合，都道府県知事の登録を受けることができる．→サービス付高齢者向け住宅

[成清美治]

高齢者のための国連原則

1991年の国連総会において，高齢者の人権保障の具体的基準として「高齢者のための国連原則」が打ち立てられている．これは5つの基本原理，①自立，②参加，③ケア，④自己実現，⑤尊厳と18の原則にまとめられている．原則のなかには，高齢者が「社会の一員として，政策の立案や実施に参加」すること，いかなる場所に住み，あるいはいかなる状態であろうとも「自己の尊厳，信念，要求，プライバシーおよび自己の介護と生活の質を決定する権利」，虐待や差別を受けず「公平に扱われ，経済的寄与にかかわらず尊重される」ことなどがあげられている．これらは高齢期において脅かされやすく，また高齢者のQOLの向上を図る際には重要となる．各国政府が自国の計画にこの諸原則を可能な限り組み入れることが奨励された．

[真鍋顕久]

高齢者福祉の3原則（デンマーク）

デンマークの社会福祉省に設置された高齢者政策委員会（1979-1982）が提示したもので，今日の当国の高齢者福祉政策の基本理念となっている．その内容は，①生活の継続性の尊重 ②高齢者の自己決定の尊重 ③高齢者の残存能力の活用，となっている． [成清美治]

高齢任意単独被保険者

厚生年金保険における被保険者の区分のひとつ．1985（昭和60）年の基礎年金制度創設以前の旧厚生年金制度では，被保険者に年齢制限はなかったが，新制度以降では，65歳未満の者が被保険者になることとされた．しかし，新制度では65歳に達した時点で，老齢厚生年金，老齢基礎年金等の老齢（退職）給付の受給権がない場合，無年金となることがあるため，これを防ぐことを目的に65歳以上の在職者に年金の受給権を得るまで任意での継続加入を認めたもの．保険料は，原則として全額被保険者負担であるが，事業主の同意を得て，一般の被保険者と同様に労使折半とすることができる．

[鎮目真人]

誤嚥

パーキンソン症候群，脳卒中後遺症，老年痴呆等で嚥下障害をともなったり，嚥下能力が低下することによって，気管内に液体や固形の食物が詰まって呼吸ができなくなることをいう．食物の飲み込みが悪いために咽頭に残ったり，食物が間違って気管に入ると，むせたり，咳き込んだりする防御反応が起こり，誤嚥を防いでいる．気管内に食物が詰まると咳ができない，声が出ない，呼吸ができない等の症状をともない，生命に危険な緊急状態を生じる．誤嚥しやすい食物には，もち，豆，かたい肉やこんにゃく等がある．→嚥下障害 [新治玲子]

コーエンのカッパ係数（kappa coefficient）

同一の対象について，2人の評定者が2つの評定方法で分類を行った場合の一致度を示す指標のひとつで，実際の一致数から偶然に任せた場合の一致数を引いた数をそのような数の可能な最大数で割ったものと定義され，kであらわされ

る．カッパ係数が1になった場合は両者の評定が完全に一致しているということであり，0.81～1.00であればほぼ完全な一致，0.61～0.80の間では実質的に一致しているとみなされる．また，両者の評定の一致が偶然によるものである場合，カッパ係数は0になる． ［武山梅乗］

国際アムネスティ
（Amnesty International）

アムネスティとは英語で「恩赦」という意味．政治権力による人権侵害を防ぐための民間の国際的人権擁護組織．具体的には，良心の囚人の釈放要求，死刑その他残虐な刑罰などの廃止，政治囚に対する公正・迅速な裁判の要求などを行っている．軍事政権下にあったポルトガルで「自由のために乾杯」と叫んだ学生が禁固刑の実刑を受けたことで，弁護士のピーター・ベネンソンが「忘れられた囚人を救おう」と投書し，国際的な共感を呼んだのがきっかけで，1961年ロンドンで設立した．現在，日本を含めて世界約150カ国で100万人以上の会員がいる．1977年にノーベル平和賞，1978年に国連人権賞を受賞した． ［鶴田明子］

国際家族年
（International Year of the Family）

1989年の第44回国際連合総会で1994年を「国際家族年」にすることが採択された．そのテーマは「変動する世界の中で家族は資源として，それに対応する責任を負う」で，スローガンは「家族からはじめる小さなデモクラシー」を掲げた．同総会で家族の責任を果たせるために「世界人権宣言」「児童の権利に関する条約」などに従って実施しなければならないと決議している．日本では高齢化社会，少子化社会を背景に家族の役割を見つめ直すキャンペーン活動がなされた．→国際児童年，国際障害者年，国際婦人年，世界人権宣言，児童の権利に関する条約 ［合田 誠］

国際居住年
（International Year of Shelter for the Homeless）

国際連合は，世界各国，なかでも開発途上国における住宅・居住環境問題の悪化を長期的視点にたった活動によって改善することを目的として，1987年を国際居住年とすることとした．そして，わが国において，国際社会の一員としての役割を果たすことを目的として，同年，「国際居住年記念基金」が設立された．同基金は，開発途上国への居住問題に対する民間の国際協力の推進を図るため各種の事業（助成，表彰等）を行うことになっている． ［成清敦子］

国際高齢者年
（International Year of Older Persons）

今日，欧米先進諸国や日本に於いて超高齢社会を迎えようとしている．この原因は，平均寿命の伸びによる高齢者の増加と出生率の減少がもたらしたものであるが，きたる21世紀には世界的に65歳以上の人口増加が急速に進むと予測されている．このような事態を迎えて国連総会は「すべての世代のための社会をめざして」（1999）をテーマにこの年を国際高齢者とすると同時に同年10月1日を国際高齢者の日と制定した．この原則は，①高齢者の自立，②参加，③ケア，④自己実現，⑤尊厳の5つとなっており，これらの項目は各国の高齢者対策の目標となっている．わが国においても総務庁を中心にさまざまな行事が繰り広げられた． ［成清美治］

国際児童年
（International Year of the Child）

1979年，国際連合は児童の権利宣言が空文化しないために採択20周年にあ

たる年を「国際児童年」と定めた．宣言された目的は，国際的な視点に立ち子どもに対し社会の注意を喚起し，そのための措置をとることであった．とくに発展途上国で生活する15歳以下の児童に生存に必要なサービスを提供することが活動の重点であった．わが国では児童の福祉向上のために国際協力，児童問題の啓発活動，健全育成のすすめの3点を重要な柱とした． ［中村明美］

国際社会福祉協議会

(International Council on Social Welfare：ICSW)

1928年に設立．社会福祉に関する世界各国の情報の提供や経験の交流および国際的な論議や国際協力の促進などを行うことを目的として，国際社会福祉会議を主催している．国際社会福祉会議は，第1回のパリ会議が行われてから隔年で開催されている．その他の役割としては，地域会議ならびにセミナーの開催，社会福祉・社会開発に関する国際的な調査研究，情報提供，開発途上国への国際協力，国際関係団体との協力などがある． ［豊田晶子］

国際障害者年

(International Year of Disabled Persons)

国連が1981年に世界的規模で障害者福祉の啓蒙を目的として行ったキャンペーンである．障害者の権利宣言を理念に終わらせることなく，実現していこうという意図のもとに1976年の第31回国連総会にて全会一致で決議された．テーマは障害をもつ人の社会への「完全参加と平等」で，目的は，障害者の身体的・精神的な社会適合の援助，就労の機会保障，日常生活への参加の促進，社会参加権の周知徹底のための社会教育と情報の提供，国際障害者年の目的の実施のための措置と方法の確立，であった．国際障害者年行動計画に基づき活動が展開された．国際障害者年は，わが国の障害者福祉に多大な影響を及ぼした．政府は国際障害者年推進本部を，NGOにあっては国際障害者年推進協議会が設立され，障害者福祉の啓発がはかられた．［津田耕一］

国際障害者分類試案

世界保健機関（WHO）が1980（昭和55）年，機能障害（impairment），能力障害（disability），社会的不利（handicap）の三区分構造であるという分類を発表した．1984（昭和59）年に厚生大臣官房統計情報部が「WHO国際障害者分類試案」として日本語版を発行した．正式タイトルは "International Classification of Impairments, Disabilities, and Handicaps"（略称ICIDH）である．世界11ヵ国語に翻訳され，リハビリテーションやニーズの効果，障害者に対する政策などに幅広く利用されている．また，WHOはもともと「試案」として出版されていたため1990年から修正作業を開始していた．その後，見直しが行われ国際障害者分類第2版が出版された．→ICIDH（国際障害者分類），ICF（国際生活機能分類） ［大西雅裕］

国際人権規約

(International Covenants on Human Rights)

1948年に国連総会で採択された世界人権宣言は，法的拘束力をもたなかった．その限界を克服するために，1966年に国連総会で採択された加盟国を直接に拘束する規約である．この規約は，「経済的，社会的および文化的権利に関する国際規約」（A規約，社会権規約）および「市民的および政治的権利に関する国際規約」（B規約，自由権規約）ならびに後者の「選択議定書」を定めている．日本は1979（昭和54）年にAB両規約

を批准したが,選択議定書には加わっていない.　　　　　　　　　　［豊田晶子］

国際ソーシャルワーカー連盟
(International Federation of Social Workers：IFSW)

ソーシャルワーカーの国際的組織である.1956年,ミュンヘンで開催された「社会福祉についての国際会議」で誕生した.前身は,パリに設立され,1928年から第2次世界大戦が始まるまで存続し,活動した「国際ソーシャルワーカー常任事務局」である.本連盟の本部はスイスのジュネーヴにあり,現在70を越す各国組織が加盟している.加盟組織は一国で一組織である.日本は日本ソーシャルワーカー協会を調整団体として,他に日本社会福祉士会,日本医療社会事業協会および日本精神保健福祉士協会が加盟している.　　　　　　　　　　［加納光子］

国際婦人年
(International Women's Year)

1975年,国際連合は男女平等発展および女性の社会進出の促進における調和ある行動を各国政府が起こす年として国際婦人年を定めた.この男女平等とは権利・機会・責任面だけでなく,人間としての尊厳と価値を認識することであった.第1回国際婦人年世界会議はメキシコで開催され133ヵ国の政府代表が参加し,平等・開発・平和の3つのテーマのもと,世界行動計画が採択された.さらに1976-85年が「国連女性の10年」とされ,さまざまなレベルで性差別撤廃への取り組みがなされた.1985年には第3回会議がナイロビで開催され,日本は同年に女性差別撤廃条約を批准した.
　　　　　　　　　　　　　　　［中村明美］

国際ボランティア年
(International Year of Volunteers, IYV)
⇒ボランティア国際年

国際リハビリテーション
(Rehabilitation International：RI)

国際リハビリテーション協会.1922年にアメリカで国際肢体不自由児協会として設立し,現在の名称は1972年からである.障害の原因の予防,リハビリテーションおよび障害者の権利を推進することなどを目的とした国際団体.保健・生活機能,教育,雇用・就労,社会,ICT (International Commission on Technology and Accessibility),住宅・交通・機器,レジャー・レク・スポーツ,組織の7専門委員会をもち,4年に1度,世界会議を開催している.日本では,「高齢・障害者雇用支援機構」と「日本障害者リハビリテーション協会」が加盟している.　　　　　　　　［伊藤葉子］

国際連合開発計画 (UNDP)

正式名称は,United Nations Developmentで,その目的は,発展途上国に対する経済・社会支援であり,そのためのプロジェクト(所得向上,健康改善・向上,政治・環境問題の改善等)を行っている.この組織は国際連合総会の補助機関として1965年に設立された.なお,国際連合ボランティア(UNV),国際連合資本開発基金(UNCDF),国際連合婦人開発基金等は国際連合開発計画に委託されている.　　　　　　［成清美治］

国際労働機関
(International Labour Organization：ILO)

略称ILO.1919年創設の労働・社会問題全般に関する国際機関.当初は国際連盟の付属機関であったが,第2次世界大戦後は国際連合経済社会理事会の管轄

下で専門機関として活動している．政府・使用者・労働者の各代表による「三者構成の原則」を採用し，「総会」が立法府となって法的拘束力をもつ「条約」を制定し，加盟各国に「勧告」を行っている．戦前から，社会保険・労災に関し多くの条約を制定し勧告を行ってきた．1952年に制定された「社会保障の最低基準に関する条約（102号条約）」は各国の社会保障制度に大きな影響を与えた．

[木村　敦]

国民医療費

国民医療費とは，各年度における医療機関等で実施された治療に対する費用（診療費，入院時食事療養費，処方箋薬剤費，看護費・移送費等）の合計であるが，そこには正常分娩費，買薬の費用，健康診断等は含まれていない．1961（昭和36）年に国民皆保険体制が実現し，国民すべてがいずれかの医療保険に加入することになったが，そのおかげで国民の医療費負担の軽減と受診機会をもたらすこととなった．一方では，人口の高齢化，給付水準の改善，医学・医療技術の進歩，新薬の開発，健康障害等が医療費総額を押し上げ，各保険財政を逼迫させることとなった．

[成清美治]

国民皆保険皆年金

すべての国民に医療保険制度が適用されたのは，1961（昭和36）年4月であるが，その背景には医療保険の多数の未加入者の存在があった．国民皆保険推進の直接のきっかけとなったのは社会保障制度審議会による「医療保障制度に関する勧告」（1956）である．これを受けて厚生省（現厚生労働省）は，翌年の4月5日「国民皆保険計画」を決定した．その後，各市町村，都道府県と関係団体の努力並びに政府の推進策によって計画が遂行され，ついに，国民皆保険体制が実現したのである．また，国民年金に関しても1959（昭和34）年に国民年金法が制定され，無拠出の福祉年金は同年の11月から，拠出制国民年金は1961（昭和36）年4月より実施され国民皆年金体制が確立された．これによって厚生年金より除外されていた自営業者・農林漁業者・零細事業者が年金制度に含まれることとなった．

[成清美治]

国民健康保険運営協議会

国民健康保険の運用に関して，被保険者や医療従事者の意見を民主的に反映させるため，運営に必要な意見交換・調査・審議をして，市長村長に対して意見具申を行うために市町村に付属して設置されている機関．被保険者を代表する委員，国民健康保険医または国民健康保険薬剤師を代表する委員，公益を代表する委員のそれぞれ同数が市長村長の任命によって選出され構成されている．協議会の行う意見具申は市長村長を拘束するものではないが，現実には多くの場合この意見が運営方針を決定づけている．

[木村　敦]

国民健康保険組合

国民健康保険の保険者は原則として市町村であるが，市町村の国保事業に支障がない場合に限り，一定地域内で同種の事業に従事する者による国民健康保険組合（国保組合）の設立が認められる．具体的には，15人以上の発起人が規約を作成し，組合員となるべき者300人以上の同意を得て，都道府県知事の認可をうけて設立される．国保組合が多くみられる職種は，医師，歯科医師，薬剤師，弁護士，食品販売業，土木建築業，理容業，浴場業などである．

[木村　敦]

国民健康保険審査会

都道府県ごとに設置されている国民健康保険制度についての不服審査を行う機関．被保険者を代表する委員，保険者を

代表する委員，公益を代表する委員の各3人によって組織される．審査の請求は，被保険者が不服であるとした処分を行った保険者の所在地の都道府県に対して行うものとされ，審査の請求があった場合，審査会は，原処分を行った保険者，および利害関係者に対して通知しなければならない．また，審査会は請求を行った本人や関係者に対し報告・意見を求め，加えて出頭を命じることもできる．

[木村　敦]

国民健康保険税

市町村国民健康保険料を地方税の形で徴収するもの．1951（昭和26）年に地方税法が改正されたさいに導入されたもので，保険料として徴収するか保険税として徴収するかは各市町村の選択にゆだねられている．収納率を上げるうえでの効果，つまり「料金」ではなく「税」であるとされていることによる納付行動における心理的効果を期待した方法であると説明されている．保険税方式の導入以来現在に至るまで，大半の市町村が保険税方式を採用している．　　　　　[木村　敦]

国民健康保険団体連合会

国民健康保険の保険者が共同してその目的を達成するために設立する法人で，都道府県ごとに設置されている．主な業務は，① 保険者の事務の共同処理，② 診療報酬の審査・支払い，③ 国民健康保険運営資金の融資，④ 保健事業，などである．また，介護保険制度の実施により，2000（平成12）年4月から，① 市町村から委託を受けて行う居宅介護サービス費や施設介護サービス費等の請求に関する審査・支払い，② 居宅介護サービス事業者や介護保険施設等に対するサービスの質の向上に関する調査ならびに指導・助言，などの介護保険事業関係業務も行っている．　　　[寺本尚美]

国民健康保険法

わが国の医療保険制度の中心をなすものとして国民健康保険法と健康保険法がある．現行の国民健康保険法の前身は，1938（昭和13）年に制定された．その後，国民皆保険達成のために1958（昭和33）年に全面改正された．国民健康保険法の対象となる者（被保険者）は，職域医療保険（被用者保険）の適用をうけない地域住民（農民や自営業者など）である．保険者には市町村および特別区と国民健康保険組合がある．保険給付は，被保険者の疾病，負傷，出産，死亡などである．なお，被用者保険の退職者が加入する退職者医療制度は国民健康保険制度の中で行われる．　　[阪田憲二郎]

国民生活基礎調査

保健，医療，福祉，年金，所得等国民生活の基礎的事項を調査し，厚生労働省の所掌事務に関する政策の企画及び立案に必要な基礎資料を得ることと，各種調査の調査客体を抽出するための親標本を設定することを目的とする調査である．平成25年調査の調査項目は，「世帯票」「健康票」「介護票」「所得票」「貯蓄票」であり，国民生活基礎調査規則（昭和61年7月8日厚生省令第39号）第6条に規定されている．

全国の世帯及び世帯員を対象とし，3年ごとに大規模調査，中間の各年に簡易調査を実施している．根拠法令は統計法．調査の実施方法に関しては，国民生活基礎調査規則（昭和61年厚生省令第39号）による．　　　　　　[米澤美保子]

国民年金基金

(National Pension Fund)

自営業者等が加入している国民年金第1号被保険者とサラリーマン等が加入している第2号被保険者との老後の年金額との格差を是正するために1991（平成

3）年4月から施行された．これによって，サラリーマン等の国民年金（老齢基礎年金）に老齢厚生年金，厚生年金基金等が上乗せされるのと同様，自営業者等の国民年金（老齢基礎年金）にも国民年金基金が上乗せされるので，両者の老後に受け取る年金額の格差が是正されることになった．ただし，国民年金基金への加入は任意加入となっている．[成清美治]

国民年金法 <small>こくみんねんきんほう</small>

1959（昭和34）年制定・施行．このときの国民年金法に基づく制度は現在一般に「旧制度」とよばれている．すなわち，現在のような全国民を対象とする「基礎年金」を規定した法律であったのではなく，被用者年金の加入者以外の国民（自営業者，農林水産業従事者等）を対象とする各種年金給付を規定した法律であった．1985（昭和60）年，全面改正が行われ，国民年金は全国民を対象とする各種年金の基本的部分を担う「基礎年金」と位置づけられることとなり，今日に至る． [木村 敦]

国民扶助法 <small>こくみんふじょほう</small>

1948年，イギリスにおいて制定．本法により，地方自治体保健局公的扶助委員会が担当してきた救貧行政は国の機関である国民扶助局に引き継がれた．国民扶助局の地方組織は地域・地区事務所であり，これらが当時100万人以上に上っていた各種扶助の受給者についての業務を遂行した．イギリスの社会保障制度において公的扶助制度は補充・補足的な位置づけがなされていたが，社会保険方式による所得保障制度が必ずしも十分でなかったこともあり，本法は重要な位置を占めることとなった． [木村 敦]

国民保健サービス法 <small>こくみんほけんサービスほう</small>

（National Health Service Act）
イギリスの保健医療制度．ベヴァリッジ報告に基づき，1946年に労働党政権のもとで制定され，1948年より施行される．その後，効率化促進のため制度改革が行われ，1990年サッチャー保守党政権のもと，NHSおよびコミュニティ・ケア法への改革が行われた．制定当初の主な原則は，財政は保険料でなく国税，すべての人に医療保障をし，原則無料，疾病予防からリハビリテーションを含む包括的医療サービスを提供，家庭医（General Practitioner）を設ける，実質的には病院スタッフは国家により雇用するというものであった．→NHSおよびコミュニティ・ケア法 [伊藤葉子]

国立精神・神経センター <small>こくりつせいしん・しんけいセンター</small>

国立精神・神経センターとして，1952（昭和27）年に国立精神衛生研究所が千葉県の国立国府台病院の敷地内に設置され，現在にいたっている．研究所は，精神保健計画部，成人精神保健部，薬物依存研究部，心身医学研究部，児童・思春期精神保健部，成人精神保健部，老人精神保健部，社会精神保健部，精神生理部，知的障害部の10の研究部で組織されている． [重野 勉]

国連児童基金 <small>こくれんじどうききん</small>

ユニセフ．第2次世界大戦後，戦争の犠牲になった児童を救済するために国連国際児童緊急基金が1946年に設立された．その後，発展途上国の児童を救済する長期的な事業活動を進めるために再編成され，国連児童基金と改称された．「児童権利宣言」の諸権利を享受することを目的としている．その活動は，医療，教育，母子保健などのサービスや，自然災害や内乱，伝染病などの緊急時の国際援助活動を行っている． [豊田晶子]

国連障害者の10年 <small>こくれんしょうがいしゃの10ねん</small>

国際障害者年のテーマ「完全参加と平等」は1年だけで実現するものではなか

った．そこで国連は国際障害者年の成果を踏まえ障害者問題を世界規模で取り組むため，より長期的展望にたって継続的に実現していくことを決定した．国連は1982年の国連総会で障害者に関する世界行動計画を採択し，1983年から1992年までの10年間を「国連障害者の10年」とした．
［津田耕一］

こころのバリアフリー宣言

厚生労働省は，「心の健康問題の正しい理解のための普及啓発検討会」の報告を受けて，2004（平成16）年3月に「心の健康問題の正しい理解のための普及啓発検討会報告書」および「こころのバリアフリー宣言～精神疾患を正しく理解し新しい一歩を踏み出すための指針～」を発表した．そのなかでは，8つの柱として，「①精神疾患を自分の問題として考えていますか（関心），②無理しないで，心も身体も（予防），③気付いていますか，心の不調（気づき），④知っていますか，精神疾患への正しい対応（自己・周囲の認識），⑤自分で心のバリアを作らない（肯定），⑥認め合おう，自分らしく生きる姿を（受容），⑦出会いは理解の第一歩（出会い），⑧互いに支え合う社会づくり（参画）」を挙げている．2004（平成16）年9月に発表された「精神保健医療福祉の改革ビジョン」でも精神疾患，精神障害に対する国民の意識変革として，こころのバリアフリー宣言の広い呼びかけを挙げている．
［田中和彦］

児島美都子 (1924-)

東京都に生まれる．1944（昭和19）年に青山学院女子専門部家政科卒業．1951（昭和26）年より医療ソーシャルワーカーとして織本外科病院に勤務．1953（昭和28）年に厚生省の認定講習を受け，さらに日本社会事業学校専修科に進み1955（昭和30）年卒業．1958（昭和33）年には朝日訴訟の原告証人となる．1962（昭和37）年，社団法人全国結核回復者コロニー協会事務局長．1966（昭和41）年日本福祉大学へ赴任．その後，龍谷大学，青森大学に赴任する．1973（昭和48）年に一時活動が停滞していた日本医療社会事業協会の再建と同時に会長に就任，1981（昭和56）年まで医療ソーシャルワーカーの医療福祉職専門職化運動に取り組む．障害者の自立生活運動にも関わり，人権としての福祉の追究をめざす．
［伊藤葉子］

互助

「相互扶助」とほぼ同じ内容をあらわす言葉で，集団において，その構成員に生活上の事故や危険が生じた時，お互いに援助しあうことをいう．地域住民やボランティア，また当事者相互間などの間で援助していく「共助」，国や県，市町村などの行政を通して行われる公的責任の「公助」，一人ひとりが自らの力で生活を維持，展開していく自己責任としての「自助」の3つのバランスが必要である．1986（昭和61）年の「社会福祉改革の基本構想」は，福祉問題解決の形態として「自助」「共助」「公助」を提起した．「共助」と「互助」は同じ意味と解釈される．
［北川 拓］

個人情報の保護

情報化の進展は，個人の生活に豊かさや便利さだけでなく，個人の権利や利益に関する不測の侵害ももたらした．個人情報には収入や財産，家庭生活の状況や身分，内心の秘密，心身の状況，学歴や職歴等があり，高齢者の生活も多分に関わる．個人情報の主体である個人の権利利益は保護されるべきとして，1984（昭和59）年以降に個人情報保護条例の制定が各地で拡大したが，さらなる個人情報の保護や救済のシステムの構築が不可欠である．個人情報は自分のものであ

り，自分で管理すべきものとする当事者主体の権利が保障される社会こそ，個人の尊厳や人権が保障される社会である．
［梓川　一］

個人情報保護に関する法律

2005（平成17）年に個人情報保護に関する法律が施行された．この法律は，高度情報通信社会の進展に伴い，個人情報の利用がいちじるしく拡大していることにかんがみ，個人情報の適正な取り扱いに関し，基本理念及び政府による基本方針の作成その他の個人情報の保護に関する施策の基本となる事項を定め，国及び地方自治体の責務等を明らかにするとともに，個人情報の有用性に配慮しつつ，個人の権利利益を保護することを目的としている（第1条）．「個人情報」とは，生存する個人に関する情報であり，氏名，生年月日その他の記述等により特定の個人を識別できるものをいう．医療や社会福祉に関わるものに対しては厚生労働省が2004（平成16）年に，「医療・介護関係事業者ガイドライン」，「福祉関係事業者ガイドライン」を示している．
［大野まどか］

子育て安心プラン

2017（平成29）年6月に「待機児童」解消と女性の就業率の向上（いわゆる「M字カーブ」の解消）を目的として政府が発表したプランで，2013年度からの「待機児童解消加速化プラン」を引きつぐ形になる．具体的には2019年度末までに待機児童解消のために必要な保育の受け皿約22万人分を整備し，さらに3年後の22年度末までに女性（25-44歳）就業率80％を実現するために約32（22＋10）万人分の受け皿を整備するという計画であった．しかし，17年12月に政府が発表した「新しい経済政策パッケージ」によって安心プランは前倒しされ，2020年度末までに約32万人分の受け皿を整備することとなった．このプランの実現のために政府は「保育人材確保」，「保育の質の確保」，保育実施に必要な安定財源の確保などの政策課題に取り組むこととなった．
［倉持史朗］

子育て支援ネットワーク

新エンゼルプラン（1999年12月19日策定）は，「多様な需要にこたえる保育サービスの推進」と「在宅児も含めた子育て支援の推進（地域子育て支援センターの整備等）」を掲げ，子育て支援を大きな柱と位置づけ，子育てに関する社会的支援ネットワークの具体的な対応策を明示した．また，養育者自身の主体的参加によるインフォーマルなセクターとしての子育て支援ネットワークの構築が社会福祉協議会やNPO等を中心に広がりをみせている．養育者の社会的孤立化を防止する意味でもこのような重層的な支援ネットワークの構築は有効である．
［新崎国広］

子育て短期支援事業

この事業はもともと子育て支援短期利用事業とよばれていたものが2002（平成14）年の「児童福祉法」の一部改正により名称変更されるとともに，児童居宅支援等のひとつとして位置づけられ，第2種社会福祉事業に指定されたもの．母子家庭等が安心して子育てをしながら働くことができる環境を整備するため，保護者の疾病や仕事等の事由により児童の養育が一時的に困難となった場合，または育児不安や育児疲れ，慢性疾患児の看病疲れ等の身体的・精神的負担の軽減が必要な場合に，児童を児童養護施設等で一時的に預かる短期入所生活援助（ショートステイ）事業と，保護者が仕事その他の理由により平日の夜間または休日に不在となり家庭において児童を養育することが困難となった場合その他緊急の場合において，その児童を児童養護施設

等において保護し，生活指導，食事の提供等を行う夜間養護等（トワイライトステイ）事業とが実施されている．実施主体は地方公共団体（市町村）であり，国は各種の子育て支援事業などの次世代育成支援対策に関する事業計画を総合的に評価し，その事業計画の実施に必要な経費に対して次世代育成支援対策交付金を交付している． ［吉弘淳一］

国家公務員共済組合

1948（昭和23）年に，それまでの明治憲法下の勅令による各種の共済組合を体系的に整理統合して旧国家公務員共済組合法が制定された．以来，他の共済制度との改廃を経て現在の国家公務員共済組合に至っている．国家公務員を対象とし，短期給付（医療保険）が健康保険法を代行し，長期給付は年金制度として独自の総合保険体系をとっており，併せて福利厚生事業を行って組合員およびその家族の生活の安定と福祉の向上に寄与することを目的としている． ［阪田憲二郎］

骨粗鬆症

骨の量が減少し，骨に「鬆」が入った状態をいう．骨量が減少するのは，加齢や閉経による自然現象である．そのうえ運動不足，カルシウム摂取不足，飲酒，喫煙等の要素が加わると骨粗鬆症が悪化する．骨がもろくなり骨折したり，背痛や腰痛が起きたりする症状があらわれてくる．予防のためには，カルシウムの吸収率のよい牛乳や乳製品，大豆製品などを十分に摂ると同時に，日光浴，運動を日常生活に取り入れていくことが大切である． ［鈴木けい子］

コーディネーション
（coordination）

一般的には，対等な関係あるいは調整という意味であるが，援助実践の場面ではさまざまな状況を調整していくという援助者の機能のひとつとして用いられる．とくに課題解決にあたって，援助チーム内の調整，他機関との調整，クライエント（client：サービス利用者）が利用するサービス（service）提供事業者の調整，サポートグループ（support group）の調整と多様な形であらわれる．とくにケアマネジメント（care management）という援助の手法が用いられるようになった近年では，ますますコーディネーションはネットワーキング（networking）という用語と密接に関係しながら重要な機能として認識されるようになっている． ［土屋健弘］

古典的条件づけ
（classical conditioning）

イヌに餌を与えるときにベルを鳴らすことを繰り返すと，ベルの音を聞いただけでイヌは唾液を分泌するようになる．この現象をパブロフ（Pavlov, I.P.）は条件反射と名づけ，条件反射を形成する過程を条件づけとよんだ．古典的というのは，刺激によって反応が誘発されるパブロフ流の条件づけを，自発的な反応の条件づけと区別するために，後の学習理論家がこのように表現したのである．古典的条件づけは，アルコールなどの薬物依存の治療，不適切な行動や悪癖を減らすための行動療法などに応用されている．レスポンデント条件（respondent conditioning）づけあるいはパブロフ型条件づけともいう．→学習理論，行動療法，行動療法の技法 ［津田兼六］

子ども・子育て応援プラン

子どもの育ちや子育てを社会全体でしっかりと応援する環境づくりを目指して，2004年，少子化社会対策会議が策定した「少子化社会対策大綱に基づく重点施策の具体的実施計画」のことである．施策の内容は，① 若者の自立とた

くましい子どもの育ち，②仕事と家庭の両立支援と働き方の見直し，③生命の大切さ，家庭の役割等についての理解，④子育ての新たな支え合いと連帯からなっている．このうち子育ての分野では平成16年度からの5年間の目標として，つどいの広場事業，地域子育て支援センター事業，ショートステイ事業，トワイライトステイ事業，ファミリー・サポート・センターの推進等がある．また保育所の受入れ児童数は3年間で集中的に拡大を図るとしている．[髙橋紀代香]

子ども・子育て新支援制度

待機児童の解消，子どもの数が減少傾向にある地域の保育機能の確保，地域における子ども・子育て支援を総合的に推進することを目的とする．内容は，①子ども・子育て支援給付，②子どものための教育・保育給付等の実施主体等，③認定子ども園・幼稚園・保育所を通じた共通の給付（施設型給付）と小規模保育等への給付（地域型保育）の創設等，④幼保連携型子ども園制度の改革，⑤地域子ども・子育て支援事業等，⑥子どものための教育・保育給付の費用負担，⑦子ども・子育て会議の設置等，である．[成清美治]

子ども・子育て支援法

平成24（2012）年8月に成立した「子ども・子育て支援新制度」における新法である．日本の急速な少子化の進行，ならびに家庭および地域を取り巻く環境の変化に対応するために，児童福祉法その他の子どもに関する法律・施策と共に，子育て支援給付その他の子どもの養育者に必要な支援を行い，子どもたちが健全に成長できる社会の実現に寄与することを目的としている．基本理念は，「子ども・子育て支援は父母その他の保護者の第一義的責任を有するという基本認識のもと，社会全体で行う」とされている．

概要には，市町村は，子ども・子育て支援給付（子どものための現金給付と子どものための教育・保育給付）と指定子ども園の指定，地域子ども・子育て支援事業を総合的に行うこと，5年を1期とする「子ども・子育て支援事業計画」を定めることなど市町村の責務や，指定子ども園の設置者や指定地域型保育事業者の責務などがあげられている．[山口倫子]

子ども手当

15歳以下の子ども（15歳の4月1日の前日までの子ども）の保護者に対して支給される手当（金銭）．この手当は，社会福祉法に基づく子ども手当法によるもので2010年（平成22年）3月31日に成立，4月1日より施行された．子ども手当施行に伴い廃止された児童手当には保護者の所得制限があるが，子ども手当にはない．また，国籍制限もなく，保護者が日本に住民登録または外国人登録をしていれば，受給権がある．子どもが，海外にいてもかまわない．児童養護施設の入居児童の場合には，この制度の直接の対象にならない場合もあるが，公平性のため，政府は同等の措置を実施している．近年の少子高齢化の進行，子どもの貧困，子どもが学校に通うことで発生する教育費による経済的負担の増加を背景として，「次代の社会を担う子ども1人ひとりの育ちを社会全体で応援する」ことおよび「子育ての経済的負担を軽減し，安心して出産し，子どもが育てられる社会をつくる」ことを政策目的として支給された．ただし，2012年4月1日より児童手当の名称に戻された．

[吉弘淳一]

子どものための世界サミット

「子どものための世界サミット」は，1990年9月29日および30日の両日，ニューヨークの国連本部において開催され

た．世界の首脳会議としては当時史上最多の71ヵ国の首脳が参集した．日本からは，海部総理大臣（当時）が出席し，「子どもの発育促進」について基調演説を行った．このサミットでは，「子どもの生存，保護及び発育に関する世界宣言」および「世界宣言を実施するための行動計画」の2つの文書が採択され，児童の生存，発育および保護のための7つの主要目標を定めるとともに，この目標達成のため，10項目の分野における具体的行動が要請されている．　［真鍋顕久］

子どもの貧困

子どもの健全育成に関して，貧困は最も深刻な社会問題のひとつである．厚生労働省の発表によると，2012年時点で子どもの貧困率は16.3％であった．親の貧困が子どもに継承されてしまっているという状況に対応して，2013年に「子どもの貧困対策の推進に関する法律」が制定された．これに基づき2014年に「子どもの貧困対策会議」が設置され，貧困対策を推進することとなった．［成清美治］

子どもの貧困対策の推進に関する法律

子どもの貧困対策を総合的に推進することを目的として2013年に成立した．その目的は，貧困の状況にある子どもが健やかに育成される環境を整備することと，教育の機会均等を図ることである．この法律に基づき，2014年に，内閣総理大臣を会長とする「子どもの貧困対策会議」が設置された．さらに，法第8条に基づいて貧困対策の基本事項を定めた「子どもの貧困対策に関する大綱」が閣議決定された．　　　　［成清美治］

子ども・若者育成支援推進法

2009年制定，2010年施行．子どもと若者の育成支援施策の総合的推進のための枠組みを整備することと，社会生活を円滑に営む上での困難を有する子どもや若者を支援するためのネットワークの整備を目的とする．この法に基づいて設置された「子ども・若者育成支援推進本部」は2010年7月に「子ども・若者育成支援推進大綱」を決定し，法の前者の目的に関しては，自己形成支援，社会形成・社会参加支援，健康と安心の確保，若者の職業的自立と就労等支援，後者の目的に関しては，困難な状況（ニート，障害，非行，貧困等）ごとの取組，子ども・若者の犯罪や虐待からの被害防止と保護が，それぞれ取り組まれることとなった．　　　　　　　　　　　　　［木村　敦］

五人組制度

江戸時代において，農民や町人を統制し，治安を保つための制度．町人においては地主・家主，農民は水呑百姓まで含んだ．古代の五保制にならった近隣5戸を一組とし，租税の完納・犯罪防止・キリシタンの取り締まりなどに連帯責任を科した．五人組が遵守すべき法令および五人組全員と役人の連署連判と誓約を記載したものを五人組帳という．

［米津三千代］

コノプカ，G.

（米 Konopka, Gisela; 1910-）

社会的諸目標モデルの代表者である．治療的アプローチから出発した．ドイツに生まれ，ナチスから逃れてアメリカに渡った．ミネソタ大学以外に，カナダ，ドイツ，オランダなどの大学でも教鞭をとった．「ソーシャルグループワークとはソーシャルワークの一つの方法であり，意図的なグループ経験を通じて，個人の社会的に機能する力を高め，また個人，集団，地域社会の諸問題に，より効果的に対処し得るよう，人びとを援助するものである」という定義（『ソーシャル・グループワーク』1963年），および，グループワークの14の原則が有名

である． ［加納光子］

小橋勝之助 (1863-93)

（現・兵庫県）播州赤穂矢野村に生まれる．医学を修めるため上京するが虚弱により断念する．その後高瀬真卿の感化事業に協力するも，キリスト教と出会い神田教会のウィリアムズにより洗礼を受ける．赤穂に帰郷後の1890年1月，孤児院や慈善的普通学校設立などの7つの事業構想を掲げ，弟・実之助らとともに教育や慈善事業のための組織・博愛社を設立し，初代社長に就任した．91年には岡山孤児院と合併（死後に分離独立），92年には林歌子を招聘し，濃尾大地震の被災児救援などに尽力するが病を得て93年に死去． ［倉持史朗］

小橋実之助 (1873-1933)

（現・兵庫県）播州赤穂矢野村に生まれる．兄・勝之助とともに神田教会で受洗し博愛社の設立にも貢献し，兄の死後2代目博愛社社長となる．まもなく赤穂から大阪府へ移転し，林歌子らの協力を得て児童の養育事業を中心に博愛社を発展させ，大阪府の救済事業研究会や社会事業分野の中心人物として活躍する．1916年に渡米して以降は，幼児の里子委託やアフターケア事業を積極的に取り入れ，乳児保護や母子支援事業などにも着手している． ［倉持史朗］

コーピング (coping)

ストレスへ適切に対処する方法のことをいう．精神分析理論の防衛機制に類似しているが，無意識的・自動的ではなく，意識的・意図的に用いられる点が異なっている．ラザルス (Lazarus, R.S.) によれば，情動焦点コーピングと，問題焦点コーピングに二大別される．前者はストレスに対する見方を変えるものであり，後者は直接ストレスを引き起こしている状況に働きかけてそれを変化させようとするものである．

［加納光子］

個別援助技術⇒ケースワーク

コーホート調査 (cohort research)

コーホートとはある共通特性をもつ集団を意味するが，人口学的には誕生の時期を同じくする出生（年齢）コーホートを指すことが多い．ある出生コーホートは，たとえば，戦争体験であるとか極端な就職難であるとか，他の出生コーホートには見られない共通の影響要因を抱えているといえる．一般的に出生コーホート集団を追跡（あるいは遡及）調査していくことをコーホート調査といい，人口統計学の分野はもちろんのこと，家族変動調査や職業キャリア調査などの分野においても利用されている．コーホート調査の大きなメリットは，調査年ごとに集計する従来の調査では，時代による変化という観点からしか分析がなされていなかったが，出生集団をコーホートとしてみることにより，世代による変化という観点からの分析が可能になった点であろう． ［武山梅乗］

コミュニケーション (communication)

個人や組織間で言語や文字，身振り等を媒体としてやりとりされる情報（思想，感情の伝達）のことをさす．ニュース，手紙，伝言，情報伝達のための書類などである．使用する媒体から言語的コミュニケーションと非言語的コミュニケーションとに分類される．非言語的コミュニケーションには，人間の五感（視覚，聴覚，触覚，嗅覚，味覚）や感情，身振り，姿勢がある．対人援助において非言語的コミュニケーションは重要な手段であり，利用者の表出している感情，言葉の背後に隠れているものを察知する

感性が要求される. [河崎洋充]

コミュニティ (community)

地域社会や地域共同体と訳されることが多いコミュニティは，実在空間である以上に，感情の込められた意味空間として重視される．そうしたコミュニティの指導的な概念としては，マッキーヴァー（MacIver, R.M.）による上位概念的なコミュニティを筆頭に，それに反対する形でアメリカの農村社会学が主張した下位概念的なコミュニティ，シカゴ学派の研究者が主導した生態学的なコミュニティなどがある．そのいずれも，特定の範域における人びとの共同感情や共属意識による結びつきを注視しており，それは地域福祉を考えるうえでも重要な命題となるが，その概念があまりに多様なために，地域福祉論でコミュニティを対象化することは，岡村重夫の一般的地域組織化の考え方以降，あまり進展していない．→福祉コミュニティ [瓦井 昇]

コミュニティ・オーガニゼーション (community organization)

アメリカで発達したコミュニティ・オーガニゼーション（以下 CO：地域組織化運動）は，個人に対する直接的な援助ではなく，地域住民が抱える福祉課題に対して住民が主体となって問題解決ができるようにコミュニティ・ワーカーが社会福祉の専門的技術を駆使して援助する過程をいう．この CO の萌芽はイギリスで誕生した COS（慈善組織化運動）といわれるが，同組織はアメリカでも設立されその後，発展することとなった．その発展のきっかけとなったのが「レイン委員会報告」(1939) であるが，この中で CO の理念が体系化され住民参加の概念が明確化されることとなり，統計調査によるニードの把握や地域住民参加の促進のもとでの CO の専門化が図られた．この CO は1960年代以降，イギリスで発達したコミュニティワーク（地域援助技術）に継承されることとなった． [成清美治]

コミュニティケア (community care) ⇒地域ケアと在宅ケア

コミュニティソーシャルワーク (community social work)

コミュニティソーシャルワークは，イギリスのバークレイ委員会がまとめた『バークレイ報告書』(1982) の多数派意見として報告され，その後のコミュニティ・ケアのキー概念となった．それはコミュニティにおけるフォーマルならびにインフォーマルな地域ネットワークと，クライエント集団の重要性を開発，援助，資源化し，さらに強化することを目標にしている．そこでは社会資源とクライエントとのパートナーシップの確立が強調され，コミュニティワーカーにはカウンセリングの技術が求められている． [瓦井 昇]

コミュニティディベロップメント (community development)

地域住民の合意を形成して，主体的な自助や相互協力を促進させ，地域社会の問題解決や生活水準の向上を自発的に導く，コミュニティワークの技術のひとつである．とくに国際連合が開発途上国への支援策として重用してきた歴史があり，国連では「地域社会の住民自身の努力と政府機関の努力とを結びつけることで，コミュニティの経済的・社会的・文化的諸条件を改善し，これらのコミュニティを国民生活に統合して，国全体の発展に貢献できるようにする諸プロセスである」と定義している (1956)．

[瓦井 昇]

コミュニティニーズアセスメント
(community needs assessment)

コミュニティニーズアセスメントは，1960年代にアメリカの連邦政府や州政府において社会福祉のプログラムが増大したことをうけ，社会資源の分配のコスト効果を把握するソーシャルワークの技術として発展した．そうしたコミュニティニーズアセスメントは，量的な測定と質的な測定の2つの技術を用いて，コミュニティの人びとのニーズを把握することを目的としている．量的な測定では，①社会的・健康的な指標の分析，②社会調査の実施，③コミュニティの特定の対象者のニーズを直接的に把握する，といった方法が取られる．それに対して質的な測定では，問題状況の詳細な情報を把握することに傾注する．それは公開集会を行ったり，特定の対象者グループやさらには社会一般の階層のグループから，意見を集約するといった方法が取られる．そうして得られた情報から，コミュニティにある質的なニーズの全体像を明らかにするのである． [瓦井 昇]

コミュニティバス

高齢者や障害者が地域において，安全・気軽に移動・外出できることを目的とした乗り合いバスのこと．「金沢ふらっとバス」（1999年3月）が全国初のコミュニティバスである．これを期にコミュニティバスが全国に広がっていった．安全・気軽に移動・外出できるよう，床が低く乗車口の段差をなくした低床型小型バス，1区間の間隔を短く運行するバス等がある．交通バリアフリーを目指した高齢社会における新たな交通手段のひとつとして注目されている．[米津三千代]

コミュニティ・ビジネス

コミュニティ・ビジネスとは，営利・非営利を問わず，地域の課題を解決し，地域の発展に貢献することを目的として行われる事業のことである．現在，NPOや株式会社，ワーカーズコレクティブ等の多様な形態で，地域社会において発生している課題（特に福祉，教育，文化，環境保護などが多い）を解決するために，地域住民が中心となってさまざまな事業が実施されている．地域密着を標榜している事業体も少なくなく，行政とは異なるアプローチで，柔軟かつ機敏な対応を行うことが可能であり，今後コミュニティ・ビジネスが，地域住民によって立ち上げられ活発な活動をすることで，地域コミュニティの再生につながることが期待されている． [鈴木大介]

コミュニティリレーションズ
(community relations)

地域社会にある機関や施設などが，その地域のコミュニティと望ましい関係を形成するために，参加や協力を図るコミュニティワークの技術のひとつである．具体的な活動例としては，コミュニティへのサービス提供や地域社会の諸活動への参加，広報などがある．また，日本における「施設の社会化」という福祉課題は，コミュニティリレーションズの展開に位置づけられる．→施設の社会化
[瓦井 昇]

コミュニティワーク
(community work)

地域援助技術．日本においては，社会福祉援助技術における間接援助技術の中の地域援助技術がコミュニティワークに該当する．その源流は，19世紀後半からのイギリスでの慈善組織協会の活動やセツルメント運動にある．それらがアメリカにも流入し，その目的に沿って民間団体が活動する中で，団体間の組織化や連絡調整の方法が次第に蓄積していった．それらが整理されてコミュニティ・オーガニゼーション（CO）と称される

方法論となる．コミュニティワークは本来，1960年代からのイギリスのコミュニティケア政策の推進のために，COを継承して展開した方法論をさすのが妥当であるが，双方の方法論は英米間でも互いに影響しあっており，厳密に区分するのは困難である．このコミュニティワークの機能は，地域社会やコミュニティを診断し，住民を組織化して課題や情報を共有する一方，関係機関や団体などと調整を図り，社会資源の活用や開発をめざす計画を立案すること，および住民が行政などの公的機関と協働し，主体的に地域社会の問題を解決するプロセスを展開していくことにある． ［瓦井　昇］

コミュニティワークの評価

コミュニティワークの最終段階である評価では，目標の達成度，地域診断や計画実施の妥当性，今後の課題などを検討するが，そこではタスク・ゴールとプロセス・ゴールの視点が強調される．タスク・ゴールは，社会資源の開発・整備などの具体的な課題の達成度や財政効果の程度，また住民がどの程度ニーズに充足したかを量的および質的に評価する基準である．さらにいかなる機関や団体がどの程度貢献したかの評価も行う．一方，プロセス・ゴールは，計画の策定から実行の過程における住民の主体形成の度合い，関係した機関・組織の活動への前向きさを評価する．なおプロセス・ゴールでは，とくに住民の権利意識や草の根民主主義の定着や実行の度合い，自治体の構造変革や民主化の程度をリレーションシップ・ゴールという別の評価指標にすることもある．→組織化説　［瓦井　昇］

コメディカルスタッフ

医師や歯科医師と協同して医療を行う，看護師，臨床検査技師，放射線技師，薬剤師，理学療法士，作業療法士，管理栄養士，精神保健福祉士，臨床心理士等の医療機関の職員を指す．以前は，パラメディカルと呼ばれていたが，パラメディカルのパラが「側面」「補助」というように医師からの縦の関係性を表していたことに対し，医療技術の高度化，複雑化に伴い，医師と他職種との協働による横の関係性が重視されるようになってきたことからこのような呼称に変更されている． ［青木聖久］

雇用対策法及び地域雇用開発促進法の一部を改正する法律

人口減少や格差社会の進展を背景として，働く希望をもつすべての青少年・女性・高齢者・障害者等の就業参加の実現を目的に，2007（平成19）年6月に行われた法改正．雇用対策法関連では，青少年の雇用機会の拡大，募集・採用に係る年齢制限の禁止，外国人の適正な雇用管理等が明確化され，また地域雇用開発促進法関連では，雇用情勢が厳しい雇用開発促進地域と雇用創造への意欲が高い自然雇用創造地域の2つに助成対象地域が再編された． ［竹川俊夫］

雇用納付金制度

障害者の雇用の促進等に関する法律に基づき，身体障害者または知的障害者の雇用に伴う事業主間の経済的負担の調整を行い，障害をもつ人の雇用の促進と職業生活の安定を図るために設けられた制度．障害者雇用納付金は常用労働者300名を超える企業で雇用率未達成企業が納付していたが，2010年7月からは201人以上300人以下の事業主についても適用される．2015年4月からは101人以上の事業主にも適用される．常用労働者200人を超え，雇用障害者数が法定雇用障害者数を超えている事業主には障害者雇用調整金が，200人以下で支給要件として定められている数を超えた障害者を雇用している事業主には報奨金が支給される． ［伊藤葉子］

雇用保険法

1974（昭和49）年制定，1975（昭和50）年施行．失業保険法（1947年制定）をその前身とし，さらに船員保険法の失業部門（1947年創設）を吸収する形で成立した．前身たる失業保険法は労働者の失業時の生活費保障（失業補償）を最大の目的としていたが，本法においては，就職促進，失業の予防，雇用機会の増大，労働者の能力開発などといった，いわば「雇用保障」がより強調されることとなった．この流れは一般に「積極的雇用政策の展開」と称されるところである．　　　　　　　　　　［木村　敦］

雇用保険法等の一部を改正する法律（2009）

2009（平成21）年，厳しい雇用情勢をふまえて行われた雇用保険法の改正．法改正の概要は，①非正規雇用者に対するセーフティネットの機能強化として，労働契約が更新されなかったために離職した有期契約労働者の受給資格要件を緩和し，給付日数を解雇等による離職者なみに充実，②再就職が困難な場合の支援強化として，解雇や労働契約が更新されなかったことによる離職者について，年齢や地域をふまえ，とくに再就職が困難な場合に，給付日数を60日分延長，③安定した再就職へのインセンティブ強化として，早期に再就職した場合に支給される「再就職手当」の支給要件を緩和し給付率を引き上げて，就職困難者（障害者等）が安定した職業に就いた場合に支給される「常用就職支度手当」についても対象範囲に年長フリーターを追加し給付率を引き上げる，④育児給付の見直しとして，暫定措置の当分の間の延長と，休業後と復帰後に分けて支給している給付を統合して全額を休業期間中に支給，⑤雇用保険料率を1年限り0.4％引き下げた，等である．　　　　　［川島典子］

コルチャック，J.
（Korczak, Janusz; 1878-1942）

ポーランド生まれのユダヤ系ポーランド人で，医師・孤児院院長・児童文学作家である．彼は，ワルシャワ大学医学部を卒業後，ロシア軍医（当時，ポーランドはロシア領であった）として戦地に赴く．33歳のとき，ユダヤ人孤児院「孤児たちの家ドム・シュロット」（1911）を設立する．その後，ポーランドが独立（1918）する．そして，41歳のときにはポーランド人孤児院「僕たちの家ナシュ・ドム」（1919）を設立．彼は，第2次世界大戦中も，児童の人権の確立について書籍・新聞・ラジオ放送等を通じて訴え続けた．コルチャックは子どもたちと悲劇の死を遂げるが，彼が掲げた児童の基本的人権の尊重は，のちに国連において制定された「児童の権利に関する条約（子どもの権利条約）」（1989）の理念に多大な影響を与えたといわれている．
［成清美治］

ゴールドプラン

「高齢者保健福祉推進10か年戦略」．高齢化社会に対応するため「長寿社会対策大綱」（1986）や「福祉ビジョン」（1988）などを踏まえて策定されたプラン．1989年12月，厚生省・大蔵省・自治省（現厚生労働省・財務省・総務省）の3大臣によって合意された．プランの期間は1990（平成2）年度から1999（平成11）年度末までの10ヵ年．内容としては在宅・施設サービス整備目標値の設定，「寝たきり老人ゼロ作戦」の展開，長寿社会福祉基金（700億円）の創設，高齢者の生きがい対策の推進，長寿科学研究推進10ヵ年事業などが盛り込まれていた．→ゴールドプラン21，新ゴールドプラン　　　　　　　［綾部貴子］

ゴールドプラン21

「今後5か年間の高齢者保健福祉施策の方向」．新ゴールドプランに引き継ぎ1999（平成11）年12月に策定されたプラン．厚生省・大蔵省・自治省の3大臣によって合意された．期間は2000（平成12）年度から2004（平成16）年度までの5ヵ年計画であった．具体的な施策としては，①介護サービス基盤の整備，②痴呆性高齢者支援対策の推進，③「ヤングオールド（若々しい高齢者）」作戦の展開，④地域生活支援体制の整備，⑤利用者保護と信頼できる介護サービスの育成，⑥高齢者の保健福祉を支える社会的基礎の確立であった．

[綾部貴子]

コレクティブハウジング

協同居住型住宅．集合住宅の居住者がそれぞれの生活の独立性を保ちつつ，生活や空間の一部を共用化することによって，互いの共同性を育み，支え合う居住形態．協同的な住まい方を望む居住者，個別の生活空間，協同生活を営むための共用空間（たとえば，食堂，集会所，デイサービスセンターなど）を構成要素に，居住者自身の参画・運営による主体的かつ相互支援的な住まい方・空間づくりである．その歴史は19世紀初頭に遡るといわれており，今日，欧米諸国では，居住者の事情に応じたさまざまな取り組みがみられる．近年，わが国においても，あらゆる年齢，状況にある人びとの共生をめざす住まい方として関心が高まっている．

[成清敦子]

コロニー（colony）

一般的には「植民地」「集落」などの意味であるが，社会福祉では，1960年代後半に導入された，障害者のための大規模施設や生活共同体としての総合施設をさす．広い敷地内に多様なサービスを提供する施設群があり，大勢の障害者が入所し，生活すべてがまかなわれる自己完結型の生活を送るものであった．しかし，ノーマライゼーション理念の浸透により，障害者を隔離・収容することへの批判が高まり，欧米ではコロニーが解体・縮小されてきている．日本でもコロニーという名をもちながら，実際には授産施設として機能しているものがある．

[植戸貴子]

コンサルテーション（consultation）

援助を展開する中で多様な生活課題に対応するには困難が生じる場合も多く，さまざまな機関との連携が必要とされることがある．それには関連機関や関連領域と相談あるいは協議を行い専門家からの助言を得る活動が有効となる．このような活動をコンサルテーションとよぶ．たとえば，精神科領域での精神科医あるいは心理専門家，児童領域における教育専門職者などからの助言活動などがある．これはネットワーキング（networking），チームアプローチ（team approach）とともに，互いの専門職者の得意分野を活用し質の高いサービス（service）を提供しようという試みのひとつである．

[土屋健弘]

コンシューマー

従来，ソーシャルワークにおいては，対象となる個人やその家族をクライエントとよんできた．あるいは主体的に社会福祉サービスを利用する立場にある人として利用者というよび方も定着しつつある．さらに，主に精神保健福祉領域において，サービスを利用する人にコンシューマー（消費者）というよび方が使用されることが多くなってきている．

[大野まどか]

コンピテンス（competence）

適合性あるいは能力の意味．自己が環

境と効果的な関係性をもち，絶えず発達，成長していこうとする，適合性あるいは能力をさす．具体的には，有能でありたい，習熟したいなど，環境に自ら効果的に働きかけたいという動機づけである．ソーシャルワークにおいては，援助者は自らのコンピテンスを高めることに努めるとともに，利用者のコンピテンスを正しく把握し，そしてその能力の活用をいかに促進できるか，あるいは活用のための環境づくりなどが重要な課題になってくる． ［小﨑恭弘］

コンピュータネットワーク
(computer network)

1980～1990年代に生まれた考え方で，通信装置と回線によって接続されているコンピュータとその機器の集まりで，情報の収集・蓄積と共有を行い，各種の作業の効率化をはかる．企業・学校や団体内など限定された範囲にあるコンピュータネットワークをローカルエリアネットワーク（LAN）という．また，個人や団体間をつなぐコンピュータネットワークをパソコン通信（電子メールや電子会議室などのサービスをもつ）ということが多い．行政主導型のネットワークには，災害情報ネットワークや医療情報ネットワークがある．社会福祉分野でも地域福祉の進展もあって，福祉に関するホームページなどがあり，各種グループの情報交換・交流に用いられている．なお，コンピュータネットワークの利用者をネッター（netter）という．
［加納光子］

コンプライアンス

一般に「法令遵守」といわれる．近年では，事業の経営・運営者層や従業員が法律や規則および業務マニュアル等の遵守や社会規範や倫理を守ることに至る広い意味に使用されるようになっている．
［真鍋顕久］

再アセスメント

　援助を開始してから相当の時間が経過している場合，また，クライエント（福祉サービス利用者）自身やクライエントを取り巻く環境に大きな変化が生じた場合に実施される「再評価」である．再アセスメントは，随時・継続的に行われるモニタリング（monitoring）やケース記録の内容を参考にして行われるが，その結果により，援助内容の修正やケースの終結，さらに援助計画立案の段階から再出発することもあり得る．また，クライエントのニーズが表面上は変化していないようにみえても，施設サービスやケアマネジメント等，長期間の援助を行うさいには必要不可欠の課題であると考えられる．
［武田康晴］

災害ボランティア（センター）

　災害発生時の被災地において，復旧・復興支援活動を行うボランティアのことを指す．1995年（平成7）の阪神・淡路大震災では，のべ約138万人の災害ボランティアが全国から集まり，「ボランティア元年」とされた．「災害対策基本法」（1961（昭和36）年制定）に基づき「防災基本計画」が定められており，1995（平成7）年の改訂時に，防災ボランティア活動の環境整備やボランティアの受入れに関する内容が防災基本計画に盛り込まれた．
　災害ボランティアセンターは，災害発生時に被災地に設置される，災害支援ボランティア活動を円滑に推進するための組織である．都道府県によっては常設で設置されている地域もある．主に社会福祉協議会や各自治体，ボランティア団体等が連携・協力し設置・運営されることが多い．
［木村志保］

財産管理

　成年後見制度においては，「成年後見人は，成年被後見人の生活，療養看護及び財産の管理に関する事務を行うに当たっては，成年被後見人の意思を尊重し，かつ，その心身の状態及び生活の状況に配慮しなければならない．」（民法第858条），「後見人は，被後見人の財産を管理し，かつ，その財産に関する法律行為について被後見人を代表する．」（同法第859条）と定め，財産管理や生活および療養看護を行うことを後見人の職務としている．財産管理の具体的内容は，預貯金通帳・土地建物の権利書・実印銀行印などの管理，水光熱料金・税金や年金保険などの各種支払い，借地借家などの契約の締結および変更・解除等である．→成年後見制度
［木村志保］

再審査請求

　行政処分に不服がある場合に行うことのできる審査請求の結果についてなお不服である場合に，上級行政庁に対して2回目の審査請求を行うこと．一般には行政不服審査法に基づくが，社会保障制度においては，個別法に当該規定がおかれている場合が多い．具体的には，健康保険法，厚生年金保険法，国民年金法等（社会保険審査官への審査請求を経た後の社会保険審査会への再審査請求），生活保護法（都道府県知事への審査請求を経た後の厚生大臣への再審査請求），である．
［木村　敦］

財政安定化基準事業

　都道府県に財政安定化基金を置き，市町村の介護保険財政の安定化を図り，その一般会計からの繰入れを避けるために事業を行う．保険料収納率が悪化し，介

護保険財政に不足が見込まれる市町村に対して，不足額の2分の1を交付する．また，給付費が見込みを上回って増大するなど介護保険財政に不足が見込まれる市町村に対して，必要な資金を貸与する．都道府県は，財政安定化基金に充てるため，政令の範囲内で市町村から財政安定化基金拠出金を徴収する．同時に市町村は財政安定化基金拠出金を納付する義務を負う．基金の財源は，国，都道府県，市町村からそれぞれ3分の1ずつ負担し，市町村分については，第1号保険料を財源とする．→市町村相互財政安定化事業

[岡田直人]

済世顧問制度

1917（大正6）年，当時，岡山県知事であった笠井信一が，天皇から県下の貧民の状況に対する質問を受けたことを契機として創設した貧民救済制度をさす．その枠組みは，彼の著書『済世顧問の精神』（1928）に記されている．そこでは，救貧より防貧事業が重視され，その推進のためには済世顧問を媒介とした社会環境の改善が志向される．また，組織より人を重視する則闕主義（第一級の人材を確保できなければ顧問を置かないという考え方）が取られ，市町村の有力者や旧家出身者から選出された顧問によって，貧困者の調査，相談，就職斡旋などが実施された．

[新家めぐみ]

済生勅語

1911（明治44）年発布．150万円が「救療費」として下賜（かし）された．この下賜金をもとに「恩賜財団済生会」が設立された．下賜金に資本家などによる寄付等が加えられ，済生会は全国に「済生会病院」を設立し，救済的医療（救療）と実費（軽費）診療とが行われた．この明治末期という時期は，恤救規則に基づく救済が急速に削減され始めた時期である．済生勅語の発布とそれに基づく済生会の設立は，公的救済を削減し，一方で，下賜金等に基づく慈恵的救済を強化していこうとした当時の動向を代表する事柄である．

[木村 敦]

在宅介護

介護活動の場は施設と在宅に分けることができるが，特別養護老人ホームなどの施設内で寮母が提供する介護とは異なり，高齢者や障害者などを対象に，家庭などのその人の生活の場で介護することをいう．介護者は主として家族であるが，介護の長期化・重度化が進み，在宅で介護を行う家族の心身の負担は非常に重くなっている．そこで，ホームヘルパーなどが家族の介護負担の軽減をはかるなどして，住み慣れた家や地域で，生活の質を維持しつつ在宅生活を継続できるよう支援する体制が必要とされている．→介護の社会化，在宅福祉サービス

[鳥海直美]

在宅介護支援センター

在宅要介護老人およびその家族等に対して，在宅介護に関する総合的な相談に応じ，介護等に関するニーズを見つけ，総合的にさまざまな医療保健福祉サービスが利用できるよう，市町村等の行政機関やサービス提供機関との連絡調整役を担う．福祉関係職種と保健医療関係職種を組み合わせて職員が配置された．1998（平成10）年度から標準型，基幹型，単独型，を整備することとなった．事業内容としては，①在宅介護に関する総合的な相談，②サービス利用申請手続きの代行，サービスの適用の連絡・調整，③サービスの存在，利用方法等に関する情報提供および啓発，④福祉用具の展示・紹介および使用方法の指導等がある．介護保険制度によるケアマネジメント機関として重要な役割を果たし，サービスニーズを掘り起こすことなど，在宅介護支援センターの機能強化が

求められていた．また，2000（平成12）年度より基幹型，地域型と２類型に改め，市町村内における支援センター体制の総合調整役を担う基幹型支援センターの役割が重要となった．2005年に地域包括支援センターの創設により，在宅介護支援センターは廃止．→地域包括支援センター　　　　　　　　[山下裕史]

在宅酸素療法

適切な酸素療法がうけられれば，定期的に外来を訪れるのみで入院を必要としないような患者のために，専門医指導の下に，都道府県知事から施設承認を受けた医療機関を通して，自宅（あるいは職場）で行う酸素療法をいう．1985（昭和60）年から在宅酸素法が医療保険診療の適用となった．医療保険の適用となる対象者は，動脈血酸素分圧が55mmHg以下の者，および動脈血酸素分圧が60mmHg以下で睡眠時または運動負荷時にいちじるしい低酸素血症をきたす者であって，かつ，医師が在宅酸素療法を必要と認めた高度慢性呼吸不全で，安定した病態にある患者とされている．在宅酸素療法では従来の酸素ボンベからの酸素吸入ではなく，空気の酸素濃縮装置を使用するのが一般的で，これらの使用により呼吸不全患者のQOLはいちじるしく改善された．　　　　　　　　[古賀典子]

在宅重度障害者通所援護事業

就労の機会を得ることが難しい在宅の重度障害者を利用対象として，通所援護事業，いわゆる小規模作業所に補助を行う事業．養護学校卒業者や在宅の重度障害者に就労の場を提供することを目的とした民間の作業所の活動に着目し，利用人数や利用日数等一定条件のもとに助成を行う．身体障害者，知的障害者，精神障害者の混合利用が可能である．
[柿木志津江]

在宅重度身体障害者訪問診査事業

歩行困難等のため，身体障害者更生相談所が実施する巡回相談に参加することが困難な在宅の重度身体障害者に対し，市町村において実施している事業．医師，社会福祉士，心理士，理学療法士，作業療法士，介護福祉士等の専門職によるチームが居宅へ訪問する．訪問診査の内容は，全身の状態の診断，リハビリテーション器具等の利用に関する指導，各種医療制度に関する指導，補装具の給付，施設入所，住宅改造等に関する相談指導等である．　　　　[柿木志津江]

在宅重度知的障害者訪問診査事業

在宅で生活する重度知的障害者に対して，医師等が訪問して健康診査や，知的障害者の家庭に対して介護などに関した指導，助言を行い，重度知的障害者の福祉の増進を図ることを目的としている．実施主体は都道府県，市および福祉事務所を設置する町村としている．地理的な環境や障害の状況，介護する人がいない等，地域において医療機関での健康診査をうけることが困難なため，健康管理が十分にできない在宅の重度知的障害者が対象となる．内容的には医師，看護師，保健師，知的障害者福祉司が家庭を訪問し，健康診査，介護等に関する指導，助言，相談に応じている．　　[大西雅裕]

在宅福祉サービス

日常生活を送るうえで何らかの援助が必要な主に障害者や高齢者が，施設に入所するのではなく，住み慣れた家や地域での生活を維持するために利用することができる介護や家事援助を中心とした福祉サービスの総称．自宅に浴槽を持ち込んでの入浴サービスやホームヘルパーによる介護・家事援助サービスの提供など

の訪問型のサービスと，デイサービス，ショートステイなどの通所型のサービスが含まれる．介護保険制度においては介護サービスにとどまらず，看護，リハビリテーションサービスも含め居宅サービスとして包括されるに至った．[佐藤順子]

在宅福祉3本柱

ホームヘルプサービス事業・デイビス事業・ショートステイ事業の総称であり，高齢者を対象としている．これらのサービスは福祉8法改正（1990）により，市町村が実施主体となった．介護保険制度ではそれぞれ，訪問介護，通所介護，短期入所生活（療養）介護と称されている．1999（平成11）年に策定されたゴールドプラン21では2000（平成12）年から2004（平成16）年までに訪問介護35万人，通所介護（通所リハビリテーションも含む）26,000ヵ所，短期入所生活（療養）介護96,000人分を確保することが目標値として設定されていた． [山下裕史]

在宅療養支援診療所

厚生労働省は「医療制度改革関連法」（2006年6月）の中で，全国にある約38万床ある療養病床を平成12年度当初に15万床まで削減する計画を明らかにした．その結果生じる23万床の受け皿として，①自宅，②老人保健施設，③有料老人ホーム，等があげられた．そして，在宅医療の担い手として，「在宅療養支援診療所」が設けられることになった．この在宅支援診療所は，24時間体制で自宅あるいは有料老人ホーム，老人保健施設等に対して往診や訪問看護のサービスを提供する．なお，同診療所の診療報酬は24時間体制の往診，訪問看護となっているため，一般の診療所などに比較して高く設定されている．また，同診療所は在宅診療の中核を担うことになるが，その条件として患家に対して24時間往診および訪問看護が可能な体制を確保すること，他の病院，診療所，薬局，訪問看護ステーション等との連携を図ること，患者や家族に対して担当医師や看護師の名前・連絡先を文書で知らせことなどがあげられている．これらの要件を満たせば地方社会保険事務局長に届けることによって，在宅療養支援診療所として認められる． [成清美治]

最低生活の保障

国の社会保障などの公共政策によって，すべての国民に無差別平等に最低限度の生活が保障されることである．これはイギリスのウェッブ夫妻によって提唱された．具体的な福祉政策概念として明確に使用されたのは，1942年のベヴァリッジ報告による社会福祉計画においてである．わが国の場合，憲法第25条の理念に基づく．生活保護法には「国家責任による最低生活保障の原理」（法第1条），「保護請求権無差別平等の原理（法第2条），「健康で文化的な最低生活保障の原理」（法第3条）が明記され，国の守るべき事柄が定められている． [北川拓]

最低生活保障の原理
（最低生活の原理）

生活保護法の基本原理のひとつ．第1条に「日本国憲法第25条に規定する理念に基づき，国が生活に困窮するすべての国民に対し，その困窮の程度に応じ，必要な保護を行い，その最低限度の生活を保障する」と，また，第3条に「この法律により保障される最低限度の生活は，健康で文化的な生活水準を維持することができるものでなければならない」と規定されていることから引き出されている．第1条でいう「最低生活」を第3条で「健康で文化的なもの」と説明していると考えられる． [木村 敦]

作業検査 (performance test)

知能，性格，職業適性などを測定するさいに，言語ではなく，計算や図形描写，用具等を用いて一連の作業を行わせ，作業の経過や結果，作業態度などから判定を行う．内田・クレペリン検査（連続加算作業），ベンダー・ゲシュタルト・テスト（図形の模写），ベントン視覚記銘検査（図形の再認）等がある．検査結果が客観的で，実施方法や結果の評価が比較的簡便であり，検査の意図が読みとられにくく，結果も故意に歪曲されることが少ないといった利点もあるが，分析結果の限定性や，被検者の動機づけの低さといった欠点もある． [田辺毅彦]

作業療法 (occupational therapy)

リハビリテーションの治療法のひとつ．精神科リハビリテーションの中では，もっとも広く使われている技法．なんらかの作業をすることによって，精神疾患に治療的効果があることは，古くから知られており，わが国でも明治以来の歴史をもつ精神科病院では，薬物療法が発達する以前から作業療法が行われている．内容は個人の障害の程度やニーズに合わせて，職業的・生産的な活動や，絵画，音楽など創造的な活動，スポーツなど多方面にわたっている． [岡田良浩]

作業療法士 (occupational therapist : OT)

医師の指示のもとに作業療法を行う専門技術者で，国家試験により資格が与えられる．作業療法とは各種の作業活動を媒体として，肢体の運動障害に対して主として応用的な機能の回復をはかるなどして，対象となる人の自立性を高めることを目的としている．また，「その主体的な生活の獲得を図るため，諸機能の回復・維持および開発を促す作業活動を用いて行う治療，訓練，指導および援助」（作業療法士協会）と定義され，仕事，日常生活の諸動作，遊びなど人間の生活全般に関わる作業を通しての「治療」が行われている． [石倉智史]

査察指導員 (supervisor)

社会福祉法（第14条）に基づき，「福祉に関する事務所」（福祉事務所）に設置しなければならない「指導監督を行う所員」のことをさす．その任用には社会福祉主事資格が求められる．査察とはスーパービジョンの意で，査察指導員は現業員（ケースワーカー）の業務執行を教育・指示・監督・評価するスーパーバイザーの役割を担う． [砂脇 恵]

サテライト方式

中心となる施設（特別養護老人ホーム等）がその周辺に公民館や民家を購入しあるいは借りて，そこを拠点として施設より派遣された職員が地域の高齢者（要介護高齢者）にサービスを提供する方式である．このサテライト方式の特徴は施設と同じノウハウに基づくサービスを地域に展開することにより，在宅の高齢者は施設と同じサービスを通所にて安心して受けることができるところにある．この方式を最初に提案したのは高齢者介護研究会報告「2015年の高齢者介護」（2003・6）である．サテライト方式を展開するためには，小規模で多機能なサービスを有する小規模施設が必要となる．そのひとつとして小規模で多機能なサービスを提供している複合施設の生活支援ハウス（高齢者生活福祉センター）をあげることができる． [成清美治]

里親 (里親制度)

里親とは，保護者のいない児童又は保護者に監護させることが不適当であると認められる児童（以下「要保護児童」という）を養育することを希望するもので

あって，都道府県知事から認められる者をいう（児童福祉法第6条の3）．里親の種類は「養育里親」「親族里親」「短期里親」「専門里親」の4種類．里親の登録を受けた家庭が預かって養育するのが里親制度である．平成20（2008）年3月厚生労働省は「児童福祉法等の一部を改正する法律案」を169回国会に提出，里親制度が改正された．ポイントは，養子縁組に基づく里親と養育里親を区別したことである．また，都道府県の業務として，里親に対する相談等の支援を行うことが明確化された． ［吉弘淳一］

里親支援専門相談員

里親委託・里親支援を推進するために児童養護施設や乳児院に配置され，里親（ファミリーホームを含む）や委託中の子どもが安定した養育を受けられるように里親支援ソーシャルワークを行う職員．2012年度に設置開始，2016年10月には397カ所の施設に設置されている．

社会福祉士・精神保健福祉士，児童福祉司資格のある者などで里親制度に理解ある人材の設置が想定されており，施設に期待される「地域支援」の拠点機能の一翼を担う．具体的な活動として所属施設の入所児の里親委託を促進，児童相談所の里親担当者などと共に里親家庭等を訪問，各関係機関とのケース情報・課題の共有などがある． ［倉持史朗］

サービス担当者会議

ケース（ケア）カンファレンス，事例検討会．利用者の生活状況やニーズを的確に把握し適切な介護サービス計画などを立てるために，介護支援専門員や保健・医療・福祉分野の各サービス担当者や利用者とその家族等が参加して行われる会議．居宅サービス計画の作成のさいに介護支援専門員が開催している．この会議は，共通認識をもつ機会となること，各分野の担当者からの助言を求めることができること，各担当者の役割の確認ができること，利用者や家族も含め全員が介護サービス計画の内容について合意することが可能であるという利点がある． ［綾部貴子］

サービス付き高齢者向け住宅

2011（平成23）年，「高齢者の居住の安定確保に関する法律（高齢者住まい法）等の一部を改正する法律」により，「サービス付き高齢者向け住宅」が創設された．従来，高齢者向け賃貸住宅（高齢者円滑入居賃貸住宅，高齢者専用賃貸住宅，高齢者向け優良賃貸住宅）については，生活支援サービスにおける提供体制や行政の指導監督が十分でないこと，高齢者の住まいに関する制度が複雑であることなどが指摘されてきた．そのため，高齢者向け賃貸住宅や有料老人ホーム等が「サービス付き高齢者向け住宅」に一本化され，新たな登録制度が運用されることとなった．国土交通省・厚生労働省の共管制度で，都道府県・政令市・中核市の長に登録するかたちとなっている．登録基準として，バリアフリー構造や一定の床面積・設備を有すること，ケアの専門家による安否確認・生活相談サービスを提供すること，入居者保護の観点から居住の安定が図られた契約であることが求められている．これらの基準に加えて，登録事業者の義務，行政による指導監督などが定められている．

［成清敦子］

サービスマネジメント論

福祉分野では，社会福祉基礎構造改革における「措置」から「契約」への転換後，利用者への支援が「サービス」として捉えられるようになった．サービスは有形製品とは異なる4つの特性 ① 無形性，② 同時性，③ 消滅性，④ 異質性，を有する．

利用者へのサービスに関しては，「サ

ービスの品質」,「価格」,「利用コスト」を視野に入れて考えることが必要である.「サービスの品質」を継続的に改善するためのPDCAサイクルは,サービスマネジメントにおいて重要である.PDCAサイクルは,計画(Plan)を立て,実行(Do)し,実行がサービスの目標を達成しているか監視(Check)し,監視によって得られた情報に基づいて見直しの処置(Act)を行うというものである.　　　　　　　　　［米澤美保子］

サービスラーニング
(service-learning)

青少年が地域のニーズに対応した社会的サービス活動(ボランティア活動等)に参加することを通して,社会的連帯感や市民としての自覚を主体的に学ぶことを目的とした教育プログラム.なお,プログラムを作成するさいには,青少年が自分たちの住む地域社会の有意義なサービスに主体的に参加し,自分たちも社会的に何かの役に立ったという喜びと充実感を実感できるよう留意することが重要である.そのためにはプランニングの段階での学校と地域社会と参加者自身の連携・協働が必要不可欠である.「総合的な学習の時間」も大いに活用が期待できる.　　　　　　　　　　［新崎国広］

サービス利用支援

障害者総合支援法第5条第20項に基づき,サービス利用支援とは,障害サービス申請時の障害者の心身の状況に応じて「サービス利用等の計画案」を作成し,サービス支給決定後の連絡調整をすることである.そして,障害福祉サービス又は地域相談支援の種類・内容その他の厚生労働省令に定める事項を記載した「サービス等利用計画」の作成を行い,障害者が自立した日常生活ができるよう支援することをいう.　　　　　　［成清美治］

サラマンカ宣言

1994年6月7日から10日にかけ,スペインのサラマンカでUNESCOとスペイン政府によって開催された「特別ニーズ教育世界会議:アクセスと質」において,6月10日に採択された宣言である.

国連および専門機関,他の国際的な政府組織,非政府組織,寄金提供機関の代表と同じく,ハイレベルの教育行政担当者,行政家,政策立案者や専門家が出席したこの会議は,学校がすべての子どもたち,とりわけ特別な教育的ニーズをもつ子どもたちに役立つことを可能にさせるため,インクルーシブ教育(inclusive education)のアプローチを促進するために必要な基本的政策の転換を検討し,宣言した.そして,同時に「特別なニーズ教育における原則,政策,実践に関するサラマンカ声明ならびに行動の枠組み(Salamanca Statement on principles, Policy and Practice in Special Needs Education and a Framework for Action)」を採択した.これらの文書は,インクルージョン(inclusion)の原則,「万人のための学校」の必要性の認識を表明している.　　　［加納光子］

参加と住民主体

住民主体は,1962(昭和37)年の社会福祉協議会基本要項の策定以来,地域福祉の基本理念として定着している.それは,住民が地域の主権者として施策や活動のあり方を自己決定し,権利として利用するという,民主主義や自治の思想を反映している.住民参加は住民主体の福祉の実現に不可欠の手段となるが,参加のあり方は施策や活動に対する自己決定のレベルに応じ,利用過程への参加,提供過程への参加,意思決定過程への参加に区分される.　　　　　　［竹川俊夫］

産業医

常時50人以上の労働者を使用する事業場においては，事業者は，産業医を選任し，労働者の健康管理等を行わせなければならないこととなっている．

産業医は，以下のような職務を行うこととされている．

① 健康診断，面接指導等の実施及びその結果に基づく労働者の健康を保持するための措置，作業環境の維持管理，作業の管理等労働者の健康管理に関すること．
② 健康教育，健康相談その他労働者の健康の保持増進を図るための措置に関すること．
③ 労働衛生教育に関すること．
④ 労働者の健康障害の原因の調査及び再発防止のための措置に関すること．

[加納光子]

サンプリング (sampling)

調査には対象範囲に含まれるすべての単位を調べる全数調査（悉皆調査）と対象範囲から一部を選び出してそこだけを調べる標本調査がある．調査対象がきわめて広く，調査単位がきわめて多い場合には，全体（母集団という）からしかるべき手続きによって一部（標本もしくはサンプルという）だけを全体の代表として選び出し，その一部だけを調査することによって全体を推定せざるをえない．その一部，すなわち標本，サンプルを抽出することをサンプリングという．サンプリングには無計画抽出法，有意抽出法（割当法），無作為抽出法などの方法がある．→無作為抽出法，層化抽出法

[武山梅乗]

参与観察

調査者が調査対象となる集団の生活に入りこみ，集団の一員として振舞いながら観察を行う非統制的観察法の代表的な手法．「完全な観察者」「参加者としての観察者」「観察者としての参加者」「完全な参加者」の4つの立場があるとされる．一時的・表面的な観察にとどまらず，調査対象者の内面にまで観察が行届くという長所をもっている．1920～30年代におけるアメリカ中西部の都市「ミドルタウン」で，ビジネスクラスとワーキングクラス2つの社会階層間の行動様式の違いを記録したリンド夫妻（Lynd, R.S. & Lynd, H.M.）の『ミドルタウン調査』，アメリカの都市において，住民は相互を威信の違いによって「上の上」「上の下」「中の上」「中の下」「下の上」「下の下」の6段階の社会成層に位置づけていることを明らかにしたウォーナー（Warner, W.L.）の『ヤンキーシティ調査』，イタリア系移民のスラムに入り込んで非行少年グループの実態把握に努め，小集団研究に新たな展開を与えたホワイト（Whyte, W.F.）の『ストリート・コーナー・ソサエティ』などが参与観察法を用いた研究の代表格である．→観察法

[武山梅乗]

三位一体の改革

三位一体とはキリスト教の用語で，その意味は，父なる神（創造主）と子なる神（贖罪者）と聖霊（「神の霊」又は復活したキリストの霊）とが本質的に一体（同じ）であるとする．この「三位一体」という言葉が使われ始めたのは2002年6月の「経済財政諮問会議」において，国庫補助負担金の削減，地方交付税の見直し，国から地方への税源の移譲に関する事柄について，国と地方の税財政改革のあり方を三位一体として取り組むことを指示されてからである．三位一体の改革の目的は国が地方に対して権限委譲だけでなく，財源移譲を行うことにより地方分権化を推進することである．社会福祉に関しては，厚生労働省は生活保護費を補助金の削減対象としていた

が，地方側の反発を考慮して，2006年度予算においては削減しないことに決定した．しかし，児童手当や児童扶養手当，そして施設整備費等は削減する．

［成清美治］

3歳児神話

欧米の母子関係の研究などに影響をうけ，1960年代の高度経済成長期の頃から「子どもは3歳までは，常時家庭において母親の手で育てないと，子どものその後の成長に悪影響を及ぼす」（厚生白書）という考え方が急速に広まった．その背景には，「母性」を強調することにより母親だけに育児を担わせ，父親には家庭よりも仕事を優先して国の経済発展に貢献させよう，また，働く母親を支援するための保育所整備を最低限に留めておこうという政府や経済界の考え方が隠されていた．しかし，少子化の到来や母親の育児不安が顕著になり，1998（平成10）年度版の厚生白書の中で，「3歳児神話には，少なくとも合理的な根拠はみとめられない」と明記されるようになった．

［井上寿美］

し

JHC板橋

1983（昭和58）年に設立された障害者の支援団体．民間病院のソーシャルワーカーの資金拠出によって設立され，作業所やクラブハウス，グループホームを運営している．設立当初は精神障害者の社会生活や，対人関係技能の訓練などが活動プログラムの中心であったが，近年では地域で生活する精神障害者の，自立と社会参加を促進させる「マネジメントモデル」として，また地域支援サービスの拠点として，住民参加型の地域支援サービス活動を拡大している．　［岡田良浩］

ジェネラリスト・アプローチ
（generalist approach）

ソーシャルワークを統合して実践するひとつの方法であり，特殊領域の専門家を意味するスペシャリスト（specialist）ではなく，総合的な知識と技能を有したジェネラリストによって行われる援助である．ジェネラリスト・アプローチでは専門分化した援助方法にとらわれずソーシャルワークの共通基盤をもとに，システム論や生態学的な視点を基礎として多方面にわたる知識や理論，多様な介入方法を用い，幅広い問題を対象に総合的な援助をめざす．援助過程としてはアセスメント，プランニング，介入，評価等の順に展開される．　［山田　容］

ジェネリック（後発）医薬品

先発医薬品（新薬）の特許が切れた後に発売されるもので，新薬と全く同じ成分・効能をもつ医薬品である．ジェネリック（後発）医薬品の使用促進の背景には，わが国の医療費適正化対策がある．厚生労働省は，「2012（平成24）年までに，後発医薬品の数量を30％以上にする」という目標を掲げ，ジェネリック医薬品の使用促進対策を行っている．

［成清美治］

ジェネリック／スペシフィック
（generic/specific）

ジェネリックとは「一般性」「包括性」，スペシフィックとは「特殊性」「具体性」を意味するが，ソーシャルワークにおいては理論研究や実践レベルにおける統合性や専門分化について語られるさいに用いられる表現である．1929年のミルフォード会議においていくつかの専門分野ごとに展開されていたケースワー

ク（casework）は基本的共通基盤をもつものだと確認されたが，そのさいに「ジェネリック・ケースワーク」という表現が用いられている．児童，医療，学校，公的扶助など各分野に専門分化したケースワークは「スペシフィック・ケースワーク」とよばれ，両者の関係について議論が進められた．これらの議論はその後ソーシャルワーク全体の統合化のさきがけとなった．今日，統合されたソーシャルワーク実践をジェネリック・ソーシャルワーク，あるいはジェネラリスト・アプローチ（generalist approach）という． ［山田 容］

ジェネリックソーシャルワーカー

どのような領域のソーシャルワークにも共通する基本的な原理，過程，技法を示すソーシャルワークの共通理論を「ジェネリック・ソーシャルワーク」といい，それを実践する人を「ジェネリックソーシャルワーカー」という．1929年に出されたミルフォード会議の報告書では，さまざまな分野のケースワークが独立して発展してきたことへの反省から，すべてに共通するケースワークの共通基盤を探り，ケースワークが扱う問題やその知識・技能は，すべてのケースワークに共通であるとした．やがて，この「ジェネリック・ケースワーク」の概念が，「ジェネリック・ソーシャルワーク」へと発展し，現在の「ジェネラリスト・ソーシャルワーク」へと展開していく．
［川島典子］

ジェノグラム（genogram）

3世代にわたる家族関係を図にあらわしたものである．性別や婚姻・親子関係などを一定の記号や線を用い世代のつながりやその関係を表現する．家族には何世代かにわたって繰り返されている問題があることも多く，また現在の家族関係に前の世代が強く影響を及ぼしていることもよくみられる．これらの関係性は単純ではなく，図示することで，より明解な把握が可能になる．社会福祉援助においてジェノグラムを作成することは，クライアント（福祉サービス利用者）やその家族の問題構造をより正確に理解し，援助計画や介入などの指針をうる一助となる． ［山田 容］

ジェンダー（gender）

生物学的な男性，女性の特性を意味する性（sex）の概念に対し，社会的・文化的に形成される男女の特性を示す概念．「女らしさ」「男らしさ」と表現されるもので，性役割ともいう．1960年代以降のフェミニズム運動の中で生み出され，フェミニズム理論の中心概念として広く使われている．近年では社会福祉の分野でも重要視されている．従来の社会保障制度は，夫が賃労働に従事し，妻が無償の家事労働に従事するという性役割分業を前提につくられてきた．女性の生き方の多様化にともない，社会福祉制度の再検討が課題となっている．［藤井 薫］

ジェンダー・トラック

学校の有する社会的性質や教育方針によって在学中に規定されるところの，人が卒業後辿る進路を「アカデミック・トラック」と呼ぶ．中西祐子らは，女性の進路選択には，学校のランクや教育方針だけでなく，その選択する女子教育観や性別役割認識が大きく影響しており，女子教育機関の方針の差異が卒業後の進路の差異と強く相関していることを実証した．この進路分化が「ジェンダー・トラック」と呼ばれる．（中西祐子［1998］『ジェンダー・トラック―青年期女性の進路形成と教育組織の社会学』） ［木村 敦］

支援費支給制度

障害児・者の福祉サービス利用方式に関して，措置制度に替わり，2003（平

成15）年度より実施された制度．市町村が決めた支給の範囲内において，都道府県知事の指定した指定事業者・施設に対し，本人または扶養義務者が，直接利用申込みによる契約を行い，サービス提供を受けるしくみ．2006年に障害者自立支援法に移行．

[藤井博志]

四箇院

聖徳太子が，仏教思想に基づいて建立したとされている宗教施設であるが，日本最初の慈善救済施設としての意味をもっている．聖徳太子は593（推古1）年に仏教寺院「四天王寺」を建立し，そのさい，仏教布教のための敬田院（ぎょうでんいん），貧窮者や孤児を収容する悲田院（ひでんいん），貧窮者の入院のための療病院（りょうびょういん），貧窮者に薬の提供を行う施薬院（せやくいん）の4種類の施設を創設したとされている．

[西川淑子]

歯科衛生士

「歯科衛生士法」（1948）に基づく，国家資格のコ・メディカル（医療資格）である．その業務内容は，歯科医師の指示のもと，歯科予防措置，歯科診療補助，歯科保健指導等である．なお，勤務先の多くは歯科診療所となっている．

[成清美治]

視覚障害者更生施設

身体障害者更生施設の一種．身体障害者手帳の交付をうけた視覚障害者が入所，または通所して必要な知識，技術および訓練を行うことを目的とする施設．あん摩マッサージ指圧，はり，きゅうの訓練，身体的諸動作訓練，盲人安全つえの使用訓練，点字教育等が行われる．入所期間は，①あん摩マッサージ指圧師等養成施設は2～5年，②その他は原則1年（6ヵ月以内の延長可能）．2006（平成18）年の「障害者自立支援法」の施行により，新サービス体系へ移行した．

[相澤譲治]

支給限度額（介護保険）

居宅サービスの利用者には，その心身の状況，置かれている環境等に応じて，利用者の選択に基づき，適切な保健医療サービスおよび福祉サービスが，多様な事業者から総合的かつ効率的に提供されることになっている．しかし，その要介護度に関係なく無制限に居宅サービスの利用が行われると，保険給付が無制限となり，負担と給付の公平が失われ，サービスの利用が一部の利用者に偏るなど不公平が生ずる．そのため，あらかじめ要介護度ごとに支給限度基準額を定め，その範囲内で保険給付が行われる．支給限度額を超えるサービスの利用については，超えた分は全額利用者負担となる．
→区分支給限度額，種類支給限度額

[岡田直人]

事業所内保育所

事業主が福祉厚生の一環として，従業員の子どもを保育するために設置している保育施設．企業内保育所や病院で勤務する看護婦等が利用する院内保育所がある．特定の児童だけを入所させるものであるため，児童福祉法による保育所としては認可されない．女性労働者の仕事と育児の両立支援により，企業側としても育てた人材が出産や育児で退職するマイナス面を防ぐことができる．保育サービスの多様化にともない，厚生省や労働省（現厚生労働省）から施設等の整備，増改築，遊具購入整備事業費の補助が出ている．

[桑名恵子]

自計式調査
(householder-method research)

質問紙（アンケート票）を用いた調査は，被調査者が質問紙を読み，これに自分で記入する自計式調査と，調査者の口

頭による質問に被調査者が口頭で回答し，調査者が質問紙に答えを記入する他計式調査がある．自計式調査には配票調査，集合調査，郵送調査などがある．配票調査とは調査対象者に質問紙を配布し，後日調査員が回収する方法で，国勢調査がこの方法を採用している．費用や時間の点で能率的であることや回収率もよいという点が長所であるが，調査対象者本人が記入しているという保証がなく，記入漏れが多いという短所もある．集合調査は調査対象者に調査会場に集まってもらいそこで質問紙を配布して記入してもらう方法である．集まってもらうことができれば，費用や時間がかからず記入漏れなどもなくなるが，集まることのできる調査対象者の属性に偏りがあるという点が最大の短所である．郵送調査は質問紙を調査対象者に郵送し回答して返送してもらうという方法で，長所短所は配票調査とほぼ同じであるが，回収率が低いという大きな欠点を抱えている．
→質問紙法　　　　　　　　[武山梅乗]

時系列調査
(time series research)

調査対象の変化を見いだすため，一定の調査対象に対して異なる時点において数回にわたって実施される調査．異なる調査対象に対して同一の調査を実施し，差異や共通の特性を見いだすことを目的とする「横断的調査」に対して「縦断的調査」ともよばれる．時系列調査には，個人や集団，地域など一定の対象について，一定期間の変化を追跡的に調査する「追跡調査」と遡及的に調査する「遡及調査」，調査対象を固定し（この固定された調査対象の全体を「パネル」という）同一の調査対象に対して同一の質問によって反復的に行われる調査を「パネル調査」という．時系列調査の場合，とくに気を配らなければならないのは調査紙の質問文である．質問の変化が回答結果に大きな影響を及ぼすことになるので，解釈を行う場合にはその旨を考慮に入れておかなければならない．[武山梅乗]

自己覚知 (self-awareness)

社会福祉援助において，援助者が，利用者や協力者など他者を理解しようとするときに，自らの価値観（基準），感情，私情などが働いて，ありのままの他者を理解する妨げになることがある．援助関係を適切に展開していくには，援助者自身の個性，性格，能力，言動の傾向を的確に知り，偏見，先入観や感情的反応などを持ち込んだ援助活動を行わないように心がけねばならない．この援助者自身の傾向を知ることが自己覚知である．自己を客観的，意識的にコントロールし，また自己覚知を促進するために，スーパービジョン，精神分析，自己洞察，グループセラピー，交流分析などをうける方法がある．　　　　　[河崎洋充]

自己決定

自分の意思で自己のあり方を決定する権利を「自己決定権」という．障害者の自立生活運動を背景に，利用者の選択の自由を最大限に尊重する「自己決定権の尊重」が重視されるようになった．近年，エンパワメントという概念が浸透するにつれ，利用者自身が権利を自覚して，当事者として主体的に課題解決に参加する動きが広まりつつあり，サービス利用者を対象者としてではなく，人生の主体者としてとらえ直す視点が求められている．自己決定を可能ならしめるためには，選ぶことのできる選択肢の存在が必要であり，また，同意能力が欠如している者への援助も必要とされる．→自立生活運動　　　　　　　　[鳥海直美]

自己実現
(self-realization/self-actualization)

その人が自己の能力を最大限に発揮することができること，あるいはその過程．当然その個人によってさまざまな状態で行われるものである．自己実現している人の特徴としては，現実の適切な認知，自己受容，自発的な思考，高度の自立性などがあげられる．マズロー(Maslow, A.H.)の欲求階層理論では，生理的欲求，安全の欲求，所属と愛情の欲求，自尊の欲求の上に立つ最上位の欲求として位置づけられ，人間の基本的かつ内在する欲求としてとらえられている．社会福祉におけるひとつの大きな目的といえる． [小崎恭弘]

自殺総合対策大綱 (2007)

平成18（2007）年10月，自殺対策基本法が施行された．自殺総合対策大綱は，この自殺対策基本法に基づき，政府が推進すべき自殺対策の指針として策定したもので第1～第6まである．自殺をめぐる現状と自殺対策の基本認識に始まり，自殺対策の基本的な考え方，世代別の自殺対策を示し，これらを踏まえ自殺を予防するための当面の重点施策として9つの施策を示している．①自殺の実態を明らかにする，②国民一人ひとりの気づきと見守りを促す，③早期対応の中心的役割を果たす人材を養成する，④心の健康づくりを進める，⑤適切な精神科医療を受けられるようにする，⑥社会的な取組で自殺を防ぐ，⑦自殺未遂者の再度の自殺を防ぐ，⑧遺された人の苦痛を和らげる，⑨民間団体との連携を強化する．また，具体的な数値目標を掲げ，国と地方の連携にも触れている．なお，この大綱は施策の推進状況や目標達成状況等を踏まえ，おおむね5年を目途に見直しを行うとしている（既に平成24（2012）年に全面的な改訂が行われた）． [山口倫子]

資産調査／資力調査 (ミーンズテスト)

保護の申請を行った者についてその要否・程度を決定するために生活保護法に基づき保護の実施機関が行うことのできる資産・能力等についての調査．同法第28条には，保護の決定実施のために必要があるとき，要保護者の資産状況・健康状態等についての職員の立入調査権と，指定医師のもとでの検診命令権とが，また，第29条には，資産調査が官公署に委託可能であることと，資産・収入の状況について銀行等の関係機関に報告を求めることができることとが規定されている．もちろんこれらの調査は犯罪捜査のためのものと解釈してはならないことが第28条第2項に明記されている． [木村 敦]

歯周病 (心臓病, 肺炎との関係)

歯の土台が破壊される病気．歯肉に炎症を生じる歯肉炎や歯槽骨まで侵された歯周炎を総称する用語．歯周病原菌のついた飲食物や唾液などの誤嚥によって，気管や肺に入ることによって誤嚥性肺炎が引き起こされやすい．歯周病原菌による炎症から血栓ができやすくなるため，動脈硬化を招き心筋梗塞や狭心症などになる場合や，また歯周病原菌が心臓の内側にある心内膜の炎症を引き起こし，細菌性心内膜炎になる場合もある． [真鍋顕久]

自助 (self help)

自らの力で生活を維持・展開していくこと．個人の社会的・経済的自立生活は自助努力で支えられるのが基本であるが，社会福祉においては，自助努力だけでは生活できないハンディキャップを負う人びとに対して，自立助長のために必

要な支援が公的扶助や相互扶助と組み合わせてなされることになる．1986（昭和61）年，全国社会福祉協議会の諮問機関である社会福祉基本構想懇談会は「社会福祉改革の基本構想」において，福祉問題解決の形態として「自助」「共助」「公助」を提起した． ［北川　拓］

市場原理

自由競争によって財やサービスの需要と供給を価格によって調節する市場のしくみを基本とし，利潤動機による生産活動と自由選択による消費活動が売買によって成立される経済原理．社会福祉への市場原理の導入により，サービス利用者の自由契約による選択や，競争原理によるサービスの質向上とコスト低下や供給量の確保が期待される一方で，利潤率の高いサービスの偏重や利潤が得られない場合の継続の不確実性，また，過剰な利潤追求によるサービスの質の低下などが危惧されている．また，利用者の自由選択を可能とする情報開示や，判断能力不足や金銭負担能力不足の場合の社会的対応策が求められる． ［寺田　玲］

自傷行為
(self-injured behavior)

自らの身体を自分で傷つける行為．頭を壁に打ちつけたり，拳で頭や顔を叩いたり，手や腕を噛んだりする行動で，自閉症や重度の知的障害児などに多くみられる．腕を引っ掻くというような自己刺激行動でも，傷がつくまでやめない場合は自傷行為とよばれる．また青少年にみられる自殺を目的としない手首切傷（wrist cutting）も自傷行為にあたる．これらの行動は何回も繰り返されることが多い．原因については，単に感覚刺激を求めている，自分の身体の確認，などさまざまな考え方がある． ［津田兼六］

自助具

身体に何らかの障害をもつ者が，行うことができない，あるいは，行うことが困難な日常生活動作を，本人の残存能力をいかしてできるだけ独力でその日常生活動作を行うことができるように工夫された道具や機器．既製品の自助具が増加しているが，障害の程度や生活様式は個々の者により異なるため既製品では使いにくい場合もあり，個々の者にあわせた手作りの自助具も多い．自助具の例として，握り部分を太くして握りやすくしたスプーン，ホルダーつきコップ，柄を長くしたブラシ，キーボードを操作するためのマウススティックやフットスティック等があげられる． ［岡本秀明］

システムアプローチ
(system approach)

社会システム理論を基盤としている．ソーシャルワークの実践モデルとして，ピンカス（Pincus, A.）とミナハン（Minahan, A.）が唱えたものである．ソーシャルワーカーが活動を展開するのに関連する4つの型のシステムとして，①チェンジ・エージェント・システム（Change Agent System），②クライエント・システム（Client System），③ターゲット・システム（The Target System），④アクション・システム（Action System）があげられている．①はソーシャルワーカーをチェンジエージェントとみなし，ソーシャルワーカーを雇っている公私の機関もしくは組織体をチェンジ・エージェント・システムとみなす．ワーカーは，所属機関の影響を受ける．②は取り組みについての契約により，ワーカーのサービスを受ける人，家族，組織体，もしくは地域社会である．契約は全体となされたり，下位部分（家族のあるメンバー，機関の理事会など）となされたりする．③はチャン

ジ・エージェントがその変革努力の目標を達成するために影響を及ぼしていかなければならない人びとである．④はソーシャルワーカーと，ソーシャルワーカーが課題を成就し，変革努力の目標を達成するために対応していく人びとをさす．ワーカーはこの4つのシステムにある人びととの関係を，媒体として活動していく．1973年の2人の著書『ソーシャルワーク実践―モデルと方法』に詳述されている．　　　　　　　　　[加納光子]

システム理論（りろん）
(general systems theory)

ベルタランフィ（Bertalanffy, L. von）が，1948年に提唱した物質から生物体そして社会的現象に至るまで，あらゆる組織や集合体に対して共通する認識を試みた理論である．基礎的概念には，開放・閉鎖システム，エントロピー，インプット・アウトプット，情報・資源処理システム等がある．システム論的社会福祉援助技術は，一般システム論の概念を社会システムにあてはめ，人間とその環境の交互作用ととらえ，そこからミクロ・マクロの方法論を統合する援助技術として発展しつつある．用い方や範囲は，モデルによってさまざまである．→生態学理論　　　　　　　　[河崎洋充]

次世代育成支援対策推進法（じせだいいくせいしえんたいさくすいしんほう）

急速な少子化の進行等を踏まえ，次代の社会を担う子どもが健やかに生まれ，かつ，育成される環境の整備を社会全体で進めるため，2003年に制定された法律である（2015年までの時限立法）．この法律は，次世代育成支援対策について，基本理念を定めるとともに，国，地方公共団体，事業主および国民の責務を明らかにした．これにより，国の行動計画策定指針の策定，この指針に基づく地方公共団体や事業主による行動計画の策定などが義務づけられた．ただし，従業員が300人以下の事業主にあっては策定努力義務となっている．また，この法律では，行動計画に関する一般事業主への支援を行う「次世代支援対策推進センター」や次世代支援対策の推進に関し必要な措置について協議する「次世代支援対策地域協議会」の設置などに関しても規定されている．　　　　　　[真鍋顕久]

次世代育成支援地域行動計画（じせだいいくせいしえんちいきこうどうけいかく）

次世代育成支援対策推進法（2005年度～10年間の時限立法）の行動計画策定指針に基づくもので，市町村行動計画と都道府県行動計画の2つがある．5年を一期として両者ともに，①地域における子育ての支援，②母性並びに乳児および幼児の健康の確保及び増進，③子どもの心身の健やかな成長に資する教育環境の整備，④子どもを育成する家庭に適した良質な住宅及び良好な居住環境の確保，⑤職業生活と家庭生活との両立の推進，⑥その他の次世代育成支援対策の実施に関する計画を策定している．行動計画は常に地域住民の意見の反映，計画の内容・実施状況の公表等を通じて，次代の社会を担う子どもの健やかな成長を支援するものとなることが求められている．行動計画にはこの他に一般事業主行動計画がある．[高橋紀代香]

施設介護サービス費（しせつ）

介護保険における介護給付のひとつで，介護老人福祉施設，介護老人保健施設，介護療養型医療施設において，施設サービスを受けた場合に行う給付．→介護給付，介護老人保健施設，指定介護療養型医療施設，指定介護老人福祉施設
　　　　　　　　　　　　　[井元真澄]

施設コンフリクト（しせつ）

社会福祉施設を新設する際，地域社会から反発，反対運動等が生じ，計画が頓挫したり，計画推進のために当初計画の

変更を迫られたりする施設と地域との間に起こる紛争．社会福祉施設は，地域社会における重要な社会資源であり，今日の地域福祉の推進，地域生活移行の流れにおいては，人権侵害にかかわる問題となる．1999年に大阪府は，「施設コンフリクトの解消と人権が尊重されたまちづくりに向けた大阪府の基本的考え方について（報告書）」のなかで，人権教育・啓発の充実と，国庫補助金の対象となる精神障害者の社会復帰施設については「府民同意書」を施設助成条件としないなど，施設コンフリクト解消に向けた取組みを強化するとした． ［伊藤葉子］

施設処遇（intramural treatment）

利用者を施設に入所させ，保護して利用者の自立支援を行い，身体的・社会的生命の維持を側面的に援助すること．従来の施設収容中心主義から，ノーマライゼーションの理念などをうけ，1960年代後半のいわゆる施設処遇のあり方の批判，家族機能の社会化，コミュニティケアの考え方から，世界的に施設の社会化（設備・機能の地域開放等），オープン化（情報の公開，ボランティアの受け入れ等），さらに脱施設化（解体論）がいわれだした．現在ではさらに生活の場を中心にした在宅・地域福祉を重要視する考えにかわりつつある．→ノーマライゼーション ［河崎洋充］

施設入所支援

障害者総合支援法第5条第10項に，「『施設入所支援』とは，その施設に入所する障害者につき，主として夜間において，入浴，排せつ，又は食事の介護その他の厚生労働省令で定める便宜を供与することをいう．」と規定されている．
［成清美治］

施設の社会化

ノーマライゼーションやコミュニティケアなどの理念の影響をうけて，地域から遊離・孤立しがちな施設の状況を改善する福祉の課題である．一般的には，そうした施設の処遇・運営・設備・問題点などを社会化することが課題となる．また，個々の施設内の状況を問題視することではなく，さまざまな社会資源と有機的な関連性をもたせて，要援護者に必要なサービスを保障することが強調される．その意味において施設自体を「地域化」させる視点も大切であり，施設入所者が地域住民としての帰属意識をもつこと，そして施設の専門的な機能を地域の共有資源とすることが求められる．
［瓦井 昇］

慈善事業

宗教的な理念に基づいて行われる救済事業．慈善を行うことは，仏教では慈悲行，キリスト教ではカリタス（キリスト教同胞愛）の実践としてとらえられる．日本における代表的な慈善事業は，石井十次の孤児救済事業，留岡幸助の感化教育事業などがあげられる．慈善事業は1890年代に広がりをみせ，1920年以降の社会事業に大きな影響を及ぼした．
［米津三千代］

慈善組織（化）協会（Charity Organization Society：COS）

19世紀後半のイギリスにおいて，慈善事業による救済の重複や漏れをなくすことを目的として，慈善事業の組織化・合理化を図るために設立された．方法としては貧困者に対する調査と慈善団体間の連絡・調整を図るとともに，貧困者に対してその自立を促すための個別訪問指導活動（友愛訪問）を実施した．この協会の活動は，各国に少なからず影響を与え，とくにアメリカにおいては大きく普及した．また，その活動方法は，個別訪問指導活動がケースワークの，調査およ

び連絡・調整がコミュニティ・オーガニゼーションの先駆的な実践となった．
[前田芳孝]

自然発生的援助システム
(natural helping systems)

家族，友人，隣人，職場の同僚など自然発生的に存在するサポートシステムのことであり，インフォーマルなサポートシステムを形成する重要な要素である．人びとが不安や問題を感じた際に，家族や友人らの援助をうけようとすることは自然なことであり，このような援助が主体的にそして適切に行われている場合には，ソーシャルワーカーはこの自然発生的援助システムがより強められるように支援しなければならない． [大野まどか]

持続可能な医療保険制度を構築するための国民健康保険法等の一部を改正する法律

2017年5月27日成立．① 都道府県が国民健康保険の財政運営の責任主体となる，② 被用者保険者の後期高齢者支援金について段階的に全面総報酬割を実施する，③ 紹介状なしで大病院を受診する場合の定額負担を導入する，などを主な内容としている． [成清美治]

持続可能な社会保障構築とその安定財源確保に向けた[中期プログラム] (2008)

堅固で持続可能な社会保障制度の構築と，その安定財源確保のための税制抜本改革の道筋を示すために，2008年12月に閣議決定された中期プログラム．具体的には，「景気回復のための取り組み」についてふれ，次に「国民の安心強化のための社会保障安定財源を確保」に関して，①中福祉・中負担社会をめざす，②安心強化と財源確保の同時進行を行う，③安心と責任のバランスの取れた安定財源の確保を図る，の3原則をあげている．また「税制抜本改革の全体像」として，①増減税の段階的実行，②予期せざる経済変動にも柔軟に対応できる仕組みづくり，③消費税収は社会保障の費用に充て官の肥大化には使わない，という3原則を謳い，税制抜本改革の道筋，基本的方向性についての具体策も盛り込んでいる．さらに「今後の歳出改革の在り方」についても述べている．今後，社会保障体系を持続可能なものにしていくためには，少子化問題の解決が不可欠であり，この中期プログラムでは，子育て支援の給付・サービス強化等の機能強化と効率化に関しても具体的に立案し，「年金」「医療・介護」「少子化対策」の3本立てで機能強化の工程を具体的に考案している．
[川島典子]

肢体不自由児施設

児童福祉法第43条の3に基づいて設置される施設で，「上肢，下肢又は体幹の機能障害（以下「肢体不自由」という.) のある児童を治療するとともに，独立自活に必要な知識技能を与えること」を目的としている．このため，医療法に基づく病院と施設の両面を有している．療育は，医療スタッフ（医師，理学・作業療法士等）による治療・訓練と福祉スタッフ（指導員，保育士等）による生活指導の両方であり，社会的・心理的リハビリテーションによる自立援助が行われる．近年，脳性マヒ児の占める割合が高く，施設によっては小児科・精神科医，心理判定員も参加した療育が行われている．
[櫻井秀雄]

肢体不自由児通園施設

就学前の肢体不自由児が保護者の下より通って，昼間の療育を受けることを目的とする．この施設は診療所の位置づけがなされている．入園者は，距離，時間

肢体不自由者更生施設

身体障害者更生施設の一種.身体障害者手帳の交付を受けた肢体不自由者が入所して,その更生に必要な治療と訓練を行う施設.具体的には医学的診断,医学的更生治療,訓練,心理的診断,心理的更生措置,職業訓練を行う.入所期間は,原則として1年間である.障害者自立支援法の成立により,訓練などを行う新サービスに移行した. [相澤譲治]

私宅監置

精神病者を医療には素人の家族等の関係者に,私的に隔離・管理させるというもので,精神病者の保護も含まれるが社会に害がおよばないよう隔離する社会防衛的なものであった.1901年施行の精神病者監護法では,監護義務者として後見人,配偶者,4親等以内の親族,市長村長を任命し,警察への届出,行政の許可を得ることを必要としていた.精神病者監護法から,1950(昭和25)年の精神衛生法施行時まで法的に認められていた. [重野 勉]

自治会・町内会

もっとも日本的なコミュニティの基盤である自治会・町内会などの地縁団体は,2008(平成20)年の総務省調査によると全国に29万4000余り存在し,全市町村のおよそ9割の全区域に組織化がいきわたっている.市町村と住民の間をつなぐ自治単位として自治会・町内会は,加入単位が個人ではなく世帯とした区域内全戸加入原則を維持し,行政の末端機構の役割を担っている.長らく法的には単なる任意団体に過ぎなかったが,1991(平成3)年の地方自治法改正で法人化が認められ,市町村行政に対するさまざまな勧告の主体として,また福祉コミュニティの構成要素としての役割を果たすことが期待されている.[瓦井 昇]

七分積金制度

1791(寛政3)年,江戸幕府が窮民救済の目的で実施した.江戸町方政策.江戸の地主負担の町入用金を倹約し,その倹約分の7割を積み立て,江戸町会所が管理運営した.窮民の救済だけでなく小地主らへの低利貸付が行われた.また,天保の飢饉のさいにはこの積立金で,窮民に,囲籾蔵に貯えた米を放出.明治維新後は,東京市に引き継がれた.
[米津三千代]

視聴覚障害者情報提供施設

身体障害者福祉法第34条に規定されている施設.無料または低額の料金で点字刊行物,聴覚障害者用の録画物,その他各種情報を記録したものであって,もっぱら視覚障害者が利用するものを製作したり,これらを視覚障害者の利用に供するための施設である.2006(平成18)年の「障害者自立支援法」の施行により,新サービス体系へ移行した.
[相澤譲治]

市町村社会福祉協議会

社会福祉法第109条に規定され,「一又は同一都道府県内の二以上の市町村の区域内において社会福祉を目的とする事業の企画及び実施,社会福祉に関する活動への住民の参加のための援助,社会福祉を目的とする事業に関する調査,普及,宣伝,連絡,調整及び助成,その他,社会福祉を目的とする事業の健全な発達を図るために必要な事業を行う」とされる.具体的には高齢者や障害者の在宅生活を支援するためにホームヘルプサービス(訪問介護)や配食サービスをはじめ,

地域のボランティアと協力し，高齢者や障害者，子育て中の親子が気軽に集える「サロン活動」や，ボランティアセンターではボランティア活動の推進等を行っている．地域の多様な福祉ニーズに応えるため，地域特性を踏まえ創意工夫をこらした独自の事業に取り組み，地域住民とともに地域福祉の推進に努めている．

[山口倫子]

市町村相互財政安定化事業

市町村は，介護保険財政の安定化を図るため，その介護保険に関する特別会計において負担する費用のうち，介護給付および予防給付に必要な費用，財政安定化基金拠出金の給付に必要な費用並びに基金事業借入金の償還に必要な費用の財源について，政令の範囲内で他の市町村と共同して調整保険料率に基づいて，市町村相互間において調整する事業を行うことができる．市町村がこの事業を行う場合，その議会の議決と都道府県知事への届出が必要である．都道府県は，この事業を行う市町村の求めに応じ，市町村相互間における必要な調整を行う．→介護給付，財政安定化基準事業，予防給付

[岡田直人]

市町村特別給付

介護保険の保険給付の一種．要介護者や居宅の要支援者に対して，各市町村が条例で定めた保険給付対象外サービスを独自に行う給付．財源は，原則として第1号被保険者からの介護保険料である．具体的な給付内容としては，上乗せサービス（介護保険給付サービスの限度額を超えて利用するサービス．24時間対応の巡回型訪問介護など）や横出しサービス（介護保険給付サービス以外のサービス．食事サービス，配食サービス，寝具洗濯乾燥サービス，移送サービスなど）の給付などである．

[綾部貴子]

市町村老人保健福祉計画

1989（平成元）年のゴールドプラン（高齢者保健福祉推進10ヵ年戦略）の具体的な実施や1990（平成2）年の老人福祉法および老人保健法の改正にともない各自治体に対して1993（平成5）年度内に策定を義務づけたプラン．プランの期間は，1993年度から1999（平成11）年度までの7ヵ年計画である．特徴としては，地域の保健・福祉関係者や住民参加による計画の作成，地域のニーズの把握，1999年度までの在宅・施設サービス整備目標値の設定，在宅福祉の重点化，市町村中心となる福祉施策の展開，などがあげられる．→ゴールドプラン

[綾部貴子]

失業法（イギリス）

1934年制定．第1次・第2次両大戦間期において深刻な問題となっていた失業問題に対し，イギリス政府は1920年制定の失業保険法を何回も改正するなどして対応していたが，1930年代に入るとそれも限界となった．その状況下で成立したのが本法である．第1部失業保険，第2部失業扶助に大別される．第1部に基づいては，従前の失業保険法のもとですでに決壊していた失業保険における保険原理が復活し，第2部に基づいては失業保険局が新設され，救貧法で対応されていた労働能力貧民に対して所得保障が行われることとなった．[木村 敦]

失業保険法

1947（昭和22）年制定．第1次世界大戦後，すでに労働組合などからの要求を受けて，政党レベルでの失業保障制度立法化の動きもあったが，結果として成立は第2次世界大戦後となった．雇用政策・失業対策と密接なかかわりをもちながらも本法は労働者の失業時の生活・所得（生活費）の保障を第一の目的とする

失禁用パンツ

軽度の尿失禁に対応する排泄ケア用品．普通の下着の型（トランクス，ブリーフ，ショーツ，ズロース，レース付等）があり，股の部分を多重構造化，下着自体が吸水・防水機能をもつ．用途や症状により吸水量に差をもうけた製品や，衛生，臭気に配慮した抗菌・防臭加工商品や，紙や布製パットとの併用タイプもある．下着感覚で着用できるためオムツ使用と比較し抵抗感が少ない．尿失禁は，外出など日常生活の制限や自信の喪失という精神的影響を及ぼすが，適切なケア用品の使用で，QOLの確保が図られ自立支援へとつながる．高齢者に限らず尿失禁で悩む人は多世代にわたっており，失禁用パンツのニーズは大きい．→尿失禁　　　　　　　　　　［秦紀代美］

シックハウス（室内空気汚染）

住居の新築，改築時に使用される揮発性化学物質の含まれる建材が原因となって，目の痛み，頭痛，咽頭痛，嘔吐，咳，皮膚の異常などの症状があらわれること．原因物質としては，ホルムアルデヒド，防虫剤，防カビ剤，塩化ビニール樹脂などが疑われる．住宅の洋風化にともなう気密化や高断熱仕様など，新建材の普及により，多くみられるようになった．一度急性症状が起こると，化学物質濃度が減少しても敏感に反応しやすくなる．　　　　　　　　　　　　［谷　康平］

実存主義的アプローチ

実存主義とは，第2次世界大戦後の，フランスのサルトルによる思想．この名称以前には「実存哲学」と称されていた．人間の実存，つまり人間存在の独自のあり方を明らかにすることを中心課題とする哲学的な主張．ケースワーク理論に対しては，1960年代に大きな影響を与えたとされる，非指示的カウンセリング（来談者中心療法）を確立したアメリカのロジャーズ（Rogers, C.R.）と結びつき，「利用者中心主義もしくは実存主義個別援助技術」として発展していった．→機能主義，ライフモデル
［河崎洋充］

質的調査 (qualitative research)

参与観察法や面接法などに代表される質的調査は，量的調査と比較して，(1)少数の事例について，(2)多数の側面を全体関連的に，(3)洞察的に把握し，(4)主観的に普遍化する調査手法である．質的調査には，調査者が調査対象の集団（あるいは人）と一緒に生活することを通じて，調査対象の質的なデータを集める参与観察法，直接調査対象と面接して知りたいことを質問する面接法（インタビュー），他の人が調査した結果を集める文献調査などがある．質的調査の長所としては，調査者が調査対象に接近して調べることができるため複雑性に対する配慮ができること，また調査のデザインが柔軟であることなどが指摘されている．また，調べられる事例の数が限られてしまうこと，調査者と調査対象の間の接触が調査結果にバイアスをもたらすこと，普遍性や客観性を主張するのに問題があることなどが質的調査の短所としてあげられる．→観察法，グラウンデッド・セオリー・アプローチ，面接法
［武山梅乗］

質的データ (qualitative data)

佐藤郁哉によれば，調査地で見聞きしたことについてのメモや記録である「フィールドノーツ（field notes）」やインタビュー記録，日記・日誌，議事録，行

政文書，雑誌・新聞等の記事，小説・詩・エッセイ・手記等の文字テキストデータや映画，写真，絵画，音楽・舞踏等のパフォーマンス等の非言語データを，数値情報である量的データと区別して質的データ（もしくは定性データ）という．人びとの行為や語りに含まれる意味の世界を深いレベルで理解する上で質的データ，とりわけ文字テキストデータは重要な資料になりうる．しかし，質的データの場合，量的データとは異なって標準的な分析方法が確立されておらず，また，文字テキストをはじめとする質的データは「意味の文脈」を的確に読み取らなければならないため，それを研究や調査のための「データ」として処理しようとする時にわれわれは大きな困難に直面せざるをえない．　　　　　　［武山梅乗］

質問紙法

質問文と回答の選択肢などを用いて調査する方法であり，狭義には，対象者自身が質問文を読み回答を質問紙に記入する自計式（自記式）調査法をさすが，広義には，その他に文書に従って口頭で質問し回答を得調査員が記入する他計式（他記式）を含めて質問紙法とよぶこともある．自計式調査には，配票調査，集合調査，郵送調査があり，他計式調査には，面接調査，電話調査がある．なお，質問紙の作成においては，難解な専門用語や特定のイメージ，価値判断をともなうステレオタイプ化された用語を用いることは避けなければならない．→イエス・テンデンシー，キャリィオーバー効果，ダブル・バーレル質問　［松久保博章］

指定介護老人福祉施設

介護保険施設のひとつ．老人福祉法に規定する老人福祉施設の一種，特別養護老人ホームでその開設者の申請があって都道府県知事が認定したものである．要介護認定をうけた者に対して，入浴，排泄，食事等の介護，その他の日常生活上の世話，機能訓練，健康管理および療養上の世話を行うことにより，入所者がその有する能力に応じて自立した日常生活を営むことができるようにすることを目的としている．入所にさいしては，施設と被介護保険者との契約によるものとする．→介護保険施設，要介護認定
［今村雅代］

指定居宅介護支援事業者

指定居宅介護支援事業者（以下，事業者とする）の指定は，居宅介護支援事業を行う者の申請により，事業所ごとに行う．ただし，申請者は法人でなければならない．事業者は，指定居宅介護支援の提供に当たっては，利用者の意志および人格を尊重し，常に利用者の立場に立って，利用者に提供される指定居宅サービス等が特定の種類または特定の居宅サービス事業者に不当に偏ることのないよう，公正中立に行わなければならない．事業者は，事業の運営に当たっては，市町村，老人介護支援センター，他の事業者，介護保険施設等との連携に努めなければならない．事業所ごとに常勤の介護支援専門員をひとり以上置く．事業者は要介護認定の申請に関する手続きの代行ができる．事業者は自ら提供するサービスの質の評価を行う．→介護保険施設，ケアマネジャー，指定居宅サービス事業者
［岡田直人］

指定居宅サービス事業者

指定居宅サービス事業者の指定は，居宅サービス事業を行う者の申請により，居宅サービスの種類ごと，事業所ごとに行う．ただし，申請者は法人でなければならない（現在，個人経営が認められている病院または診療所で行われる居宅療養管理指導，訪問看護，訪問リハビリテーション，短期入所療養および薬局で行われる居宅療養管理指導を除く），各種

の事業は，要介護状態等になった場合においても，利用者が可能な限りその居宅等において，その有する能力に応じ自立した日常生活が営むことができるよう，必要なサービスを行わなければならない．事業所ごとに必要な人員を置く．指定居宅サービス事業は訪問介護，訪問入浴介護，訪問看護，訪問リハビリテーション，居宅療養管理指導，通所介護，通所リハビリテーション，短期入所生活介護，短期入所療養介護，特定施設入所者生活介護，福祉用具貸与の11種類である． ［岡田直人］

シティズンシップ（市民権）

マーシャル（Marshal, T.H.）の定義（『シティズンシップと社会的階級』1949年）によると，シティズンシップとは，「ある共同社会（a community）の完全な成員である人々に与えられた地位身分（status）であり，この地位身分を持っている人々は，その地位身分に付与された権利と義務において平等である」という．そして，このシティズンシップは市民的，政治的，社会的権利を有している．市民的権利とは，私的所有権や契約する権利で，最も関連する制度は裁判でありかつ産業資本主義の基礎となる権利で，18世紀に確立された．政治的権利とは，選挙権や被選挙権で，関連する制度は議会であり，代議制民主主義の基礎で，これは19世紀に整った．社会的権利は「福祉や最小限の安全」を請求する権利で，関連する制度は教育と社会的サービスである．この社会的権利は福祉国家（修正資本主義）の要件となる権利すなわち，社会権で，20世紀に整備された． ［加納光子］

指定相談支援事業

障害当事者でサービス利用計画についての相談，作成やサービス利用状況の確認等に支援が特に必要と認められる人に対し支援するサービス利用計画の作成等を行う．市町村から計画作成対象者と認められた者について，サービス利用計画の作成等を行った場合は，サービス利用計画作成費が支給される．障害当事者は無料． ［伊藤葉子］

指定病院
（精神保健福祉法第19条の8）

措置入院に該当する者を入院させるために必要な病床を確保できない場合があることを考慮し，都道府県立病院の代替ができる施設として，厚生労働大臣が定める基準に適合したものにかぎり，国および都道府県以外の者が設置した精神病院を都道府県知事が指定した民間の病院． ［重野 勉］

児童

大人に対する子どもの公用語であるが，児童福祉法は満18歳未満の者を児童と定義し，心身に障害がある者については満20歳未満の者まで範囲を広げている．満1歳に満たない者を「乳児」，満1歳から小学校就学の始期に達するまでの者を「幼児」，小学校就学の始期から満18歳に達するまでの者を「少年」と分けている（児童福祉法第4条）．母子及び寡婦福祉法においては，満20歳未満を児童としている．労働基準法では，満15歳に満たない者を児童とし，原則としてその使用を禁止し，満18歳未満の者は年少者という（労働基準法第56・57条）． ［安部行照］

児童委員

（commissioned child welfare volunteer）

児童福祉法第12条に規定され，各市町村に置かれる民間奉仕者である．任期は3年となる．児童委員は都道府県知事の推薦に基づき厚生（現厚生労働）大臣が委嘱し，民生委員法における民生委員

を兼務している．その職務は担当区域の児童および妊産婦に関する状況把握，相談援助，児童相談所，保健所，福祉事務所などの関係機関への連絡や，児童健全育成活動などの活動を行い，児童福祉司，社会福祉主事の職務に協力することである．1994（平成6）年には地域におけるその機能を強化するために区域を担当せずに，児童福祉に関する事項のみを専門的に担当する主任児童委員が委嘱されるようになった．2010（平成22）年10月現在で民生・児童委員数は228,550人．→児童相談所，児童福祉法，主任児童委員，福祉事務所，保健所，民生委員　　　　　　［合田　誠］

児童育成計画

1994年に4省庁（文部・厚生・労働・建設）によるエンゼルプランが策定され，児童健全育成基盤整備事業として1995年から5年間は，地域の実情に応じた児童育成計画（地方版エンゼルプラン）が策定された．これは，地方自治体における子ども家庭施策の計画書である．地方自治体が子育て支援事業の積極的な取り組みを活性化させる目的がある．1999年から新エンゼルプランとして，新たな数値目標が設定された．また，2003年の次世代育成支援対策推進法が成立し，自治体・企業の義務化と行動計画策定を推進した．　［吉弘淳一］

児童家庭支援センター

児童福祉法第44条第2項に規定されている．児童家庭支援センターは，1997（平成9）年の児童福祉法改正で制度化された．児童に関する家庭その他からの相談のうち，専門的な知識や技術を必要とするものに応じて必要な助言を行う．また，市町村の求めに応じて技術的助言その他必要な援助を行うほか，児童相談所，児童福祉施設等との連絡調整を総合的に行い，地域の児童・家庭の福祉の向上を図ることを目的とする．地方公共団体や社会福祉法人等が設置・運営主体となる．児童養護施設等に附置されている．また，2011（平成23）年の実施要綱改正で，里親やファミリーホームへの支援を行うことが明記された．厚生労働省家庭福祉課調べでは2012年10月時点で，全国に92ヵ所存在する．　［米澤美保子］

児童館

児童福祉法第40条に定められている「児童厚生施設」のうちの屋内型施設である．「児童福祉施設最低基準」第37条には集会室，遊戯室，図書室，および便所を設けること，と明示され，児童遊園とともに，〈遊びを指導する者〉の設置が義務づけられている．その指導についても同基準第39条に明示されており，児童の自主性，社会性および創造性を高め，もって地域における健全育成活動の助長を図るようううたわれている．その設置場所の規模や機能等によって小・大型児童館，児童センター，その他の4種がある．地域によっては共働き家庭の児童のための学童保育室を設け，放課後児童対策事業として低学年児童を預かる，「学童保育」が行われている．地域のニーズに必須の施設として，近年は身近な社会資源のひとつになることが期待されている．　［立川博保］

児童虐待（child abuse）

親などの養育者から，子どもを殴る，蹴るなどの暴力をうける（身体的虐待），栄養不良や極端な不潔などの不適切な養育，養育放棄（ネグレクト），近親相姦など性的な対象にする（性的虐待），無視やからかい，蔑みなど心理的外傷を与える（心理的虐待）などの行為全体をいう．児童虐待が注目されるようになったのは，アメリカの小児科医のケンプ（Kempe, C.H.）が1962年に報告した「被虐待児症候群（battered child syn-

drome)」であるといわれている．日本では全国の児童相談所に寄せられた虐待相談調査において1999（平成11）年度は11,631件におよぶ相談を数えるに至っている．このような状況の中，同法が2000（平成12）年に成立・施行した．
→児童虐待の防止等に関する法律

[合田　誠]

児童虐待の防止等に関する法律（児童虐待防止法）

児童虐待の禁止やその防止に関して，国や地方公共団体の責務および児童保護の措置等を定めることにより児童虐待防止の施策を促進することを目的として，2000（平成12）年5月に可決・成立，同年11月に施行された法律である．同法は，児童虐待の定義（身体的虐待・性的虐待・ネグレクト・心理的虐待）を定め，児童虐待の早期発見や保護に向けた関係機関の整備，児童委員や児童福祉司の立ち入り調査の権限，保護者の親権制限などを明確に規定している．とくに従来から指摘されていた保護者の強引な引き取り要求に対して面会や通信の制限を定めたことや，児童保護の観点から親権喪失制度の適切な運用についても規定している．→児童委員，児童虐待，児童福祉司，親権，親権喪失宣告の請求

[合田　誠]

児童虐待防止法の改正

児童虐待防止法が成立したのは2000（平成12）年で，その目的は児童虐待の予防と早期対応であった．しかし，その後も児童虐待の発生件数は減少しなかった．そこで，2004（平成16）年4月に同法が改正された．主な改正は，①通告義務の拡大化，②児童虐待の定義をDVによる心理的外傷まで拡大，③警察と児童相談所の連携の強化，④虐待児に対する自立支援の明確化，⑤通告先を都道府県の設置する福祉事務所，児童相談所とする等であった．しかしながら児童虐待は一向に減少傾向に至らないため，再度，同法および児童福祉法の一部が2007（平成19）年5月に改正され，翌年の2008（平成20）年から施行されることとなった（児童虐待の防止等に関する法律及び児童福祉法の一部を改正する法律）．今回の改正の柱は①「児童の権利権益の擁護に資すること」が明記された（第1条），②国及び地方公共団体の責務のなかに，虐待を受けた児童等に対する「医療の提供体制の整備」と「児童虐待を受けた児童がその心身に著しく重大な被害を受けた事例の分析」が加えられた（第4条），③都道府県知事は，児童虐待が行われる恐れがあると認めた場合，保護者に対して児童同伴で出頭を求めることができる，④児童虐待をいったに保護者に対して児童相談所の所長等は面会を制限することができる（第8条）等となっている．　[成清美治]

児童居宅介護等事業

児童福祉法第6条の2に定められている，児童居宅生活支援事業の4種の事業の1種である．同法第21条の10に明記されてある，「身体に障害のある児童，又は，知的障害の児童であって日常生活を営むのに支障があるものについて，必要があると認める時は，（中略）その者の家庭において，入浴・排泄・食事等の介護や便宜を供与する事業」をいう．ただし，内容の質については政令や厚生（現厚生労働）省令で定める基準に従ったものとなる．また，市町村が実施する事業となっているが，その便宜を供与することを，委託する措置をとることができる．障害者自立支援法の成立により児童福祉法第6条の2から削除された．

[立川博保]

児童憲章

第2次世界大戦直後の児童を取り巻く

社会的環境は劣悪にして深刻な問題が山積していた．いわゆる，浮浪児・戦災孤児・引揚孤児等についてがその主たる問題であったが，すべての児童に対しての福祉理念の構築の必要性があった．そのような状況の中でこの画期的な児童憲章が制定された．この憲章は児童の基本的人権を尊重し，その幸福を図るために大人の守るべき事項を，国民多数の意見を反映して有識者が自主的に制定した道徳的規範である．1951（昭和26）年5月5日児童憲章制定会議（中央児童福祉審議会，地方児童福祉審議会，児童福祉行政関係者）が宣言した．児童の就学の保障や，障害児の適切な治療と教育と保護の必要性を明らかにするなど，児童に対する社会の義務と責任をうたったものである． [安部行照]

児童厚生施設

児童福祉施設14種の中のひとつで，児童福祉法第40条に定められている．「児童厚生施設は児童遊園，児童館等，児童に健全な遊びを与えて，その健康を増進し，または情操をゆたかにすることを目的とする施設とする」とされ，遊びを指導する有資格者のもとで異年齢の児童集団による遊びの体験を通して，人間関係や社会性の発達を促すように指導や援助をしている．その施設自体が子ども会や親の交流等の核として，地域社会での児童福祉の拠点として位置づけられている．→児童館，児童遊園　[立川博保]

児童指導員

児童福祉施設を利用している満0～満18歳未満までの子どもが健全に成長するように生活全般にわたって指導する専門職員．具体的には，基本的生活習慣（衣類・食事・居室等生活環境・保健衛生）を確立し，豊かな人間性と社会性を育み，経済的観念をもたせるように日々の生活の中で援助していく．その他には，学習指導や性教育指導も欠かせない職務となっている．最近では親子関係の調整も欠かせない責務のひとつとなっている．児童指導員の資格は「児童福祉施設最低基準」第43条に規定されている．
→児童養護施設，乳児院　[竹田　功]

児童自立支援計画

児童福祉施設に入所中の児童について，個々の児童の家庭状況や発達状況等を考慮しながら，その児童が退所や家庭引き取り等の自立に向けて支援するための計画のこと．生活上の課題や配慮事項，保護者との面会等関係作りについて個々の児童ごとに作成する．各施設は入所した児童については必ず策定しなければならないと児童福祉法にて規定されている．また，里親に委託されている児童については児童相談所長があらかじめ策定すると児童福祉法最低基準内に規定されている． [木内さくら]

児童自立支援施設

児童福祉施設14種の中のひとつで，児童福祉法第44条に「児童自立支援施設は，不良行為をなし，またはなすおそれのある児童，及び家庭環境その他の環境上の理由により，生活指導を要する児童を入所させ，又は保護者の下から通わせて，個々の児童の状況に応じて必要な指導を行い，その自立を支援し，あわせて退所した者について相談その他の援助を行うことを目的とする施設とする」と定められている．児童自立支援専門員や児童生活支援員並びに教諭による，生活指導や学校教育が施設内で行われ，情緒の安定を図るとともに，生活や学習への積極性や意欲を高めながら，将来の社会的な自立を促していく教護活動が中心の施設である．→児童自立支援専門員，児童生活支援員　[立川博保]

児童自立支援専門員

児童自立支援施設において生活指導,職業指導,学科指導などを担当する職員である.1997(平成9)年に児童福祉法が改正されるまでは「教護」の呼称であった.資格要件は大学の学部で心理学,教育学,社会学を修めた学士でかつ1年以上児童自立支援事業に従事した者となっている.国立の養成機関として国立武蔵野学院附属児童自立支援専門員養成所(埼玉県さいたま市)がある.→児童自立支援施設,児童生活支援員　　　[合田　誠]

児童自立生活援助事業
(自立援助ホーム)

児童福祉法第6条の3に規定している事業で,都道府県知事に届け出て行うことができる.児童自立支援施設(不良行為を行い又は行う恐れのある児童や家庭環境その他の環境上の理由により生活指導等を要する児童を入所させる施設)等を退所後,社会的自立ができていない児童(15歳から20歳)を入所させ,児童の自立を支援することを目的とする施設である.この自立援助ホームは2013年10月現在,全国で113か所が設置されている.なお,この事業は第2種社会福祉事業として位置づけられている.
[成清美治]

児童心理治療施設

児童福祉法第43条の2に規定された児童福祉施設.2016年の児童福祉法改正によって名称と目的が変更された.家庭環境や学校における交友関係など環境上の理由により社会生活への適応が困難となった児童を,短期間の入所又は通所によって社会生活に適応するために心理に関する治療及び生活指導と退所者への相談支援などを行う.実施主体は,都道府県,指定都市および児童相談所設置市である.現在全国に50箇所存在(2018年4月現在)し,入所定員50名以下の施設が大半を占める.医師(精神科医又は小児科医),心理療法担当職員,児童指導員・保育士,看護師などが配置され,施設生活を通して治療(総合環境療法)が行われるが,親子で通所させて家族療法なども行う.利用児は入所1,281人,通所140名(2016年3月1日現在)となっている.　　　　　　　　[倉持史朗]

児童生活支援員

児童自立支援施設において生活面の援助を職務としている.1997(平成9)年の児童福祉法改正までは「教母」という職種であった.資格要件は,保育士資格取得者または児童自立支援事業に3年以上従事した者で厚生(現厚生労働)大臣または都道府県知事が適当と認めた者とされる.→児童自立支援施設,児童自立支援専門員　　　　　　　[合田　誠]

児童相談所

児童福祉法に基づき都道府県および指定都市が設置する児童福祉サービスの中核となる相談・判定機関.児童相談所の業務は次のように大別できる.①児童福祉司,心理判定員,医師等が配置され,児童に関する各般の問題について家庭やその他機関からの相談に応じる,②児童およびその家庭について,医学的,心理学的,社会学的視点から調査・診断を実施し,その判定に基づいての指導を行う,③児童の一時保護などである.またこれらの業務は必要に応じて巡回して実施する場合もある.児童相談所長は都道府県知事からの委任を受け,施設入所,家庭裁判所への送致,国立療養所等への入所委託等の措置をも行う.→児童福祉司,児童福祉施設入所措置
[安部行照]

児童相談所運営指針

児童相談所の運営の羅針盤である.

1997（平成9）年の児童福祉法改正にともない改訂された．内容としては，①児童相談所の概要，②児童相談所の組織と職員，③相談，調査，診断，判定業務，④処遇，⑤一時保護，⑥事業に係る留意事項，⑦各種機関との連携，⑧児童相談所の設備，器具，必要書類というように業務，運営内容が記されている．
→児童相談所，児童福祉司　　[合田　誠]

自動体外式除細動器
（Automated External Defibrillator：AED）

心臓が痙攣して血液を流すポンプ機能を失った状態（心室細動）になった心臓に対して，電気ショックを与え，正常なリズムに戻すための医療機器のこと．2004年7月より医療従事者ではない一般市民でも使用できるようになり，病院や診療所，救急車以外にも空港，駅，スポーツクラブ，学校，公共施設，企業等人が多く集まるところを中心に設置されている．その操作方法は，音声ガイドによって簡単に使用することがきる．心臓の動き（心電図）を自動解析するため，電気ショックが必要な場合にのみ電気ショックを流す仕組みになっている．最近では，一般市民がAEDを使用して救命した事例が増えてきている．　[安岡文子]

児童短期入所事業

障害をもった児童が居宅において安心して生活を営むことができるよう，当該児童を日常生活において養育している保護者が社会的理由または私的理由により一時的に困難となった場合，または生活等訓練のために，児童を肢体不自由児施設や知的障害児施設などに短期間の入所をさせ，必要な保護を行うことにより当該家庭を支援するサービスである．かつてこのサービスは児童福祉法に基づくものであったが，障害者自立支援法の施行にともない，障害者自立支援法第5条8項に規定される障害福祉サービスの「短期入所」として分類されることとなった．
[真鍋顕久]

児童手当法

1971（昭和46）年法律第73号．1972（昭和47）年1月から，児童を養育している者に現金を支給し，家庭の生活安定と児童の健全育成，資質の向上を図るため，児童手当制度が開始された．児童手当の支給対象児童は，義務教育就学前の児童を含む2人以上の児童とされてきたが，1991（平成3）年の改正により1992（平成4）年1月1日からは3歳に満たない児童，または3歳に満たない児童を含む2人以上の児童となった．そして2000（平成12）年より，満3歳以上義務教育就学前の児童に対しても特例給付として認められた．また，2004（平成16）年の改正で支給期間が小学校第3学年修了前までに延長され，2006（平成18）年の改正で，さらに小学校第6学年までに延長された．2010年には「子ども手当法」に変更され，支給期間が中学校卒業までに変更されたが，2012年からは再び児童手当法が実施されている．支給期間は引き続き中学校卒業までである．扶養義務者の前年の所得が一定額未満であることが要件である．児童手当に要する費用は，厚生年金保険適用事業所の事業主および各共済組合の拠出金および国，都道府県，市町村の負担金からである．　[安部行照]

児童手当法の一部を改正する法律（2006，2007）

児童を養育している者に児童手当を支給することにより，家庭における生活の安定を図り，児童の健全な育成と資質の向上に資することを目的として2006年4月1日付で公布・施行され，支給対象がこれまでの小学校3年生（9歳到達後最初の年度末）までから，小学校6年生

(12歳到達後最初の年度末)まで引き上げられた.また,所得制限が引上げられ新たに児童手当を支給できる範囲が拡大された.支給額は第1・2子が月額5,000円,第3子以降月額10,000円となった.2007年の改正では,3歳未満の乳幼児は第1・2子でも一律月額10,000円が支給されることとなった.

[吉弘淳一]

児童デイサービス事業

障害のある幼児や学齢児を対象として,日常生活の基本動作訓練,集団生活への適応訓練を行うことを目的とした事業.市町村が実施することになっているが困難な場合は複数の市町村で実施することが可能である.2003(平成15)年に支援費制度の中に位置づけられていたが,2006(平成18)年には,障害者自立支援法に位置づけられるようになった.

[吉弘淳一]

児童の遊びを指導する者
(social worker in children's centers)

児童福祉法第40条に規定される児童厚生施設(児童館,児童遊園)に配置されている職員をいう.1997(平成9)年の児童福祉法改正以前は「児童厚生員」の呼称であったが,子どもに健全な遊びを提供することなど職務内容をより明確に示すために変更された.子どもへの指導の他に母親などの保護者や地域関係者の活動の支援も行っている.だが,放課後児童健全育成対策として学童保育が法定化されたにもかかわらず,児童の遊びを指導する者の身分保障などの課題を抱えているのが現状である.→児童館,児童遊園

[合田 誠]

児童の権利宣言
(Declaration of the Rights of the Child)

1959年,国際連合は第2次世界大戦中,多くの児童が犠牲になったことを反省し,「児童権利宣言」を採択した.この宣言ではジュネーブ宣言を礎に世界人権宣言における児童に関する規定が具体化されている.同宣言は10条からなりその冒頭では,「人類は児童に対し最善のものを与える義務を負う」と述べられ,出生権,生存権,発達権,幸福追求権,教育権,レクレーション権,差別からの保護,放任や虐待・搾取からの保護など,多岐にわたり児童の権利が宣言されている.

[中村明美]

児童の権利に関する条約
(Convention on the Rights of the Child)

国連は1979年を児童権利宣言20周年記念の意味をもって国際児童年と指定した.その前年頃から国連では「児童の権利に関する条約」が審議され始めた.当初はポーランドの提案によるものであったが,国連内部に作業委員会が設けられ,約10年間にわたり40数回の会合が重ねられた.その基本的発想は,児童の権利宣言という抽象的な表現ではなく,実際に児童の権利を実現するためには国際的な条約にしなければならないということにあった.1989年に国連総会でこの「児童の権利に関する条約」が採択された.わが国はそれから5年後の1994(平成6)年に批准している.前文に人権の尊厳と平等,人間の価値と自由,無差別,家庭保護,児童のニーズへの援助,児童の人格の発達,平和・友愛の精神など13項目があり,条文は3部54条から成っている.

[安部行照]

児童買春，児童ポルノ禁止法

正式には「児童買春，児童ポルノに係る行為等の処罰及び児童の保護等に関する法律」である．

児童に対する性的搾取や性的虐待が児童の権利をいちじるしく侵害することについて，児童買春，児童ポルノに関わる行為等を処罰し，被害児童の保護のための措置を通じて児童の権利擁護に資する目的で1999（平成11）年11月施行された．児童買春した者に対して3年以下の懲役または100万円以下の罰金に処せられることになる．また，国民の国外犯についてもその対象になりうると規定している．→児童虐待　　　　　　　　　[合田　誠]

児童福祉司
(child welfare officer)

児童福祉法第13条に規定され，児童相談所に配置される専門職員である．職務内容は「児童相談所長の命をうけて，児童の保護その他児童の福祉に関する事項について，相談に応じ，専門技術に基づいて必要な指導を行う」とされる．担当区域は人口10～13万人に1名配置するよう規定されており，その任用資格は，①厚生（現厚生労働）大臣指定の養成学校の卒業者または厚生（現厚生労働）大臣指定の講習会課程修了者，②大学などで心理学，教育学，社会学を修めて卒業した者，③医師，④社会福祉主事として2年以上児童福祉事業に従事した者，⑤前記①～④に準ずる者で学識経験者となっている．→児童相談所，児童福祉法　　　　[合田　誠]

児童福祉施設最低基準

児童福祉法第45条の「最低基準の制定」に基づいて，厚生省令第51号として定められている．その目的は，「最低基準は，児童福祉施設に入所している者が，明るくて衛生的な環境において，素養があり，かつ，適切な訓練を受けた職員（中略）の指導により，心身ともに健やかにして，社会に適応するように育成されることを保障するものとする」とうたわれている．施設の設備・運営は，常に最低基準を超えて向上させる義務を負い，職員の一般的要件，処遇の平等原則，衛生管理などが明示され，各種別の施設ごとに詳細に規定されている．

[立川博保]

児童福祉施設入所措置

児童福祉法第7条に規定している児童福祉施設への入所については，「措置」という公的福祉制度に基づいて措置権者である行政（都道府県）が，公的責任の下で，費用負担・サービスの提供等福祉ニーズの判断のうえでとられる行政処分である．具体的な措置機関としては，児童相談所，福祉事務所，家庭裁判所などがある．それぞれの機関業務や区分については，児童福祉法第25条の2，第26条，第27条に，〈とるべき措置〉として明示されている．しかし，同法の改正にともないサービスの利用者の自立支援を重視する傾向により，措置から契約への移行が徐々に進み始めている．また入所のさいは，（原則として）第27条第4項において，親権者等の意に反してまでの措置は不可と明記されている．[立川博保]

児童福祉施設の設備及び運営に関する基準

1947（昭和22）年の児童福祉法制定に伴い，施設の設備や運営等に関する「児童福祉施設最低基準」（昭和23年厚生省令第63号）が定められた．2011年10月の「地域の自主性及び自立性を高めるための改革の推進を図るための関係法律の整備に関する法律」の一部の施行に伴って厚生労働省令が改正され（平成23年厚生労働省令第127号），2012年4月より現在の名称に変更された．児童

福祉法第45条1・2項では，都道府県等が児童福祉施設の設備及び運営について条例で基準を定めなければならないこと，その基準については「児童の身体的，精神的及び社会的な発達のために必要な生活水準を確保するもの」でなければならないとされ，厚生労働省令で定める基準に「従い定めるもの」と基準を「参酌するもの」とに区分されて示されることとなった． [倉持史朗]

児童福祉法

1947（昭和22）年に法律164号として公布され，翌年に施行された児童の福祉に関する基本法．児童の福祉を保障するための原理として，「すべての国民は児童が心身ともに健やかに生まれ，かつ育成されるよう努めなければならない」こと，および「国及び地方公共団体は児童の保護者とともにその責任を負う」ことを明示した．その理念の下に，満18歳未満の児童に対する福祉施策のため，児童福祉の機関としての児童福祉審議会，児童福祉司，児童委員，児童相談所，福祉事務所，保健所の規定，福祉の措置および保障，事業および施設，費用等について定めている．この法律の特徴は，要保護児童のみを対象としたものでなく，児童の健全育成を主眼とし，全児童を対象とするものである．措置等に関しても貧困を理由とするものでなく，児童自身の課題や養育環境の問題を対象としている．また，1997（平成9）年には，保育所入所方式を措置から選択利用に変更すること，施設名称の変更などの大幅な改正が実施された．そして，2004（平成16）年の11月26日に「改正児童福祉法」が参議院本会議で可決，成立した．改正の要点は児童相談所に集中している相談業務を各市町村に移行し，児童相談所は主として要保護性の高い困難事例を中心に扱うこととなった．なお，障害者自立支援法の成立によって，ホームヘルプサービス，デイサービス，ショートステイ，重症心身障害児施設は介護と関連する新サービスに移行した．なお，2008年11月26日の参議院本会議で「児童福祉改正案」が可決された．その概要は①保育者が自宅で乳幼児を預かる家庭的保育事業を保育所の補完として位置づけた．また，②乳児家庭全戸訪問事業，養育支援訪問事業，地域子育て支援拠点事業，一時預かり事業等が同法に位置づけられ，市町村の努力義務とした．また，③里親制度の拡充．そして，④児童自立生活援助事業（自立援助ホーム）の新規入所対象児童が18歳未満から20歳未満に拡大されることとなった．⑤児童養護施設等の職員による虐待，子ども間の暴力の放置を「被措置児童等虐待」として，発見者の児童相談所等への通告義務を課すこととした，等である．これらは一部を除き2009年4月から実施された． [安部行照・成清美治]

児童福祉法改正（2016年5月）

全ての子どもの健全育成，子育て支援や児童虐待の発生予防と被虐待児のケア，親子関係の再構築などの取組みを強化するために2016年5月に大規模な法改正が実施された．改正の要点は①「児童福祉法の理念の明確化等」（「児童の権利に関する条約」との整合性の担保，社会的養護における家庭と同様の養育環境の推進など），②子育て世代包括支援センター（母子保健法における母子健康包括支援センター）の法定化など，妊娠期から出産，子育て期まで切れ目のない支援などを含めた「児童虐待の発生予防」，③市町村の支援拠点の整備や児童相談所を設置する自治体の範囲拡大などを含む「児童虐待発生時の迅速・的確な対応」，④「被虐待児童への自立支援」（親子関係再構築，里親委託の推進，18歳以上の者への継続支援等）の4つであり，2016年5月から翌17年4月にかけ

児童福祉六法

日本国憲法の成立によって児童の権利も基本的人権の理念として確立された．それを基に児童福祉行政を実施するための具体的法律として，児童福祉法をはじめとする児童福祉関連の各種の法律，および政令，省令等が制定された．児童に関連する法律は社会福祉，医療，公衆衛生，教育，労働等広い分野にわたっている．その中心となる法律が以下に示す児童福祉六法である．① 児童福祉法（昭和22），② 児童扶養手当法（昭和36），③ 特別児童扶養手当等の支給に関する法律（昭和39），④ 母子及び寡婦福祉法（昭和39），⑤ 母子保健法（昭和40），⑥ 児童手当法（昭和46）．以上の児童福祉六法のうちで，もっとも基本的な法律は児童福祉法である． [安部行照]

児童扶養手当法

1961（昭和36）年法律第238号．翌1962年1月から施行された．本法は，父と生計を同じくしていない児童が育成される家庭の生活の安定と自立の促進に寄与するため，該当児童について手当を支給し，児童の福祉の増進を図ることを目的として制定された．父母が離婚した場合，父が死亡した場合，父が一定の障害者である場合等において，母が児童を監護するとき，または母以外の者が児童を養育するときに，その母または養育者に支給される．支給の対象となる児童は満18歳未満の者をいうが，一定の障害がある場合は満20歳未満の者も対象となる．なお，母または養育者が老齢福祉年金以外の公的年金給付を受給できる場合は支給されない．また所得制限が行われる． [安部行照]

児童扶養手当法の一部を改正する法律（2016）

2015年まで，児童扶養手当は子ども1人の場合で月額4万2000円，さらに第2子については5000円，第3子以降については子ども1人あたり3000円の加算が行われて支給されていた（所得による減額あり）が，この法律の施行により，1人の場合42,330円に第2子加算額が1万円に，第3子以降加算額が子ども1人あたり6000円に改定された（所得による減額あり）． [成清美治]

児童保護事業

子どもを社会的に保護する事業活動をいう．児童福祉の歴史的展開過程で児童救済事業から発展し，大正中期から戦前にかけての社会事業期における児童保護事業である．その事業活動内容は，① 胎児・乳幼児保護，② 就学児童保護，③ 労働児童保護，④ 遊戯体育，教化，⑤ 児童福利増進運動，⑥ 特殊児童の保護などに分類される．また，これらの事業活動の根拠法として，1933（昭和8）年制定の「少年教護法」「児童虐待防止法」や1937（昭和12）年制定の「母子保護法」があげられる．しかし，これらの法律は「児童福祉法」の制定により，廃止された．→要養護児童 [合田 誠]

児童遊園

児童福祉施設14種の中のひとつである「児童厚生施設」の屋外施設である．児童福祉施設最低基準第37条には，設備基準として広場，遊具および便所を設けることが明示され，第38条では〈遊びを指導する者＝有資格者〉の設置が義務づけられている．また，屋内施設の児童館とあわせて，指導上の遵守事項が第39条に定められている．屋内施設の児童館の普及や知名度に比して，名ばかり

の感があり，地域交流や健全育成事業としては熟成しているとはいいがたい．

[立川博保]

児童養護施設

児童福祉法第41条に規定した児童福祉施設で，保護者の居ない児童（必要な場合乳児を含む）や虐待を受けている児童等，環境上養護を必要とする児童を入所させて，養護すると同時に退所した者に対して相談等自立のための援助をすることを目的とした施設である．平成28年10月1日現在，全国に603か所あり，入所定員は32,613人となっている．

[成清美治]

シニア住宅

高齢者に配慮した設備，仕様を備えた賃貸公的集合住宅のこと．対象は，概ね60歳以上で健常な自立生活が営める単身・夫婦世帯である．多様なニーズに対応するため，生活を支援するための施設配置，サービスの供給，終身年金保険による家賃の一時払い方式等が採用され，住宅・都市整備公団，またはシニア住宅認定事業により㈶高齢者住宅財団が認定したシニア住宅の管理者が供給する．なお，シニア住宅は，1998（平成10）年に廃止され，1998年より，高齢者向けの優良な民間賃貸住宅に対し，建設費補助および家賃対策補助を行い，高齢単身・夫婦世帯の住生活の安定のために設けられた「高齢者向け優良賃貸住宅制度」に引き継がれた．

[福田公教]

ジニ係数

イタリアの統計学者ジニ（Gini, C.）が考案した係数で，所得分配の格差や不平等度を数値化して表すときによく使用される指標である．完全平等の時は0，完全不平等の時は1になる．したがって，数字が大きくなって1に近づくほど，所得分配の不平等度が高くなる．通常の先進国では0.3台である．0.4台になると不平等度が強まったと考えられる．

[高間 満]

視能訓練士 （Orthoptist）

コ・メディカル（医療資格）のひとつで，視能訓練士国家試験に合格し，厚生労働省の「視能訓練士名簿」に登録された者をいう．主たる業務は，両眼視機能障害を持つ者に対して，医師の指導のもと視力回復のため矯正訓練並びに必要な検査を行う．

[成清美治]

死の受容過程

キューブラー＝ロス（Kübler-Ross, E.）は，著書『死ぬ瞬間』において，現代社会において死を受容する伝統的習慣が失われたことなどを批判して，臨死患者に対するインタビューにより，死ぬ時の心理過程を探った．それによると，末期患者であることの否認，怒り，神との取り引き，抑うつ，受容という5段階の推移が一般的にみられ，最終段階の死の受容とは，「闘争が終わり長い旅路の前の最後の休息のときを迎えるごとくの心理状態」であるとした（キュブラー＝ロス著，川口正吉訳『死ぬ瞬間』読売新聞社，1971）．

[鳥海直美]

シビルミニマム

（civil minimum）

市民の生活権を保障するために，地方自治体が市民に対して保障するべき，社会福祉，医療，教育など生活全般に関する最低限の基準を意味する．高度経済成長下，公害などの各種の社会問題が顕在化してきた中で，「ナショナルミニマム」という考え方に示唆されて，1970年代に松下圭一らによって提唱された和製英語である．また，国によるナショナルミニマムの確保は不十分であることが多いので，地方自治体が市民の最低限の生活水準を設定し，その確保を先導して実施

渋沢栄一 (1840-1931)

　実業家・社会事業家．渋沢栄一は，埼玉県にて名主の長男として生まれる．22歳の時，江戸にでて，後の将軍となる一橋慶喜に仕える．慶喜が将軍となる翌年（1867年），パリ万国博覧会を見学する．このときヨーロッパの産業発展や経済制度を学んだことが，渋沢栄一を実業家としての途を歩ませることとなった．経済界に進出後，第一国立銀行設立の他，紡績，製紙，セメント会社等の設立に関係した．実業界から退いたのち社会事業に関与し，中央慈善協会初代会長，東京市養育院長，東京感化院の顧問等を歴任し，わが国の社会事業の発展に多大なる貢献をした．　　　　[成清美治]

自閉症 (autism)

　1943年，カナー（Kanner, L.）が11例の「情緒的接触性の自閉性障害」を示す子どもを報告し翌年，早期幼児自閉症と称した．その後，1968年，ラター（Rutter, M.）は，言語認知障害を自閉症の一次的障害とみなし，その基盤に脳機能障害を想定した．この考えにより，それまで小児精神病の一種とみなされていた自閉症は，発達障害のひとつで広汎性発達障害の中に位置づけられるようになり，自閉症と精神分裂症は異なった疾患であるとみなされるようになった．自閉症の診断基準はDSM-Ⅳによれば，①社会的相互作用の質的障害（他人への関心の乏しさ，視線が合わない等），②言語性・非言語性コミュニケーションや創造的活動の質的障害（ジェスチャーや指さし，話し言葉の発達の遅れ等），③行動や興味の明らかな制約（反復ないし常同的な行動，執着的行動や興味および活動のパターン等），④発症年齢が3歳未満であること，の4点が基本になっている．知能水準はさまざまで全体のおよそ4分の3は精神遅滞を合併している．現在，自閉症とその近縁の障害は広汎性発達障害の総称の下に分類されている．　　　　[櫻井秀雄]

自閉症児施設

　児童福祉法の第42条に規定する知的障害児施設の一種で，その目的は「自閉症を主たる病状とする児童を入所させ，保護するとともに必要な治療，訓練を行う」となっている．設置主体は，社会福祉法人あるいはその他の者で，都道府県あるいは市町村に届出ることになっている．なお，施設の種別は第1種社会福祉事業（入所型）である．　　　　[成清美治]

死亡一時金

　基礎年金（国民年金）の第1号被保険者のみを対象とする独自給付のひとつで，一定の条件を満たした場合にその遺族に対して支給される遺族給付．第1号被保険者として保険料を3年以上納付した者が，老齢基礎年金，障害基礎年金ともにうけることなく死亡し，その遺族が遺族基礎年金を受給できない場合に，その遺族に支給される．遺族の対象は，配偶者，子，父母，孫，祖父母，兄弟姉妹である．給付額は保険料納付期間に比例して増額される．さらに，死亡した者が付加保険料を納めていた場合には，一定額が増加される．なお，寡婦年金もうけられる時はどちらか一方を選択する．　　　　[鎮目真人]

シーボーム報告 (Seebohm Report)

　1968年，イギリスにおいて社会福祉制度を改革するため政府に提出した「地方自治体および関連対人社会サービス委員会報告書」をいう．重点は統合的で包括的な対応を可能にするため，個別運営

されていた地方自治体の児童，福祉，保健，教育，住宅など社会サービス関連各部を再編後単一の対人社会サービス部を設置することであった．利用者処遇に当たって統合的理論的立場から援助を展開するソーシャルワーカーの養成・配置などさまざま提案され，社会福祉行政の転換に大きな影響を与えた．報告書をもとに1970年に地方自治体社会サービス法が制定された．　　　　　　　[中村明美]

嶋田啓一郎 (1909-2003)

金沢市に生まれる．同志社大学神学科卒業．シカゴ大学留学後，同志社大学文学部教授，同大学名誉教授となる．嶋田は，経済的なものと社会的なものを統一して考える視点を根底に，社会体制と人間行動の統合を問題とした力動的統合理論をうちたてた．社会福祉の近代化は対象者中心主義，コミュニティケア，専門的処遇といった要件が必要であるとした．協同組合の理論と実践の両面において指導し，神戸灘生活協同組合（現コープ神戸）顧問，視覚障害者文化振興協会会長，日本基督教福祉学会長を務め，社会福祉関係の国際的場面での活躍も多い．主著として『社会福祉体系論』(1980) 他多数．　　　[杉原真理子]

市民オンブズマン⇒オンブズマン

市民教育
(citizenship education)

すべての人間は，社会を構成するひとりの市民（人間）として尊重されて生きていく権利があるというノーマライゼーション理念に基づく人権意識や社会的連帯感の浸透・具現化を目的として行われる市民への教育活動．この場合，学習者がさまざまな社会的課題に主体的にかかわっていくための「課題提起教育」（フレイレが『被抑圧者の教育学』という著書の中で提唱）が有効である．「地域的利害を超えた市民性をもった運動である市民運動」(岡本栄一) を具現化し普遍化していくために行われる市民啓発活動と同様のニュアンスで使われている場合もある．　　　　　　　　　　[新崎国広]

市民後見推進事業

2012年4月改正された「老人福祉法」の中に位置づけられた事業である．2000年4月に介護保険と両輪で施行された「成年後見制度」は，判断能力が不十分な認知症や知的・精神障害のある人に代わって後見（保佐・補助）人が金銭の管理，介護・福祉サービスの導入や日常生活支援などを行う福祉と権利擁護を目的とした制度である．後見（保佐・補助）人としては，親族や専門職（弁護士・司法書士・社会福祉士等）が役割を担っているが，潜在的ニーズに比べて利用率は低いといわれている．この「成年後見支援」の必要な人達の福祉的ニーズに対応するため，専門職以外の「市民後見人」の確保が必要とされ，市民後見人の養成と活動を推進支援するのが「市民後見推進事業」である．市町村での取り組みが要請され，市民後見人の ① 養成のための研修の実施 ② 活動の安定的実施のための組織体制の構築 ③ 適正な活動のための支援　等が事業内容とされる．　　　　　　　　　　　[美藤早苗]

シャイ・ドレーガー症候群
(Shy-Drager syndrome：SDS)

自律神経症状を主要症状とする脊髄小脳変性症のなかの病型のひとつであり，多系統萎縮症 (MSA) に分類される難病．特定疾患治療研究事業の対象疾患として医療費助成が認められ，介護保険における特定疾病でもある．中年になって初発する直腸膀胱障害と重篤な起立性低血圧などの自立神経症状を特徴とする．臨床像としては，男性に多く，40〜60

歳代発症で比較的緩徐に進行する。症状としては、起立性低血圧、発汗異常、排尿障害、インポテンス、便秘などをきたす。起立性低血圧の程度は初期には軽く、進行すると強くなる。初期には、耳鳴り、頭痛、肩凝り、倦怠感、立ちくらみを訴えるが、進行するにつれ眼前暗黒感や失神をきたすようになり、頻回の失神発作のため臥床を余儀なくされる。

[安岡文子]

社会運動

近年、社会運動はそのあり方や方針を変化させ、これまでの大規模な集団による行動から、小規模な組織が一般化した「新しい社会運動」に注目が移っている。そうした新しい社会運動は、非左翼的な日常生活構造の民主化を目的とし、組織的な価値を分権化、自主管理、自助に見い出しながら、管理的国家や資本の介入に対抗して地域社会を守り、発展させようとする限定的なラディカリズムの性格をもつ、すなわち市民運動ともいえるあり方を指向している。コミュニティワークにおけるソーシャル・アクションの技術も、そうした新しい社会運動の展開を機軸にしつつある。→ロスマンの3つのモデル

[瓦井 昇]

社会化 (socialization)

個人が集団ないし社会のメンバーとしての必要な知識・技術などを獲得していく過程である。具体的には幼児が次第に親、仲間、第三者との関係を確立しながら成人になっていく過程をさす。社会化は、社会のメンバーとなるための学習なのであり、そこでは各種の基本的行動様式(離乳・排泄・洗面・着衣など)、思考と価値体系、言語や数概念の獲得が、他者との相互作用を通じて達成される。社会化は、一生涯続く過程であり、成長の過程で接する人びとや、所属する、あるいは準拠している集団や文化と深く関係する。

[藤井 薫]

社会活動法⇒ソーシャルアクション

社会救済に関する覚書
(Supreme Command for the Allied Powers Instruction Note: SCAPIN775)

1946(昭和21)年2月、連合国軍総司令部(GHQ)が対日福祉政策として指令した775番目の覚書。表題は「Public Assistance」(公的扶助)である。敗戦直後の国民経済の危機的状況のなか、日本政府に対してGHQは生活困窮者救済のための法および実施体制の整備を指令した。本覚書において「公的扶助の3原則」といわれる「無差別平等」「国家責任」「必要充足(救済費非制限)」が示され、同年9月の生活保護法(旧法)制定へとつながった。これらの原則は戦後日本の社会福祉の基礎構造の基となるものである。

[寺田 玲]

社会計画モデル⇒ロスマンの3つのモデル

社会サービス法
(Socialtjänstlagen, SoL:スウェーデン)

スウェーデンの社会政策は雇用から社会サービスまでとなっており、そのうち社会福祉諸サービスは「社会サービス法」(1980年成立・1982年実施)に基づいてコミューン(市町村)が実施主体となっている。その領域は児童問題、家族問題、高齢者・障害者問題等となっている。この法律の目的は「社会サービスは民主主義と連帯を基礎に、人々の経済的及び社会的安全、生活条件における平等、並びに社会生活への積極的な参加を促進するものでなければならない」(第1条の1)と国民間の平等理念・意識と

国民の社会参画を促したものとなっている．社会サービス法は従来の「公的扶助法」「児童・青少年社会養護法」「アルコール・薬物乱用ケア法」「保育法」が統一されたものである．なお，この社会サービス法はこれまで幾度か改正されてきたが，最近の社会情勢の変化に対応した新たなる社会サービス法の制定が必要となった．そこで児童の年齢（18歳以下）明文化，不服申請の申し立て，個人情報の取り扱い等の規定を取り入れた「新社会サービス法」(2001)が国会で可決され，2002年1月から施行された．[成清美治]

社会参加活動

近隣の人びとや同じニーズや悩みをもつ人びとが，同じ目的をもって自主的に集まり行う活動をいう．経済社会の発展をめざした政府や企業主導の活動から，地域社会における趣味，スポーツ，学習等の生活全般にわたる広範囲な活動が注目される．高齢者が社会への参加活動を通じて世代間の交流を深め，地域社会の形成や活性化に寄与できることは，自らの潜在的能力や可能性の発見につながる等，高齢者をはじめ個人の生活や人生を有意義にする．さらに地域社会に対等な関係に基づく人と人との交流や意思疎通を生み出し，社会全体をより健全で安定したものにする．[梓川　一]

社会事業

貧困を，個人の責任に帰するのではなく，社会のしくみが構造的に生み出すところの社会問題であると認識し，その解決を科学的に行おうとする組織的活動の総称．イギリスでは19世紀後半に始まり20世紀に入って確立するが，その代表は慈善組織協会（COS）の活動である．第2次世界大戦前の日本においては，社会・労働運動の弾圧と表裏の関係になっているという特徴がある．具体例としては米騒動後の1920年代に実施された公益質屋，共同宿泊所，公営住宅などの経済保護事業と救護法に基づく公的救済政策とがあげられる．[木村　敦]

社会事業婦

国立国府台病院で1948（昭和23）年当時院長であった村松常雄は，アメリカの精神医療における組織的なソーシャルワークに着目し，それを国府台病院で導入し，「社会事業婦」と名づけ，ソーシャルワーカーの役割を担わせた．しかし，ソーシャルワーカーの養成機関等が普及していないため，「社会事業婦」は看護師を転用したものであった．
[重野　勉]

社会資源 (social resources)

社会福祉的サービスを利用する人びとの生活上のニーズを充たすために活用できる種々の制度，政策，施設，法律，人材などのこと．社会福祉の援助においては，人間を心理社会的存在として理解し，利用者と社会との関係性に注目する．両者の関係（相互作用）において，うまく機能していないところや，欠けたところを補い，関係を調整することが援助の目的のひとつとなる．社会資源の活用は，そのための有効な方法である．ただし，その活用の主体はあくまで利用者（クライエント）であり，援助者は，利用者がそれを有効に利用できるよう正確な情報を提供し，利用者の問題解決能力に応じて手助けするといった側面援助を行うのである．[田中誉樹]

社会諸目標モデル (social goalsmodel)

グループワークにおける伝統的なモデルで，民主的態度の形成や社会問題の解決を強調する．対面集団は所属感と自尊の感情を高め，相互理解と共同活動のもつ意義を認識させ，個人と地域社会にとって欠くことのできない大切な経験を人

間に与えるとする.「意図的なグループ経験を通じて,個人の社会的に機能する力を高め,また,個人,集団,地域社会の諸問題により効果的に対処しうるよう,人びとを援助するものである」とするコノプカ(Konopka, G.)の定義が有名である. ［加納光子］

社会診断 (social diagnosis)

伝統的なケースワークの基礎を確立したリッチモンド(Richmond, M.E.)によって用いられた語である.インテークのあと,得られた情報や資料をもとに,クライエント(利用者)の問題を正しく把握し,効果的な援助方法を明確にすることである.リッチモンドは社会診断の過程を証拠の収集,それに基づく推論,その問題に対する処遇計画の作成という過程から形成されるとした.パールマン(Perlman, H.H.)は社会診断を臨床的診断,原因論的診断,力動的診断に分類し,お互いを相補的なものであるとした.最近では社会診断にかわってアセスメントということが多い. ［加納光子］

社会生活上の基本的要求

人間が社会生活を遂行していくうえで充足されるべきニーズ(needs)のこと.ニーズには人間の生理的な欲求や心理的欲求が含まれるが,これらの欲求をもつ人間が社会的存在として自己をとりまく環境とのバランスを適切に保って生活することによって充足される社会的ニーズのことである.岡村重夫は,社会生活上の7つの基本的要求として,①経済的安定,②職業の安定,③家族関係の安定,④保健・医療の保障,⑤教育の保障,⑥社会参加ないし社会的共同の機会,⑦文化・娯楽の機会,をあげている.社会福祉は,種々のサービスをとおしてこれらの多様なニーズに対応していくものである. ［久保美紀］

社会生活力 (social functioning ability：SFA)

社会的な状況の中で障害者が自らのニーズを充足し,最大限豊かな社会参加を実現する権利を自分で行使する力.1986年,リハビリテーション・インターナショナル社会委員会は,「社会リハビリテーションとは社会生活力を高めることを目的としたプロセスである」とした.社会生活力を高めるためのプログラムとして,障害者施設での社会適応訓練,社会生活技術訓練,生活技能訓練や,自立生活センターの自立生活訓練,ピア・カウンセリングなどがあり,体系化されたものとしては「社会生活力プログラム」がある. ［植戸貴子］

社会政策 (social policy)

資本主義社会の特質から生じる社会的諸問題に対応するための公共政策.日本では,伝統的に労働問題を焦点に実施される政策ととらえる考え方が強く,現時点では労働問題を核としながらもそこから派生して起こる生活問題へのもっとも中心的な対応策であるという点で大方の同意は成立しているが,政策意図や目的・対象等の細部にわたっては統一されていない.国際的には先進諸国での福祉国家体制のもとで,市民生活の安定や向上をめざした政策全般ととらえられており,雇用,社会保障,住宅,環境,教育にわたる政策が含められている.
［寺田 玲］

社会調査 (social research, social survey)

ある特定の社会集団に関するデータを系統的に収集し,解析することによって,対象とする人間行動について説明したり,その集団がもつ問題要因を社会的事実の中に追究したりすることを目的とする.産業革命後の欧米諸国では,都市

貧民の窮状とその要因を分析し改革案を示した都市調査を始め、地域社会の実践的な問題解決を目指した調査（社会踏査：social survey）が数多く行われ、社会調査の歴史的源流のひとつとなった。この段階において、調査票法、面接法、クロス集計分析など、社会統計学の萌芽がみられる。その後、市場調査、世論調査などの発展によって、標本抽出法や個別面接調査法が確立した。今日では、統計学的方法を用いたデータ解析へと発展している。しかし、実験的研究と異なり、現実の社会的場面で行われる社会調査は、その調査データの収集、解析において一定の限界を抱えている。とりわけ、社会調査のあり方をめぐっては、統計的方法（量的分析）対事例研究法（質的分析）の論争が展開されてきた。この2つの方法は、収集するデータの特性とそれを解析する方法に違いがあり、調査目的に即した方法が用いられるべきものである。→統計的方法，事例的方法
［成清敦子］

社会的企業

福祉や教育、環境など、社会的課題の解決を目的として活動を行う事業体のことである。事業体の形態としては、NPOや営利企業、組合等、多様な形態があり、対象とする社会的課題にあわせて、その解決に相応しい形が取られる。また社会的企業には、①社会性（解決が求められている社会的課題に取り組むことがミッションとなる）、②事業性（継続的に事業活動を進めていく）、③革新性（新しい事業・サービスやそれらを提供するための仕組みを開発すること）の3つの要件がある。　　　　［鈴木大介］

社会的生命

医学が、個人の身体（個体）的生命の維持、存続についての役割を担っているとするならば、社会福祉は、個人の社会的生命の維持、存続の担い手である。両分野とも病老苦死あるいは生活（適応）障害者という人たちを対象とし、その人たちの身体的生命、社会的生命を預かっている。また、その生存権を回復したり、維持していく使命をもつ。人間は、社会的動物、社会的存在といわれるように社会活動（教育、経済、奉仕、信仰、政治等）を営んでいる。

人の生物的な死は、個体の死でもって終わるが、脳死状態等は、人の社会生命の終焉ともいえる。　　　　［河崎洋充］

社会的責任

社会は、独自の生き方を求める多数の個人によって構成されることから、社会には社会と個人、個人と個人の関係が常に存在している。たとえば、社会で参加活動することによって高齢者も個人としての自由を享受し生きがいを追求できる一方で、社会や他人と関わりをもつことによって社会や他人に対して責任をもつことになる。憲法第13条は、公共の福祉に反しない限りの個人の尊重、自由と幸福追求の保障をうたい、個人の社会に対する責任を明らかにしている。社会の構成員である個人には、社会的な責任をともなった真の自由に基づく社会生活が求められる。　　　　［梓川　一］

社会的ニーズ (social needs)

心理学的あるいは社会心理学的な基本的欲求というのではなく、社会生活上での要援護性が「社会的判断」によって認められる依存的状態とされる。「社会的ニーズ」の概念は、ニーズの充足方法としてのサービス資源のあり方やサービス供給体制の再編と密接に関連して提起されており、1970年代半ばからの社会福祉政策の見直しと在宅福祉サービス論への転換を理論づけたとされている。ただし「社会的ニーズ」は問題を個別的にとらえるための概念となっており、ニーズ

としての形成過程に対する社会構造的な分析視点に弱いという指摘もある.

[寺田 玲]

社会的入院（精神障害者）

精神病院に入院している多くの人のうちには，地域での受け皿がないため入院を余儀なくされている人が多数存在する．それは精神障害者が地域で生活するための社会資源が不足しているためで，「障害者プラン――ノーマライゼーション7ヵ年戦略――」（平成7年策定）による社会復帰施設の整備や精神障害者地域生活援助事業（グループホーム）および2002年施行の精神障害者居宅介護等事業（ホームヘルプサービス），精神障害者短期入所事業（ショートステイ）が実施されているが，絶対数の不足と制度全体の質が問われている． [重野 勉]

社会的不利／ハンディキャップ

1980年にWHOが示した国際障害分類（ICIDH）では，機能障害・能力低下により社会的な基準での不利益を被り，他の多くの人たちに保障されている，生活の水準や社会参加（教育，就職，生きがいなど）を享受できない状態を示す．つまり，機能や能力に障害があるがゆえに，日常的な社会生活を行うことが困難になり，また，そのことによって社会生活（社会的価値判断）上の不利益を生じ，正常な役割を果たすことが制限されたり妨げられる状態をあらわす．WHOでは，社会的不利の分類を，①オリエンテーション，②身体の自立，③移動性，④作業上，⑤社会統合，⑥経済的自立，⑦その他等々の社会的不利として7つの領域に分けて示している．その後，WHOは2001年に国際生活機能分類を採択し，参加・参加制約の両方を含む概念に改められた．[大西雅裕]

社会的包摂⇒ソーシャル・インクルージョン

社会的養護

子どもは一般的に，出生した家庭でその保護者に養護（養育・保護）されて成長していく．このような養護形態を「家庭養護」として位置づけるならば，家庭養護から漏れ落ちる子どもたち等に対し，国・社会が家庭に成り代わって実施する養護を「社会的養護」という．つまり，社会的養護は家庭養護の補完的・代替的養護として位置づけられる．社会的養護は，主に児童福祉法に定められている児童福祉施設（施設養護）と里親や保護受託者制度の形態をとる家庭的養護に分けられる．施設養護は，さらに入所型施設と通所・利用型施設に分類される．
→里親，児童福祉施設入所措置，児童福祉法，保護受託者制度 [合田 誠]

社会的リハビリテーション

障害者が社会復帰していくための妨げになるすべての経済的・社会的困難を減少させ，社会生活，家庭生活を援助していくことであり，その結果としての社会への統合と再統合を目的としたリハビリテーションの過程の部分である．社会生活，家庭生活における個人と環境との間の調整や，個人の側の社会生活，家庭生活に必要な技術の開発，環境の側の改善といったことが社会的リハビリテーションの枠組みといえる．すなわち，これらの目的としては，社会生活力を高めることと社会の一般的システムとしての物理的・文化的環境，教育的・社会的・文化的機会の均等化があげられる．[石倉智史]

社会的連帯感

(a sense of social solidarity, social-relationship)

人間尊重・主体性の尊重とともにボラ

ンティア活動の基本的理念．社会的存在である人間が主体的な自由意志に基づく活動を通して，他者の身体的・社会的・心理的問題を自らの問題としてとらえ，当事者との協働により課題の解決にあたっていくエネルギーとなるもの．スウェーデンの「社会サービス法」には，「人は，自らの社会的状況だけでなく他者の社会的状況にも責任を負うべきだという考えに立って，個人および集団の保有する資源を充実させ活用することをめざす」と明記されている． ［新崎国広］

社会福祉 (social welfare)

生活上の障害や困難を克服したり緩和・予防することを社会的責任において援助し，社会成員としての自立的な生活の回復をはかり，維持し，さらには向上させることを目的とした制度・政策・実践などの諸活動の総体と考えることができるが，必ずしも定義は統一されていない．歴史的には愛他主義の思想による個々の慈善，博愛の援助行為から，資本主義体制の構造的矛盾への国家の政策的介入段階を経て，現在ノーマライゼーションやインテグレーション思想によってすべての人びとの生活上の諸障害に対する社会的な対応として理解されるようになってきた． ［寺田 玲］

社会福祉・医療事業団

社会福祉・医療事業団法に基づく全額政府出資の特殊法人．民間社会福祉事業施設整備や病院・診療所への資金融資，従事者への退職手当共済事業，心身障害者扶養保険事業，福祉施設・医療施設への経営診断・指導事業など多岐にわたる．近年では，高齢・障害・子育て支援活動への基金助成事業や福祉保健医療情報ネットワークシステム事業（WAMNET）がある． ［藤井博志］

社会福祉運営管理⇒ソーシャルアドミニストレーション

社会福祉援助技術⇒ソーシャルワーク

社会福祉援助の専門性

専門職としての社会福祉援助者には職務を責任をもって遂行するために欠くことができない専門的な力量，見識などが求められ，それらを社会福祉援助者の専門性ということができる．社会福祉援助者の専門性は，福祉倫理，専門知識，専門技術の3つの構成要素から成立するといわれる．専門性は，単なる個人的資質を越えるものであって，社会福祉援助者の専門性の養成には体系的な養成過程や資格制度はもちろん，現任研修やスーパービジョンの存在が不可欠であるが，これらの点を含めわが国の社会福祉援助者の専門性の確立については課題が残されているといえるだろう． ［山田 容］

社会福祉基金

社会福祉の増進のために，企業・個人からの寄付や行政の出資によって設置された基金のことで，その運用収益が財政基盤の弱い民間福祉事業の助成に活用されている．松下電器産業からの50億円の寄付を各都道府県に配分して創設された「松下基金」が知られる他，昭和40年代以降は全国の自治体や社会福祉協議会等に設置が進められた．基金のタイプには，行政出資のもの，民間出資のもの，ならびに公私双方の出資によるものの3つがある． ［竹川俊夫］

社会福祉基礎構造改革

社会福祉基礎構造改革の背景として，①国家財政の逼迫化，②社会福祉の対象の拡大化，③人権意識の高揚，④ニーズの多様化・多質化等をあげることが

できるが，その兆しは「新経済7ヵ年計画」(1979)の「日本型福祉論」(公私協力体制，民活路線，自立・自助努力，受益者負担)にみられる．その後，「社会福祉基礎構造改革について(中間まとめ)」(1998)が中央社会福祉審議会社会福祉基礎構造改革分科会より報告され，改革の必要性について提案された．そして，社会福祉基礎構造改革が具現化された「社会福祉の増進のための社会福祉事業法等の一部を改正する等の法律」が2000年5月に成立，翌月から公布されることとなった．この改正等の対象となった法律は8本(①社会福祉事業法(「社会福祉法」に題名改正)，②身体障害者福祉法，③知的障害者福祉法，④児童福祉法，⑤民生委員法，⑥社会福祉施設職員等退職手当共済法，⑦生活保護法，⑧公益質屋法(廃止)であった．この改正等の具体的内容は，①利用者の立場に立った社会福祉制度の構築(ア．福祉サービスの利用者制度化・措置制度から利用制度への転換(一部は措置制度存続)，支援費支給制度の導入，イ．利用者保護のための制度の創設—地域福祉権利擁護事業制度の創設，苦情解決の仕組みの導入，利用契約についての説明・書面交換義務付け)，②サービスの質の向上(事業者のサービスに関する質の自己評価，サービス利用者のための事業運営の透明性)，③社会福祉事業の充実・活性化(社会福祉事業の範囲の拡充化，社会福祉法人の設立要件の緩和)，④地域福祉の推進，⑤その他の改正等であった．

[成清美治]

社会福祉協議会

GHQ公衆衛生福祉局が厚生省(現厚生労働省)に示した6項目の主要目標に基づき，当時の主要な福祉団体を統合することで，1951(昭和26)年に中央社会福祉協議会(現在の全国社会福祉協議会)が発足し，それから次第に地方にも組織されていった．こうした歴史的な背景があって，行政指導により組織化したという経緯が，その後長く組織の民間性の確立に社会福祉協議会を苦慮させることになる．民間組織としてのあり方の確立は，コミュニティ・オーガニゼーション論を取り入れたいくつかの方針文書を経て，1962(昭和37)年の社会福祉協議会基本要項の策定まで待たなければならなかった．しかしその基本要項の策定後も，依然として財政面での行政依存の体質を抜け切れなかったために，社会福祉協議会は数多くの在宅福祉サービス事業を受託するようになり，地域の福祉課題の解決とサービス供給との両立を図る課題を今日まで持ち続けている．→社会福祉協議会基本要項

[瓦井 昇]

社会福祉協議会基本要項

1962(昭和37)年に策定された社会福祉協議会基本要項は，その第1条で社会福祉協議会を「一定の地域社会において，住民が主体となり，社会福祉，保健衛生その他生活の改善向上に関連のある公私関係者の参加，協力を得て，地域の実情に応じ，住民の福祉を増進することを目的とする民間の自主的な組織である」と規定し，住民主体の原則という活動の方向性を確立したことで，普遍的な価値をもつものとなった．しかし1990(平成2)年に社会福祉関係8法が改正されたのを機に，社会福祉協議会の組織改革が課題となり，基本要項の改訂も検討された．そこで住民主体の原則も見直しの焦点となったため，全国の多数の社会福祉協議会で論議が高まり，当初予定より大幅に遅れて1992(平成4)年に『新・社会福祉協議会基本要項』が策定され，住民主体の原則は「住民活動主体の原則」と改められた．

[瓦井 昇]

社会福祉計画法⇒ソーシャルプランニング

社会福祉サービス

　福祉サービスには，制度・政策による実践形態と，制度・政策によらない実践形態がある．その供給源によって，公的なもの，民間によるもの（利潤追求を目指すもの，利潤追求を目指さないもの），私的なものに大別される．公的なものは行政によるもので福祉事務所等が行うサービス（生活保護費の支給や，施設入所相談など）である．民間によるもののうち利潤追求をめざすものにはいわゆる介護事業所などの行うサービスがある．民間によるもののうち利潤追求をめざさないものには，民間の福祉施設やボランティア団体の行うサービスがある．私的なものは友人・隣人などによるサービスである．その他，何を手段とするかによって，貨幣サービスと非貨幣サービスとに分けられる．前者は生活扶助や各種手当などのように貨幣給付を行うが，後者は情報提供や相談事業，技術習得，リハビリテーションに向けての訓練等を行う．行われる場所によって，施設サービスや在宅サービスにも分けられる．近年始まった福祉サービスには，誰もが自立可能な地域生活の推進と福祉サービスの適切な選択及び利用の支援のために，地域福祉権利擁護事業等がある．　　［加納光子］

社会福祉士

　「社会福祉士及び介護福祉士法」（1987年）に基づく相談援助の国家資格．同法により社会福祉士は「専門的知識及び技術をもって身体上若しくは精神上の障害があること又は環境上の理由により日常生活を営むのに支障がある者の福祉に関する相談に応じ，助言，指導，福祉サービスを提供する者又は医師その他の保健医療サービスを提供する者その他関係者…（略）…との連絡及び調整その他の援助を行うこと…（略）…を業とする者」と定義されている．社会福祉士になるためには社会福祉士試験の受験資格をもつ者が国家試験に合格し，登録を行う必要がある．職務上の義務として，要援助者に対する誠実義務，秘密保持義務や信用失墜行為の禁止等が規定されており，高い職業的倫理が要求される．　　［池田和枝］

社会福祉士及び介護福祉士法

　社会福祉専門職の資格制度（名称独占の国家資格）を法定化するために1987（昭和62）年に成立した．同法は，社会福祉士及び介護福祉士の資格を定め，その業務の適正を図り，もつて社会福祉の増進に寄与することを目的としている（第1条）．同法第2条では，日常生活を営むのに支障がある者に対して，社会福祉士は福祉に関する相談，助言，指導，福祉サービス関係者との連絡調整等を，介護福祉士は，心身の状況に応じた介護，介護者への指導を行うことを業とする者と規定されている．　　［砂脇　恵］

社会福祉事業

　社会事業の発展的形態と理解される．戦後の民主化政策の一環として GHQ により導入された日本社会福祉事業は，思想的には，憲法第25条生存権規定を法的根拠として，国家介入による社会対立の調停という方法で，生存権の具現化をはかろうとする制度・政策・実践の総体を意味するものである．福祉六法に規定されるものをはじめ，そうした社会福祉の制度・政策が，実践主体の手を通じて対象（利用者）に提供される諸サービスや給付を表現する場合，それを社会福祉事業と呼ぶことが多い．　　［新家めぐみ］

社会福祉事業団

　地方公共団体が設置した社会福祉施設の受託経営を主たる事業目的とする，社

会福祉法人格をもつ団体である．民間法人ではあるが，法人の理事長は原則として都道府県または市長が担い，理事や役職員の中には行政関係者を多く含み，資産も当該地方公共団体が出資するために，公共団体としての性格がきわめて強い．その一方で，事業は他の社会福祉法人と比べて営利的色彩が濃く，社会福祉協議会よりも費用効果があって公的な統制もしやすいため，従来の福祉施設の経営ばかりでなく，在宅福祉の分野でも事業拡大が図られた．近年，民間事業者の福祉領域への参入拡大により，社会福祉法人としての自主的な経営の重要性がより高まっている．→福祉の民営化

[瓦井　昇]

社会福祉士試験・登録

社会福祉士の国家資格を取得するためには，社会福祉士試験の受験資格を取得した者が社会福祉士試験に合格し，かつ，社会福祉士の登録を受けなければならない（社会福祉士及介護福祉士法第7条，28条）．社会福祉士試験は，社会福祉士として必要な知識および技能について行われる19科目の筆記試験である（同法第5条，社会福祉士及介護福祉士法施行規則第5条）．　　　　[砂脇　恵]

社会福祉施設緊急整備5ヵ年計画

1970（昭和45）年，厚生省（現厚生労働省）は「厚生行政の長期構想」とともに「社会福祉施設緊急整備5ヵ年計画」を策定した．1970年度を初年度として，不足する各種施設の近代化と充足を重点的にめざした．①緊急に収容保護する必要のある寝たきり老人，重度心身障害者などの収容施設の重点的整備，②社会経済情勢の変化に対応して保育所およびこれに関連する児童館などの施設の拡充，③老朽社会福祉施設の建て替えの促進，不燃化，近代化を掲げた．

この結果，施設の建設は促進され，施設総数は増えたが，施設種別間の達成率の不均衡を生むなど課題を残した．

[本多洋実]

社会福祉専門職

児童・障害者・高齢者・生活困窮者など社会福祉対象者が抱える生活問題の解決を目指した社会的実践の担い手のこと．直接（対人）援助職としては，介護職・保育士等のケアワーカー，生活相談員・生活支援員等の相談援助職が代表例であり，間接援助職としては，行政や社会福祉協議会等において地域の社会資源の開発や住民の組織化を進めるコミュニティワーカーなどがある．国家資格としては社会福祉士，介護福祉士，精神保健福祉士が，都道府県知事が交付する公的資格として保育士，介護支援専門員等がある．また，福祉事務所の査察指導員および現業員には社会福祉主事が，介護保険法のケアプラン作成業務には介護支援専門員が任用資格として求められる．

[砂脇　恵]

社会福祉調査法

社会福祉調査とは，利用者のかかえる問題や社会ニードを把握するとともに，福祉サービスの効果を測定してその有効性を分析するための科学的活動であり，社会福祉事業の改善や技術の修正に資することを目的とした社会福祉援助技術の一部である．欧米では，19世紀末から，イギリスのブース（Booth, C.）が行ったロンドン市の労働者調査などがその先駆である．なお社会福祉調査法には，大量の対象を数量的に分析する統計的方法と，少数の対象を質的に分析する事例的方法がある．→事例的方法，統計的方法

[松久保博章]

社会福祉の権利

国民の社会福祉サービスをうける権利

は，憲法第25条第1項および同条第2項にその根拠が求められる．社会福祉サービスの需給の権利は，この規定をもとに設立しており，人間が人間として生きていく権利であると同時に，国家に対し人間の生存に必要な諸サービスを要求する権利を意味し，個々の社会福祉関連各法がこれを具体化している．憲法第13条では，人間の尊厳を個人の尊重とし，そのように尊重される個人は国家を構成するすべての国民であると規定している．国が供給する福祉サービスを国民が利用することは人権であり，侵すことのできない永久の権利である． [河野雄三]

社会福祉法

2000（平成12）年「社会福祉の増進のための社会福祉事業法等の一部を改正する等の法律」が成立した．この改正により，1951（昭和26）年に制定した「社会福祉事業法」を「社会福祉法」と改め，戦後から続く社会福祉行政の構造を大きく変化させることとなった．社会福祉法は，社会福祉を目的とする事業の共通的基本事項を定め，社会福祉に関する他の法律とともに，利用者の保護，地域福祉の推進，福祉事業の適正な実施，事業者の健全な発達を図り，福祉の増進を目的としている． [河野雄三]

社会福祉法人

「社会福祉法（昭和26年3月29日法律第45号）」第22条に規定されている．社会福祉事業を行うことを目的とし，経営の原則として第24条に「社会福祉事業の主たる担い手としてふさわしい事業を確実，効果的かつ適正に行うため，自主的にその経営基盤の強化を図るとともに，その提供する福祉サービスの質の向上及び事業経営の透明性の確保を図らなければならない」と明記されている．社会福祉法人は所轄庁の認可によって設立が可能となる．所轄庁の認可は，社会福祉法人が社会福祉事業を行うために必要な資産を保有しているかどうか・定款の内容・設立の手続が法令の規定に違反していないかどうか等の審査を経て行われる． [米澤美保子]

社会福祉法等の一部改正（2016年）

眼目は一つが社会福祉法人制度の改革，二つ目には福祉人材の確保の促進であった．具体的には，前者が，① 経営組織のガバナンスの強化，② 事業運営の透明性，③ 財務規律の強化，④ 地域における公益的な取り組みを実施する責務の明確化，⑤ 行政の関与のあり方の明確化等，後者が，① 介護人材確保に向けた取り組みの拡大，② 福祉人材センターの機能強化，③ 国家資格取得方法の見直し等による介護福祉士の資質向上，④ 社会福祉施設職員等退職手当共済制度の見直し等である． [成清美治]

社会復帰調整官

心神喪失者等医療観察法第20条各号によると，保護観察所には社会復帰調整官（以下，調整官）を置くことが定められており，調整官は「精神保健福祉士その他の精神障害者の保健及び福祉に関する専門的知識を有する者として政令で定めるものでなければならない」とされている．その役割は，今法対象者の社会復帰の促進を目的に，① 地方裁判所の求めに応じた生活環境の調査，② 対象者またはその家族の相談に応じた生活環境の調整，③ 通院医療の決定を受けた者についての精神保健観察，④ 関係機関相互間の連携の確保，⑤ 保護観察所の所掌に属せしめられた事務に従事すること，となっている．→心神喪失者医療観察法 [青木聖久]

社会保険

一定の要件を満たす者を強制加入させ

て，老齢，疾病，負傷，死亡，障害，退職等の保険事故に対し，それらにかかる費用や収入を保障する公的保険制度．給付は，原則として被保険者の性別や所得などにかかわらず，保険事故に応じて画一的になされる．財源は主として被保険者本人やその雇用主から徴収する保険料からなり，その他に保険料の運用収入や税金なども充当される．日本の社会保険制度は，大別すると，年金保険，医療保険，介護保険，雇用保険，労働者災害補償保険の5つに分けられる．　[鎮目真人]

社会保険事務所⇒年金事務所

社会保険制度⇒社会保険

社会保険庁⇒日本年金機構

社会保障国民会議

わが国の社会保障に関する問題（社会保障のあるべき姿）について国民の目線で論議する場として，2008（平成20）年1月25日に閣議決定により開催が決まった．そして，第1回の会議で3つの分科会―①年金・雇用を議論する「所得確保・保障分科会」，②医療・介護・福祉を議論する「サービス保障分科会」，③少子化・仕事と生活の調和を議論する「持続可能な社会の構築分科会」が設置された．　[成清美治]

社会保障・社会福祉基礎構造改革

社会保障構造改革は1996（平成8）年，社会保障関係審議会長会議がとりまとめた，わが国の社会保障制度の改革の考え方．その社会保障構造改革のひとつとして位置づけられている制度が社会福祉基礎構造改革．1997（平成9）年，中央社会福祉審議会に設置された「社会福祉構造改革分科会」によりまとめられた．措置制度から契約制度に移行していくことを中心にした，社会福祉制度全般にかかわる基本的な事項についての改革．内容は，① 利用者主体の社会福祉制度の構築，② サービスの質の向上，③ 社会福祉事業の多様化・活性化，④ 地域福祉の充実などである．[鶴田明子]

社会保障審議会

中央省庁再編（2001）によって，厚生労働省の発足とともに，厚生労働大臣の諮問機関としてスタートした．本審議会は統計，医療，福祉文化（児童福祉法・身体障害者福祉法・社会福祉関係の事項を所管），介護給付費，医療保険保険料率，年金資金運用の6つに分かれている．なお，中央社会福祉審議会，身体障害者福祉審議会，中央児童福祉審議会は同審議会に統廃合された．　[成清美治]

社会保障制度

最低限度の生活と生活の安定を図ることを目的とする公的制度．通常は社会保険と公的扶助が統合された所得保障である．この語は1935年のアメリカ連邦社会保障法で初めて用いられ，定着したのは1942年のベヴァリッジ報告と，ILO（国際労働機関）『社会保障への途』報告であった．わが国で一般化するのは日本国憲法制定以降である．1950（昭和25）年の社会保障制度審議会の勧告によると，社会保障は，狭義では公的扶助・社会福祉・社会保険・公衆衛生と医療・老人保健，広義では恩給・戦争犠牲者援護が加わる．関連制度としては住宅対策・雇用対策の一部が加わる．機能別では所得保障，医療保障，社会福祉となる．なお，現在では，社会保障の体系は医療，年金福祉その他に大別されている．
[中村明美]

社会保障制度改革推進法

2012年8月22日に成立したが，その目的はわが国の社会保障制度を受益と負

担のバランスのとれた持続可能なものにするための社会保障制度改革の基本的指針を定めると共に制度改革の審議機関として社会保障制度改革国民会議を設置することにあった．なお，第20回の社会保障制度改革国民会議（2013年8月5日）において，報告書がまとめられた．その報告書では社会保障制度改革として，①「1970年代モデル」から「21世紀（2025年）日本モデル」へ ② すべての世代を対象とし，すべての世代が相互に支えあう仕組み ③ 女性，若者，高齢者，障害者などすべての人々が働き続けられる社会 ④ すべての世代の夢や希望につながる子ども・子育て支援の充実 ⑤ 低所得者・不安定雇用の労働者への対応 ⑥ 地域づくりとしての医療・介護・福祉・子育て ⑦ 国と地方が協働して支える社会保障緯度改革 ⑧ 成熟社会の構築へのチャレンジ等が掲げられている．[成清美治]

社会保障制度審議会

内閣総理大臣の所轄に属し，社会保障制度につき調査，審議および勧告を行う審議会のこと．同審議会は，「生活保護制度の改善強化に関する勧告」(1949)，「社会保障制度に関する勧告」(1950)，「社会保障制度の総合調整に関する基本方策についての答申および社会保障制度の推進に関する勧告」(1962)等，社会保障制度の充実・改善に向けた勧告を行った．1995（平成7）年，同審議会は，「社会保障体制の再構築（勧告）」において，国家責任を重視した社会保障から，国民相互の「社会連帯」を基礎とした転換を打ち出した．2001年1月に廃止された．なお，その役割は，社会保障審議会に引き継がれることとなったが，今後の社会保障政策と負担の在り方などを検討する会議として2008年1月29日に「社会保障国民会議」の初会合が開かれた．[砂脇 恵]

社会保障制度に関する勧告

1950（昭和25）年10月，社会保障制度審議会が政府に提出した勧告のこと．「第1次勧告」あるいは「50年勧告」ともよばれる．この勧告の主眼は，憲法第25条に定められた国家責任による国民生存権保障の理念を制度化することにおかれた．本文は「社会保険」「国家扶助」「公衆衛生及び医療」「社会福祉」および「運営機構及び財政」の5編から構成されている．そこでは社会保険制度が社会保障の中核とされ，各種社会保険制度の統一と公的扶助，公衆衛生，社会福祉の充実をもって総合的な社会保障制度の確立が求められた．[砂脇 恵]

社会保障と税の一体改革

超高齢社会を控えて社会保障費に対する国家財政の逼迫もあり，社会保障改革が急務であることをうけ検討・進められている改革．その目的は，未来への投資（子ども・子育て支援）の強化と貧困・格差社会対策の強化となっている．具体的対策費として，国は子ども・子育てに対して0.7兆円程度，医療・介護について，1.6兆円程度，年金に対して0.6兆円程度を予定している．ただ，今回の改革で当初予定していた総合こども園の創設，非正規雇用者の厚生年金の運用拡大，後期高齢者医療保険制度の代替構想は大幅に後退した．[成清美治]

社会保障の最低基準に関する条約

ILO（国際労働機関）が1952年に制定した条約のこと．社会保障の主要9部門（医療，傷病給付，失業給付，老齢給付，業務災害給付，家族給付，母性給付，廃疾給付，遺族給付）についての最低基準を定めている．各部門についてそれぞれの対象領域に対応した規定（給付枠，給付水準，給付期間，受給者の資格

要件等）がおかれている．日本は，1976（昭和51）年にこの条約を批准した． [砂脇 恵]

社会保障への途

1942年にILO（国際労働機関）から発表された報告書で，なにをもって社会保障とするかを主題とした．同年発表されたイギリスのベヴァリッジ報告『社会保険及び関連サービス』とともに，社会保障という概念の国際的普及に多大な影響を及ぼした． [砂脇 恵]

社会保障法（アメリカ）

1929年のウォール街での株価暴落に端を発するとされる世界大恐慌による大量失業などの問題に対処するために，ルーズベルト大統領（Roosevelt, F.D.）が実施したニューディール政策の一環として1935年に成立した連邦法．「社会保障」という言葉が法律に用いられたのはこれが世界初のことで，社会保険，公的扶助，社会福祉事業の3分野からなっていた．国民の生活に関しては自助が強調され，連邦政府が関わることではないとする考え方が支配的であった中で，連邦政府が国民の生活を保障したことは画期的なことであったが，対象の限定などの欠陥も有していた． [前田芳孝]

社会保障要綱

総評（日本労働組合総評議会）の平和経済国民会議社会保障委員会が1954（昭和29）年に作成した社会保障政策構想のこと．単一産業別組合，日雇い労働者，婦人団体，医師，学者，専門家の33団体，50名で構成された．そこでは「社会保障の費用は，本来政府と資本家が全額負担すべきものである．だからわれわれは，政府と資本家の負担が最低限に切り詰められ，労働者と国民の負担が最大限に引き上げられている現在の社会保障に反対する」という立場から社会保障制度拡充の要求がなされた． [砂脇 恵]

社会問題（social problem）

定義はさまざまであるが，一般的には，社会の構成員である国民が，社会的に解決すべきであると認識している，社会情勢の変化などにより生まれた矛盾を反映した諸問題のこと．国民個人の生活問題にとどまらず，社会全体が解決しなければならない課題であり，社会が発展するにつれ，さまざまな新しい問題がでてきている．社会問題は，時代，地域，文化等により，認識や基準が異なる相対的なものであるため同じ内容でも集団によって，問題とするグループもあれば，問題として認識しないグループも存在する． [河野雄三]

社会連帯（social solidarity）

社会的観点から諸個人間に認められる相互依存関係のことであり，社会制度の中に組み込まれることで形成されている．社会構成員である諸個人が自己および他者に対して義務を帯び，責任を負うことが要求されるが，必ずしも行為当事者がそれを自覚しているとは限らない．この思想は，フランスを中心に発生した各国の社会保障や社会福祉の中で実質的な存在をみせている．しかし，日本の社会福祉はアメリカン・デモクラシーを背景とするアメリカ連帯思想の影響をうけ，感化救済事業から社会事業へと転換した． [河野雄三]

尺度（scale）

広義には社会測定における「ものさし」を意味するが，社会調査においては変数の値がどこまで数量的な意味をもつかの水準を測る「ものさし」として用いられることが多い．この観点から，尺度は通常，名義尺度（nominal scale），順序尺度（ordinal scale），間隔尺度（interval scale），比例尺度（ratio scale）の4つに分類されている．名義尺度は，特性に応じてカテゴリーを区別するためだけに用いられる尺度（たとえば1．男性，2．女性）であり数量としての意味をまったくもたない．順序尺度はカテゴリー相互の順番を示すために用いられる尺度（たとえば成績表の5-4-3-2-1）であり，その数値の序列だけに意味がある．間隔尺度（学年や体温）とは，序列だけでなく数値の差（間隔）に意味があるような尺度である．比例尺度（労働時間や年収）は序列，間隔の他に数値の比にも意味がある尺度である．名義尺度と順序尺度が計算不能な「質的変数」，間隔尺度と比例尺度が計算可能な（ただし，間隔尺度は加・減法の計算しかできない）「量的変数」である．[武山梅乗]

ジャーメイン，C.B.
(米 Germain, Carel Bailey; 1916-1995)

ソーシャルワークに生態学的視座を導入し，ライフモデルを提唱した研究者のひとり．従来「個人」だけに関心を寄せる傾向にあったソーシャルワークに対し，生態学から「人間と環境は不可分のもの」という視座をもたらした．この視座は，「部分への注視による全体的な視点の欠如」という科学の動向に対して，「環境との交互作用によって力動的に変化していく個人」を浮き上がらせるひとつの試みであった．ここから導き出された「課題認識における生態学的視座」と「実践での焦点化」は，その後の援助実践に大きな変革をもたらした．[土屋健弘]

就学援助
低所得世帯の小中学生の教育機会を保障するために，市町村が義務教育にかかる就学費用（学用品費や給食代等）を給付する制度．憲法26条の教育権規定，学校教育法4条・19条の経済的理由により就学困難な児童生徒，保護者への必要な措置・援助を講ずるとした規定を根拠とする制度．給付対象は，① 生活保護受給世帯の小中学生（「要保護者」）と，② 要保護者に準ずる程度に困窮している小中学生（「準要保護者」）とに分類される．「要保護者」は，国の生活保護基準によって決まるが，「準要保護者」は，市町村によって生活保護基準の1.1～1.3倍に設定されている．就学援助の受給率は，1997年の6.6％から2010年の15.3％に上昇している．[砂脇 恵]

修学資金
母子及び寡婦福祉法に基づく「母子福祉資金」や「寡婦福祉資金」において実施されている資金貸付のひとつである．都道府県，指定都市または中核市が，母子家庭の母が扶養する児童，父母のいない児童，寡婦が扶養する子に対して，高等学校・大学・短大・高等専門学校・専修学校に修学するための授業料・書籍代・通学費等として必要な資金を貸付するものである．なお，低所得者，障害者世帯，高齢者世帯を対象に都道府県社会福祉協議会が実施する「生活福祉資金貸付制度」の中にも，教育支援資金として教育支援費・修学支度費の貸付がある．
[真鍋顕久]

終結 (termination)
クライエント（福祉サービス利用者）の抱える問題が解決し，当初の「契約」に基づく援助の目標が達成された，援助過程の最終段階である．援助者とクライエントの関係は，援助契約の枠内で築かれる「一過性の関係」である．また，援助関係は必ず終結を迎えるからこそ，援助者はクライエントの「自己決定（self-determination）」を最大限に尊重しなければならないのである．終結の段階でもっとも重要なことは，クライエント自身が援助の結果に自信をもち，十分に納得して援助関係を終了することである．その

ためには，終結へ向けた準備と，終結後のフォローアップについての説明と理解が必要不可欠となるのである．[武田康晴]

自由権（じゆうけん）

国家権力による介入・侵害・干渉を排除して，個人の自由な意思決定と活動の生活領域を確保する権利をいう．自由権は国家によって与えられるものではなく，国家成立以前に存在していたと考えられ，市民革命や各種の人権宣言を経て規定されてきた．わが国の憲法においては，① 精神的自由権として，思想および良心の自由・信教の自由・表現の自由・学問の自由，② 身体の自由権として，奴隷的拘束および苦役からの自由・みだりに逮捕されたり処罰されることのない自由，③ 経済的自由権として，居住・移転・職業選択の自由・財産権の不可侵などがある．　　　　　　　[本多洋実]

重症心身障害児施設（じゅうしょうしんしんしょうがいじしせつ）

児童福祉法第43条の4に基づいて設置される施設で，重度の知的障害（知能指数がおおむね35以下）および重度の肢体不自由（身体障害の程度1～2級）が重複している児童の，治療および日常生活の指導を目的としている．また，年齢18歳以上の者でも，処遇の観点から都道府県知事が適当と認めた場合は入所できる．この施設は，児童福祉施設であると同時に，医療法に基づく病院でもあり，その両方の機能を満たす設備および職員の配置を行っている．学校教育は，併（隣）設の養護学校で行われる．
　　　　　　　　　　　　　　　[櫻井秀雄]

就職支援ナビゲーター（しゅうしょくしえんナビゲーター）

早期再就職専任支援員ともよばれ，主に公共職業安定所の早期再就職支援センターに配置されている．早期の再就職をめざす人を対象に，求人から就職に至るまでの個別相談をきめ細かく行う．業務内容には求人の開拓，履歴書等の添削，模擬面接の実施などがあり，就職までの一連の過程を総合的に支援する．早期再就職専任支援員には，企業の元人事担当者やキャリアコンサルタント，産業カウンセラーなどが非常勤として従事することが多い．　　　　　　　[酒井美和]

就職促進給付（しゅうしょくそくしんきゅうふ）

雇用保険における失業者給付のひとつ．失業した場合に，求職者給付とあわせて，再就職を促進するために行われる金銭給付をいう．給付内容には，① 早期に安定した職業に就くことを促すことを目的とし，その実現にさいし支給する再就職手当ならびに就業手当，② 身体障害などを理由として就職が困難と認められる者が安定した職業に就いた場合に支給する常用就職支度金，③ 公共職業安定所の紹介した職業につくため，または公共職業訓練を受けるために，住所，居所を変更するさいに必要と認められる場合に支給する移転費，④ 公共職業安定所の紹介により，遠隔の求人事務所を訪問，見学したり，面接をうけるなどの就職活動を行う場合に交通費，宿泊料を支給する広域就職活動費，がある．
　　　　　　　　　　　　　　　　[中川　純]

住所地特例（じゅうしょちとくれい）

介護保険の被保険者が，入所前に住所を有していたのと異なる市町村にある介護保険施設に入所した場合，入所前に住所を有していたと認められる市町村が保険者となる．ひとつの介護保険施設から継続して他の介護保険施設に入所した場合も，最初の施設に入所する前に住所を有していたと認められる市町村保険者となる．継続して3つ以上の施設に入所した場合も同じく，最初の施設に入所する前に住所を有していたと認められる市町村が保険者となる．→介護保険施設
　　　　　　　　　　　　　　　[今村雅代]

終身建物賃貸借制度

この制度は、「高齢者の居住の安定確保に関する法律」(2001)に基づく、終身建物賃貸借制度である。対象となる賃借人は、①60歳以上の高齢者（単身／配偶者もしくは60歳以上の親族と同居）、②60歳以上の高齢者と同居する配偶者、となっている。対象となる住宅の基準は、バリアフリー化された住宅（段差のない床、手すりの設置、幅の広い廊下等）である。また、契約は、賃借人本人一代限りの賃貸借契約となっている。なお、住宅を賃貸する業者は、知事の認可が必要である。すなわち、この制度は、高齢者が終身にわたって、安心して賃貸住宅に住めるようになっている。→高齢者の居住の安定確保に関する法律 [成清敦子]

住生活基本法

この法律は、2006（平成18）年6月8日に制定された。その目的は、住生活の安定の確保および向上の促進に関する施策について、基本的理念を定め地方公共団体並びに住宅関連事業者の責任を明らかにすることである。また、「住生活基本計画」を定め住生活の安定の確保および向上の促進を図り、国民の生活の安定向上と社会福祉の増進並びに国民経済の健全な発展に寄与することとなっている。 [成清敦子]

従属人口／従属人口指数

「従属人口」とは、0歳から14歳までの年少人口と65歳以上の老年人口を合わせた人口のこと。生産活動に従事することができるとされる15歳から64歳までの生産年齢人口に対応する言葉として用いられ、生産年齢人口に扶養される階層としてとらえられる。また、生産年齢人口に対する年少人口と老年人口を合わせた人口の比率のことを「従属人口指数」という。これにより、社会全体としての扶養の負担の程度がわかる。→生産年齢人口、年少人口、老年化指数

[福田公教]

住宅改修費の支給

在宅の要介護者が居住する住宅で生活をしようとして、バリア（床の段差、移動障害等）があることにより、生活に支障をきたす場合、介護保険制度の居宅サービス・介護予防サービスの「住宅改修費」により、住宅改修の費用を償還払いにて給付する制度で、費用の9割（1割は自己負担）が支給される。その利用限度額は20万円となっている。住宅改修の種類としては、①手すりの取り付け、②段差の解消、③滑りの防止及び移動の円滑化等のための床又は通路面の材料の変更、④引き戸等への扉の取替え、⑤洋式便器等への取替え、⑥その他これらの各工事に附帯して必要な工事、等がある。なお、手続きは市町村に申請書を事前に届け出て審査を受けることになっている。 [成清敦子]

住宅確保要配慮者に対する賃貸住宅の供給の促進に関する法律（住宅セーフティネット法）

この法律では、住生活基本法の基本理念にのっとり、住宅確保要配慮者（低所得者、被災者、高齢者、障害者、子育て世帯等）に賃貸住宅の供給の促進を図ることを目的としている（第1条）。そのため、国および地方公共団体の責務は必要な施策を講ずるよう努めること（第3条）、基本方針は国土交通大臣が定めることとされている（第4条）。また、地方公共団体、宅地建物取引業者、賃貸住宅を管理する事業を行う者、住宅確保要配慮者に対し居住に係る支援を行う団体その他の住宅確保要配慮者の民間賃貸住宅への円滑な入居の促進に資する活動を行う者は、住宅確保要配慮者又は民間賃

貸住宅の賃貸人に対する情報の提供等の支援，必要な措置を協議するため，居住支援協議会を組織できると規定されている（第十条）．2007（平成19）年公布・施行．　　　　　　　　　[成清敦子]

住宅政策

わが国の住宅政策は，戦後，住宅金融公庫法，公営住宅法，日本住宅公団法を「3本柱」として展開してきた．その特徴は，所得階層に応じて公的に住宅を供給・融資する体制を整備し，新しい住宅を大量に建設して国民の居住を確保することにあった．結果，住宅需給に一定の役割を担ったものの，その矛盾として生じた居住水準の低さや階層格差は多くの住宅問題となってあらわれており，今日の需要に対応した住宅政策の見直しが急務となっている．近年における住宅政策の動向は，住み良い住環境づくりをめざして進展はあるものの，市場の原理と規制緩和の導入によって住宅市場を中心に再編され，充実が求められる公的責任は削減される方向にある．「公営住宅法改正」（1996），住宅・都市整備公団の廃止，整理合理化（都市整備基盤公団の発足）はその一例である．国民生活を支える良質な住環境の保障には，住宅政策における公的機能が欠かせない．今後は，単なる経済政策の一環としてではなく，わが国の住宅事情を真に把握し，直面する問題と取り組むべき課題をより明確にみすえた政策が求められる．[成清敦子]

住宅手当緊急特別措置事業の改正

「派遣切り」などの深刻な雇用不安に対応して，いわゆる「第2のセーフティネット」として2009年10月から実施された国の事業である．この事業の対象者は離職者であって就労能力および就労意欲があり，住宅を失っている人，または失う恐れのある人であり，6か月間を限度として住宅手当を支給するとともに，住宅確保や就労支援員による就労支援等を実施し，住宅および就労機会の支援を行うものである．同事業施行後も生活保護受給者が増加しているので，新たな就労対策と第2のセーフティネットとしての機能を高めていくため2013年4月の申請者より実施された．それに伴って，事業名が住宅手当緊急特別措置事業から住宅支援給付事業に変更された．なお，生活困窮者自立支援法の成立により，住宅給付支援事業が廃止され，生活困窮者住居確保給付金に移行した．→生活困窮者自立支援法　　　　　　[高間　満]

住宅入居等支援事業
（居住サポート事業）

障害者の地域生活移行の実現に必要な居住の場を確保するため，障害者総合支援法に基づいて地域生活支援事業の一環として推進されている事業．居住サポート事業者（相談支援事業者等）は，市町村からの委託により，障害者の賃貸住宅への入居支援，入居後の24時間支援（緊急時等の対応），地域の支援体制に係る調整（関係機関等との連絡・調整）などを行う．あんしん賃貸支援事業と一体となって取り組まれてきたが，今後は，各自治体・地域における福祉部門と住宅部門がより連携した，実効性ある居住サポートの仕組みが求められている．→あんしん賃貸支援事業　　　　[成清敦子]

住宅扶助

生活保護法に規定されている扶助のひとつ．方法は原則として金銭であり，範囲は「住居」と，「補修その他住宅の維持のために必要なもの」である（第14条）．特別基準は都道府県知事または政令指定都市・中核都市の長が定める．具体的には，生活困窮者に対して，家賃，敷金・礼金，更新料，持ち家の場合の地代，もしくは居住状況が悪化した場合の

その回復に要する費用（家屋付属設備の修理に要する費用等）が現金で支給される．しかし，住居・居住状況を改善するための部分は含まれていないと一般に解され，問題とされてきているところである．　　　　　　　　　　　　　［木村　敦］

住宅問題

住まいは，住宅と住み手の生活が一体化したありさまであり，すべての人にとって日々の営みや健康を支え，人格を形成し，文化を育む空間である．個々の生活の基盤として，また住環境の原点として，住宅は人間生活に欠くことのできないものである．わが国においては，かつて「うさぎ小屋に住む働き中毒の日本人」と表現されたように，戦後の住宅政策や都市計画の矛盾などを背景に，人びとの生活をゆるがす住宅問題が生じてきた．ホームレスの問題をはじめ，居住差別，強制退去，狭小過密居住などはその一例であり，とりわけ低所得者や借家層は厳しい居住実態に直面している．また，大都市圏や地方中核都市における貧しい住宅事情は，持ち家層にとっても住み良い住宅の確保を困難にし，都市住環境の悪化をまねいている．さらに，このような状況は，在宅生活を阻む「宅なし」福祉や，施設居住の水準をめぐる問題とも密接に関係している．近年は，人口減少を背景に，空家が深刻な社会問題となっている．　　　　　　　　　　　　　［成清敦子］

集団援助技術⇒グループワーク

集団力動 (group dynamics)

ある集団内あるいは集団間で起きていることについての法則を理解するための行動科学．レヴィン（Lewin, K.）を中心とする実験社会心理学が始まりである．その主な研究領域は集団形成過程，凝集性，斉一性への圧力と集団規範，目標の設定・達成過程，リーダーシップ，集団構造，集団の生産性などがあげられる．また，集団が個人に及ぼす治療的あるいは教育的効果や，リーダーシップ訓練法など，その基礎研究は臨床や産業においても幅広く応用されている．
　　　　　　　　　　　　　［唐津尚子］

重度障害者医療費助成制度

重度障害者に対する医療費助成制度．国による公費負担制度とは別に地方公共団体が独自に行っている施策．そのため地方公共団体により，障害等級や所得制限等利用資格が異なる．　［柿木志津江］

重度障害者他人介護料

生活保護制度における生活扶助は，飲食物費や被服費等個人単位の第1類費，電気代，水道代，光熱費等世帯単位の第2類費，高齢者や障害者等を対象にした各種加算があるが，障害者に対する加算として重度障害者他人介護料がある．重度障害者他人介護料は，身体障害者障害程度等級表1・2級または国民年金等級表1級の者で，日常生活のすべてに他者の介助を要する者が受給できる．同じく障害者に対する加算のひとつである重度障害者家族介護料との併給はできない．
　　　　　　　　　　　　　［柿木志津江］

重度障害者包括支援

障害者自立支援法の第5条第9項に基づき，常時介護を要する重度の障害者等に対し，居宅介護，重度訪問介護，行動援護，生活介護等の複数の障害者サービスを包括的に提供する．重度の障害者に必要となる複数のサービスを一定の報酬額を定めた上で（包括払い）提供することにより，ニーズに応じた柔軟なサービス利用が可能となる．対象者は障害程度区分6，意思疎通にいちじるしい困難をともなう者のうち規定のⅠ～Ⅲ類型に該当する者となる．Ⅰ類型は人工呼吸器装着をした筋ジストロフィーなどの重度障

害者，Ⅱ類型は重症心身障害者，Ⅲ類型は強度高度障害者などが対象となる．

[酒井美和]

重度訪問介護

障害者総合福祉法第5条第3項に，「重度の肢体不自由者その他の障害者であって常時介護を要するものとして厚生労働省令で定めるものにつき，居宅における入浴，排せつ又は食事の介護その他の厚生労働省令で定める便宜及び外出時における移動中の介護を総合的に供与することをいう．」と規定している．

[成清美治]

終末期ケア

病状等の進行により，余命がわずかな状態となった時期（終末期）に病院や介護施設，あるいは患者の自宅等で行われるケアのことである．ターミナルケアともいわれる．終末期ケアでは，延命を図るための治療ではなく，病気に伴う身体的・心理的苦痛の緩和を図るための医療的ケアを行うことが中心となる．また，医療や看護，介護等の多職種で構成された終末期ケアチームが，患者本人のみならず家族の意思を最大限に尊重しつつ，協働してケアを行うことが求められている．介護保険制度では，介護保険施設での看取りに対して介護報酬への加算が設定されているなど，医療機関（病院・診療所）以外でも終末期ケアが行われつつある．さらには，自宅での看取りを望む患者や家族に対しては，訪問型の医療や看護，介護サービスを利用した終末期ケアも行われている．

[神部智司]

住民参加型在宅福祉サービス

住民が，社会福祉協議会やNPO，農協，生協，その他住民組織などをとおして，相互扶助の精神を基盤に自発的に，有償・有料で提供する介護・家事援助等の在宅福祉サービス．もとは「有償ボランティア」と称せられたが，そもそもボランティアという概念には無償性が内包されているためこの定義には論理的に矛盾があるという議論から，新しく考案された概念．全国社会福祉協議会の「住民参加型在宅福祉サービス団体調査」によれば全国で1,000団体以上あり，団体の類型別では「住民互助型」と「社協運営型」がその多くを占める．

[佐藤順子]

住民自治

団体自治とともに地方自治を構成する要素であり，地方の政治や行政を住民の自主的・自律的な意志，参画によって行おうとする，地方政治・行政における民主主義原理のあらわれといえる．社会福祉，とりわけ地域福祉においてこの概念は非常に重要な意味がある．それは地域福祉が単に「地域で行われる福祉」を意味するのではなく，住民が生活の場である地域の福祉課題を自分自身の課題として認識し，その解決に向けて自らを組織化し計画を策定し，その運営や実践に参画するという住民の主体形成を重要な要件としており，このことはとりもなおさず住民自治に通じるからである．

[佐藤順子]

住民主体の原則

1962（昭和37）年に策定された社会福祉協議会基本要項に示された社会福祉協議会の原則．策定当時，その意味するところは，住民を①ニーズの主体，②活動の主体，③組織構成の主体ととらえることであり，その認識にたった組織構成や活動展開が求められた．1990（平成2）年から始まった社協基本要項改訂作業においては，この原則をめぐって全社協と各地の社協関係者の間で大きな論議となったが，1992（平成4）年に策定された『新・社会福祉協議会基本要項』においては「住民ニーズと地域の生活課題に基づく福祉活動，地域組織化などを目指す」ことを主な内容とする

「住民主体の理念」として継承されることになった.
[佐藤順子]

就労移行支援

障害者総合支援法第5条第13項に,「就労を希望する障害者につき, 厚生労働省令で定める期間にわたり, 生産活動その他の活動の機会の提供を通じて, 就労に必要な知識及び能力の向上のため必要な訓練その他の厚生労働省令で定める便宜を供与することをいう.」と規定している.
[成清美治]

就労継続支援

障害者総合支援法第5条第14項に,「『就労継続支援』とは, 通常の事業所に雇用されることが困難な障害者につき, 就労の機会を提供するとともに, 生産活動その他の活動の機会の提供を通じて, その知識及び能力の向上のために必要な訓練その他の厚生労働省令で定める便宜を供与することをいう.」と規定している.
[成清美治]

就労定着支援

2018(平成30)年4月の障害者総合支援法の改正に伴い新設された障害福祉サービス(訓練等給付)である. 対象は就労移行支援等の利用を経て一般就労へ移行した障害者で, 就労に伴う環境変化により生活面の課題が生じている者である. 障害者との相談を通じて, 生活面の課題を把握するとともに, 企業や関係機関等との連絡調整やそれに伴う課題解決に向けて必要な支援が行われる. 利用できる期間は最長で3年間となる.
[木村志保]

宿所提供施設

生活保護法第38条に規定される保護施設のひとつ. 住居のない要保護者の世帯に対して, 住宅扶助を行うことを目的とする(同条第6項). 住宅扶助は金銭給付の方法で行うことが原則とされているが, これによることができない, これによることが適当でない等のときには, 実施機関は現物給付の方法で行うことができる(第33条). この現物給付の方法で住宅扶助を行うための施設が宿所提供施設である(同条第2項). なお, 実施機関は要保護者に宿所提供施設を利用させるにあたって, その意に反してこれを行ってはならない(同条第3項).
[木村　敦]

授産施設

生活保護法第38条に規定される保護施設のひとつ. 生業扶助を現物給付の方法によって行うことをその目的としている. もとより, 生業扶助は現金給付の方法で行うことを原則としているが, 要保護者の就業能力が身体上または精神上の理由等で限られている場合, または, 現金給付によることができない, 現金給付によることが適当でない等のとき, 保護の実施機関は現物給付で行うことができる(第36条). この現物給付による生業扶助を行うのが授産施設である. 具体的には, 就労のために必要な施設の供用や生業に必要な技能の授与が行われる.
[木村　敦]

主訴

サービス利用者が援助機関に対して行う問題や援助に関する主たる訴えのことである. 留意すべき点は, サービス利用者の表出された訴えや要求が, 潜在的な問題や現実に対処すべきニーズと異なる場合があることである. また信頼関係が十分に形成されていない段階では, 本来別の要求があったとしても心理的抵抗や羞恥心などから簡単に表現できないこともある. したがって援助者は主訴について十分な傾聴をすることはもちろんだが, それ以外のニーズがないか, あるとすればそれにどう対応すべきか, なども

考慮していく必要がある. ［山田 容］

恤救規則 (じゅっきゅうきそく)

1874（明治7）年12月，太政官達162号として公布された，前文と5条からなる明治初期の救貧制度. 前文の「済貧恤窮ハ人民相互ノ情誼ニ因テ」にみられるように，貧困救済の原則は，家族・親族や隣保の相互扶助によるものとし，「無告ノ窮民」，すなわち ① 極貧で，② 労働不能で，③ 身寄りのない者を例外的に公的救済の対象とするという厳正なる制限扶助主義をとった. 給付は米代の支給で，下米の価格に換算して行われた. 1932（昭和7）年の救護法施行にともない廃止. ［砂脇 恵］

出産育児一時金 (しゅっさんいくじいちじきん)

健康保険並びに国民健康保険に規定される金銭給付. 被保険者が出産した場合に支給される現金給付である. この給付の目的は，家計の出産前後の負担を軽減することである. 分娩という保険事故に対する一時給付金であり，分娩費と育児手当金を一体化したものである. なお，その給付額は，42万円（産科医療補償制度対象出産ではない場合は39万円）となっているが，組合管掌健康保険は，各組合によって，また，国民健康保険は，各地域によって異なっているため，それぞれの窓口に問い合わせる必要がある. ［成清美治］

出産手当金 (しゅっさんてあてきん)

健康保険法，船員保険法，国家公務員共済組合法，地方公務員共済組合法，私立学校教職員共済法に規定されている金銭給付. 被保険者が，分娩のため分娩の日以前42日から分娩の日以後56日までの間，労務に服さず報酬をうけることができない時，1日について標準報酬日額の3分の2が支給される. ただしこの「労務に服さない」期間において，被保険者が事業主から報酬がうけられる等の場合については，その金額は調整される. ［木村 敦］

出産扶助 (しゅっさんふじょ)

生活保護法第16条に規定される扶助のひとつ. 範囲は，「① 分べんの介助，② 分べん前及び分べん後の処置，③ 脱脂綿，ガーゼその他の衛生材料」である. 扶助の方法は，金銭給付によって行うことが原則であるが，これ（金銭給付）によることができない，または，よることが適当でない等のとき，保護の実施機関は，現物給付による扶助（「助産の給付」）を行うことができる（第35条）. ［木村 敦］

主任児童委員 (しゅにんじどういいん)

区域担当制をとっていた民生・児童委員制度の機能を拡充するために1994（平成6）年に導入された. 区域を担当せず，児童福祉分野のみの専門的役割を担い，地域子育て支援をはじめ，児童委員と連携して児童相談並びに支援活動を実施している. →子育て支援ネットワーク，児童委員，民生委員 ［合田 誠］

ジュネーブ宣言 (せんげん)

1924年に国際連盟会議において採択された. 20世紀に入って1913年第1回国際児童保護会議（ベルギー・ブリュッセル市）などの児童福祉の国際的交流を背景にし，第1次世界大戦のもたらした児童への悲惨な反省の上に，「児童が身体上ならびに精神上正常な発達を遂げるために必要なあらゆる手段が講ぜられなければならない.」など5項目すべてを児童の権利として宣言した. それは1959年11月20日の国際連合の児童権利宣言に発展させられた. さらに，1989年の「児童の権利に関する条約」誕生への契機にもなっている. もともとはイギリスのジェブ（Jebb, E.）女史が創設し

受容 (acceptance)

望ましい人格変容をもたらすのに必要かつ十分な条件のひとつとしてロジャーズ（Rogers, C.R.）が提示した「無条件の積極的関心」のこと．相手をひとりの人間として無条件にその価値を認めて尊重し，暖かい関心を寄せる態度をさす．人は他者から受容されたい欲求をもっており，受容されたという体験が洞察を促進させ，自己受容や他者理解を可能にすると考えられる．今日ではカウンセリング場面だけでなく，対人援助業務において，人に近づく心構えの基本概念として使われるようになっている．　［井上序子］

種類支給限度基準額

市町村は，居宅要介護被保険者が居宅サービスおよび地域密着型サービスの種類ごとに月を単位として1ヵ月間に受けたひとつの種類に係る居宅介護サービス費，特例居宅介護サービス費，地域密着型介護サービス費，特例地域密着型介護サービス費の合計額について，居宅介護サービス費等種類支給限度基準額を基礎にして，厚生労働省令で定めるところにより算定した額の100分の90に相当する額を超えることができないようにすることができる．この居宅介護サービス費等種類支給限度基準額は，居宅サービス等の種類ごとに，標準的な利用の態様，介護報酬等を勘案し，居宅介護サービス費等区分支給限度額の範囲内において，市町村が条例で定める額とする．→介護報酬，居宅介護サービス費，区分支給限度額　　　　　　　　　　［岡田直人］

手話通訳士

聴覚障害者と聴覚に障害のない者との間のコミュニケーションの確立に必要とされる手話通訳を行う者をいう．単なる伝達技術ではなく，信頼と安心をもとにした人と人の心を結び付けるという重要な役割を担っている．受験資格は，20歳以上で手話通訳経験が3年程度以上あることである．養成校（国立身体障害者リハビリテーションセンター学院手話通訳学科：修業年限1年）で学んで受験するか，市町村やボランティア団体が実施する手話講習会を受講して（3年間），2年間の実務経験を経た後，受験することになる．　［津田耕一］

手話通訳事業

2000年「社会福祉事業法」が「社会福祉法」に改正されたことにより，第2条の3の5の定めにより新たに社会福祉事業の範囲に加えられた第二種社会福祉事業のひとつ．身体障害者福祉法第4条の2の11では，「『手話通訳事業』とは，聴覚，言語機能又は音声機能の障害のため，音声言語により意思疎通を図ることに支障がある身体障害者（以下この項において「聴覚障害者等」という．）につき，手話通訳等（手話その他厚生労働省令で定める方法により聴覚障害者等とその他の者の意思疎通を仲介することをいう．第34条において同じ．）に関する便宜を供与する事業」とされる．［伊藤葉子］

シュワルツ，W.
（米 Schwartz, William; 1916-1982）

グループワーク（group work）における相互作用媒介的アプローチ（reciprocal approach）の提唱者のひとり．このアプローチは，「クライエントあるいはグループ」「組織団体あるいは他のグループ」「ソーシャルワーカー（social worker)」の相互作用に注目し，活発な相互作用を促すためのワーカーによる媒介的な役割を重視する．また，クライエントの相互援助関係をシステム（system）としてとらえ，理想的なグループの状態は相互援助システム（mutual aid system）であるとした．この考えは，グループワークだけにとどまらず，ソーシャルワーク全体にまで応用可能なものであり，ソーシャルワークの統合化にも大きく寄与した． ［土屋健弘］

昇華⇒防衛機制

障碍

戦前は「しょうがい」について，障害ではなく障碍と表記されていたが，戦後の1947年に公布された当用漢字表に「碍」の字がなくなり，「害」を充てたとされている．しかし，元々障碍は，日常生活に支障がある・制限がある，という意を反映していたことに比し，障害の害の字がもつ意味は，不便にとどまらず，不幸を連想させるようなマイナス的な印象が強いことから，近年，表記の仕方を工夫している自治体も少なくない．ただ，行政機関が当用漢字表にない漢字を用いることは困難なこともあり，「障がい」と表記しているところもある．［青木聖久］

生涯学習

1985年の臨時教育審議会で，学校中心主義・学歴偏重主義を克服し，生涯にわたる学習活動の継続によって自己実現を達成することが提言され，後に生涯学習流行のきっかけとなった．生涯学習とは，充実した人生を送るために自発的意志に基づいて自らに適した方法を自己選択し，生涯を通じて主体的に行われる学習であり，いかに生きるかを考えることでもある．内容は人生に関わる問題も含めて，科学，芸術，文化等多岐に及ぶ．こうした生涯学習は社会参加にもつながり，高齢者は老後の孤独感からも解放され，生きがいある豊かな生活や人生を創り出すことができる． ［梓川 一］

障害関係3審議会意見具申

障害保健福祉施策全般を総合的に見直すため，1996（平成8）年から障害関係3審議会（身体障害者福祉審議会，中央児童福祉審議会障害福祉部会，公衆衛生審議会精神保健福祉部会）にそれぞれ企画分科会が設置され，合同審議が行われてきた．1997（平成9）年の中間報告に続き，1999（平成11）年に「今後の障害保健福祉施策のあり方について」が出された．障害者福祉サービスの新しい利用制度，サービス水準の確保と利用者の保護，障害者の参画という3本柱で構成されている．「措置から契約」への移行を睨んだ意見具申となっている．また，各審議会からもそれぞれ意見具申が出されている． ［津田耕一］

障害基礎年金

国民年金加入中の病気やケガにより一定の要件に該当する障害者になった時に支給される年金．加入期間の3分の2以上の保険料納付期間（保険料免除期間を含む）がなければ受給できない．20歳前に初診日があれば，20歳になった時点で支給されるが，世帯の収入により所得制限がある．2012年度の支給年額は，1級の場合は98万3,100円，2級の場合は78万6,500円である．18歳未満の子や20歳未満の重度障害児がいる場合の加算もある． ［植戸貴子］

障害厚生年金

民間の被用者を対象にした厚生年金保険における障害給付．被保険者が病気やけがで，障害認定日に1級または2級の障害と認められた時は，1級または2級の障害基礎年金に上乗せして支給される．2級よりも軽い3級の障害等級に該

当する場合は，3級の障害厚生年金が単独で支給され，さらに，3級の障害よりもやや軽い障害が残った時は，一時金の形で障害手当金が支給される．障害厚生年金の受給権を得るには，障害基礎年金の保険料納付要件を満たしていることが必要である． [鎮目真人]

障害児相談支援事業

児童福祉法に基づき，地域の身体に障害ののある児童または知的障害のある児童の福祉に関する各般の問題につき，これらの障害児およびその保護者に対する情報の提供並びに相談および指導を行うとともに，市町村，児童相談所などの関係機関との連絡・調整等の援助を総合的に行う事業．従来，知的障害者と障害児を併せ「障害児（者）地域療育等支援事業」として実施されていたが，法改正にともない新規事業に追加された．2000（平成12）年6月より実施． [有川洋司]

障害児通所支援

児童福祉法第6条第2項2に規定される「児童発達支援，医療型児童発達支援，放課後等デイサービス，保育所等訪問支援」を指す．児童発達支援とは，児童発達支援センター等に障害児を保護者のもとから通わせて，日常生活における基本的動作の指導，独立自活に必要な知識技能の付与又は集団生活への適応のための訓練を提供することを目的とした事業で，医療型児童発達支援は，障害児を保護者のもとから通わせて，日常生活における基本的動作の指導，独立生活に必要な知識技能の付与又は集団生活への適応のための訓練及び治療を提供することを目的とする．また，放課後等デイサービスは，就学している障害児について，授業の終了後又は休業日に児童発達支援センター等に通わせて，生活能力の向上のために必要な訓練，社会との交流の促進等を行う．保育所等訪問支援は，保育所・幼稚園・小学校等に通う障害児について，当該施設を訪問し，当該施設における障害児以外の児童との集団生活への適応のための専門的な支援等を行う．
 [山口倫子]

障害児入所支援

福祉型障害児入所施設，医療型障害児入所施設を指し，児童福祉法第42条に規定されている．障害児入所支援は，重度・重複障害や被虐待児への対応を図るほか，自立（地域生活移行）のための支援を充実させるものである．福祉型障害児入所施設は，障害児を保護し，日常生活の指導や知識技能の付与を行う．重度・重複化への対応や障害者施策に繋ぐための自立支援の機能を強化するなど，支援目標を明確化し，個別支援計画を踏まえた支援の提供を目指す．医療型障害児入所施設は，障害児を保護し，日常生活の指導や知識技能の付与及び治療を行う．専門医療と福祉が併せて提供されている現行の形態を踏まえ，専門性を維持するか，又は複数の機能を併せ持つことも可能である．また，支援内容について，障害者施策に繋げる観点から見直し，個別支援計画を踏まえた支援の提供を目指す． [山口倫子]

障害児福祉手当

精神または身体に重度の障害を有するため日常生活において常時の介護を必要とする状態にある在宅の20歳未満の者を支給対象とした手当制度．手当額は，月額1万4,280円（2012年度）である．受給資格者またはその配偶者もしくは扶養義務者の前年度の収入が一定以上である場合，または精神を事由とする公的年金等の給付をうけることができるときは，支給の制限がある． [櫻井秀雄]

障害児保育

障害児の保育は障害の種類や程度に応

じて通園施設や盲・ろう学校の幼稚部でしか行われてこなかったが，1970年代頃から障害児も地域の保育所にという運動が高まり，1974（昭和49）年「障害児保育実施要綱」，1978（昭和53）年「保育所における障害児の受け入れについて」（通知）が出された．保育所で受け入れる障害児は「集団保育が可能で日々通所できるもの」と限られており，自治体によっては重度の障害児が排除されるという現実も残されているものの，障害児と健常児が共に育つ統合保育が確実に制度化されていった．1989（平成元）年には国の特別保育事業に位置づけられ，保育士配置・施設整備などの必要経費が予算化されるようになった．これからの障害児保育は，障害児への特別な保育としてではなく，むしろ障害をもつ子も一緒にいることを前提とした保育計画や保育内容をもった共生の保育になっていくことが求められている．[井上寿美]

障害者インターナショナル
（Disabled People's International：DPI）

1980年にカナダのウィニペグで開かれた第14回リハビリテーション・インターナショナルの国際会議において結成された，障害者自身の国際組織．障害者問題については医学，福祉，教育などの専門家がリーダーシップを取ってきたことへの批判から，障害者自身が参加し運営することが重要であるとの主張によって設立された．DPIはこれまでに，全世界の障害者を代表して，障害者の権利，自立，社会参加や国際協力などについての声明，行動計画，宣言を出し，各国の障害者の自立や社会参加運動の促進に影響を与えてきている．[植戸貴子]

障害者加算

生活保護制度において，最低生活費を構成する中心的扶助である生活扶助における各種加算のひとつである．これは身体障害者手帳1級，2級および3級の身体障害者，もしくは国民年金法の1級または2級の障害者に対する特別需要に対応した加算である．例として，在宅の1級地に居住する1級障害者の場合，月額26,850円（2012年度現在）の加算がある．[高間 満]

障害者基本計画

障害者の福祉に関する施策および障害の予防に関する施策の総合的かつ計画的な推進を図るための基本的な計画で，障害者基本法で政府に策定が義務づけられている．計画策定に当たっては，中央障害者施策推進協議会の意見を聴くこととなっている．この障害者基本計画は，1993（平成5）年策定された「障害者対策に関する新長期計画」をあてている．この障害者基本計画は，1995（平成7）年に策定された障害者プランへとつながっていく．また，都道府県および市町村は，国の障害者基本計画を基本とし，当該地域の障害者の状況等を踏まえ，それぞれ都道府県障害者計画，市町村障害者計画を策定するよう努めなければならないとされている．→新しい障害者基本計画　　　　　　　　[植戸貴子]

障害者基本法

日本の障害者施策の基本理念と方針を示す法律で，障害者の自立と社会，経済，文化その他あらゆる分野の活動への参加を促進することを目的としている．1970（昭和45）年に制定された心身障害者対策基本法を，1993（平成5）年に抜本的に改正，改称したもの．障害者を身体障害者・知的障害者・精神障害者と定義づけされ，障害者施策を総合的・計画的に推進するために，国に障害者基本計画策定を義務づけ，国に障害者基本計画策定を義務づけた．2004年の改正では，都道府県，市町村の障害者基本計

画策定が義務化され，障害者の日を障害者週間に改め，第3条に障害を理由とする差別の禁止の項が加えられた．

[植戸貴子]

障害者基本法の一部を改正する法律

障害者基本法は，1993年に制定されたが，2011年7月23日に同法が改正された．その目的は，すべての国民が障害の有無に関わらず個人として尊重され，障害の有無によって分け隔てなく，尊重し合いながら共生する社会の実現にある．同法の改正の概要は，①目的制定の見直し：共生社会の創設（第1条関係），②障害者の定義の見直し（第2条関係）：新たに障害者に発達障害を加える，③地域社会における共生等（第3条関係）：地域社会における他の人々との共生，④差別の禁止（第4条関係）：国は差別の防止を図る，⑤国際的協調（第5条関係）共生社会の創設は国際的協調のもとではかる，⑥国民の理解（第7条関係）／国民の責務（第8条関係），⑦施策の基本方針（第10条関係）：障害者の性別，年齢，障害の状態，生活の状態に応じた施策を実施する，等となっている．

[成清美治]

障害者ケアマネジメント

厚生労働省は，介護保険の対象とならない若年障害者を対象とするケアマネジメントのあり方を検討してきた．これを「介護等支援サービス」とよんでいる．若年層の障害者ケアマネジメントのキーワードは，地域社会における「自立」と「社会参加」である．本人の主体性や自己決定の尊重が重視されるなど介護より広い概念でとらえられている．現在のところ，障害別にサービス指針が出されている．障害者と必要な社会資源を結びつけるための重要な役割を果たすことになる．ケアマネジャーは，エンパワメントと権利擁護の視点が強く求められる．当事者自身によるセルフケアマネジメントを究極の目的としている．

[津田耕一]

障害者控除

障害者に関する税制上の特別措置のひとつ．本人またはその配偶者もしくは扶養親族が税制上障害者に該当する場合，所得税，住民税，相続税について，所得額から一定額が控除される．一般の障害者の控除額は（1人につき），所得税では27万円，住民税では26万円，特別障害者（重度障害者）の場合は，所得税では40万円，住民税では30万円である．また，同居する特別障害者を扶養している場合には，所得額からの控除額に加算がある．

[植戸貴子]

障害者更生センター

身体障害者福祉センターのひとつ．広域的利用施設として，景勝地，温泉地等に設置され，障害者とその家族が気軽に宿泊，休養し，各種相談，レクリエーション等を通して，相互の親睦を深め，障害者の健康の増進と社会参加の促進を図るために必要な事業を行い，必要な便宜を提供する施設．利用者は，原則として障害者とその家族（付き添い人）．

[相澤譲治]

障害者雇用支援センター

職業リハビリテーション施策の一環として，重度障害者の自立を図るため，相談・援助等を行う機関．具体的な業務内容は，個々の特性に応じた職業リハビリテーションの提供方法の検討，作業実習の実施，職場見学や職場実習の実施，就職後の通勤援助や職場定着のための援助の実施，障害者の雇用支援者の養成・登録・情報提供等である．「障害者の雇用の促進等に関する法律」の一部改正により，2012（平成24）年4月1日より廃止された．

[柿木志津江]

障害者雇用対策基本方針

2003年3月に厚生労働省が,障害者の雇用の促進と職業の安定を図るために策定した基本方針で,2003年度から2007年度までを運営期間とした.雇用率制度を柱とした施策の推進(精神障害者の就業環境を整備し雇用率制度の対象とすること,雇用率達成指導を強化すること等)と,総合的な支援施策の推進(障害の種類や程度に応じたきめ細かな対策の推進,経済情勢に配慮した施策の推進,関係機関の連携の強化)を方向性として示した.　　　　　　　[植戸貴子]

障害者雇用調整金

障害者の雇用の促進等に関する法律に基づき,障害者の法定雇用率(1.8%)を超えて雇用した企業には,超えた人数に応じて障害者1人当たり月額2万7千円の障害者雇用調整金が支給される.週の労働時間が20時間以上(精神障害者の場合には15時間以上),30時間未満の短時間労働者も算定数に含まれる.常用労働者200人以上の企業が対象となり,調整金の財源には障害者雇用納付金等が充てられる.　　　　　　　　　[酒井美和]

障害者差別禁止法

障害をもつ人に対する差別の撤廃を規定した法律.1990年「障害をもつアメリカ人法(ADA法:American with Disability Act)」や1995年イギリスの「障害者差別禁止法(DDA:Disability Discrimination Act)」等がある.1993年の国連「障害のある人の機会均等化に関する標準規則」の「政府は,障害のある人の完全参加と平等という目的を達成するための措置の法的根拠を作成する義務がある」を受け,日本においても労働,教育や地域生活を営む権利の保障と障害を理由に拒絶されることなく,国や地方公共団体のみならず民間を含めた義務を課す法の制定への運動が進められている.　　　　　　　　　[伊藤葉子]

障害者支援施設

障害者総合支援法第5条第11項に,「障害者支援施設とは,障害者につき,施設入所支援を行うとともに,施設入所支援以外の施設障害福祉サービスを行う施設(のぞみの園及び第1項の厚生労働省令で定める施設を除く)をいう.」と規定している.　　　　　　　[成清美治]

障害者社会参加促進事業

障害をもつ人の社会参加の促進を図るための諸事業を,メニューから選択し,実施する事業.身体障害者福祉法に定められていないが,予算措置により実施されている事業である.メニューは,①基本事業,②特別事業,③リフト付き福祉バス運行事業の3つに分けられており,基本事業は14の事業からなっている.「障害者の明るいくらし」促進事業が都道府県・指定都市単位で実施されるのに対し,障害者社会参加促進事業は市町村単位で実施される事業である.2006(平成18)年の「障害者自立支援法」の施行にともない,市町村が行う地域生活支援事業へ移行した.[柿木志津江]

障害者住宅整備資金貸付事業

経済的理由で居住環境の改善,つまり障害者専用居室等の増改築または改造を行うことができない障害者またはその同居世帯に対して,必要経費を融資する事業.実施主体は都道府県または市町村である.貸付額や貸付条件は,実施主体が地域の実情に応じて定めるものとされている.　　　　　　　　　[柿木志津江]

障害者就業・生活支援センター

障害者の雇用の促進等に関する法律に基づき,一般社団法人,一般財団法人,社会福祉法人,NPO法人などが障害者

就業・生活支援センターの指定を都道府県知事から受けることができる．センターでは，障害者に対して就労に向けた作業や訓練，相談などを行う．また，障害者の日常生活に関する相談にも応じ，公共職業安定所や地域障害者職業センターなどと連絡調整を通して，障害者の就労を支援する．　　　　　　　　[酒井美和]

障害者小規模作業所

国の設置基準を満たしていない無認可の作業所である．認可施設の絶対数が少ない，設置地域に偏りがあることなどから，養護学校を卒業してから地域に行き場のない障害者やさまざまな理由で認可施設を利用できない障害者を対象とした小規模作業所が増えてきている．障害種別や制度にとらわれない，少人数でのケアが可能，地域に密着した独自の取り組みが可能であり，重要な役割を果たしている．その一方，国の助成制度があるが補助金が少なく（1ヵ所年間110万円），各都道府県や市町村の単独助成によって運営されており，財政基盤が弱いという問題がある．2006（平成18）年の「障害者自立支援法」の施行にともない，市町村の地域生活支援事業における「地域活動支援センター」等へ移行した．
　　　　　　　　　　　　　　[津田耕一]

障害者職業カウンセラー

障害者の雇用の促進等に関する法律に基づき，障害者の職業リハビリテーションを行う．高齢・障害・求職者雇用支援機構の障害者職業センターに配置され，専門的知識を用いて障害者の就職支援を総合的に行う．業務内容はさまざまな検査や作業を通した職業評価，就労に向けた訓練，相談支援など多岐に渡る．休職中の精神障害者の復職支援やジョブコーチの派遣なども行っている．[酒井美和]

障害者職業センター

障害者職業センターの設置は，障害者雇用促進法に規定されており，障害者職業総合センター，広域障害者職業センター，地域障害者職業センターの3つがある．障害者職業総合センターは職業リハビリテーション関係の中核的な機関であり，調査・研究・研修等を行う．広域障害者職業センターは，広範囲の地域にわたり，系統的に職業リハビリテーションの措置を受けることを必要とする障害者に関して，関係機関と連携しながら，障害者に対する職業評価，職業指導および職業講習を系統的に行ったり，この措置を受けた障害者を雇用し，または雇用しようとする事業主に対する障害者の雇用管理に関する事項についての助言その他の援助や，これらに付随する業務を行う．地域障害者職業センターは，各都道府県において，障害者に対する職業評価，職業指導，職業準備訓練および職業講習を行うこと，業主に雇用されている知的障害者等に対する職場への適応に関する事項についての助言または指導を行うこと，事業主に対する障害者の雇用管理に関する事項についての助言その他の援助を行うこと，職場適応援助者の養成および研修を行うこと．障害者就業・生活支援センターその他の関係機関に対する職業リハビリテーションに関する技術的事項についての助言その他の援助を行うこと等を業務としている．[加納光子]

障害者自立支援法

自立と共生社会の実現を目的に，2005年10月に成立し，その翌月に公布された．この法のポイントとしては，障害者施策の3障害（身体・知的・精神）一元化，サービス体系の再編，就労支援の抜本的強化，支給決定の透明・明確化，安定的な財源の確保，があげられる．なかでも，従来33種類に分かれて

いた施設体系を6つの事業に再編し、あわせて、地域生活支援、就労支援のための事業や重度の障害者を対象としたサービスを創設したことと、支給決定に関し介護保険制度と同様に、客観的な尺度（障害程度区分）を導入したこと等が特徴である。しかしながら、この法は、従来の応能負担が応益負担に変更されたことで、原則1割の自己負担が必要なことから、障害者及び家族の生活に大きな影響を及ぼしている。そのことから、自治体によっては独自の利用料の減免制度を設けたり、「制度の抜本的な見直し」を求めた集会が各地で開かれたりしている。なお、同法の改正法として2013（平成25）年に障害者総合法となる。

[青木聖久]

障害者自立支援法における介護給付

(long-term care benefits, nursing care benefits)

障害者自立支援法の障害福祉サービス。介護給付には、居宅介護、重度訪問介護、行動援護、重度障害者等包括支援、児童ディサービス、短期入所、療養介護、生活介護、施設入所支援、共同生活介護がある。

[伊藤葉子]

障害者自立支援法の円滑な運営のための特別対策および障害者自立支援法の抜本的見直しに向けた緊急措置の継続・拡充

障害者自立支援法の円滑な施行を図るため、法の施行にともなう激変緩和や事業者の経営安定化や経過的な支援等を盛り込み、2006（平成18）年度から2008（平成20）年度までの特別対策を実施。主に利用者負担の軽減、事業者に対する激変緩和措置、新法への移行などのための緊急的な経過措置がとられた。後に、同法の抜本的見直しに向けた緊急措置として、主に利用者負担の見直し、事業者の経営基盤の強化、グループホームなどの整備促進が図られた。その後、既存事業の拡充や新たな事業を盛り込み、2011（平成23）年度末まで事業を延長し実施した。

[伊藤葉子]

障害者総合支援法における介護給付費及び特例介護給付費の支給

障害者総合支援法第28条第1項に基づき、①居宅介護 ②重度訪問介護 ③同行援護 ④行動援護 ⑤療養介護（医療に係るものを除く）⑥生活介護 ⑦短期入所 ⑧重度障害等包括支援 ⑨施設入所支援等に要する費用を障害者に対する介護給付費及び特例介護給付費として定めている。

[成清美治]

障害者対策に関する新長期計画

中央心身障害者対策協議会による「『国連・障害者の十年』以降の障害者対策の在り方について」の意見書を踏まえて、1993（平成5）年に政府の障害者対策推進本部が策定した計画。①障害者の主体性、自立性の確立、②全ての人の参加によるすべての人のための平等な社会づくり、③障害の重度化・重複化および障害者の高齢化への対応、④施策の連携、⑤「アジア太平洋障害者の10年」への対応、を基本的考え方としている。この新長期計画の具体化を図るための重点施策実施計画として、1995（平成7）年には「障害者プラン」が作られた。

[植戸貴子]

障害者に関する世界行動計画

国際障害者年の「完全参加と平等」を実現するための具体的な行動計画であり、1982年第37回国連総会で採択された。目的は、「障害の予防、リハビリテーション並びに社会生活と開発への障害

者の『完全参加』および『平等』という目標実現のための効果的な施策を推進することにある．すなわち，すべての人びとと均等の機会を得ること，および社会的・経済的発展の成果としての生活条件の向上に等しくあずかることを意味する」と規定されている．なかでも，障害の予防，障害者のリハビリテーション，機会の均等化のための緊急対策を含めることの重要性が強調されている．　[津田耕一]

「障害者の明るいくらし」促進事業

障害者の社会参加の促進を図るための諸事業を，メニューから選択し，実施する事業．メニューの内容は，情報伝達支援，情報支援，移動支援，生活訓練，障害者スポーツ振興等である．身体障害者福祉法に定められていないが，予算措置により実施されている事業である．障害者社会参加促進事業が市町村単位で実施される事業であるのに対し，「障害者の明るいくらし」促進事業は都道府県および指定都市が実施主体となっている．
　[柿木志津江]

障害者の運賃割引

障害者手帳及び療育手帳所持者に対しJR鉄道，私鉄，航空等の旅客運賃，旅客線運賃，バス，タクシー等の利用時における利用料割引をいう．第1種手帳所持者の場合には介助者1名についても対象となり，第2種手帳所持者の場合には本人のみの割引となる．割引率は各旅客会社によって異なるが，鉄道の場合は50％割引である．このほか，有料道路では，「身体障害者が自ら運転する場合」または「重度の身体障害者もしくは重度の知的障害者（第1種障害者）が同乗し，障害者本人以外の方が運転する場合」に，事前に登録された自動車1台に対して，割引率50％の障害者割引を実施している．　[伊藤葉子]

障害者の虐待の防止，障害者の養護者に対する支援等に関する法律（障害者虐待防止法）

2011年6月17日成立．障害者の尊厳を尊重することを基本理念とする．障害者の自立・社会参加のために虐待の防止が重要であるとの基本原則の下に，障害者に対する虐待の禁止，そのための国等の責務，虐待を受けた障害者に対する保護・自立支援・養護者に対する支援について定めている．　[成清美治]

障害者の権利宣言

1975年の国連総会で採択された身体障害者，知的障害者，精神障害者を含むすべての障害者の権利に関する宣言である．障害者の定義をはじめとする13の条項から構成されている．「同年齢の市民と同等の権利を有する」「可能な限り通常のかつ十分満たされた相当の生活を送ることができる権利を意味する」（第3項）等ノーマライゼーションの理念の文章化がある．その他，市民権，自立の権利，リハビリテーション，経済的・社会保障の権利の規定がある．　[相澤譲治]

障害者の権利に関する条約

障害者の権利および尊厳を保護・促進するための包括的・総合的な国際条約．障害者の尊厳，個人の自律・自立，非差別，社会参加，インクルージョン等を一般原則とし，教育，労働，社会保障等に関する権利保障や，アクセシビリティ・情報へのアクセス・合理的配慮等が規定されている．2006年12月の第61回国連総会本会議で採択され，2007年3月に署名が始まった．日本は2007年9月28日にこの条約に署名し，2014年に批准している．　[植戸貴子]

障害者の日常生活及び社会生活を総合的に支援するための法律及び児童福祉法の一部を改正する法律 (2016)

2016年5月成立．障害者が自らのぞむ地域で生活できるようにするための生活と就労に対する支援，ならびに高齢障害者による介護保険サービスの円滑な利用，この両者を促進するため制度の見直しを行うとともに，障害児支援のためのサービスの拡充，質の確保・向上を図るための環境整備を行うことが規定された．　　　　　　　　　　　　　　[成清美治]

障害者プラン

国の障害者基本計画の具体案として1995（平成7）年に障害者対策推進本部が策定し，「障害者対策に関する新長期計画」の具体化を図る重点施策実施計画と位置づけられている．2002（平成14）年までの7か年計画で「ノーマライゼーション7か年戦略」とよばれる．①地域で共に生活するために，②社会的自立を促進するために，③バリアフリー化を促進するために，④生活の質（QOL）の向上をめざして，⑤安全な暮らしを確保するために，⑥心のバリアを取り除くために，⑦わが国にふさわしい国際協力・国際交流を，の7つの視点から構成されている．　　　[植戸貴子]

障害者や高齢者にやさしいまちづくり推進事業

障害者や高齢者が社会参加をする場合の基盤となる生活環境の整備を進めるため，地域社会全体としての合意づくりを推進し，まちづくりに関する総合計画を策定し，これに基づき必要な環境整備を実施する事業．具体的には建物出入口の段差の解消，歩道整備，駅舎へのエレベーターの設置等，障害者や高齢者が外出しやすい環境に整備するとともに，公園を整備して交流の場を確保する等によって，社会参加の機会均等を図る事業である．これらの改造・改善に対する財源として，関係省庁の補助制度，助成制度や各種融資制度がある．　　　[柿木志津江]

障害受容
（acceptance of disability）

理論的には，人間が危機に遭遇し，不均衡の状態に陥った時，どのように再均衡の状態になるかというクライシス理論の適用であり，リハビリテーションのキー概念である．自己の障害をどう解釈し，受け入れるかは，あきらめや居直りではなく，本質的に価値観を転換した新しい生き方をすることである．障害を負った後に共通に見られる心理的反応として「悲嘆」があり，同時にその回復には一連の段階（ショック，否認，混乱，解決の努力など）があるとされている．その過程には，心理的支援や社会的支援が不可欠である．　　　　　　　　[藤井　薫]

障害程度区分

障害者自立支援法において，障害福祉サービスの必要性を明らかにするため，障害者の心身の状態を総合的にあらわす区分．市がサービスの種類や量を決定する際の勘案事項の1つ．認定調査員による障害程度区分認定調査を踏まえ，コンピュータ判定による一次判定の後，認定調査の特記事項，医師の意見書等を踏まえ，市町村審査会で二次判定を実施し認定される．一次判定の項目は，介護保険制度の要介護認定調査項目79項目に行動障害，IADL等の27項目を追加した合計106項目について行われる．障害程度区分は，サービス利用対象者の要件や国や市に対するホームヘルプサービスの国庫負担基準等に用いられる．→障害者自立支援法　　　　　　　　　　[伊藤葉子]

障害認定

障害認定とは、心身に障害のある人に対して、福祉制度において障害の程度によって対象者の障害を特定する認定行為をいう。その障害の程度の等級は各制度によって異なる。

たとえば、国民年金法では障害等級は2等級、厚生年金法では障害等級は3等級、身体障害者福祉法では障害等級は7等級、労働者災害補償保険法では14等級である。また、その障害の基準も各制度によって異なる。なお、身体障害者福祉法では、「身体障害者障害程度等級表」の等級に該当する者(18歳未満も含む)に対して、身体障害者手帳が交付されるが、手続きは都道府県知事の指定する医師の診断書及び意見書を添付したものを福祉事務所(ただし、福祉事務所を設置しない町村の居住者は、町村を経由して知事に提出)を経由して知事に申請する。該当する等級が認められた者に対して身体障害者手帳が交付される。

[成清美治]

障害認定日

年金において障害給付をうけるさいに、障害の程度について診断を下し、障害等級を定めるべき日のことをいう。障害認定日は、障害の原因となった傷病について、初めて医療機関で受診した日(初診日)から1年6ヵ月を経過した日か、その期間内に傷病が治癒し、障害の程度が確定したと認められる日とされている。

[鎮目真人]

障害福祉計画

障害者総合支援法第87条第1項に「障害福祉サービス及び相談支援並びに市町村及び都道府県の地域生活支援事業の供給体制を整備し、自立支援給付及び地域生活支援事業の円滑な実施を確保するための基本的な指針を定めるものとする。」と規定している。なお、市町村福祉計画は、同法第88条第1項の規定に「障害福祉サービスの提供体制の確保その他この法律に基づく業務の円滑な実施に関する計画を定めるものとする。」なっている。また、都道府県は同法第89条第1項に「市町村障害福祉計画の達成に資するため、各市町村を通ずる広域的な見地から、障害福祉サービスの提供体制の確保その他この法律に基づく業務の円滑な実施に関する計画(以下「都道府県障害福祉計画」という)を定めるものとする。」と規定されている。[成清美治]

障害福祉サービス

障害福祉サービスとは、障害者総合支援法第5条第1項に規定する居宅介護、重度訪問介護、同行援護、行動援護、療養介護、生活介護、短期入所、重度障害者等包括支援、施設入所支援、自立訓練、就労移行支援、就労継続支援及び共同生活援助をいう。

なお、「障害者福祉サービス事業」とは、障害者福祉サービスその他厚生労働省令で定める障害者福祉サービスを行う事業をいう。[成清美治]

障害福祉サービス費電子請求システム

2007(平成19)年10月より障害福祉サービス費等の支払いが市町村から国民健康保険団体連合会(国保連合会)へ委託され、それに伴い請求方法がインターネット請求へと変った。事業所は簡易入力システムから介護給付費等の請求情報を作成し、インターネットを経由して国保連合会の電子請求受付システムへ送信する。提出された請求情報は、市町村によって審査され、支払額等の決定は電子請求システムを通じて事業者に通知される。その他に、このシステムが導入されたことにより、事業所は請求情報の照会、請求取り下げ、各種通知のメールに

障害補償給付

業務上の傷病を被った労働者に対する労災保険給付のひとつ．労災による傷病が治癒した後，身体に一定の障害が残った場合に，被災労働者の稼得能力の喪失を補完することを目的として行われる金銭給付をいう．給付内容は，①障害等級の決定により，第1級から第7級までに相当するものに対する障害補償年金，②第8級から第14級までに相当するものに対する障害補償一時金に分かれる．

[中川 純]

障害高齢者の日常生活自立度判定基準

1991（平成3）年に厚生省により作成された障害者老人の日常生活自立度（寝たきり度）の判定基準．地域や施設等の現場において，保健師などが何らかの障害を有する高齢者の日常生活自立度を客観的かつ短時間に判定することを目的としている．判定にさいしては「能力」の評価ではなく「状態」に着目して，日常生活の自立の程度を「J」（何らかの障害を有するが，日常生活はほぼ自立しており独力で外出する），「A」（屋内での生活は概ね自立しているが，介助なしには外出しない），「B」（屋内での生活は何らかの介助を要し，日中もベッド上での生活が主体であるが座位を保つ），「C」（1日中ベッド上で過ごし，排泄，食事，着替えにおいて介助を要する）の4区分にランク分けすることで評価する．→認知症高齢者の日常生活自立度判定基準

[石田慎二]

障害をもつアメリカ人法⇒ADA法

障害を理由とする差別の解消の推進に関する法律

障害を理由とする差別の解消の推進に関する基本的な事項や，国の行政機関，地方公共団体等及び民間事業者における障害を理由とする差別を解消するための措置などについて定め，全ての国民が障害の有無によって分け隔てられることなく，相互に人格と個性を尊重し合いながら共生する社会の実現につなげることを目的として，2016（平成28）年4月に施行された．行政機関等及び事業者は障害者の権利利益を侵害することとならないよう，社会的障壁の除去の実施について，必要かつ「合理的な配慮」をしなければならないことが明記されている．

[木村志保]

償還払い

サービス等をうけた場合に利用者がかかった費用の全額をいったんサービス事業者等に支払い，のちに保険者から保険給付分の払い戻しをうけるのが償還払い方式である．わが国の医療保険や介護保険の給付は現物給付が中心だが，償還払いも併用されている．たとえば，医療保険で償還払いが採用されるのは，やむをえない事情により保険診療が受けられず自費で診察をうけた場合や，高額療養費制度においてである．また，介護保険では，要介護認定等の申請前にサービスをうけた場合や，介護サービス計画を作成しないでサービスをうけた場合等に償還払いとなる．

[寺本尚美]

小規模住居型児童養育事業（ファミリーホーム）

この小規模住居児童養護事業は2009年の児童福祉法の改正により始められた事業で，児童福祉法第6条3の8に規定しており，都道府県知事に届け出て行うことができる．対象児童は保護者のいな

い児童又は保護者に監護させることが不適当であると認められる児童（虐待などを受け家族と生活できない子ども等）である．また，養育者並びに養育は，養育に関し相当の経験を有する者その他の厚生労働省で定める者の住居において養育を行うとなっている．この事業は，里親と児童養護施設の間の「第3の社会的養護」として制度化されたもので，この住居をファミリーホームとよんでいる．
[成清美治]

小規模多機能型居宅介護事業

2005（平成17）年の介護保険法の改正にともなって，老人福祉法第5条の2に「老人居宅生活支援事業」として位置づけられた．また，社会福祉法においては第二種社会福祉事業と見なされることとなった．目的は，地域密着型サービスとして，長年住み慣れた高齢者の生活を支えることにある．この事業は，すでに「小規模多機能型居宅介護サービス」として，過疎地域に高齢者生活福祉センター（現，生活支援ハウス）として建設された．その後，このサービスが民間のNPO等の運営する「宅老所」や「グループホーム」によって拡大化・一般化された．なお，2012（平成24）年の介護保険法の改正により，①事業開始支援加算が2015（平成27）年3月まで継続，②サテライト事業所の設置が可能となった．
[成清美治]

小規模保育所

保育所は，定員60人以上で認可されることが原則であるが，1968（昭和43）年，定員の3割以上の3歳未満児を入所させることなどの一定の基準を設け，定員30人以上60人未満の保育所を小規模保育所として認めた．1971（昭和46）年「小規模保育所の設置認可について」により，措置費国庫負担金の交付基準に定める保育単価が適用されることになった．現在，小規模保育所は都市やその周辺地区では用地取得が困難であること，過疎地域では要保育児童が60人に満たない等の理由で設置され，3歳未満児を8割以上，かつ，乳児を1割以上入所させるなど多様化する保育需要に対応している．
[桑名恵子]

少子化 (decrease in childbirth)

少子化という用語自体の本来の意味は出生数の減少やそれにともなう出生率の低下により子どもが減り続ける状況をさす．社会全体の近代化と並行して人口構造は「多産多死」から「少産少死」へと転換していく．日本の場合，少子化が一般的に注目されだしたのは1989（平成元）年の合計特殊出生率が1966（昭和41）年の丙午の年をも下回る1.57にまで減少した時であった．第2次ベビーブーム以降，合計特殊出生率は低下を続け，ついには人口置換水準（2.08）を遙かに超えたまま現在に至っている．少子化の原因として女性の高学歴化により晩婚化・晩産化・非婚化や産育環境の問題などあげられ，政府として1990年代に入り本格的な少子化対策を講じるようになった．→エンゼルプラン，合計特殊出生率
[合田　誠]

少子化社会対策基本法

2002年1月に新しい将来推計人口が公表され，これまで少子化の主な原因とされていた晩婚化に加え既婚夫婦の出生力そのものが低下しているという傾向が明らかとなった．

この急速に進展する少子化の流れを変える新たな次世代育成支援のための基本法として，2003年7月議員立法により「少子化社会対策基本法」が制定された．この法律に基づき「少子化社会対策大綱」が2004年に策定され新エンゼルプランに続く子ども・子育て応援プランとして具体的な実施計画がだされてい

小地域開発モデル ⇒ ロスマン3つのモデル

小地域福祉活動

小学校区など，住民にとって身近な生活圏域において展開される地域福祉活動．地区社会福祉協議会（通称地区社協）や校区福祉委員会等とよばれる，地域住民による福祉推進組織を母体に行われる活動がその代表といえよう．主な活動内容は広報啓発活動や福祉教育，要援護者の問題発見から支援のためのネットワークづくり，給食・会食サービスや家事援助等の在宅福祉サービスなど多岐にわたるが，これらの活動が小地域で取り組まれることの意義は，当事者も含めた住民にとって活動への接近性が高いこと，活動をとおして相互に信頼感や安心感が深まるとともに自治意識が形成されることにある． [佐藤順子]

小児慢性特定疾患治療研究事業

小児慢性疾患のうち，治療が長期間にわたり，医療費負担が高額になることから，その治療の確立と普及，医療費の負担軽減のため，自己負担分を助成する制度．18歳未満の児童を対象とするが，引き続き治療が必要である場合は20歳までとなる．悪性新生物（白血病，脳腫瘍，神経芽腫等），慢性腎疾患（ネフローゼ症候群，水腎症等），慢性呼吸器疾患（気管支喘息，気管支拡張症等）等の11疾患群，514疾患が対象． [伊藤葉子]

少年院

家庭裁判所から保護処分が必要として送致された満14歳以上の非行少年に対して矯正教育を行い，社会生活に適応させるため，その自覚に訴え規律ある生活のもとに，学習指導，職業訓練，生活指導を行っている．少年院は，初等少年院・中等少年院・特別少年院・医療少年院の4種類があり，年齢等により区別されている．また，すべての少年院は法務大臣が管理する国立の施設である．→非行，保護処分 [竹田 功]

少年鑑別所

少年法第17条第1項第2号の決定（観護の措置）を受けた少年を収容して少年の資質の鑑別や在宅少年に対する在宅鑑別，少年院や保護観察所からの鑑別などを主たる業務としている．鑑別には心理学，教育学，社会学，その他の専門的知識をもった専門家が担当している．原則的に家庭裁判所本庁の所在地に設置されている．観護措置の場合，収容期間は原則2週間以内，最長4週間以内と定められている．少年鑑別所はすべて法務大臣の管轄で，国立施設である． [竹田 功]

少年法

1948（昭和23）年法律第168号．少年の健全な育成を期し非行のある少年に対して性格の矯正および環境の調整に関する保護処分を行うとともに少年および少年の福祉を害する成人の刑事事件について特別の措置を講ずることを目的とする．20歳未満の者を少年とし少年の保護事件については家庭裁判所に付す等のことを定めている．非行を犯すか犯すおそれのある児童に対する公的な対応は司法系統（少年法）と行政系統（児童福祉法）との2つに分かれる．家庭裁判所の審判に付すべき少年として犯罪行為を行った14歳以上20歳未満の少年（犯罪少年），刑法その他の刑罰法令に触れる行為を行った14歳未満で刑事上の責任能力がない少年（触法少年），20歳未満で保護者の正当な監護に服さない性癖があるなど罪を犯すおそれのある少年（虞犯

少年）の3種類に分類している．2000（平成12）年11月には少年法施行以来の大幅な改正法案が成立し，2001（平成13）年4月施行．改正は刑事罰対象年齢を16歳から14歳へ引き下げるなどの厳罰化内容となっている． ［安部行照］

消費生活協同組合⇒生活協同組合

消費税 (consumption tax)

物品の購入又はサービスの消費に対して課される租税のことをいう．消費税にはすべての物品・サービスを課税対象とする一般消費税（購入者が支払う）と特定の物品・サービス（酒税，たばこ税，揮発油等）を対象とする個別消費税（メーカー等が支払う）に分かれる．わが国では1989（平成元）年から間接税として3.0％の消費税が国税として導入されたが，1997年（平成9）年には国税（消費税）4.0％に地方税（地方消費税）1.0％が加わり，5.0％となった．そして，2014（平成26）年4月1日には国税（消費税）6.3％に地方税（地方消費税）1.7％が加わり8.0％となっている．2017年4月には社会保障費の財源確保の名目で，消費税は10.0％になる予定である． ［成清美治］

傷病手当金

健康保険の被保険者が病気やケガのために長期療養を余儀なくされ，労務が困難になった場合，労働力の早期回復と生活費の保証を目的として給付されるものをいう．給付は，仕事ができなくなった日から起算して4日目から支給される．なお，1997（平成9）年9月までは，傷病手当金の支給は被扶養者がいる場合は標準報酬日額の6割が，いない場合は4割となっていたが，同年にすべて標準報酬額日額の6割支給となっている．またその支給期間は1年6ヵ月となっている．2007（平成19）年から傷病手当金の1日分金額が標準報酬日額の3分の2となった． ［田中誉樹］

傷病補償年金

業務上の傷病を被った労働者に対する労災保険給付のひとつ．業務災害に基づく療養の開始後1年6ヵ月を経過してもその傷病が治癒しない場合に，休業補償給付に切り替えて行われる金銭給付をいう．従来の長期傷病補償給付に代えて創設された．傷病の程度により第1級から第3級に分類され，それぞれ給付基礎日額の313日分（第1級），277日分（第2級），254日分（第3級）が支給される． ［中川　純］

食育基本法

戦後の日本人の食生活は，戦前の食生活の主食であるごはんや，魚，大豆，野菜から畜産物や油等の脂質を中心とした欧米風の食生活に変化してきた．こうした変化はカロリー摂取量オーバーとなり，肥満や糖尿病といった「生活習慣病」を生み出す土壌となった．しかも，ライフスタイルの多様化に伴って食事時間が不規則となってきた．こうした，食生活の変化に加えて，食の安全が問われるようになってきた．このような状況の下で，国民一人ひとりが自らの食生活を見直し，体の健康と豊かな心を育むために「食育基本法」が2005年6月に成立し，翌月の7月から施行された．また，本法に基づき，食育の推進を図るため「食育推進基本計画」（2006年度から2010年度まで）が2006年3月に策定された． ［成清美治］

職親委託

知的障害者福祉法第16条に定められている制度．職親とは，知的障害者を自己の下に預かり，その更生に必要な生活指導や職業訓練を行う事業経営者．民間

職業訓練の実施などによる特定求職者の就職の支援に関する法律

平成23年に制定・施行される（5月公布，同年10月施行．平成23年5月20日法律第47号）．目的として第1条に「特定求職者に対し，職業訓練の実施，当該職業訓練を受けることを容易にするための給付金の支給その他の就職に関する支援措置を講ずることにより，特定求職者の就職を促進し，もって特定求職者の職業及び生活の安定に資することを目的とする」と明記されている．特定求職者とは，公共職業安定所（ハローワーク）に求職の申し込みをしている者のうち，雇用保険の失業等給付を受給できない者であって，労働の意思及び能力を有しており，職業訓練その他の支援措置を行う必要があるものと，公共職業安定所長が認めた者をいう．本法には，特定求職者に対する職業訓練の実施，職業訓練受講給付金，就職支援計画の作成等についても規定されている．求職者支援制度は，本法を根拠法とする． [米澤美保子]

職業指導員
(occupational social worker)

社会福祉従事者の専門職種のひとつで，就労準備指導や自活のために職業上必要な技能を修得させることを主な職務にしている．主に身体障害者更生援護施設や知的障害者授産施設など障害者の自立に向けた職業指導員（もしくは作業指導員）が配置されている．児童福祉施設においても中・高生に対する自立援助を目的に中心的役割を担う．障害者や子どもの自立支援の専門職的立場に位置されているのであるが，資格要件については「高卒後専門学歴を含め2年以上の実務経験」「指導する業務について相当の経験及び技能を有する」と定めている．[合田　誠]

職業的リハビリテーション

働く能力を高め（職業訓練）たり，適切な職場を見つけ（職業カウンセリング，職業紹介）たりすることであり，主に青年～中年の障害者が対象となる．これらの職業的サービスの提供を含めた「継続的，総合的リハビリテーション過程の一部であって，障害者にとって適切な就業とその維持を可能ならしめるよう計画されたもの」（ILO第99号勧告）とされており，保護雇用か一般雇用かに関わらずその最終目標は「就業」とされている． [石倉智史]

職業リハビリテーション及び雇用（障害者）条約

1983年に国際労働機関（ILO）総会で採択された，障害者の適切な雇用と社会における統合をめざした国際条約（第159号）．1985年に発効されたが，日本は1992年に批准した．すべての障害者に雇用の機会と待遇の均等を確保することの必要性を述べており，加盟国には，国内の事情・慣行や可能性に応じて，障害者の職業リハビリテーションや雇用に関する政策を策定・実施し，定期的に検討すること等を求めている．[植戸貴子]

食事介助

食事は生きるための基本的条件で，食事を摂取する動作には，①姿勢の保持（維持），②食物や食器を目で黙認，③食器具を保持する，④食物を口に運ぶ，⑤咀嚼，嚥下があり，これらの動作のいずれかひとつに障害を生じると，食事の摂取が困難となり介助が必要となる．また運動機能の他に視覚，味覚，触覚等の感覚障害をともなう場合においても介助が必要である．食事介助は個人の

摂食リズム，身体状況や嗜好，摂食機能の状態を把握し，食べることの喜び（意欲）を失わないように援助することである． ［新治玲子］

食事療法
疾病の悪化の予防や，治療あるいは好転させる目的をもって食事を与え，残存機能を維持するために欠かせない治療法のひとつである．なかでも消化器，循環器，内分泌，代謝の疾病（糖尿病，腎臓病，心臓病）等では欠かせない方法である．食事の制限のみが強調されがちであるが，その制限以内でどれだけ多くのものが食べられるかという視点が大切である．実際には食習慣，嗜好等個人の特性や老化にともなう機能低下を考慮する必要がある．薬物療法のように顕著な効果が得られないが，副作用もなく治療の効果が期待される．しかしながら長期間継続しなければならない． ［新治玲子］

褥瘡
長期間の臥床などにより身体へ持続的な圧迫が加わり，末梢血管が閉塞し組織が壊死すること．床ずれともいう．尿・便や汗などによる皮膚の不潔や湿潤，皮膚の摩擦，栄養不良が加わると発生を促進させる．褥瘡好発部位は臀部（仙骨），腰部（大転子），背部，肩，かかと等である．長期臥床者，老人，麻痺などのため自分で寝返りのできない人，痴呆などのため自分で動こうとしない人，やせている人，尿・便失禁のある人，末期状態にある人などに生じやすい．初期の変化は紅斑，水疱等であるが，次第に潰瘍性変化となり骨にまで変化の及ぶこともある．低栄養の改善，清潔の保持，血行の改善，体位変換や褥瘡予防用具の使用によって，予防に努めることが大切である． ［古賀典子］

食中毒
食品，添加物，器具，容器包装に起因する健康障害を意味し，原因物質により，①細菌性：サルモネラ菌，腸炎ビブリオ菌，ブドウ球菌，ボツリヌス菌，病原性大腸菌（O-157），②自然毒：キノコ，フグ，③化学物質，④その他原因不明なものに分類される．原因物質により潜伏期間も数時間のものから数日のものまである．多くは腹痛，下痢，嘔吐などの消化器症状を呈するが，神経症状があらわれるものもある． ［谷　康平］

職場適応援助者助成金
職場適応援助者による援助の事業等を行う社会福祉法人や職場適応援助者の設置を行う事業主等に対して費用の一部を助成する制度．第1号職場適応援助者助成金は社会福祉法人向け，第2号職場適応援助者助成金は事業主等向けであり，第1号職場適応援助者助成金は障害者に対する職場適応援助者による援助事業を実施する際に活用でき，第2号職場適応援助者助成金は，事業所等に職場適応援助者を配置し，障害者が職場に適応できるように職場適応援助者による援助を行う際に活用できる助成金である．2002（平成14）年の障害者雇用促進法の改正により誕生した「職場適応援助者事業」が2005（平成17）年の改正により「職場適応援助者助成金」へと移っている．→ジョブコーチ（職場適応援助者） ［田中和彦］

食費及び居住費に係る保険給付の見直し（「ホテルコスト」）
介護保険法の改正（2005）にともなって，これまでの食事に係る保険給付（基本食事サービス費）が廃止され，施設入所並びに短期入所における居住費＋食費（食材料費〈改正前の介護給付でも対象外〉プラス調理コスト）が10月に施行された．この新たに設けられた利用

者の費用負担（居住費プラス食費）をいわゆる「ホテルコスト」という．その負担額は居住費用については個室で月額6万円（改正前の介護保険法では，個室・ユニットケア型の特別養護老人ホームで利用者負担は月額4～5万円），4人部屋の多床室での利用者負担は月額1万円（改正前の介護保険法ではなし），また，食費については食材料費＋調理コストで月額約4.8万円の負担となるが，ホテルコストとして一般の入所者は月額約3万円程度の負担増になる．ただし，低所得者に対しては負担軽減を図るため補足的給付が創設される．　　　　　［成清美治］

食品衛生法

1947（昭和22）年法律233号．目的は「飲食に起因する衛生上の危害の発生を防止し，公衆衛生の向上及び増進に寄与すること」（第1条）である．衛生面に関して食品や添加物だけでなく食器や容器包装も対象としている．この法律での主な内容には，①食品や添加物・食器や容器包装の取扱い原則や販売の禁止・基準および規格の制定，②表示の基準および広告の規制，③食品添加物公定書，④検査・検査命令・輸入の手続き・食品衛生検査施設・食品衛生監視員，⑤指定検査機関，⑥営業施設の基準・許可・営業の禁停止，⑦食品衛生調査会，⑧罰則があげられる．［綾部貴子］

助産施設

児童福祉施設14種の中のひとつで，児童福祉法第36条に定められている．「助産施設は，保健上必要があるにもかかわらず，経済的理由により，入院助産を受けることができない妊産婦を入所させて，助産をうけさせることを目的とする施設とする」とあり，第1種と第2種の施設がある．第1種は医療法の病院であり，第2種は医療法の助産所である．具体的には，産科病棟や助産所のベッドの一部が指定されるが，出産時の不安の除去，育児相談，健康管理などの指導も行われる．児童福祉施設のカテゴリーからは外れるニュアンスがあるが，誕生前からの社会資源として必要とされる施設である．　　　　　　　　　　　［立川博保］

助産所

助産所とは，医療法の第2条に「この法律において，『助産所』とは，助産師が公衆又は特定多数人のためにその業務（病院又は診療所においてなすものを除く．）をなす場所をいう」と定めてある．また，同条の第2項では「助産所は，妊婦，産婦又はじょく婦10人以上の収容施設を有してはならない」とある．なお，近年の出生率の低下傾向の中で，助産所に就業届を出している助産師数は，2008（平成20）年末現在で，1,653人となっている．また，助産所の開設者は同年末で788人となっている．［成清美治］

女子差別撤廃条約（1979）

1967（昭和42）年の国連総会において「女子に対する差別の撤廃に関する宣言」が採択されたが，それでも依然として存在する女性差別を撤廃するために，1979（昭和54）年，国連第34回総会にて採択された女性に対するすべての差別を撤廃するための条約．母性の社会的重要性，出産における女性の役割が差別の根拠にならないような配慮，子どもの養育は女性だけでなく男女および社会全体が共に責任を負う必要があること，男性の伝統的役割を女性の役割とともに変更することが男女の完全な平等の達成には必要であること等が謳われている．第2条(b)に「女子に対するすべての差別を禁止する適当な立法その他の措置をとること」が定められたため，わが国でも男女雇用機会均等法が制定された．［川島典子］

女性活躍推進法
　2015年成立．女性が，自らの意思によって職業生活を営み，個性と能力とを十分に発揮することが重要であるとの認識のもとに，国が，女性の職業生活における活躍の推進に関する基本方針を策定することと，その基本方針に沿って，地方公共団体に，当該区域内における推進計画を策定する努力義務を課することを決定した．さらに，「事業主行動計画」として，① 女性の活躍に関する状況把握・課題分析，② 状況把握・課題分析を踏まえた行動計画の策定・届出・公表，③ 女性の活躍に関する情報公表を，301人以上の大企業の義務，300人以下の中小企業の努力義務として定めた．[木村　敦]

所得制限
　個人所得には勤労所得，事業所得，財産所得，移転所得がある．社会保障の給付（老齢福祉年金，障害基礎年金，児童手当，児童扶養手当など）では，一定の所得を超える者には適用しないという仕組みがある．これを所得制限という．この理由としては最低生活水準の保障という制度の目的，ニーズに対する費用の効率的配分などがある．この所得制限のための調査を所得調査という．生活保護における資産調査ほど要件は厳しくない．
[高間　満]

所得の再分配
　資本主義社会において発生する所得の不平等について，国は政策として，所得配分の公平化を図るため，税制度や社会保障制度により，保障を必要としている人びとに所得を移転することをいう．税制度としては，累進課税制度があり，社会保障制度としては，社会保険，公的扶助，社会福祉サービスがある．また，雇用政策，所得政策などの政策もある．高齢社会においては，公的年金や医療保険制度における所得再分配が争点となり，そのあり方が問われている．[本多洋実]

所得補助（イギリス）
　1988年から実施されているイギリスの公的扶助制度．日本の生活保護制度同様にミーンズテストをともなう．対象者は16歳以上の1週につき16時間以上労働していない者である．1996年より，原則として失業者は対象者から除外されている．給付額は，「個人手当」(基礎的部分．年齢，既婚未婚の別によって異なる)に，「家族割増金」(扶養する児童がいる場合の加算)，「特定グループ別割増金」(年金受給者，障害者または単身である場合の加算)，「住宅費」のそれぞれをケースに応じ加えた金額である．[木村　敦]

ショートステイ事業／老人短期入所事業
　おおむね65歳以上の要援護老人を対象とし，介護者の社会的理由（疾病，出産，冠婚葬祭等）または，私的理由（旅行等）により，家族での介護がうけられない場合，老人短期入所施設等に短期間入所させて，食事，入浴，排泄等の日常生活上の世話が行われている．ショートステイ事業の一環として，介護者を短期間施設等に滞在させて，家族に介護技術等を収得させるホームケア促進事業，夜間の介護が困難な痴呆性老人を一時的に入所させるナイトケア事業がある．介護保険制度実施以後は，短期入所生活介護事業へと移行した．→短期入所生活介護
[山下裕史]

ジョブコーチ（職場適応援助者）
　2002年度より始まった障害をもつ人に対する雇用支援事業．雇用後の職場不適応による離職者が少なくないことから，ジョブコーチを必要とする障害当事者に対し，各職場に適応できるよう，直接支援を行う．また，事業主や職場の従

業員に対し助言を行い，必要に応じて職場環境の改善を提案し，事業所による支援体制の整備と障害当事者の職場定着を図ることを目的とする．「配置型ジョブコーチ」は地域障害者職業センターに配置するジョブコーチのことであり，就職等の困難性の高い障害者を重点的な支援対象として自ら支援を行うほか，第1号ジョブコーチ及び第2号ジョブコーチと連携し支援を行う．「第1号ジョブコーチ」は，障害者の就労支援を行う社会福祉法人等に雇用されるジョブコーチのことである．「第2号ジョブコーチ」は，障害者を雇用する企業に雇用されるジョブコーチのことである． ［伊藤葉子］

自立

物事を判断・決定する自己決定権と，成し遂げるさいの自己管理能力を有していることをいうが，この用語のとらえ方には幅がある．一般的に自立といえば，経済的自立や精神的自立を指していたが，1970年代のアメリカから発達した「自立生活運動」などの影響もあり，「自立」のとらえは大きく変わってきている．たとえ日常生活動作（ADL）が全介助であっても，自分の判断で自分の生活を管理でき，主体的に生き，自己の特性が発揮できている生活，つまり，自己管理能力がある生活ができることを「自立」している，ととらえるようになってきている． ［北池健三］

自立医療支援費

自立支援医療費とは，心身の障害を除去・軽減するための医療で医療費の自己負担額を公費で負担する制度である．なお，対象者は精神通院医療，更生医療，育成医療等である． ［成清美治］

自立援助ホーム

児童自立生活援助事業として1998（平成10）年4月施行の改正児童福祉法第6条に位置づけられた．事業内容は義務教育終了後の子どもで，児童福祉施設の措置が解除された者の自立を図るため，共同生活を営むべき住居において相談や生活指導を行うこととしている（同法第27条第9項）． ［竹田 功］

私立学校教職員共済／私立学校教職員共済組合

当初，私立学校教職員は短期給付に関しては，財団法人私学教職員共済会あるいは健康保険，長期給付に関しては，財団法人私学恩給財団あるいは厚生年金保険のいずれかに任意加入していたが，財政基盤の安定化を図るため私立学校教職員共済組合が1954（昭和29）年1月に創設された．その後，1998（平成10）年1月に私立学校教職員共済組合と日本私学振興財団が統合され日本私立学校振興・共済事業団となった． ［成清美治］

自立訓練

障害者総合支援法第5条第12項に「『自立訓練』とは，障害者につき，自立した日常生活又は社会生活を営むことができるよう，厚生労働省令で定める期間にわたり，身体機能又は生活能力の向上のために必要な訓練その他の厚生労働省令で定める便宜を供与することをいう．」と規定している． ［成清美治］

自立支援

「たとえどんなに重い障害を担っていても，自分の生活は自分で主体的に決定していくことが可能である」ことをベースにしたさまざまな支援をいう．最近，身体障害の分野では，同じ障害を担う人による「ピアカウンセリング」とか「自立生活センター」の活動が，自立支援に重要な役割を果たしてきている．要は地域であれ施設であれ，ハンディキャップをもつ人，あるいは福祉的にニーズをもつ人

が「あたりまえ」の生活ができることを支援するものでなければならない．理念は「主体性の尊重・自己実現」にあると，とらえるようになってきている．[北池健三]

自立支援等給付

障害者総合支援法第6条に，「自立支援給付は，介護給付費，特例介護給付費，訓練等給付費，特例訓練等給付費，特定障害者特別給付費，特例特定障害者特別給付費，地域相談支援給付費，特例地域相談支援給付費，計画相談支援給付費，特例計画相談支援給付費，自立支援医療費，療養介護医療費，基準該当療養介護医療費，補装具費及び高額障害福祉サービス等給付費の支給とする．」と規定している． [成清美治]

自立支援プログラム

社会保障審議会福祉部会に設置された「生活保護制度の在り方に関する専門委員会」の最終報告（2004年12月）を受け，2005年度より生活保護制度に導入されることとなった個別支援プログラムのこと．制度創設のねらいは，要保護者の生活課題が多様化・複雑化する中で，経済的給付に加えて自立・就労を支援するプログラムを導入することによって，安定した生活の再建，地域社会への参加や労働市場への再挑戦を可能にすることとされている．とくに稼働世帯への保護適用を厳格にしてきた従来の生活保護のあり方を見直し「利用しやすく自立しやすい制度」への転換がめざされた．この自立支援プログラムは，就労自立のみならず，日常生活自立，社会生活自立をめざすものであり，保護の実施機関ごとに支援実績や地域資源を生かした独自のプログラムを策定することとしている．
[砂脇 恵]

自立助長

生活保護法は，その第1条において，「この法律は，日本国憲法第25条に規定する理念に基づき，（中略）必要な保護を行い，その最低限度の生活を保障するとともに，その自立を助長することを目的とする」と規定する．この文言をもって，生活保護制度の目的のひとつに「自立助長」があげられている．近年の生活保護行政においては，生活保護給付を単純に打ちきることが「自立」であるかのような誤解が広がっている．そのような運用ではなく，給付を行いながら生活困窮者の真の「自立」を図ることが本法の目的であり本旨であろう． [木村 敦]

自立生活運動
（independent living 運動）

IL運動．1970年代のアメリカでの重度障害者を主体とした新しい自立観を提起した運動．障害者の基本的人権を重視する理念である自立生活思想に大きな影響を与えた．従来の伝統的な自立観は経済的，職業的自活や身辺自立を重視し，身辺自立の困難な重度障害者，職業的自立が容易でない障害者は自立困難な存在として取り扱われていた．その結果，隔離や被保護的な生活を余儀なくされたのである．この運動は日常生活動作（ADL）の自立から障害に適した生活全体の内容（QOL）を充実させる行為，すなわち，自己決定権の行使をすることと自らの責任と判断により主体的に生きることを自立として重視する方向を明らかにした． [石倉智史]

自立生活センター
（Center for Independent Living：CIL）

アメリカにおける自立生活運動の実践の場として，1972年に障害者自身が運営し発足したのが初め．障害者が地域での生活の継続ができるようサポートする団体であり，その運営は必ず障害者が中心となることとされている．センターの

内容は住居を探す手伝いをする住宅サービス，介助者（アテンダント）を斡旋する介助者紹介サービス，さまざまな相談に応じるピアカウンセリングなど障害者の生活を直接支援することにある．また，それに加え自立生活技術プログラムの開発やアドボカシー（権利擁護）が重要なプログラムとなっている．[石倉智史]

私立予備感化院

1885（明治18）年，高瀬真卿によって設立された犯罪少年を成人と区別して保護・教育する施設．真卿は，獄中生活を経験したことから，犯罪少年の社会復帰のための私立予備感化院を設立した．設立の翌年の1886（明治19）年に東京感化院に名称変更．1900（明治33）年の感化法の制定までに，私立予備感化院のほかに千葉感化院（1986），家庭学校（1986）などの私立の感化院が設立され，少年保護事業に重要な役割をはたした．→感化院　　　　　　　　[米津三千代]

資料収集技法

観察法と調査の2つに大別される．観察法は，調査者が外部から観察する非参与観察法，やや主観的になるが，調査者が対象との関わりの中で内側から深い水準のデータを収集する参与観察法，一般的には行われていないが，観察手続きを厳密に定める統制的観察法に分けられる．また，調査には，調査者が口頭で質問し対象者に口頭で答えてもらう面接調査（面接法）と回答者自身に調査票に記入してもらう自計式（自記式）調査がある．面接調査には，調査票を用いる指示面接と調査者が自由な対話に基づいて質問する非指示面接（自由面接法）がある．　　　　　　　　　　　　[松久保博章]

シルバーサービス

シルバーサービスとは高齢者向けの民間サービスをいう．介護保険制度の施行に伴い，要介護高齢者の増加及び家族機能（家族介護力）の低下に伴い介護関連のサービスを中心に発展してきた．また，高齢者の年金制度の成熟や資産保有のストック等に伴い購買力のある高齢者が増加している点も見逃すことができない発展する要因のひとつである．今後は，介護関連サービスのみではなく，介護予防や生きがい，健康維持・増進等，多様化・高度化しつつあるニーズに対応するシルバーサービスの充実が求められる．　　　　　　　　　　　　　[奈須田靖子]

シルバーサービス振興会

高齢者が安心な老後の生活を送るため，健全なシルバーサービス業者の育成とその質の向上の充実と利用者が適切なサービスの選択を可能にする情報提供の実施及び事業者の社会的責任への認識と福祉の向上に寄与することを目的として，1987年に設立された厚生労働省所管の公益法人である．主な事業内容として，①シルバーマーク制度の運営，②シルバーサービスの質的向上に関する取り組み，③シルバーサービスに関する情報提供，④シルバーサービスに関する調査研究等となっている．
[奈須田靖子]

シルバー人材センター

市町村区域（特別区を含む）ごとに設立された公益法人であり，「高年齢者等の雇用の安定等に関する法律」を根拠法として，定年退職者その他高年齢退職者の希望に応じ短期的な就業の機会を確保し，生きがい就労を目的とした高年齢者の能力の積極的な活用が図れるよう設立された．また現在は，全国シルバー人材センター事業協会が設立され，シルバー人材センターおよびシルバー人材センター連合の業務に従事する者の従事者研修や啓発活動，連絡調整，情報提供等が行われており，健全な発展並びに高年齢者

の福祉の増進を図ることを目的とした業務を行っている． ［山下裕史］

シルバーハウジング

高齢者世話付き住宅．高齢者が地域社会で自立した安全かつ快適な生活を営むことができるように，高齢期の生活特性に応じた仕様・設備や，日常生活支援サービスの提供を配備した公的賃貸住宅．高齢化社会への対応として，1986（昭和61）年に建設省＝現国土交通省（住宅政策）と厚生省＝現厚生労働省（高齢者向け住宅対策）の連携によるシルバーハウジング・プロジェクトが発表され，翌年より実施されている．入居対象は，日常生活上自立可能（独立して生活するには不安が認められるが，自炊が可能な程度の健康状態）で，収入基準をみたす高齢者単身世帯（60歳以上），高齢者夫婦世帯（いずれかが60歳以上），障害者世帯（とくに入居の必要性が認められた場合）などである．住宅は，地方公共団体や地方住宅供給公社などを供給主体として，手すり，スロープ，緊急通報システムなどが設置された集合住宅である．日常生活支援サービスは，市町村（特別区を含む）を提供主体として，概ね30戸にひとりの生活援助員（LSA：ライフサポートアドバイザー）が常駐して日常の生活指導や安否確認，緊急時における連絡などを行う「生活援助員常駐型」と，デイサービスセンターなど併設される福祉施設との連携によってサービス提供を行う「福祉施設連携型」がある．
［成清敦子］

シルバーハウジング生活援助派遣事業

シルバーハウジングで生活する高齢者に対して，市町村から委託を受けた生活指導員（ライフサポートアドバイザー，略してLSA）が，高齢者が安全で自立した生活を送れるよう，日常生活の指導，相談，安否の確認，緊急時の対応を行う事業である．派遣事業を受ける対象は60歳以上のひとり暮らし，高齢者夫婦世帯等となっている．また，派遣事業の利用は日曜，土曜を除く午前9時から午後5時までとなっている．なお，利用料金は生活中心者の前年度の所得税額によって決まる．→シルバーハウジング
［成清美治］

事例的方法

着目している社会事象について比較的少数の事例を選び，問題の生成や維持，あるいは解決を促進ないしは阻害する要因等の関連性，また個別援助過程における対象についての情報・知識等，数量化しがたい特性についてさまざまな角度から調査を行う方法を事例的方法とよぶ．対象についての質的で深い分析が可能になるが，結果の一般性の程度に問題がある．特殊少数の事例が対象になるので，調査目的によってもっともふさわしい対象を選びだすことが必要である．

なお，社会福祉，医療，看護，介護，臨床心理などの領域では，事例研究（case study）にこの方法を用いて問題への対処の仕方を学ぶ． ［松久保博章］

ジレンマ（dilemma）

相反する2つのことの板ばさみになって，どちらとも決めかねる状態にあること．進退きわまること．もともとは論理学の用語で，両刀論法のことを意味する．両刀論法とは，二者択一において結論がどちらになっても成立するように組み立てられた議論のしかたで，仮言命題と選言命題とを使用したいわゆる三段論法の構成を成す．たとえば「もし秘密を漏らせば非難される．また秘密を守っても同じである」「秘密を漏らすか，守るか，他には方法がない」「したがって，どちらにしても非難を受ける」というような場合である． ［岩崎久志］

寝衣交換

　寝たきりや，四肢に麻痺があるなどの理由で臥床状態が続く場合，定期的に寝衣を交換する行為．寝衣も寝巻き式のものだけでなく，パジャマ式，二部式寝衣，背中前股ファスナーと利用者の状態や障害によっていろいろな種類がある．

[吉田悦み]

新オレンジプラン
（認知症施策推進総合戦略）

　厚生労働省が2015年に策定した計画．以下の7つの柱にそって施策が展開されることとなった．すなわち，①認知症への理解を深めるための普及・啓発の推進，②認知症の容態に応じた適時・適切な医療・介護等の提供，③若年性認知症施策の強化，④認知症の人の介護者への支援，⑤認知症の人を含む高齢者にやさしい地域づくりの推進，⑥認知症の予防法，診断法，治療法，リハビリテーションモデル，介護モデル等の研究開発およびその成果の普及の推進，⑦認知症の人やその家族の視点の重視，である．

[成清美治]

人格検査 (personality test)

　個人の性格や行動等の特徴を多面的に測定するテスト．①質問紙法：既定の質問に回答し，タイプ分けをする．簡便な反面，結果が一面的な点もある．MMPI（ミネソタ大学多面的人格目録），YG（矢田部・ギルフォード）性格検査等が知られる．②投影法：抽象的なものに深層心理を表現する方法で，多面的な反面，解釈が多義的になりやすい点もある．ロールシャッハ・テスト，SCT（文章完成法），TAT（絵画統覚検査），P-Fスタディ（絵画－欲求不満テスト），バウムテスト（樹を描く），HTPテスト（家，樹，人物を描く）がある．→心理テスト

[田辺毅彦]

新型特別養護老人ホーム

　施設における生活を居宅に近い環境でできるよう全室個室・ユニットケアを中心とした新しいタイプの特別養護老人ホーム．個室は原則8畳であること，1ユニットは10人前後で共同生活スペースを設置することとなっている．こうした居住空間の改善は，①個人の暮らし方の尊重，②個別ケアの実現に向けた手法として注目されている．入居者は個人のスペースに係る建築費用や光熱水費に相当する費用，いわゆるホテルコストを負担する．厚生労働省は，平成13年からこうした新型特別養護老人ホームの施設整備に取り組み始めた．→ユニットケア

[米津三千代]

新救貧法

　改正救貧法ともいう．エリザベス救貧法に代表される16世紀以降の救貧制度を大改正した1834年法をさす．18世紀末の救貧行政の「人道主義化」批判をうけてのこの時の改正は，救貧にかかる費用の抑制が大きな目的であったため，救済水準の全国統一の原則，劣等処遇の原則，院外救済禁止の原則（労働能力のある貧民の救済は労役場収容に限定する）の3大原則を打ち出し，貧困の自助努力による解決を要求した．その思想的，理論的根拠はマルサス（Malthus, T.R.）の人口論におかれていた．なお，新救貧法は，1948年の国家扶助法の成立まで一応存続した．

[前田芳孝]

親権

　親権は民法の第4編「親族法」第4章の「親子」に規定されている．親権とは具体的に実父母もしくは実父母の一方または養子に対する養親が未成年の子どもに対して，①子どもの監護および教育をする権利を有し義務を負う（監護教育権：民法第820条），②監護・教育のた

めに必要な範囲で子どもに対して，その居所を指定し，そこに居住させることができる（居所指定権：民法第821条），③監護・教育のために必要な範囲内で，自らその子を懲戒できる（懲戒権：民法第822条），④子どもの職業を営むことを許可する（職業許可権：民法第823条第1項），⑤子どもの財産を管理し，または財産に関する法律行為についてその子を代表する（財産管理権：民法第824条）などが認められている．親権とは「親の権利」を規定したのではなく，親が子どもを保育，監護，養育していくうえで健全に成長させるために責任をもって育成するために与えられている権利である．また児童福祉施設に入所している児童の親権に関しては，児童福祉法第47条において親権を行う者または後見人のない児童について親権を行う者または後見人が見つかるまでの間，児童福祉施設長がその児童の親権を行う（第1項）．親権を行う者または後見人のある児童についても，児童福祉施設長は監護・教育・懲戒に関してその児童の福祉のために必要な措置をとることができる（第2項）と規定されている．［竹田 功］

親権喪失宣告の請求

民法第834条では親権者である実父母などが子どもに対して親権を濫用したり，著しい不行跡があったときに家庭裁判所は子どもの親族や検察官の請求によって，その親権の喪失を宣告することができると規定している．つまり子どもを虐待したり，不道徳な振る舞いが多く，子どもの福祉が著しく阻害されている場合に親権喪失宣告の請求が可能とる．請求は親族，検察官以外に児童福祉法第33条の6の規定が設けられたことにより，児童相談所長も請求できる権限が与えられた． ［竹田 功］

人権尊重

人権尊重についての憲法の基本理念は，第1に生存権を保障し，人権保障に関して国が積極的に関与する必要性（憲法第25条）があること，第2にすべての国民が個人として尊重され，自由と幸福を追求する権利（第13条）をもつこと，第3にすべての国民は法の下において平等であり，差別されないこと（第14条）である．しかし，認知症やひとり暮らしの高齢者の人権侵害が社会的な問題となっている．高齢者を単なる恩恵の対象とするのではなく，自己決定に基づいた自立生活支援により高齢者も人権の主体として尊重されなければならない． ［梓川 一］

人工肛門⇒ストマ

進行性筋ジストロフィー

筋肉の麻痺や運動機能障害を特徴とする遺伝性筋症の代表的なものであり，種々の原因が考えられているが現在のところは不明．遺伝様式，発症年齢，経過，臨床像などにより，ドシェンヌ型，肢帯型などに大別される．左右対称の筋力低下，筋萎縮が主な症状であり，血液，尿検査や筋電図，筋生検で独特の所見がみられる．もっとも多くみられるドシェンヌ型は2～3歳で発症し，進行性で予後不良である． ［谷 康平］

人工透析 (dialysis)

何らかの原因により血液中に毒性物質が貯留したり，水・電解質異常が生じた場合，それらを人工的に是正する治療方法．主に腎不全や薬物中毒などに対して行われる．半透過膜の拡散作用を利用して，半透過膜を介して血液を環流し，血液中の老廃物の除去，水・電解質バランスの是正を行う．腎臓機能障害により日常生活活動が制限される場合，身体障害

者手帳の申請をすることができる．

［古賀典子］

新ゴールドプラン

「高齢者保健福祉推進10ヵ年戦略の見直しについて」．老人保健福祉計画のサービス集計値結果がゴールドプランでの目標値を上回っており全体的に不足していたため，新たに策定されたプラン．1994（平成6）年12月，厚生省・大蔵省・自治省（現厚生労働省・財務省・総務省）の3大臣によって合意された．基本理念は，①利用者本位・自立支援，②普遍主義，③総合的サービスの提供，④地域主義である．内容は施設・在宅サービス基盤の整備や1999（平成11）年度末までのサービス整備目標値の引き上げ「新寝たきり老人ゼロ作戦」の展開，痴呆性老人対策の総合的実施などである．

［綾部貴子］

審査請求

行政処分について不服がある場合に，行政機関に対し当該行政処分が正当（適法）であるかどうかを審査するよう請求すること．不服申立てともいい，一般には行政不服審査法による．社会保障制度においては上記行政不服審査法による審査だけでは不十分であるとの考えから，個別法に審査請求の規定がおかれている．具体的には，健康保険法，厚生年金保険法，国民年金法（いずれも社会保険審査官に対する請求），国民健康保険法（国民健康保険審査会に対する請求）等である．

［木村 敦］

新自由主義（neo-liberalism）

政府の過度な経済介入を批判し，個人の自由と責任による競争に基づき，社会の資源配分を市場原理に委ねる考え方．福祉国家の実現や「大きな政府」を批判する考え方でもある．福祉分野に競争原理を導入して，効率的な福祉を実現しよ

うとする思想．新保守主義の思想的な基盤ともなった．具体的には，「小さな政府」の推進，福祉や公共サービスの縮小，公共事業の民営化，規制緩和による競争促進，等．1980年代には，この考え方に基づき，イギリスのサッチャーや，アメリカのレーガン，日本の中曽根政権の下で，諸政策が実行された．近年では，小泉純一郎や，竹中平蔵などが新自由主義の信奉者として知られる．

［川島典子］

新障害者基本計画

2002年12月に決定された障害者基本法第7条に基づく2003年から2012年の10年間を計画期間とする国の障害者基本計画．①社会のバリアフリー化，②利用者本位の支援，③障害の特性を踏まえた施策の展開，④総合的かつ効果的な施策の推進を基本方針とし，①活動し，参加する力の向上②活動し，参加する基盤の整備，③精神障害者施策の総合的な取り組み，④アジア太平洋地域における域内協力の強化の重点化をめざす．その他，啓発・広報，生活支援，生活環境，教育・育成，雇用・就業，保険・医療，情報・コミュニケーション，国際協力の重点施策があげられている．

［伊藤葉子］

新障害者プラン

2002年12月に決定された新障害者計画の前半5年間における「重点施策実施5ヵ年計画」．2003年から2007年を計画期間とする．①活動し参加するための施策，②地域基盤の整備，③精神障害者施策の充実，④アジア太平洋地域における域内協力の強化，⑤啓発・広報，⑥教育・育成，⑦雇用・就業の確保の7つが重点施策として位置づけられ，実施計画として目標数値が掲げられていた．

［伊藤葉子］

身上監護

　成年後見制度においては，「成年後見人は，成年被後見人の生活，療養看護及び財産の管理に関する事務を行うに当たっては，成年被後見人の意思を尊重し，かつ，その心身の状態及び生活の状況に配慮しなければならない．」（民法第858条）と定め，財産管理や生活および療養看護を行うことを後見人の職務としている．身上監護の具体的内容は，被後見人の生活・健康・医療に関する一切のものが対象となり，たとえば，本人の衣食に関わる事項・住居の確保・介護保険および障害者自立支援法等の給付をはじめとする各種介護・福祉サービスの契約，施設入所契約，医療契約・審査請求等である．身体に対する強制をともなう事項（健康診断の受診の強制，教育・リハビリの強制等），および一身専属的事項（尊厳死の同意，臓器移植の同意等）は後見人の権限に含まれない．→成年後見制度　　　　　　　　　　　[木村志保]

寝食分離

　利用者の生活に変化を与えるため，寝る場所と食事をとる場所を分けること．両者を分離することにより，①ベッド上で生活する時間が減り，寝たきりの防止につながる，②移動することにより，IADL や ADL 能力の維持・向上につながる，③閉じこもりを防ぎ，コミュニケーションをとる機会が増え，人間関係を豊かにすることが可能となる，④楽しく会話をしながら食事をとる機会が増え，食欲を促すことにもつながるなど，利用者の身体的・精神的な面に効果がある．　　　　　　　　　　　　[綾部貴子]

心身症

　(psychosomatic disease：PSD)
　一般に，精神的ストレスや心理的葛藤が胃潰瘍・皮膚炎・気管支喘息などさまざまな身体症状の原因になっていると思われるとき，心身症とよばれる．大腸過敏症，円形脱毛症，偏頭痛，本態性高血圧，神経性狭心症など症状は多岐にわたり，自律神経失調症の一部も含まれる．心身症の患者は，自分の内的な感情に気づいたりそれを言葉で説明するのが苦手な人に多く，仕事や社会に対して過剰適応気味であることが少なくない．治療法は各症状に応じた対症療法と併せて，自律訓練法・ゲシュタルト療法などさまざまな心理療法を行う必要がある．→ストレス　　　　　　　　　　　[津田兼六]

心身障害児（者）施設地域療育事業

　社会的に施設のオープン化が叫ばれ，政策的にも在宅福祉サービスの充実が図られていくなか，1980（昭和55）年，厚生省児童家庭局長通知により「在宅の障害児(者)の住み慣れた地域での生活を支援するため，障害児(者)施設の備えている人的，物的機能を活用し，在宅障害児(者)の福祉の向上を図る」ことを目的として制度化された事業．「心身障害児(者)巡回療育相談等事業」と「障害児(者)短期入所事業」がある．　[有川洋司]

心身障害児総合通園センター

　1979（昭和54）年に障害児の早期発見・早期療育体制充実の一環として制度化された施設であり，現在で全国13ヵ所設置されている．業務は相談・検査部門と療育訓練部門を設けて行われる．詳細は以下にまとめる．①相談・検査部門：心身障害の各種相談に応じ，医学的・心理的・社会的な診断・検査・判定を行うこと．そして，障害児に対しては治療・指導を，また保護者には，家庭での訓練方法等の指導を行うこと．②療育訓練部門：肢体不自由児通園施設，知的障害児通園施設，難聴幼児通園施設のうち2種類以上を設置して，障害児への

療育訓練等を行うこと． ［櫻井秀雄］

心身障害者扶養共済制度

将来的に経済的自立が困難と認められた心身障害者の保護者が一定額の掛け金を納め，その保護者が死亡，または重度の障害者になった時に，掛け金の対象となっている心身障害者に対し，終身年金が支給（2万円～4万円）されるという制度である．保険料（保護者の加入時の年齢により7段階）の高さから，新規加入する保護者が少ないという現状があるものの，都道府県・政令指定都市の条例に基づく公の制度であることから，保険料の減免，支給された年金には所得税が課せられない等の優遇措置もある．

［青木聖久］

心神喪失等の状態で重大な他害行為を行った者の医療及び観察等に関する法律（心神喪失者等医療観察法）

心神喪失等の状態で，殺人等の重大な事件を起こした者に対して，その適切な処遇を決定するための手続きを規定している法律で，2003（平成15）年7月に成立，公布された．裁判所は裁判官と精神保健審判員（精神科医で精神保健判定医）の合議による審判で，事件を起こした者を厚生労働省令の基準に合った指定医療機関に入院や通院させることができる．入院の場合は期間の上限はなく，裁判所は，病院の管理者が半年ごとの申し立てを義務付けられた入院継続の是非や，退院許可について，同じく合議で再審査する．通院の場合は，保護観察所の社会復帰調整官による精神保健観察のもとで3年間の通院治療を受けさせるが，2年を超えない範囲で，期間延長が可能である．なお，保護観察所の社会復帰調整官には，精神保健福祉士等がなり，生活環境の調整，精神保健観察の実施，関係機関相互の連携，そのほかの業務を行う．また，地方裁判所により毎年あらかじめ選任されたもののなかから，処遇事件ごとに精神保健福祉士等が精神保健参与員として，指定されることとなった．

［加納光子］

申請保護の原則

生活保護法第7条の「保護は，要保護者，その扶養義務者又はその他の同居の親族の申請に基づいて開始するものとする」という原則．これを「申請保護の原則」という．「申請」とは，保護請求権の行使を意思表示する手続きであり，申請を受理した保護の実施機関は，保護の要否と程度を決定し，保護が必要とされた場合には保護を開始する義務を負うこととなる．このように要保護者等の申請を受けて保護は決定開始することが原則であるが，要保護者が急迫状態にある場合には，申請がなくとも職権において保護ができるとする例外規定が設けられている（第7条）． ［砂脇 恵］

振戦

身体の全体または一部の不随意で規則的なふるえのこと．ある筋肉とその拮抗筋が交互に収縮するために発生する．パーキンソン症候群，小脳疾患，ウィルソン病などの肝脳疾患やバセドウ病などの内分泌疾患，アルコールなどによる中毒症，ヒステリーなど多くの疾患時にみられる．→アルコール依存 ［谷 康平］

親族扶養の優先

生活保護法第4条第2項にいう「民法に定める扶養義務者の扶養」のことをいう．この扶養は，生活保護法に基づいて，「保護の補足性の原理」のもと，保護に優先して行われるものとされている．ただし注意しなければならないのは，親族扶養は保護に「優先して」行われる旨規定されているだけであって，保

護の「要件」とされているわけではないという点である．また，民法上の扶養義務者といってもその義務には軽重があり，軽い義務（生活扶助義務）のみ負う者があたかも重い義務（生活保持義務）を負うかのような扱いには問題が多いといわれている．　　　　　　[木村　敦]

身体介護

食事介助，排せつ介助，着脱介助，入浴介助，歩行介助，清潔の保持，衛生の確保，服薬の介助など，身体に直接接触して行う介助のことをいう．ADLや意欲の向上のために，利用者と共に行う自立支援のためのサービスである．介護保険制度においては，通院の介助や，安全を確保しつつ，常時介助ができる状態で行う見守りも身体介護に含まれている．
→食事介助，着脱介助，入浴介助，排せつ介助，歩行介助　　　　　　　[新治玲子]

新待機児童ゼロ作戦
（新待機児童解消加速化プラン）

希望するすべての人が子どもを預けて働くことができるためのサービスの受け皿を確保し，10年後に待機児童をゼロにすることを目標として，2008（平成20）年2月に厚生労働省より通知された．保育サービスは100万人増（2008年時点で約200万人），放課後児童クラブ（学童保育等）は145万人増（2008年時点で約68万人）を目標とした．具体的には，1）保育サービスを量的に拡充し家庭的保育（保育ママ）など保育の提供手段の多様化，2）放課後児童健全育成事業（放課後児童クラブ）の対象拡大，3）子どもの健やかな育成を目的としたサービスの質の確保，があげられる．
　　　　　　　　　　　　　　[木村志保]

身体障害者居宅介護等支援事業

在宅で生活する身体障害者の家庭にホームヘルパーを派遣し，身体介護，家事援助，生活相談等，日常生活を営むのに必要なサービスを提供する事業．対象となるのは，重度の身体障害のため自ら行うことが困難であり，かつ，家族等による介護ではニーズを満たせない状態にある身体障害者である．なお，特別措置として，重度の視覚障害者や脳性まひ者等全身性障害者の外出時の移動介護を行うガイドヘルパーを派遣できることになっている．2006（平成18）年の障害者自立支援法の施行にともない廃止され，介護給付の居宅介護等に移行した．
　　　　　　　　　　　　[柿木志津江]

身体障害者更生相談所

身体障害者福祉法に基づき，身体障害者の更生や援護に必要な相談・判定を行う行政機関．都道府県は必ず設置し，身体障害者福祉司を配置しなければならない．市町村は任意設置となっている．福祉事務所長は，身体障害者の福祉に関する相談・指導を行うにあたり，医学的，心理学的，職能的判定を要する場合，身体障害者更生相談所の判定を求め，身体障害者更生相談所は，福祉事務所に対し技術的指導を行う．　　　[柿木志津江]

身体障害者社会参加支援施設

身体障害者福祉法第5条に規定される施設．身体障害者福祉センター（各種相談，機能訓練，教養の向上，社会との交流の促進およびレクリエーションのための便宜を総合的に供与する施設），補装具製作施設，盲導犬訓練施設および視聴覚障害者情報提供施設（点字刊行物，視覚障害者用の録音物，聴覚障害者用の録画物その他各種情報を記録したものであってもっぱら視覚障害者が利用するものを製作し，若しくはこれらを視覚障害者の利用に供しまたは点訳もしくは手話通訳等を行う者の養成もしくは派遣その他の厚生労働省令で定める便宜を供与する施設）をいう．　　　　　　[伊藤葉子]

身体障害者障害程度等級表

身体障害の認定基準となるもの．もっとも程度の重い1級から7級に分けられているが，7級は肢体不自由のみに設けられた区分である．身体障害者手帳は1級から6級までの区分しかなく，肢体不自由については7級に該当する障害が複数ある場合は6級となる．等級表中においては，表現が抽象的で基準が曖昧なものも多く，1984（昭和59）年の厚生省（現厚生労働省）社会局長通知「身体障害者障害程度等級表について」で詳しい認定基準が示された． [柿木志津江]

身体障害者相談員

身体障害者福祉法に基づき，都道府県，指定都市，中核市から委託され，身体障害者の相談に応じたり身体障害者の更生に必要な援助を行うとともに，福祉事務所等関係機関に対する協力，身体障害者に関する援護思想の普及を行う者．身体障害者自身が相談員となっていることが多い．身体障害者相談員の条件としては，社会的信望があることや身体障害者福祉の推進に熱意があること等があげられるが，業務内容が相談というプライバシーに関わるものであるため，守秘義務が課せられている． [柿木志津江]

身体障害者手帳

身体障害者福祉法に基づき，身体障害者障害程度等級表に掲げる身体上の障害のある18歳以上の人に対し，都道府県知事から交付されるもの．なお，18歳未満の者も身体障害者手帳の交付をうけられるが，身体障害者福祉法によるサービスはうけられない．交付申請にあたっては都道府県知事等が指定した医師の診断書の添付が必要となる．身体障害者手帳は，もっとも障害の程度の重い1級から6級に区分されている．これを所持することにより，身体障害者福祉法に基づく各種サービスを受けることができるとともに，税制や運賃割引等の他法他施策の優遇措置をうける際にも必要となる． [柿木志津江]

身体障害者福祉司

身体障害者福祉法第11条の2に規定される都道府県知事または市町村長の補助機関として任用される職員．身体障害者更生相談所や福祉事務所におかれ，身体障害者に関する相談および指導のうち，専門的な知識および技術を必要とする業務を行う．社会福祉士はその任用に該当するものに含まれる． [伊藤葉子]

身体障害者福祉審議会

身体障害者福祉法に基づき，身体障害者の福祉に関する事項を調査審議する機関である．厚生省（現厚生労働省）に設置され，厚生大臣（現厚生労働大臣）の諮問に答え，意見具申するとともに，厚生大臣（現厚生労働大臣）の意思決定に参与する組織．このような厚生大臣（現厚生労働大臣）の諮問機関として厚生省（現厚生労働省）に設置されているのは，この身体障害者福祉審議会のほかに中央社会福祉審議会，中央児童福祉審議会がある． [柿木志津江]

身体障害者福祉センター（A型，B型）

身体障害者福祉法第31条に規定されている施設．無料または低額な料金で，身体障害者に関する各種の相談に応じ，身体障害者に対し機能訓練，教養の向上，社会との交流およびレクリエーションのための便宜を総合的に供与する施設．都道府県，指定都市単位で設置されるA型と人口10万人規模の地域単位で設置されるB型がある．B型の変形として在宅障害者デイサービス施設も設けられている．A型は身体障害者からの各種の相談に応じたり，健康の増進，教養の

向上，スポーツ，レクリエーションなどの保健，休養のための施設．B型は，身体障害者デイサービス事業，身体障害者関係福祉団体への便宜供与，ボランティアの育成，啓発活動を行うための施設．

[相澤譲治]

身体障害者福祉法

1949（昭和24）年制定．制定当初は傷痍軍人の職業復帰をひとつの重要な目的としていたが，その後，幾度となく改正され，現在では重度身体障害者を含めた身体障害者の自立と社会経済活動への参加を目的としている．福祉の措置として，身体障害者手帳，更生医療の給付，補装具の給付などが規定されている．在宅サービスとして，身体障害者居宅介護等事業，身体障害者デイサービス事業，身体障害者短期入所事業，重度身体障害者日常生活用具給付事業がある．施設サービスとしては身体障害者更生援護施設が規定されている．本法に基づいて身体障害者への各種のサービスが提供されており，援護の実施は市町村に委譲されている．2000（平成12）年に改正され，新規事業や施設が追加された．障害者自立支援法施行にともない，大幅な改正が2005年になされた． [津田耕一]

身体障害者福祉ホーム

障害者自立支援法施行前の身体障害者福祉法第30条2において規定されている身体障害者更生援護施設の中の生活施設である．低額な料金で，身体上の障害のために家庭において日常生活を営むことに支障がある身体障害者に対し，その日常生活に適するような居宅その他の設備を利用するとともに，日常生活に必要な便宜を供与する施設．利用者とホーム経営者との契約によって利用できる．

[相澤譲治]

身体障害者補助犬

2002（平成14）年5月29日に，「身体障害者補助犬法」が制定された．一部を除いて同年10月1日より施行．身体障害者補助犬とは厚生労働大臣が指定した法人から認定を受けている盲導犬・介助犬・聴導犬のことをいう．盲導犬は「道路交通法で認める盲導犬」，介助犬は「肢体不自由により日常生活に著しい支障がある身体障害者のために，物の拾い上げおよび運搬，着脱衣の補助等肢体不自由を補う補助を行う犬」，聴導犬は「聴覚障害により日常生活に著しい支障がある身体障害者のために，ブザー音，電話の呼び出し音等を聞き分け，その者に必要な情報を与え，必要に応じ音源への誘導を行う犬」のことである．また，身体障害者補助犬には身体障害者補助犬であることの表示が義務付けられている．2013（平成25）年現在，認定を受けた身体障害者補助犬は，盲導犬1,043頭，介助犬62頭，聴導犬42頭である．→身体障害者補助犬法 [米津三千代]

身体障害者補助犬法

身体障害者補助犬を使用する身体障害者の施設等の利用の円滑化を図るために，2002年に制定された法律．身体障害者補助犬とは盲導犬，介助犬，聴導犬をいう．身体障害者補助犬を訓練する事業者および使用する身体障害者の義務，身体障害者補助犬の認定等について定められている．また，身体障害者が公共施設や公共交通機関を利用するにあたり，身体障害者補助犬の同伴を拒否することができないとされている． [柿木志津江]

身体障害者療護施設

障害者自立支援法施行前の身体障害者福祉法第31条に規定されていた身体障害者更生援護施設の中の生活施設である．身体障害者であって常時介護を必要

とする人で，家庭において介護を受けることが困難な者に治療や養護を行う施設．障害者自立支援法の施行にともない廃止された． [相澤譲治]

診断主義 (diagnosticism)

ケースワークにおける理論学派のひとつであり，1920年代以降アメリカで発展した．フロイト (Freud, S.) の精神分析を理論的根拠とし，個人のパーソナリティの強化を図る中で，社会環境に対する適応力をめざすものである．ケースワークは，ケースワーカーの主導（診断）のもとに展開され，社会調査，社会診断，社会治療という過程を経て行われる．ケースワークの体系化に寄与したが，医療モデルへの依拠が，ケースワークの専門性という視点から批判されることもある．代表的論者としては，ハミルトン (Hamilton, G.) がいる．[駒井博志]

心的外傷 (psychic trauma)

トラウマともいう．瀕死の重症を負うような出来事や身体の安全に迫る危険（戦闘体験，自然災害，暴力，強姦，交通事故や火災など）を体験・目撃・直面したことにより，自我にとって耐えがたいような苦痛をともない，とても対処できないような心の傷のこと．たとえば幼児期の虐待，離別，挫折などのように，強い不安や恐怖や屈辱の感情をともなうものである．客観的な事実より，その人がその体験をどう受け止めているかやその人にとっての意味が重要視される．このような心的外傷体験は，自我によって無意識の領域にとどめられ，神経症的症状を発現させる．→ PTSD [井上序子]

心的外傷後ストレス障害⇒ PTSD

心肺蘇生法

意識障害あるいは呼吸，循環機能（心臓）が停止もしくはこれに近い状態に陥った時に呼吸・循環を補助するために，A：Airway（気道確保），B：Breathing（人工呼吸），C：Circulation（循環・心臓マッサージ），D：Defibrillation（自動体外式除細動）という一連の手当を行う．心肺蘇生法には，一般市民にも実施できる一次救命処置と器具や薬品を用いて，医師や十分に訓練を受けた看護師・救急救命士が医師の指導のもとにその一部が行える二次救命処置がある．

[安岡文子]

新福祉事務所運営指針

厚生省より福祉事務所制度20周年として1971（昭和46）年に，今後の福祉事務所像を求めて提示された指針である．そこでは生活保護中心から他の福祉施策へ重点を移す必要があるとして，従来の福祉事務所の機構，職員などの体制を変えることを目的とした．そして福祉事務所は社会福祉行政の中核的な第一線の現業機関であるとし，「迅速性」「直接性」「技術性」の３つの条件が必須であるとした． [高間 満]

ジンメル，G.

(独 Simmel, Georg; 1858-1918)

「生の哲学」の考え方に基づいた哲学である．この哲学は，人間あるいは世界を一面的にしかとらえていない科学万能主義や機械論的な合理主義に反対し，人間の本能，意志，直感等を評価し，人間の生命の創造力を伸ばそうとする考え方である．

また，社会学における彼の主著『社会分化論』（1890）では，社会を諸要素の相互作用からなり，社会学がこの相互作用を対象とすることよって成立するとした．すなわち，彼は社会を相互作用によって形成されるものであると規定した．

[成清美治]

信用失墜行為の禁止・秘密保持義務

精神保健福祉士法第39条，40条に規定されている罰則規定．いずれも違反した場合は登録の取り消し，または名称使用の停止という規定である．信用失墜行為とは，業務に関連した犯罪などのこと．秘密保持義務とは職務上知り得た秘密を厳守することである．この規定に違反した場合は1年以下の懲役または30万円以下の罰金が科せられる．精神保健福祉士は職務上，クライエント（福祉サービス利用者）の重大な個人情報を得る機会が多い．クライエントのプライバシーを保護することは福祉従事者として当然の義務である． ［岡田良浩］

信頼性と妥当性
(reliability/validity)

社会調査は，質的調査であるか量的調査であるかを問わず，すべて信頼性と妥当性という2つの条件を満たすことが要求される．信頼性は，誰が，何度調べても同じ結果が得られるということである．妥当性は，測ったはずのものが本当に測れているかということを意味する．質的調査は信頼性という点において量的調査に劣ることが指摘されている．また，調査方法の標準化が進んでいる量的調査は信頼性の面で長所を発揮する一方で，妥当性の面では長所が発揮されないという批判がされている． ［武山梅乗］

心理教育

精神障害やエイズなど受容しづらい問題を抱える当事者や，慢性の経過をたどる疾患をもつ患者を対象として，正しい知識や情報を心理面への十分な配慮をしながら伝え，病気や障害の結果もたらされる諸問題・困難に対する対処法を習得する事によって，主体的に療養生活を送れるように行われる教育的アプローチのことである．治療上の教育・再発予防，疾病に関する情報伝達と，当事者および家族の対処能力向上のための教育・訓練を行うことで，当事者や家族の心理的安定および生活の質の向上を図ることを目的とする．→家族心理教育 ［木村志保］

心理教育的アプローチ
(psychoeducation)

精神障害者やその家族に，精神障害の正確な知識を伝えて，再発予防と，社会生活をしていくうえに必要な諸機能の回復をはかるアプローチである．アンダーソン（Anderson, C.M.）らやマクファーレン（Mcfarlane, W.R.）らによって1970年代後半に精神分裂病の患者とその家族を対象に始められた．治療者は，まず，家族を対象にワークショップ（疾病の知識と家族の役割等を講義する）を開催する．ワークショップ以降，治療者と個別家族の定期的な面接によって患者や家族のかかえる問題を共に検討し解決しようとする（アンダーソンら）場合と，治療者と複数の家族との定期的な集まりを通じて，参加家族全体で，各家族の直面している問題を解決に向けて検討する（マクファーレンら）場合がある．
［加納光子］

心理社会モデル
(psychosocial model)

診断主義に基づく援助モデルであるが，クライエント（福祉サービス利用者）が抱えている問題を，個人の心理的側面と周囲の生活環境（社会環境）との関係性によってとらえ，両者に働きかけることによって，問題の解決（〈個人的・社会的機能の遂行〉の改善）をめざそうとするものである．ホリス（Hollis, F.）によって体系化された．こうした体系は，診断主義ケースワークに新しい視点をもたらし，ケースワークを精神療法やカウンセリングから独立させ，固有の

技法として位置づけることをもめざしたものである. [駒井博志]

心理社会療法 (psychosocial therapy)

1930年代後半から自我心理学の概念をケースワークに導入する試みがなされた. 自我心理学は, クライエント(福祉サービス利用者)自身が援助の方向性や自分自身の人生に責任をもつことの重要性を強調し, 環境や文化的な要因が人間行動や自我機能の発達において果たす役割を重視した. 心理社会療法はこの自我心理学の概念に依拠するところが多い. 心理社会療法の確立に貢献したホリス(Hollis, F.)は「状況の中の人」という概念でクライエントを把握し, クライエントの問題は個人の病理的側面だけでもなく, 環境からの過剰な圧力という側面だけでもなく, その両者の関係性の結果であるとした. [加納光子]

心理テスト

個人の特徴を客観的に理解するために開発されたテストで, 知能検査, 発達検査, 人格検査等がある. テストは, いずれも個人の一側面を示しているに過ぎないため, 通常は, 複数のテストを併用して判断(テスト・バッテリー)する. テストによって, 実施対象が集団か個人か異なる場合や, 実施や評価の難易度の異なるものがあるため, 用途に応じて使い分ける必要があり, テストの信頼性(reliability:実施回数や個人差に左右されないか)と, 妥当性(validity:テスト目的に適っているかどうか)も重要である. →人格検査, 知能検査 [田辺毅彦]

診療所 (clinic)

医師が診療行為を行う施設. 入院設備がないか, あっても19人以下の施設をいう. 医院, クリニックも同義. 近年, 地域医療の必要性が高まるにつれて, 地域における診療所の役割の重要性が見直されつつある. とくに, 老人の在宅ケアや障害者の地域生活支援などにおいては, 保健所や病院, 各種の福祉サービスと診療所との連携によるサポートネットワークの構築が必要である. また精神医療の領域においても, デイケアや訪問などのサービスの担い手として機能するようになってきている. 社会資源のひとつとして, 診療所の果たす役割は大きい. [田中誉樹]

診療報酬

保険医療機関および保険薬局が患者に医療・調剤行為を実施したさいに得る報酬のこと. 社会保険における診療報酬は診療報酬点数表(点数表)とよばれる健康保険法の規定による療養に要する費用の額の算定方法により算出される. 点数表は医科報酬, 歯科報酬, 調剤報酬に分類され, 各医療行為を点数で表示し, 現在1点単価10円として計算されている. 保険診療を行った医療機関などの診療報酬の請求は, 直接保険者に行わず, 各都道府県の社会保険診療報酬支払基金および国民健康保険団体連合会に対して行う. [阪田憲二郎]

診療報酬の改定 (2008, 2010)

診療報酬(診療報酬点数表)は, 健康保険法第76条の2項並びに同法第82条1項に基づいて厚生労働大臣が中央社会保険医療協議会に諮問のうえ告示・決定される. 診療報酬の改定は, 原則として2年ごとに行われるが, 2008(平成20)年の改定は全体的にはマイナスであるが, 診療報酬(全体)は, プラス改定となった. また, 2010(平成22)年の診療報酬改定は, 薬価等の改定が−1.36%であるが, 診療報酬(全体)の改定は+1.55%となり, 全体改定率が0.19%と10年ぶりのプラス改定となった. この背景には救急, 産科, 小児, 外

科等の医療の再建と勤務医の処遇改善（負担軽減）がある． ［成清美治］

心理療法 (psychotherapy)

精神療法と同義．もともとは精神医学の分野において主に精神障害者を対象とした心理的援助として生まれたため治療的側面が強調されたが，現在では発達成長的側面も重視され，カウンセリングと互換的に使われている．さまざまな精神的問題を抱えている人に，治療者が，心理的な手段や言語的あるいは非言語的コミュニケーションを媒介にして援助を与えていくことをいう．その過程では，援助を求める者と治療者との関係が重要となる．取られる形態は個人療法と集団療法とに大別されるが，いろいろな立場が生まれ，その技法も多様である．

［井上序子］

す

水準均衡方式

生活保護法に基づく保護の基準のうち，生活扶助基準を決定するための一方法．1984（昭和59）年に格差縮小方式に代わって採用され，現在に至る．格差縮小方式では生活扶助基準の決定において国民一般の消費水準の伸び率が考慮に入れられていたが，この伸び率はあくまでも次年度経済見通しによるものであった．この点を改善し水準均衡方式では，政府の経済見通しに基づく民間最終消費支出の伸び率を考慮に入れることに加え，新たに，前年度までの国民一般の実際の消費支出水準との間での調整を行うという内容が盛り込まれた． ［木村　敦］

枢密院（イギリス）
(privy council)

イギリスの中央行政機関．公的扶助行政とのかかわりにおいては，救貧法の運用を担当した．これを最高上部組織として，各教区ごとに2～4名程度の貧民監督官（overseers of the poor）が任命され，住民代表である教区委員の協力のもと，救貧税の徴収など救貧法執行の実務にあたった．彼らを指揮・監督したのは治安判事（justice of the peace）である．この治安判事はもともと国王直属の吏員であるが，彼らを通し枢密院の意向は救貧行政において直接に反映させられることとなった． ［木村　敦］

スクールカウンセラー

スクールカウンセラーの業務は，小学校・中学校・高等学校において，児童生徒に対する相談の他，保護者および教職員に対する相談，教職員等への研修，事件・事故等の緊急対応における被害児童生徒の心のケア等であり，臨床心理士等を中心に採用され活動している．具体的には，①児童生徒に対する相談・助言，②保護者や教職員に対する相談（カウンセリング，コンサルテーション），③校内会議等への参加，④教職員や児童生徒への研修や講話，⑤相談者への心理的な見立てや対応，⑥ストレスチェックやストレスマネジメント等の予防的対応，⑦事件・事故等の緊急対応における被害児童生徒の心のケア等である．文部科学省は，全国の中学校を始めとして小学校・高等学校にスクールカウンセラーを配置し（「スクールカウンセラー活用事業補助」），また，地震災害や事故等の場合には，都道府県等の要請に応じてスクールカウンセラーの緊急派遣に対する支援を行っている． ［木村志保］

スクールソーシャルワーカー

スクールソーシャルワークとは，学校

を拠点に，問題を抱えた児童生徒に対し，その児童生徒が置かれた環境へ働きかけたり，関係機関等とのネットワークを活用したりするなど，多様な支援方法を用いて，課題解決への対応を図っていくことと定義され，その活動を行うのが社会福祉学を基盤とするスクールソーシャルワーカーである．具体的には，①相談活動，②ふれあい活動，③連携活動，④学校への支援活動等を行う．スクールソーシャルワーカーは，文部科学省による「スクールソーシャルワーカー活用事業」を導入（2008年）後，全国141地域に配置された．→スクールソーシャルワーク　　　　　　　　[木村志保]

スクールソーシャルワーク

学校を拠点に，問題を抱えた児童生徒に対し，当該児童生徒が置かれた環境へ働きかけたり，関係機関等とのネットワークを活用したりするなど，多様な支援方法を用いて，課題解決への対応を図っていくこと，と定義される．社会福祉学を基盤に，精神医学の知識や心理学等の幅広い知識をあわせ持ったスクールソーシャルワーカーが行う，学校保健福祉領域のソーシャルワークである．スクールソーシャルワークの目的は，すべての児童・生徒（学生）の知的・身体的・情緒的・社会的・人格的成長・発達の援助をするための活動である．スクールソーシャルワークを3段階に分けると，①一次援助サービス（子どもへの健康教育，ソーシャルスキルトレーニング等，集団的成長への援助．自己実現や予防的効果を求める対応．現状の学校でのQOLの維持・向上等），②二次援助サービス（早期対応による問題の早期解決の援助サービス．登校しぶり，万引き，学習意欲低下，摂食障害等の自傷行為に対する対応），③三次的援助サービス（課題を抱えた子どもを対象とした問題の改善・解決の援助サービス．不登校，いじめ，発達障害等への対応，支援チームの確立や解決後の予防）である．→スクールソーシャルワーカー　　　　　　[木村志保]

健やか親子21

厚生労働省が主導する国民運動計画である．その趣旨は，2001（平成13）年から2010（平成22）年までの10年間の母子の健康づくりであるが，その範囲は母子に限定されず父親や祖父母を含むものである．この運動の取り組むべき21世紀の課題は，①思春期の保健対策の強化と健康教育の推進，②妊娠・出産に関する安全性と快適さの確保と不妊への支援，③小児保健医療水準を維持・向上させるための環境整備，④子どもの心の安らかな発達の促進と育児不安の軽減等となっている．なお，この母子保健分野の国民運動計画の趣旨は，2004（平成16）年に制定された「子ども・子育て応援プラン」の施策内容にいかされた．→子ども・子育て応援プラン

[成清美治]

スチュアート，M.

（英 Stewart, Mary; 1862-1925）
1895年に世界で初めて COS (Charity Organization Society：慈善組織協会)の地区書記から王室施療病院（ロイヤル・フリー・ホスピタル）に採用されたアルモナー．その主な業務は治療費の払える人の無料診療の乱用を防ぐこと，貧窮している患者に対する救貧法や救済施設への照会などとされた．その後，メアリーの調査の結果，故意に無料診療を乱用している人はごくわずかであることが明らかとなる．次第に医師との連携のもと，患者に必要な治療が施されているかどうか，健康な生活のための保健教育活動など保健師の先駆的活動も行った．→アルモナー，慈善組織（化）協会，ロイヤルフリー病院　　　　　　　[伊藤葉子]

🎀 スティグマ (stigma)

　本来の語義は，ギリシャ語で，犯罪者や奴隷の身体に付けられた，忌むべき者，回避されるべき者を意味する焼き印をさす．これが転じて社会的烙印の意味に用いられるようになった．他から区別される好ましくないとされる属性，たとえば，身体上の障害や欠点，人と異なる生育歴，人種の違いなどがスティグマとなりうる．スティグマをもつとみなされる人は，集団の同質性を破る逸脱者とされ，他の構成員はその人を疎ましく思う．その結果，その人は社会的に孤立し，アイデンティティが損なわれる．差別や偏見はここから生まれる．→烙印づけ　　　　　　　　　　　　　[藤井 薫]

🎀 ステップアップ雇用(こよう)

　精神障害者や発達障害者の企業での就労を支援するため，公共職業安定所が事業者と求職者（精神障害者や発達障害者）を仲介し，試行雇用が行われる．短時間勤務（週10時間以上）から始め，本人の状況や環境に合わせて徐々に労働時間を延ばし，週20時間以上の勤務をめざす．雇用期間中は公共職業安定所や地域障害者職業センターなどにより，必要に応じて助言などの支援が行われる．3～12ヵ月の有期雇用の契約を結び，期間中は労働者には賃金が支払われる．また，雇用主には試行雇用奨励金として労働者1人あたり月額2万5千円が支給される．2人以上5人以下のグループでステップアップ雇用を行う場合には，グループ雇用奨励加算金も支給される．雇用主に対して，期間終了後の雇用の義務はない．　　　　　　　　　　[酒井美和]

🎀 ストマ (stoma)

　腸や膀胱の疾患・病変のために，人工的につくられた排泄口をさす．腸や尿管の一部を切除した後，腸や尿管の一端を腹壁に縫いつけ便や尿を体外に排泄するためにつくった排泄口を人工肛門，人工膀胱という．目的によって一時的な排泄口と，直腸肛門を切除したときの永久的な排泄口とがある．ストマ用装具については，身体障害者手帳が交付されれば補装具の支給がうけられる．　[鈴木けい子]

🎀 ストレス (stress)

　本来は，工学用語で金属などの歪みを意味する用語であった．環境の刺激によって生じる不快などに対する身体，精神，行動の緊張状態をストレスという．そのさいの刺激をストレッサーとよぶが，刺激自体をストレスとする場合も多い．適度なストレスは，その人の意欲を促し，成長，発達の一因となる場合も考えられる．しかし過度のストレスがかかると，心身に異常をきたし，さまざまな症状を喚起させる場合がある．心身症などの大きな原因として，ストレスがあげられる．→心身症　　　　　　　[小崎恭弘]

🎀 ストレングス視点(してん)

　人間の弱さや欠陥に焦点をあてる医学モデルに対する批判として生まれた．クライエント（福祉サービス利用者）のもつ豊かな能力，成長への可能性など良い点に焦点をあて，ワーカーはクライエントの強さを引き出すために，彼らの説明，経験などの解釈に関心をもってかかわる．エンパワーメント・アプローチの視点でもある．　　　　　　　　[加納光子]

🎀 スーパーエゴ⇒フロイト，S.

🎀 スーパービジョン (supervision)

　対人援助の専門職者は，自分自身の考えあるいは行動に対し自信がもてない，あるいは自らでは気づかないまま好ましくない行動を取っている場合が存在する．このような時，他者からの視点で，助言を得たり指摘をうけることは，自ら

の行動を修正していくうえで有効である．この一連の取り組みをスーパービジョンという．そのさい，自らの状況・行動を話す側の者をスーパーバイジー（supervisee），指摘・助言する側の者をスーパーバイザー（supervisor）という．この取り組みは，グループ（group）で実施することもあり，その場合には1対1の個人スーパービジョンと区別する意味でグループスーパービジョンという．

[土屋健弘]

スピーナムランド制度
（Speenhamland System）

1795年，イギリスのバークシャーの治安判事が始めた，院外保護（outdoor relief）を推進するための救済制度である．家族数によって最低生活費を算定して，失業者には全額，賃金がこの基準に満たない労働者には不足分を救貧税で補助した．これは家族単位の救済支給制度であり，産業革命による低賃金や失業によって創出された貧民にとって重要な役割を果たした．しかし，この制度は救済費の拡大を招いて救貧法の改正をもたらす要因となった．

[西川淑子]

スペシャル・トランスポート・サービス
（Special Transport Service：STS）

単独で交通機関等を利用することが困難な高齢者や障害者の移動ニーズに対して，輸送を提供するサービスのこと．輸送サービスには，ルート固定型と利用者の自宅から目的地までのドアーツードア型の2通りがある．ルート固定型としてはコミュニティバスが，ドアーツードア型では介護タクシーがあげられる．→介護タクシー，コミュニティバス

[米津三千代]

スミス，A.
（英 Smith, Adam; 1723-1790）

経済学者・哲学者．イギリスのグラスゴー大学とオックスクスフォード大学の両大学で学び，のちに，グラスゴー大学で教授（論理学）となる．その後，ロンドン大学の教授となる．彼は最初の著作『国富論』を1776年に出版する．この国富論の中で彼は自由放任の経済学である，自由主義経済学を確立した．この経済学の特徴は，個人の経済活動について国家は一切干渉すべきでないというものであったが，彼の思想は，のちに「新救貧法」（1834）の理論的支柱となったマルサスによって発展させられた．→マルサスの人口論

[成清美治]

刷り込み現象⇒インプリンティング

せ

生育歴

人が生まれてから現在まで育ってきた過程を生育歴という．援助実践の場面では，クライエント（client：サービス利用者）の課題を把握することを目的とした情報収集のさいに，生育歴を知ることが必要となる局面がある．これは面接などで表出した訴えの背景にある課題を，さらに深く理解するために有効な情報となりうる．生育歴を聴き取ることは非常に重要であるが，しかし同時にプライバシーに関わることであり，ワーカー（worker）は信頼関係を失うことのないよう，秘密保持および受容的な態度で対応することに留意する必要がある．

[土屋健弘]

生活援助

2003（平成15）年に介護報酬の見直

しが実施された．その基本的な考え方は介護保険施行後の実態と経済的要因を考慮して，全体で−2.3％（在宅は平均で0.1％の引き上げ，施設は−4.0％の引き下げ）の改定であった．その中で，訪問介護は適切なアセスメントを推進する意味から，従来の訪問介護の区分であった身体介護と家事援助及び複合型（身体介護と家事介護の混在したもの）が，新たに身体介護と生活援助に区分された．この生活援助は地域で生活をする要介護高齢者の日常生活の支援活動である．具体的には掃除，洗濯，調理，金銭管理，薬の管理，買い物等となっているが，直接本人の日常生活に含まれないもの（たとえばペットの世話，本人が使用する居室以外の掃除，自家用車の洗車，草むしり等）は対象外となっている．[奈須田靖子]

生活援助型給食サービス

「毎日型給食サービス」ともいわれる．居宅での生活をしていくうえで支援を必要とするひとり暮らし高齢者をはじめ，寝たきり高齢者や重度の障害者をかかえている世帯に対して，ほぼ毎日，調理された食事を自宅まで配達する給食サービスのひとつ．栄養バランスや保温性に配慮の行き届いた食事の提供を通して利用者の安定した食生活を支援するというサービス本来の目的のほか，配食担当者が利用者の自宅を定期的に訪問することにより，利用者の健康状態の把握や社会的・心理的孤立感の解消など，食事以外の面においても重要な役割を果たしている．[神部智司]

生活介護

障害者総合支援法第5条第7項に，「『生活介護』とは，常時介護を要する障害者として，厚生労働省令で定める者につき，主として昼間において障害者支援施設その他の厚生労働省令で定める施設において入浴，排せつ，又は食事の介護，創作的活動又は生産活動の機会の提供その他の厚生労働省令で定める便宜を供与することをいう．」と規定している．[成清美治]

生活協同組合（生協）

1948（昭和23）年制定の消費生活協同組合法（生協法）に基づき，消費者が自らの生活の安定と向上を図ることを目的として設立された協同組合であり，正式には消費生活協同組合という．一定の地域・職域別に組織され，組合員の出資金などを財源として運営される互助的な組織である．食料品などの供給事業や各種共済事業のほか，近年では家事援助，給食サービスなど福祉関連の事業も展開されている．また，2000（平成12）年4月からの介護保険法の施行に伴い，都道府県知事の指定を受けて居宅介護支援事業や居宅サービス事業にも取り組んでいる．[神部智司]

生活構造（life structure）

人びとは，家族を含むさまざまな集団（組織・地域社会・社会集団等）の中において，多様な関わりを保ちながら生活している．それら個々人の生活諸条件を含む生活様式の類型をいう．生活者としての視点から，社会・文化構造的条件と生活様式との関連を把握するのが，生活構造論である．生活構造論は次の3つの領域に大別される．①社会政策的領域は，生活時間の配分構造や家計構造に焦点を当て，労働と消費の統合的把握・分析をする．②生活体系論的領域は，生活を構成する生活空間・生活時間等の生活要素の相互関連を探る．③都市社会学的領域は，個人の社会関係に焦点を当てている．[本多洋実]

生活困窮者緊急生活援護要綱

敗戦直後の1945（昭和20）年12月，予算措置を含めて閣議決定された生活困

窮者援護の応急措置のことをいう（1946年4月実施）．これは1946（昭和21）年9月に旧生活保護法が成立するまでの臨時的措置で，「著シク生活ニ困窮セルモノ」に対し，さしあたっての宿泊，給食，救護や生活必需品等の提供，生業の指導斡旋等を行うこととされた．援護の実施は都道府県の計画に基づいて市区町村長がこれにあたり，部落会長や方面委員（のちの民生委員），民間社会事業団体等をそれに協力させることとした．

[砂脇 恵]

生活困窮者自立支援法

生活困窮者自立相談支援事業の実施，生活困窮者住居確保給付金の支給その他の生活困窮者に対する自立の支援に関する措置を講ずることにより，生活困窮者の自立の促進を図ることを目的としている（第1条）．ここでいう「生活困窮者」とは，現に経済的に困窮し，最低限度の生活を維持することができなくなるおそれのある者をいう（第2条）．また，「自立相談支援事業」の相談員については，2013（平成25）年の衆議院厚生労働委員会での附帯決議において，「その責務の一環として訪問支援にも積極的に取り組むこととし，ケースワーカーや民生委員等，関係者間の連携と協力の下，生活困窮者に対し漏れのない支援を行うこと．また，そのために社会福祉士等の支援業務に精通する人員を十分に配置することを検討し，適切な措置を講ずること」とされている．2013（平成25）年12月6日に可決成立し，同年12月13日に公布．2015（平成27）年4月1日施行．なお，本法の成立に先立ち，2012（平成24）年に成立した「社会保障制度改革推進法」では，生活保護制度の見直しと生活困窮者対策に総合的に取り組むこと，生活保護基準の見直しを行うことが示されている．

[成清敦子]

生活困窮状態

ある人が現実に最低生活水準に満たない状態で生活している状態．日本では，生活保護法に基づき公的扶助給付たる生活保護が実施される．問題は，どれくらいの水準をもって「最低限度の生活」，すなわち，日本国憲法第25条に規定された「健康で文化的な最低限度の生活」であると認定するかである．日本では，この水準は生活保護法に基づき，保護基準として厚生労働大臣が決定することとなっている．さらにはその決定方法も問題となるが，生活保護法制定以来，変遷を経て，現在では水準均衡方式が採用されている．

[木村 敦]

生活支援員

高齢者や障害者などの社会福祉施設において生活に関わる支援を行う者を総称して生活支援員とよぶことがある．また，日常生活支援自立支援事業の専門員として生活支援員が配置されている．その他，障害者自立支援法に基づいた障害者福祉サービスの配置人員として生活支援員が定められているが，法律上の資格要件はない．たとえば，障害者就業・生活支援センターにおいては，障害者の就労と生活の一体的な支援のために，主に日常生活に関する相談や関係機関との調整を行う．

[酒井美和]

生活支援ハウス
（高齢者生活福祉センター）

この事業は，2000（平成12）年度から整備が開始されたが，その目的は過疎地域社会等において生活する高齢者の介護支援機能，居住機能，地域における交流事業を提供することにより，高齢者が安心して地域にて生活が送れるよう支援し，福祉の増進を図ることである．なお，この生活支援ハウスは介護保険以外の施設サービスのひとつでもある．ま

た，サービスの提供は各市町村が独自に行う事業でもある． ［成清美治］

生活習慣病

生活習慣病の定義は，「習慣，運動習慣，休養，喫煙，飲酒等の生活習慣が，その発症・進行に関与する疾患群」（公衆衛生審議会意見具申，1996）とされている．以前は成人病とよばれていたが，加齢だけでなく悪い生活習慣の蓄積によって起こることがわかり，生活習慣病とよばれこととなった．生活習慣病の代表的な病気として，肥満，骨粗鬆症，高血圧，糖尿病，高脂血症，がんなどがあげられる．これらの生活習慣病は，進行しないと自覚症状が現われないため，発症初期に気づかないことが特徴である．そして，気づいた頃には病態が進んでいて，治療を始めても治らないことが多い．また，症状が突然現れ，発作が起こり，死亡することや後遺症が残って寝たきりになることもある．疾病構造が変化する中で，生活習慣病が増加している．そのために生活習慣病に対する予防に重点を置いた対策が急務である．厚生労働省では2000（平成12）年から「21世紀における国民健康づくり運動（健康21）」を推進し，さらに健康づくりを総合的に推進すること，地方公共団体における健康増進計画の策定などを内容とした「健康増進法」が2003（平成15）年より施行されている． ［熊谷忠和］

生活の質 (quality of life：QOL)

QOLは「自分自身に対する満足感，充実感，安心感，幸福感」など個人の意識面を中心にとらえる立場と，「人びとの幸福，満足な生活にするための社会システムの創造」として生活の質を社会環境から考える立場とがある．「生活の質」の向上の客観的条件づくりが公的に保障されるとともに，個々人が自分の生活の質をどううけとめ，どのようにしていきたいかの視点が取り入れなければならない．アメリカ環境保護庁はQOL要因として，経済的環境，政治的環境，物的環境，社会的環境，健康，自然環境をあげている． ［北川 拓］

生活場面面接 (life space interview)

狭義には，精神分析においてレドル (Redl, F.) らによって提唱された面接の技法をさし，広義には，面接室以外の利用者の生活場面での面接や構造化されていない面接まで含めた面接の一形態をいう．面接の構造の要素には，時間，回数，場所，人数，契約などがあるが，こういった面接の構造が緩やかで，クライエント（福祉サービス利用者）の日常性に着目し，迅速な対応ができるところに特徴がある．たとえば，社会福祉施設で利用者の食事介助などの場面で交わされる「ながら」面接や立ち話なども意識化された面接として意味づけようとする．構造化された面接と併用していくことによって援助効果が高まる． ［久保美紀］

生活福祉資金貸付制度

この制度の目的は，低所得者世帯，障害者世帯，高齢者世帯に対して，低利あるいは無利子で資金の貸付が行われる．実施主体は，都道府県社会福祉協議会である．2009（平成21）年10月の改正により，総合支援資金（生活支援費，住宅入居費，一時生活再建費），福祉資金（福祉費，緊急小口資金），教育支援資金（教育支援費，就学支度費），不動産担保型生活資金（不動産担保型生活資金，要保護世帯向け不動産担保型生活資金）へと給付内容の整理統合が行われた．貸付の申請前に民生委員の面接を受け，市町村社会福祉協議会に申請後，都道府県社会福祉協議会において貸付の可否が審査される．返済完了まで市町村社会福祉協議会ないし民生委員による相談支援が行

生活扶助

生活保護法に規定された生活困窮者に対する扶助のひとつ．内容は，①衣食その他日常生活の需要を満たすために必要なもの，②移送である（第12条）．方法は，被保護者の居宅において行うことを原則とする（居宅保護の原則，第30条）が，居宅において行うことができない場合，居宅においては保護の目的を達することができない場合，あるいは被保護者が希望する場合に，実施機関は，被保護者を救護施設，更生施設等の適当な施設に入所させ生活扶助を実施することができる（例外としての施設保護，第30条）． [木村 敦]

生活扶助義務

民法上の扶養義務のうち，夫婦間相互の者，未成熟子に対する親以外の者（兄弟姉妹等）が負う，比較的程度の軽い義務．社会通念上それらの者にふさわしいと認められる程度の生活を損なわない程度がその扶養義務の範囲である．生活保護法においては，その給付（保護）に対し親族扶養は優先する．しかしながらこれは要件ではなく，また，この生活扶助義務のみを負う者が，あたかも最低生活費を超える部分すべてを扶養に充てる義務（生活保持義務）を負うかのような解釈が行われ運用されているとすれば大いに問題である． [木村 敦]

生活保護基準

生活保護法で保障する最低生活水準を金額で示したものである．保護基準の決定は厚生労働大臣が行う（同法8条1項）．生活保護基準は「健康で文化的な生活を維持することができるもの」（同法3条）として，「要保護者の年齢別，性別，世帯構成別，所在地域別その他保護の種類に応じて必要な事情を考慮した最低限度の需要を満たすに十分なものであって，且つ，これをこえないものでなければならない」（同法8条2項）とされている．保護基準は保護の要否および程度を判断するための尺度であり，保護基準によって算定された最低生活費と要保護世帯の認定された収入額とを比較した結果，最低生活費を収入額が下回る場合に保護は必要であると判断され，その差額が保護費として支給される． [砂脇 恵]

生活保護「適正化」

生活保護の適正な実施とは本来，濫救も漏救もない状態を意味するが，生活保護の「適正化」政策は，濫救防止に偏重した保護適用の厳格化を進めるもので，「保護の引き締め」政策とも批判される．1954～56年の医療扶助・外国人保護の制限（第一次「適正化」）に始まり，1964～66年の稼動世帯に対する保護適用の制限（第二次「適正化」），加えて1981年「生活保護の適正実施について」（123号通知）を契機とした保護申請の窓口規制（第三次「適正化」）が進められた．特に，123号通知の発布以降，資産調査の厳格化，扶養義務履行の強調，保護申請の受理の制限が進められたが（いわゆる「水際作戦」），これらは保護請求権の保障という法の趣旨に反する運用である． [砂脇 恵]

生活保護制度の在り方に関する専門委員会報告書

社会福祉基礎構造改革の最後の課題とされた生活保護制度の見直しのため，2003年8月に社会保障審議会福祉部会に設置された専門委員会のこと．同委員会で検討された主な論点は，①生活保護基準の妥当性の検証・評価，②自立支援等，生活保護の制度・運用のあり方についてであり，①については，多人数世帯の保護基準の見直し（減額），単

身世帯基準の設定，老齢加算・母子加算の廃止などが，②では自立支援プログラムの導入，高校進学の教育支援などが，2004年12月に最終報告された．この報告内容を踏襲し，2005年度より生活保護制度の改正が進められた．

[高間 満]

生活保護制度の改正

社会保障審議会福祉部会に2003年8月に設置された「生活保護制度の在り方に関する専門委員会」報告書（2004年12月に最終報告）に基づき，2004年度から老齢加算については3年間での段階的廃止とされた．また2005年度においては，①生活扶助第1類の年齢階級区分の簡素化，②人工栄養費の廃止，③母子加算の段階的廃止，④高等学校修学費の生業扶助対応，⑤自立支援プログラムの導入，などが実施された．

[高間 満]

生活保護法（現行）

日本国憲法第25条の生存権規定に基づき，「国が生活に困窮するすべての国民に対し，その困窮の程度に応じ，必要な保護を行い，その最低限度の生活を保障するとともに，その自立を助長することを目的」とした法律（1950年5月公布・施行）．本法には，国家責任，無差別平等，最低生活，保護の補足性の4つの原理並びに申請保護，基準および程度，必要即応，世帯単位の4つの原則が規定されている．保護の種類は生活扶助，教育扶助，住宅扶助，医療扶助，出産扶助，生業扶助，葬祭扶助，介護扶助の8種類である．

[砂脇 恵]

生活保持義務

民法上の扶養義務のうち，夫婦間相互および未成熟の子に対する親が負う義務．扶養義務者の最低生活費を超える部分すべてがその範囲と考えられ，「生活扶助（の）義務」に比べ，その程度が重い．生活保護法に基づいては，保護に対し親族扶養は優先するが，「世帯単位原則」に基づいて運用が行われる関係上，一世帯の最低生活費を算定するさいに，世帯員相互の扶養義務の軽重が考慮されないという問題がある．すなわちこれは，本来生活扶助義務しか負わないものがあたかも生活保持義務を負うかのように運用されるということであり，問題である．

[木村 敦]

生活モデル⇒ライフモデル

生業扶助

生活保護法第17条に規定された生活困窮者に対する扶助のひとつ．内容は，①生業に必要な資金，器具または資料，②生業に必要な技能の修得，③就労のために必要なもの，である．これは，現に生活困窮状態にある者だけでなく，困窮のため最低限度の生活を維持することができなくなる「おそれのある」者をも対象としている点に特徴がある．方法は金銭給付が原則であるが，これによることができない等のときには，授産施設（第36条第2，3項，第38条等）における現物給付の方法によって行うことも可能である（第36条）．2005年度からは，生業扶助の中に「高等学校等就学費」が創設された．

[木村 敦]

制限扶助主義

公的扶助，あるいは公的救済立法において，生活困窮者のうち特定の状態にある者を扶助または救済から排除する考え方．あるいは特定の状態にある者だけを列挙しその対象とする考え方．日本の恤救規則，救護法といった公的救済立法において，労働能力のある者がその対象とされていなかった（労働不能貧民のみが対象とされていた）ことがその好例である．現在の公的扶助立法（生活保護法）

においては，その相対概念である一般扶助主義（生活困窮という事由のみに着目し扶助を行うという考え方）が採用されている． [木村　敦]

生産年齢人口

人口の年齢構造は，年少人口，生産年齢人口，老年人口に分けられる．生産年齢人口とは，15歳以上65歳未満の人口群で，実際に就労しているか否かにかかわらず，生産活動に従事することが可能な人口階層をいう．ただし，生産年齢人口の中には高校や大学などの学生や失業者，退職者や年金生活者など，労働力でない者も含まれるため，就業人口，労働人口と同一視することはできない．日本の生産年齢人口は，1982（昭和57）年の67.5％から上昇を続けてきたが，1992（平成4）年の69.8％をピークに低下傾向に転じた．2021（平成33）年には59.4％にまで減少を続け，その後はやや増加するものの，2028（平成40）年には，ふたたび減少傾向になると推定されている． [平井　正]

清拭

入浴やシャワー浴のできない（発熱や衰弱など身体状態の悪い）場合，床上で熱い湯で絞ったタオル（蒸しタオルでも可）や石けんを使用して身体を拭き，皮膚の汚れを取り除く方法である．清拭には，全身を一度に清拭する全身清拭と，体力に応じて部分的に行う部分清拭とがある．また，マッサージ効果があり，血行をよくし，褥瘡の予防や感染を防止する． [新治玲子]

脆弱性

患者自身のもつ器質的な弱さ，固体の生物学的な弱さのこと．これまで精神分裂病の発症の要因は家族関係にあるという説が家族の精神的な負担となっていたが，最近では周囲からのストレスという環境的因子と，患者自身のストレスに対する脆弱性という生物学的因子の2つの視点から理解されるようになってきている． [岡田良浩]

青少年指導員

青少年に対して深い理解と愛情をもって，青少年の諸活動を助長し，PTAや民生委員・児童委員等との連携のもと地域の環境整備を促進し，青少年の健全育成に協力する委嘱ボランティア．知事から2年間の任期で委嘱を受ける．青少年指導員の主な活動としては，①青少年の文化・体育・レクリエーション活動の促進，②青少年の諸活動に対する助言・指導，③青少年団体の育成（子ども会等），④青少年の調査・研究による実態の把握，⑤青少年のための環境整備と非行防止，⑥青少年に対する理解を深めるための啓発活動等があげられる． [新崎国広]

生殖家族

定位家族によって育った子どもは，いずれ結婚して配偶者と新しい家族を築き，育んでいくこととなる．このように，結婚し，新しい家族をつくっていく夫婦の観点からとらえた家族概念が「生殖家族」である．また，どのような家族にしていくかは夫婦2人の意思が直接反映されることに加え，この家族概念は夫婦関係によって支えられる部分が大きいとされている．人間は一般的に，生まれた時点で所属している定位家族と，後に築いていく生殖家族の2つの家族を経験することになる．→定位家族 [青木聖久]

精神医療審査会

患者の人権擁護の観点に立って，退院請求および処遇改善請求に関する審査および医療保護入院の届出，措置入院・医療保護入院の定期病状報告の審査を行う機関である．都道府県知事は，退院請求

および処遇改善請求をうけたときは，精神医療審査会に審査を求め，精神医療審査会は審査を行い，その結果を都道府県知事に報告しなければならない．公正かつ専門的見地から判断を行う機関を設けるべきであるとする要請を踏まえ，運営マニュアルが現厚生労働省通知として定められている． ［重野 勉］

精神衛生法

精神衛生法はいわゆる議員立法により1950年に成立し，これにより精神障害者に関する最初の法律である精神病者監護法（1900）と，精神病院法（1919）が廃止された．つまり精神衛生法により，私宅監置を廃止し，精神病院を都道府県に設置することを義務づけ，精神衛生鑑定医制度・措置入院制度・同意入院制度（保護者の同意）・保護義務者制度などの入院制度を新設したが，強制入院中心の治安的要素の強い法制度であったといえる． ［重野 勉］

精神衛生法改正

1964（昭和39）年にアメリカの駐日大使のライシャワー氏を精神障害者が刺傷した事件が起こり，社会問題となり，1965（昭和40）年に精神衛生法の改正が行われた．主な改正点は，① 措置入院制度の整備（緊急措置入院の新設），② 精神障害者通院医療費の公費負担制度，③ 精神衛生相談員を各保健所に配置，④ 各都道府県に精神衛生センターを設置があげられる．この改正において，地域精神衛生活動が始まるが，社会復帰に関する施設整備が進まず，入院中心医療の流れを変えるには至らなかった．全体として，治安的な考え方が優先されているともいえる． ［重野 勉］

精神科ソーシャルワーカー
（psychiatric social worker：PSW）

疾病と生活障害という2つのハンディキャップを併せもつ精神障害者を，ひとりの生活者という視点で，医療ではなく福祉の立場からとらえ，精神障害者の自立と人権擁護，社会復帰のための支援を行う精神保健福祉領域のソーシャルワーカーのことであり，精神科ソーシャルワーカーまたは精神医学ソーシャルワーカーともよばれる．1997（平成9）年に成立した精神保健福祉士法によって，国家資格化された．わが国ではじめての精神科ソーシャルワーカーは1948（昭和23）年「社会事業婦」という名称で，国府台病院に配置された．以後，精神科ソーシャルワーカーは徐々に増え，保健所や精神科医療機関をはじめ，社会復帰施設，小規模作業所などにも配置されるようになり，ケースワーク，グループワーク，コミュニティワーク，受診援助，家族間調整など，その業務内容は多岐にわたっている．→精神保健福祉士

［岡田良浩］

精神科ソーシャルワーカー業務指針

精神科ソーシャルワーカー業務指針（以下，指針）は，精神保健福祉士法が制定（1997年）される以前に策定されており，その意義として，資格制定へ向けた取り組みという側面も有していた．指針は，日本精神保健福祉士協会の前身である日本精神医学ソーシャルワーカー協会が1988年にとりまとめたものであり，「はじめに」「協会の基本指針と業務」「福祉専門職と業務」「業務指針確立の一般的背景」「業務指針の基本的視点」「業務分類」「業務の範囲」「関係業務」「その他」から成る． ［青木聖久］

精神科デイケア

精神科のリハビリテーションメニューの中で、もっともよく使われる外来治療のひとつである．カナダのキャメロンとイギリスのビエラによって創始された．独立施設型と病院併設型、診療所付設型があり、通所リハビリテーションとして、1日6時間の活動を行う．精神科医師、作業療法士、看護師、臨床心理技術者、精神保健福祉士等が配置される．活動内容は作業や創作活動、レクリエーションなど、多様である．退院後、規則正しくデイケアに通所することにより、生活リズムを調整したり、グループ活動を通して対人関係の拡大を図る．デイケア活動の中で、患者同士のインフォーマルなグループが発生して、集団療法的な効果を得ることも期待できる．保健所でも社会復帰相談事業の一環として、保健所デイケアが行われているが縮小傾向にある．　　　　　　　　　　［岡田良浩］

精神科ナイト・ケア

精神科通院医療として行われるリハビリテーション活動．日中、デイケアや小規模作業所等の院外活動や通院リハビリテーションを受けている人等に対し、精神科医師、作業療法士、看護師、精神保健福祉士、臨床心理技術者等がチームを組み夜間に食事の提供、精神療法、カウンセリング、社会生活支援等を行う．その目的は、生活リズムを整え、閉塞しがちな当事者の行動範囲、社会関係の拡大と再発予防である．「精神科ナイトケア料」は1986（昭和61）年、「精神科デイ・ナイトケア料」は1994（平成6）年より社会保険診療報酬に創設された．標準的な実施時間はナイト・ケアが午後4時以降開始の4時間、デイ・ナイトケアが10時間である．　　　　　［伊藤葉子］

精神鑑定

刑事および民事事件に関して精神科医は精神鑑定を求められることがある．精神鑑定は、事件当時において、精神障害の存在と、理非善悪を弁識し、それに従って行動する能力について、精神医学の立場から見解を述べた資料を提出することで、裁判官はそれを参考にし被告の責任能力について決定を下す．　［重野　勉］

精神疾患を有する者の保護およびメンタルヘルスケアの改善のための諸原則（国連原則）

国連は精神障害者に対する人権保障の取り組みとして、1991年、25の原則から構成される標記の国連原則を作成した．この原則は、①精神障害者は基本的人権をもつ、②精神障害者に与えられる治療は常に個人のニーズによってのみ決定されねばならない、③精神障害者の諸原則を守るための有効な手続きとしくみが必要である、という3つの理念に整理することができる．しかし、これらは国連加盟国が守るべき基準を示す決議であって条約ではないため、これに反しても即座に国際法違反とはならない．
［青木聖久］

精神障害者

精神保健福祉法第5条の定義では、「精神障害者とは統合失調症、精神作用物質による急性中毒又はその依存症、知的障害、精神病質その他の精神疾患を有する者をいう」となっている．精神障害者数は約323万人で入院患者数は約33万人、外来患者数は約290万人である．そのうち統合失調症圏の患者が約6割を占めている（厚生労働省、2012年）．精神疾患の疾患別に入院・外来の構成割合をみると、入院では「統合失調症、統合失調型障害及び妄想性障害」が約60％

近くを占めているのに対し、外来患者では「気分（感情）障害（躁うつ病を含む）」が約35％，「統合失調症，統合失調症型障害及び妄想性障害」が約21％，「神経症性障害，ストレス関連障害及び身体表現性障害」が約20％となっている。　　　　　　　　　　[重野　勉]

精神障害者家族会

精神障害者の家族を対象とした，セルフヘルプグループ（自助組織）のことである。共通の悩みを家族同士で語り合い，励まし，支え合うことを目的とする。病院を単位にした病院家族会と，市町村を単位にした地域家族会がある。家族の交流の場であるとともに，精神病についての正しい知識や精神障害者が利用できる保健福祉制度を勉強したり，啓発活動等を行っている。これらの全国組織としては，1965（昭和40）～2007（平成19）年まで，「全国精神障害者家族会連合会（全家連）」として活動していたが，破産・解散し，2006（平成18）年に，新しく全国組織として「全国精神保健福祉会連合会（みんなねっと）」が設立された。具体的には，精神医療保健福祉施策の向上を働きかける運動，普及啓発活動（機関誌『月刊みんなねっと』発行），全国大会，本人・家族への相談活動，家族支援に関する調査研究等を行っている。会員数は28,820名，家族会数は1,209（2012年現在）で，減数傾向にある。　　　　　　　　　[木村志保]

精神障害者居宅介護等事業

精神保健福祉法第50条の3の2第1号の定めにより実施される精神障害者に対するホームヘルプ派遣事業。2000年度から実施された。精神障害者が居宅において日常生活を営むことができるよう，精神障害者の家庭等にホームヘルパーを派遣して，調理，買い物，掃除等を行う家事援助，身体の清潔保持，通院時付き添い等の身体介護，生活，身上に関する相談助言，その他の日常生活を営むのに必要な便宜を供与することにより，精神障害者の自立と社会復帰を促進し，福祉の増進を図ることを目的とした事業。2002年度から実施主体は市町村となった。2006（平成18）年4月から，障害者自立支援法の居宅介護に移行した。　　　　　　　　　　[伊藤葉子]

精神障害者居宅生活支援事業

精神障害者居宅生活支援事業は精神障害者居宅介護事業等（ホームヘルプサービス・2002年施行予定）精神障害者短期入所事業（ショートステイ・2002年施行）および精神障害者地域生活援助事業（グループホーム）とし，国，都道府県および市町村から当該事業に要する費用の一部を補助され運営が行われる。居宅介護事業は精神障害者の日常生活に支障が生じている者の居宅における生活支援を行うもので，短期入所事業は居宅において介護を受けることが一時的困難になった精神障害者を精神障害者生活訓練施設に短期間入所させ介護を行う事業である。2006（平成18）年4月から，障害者自立支援法の居宅介護に移行した。
　　　　　　　　　　　　　　　[重野　勉]

精神障害者グループホーム

グループホームは，精神障害者地域生活援助事業で，1992（平成4）年の法改正時に加えられた施設である。日常生活の援助を行う世話人を置き，精神障害者の自立生活の助長を図ることを目的につくられた入居期限のない住居施設である。規模は5～6人の共同住居である。世話人の具体的援助の内容は，食事の世話，金銭の出納に関する援助，服薬指導，その他日常生活面の相談指導である。2006（平成18）年施行の障害者自立支援法で，自立支援給付の訓練等給付事業となった。→グループホーム

[重野　勉]

精神障害者ケアガイドライン

市町村等が精神障害者への保健福祉等のケアサービスを実施していくための理念，原則を明らかにし，その実施方法を示すものである．これにより，精神障害者への福祉サービスが対象者のニーズ中心に提供され，居住地域間の格差がなく，一定水準以上の均質なサービスが受けられることが期待されている．そして，必要な医療が維持されることを前提として，①ノーマライゼーション理念に基づくケアサービスの提供，②ニーズ中心のケアサービスの提供，③自立と質の高い生活表現への支援，④自己決定の尊重，⑤一般社会の理解の促進が挙げられている．このガイドラインは1998（平成10）年3月に呈示され，上記のように2001年3月に医療との関連性を加えて「精神障害者ケアガイドラインの見直しに関する中間報告書」として一部改正がなされた．

[加納光子]

精神障害者社会適応訓練事業

1982（昭和57）年に「通院患者リハビリテーション事業」として制度化されたものを，1995（平成7）年の精神保健福祉法で「精神障害者社会適応訓練事業」と名称変更して法定化した．精神科医療機関等に通院中で就労を希望しているが，一般の事業所に雇用されることが困難な精神障害者を，精神障害者の社会経済活動への参加の促進に熱意のある協力事業所に委託し，社会生活に必要な訓練と就労訓練を行う就労支援事業．都道府県および指定都市が実施主体となり，協力事業所と委託契約を結ぶ．委託期間は原則として6ヵ月とし，3年を限度として更新することができる．就労ではなく訓練であるため精神障害者への賃金は支払われない．協力事業所には委託協力金が支払われる．精神保健福祉法上の規定からは削除された．

[岡田良浩]

精神障害者社会復帰施設

都道府県，市町村，社会福祉法人，医療法人等は，精神障害者の社会復帰の促進を図るため，次に掲げる社会復帰施設を設置運営することができるとある．1999（平成11）年改正の精神保健福祉法では，次の5つが精神障害者社会復帰施設であった．障害者自立支援法の成立によりそれぞれ，新たなサービスの体系に組み込まれた．①精神障害者生活訓練施設（援護寮），②精神障害者授産施設，③精神障害者福祉ホーム，④精神障害者福祉工場，⑤精神障害者地域生活支援センター

[重野　勉]

精神障害者社会復帰促進事業

1991（平成3）年度より，都道府県が精神障害者社会復帰施設に委託して相談窓口を置き，土・日・祭日に電話などを利用して，精神障害者や家族に対して，社会復帰に関する相談指導を行っていた．1996（平成8）年度，地域生活支援事業が開始され，事業内容はそれに引き継がれている．また，同時にその名称は廃止された．

[岡田良浩]

精神障害者社会復帰促進センター

精神障害者の社会復帰促進のために設立された特別法人．精神障害者の社会復帰の促進を図るための，訓練または指導等に関する研究開発や，社会復帰の促進事業に従事する者の研修活動等を行っている．精神保健福祉法第51条によって規定され，上記の業務を適正かつ確実に行うことができると認められた一般社団法人又は一般財団法人に，全国を通じて1ヶ所指定することができる．[岡田良浩]

精神障害者ジョブガイダンス事業

精神障害者に対する就労支援施策のひ

とつとして，ハローワーク（公共職業安定所）が医療機関や社会復帰施設へ出向き，就職活動の知識や技術を実践的に支援する，というものである．具体的には，求職活動の方法，求人情報の検索の仕方，履歴書の書き方，面接への応じ方，電話応対の仕方等を講義，ロールプレイ，その他の演習形式を用いることにより，精神障害者の現実的な意識を喚起していくことをねらいとし，各都道府県で実施されている．　　　　　　［青木聖久］

精神障害者地域移行・地域定着支援事業

この事業は，退院可能な精神障害者の地域移行後の生活定着を支援するとともに精神障害者と地域との交流促進事業を目的として，2010（平成22）年から実施されている．地域を拠点とする共生社会の実現を図るため，精神科病院への働きかけとして，① 必要な体制整備の総合調整，② 利用対象者に対する退院への啓発活動，③ 退院に向けた個別の支援計画の作成，④ 院外活動に係る支援，等を掲げている．また，地域への生活支援として，① 訪問診療，② 家族支援，③ 若年者の精神疾患の早期発見・早期対応，④ 地域住民の理解の促進，等を掲げている．　　　　　　［成清美治］

精神障害者地域生活援助事業⇒グループホーム

精神障害者地域生活支援センター

2000（平成12）年4月から新たに精神障害者社会復帰施設に加えられた施設である（精神保健福祉法第50条の2）．地域の精神保健および精神障害者の福祉に関する種々の問題について，精神障害者からの相談に応じ，必要な指導および助言を行うとともに，精神障害者社会復帰施設等の制度の利用ができるように保健所，福祉事務所等との連絡ならびにあっせんおよび調整を行う．2006（平成18）年施行の「障害者自立支援法」ではその事業の多くが訓練給付の対象となり，3障害統合の市町村事業である「地域生活支援事業」として，実施されている．　　　　　　　　　　　　　　［重野　勉］

精神障害者福祉工場

精神保健福祉法のもとでは，精神障害者を雇用して，社会生活に適応するための支援を行う精神障害者社会復帰施設であったが，2006（平成18）年成立の障害者自立支援法に移行し，障害者支援施設の就労継続支援A型事業となった．授産施設などで訓練をうけ，一般企業に就労できる程度の作業能力はあるにもかかわらず，通常の事業所に雇用されることが困難な精神障害者が対象となっている．社会生活の適応のために必要な指導を行うことにより社会的自立の促進を図る施設である．主に，対人関係，健康管理に配慮した援助を行う．定員は20名以上．　　　　　　　　　　［重野　勉］

精神障害者福祉ホーム

精神障害者福祉ホームには継続して就労できる見込みのある人に生活の場を提供するA型と一定程度の介助の必要な人のためのB型があったが，福祉ホームA型は地域生活支援センターとともに，2006（平成18）年10月から，障害者自立支援法による新体系に移行した．福祉ホームB型は経過措置期間中に新体系へ移行する．精神障害者社会復帰施設のひとつ．住宅の確保が難しいが，現に住宅を求めている精神障害者で，一定程度の自活能力がある者に対し，低額な料金で居室その他の設備を提供する事業．定員はおおむね10名程度で，利用期間は，原則2年であるが，相当長期に利用可能である．管理人・顧問医が必置であり，とくに，管理人は，生活の場において身近な相談者として重要な役割を果たして

精神障害者保健福祉手帳

1995（平成7）年，精神保健法が精神保健福祉法への改正時，精神障害者の自立と社会参加の促進を図る目的で創設された制度．精神障害の程度・状態により判断され，1〜3級までの等級がある．申請窓口は最初保健所であったが，2002（平成14）年から各市町村となり，手帳の交付を受けた者は2年ごとに更新が必要で，手帳の交付により，①自立支援医療申請手続きの簡略化（年金証書による手帳取得者は除く），②所得税・住民税等の障害者控除，③生活保護の障害者加算（1，2級のみ），④公共施設の入場料や公共交通機関の運賃等の割引等，の支援策がある．

[重野 勉]

精神通院医療

精神科通院に関わる公費負担制度は，従来，精神保健福祉法第32条に定められた通院医療費公費負担制度であったが，2006（平成18）年障害者自立支援法施行により，自立支援医療に精神通院医療として組み込まれた．そのことにより，0.5割であった自己負担額を原則1割負担とし，6区分の所得階層と障害の程度（重度かつ継続か否か）により自己負担額の上限額を設けた．所得は世帯の収入（医療保険単位の世帯）としている．また，従来の通院医療費公費負担制度が2年間有効であったことに対して，精神通院医療は1年ごとの更新が必要となり，利用者にも負担となっている現状がある．→自立支援医療，通院医療費公費負担制度

[田中和彦]

精神病院法

1916（大正5）年に保健衛生調査会が設置され，全国一斉に精神障害者の調査が行われた．その結果，精神障害者総数は6万5,000人で，そのうち精神病院に入院中の者は5,000人で，私宅監置を含む6万人が医療をうけていないことが判明した．この結果をもとに，治療上および公安上の理由から精神病者監護法の改正を決めた．このような状況の中，1919（大正8）年に精神病院法が施行された．精神病院法の主な内容は，①都道府県に精神病院の設置を命じたこと，②入院させることができる精神病者を規定した，③扶養義務者から入院費の全部または一部を徴収できること等である．

[重野 勉]

精神病者監護法

1900（明治33）年，精神病者に関する最初の法律として制定される．治安第一の観点から，病者を社会より隔離することが法的に認められた．精神病者の監督義務者を定め，入院，私宅監置時の警察への届出，行政の許可を得ること，監護費用の負担等の義務を定めた．しかし，私宅監置においては医療面ではきわめて不十分で，呉秀三，樫田三郎はその実態を「精神病者私宅監置ノ実況及ビ其ノ統計的観察」によって精神病者の救済と保護は実に人道問題であり，わが国目下の急務であると主張した．→私宅監置

[重野 勉]

精神分析⇒フロイト，S.

精神保健医療福祉の改革ビジョン

2002（平成14）年に厚生労働省は精神保健福祉対策本部を設置し，今後の精神保健医療福祉施策の見直しを始めた．2003（平成15）年に出た中間報告をさらに検討し，施策の具体化を図り2004年9月に精神保健医療福祉の改革ビジョンが発表された．「入院医療中心から地域生活中心へ」という基本方針のもとに，今後10年間で，①精神疾患に対す

る国民の意識の変革，②精神科救急，リハビリテーション，機能分化などといった精神医療の改革，③地域生活支援の強化，を大きな柱とした．そのことにより今後10年間で約7万床の病床数削減を図るという達成目標を挙げた．なお，この改革ビジョンは前期5カ年の見直しが定められていた．2008（平成20）年に中間まとめの発表，それを受けてさらに議論を重ね，後期5カ年の取り組みの課題として，2009（平成21）年9月に「精神保健医療福祉の更なる改革に向けて」が発表された．とくに後期5カ年では，精神保健医療体系の再構築，精神医療の質の向上，地域生活支援体制の強化，普及啓発の重点的実施を柱と位置づけ，また具体的な改革の目標値を設定した． ［田中和彦］

精神保健及び精神障害者福祉に関する法律（精神保健福祉法）

1995（平成7）年，精神保健法が「精神保健及び精神障害者福祉に関する法律」と名称変更・改正された．これまでの精神保健法では精神障害者を治療の対象者としてとらえていたが，新法では，精神障害者の社会復帰への促進・自立と社会経済活動への参加促進の援助として福祉を打ち出した．当初，精神障害者保健福祉手帳制度の新設や，社会復帰施設に福祉工場が追加され，法律全体が変更される大規模な改正であった．5年ごとの見直しが目指され，最近では「障害者自立支援法」の制定にともなっての改正があった．法の内容は，総則，精神保健福祉センター，地方精神保健福祉審議会および精神医療審査会，精神保健指定医および精神科病院，医療および保護，保健および福祉，精神障害者社会復帰センター等に関する内容で構成される． ［重野 勉］

精神保健参与員

心神喪失者等医療観察法により，精神保健福祉士等の精神保健福祉の専門家が厚生労働省の指定する研修を終了し，厚生労働大臣が作成する名簿に記載され，そして，地方裁判所より事件ごとにその名簿の中から指名されることになる．職務としては，裁判官と精神保健審判員の合議体による審判において，処遇決定に対して意見を述べるという役割を担うものの，評決には参加しない．→心神喪失者等医療観察法 ［青木聖久］

精神保健指定医

1987（昭和62）年，精神保健法（現・精神保健福祉法）の制定で，精神衛生鑑定医制度が精神保健指定医制度に改められた．現行制度では，一定以上の臨床経験と研修をもって精神保健福祉法第19条の4で定められた職務を行うのに必要な知識と技術を有するとされた者を精神保健指定医として厚生労働大臣が指定する．措置入院，医療保護入院，応急入院をさせる精神病院には必置である．とくに措置入院の場合は，2名以上の精神保健指定医の一致した診断が必要で，その結果，その者が精神障害者であり，かつ医療及び保護のために入院させなければ自傷他害の恐れがあると認めたときは，精神科病院又は指定病院に入院させることができる． ［重野 勉］

精神保健福祉士

(psychiatric social worker : PSW)

1997年に成立した「精神保健福祉士法」により定められた精神科ソーシャルワーカーの国家資格（名称独占資格）である．同法第2条において，精神保健福祉士とは，精神障害者の保健及び福祉に関する専門的な知識及び技術をもって，精神科病院等医療施設において精神障害

の医療を受け、又は精神障害者社会復帰施設の利用者の地域相談支援に関する相談その他社会復帰に関する相談に応じ、助言、指導、日常生活への適用のために必要な訓練その他の援助を行うことを業とする者と規定されている。→精神科ソーシャルワーカー　　　　　　[砂脇 恵]

精神保健福祉士協会倫理綱領

日本精神医学ソーシャルワーカー協会は、1988（昭和63）年に倫理綱領を採択した。これにより専門職団体として専門職たる基本的価値を明らかにしたといえる。以後、倫理綱領を1991年、1995年に日本精神医学ソーシャルワーカー協会として改訂、2003年に日本精神保健福祉士協会として改訂、社団法人精神保健福祉士協会としては2004年に採択した。この時の倫理綱領では精神保健福祉士が遵守すべきこととして、①クライエントへのかかわり、②自己決定権の尊重、③プライバシーと秘密保持、④クライエントの批判に対する責務、⑤一般的責務、⑥専門性向上、⑦専門職自律の責務、⑧地位利用の禁止、⑨批判に関する責務、⑩連携の責務、⑪機関に対する責務、⑫社会に対する責務を定めている。　　　　　[加納光子]

精神保健福祉士法

精神保健福祉士法は1997（平成9）年12月に制定された。その背景としては、わが国の精神障害者の現状が、諸外国に比べて、入院治療をうけている者の割合が高く、入院期間がいちじるしく長期にわたることが指摘されており、精神保健の向上および精神障害者の福祉の増進を図るうえで、その社会復帰を促進することが喫緊の課題となっていたことがある。こうした状況をふまえ、精神障害者の社会復帰に関する相談・援助の業務の適性を図り、精神障害者やその家族が安心して必要な支援がうけられるよう、精神保健福祉士法により精神保健福祉士の資格が定められた。　　　　　[重野 勉]

精神保健福祉センター

都道府県は、精神保健の向上及び精神障害者の福祉の増進を図るため、精神保健福祉センターを設置している。精神保健福祉センターの役割は、精神保健及び精神障害者に関する福祉に関し、知識の普及を図り、調査研究を行い、並びに相談及び指導のうち複雑または困難なものを行う。入院施設、デイケア、社会復帰施設を併設する精神保健福祉に関する総合技術センターとしての機能をもっているところもある。　　　　　　[重野 勉]

精神保健福祉ボランティア

1995年の阪神・淡路大震災を契機にメンタルヘルスへの関心が社会的に高まるなか、ボランティア人口が増えると共に、多くの社会福祉協議会、保健所等が精神保健福祉ボランティア講座を開催するようになった。精神保健福祉ボランティアは精神障害者（以下、当事者）との対等な関係に基づき、素人性・市民性をいかし、当事者の生活の質を高めたり、当事者と市民との橋渡し等の機能を有する。また、活動を通して、両者の循環的な相互作用により、心の豊かさ、価値観の多様性等について学ぶことができる。次に、活動の場としては小規模作業所をはじめ、当事者が集う場へ定期的に出向く、というスタイルが主流であるが、近年では公共施設を借りてサロンを開くというようなグループもある。[青木聖久]

精神保健法

いわゆる宇都宮病院事件（別項）などの精神病院の不祥事件を契機に精神衛生法改正を求める声が国内外から強く示され、精神障害者の人権に配慮した適正な医療および保護の確保と精神障害者の社会復帰の促進を図る観点から、精神衛生

法が改正され精神保健法の成立となった(1987年). 主な改正の概要は次の通りである. ①精神障害者の同意に基づく任意入院が設けられた, ②入院時に書面による権利告知制度を設けた, ③精神保健指定医制度を設けた, ④入院や処遇改善の申し出を受理する精神医療審査会を設けた, ⑤応急入院制度を設けた, ⑥社会復帰施設に関する規定を設けた. ［重野 勉］

生存権 (fundamental-right-to-life)

人間が人間として生きていくもっとも基本的な権利で基本的人権のひとつをいう. 生存権保障の思想は第2次世界大戦後全世界に普及するようになり, 日本国憲法第25条にも規定された.「すべて国民は, 健康で文化的な最低限度の生活を営む権利を有する」（憲法第25条第1項),「国は, すべての生活部面について, 社会福祉, 社会保障及び公衆衛生の向上及び増進に努めなければならない」（同条第2項). これらは人間が人間らしく生きることを保障される権利であり, 国家責任の原則を明確化している.「生存権」の内容を巡って裁判が行われる例も多く,「朝日訴訟」「堀木訴訟」「秋田加藤訴訟」などがある. ［荒井 緑］

生存権保障の原理

生活保護法第1条が,「この法律は, 日本国憲法第25条に規定する理念に基づき, 国が生活に困窮するすべての国民に対し, その困窮の程度に応じ, 必要な保護を行い, その最低限度の生活を保障するとともに, その自立を助長することを目的とする」と定めていることから, 生存権の保障が生活保護制度の基本原理であると考えられている. 第2条の規定と併せて,「生存権保障と無差別平等の原則」であるとする考え方や, 第1条の規定を基本原理とは別の「目的」であると

し, 第2条の規定をもって「無差別平等の原理」とする考え方もある. ［木村 敦］

生態学理論 (ecological theory)

生態学は, 有機体と環境の交互作用を体系的に科学する学問で, 生物学の一分野として発達した. 生態学理論は有機体と環境（自然環境・社会環境など）の相互関係を重視し, 有機体の生活活動を環境と切りはなしてみるのではなく, 環境との相互関係の中で統合的・全体的にとらえようとするものである. 1970年代頃から, アメリカでこの理論を取り入れたエコロジカルソーシャルワーク (ecological social work) が発達した. マイヤー (Meyer, C.H.), ジャーメイン (Germain, C.B.) らが代表的な研究者である. 自我心理学理論と並んで, 心理社会療法, 問題解決アプローチ, 行動療法, 危機介入などに影響を与えた. ［加納光子］

成年後見制度

認知症や精神上の障害などにより判断能力が不十分なために介護保険や不動産売買などの契約の締結などの法律行為を行う意思決定が困難な人びとの代理人を選任し, 保護する制度である. 従来の禁治産・準禁治産制度が, 高齢社会と障害者福祉の進展と措置から契約による福祉制度の変革に応じて, 1999（平成11）年に自己決定の尊重や残存能力の活用などノーマライゼーションの理念のもとに改正された. 後見の類型（種類）は, 判断能力低下の重い度合いから順に後見・保佐・補助があり, 能力低下が重いほど幅広い法律行為の代理権が後見人に与えられる. また, 認知症などにより判断能力が徐々に低下する場合, 判断能力低下前に後見人の選任や後見事務内容を被後見人本人が決定する任意後見制度も自己決定を尊重した成年後見制度として活用が期待されている. ［手島 洋］

成年後見利用支援事業

成年後見制度の利用を進めることを目的として，① 成年後見人等選任の申立て，② 成年後見人等への報酬の支払い助成等の支援を行う事業である．成年後見人等選任の申立ては，身寄りのない高齢者または障害者が判断能力が十分でないため財産管理ができない場合に，財産の管理などを代わりに行う成年後見人等選任の申立てを市長が家庭裁判所に行う．成年後見人等への報酬の支払い助成は，収入・資力が十分でなく，成年後見人等への報酬の支払いが困難な者（被後見人，被保佐人または被補助人）に，家庭裁判所が決定した報酬に相当する額を助成する．→成年後見制度　　[木村志保]

聖ヒルダ養老院

英国聖公会に所属するソートン・エリザベスによって，わが国で最初の養老院を名乗った聖ヒルダ養老院が東京・港区の民家において誕生した（1895）．その後，千葉にベタニヤ・ホームを開設する．そして，同会は聖ヒルダ養老院とベタニヤ・ホームを合体し，社会福祉法人聖ヒルダ会となった（1980）．聖ヒルダ会はその後，軽費老人ホーム，短期宿泊施設，訪問介護，知的障害者生活支援センター等を開設し，今日に至っている．

[成清美治]

世界人権宣言

(Universal Declaration of Human Rights)

1948年，国際連合第3回総会で「世界人権宣言」を採択した．18世紀以来の人権理念の発展の総括とともに，第2次世界大戦において世界平和の維持と人権の尊重が不十分なものと考えられ成立した宣言である．前文では「法の支配によって人権を保障する必要」がうたわれ，30条からなる本文では人権の内容として，市民的自由と政治的権利のほか，社会保障・労働・教育などへの権利が含まれている．この宣言は，法的拘束力はないが，国際的に承認され，1966年の国際人権規約の制定，また各国憲法や国際条約制定や人権政策等の礎となった．

[中村明美]

世界保健機関

(World Health Organization：WHO)

国際連合（United Nations）の専門機関のひとつである世界保健機関は，1946年にニューヨークで開催された国際保健会議が採択した世界保健憲章に基づいて1948年に設立された．すべての人びとが最高の健康水準に到達することができるようにすることを目的とし，現在，本部事務局はスイスのジュネーブに置かれている．なお，同機関の最高意思決定は世界保健総会（World Health Assembly）であり，全加盟国（2006年において193の国と地域が加盟）によって構成されており，総会は年1回開催されている．

[成清美治]

赤十字社

1863年，スイス人のデュナン（Dunant, J.H.）の主唱で設立した中立的民間救護団体である．活動範囲は紛争時傷病者・捕虜・文民・難民の救護，ならびに自然災害時の国内外での活動，発展途上国の医療，社会福祉，青少年育成事業や赤十字に対する開発協力等の人道的任務に及んでいる．赤十字社として国際的に承認される条件はジュネーブ条約の締約国であり，一国一社で中央本部をもち，政府から傷病者救護団体として承認されていること，赤十字国際委員会の承認をうけるなど10項目からなる．　　[中村明美]

脊髄小脳変性症

脊髄小脳変性症は，運動失調を主症状

とする原因不明の神経変性疾患の総称であり，小脳および脳幹から脊髄にかけての神経細胞が徐々に破壊，消失していく難病．特定疾患治療研究事業の対象疾患として医療費助成が認められ，介護保険における特定疾病でもある．臨床像は，小脳性ないしは後索性の運動失調を主症状とし，進行性の経過をとる．症状には，ロレツがまわらないなどの言語障害，歩行時に腰部の位置が定まらずゆらゆらと揺れる体幹動揺や，足を左右に広げて重心が後ろに残ってしまうなどの失調性歩行，上肢の協調運動不全と動作時の振戦などがある．そのため，文字を書くのが困難になり，言語障害もともない意志の疎通をはかるのが困難になる場合が多い．疾病の予後は，各病型で少しずつ違うので一概にはいえないが，純粋に小脳症状のみで経過する型の皮質性小脳萎縮症と遺伝性皮質性小脳萎縮症は，その進行は非常に遅く，生命予後も極めて良好である．通常の平均寿命と変わらないが，オリーブ橋小脳萎縮症は進行がいちじるしく速く，数年でベッドから起き上がることさえ不可能になることもある． ［安岡文子］

脊髄損傷

脊椎の背面に沿って走っている脊髄が障害をうけることによって起こる．外傷によるものが一番多いが，血管障害，腫瘍，変性疾患，先天奇形，脊髄炎，多発性硬化症などの原因がある．近年は老齢人口の増加と関連して，変形性脊椎症にともなう脊髄障害が多い．脊髄は頸髄，胸髄，腰髄に分けられ，障害部位によって症状は違う．腰髄では下肢のマヒと排尿排便障害が，頸髄ではさらに上肢のマヒが出現する．急性期を過ぎるとリハビリテーションが重要となる疾患である．
［石倉智史］

セクシュアルハラスメント
（sexual harassment）

欧米では，雇用関係上の影響力・決定権限をもった者による「権力」を背景とした性的要求とその諾否を理由とした圧力の行使を意味する．一般的には受け手が望まない性的な言動を一方的に行い，それに対する服従・拒絶によって就学あるいは就業に不利益を与え，生活環境を悪化させること．生活上の不利益をうける代償型と，不利益はなくても性に関する言動によって不快な環境が生じる環境型がある．1989（平成元）年，日本で初めての「セクハラ裁判」が行われた．1999（平成11）年の人事院規則で女性の男性に対するセクシュアルハラスメントも対象となっている． ［藤井 薫］

世帯単位原則

生活保護法に基づく保護の実施（運用）原則のひとつ．第10条の「保護は，世帯を単位としてその要否及び程度を定めるものとする」という規定による．しかし，家族構成が生活保護法制定時とは大きく変化してきていること，同条但書に「これによりがたいときは，個人を単位として定めることができる」（一般に，「世帯分離」）という規定があること，第1条が「すべての国民に対し」と規定していること等を踏まえるならば，個人を単位として保護の要否・程度を決定していくという方法が現在においては積極的に活用されるべきであろう． ［木村 敦］

世帯分離

生活保護法第10条が，「保護は世帯を単位としてその要否及び程度を定めるものとする．」と規定していることから，保護の実施は世帯単位で行われることが原則となっている．しかし，同条但書の「これによりがたいときは，個人を単位として定めることができる」との規定に

より，世帯全員でなく世帯内の生活困窮者のみに対して保護は実施することができる．これを世帯分離とよぶ．特段に医療を必要とする高齢者がいる場合，また，高等学校以上の学校への進学を希望する児童がいる場合などに，この方法は積極的に活用されるべきであろう．

[木村 敦]

積極的アプローチ

ソーシャルワーカーがクライエント（福祉サービス利用者）に対して，積極的に介入するアプローチである．問題があるのに，自らは相談に来所しない接近困難なクライエントを対象とする．こうしたクライエントに対しては，アウトリーチ，すなわち，ソーシャルワーカーがクライエントの所に出向いていくところから始める．最初の情報はクライエントではなく，他者から得ることになる．このアプローチではクライエントの信頼を得ることが，とくに求められる．なお，このアプローチは，多問題家族や精神障害者でひきこもり傾向にある人に用いられることが多い．

[加納光子]

折衷主義

ケースワークの理論としてこれまでにあった診断主義（diagnosticism）も機能主義（functionalism）も，心理主義的・精神分析主義的傾向を深め，社会経済的状況にたいする視野をせばめて社会的課題に対応できにくくなっていた．このような状況を打破するために，折衷主義が生まれた．アプテカー（Aptekar, H.H.）の「力動的理論」（dynamic theory）とパールマン（Perlman, H.H.）の「問題解決アプローチ」（problem solving approach）がある．アプテカーは機能主義の立場から，パールマンは診断主義の立場から折衷を試みたが，自我心理学と役割理論の成果を踏まえたパールマンの説が，一般的には有名である．

[加納光子]

セツルメント（settlement）

豊かな知識と高い問題意識をもつ人が貧困地域（スラム）に移り住み，住民との知的・人格的交流を通して，福祉の向上をめざす運動．19世紀後半，深刻なスラム問題に直面したイギリスで始まり，バーネット夫妻を中心とするトインビー・ホール（Toynbee Hall, 1884）の設立によって本格化した．貧困者の自立意識を高めるため，社会教育，住民の組織化，社会資源の動員を行ったり，科学的貧困調査に基づいて生活環境，社会制度の改善を促すなど，社会改良主義的な取り組みを特徴とした．その活動は，新たな貧困対策として社会事業思想の形成に寄与したとともに，グループワーク，コミュニティ・オーガニゼーション，ソーシャルアクションなどの方法を導いた点で評価される．諸外国における影響も少なくなく，アメリカではトインビー・ホールに学んだアダムズ（Adams, J.）がシカゴにハル・ハウス（Hull-House, 1889）を設立し，運動の先導的役割を担った．日本では，岡山博愛会（1891）やキングスレー館（1897）などの民間活動を起点として，第1次世界大戦後には公立隣保館や大学セツルメントも登場した．第2次世界大戦下では隣保事業として推進され，その民間的・運動的側面は弱まったものの，地域福祉の発展に深い関わりをもつ．今日，運動の衰退は世界的傾向となっているが，住民の生活・文化を支援するさまざまなプログラムを提供する地域センター機能を果たしている．→アダムズ, J., バーネット, S.A.

[成清敦子]

セツルメント運動

社会福祉援助技術，中でもグループワークの萌芽のひとつといわれる．19世紀後半のイギリスに端を発し，後に各国

に広がった．活動形態は，民間有志の知識人らが貧困などの社会問題が集約されるスラム街に住み込み，そこの住民と隣人関係を結んで小集団活動を行うことを通して住民の生活改善と自立向上を促していくとともに，地域の環境や制度の改善を働きかけていくというもの．社会改良運動につながっていったとされる．セツルメント運動を展開した施設としては，トインビー・ホール，ハル・ハウス，キングスレー館などが有名．　［前田芳孝］

セーフティネット

もとは安全網のことで，サーカスなどで落下防止のために張る網のことである．これが転じて，社会保障制度や金融機関破綻の際の預金者保護制度など，一部の危機が全体に及ばないようにするための制度や対策をさすようになった．たとえば社会保障制度は，所得の再分配を通じて，国民の多様な生活危機の分散を図るセーフティネットの役割を果たしている．なかでも公的扶助は国民生活の最後のセーフティネットとされている．
　　　　　　　　　　　　　［高間　満］

セラピスト（therapist）

心理療法の専門知識や技能を駆使して，心理的治療行為を行う専門家をさす．欧米ではサイコセラピスト（psychotherapist）というが，日本では単にセラピストということが多い．類似している言葉としてカウンセラー（counselor）がある．カウンセラーも心理療法の専門知識や技能をもってクライエントに関わるが，本来の意味からは治療をするというより，相談をうけるまたは助言を行うという意味合いの方が強いことから，セラピストとは異なる．→心理療法　　　　　　　　　　　　［唐津尚子］

セルフ・エンパワメント（self empowerment）

エンパワメントは17世紀から権利や権限を与える法律用語として用いられていたが，ソーシャルワークの分野においては，ソロモン（Solomon, B.）の著書（1976）にはじめて登場した．心理学のセルフエフィカシィー（自己効力感）や成人教育論の成人リテラシーメソッドにも関係があるといわれている．ソロモンによれば，「エンパワメントはスティグマ化されている集団の構成メンバーであるが故に向けられる，否定的な評価によって陥っているパワーの欠如状態を改善するために，クライエントまたはクライエント・システムに対応する一連の諸活動にソーシャルワーカーがかかわっていく過程」である．したがってセルフ・エンパワメントとは「個人が個人として生きる力をもつこと，主体性をもち自分自身と生活をより豊かにしていくこと」である．近年は企業の研修などにも使用されている考え方である．　　［加納光子］

セルフネグレクト（self neglect）

成人が通常の生活を維持するために必要な行為を行う意欲・能力を喪失し，自己の健康・安全を損なうこと．必要な食事をとらず，生活への意欲や能力を失って必要な医療や介護を拒んだり，家にごみをため込んだりし，家族や周囲から孤立し，孤独死に至る場合がある．本人の意志による場合と，認知症などで判断力が低下する場合の両方を含むとする．防止するためには，地域社会による見守りなどの取り組みが必要とされる．自己放任．　　　　　　　　　　　　［加納光子］

セルフヘルプグループ（self help group）

共通した問題や課題を抱えている本人や家族が，自発的，主体的に集い，活動

を展開しているグループをいう．自助グループや本人の会，当事者組織ともよばれ，アルコール依存症者の会や難病患者の会，不登校の状況にある子や親の会など，その分野は多岐にわたる．グループの機能としては「わかちあい」「癒しの時間」などメンバー相互の交流を通した自己変容の機能を基本としつつ，社会的な差別や偏見に対してのソーシャルアクションの機能がある． ［藤井博志］

世話人
せわにん

1992（平成4）年に，国庫事業「精神障害者地域生活援助事業」として開始．1993（平成5）年精神保健法の改正時に法定化された「グループホーム」の援助者．グループホームに共同生活する精神障害者の日常生活の援助を行う．内容としては，食事の世話，金銭出納に関する助言，服薬指導，日常生活の相談・指導および関係機関との連絡調整等の業務を行う． ［重野 勉］

セン，A.
（英 Sen, Amartya; 1933-）

イギリスの植民地支配下にあったインドのベンガル地方に生まれる．アジア人の経済学者として初めてノーベル経済学賞を受賞した．アジア人初のノーベル文学賞を受賞したタゴールの学校で教育を受けたのち，カルカッタ大学経済学部を経てケンブリッジ大学で博士号を取得．ケンブリッジ，オックスフォード，ハーバード大学などで教える．9歳のときに経験したベンガル大飢饉で経済学者になる決心をしたといわれる．センの研究は，経済学のみならず哲学・倫理学にもおよんでいる．センの用いた概念で最も重要なものは「潜在能力 capability」である．潜在能力とは，「人が善い生活や人生を生きるために，選択することのできるさまざまな機能の組み合わせの集合」のことである．何ができるのかという可能性をあらわしている．良い栄養状態にあることから，社会生活に参加していることなど，基本的なものから複雑なものまで多岐にわたる機能があるとする．生活の質を所得や効用ではなく，潜在能力から見ようとした． ［加納光子］

船員保険 (Seamen's insurance)
せんいんほけん

船員保険は船員を対象とした制度で，その給付対象事故は，海上勤務が一般に長期にわたるという点に配慮して，職務外の事故だけでなく職務上の事故を含んでいる．給付は，疾病給付部門，失業給付部門，長期（年金）給付部門（現在は職務上のみ，職務外の年金給付部門は1985年4月1日に厚生年金保険に統合された）と広範囲にわたる．総合的な社会保険であるという点で他の被用者保険といちじるしく異なる．保険者は国であり，中央行政機構は厚生労働省保険局である．直接の事務を取り扱う現業機関は都道府県保険課と年金事務所である． ［木村 敦］

前期高齢人口
ぜんきこうれいじんこう

一般的に65歳以上の者を高齢者という．高齢化が進展し，高齢者の人口が増加するに従い，身体的状況や有するニーズの差異を明確化するため，高齢者を前期高齢者と後期高齢者に二分した．このうち65歳以上75歳未満の人口を前期高齢人口とよぶ．1999（平成11）年にゴールドプラン21が策定されたが，ここでは，元気高齢者づくり対策の推進が提唱され，ヤング・オールド（若々しい高齢者）が健康で生きがいをもって生活を送ることができるよう支援することが明記された． ［三島亜紀子］

全国健康保険協会管掌健康保険
ぜんこくけんこうほけんきょうかいかんしょうけんこうほけん

2008年10月，これまでの政府管掌健康保険の移管先として，全国健康保険協会が保険者である全国健康保険協会管掌

健康保険（略称「協会けんぽ」）が創設された．この背景として一連の医療保険制度の改革や政府管掌健康保険の主管であった社会保険庁の不祥事による廃止・解体がある．これによって，2008年10月1日現在で約3600万人存在した加入者が全国単位の公法人である同協会に移動した．また，全国健康保険協会の業務は民間職員（非公務員）が行うこととなった．本部は東京に置かれている．

[成清美治]

全国社会福祉協議会

社会福祉協議会は，民間の社会福祉活動を推進することを目的とした営利を目的としない民間組織である．昭和26（1951）年に制定された社会福祉事業法（現在の「社会福祉法」）に基づき，都道府県，市区町村に設置されている．全国社会福祉協議会（全社協）は，都道府県社会福祉協議会の連合体として設立された．また，社会福祉法第111条は，「都道府県社会福祉協議会は，相互の連絡及び事業の調整を行うため，全国を単位として，社会福祉協議会連合会を設立することができる」としている．事業内容は，全国各地の社会福祉協議会とのネットワークにより，全国の福祉関係者や福祉施設等事業者の連絡・調整や，社会福祉のさまざまな制度改善に向けた取り組み，また社会福祉に関する図書・雑誌の刊行，福祉に関わる人材の養成・研修といった事業を通じてわが国の社会福祉の増進に努めているほか，アジア各国の社会福祉への支援など福祉分野の国際交流にも努めている．

[山口倫子]

全国水平社

1922（大正11）年3月3日，京都の岡崎公会堂において創立された部落解放運動団体をさす．同団体は，同情融和を志向した従来の融和政策・事業に対して，部落民自らの行動によって経済の自由と職業選択の自由の獲得をめざしていた．「吾々がエタである事を誇り得る時が来た」と表現された人間解放の思想は，西光万吉によって起草された水平社宣言に認められている．ちなみに，水平社の名称は，イギリスの平等主義運動・レベラース（levelers）に由来し，阪本清一郎によって名づけられた．

[新家めぐみ]

（社団法人）全国有料老人ホーム協会

有料老人ホームの設置者を会員とする社団法人．有料老人ホームの利用者の保護を図るとともに，有料老人ホームの健全な発展に資することを目的とする．主な業務は，法律等の遵守や契約内容適正化のための会員に対する指導・勧告，入居に関する相談，入居者等からの苦情の解決，有料老人ホーム職員の資質の向上のための研修，有料老人ホームに関する広報など．1982（昭和57）年2月に設立，1990（平成2）年の老人福祉法の改正により法定の団体となった．

[狭間直樹]

全国養老事業協会

全国養老事業協会は，1925（大正14）年10月において第1回全国養老事業大会を開催したことに起因し，その決議の趣旨に基づいて，全国養老事業の職格を計り，さらに事業の研究調査を継続的に行うため，1932（昭和7）年1月に創立された．協会により，連絡報道ないし宣伝のために，機関雑誌『養老事業』の刊行がなされていた．

[真鍋顕久]

全国老人クラブ連合会

全国老人クラブ連合会は1962（昭和37）年に発足され，都道府県老人クラブ連合会によって構成されている全国組織である．主な事業は，都道府県・指定都市老人クラブ連合会の連絡調整，老人

クラブに対する援助・指導，老人クラブに関する調査・研究，老人クラブ指導者の養成・訓練，老人福祉思想の普及宣伝，中央官公庁，関係団体との連絡などである．
[真鍋顕久]

全体的モデル

全体は諸要素から成り立っているが，個々の要素は，相互に作用し合って全体を構成しているという考え方．したがって，全体は個々の要素の単なる寄せ集め以上の性格をもち，個々の要素だけを一つひとつみていっても全体の特性はつかめないとする．ゆえにソーシャルワークにおいても，クライエント（福祉サービス利用者）を「全体としての人間」としてとらえ，その人のもつ生活の一つひとつの断面を取り扱うのではなく，諸断面の相互関係や相互作用を視野に入れたひとつのまとまりとして対処することになる．
[加納光子]

先天性代謝異常等検査

この検査は，生後5～7日の新生児の足の裏から採血して集団検診が実施される．先天性代謝異常症（フェニールケトン尿症，ホモシスチン尿症，ガラクトース血症，先天性副腎過形成症）と，先天性甲状腺機能低下症の早期発見を目的としている．これらの病気は8,000人から40万人に1人程度の発生頻度であるが，心身の発育に影響を及ぼさないためには早期に治療を始める必要がある．病気が発見されると小児慢性特定疾患治療研究事業で18歳になるまで医療援護が行われる．

検査の判定費用は公費負担であるが，採血料および検体送付料は個人負担となる．
[高橋紀代香]

全米ソーシャルワーカー協会
(National Association of Social Workers)

1955年にアメリカ医療ソーシャルワーカー協会（AAMSW），全米スクール・ソーシャルワーカー協会（NASSW），アメリカ・ソーシャルワーカー協会（AASW），アメリカ精神医学ソーシャルワーカー協会（AAPSW），アメリカ・グループワーカー協会（AAGW），コミュニティ・オーガニゼーション研究会（ASCO），ソーシャルワーク調査研究会（SWRG）の5つの専門職団体と2つの研究団体が統合される形で結成された社会福祉専門職団体．倫理綱領を制定し，認定ソーシャルワーカーの資格を付与するなど，会員の専門性の向上と実践の発展を推進するとともに，政策提言や"Encyclopedia of Social Work"などの出版活動を行っている．
[伊藤葉子]

選別主義 (selectivism)

イギリスの社会政策研究における基本概念のひとつで，今では国際的に広く用いられているが，その定義は必ずしも統一されていない．日本では障害の程度や家族の状況などによってサービス利用を制限することも「選別主義」とよぶことがある．具体的には社会政策や社会福祉制度において基準を定め，利用者の選別を行い，サービスを提供することを制度化する概念をいう．サービスを受給するにあたっては受給資格を判定するために所得の制限をしたり，資産調査（ミーンズテスト）を要件とする．→普遍主義
[荒井　緑]

せん妄

意識障害に錯覚，幻覚をともない，不安，恐怖感を抱いている状態が急性に発症し，数時間から数日続く．意識障害の

程度としては軽度から中等度で変動性がある．幻覚は主に幻視が多くみられる．脳血管障害，老年痴呆，中毒，頭部外傷，感染症などの器質疾患が基礎にある．覚醒から睡眠のリズムに乱れがみられる．最近では術後にみられる術後せん妄などのICU精神病が話題となっている．アルコール離脱症状のひとつである振戦せん妄はよく知られている．→アルコール依存，振戦 ［西村佳一］

専門技術

ソーシャルワーク（social work）を展開するうえで援助者にはさまざまな技術が求められる．ケースワーク（casework），グループワーク（group work），コミュニティワーク（community work）など直接，間接に分類される各社会福祉援助技術が中核となるが，近年ではケアマネジメント（care management）やスーパービジョン（super vision）など関連援助技術の重要性も高まっている．援助者はこれら核技術を実践的に習得することが必要である．また，援助者には他者と円滑な援助的信頼関係を形成することが求められ，さらに近年の援助機能の拡がりにより，仲介や調整，代弁といった機能が重視されるようになり，それらの基本となるコミュニケーション技術は援助活動に不可欠であるといえる． ［山田 容］

専門職の倫理

社会福祉専門職の専門性を構成する要素のひとつとして，専門技術，専門知識と並んで倫理があげられる．専門職の倫理とは援助において「何を大切にして援助を行うのか」という基本的な理念であり，専門技術や専門知識などを制御し，援助活動をあるべき方向に導く指針でもある．クライエント（client：サービス利用者）の基本的人権の尊重や自己実現，自立（自律）の促進などがその根本理念となる．倫理をより具体化し社会福祉援助者の活動の指針を明確にしたものが倫理綱領であり，わが国では1986（昭和61）年に宣言された日本ソーシャルワーカー協会によるものがよく知られている． ［山田 容］

専門知識

社会福祉専門職にはさまざまな専門的知識が必要であるが，重要なものとしては，各種の社会福祉問題とその当事者についての知識，社会学，心理学，医学などクライエント（福祉サービス利用者）およびその環境や問題構造を正確に理解，分析するための知識，社会福祉や社会保障などの各種制度，その他公私の社会資源，援助技術の方法と効果などサービスを提供するさいに必要となる知識があげられるであろう．また一般社会常識はいうまでもなく，より効果的な援助を行うには，各世代の価値観や民族的，宗教的価値，現代社会の動向などにも通じておくことが求められる． ［山田 容］

専門調査員

要介護認定または要支援認定に関する審査請求に対し，専門の調査をするために，介護保険審査会に置くことができる．調査員は，保健，医療，または福祉の学識経験者で，都道府県知事が任命する．非常勤である．→介護保険審査会，要介護認定，要支援認定 ［井元真澄］

専門的援助関係

専門的援助関係とは，専門的な社会福祉援助者クライエント（client：サービス利用者）の間に結ばれる利用者の権利や援助契約を基礎とする関係であり，一定期間結ばれる社会的な関係である．援助関係の基礎となるのは両者の信頼関係であり，援助者は利用者との信頼関係を築くとともに，援助関係が上下関係にならないよう留意しなければならない．ク

ライエントの権利について認識を深め，それを擁護，代弁する姿勢，クライエントを尊重し理解する態度を常にもつ必要がある．ケースワークにおける援助関係の原則についてはバイステック（Biestek, F.P.）が7つにまとめている．　[山田　容]

そ

層化抽出法
(stratified sampling)

母集団をいくつかの層に分割し（層化し），各層から抽出単位を取り出す無作為抽出の手法．具体的にいえば，母集団のもつ何らかの標識について，その標識がひとつの層内では均質に，層と層の間では異質になるようにいくつかの層に分割することで，各層に母集団と同じだけの標本を割り当てる方法であるといえる．たとえば，従業員の性別構成割合が男性30％，女性70％の会社で100の標本を抽出したい場合，単純無作為抽出を行えばサンプルの性別構成割合が母集団のそれと一致するとは限らない．そこで男性，女性という性別をそれぞれひとつの層とみなし，各層に母集団と同じ構成割合のサンプルを割り当ててしまえば（男性から30名，女性から70名のサンプルを選ぶ）精度が高くなる．→サンプリング，無作為抽出法　[武山梅乗]

相関係数
(correlation coefficient)

相関係数とは，2つの定量的標識間の関係の密接さ，すなわち相関関係の強さを示す指標のこと．たとえばAとBの2つの標識に関して，Aの大小によって完全にBが決定されるなら，AとBの間の相関係数は最大になり，別の要因Cによっても Bが部分的に決定されているなら，AとBの相関係数はやや小さくなる．「相関」とはいわば，2つの変数の間に比例や反比例のような形であらわれる共変関係のことであるが，相関係数はどちらが原因であり，どちらが結果であるという因果関係を示すものではない．単に相関係数という場合は「ピアソンの積率相関係数」を指すことが多い．→ピアソンの積率相関係数　[武山梅乗]

早期教育

乳幼児期から特定の技能や能力の習得を目的として，子どもに意図的な働きかけを計画的に行う教育の取り組み．ピアノなどの芸術的技能や能力の修得に留まらず，計算力・英語力など知的能力の早期開発をめざす動きが顕著である．1970年代に3歳では遅すぎるという意識で始まった知的能力開発だが，現在では胎児を対象にする教育も始められている．早期教育が過熱化する背景には，「専業主婦」となり，社会的な自己実現の道を閉ざされた母親が，子どもに自己実現を託すといったことも考えられる．乳幼児期に机に向かうだけの生活を強いられ，自然や仲間と関わりながら過ごす生活の経験が子どもから奪われることの弊害に目を向けることが必要である．
[井上寿美]

早期発見・早期療育

知的障害者および18歳未満の身体障害児および知的障害児に対しては，在宅サービスや施設サービス両面においてさまざまな施策がある．早期発見・早期療育はそのうちのひとつで心身障害児対策として先天性代謝異常等検査，健康診査（乳児，1歳6ヵ月児，3歳児），育成医療の給付が実施されている．このような保健所を中心とした健康診断などに力を入れ疾病の早期発見体制をとり，その後の療育指導を行い一応の成果をおさめて

いる．医療費保障や医療制度の整備などがさらに進むことが課題である．
[高橋紀代香]

総合施設モデル事業

日本の乳幼児教育は保育所と幼稚園に二元化されているが，0歳〜就学前のすべての子どもとその保護者を対象とした「総合施設」が保育所・幼稚園の一元化を視野に入れて考えられている．総合施設は就学前の子どもに適切な幼児教育・保育の機会を提供し，その時期にふさわしい成長を促す機能を備えた教育と保育を一体として捉えることが基本となっている．文部科学省と厚生労働省は本格実施にむけて，2005年4月から全国36か所の実施園を選び「総合施設モデル事業」をスタートさせた．実施形態は，①既存の幼・保が連携して実施する幼保連携型，②既存の幼稚園を主体に3歳未満児や長時間保育の子どもを受け入れる幼稚園実施型，③保育所を主体に保育に欠けない子どもなどを受け入れ，付加的に教育サービスを提供する保育所実施型に分けられる．平成18（2006）年3月に総合モデル事業についての最終まとめが出された．
[高橋紀代香]

相互作用モデル
（reciprocal model）

媒介モデルともよばれるグループワークのモデルで，シュワルツ（Schwartz, W.）に代表される．グループワーカーの役割はメンバーとグループの媒介者として両者に働きかけ，両者間の相互作用を促進し，両者が協力しながらそれぞれのもつ問題の解決に向かうように援助することである．個々のメンバーとグループとの媒介を内部的媒介とよび，グループとそれを部分とする施設・団体・地域社会などとのより大きいシステムとの媒介を外部的媒介という．機能主義の流れをくんでいる．なお，お互いを援助しあうシステムを相互援助システムという．
[加納光子]

相互扶助 （mutual aids）

地域社会や集団内において自発的に助け合い，援助し合うこと．最も基本的な形態は，家族や親族といった血縁に基づいた助け合いである．血縁，地縁，宗教による相互扶助は共同社会の発生とともに行われてきた．相互扶助の特別な形態に「結」（ゆい）や「講」がある．なお，西洋における相互扶助の代表的なものにギルドがある．
[米津三千代]

葬祭扶助

生活保護法に規定された生活困窮者に対する扶助のひとつ．同第18条に基づき，①検案，②死体の運搬，③火葬または埋葬，④納骨その他葬祭のために必要なもの，の範囲内において行われる．方法は，葬祭を行う者に対する金銭給付の方法によることが原則であるが，金銭給付によることができない時，適当でない時，その他保護の目的を達するために必要であるときは，現物給付の方法で行うことができる（第37条，同条第2項）．
[木村　敦]

相談支援

障害者総合支援法第5条第16項に，「『相談支援』とは，基本相談支援，地域相談支援及び計画相談支援をいい，『地域相談支援』とは，地域移行支援及び地域定着支援をいい，『計画相談支援』とは，サービス利用支援及び継続サービス利用支援をいい，『一般相談支援事業』とは，基本相談支援及び地域相談支援のいずれも行う事業をいい，『特定相談支援事業』とは，基本相談支援及び計画相談支援のいずれも行う事業をいう．」と規定している．
[成清美治]

相談支援専門員

指定相談支援事業の事業所ごとに配置される．障害特性や障害者の生活全般に係る相談，サービス利用計画の作成に関する業務を担当する．利用者等に対し，サービス提供方法について理解しやすいように説明，ピアカウンセリング等の支援を必要に応じて実施．サービス利用事業者の情報の提供．利用者の居宅訪問とアセスメントの実施．サービス利用計画の作成，担当者会議の開催，利用者への利用計画の説明と同意を得たうえで，モニタリング，必要に応じてサービス利用計画の変更を行う．　　　　　　［伊藤葉子］

相馬事件

1883（明治16）年突発性躁暴狂となった奥州旧中村藩（現在の福島県）藩主の相馬誠胤が東京府癲狂院（てんきょういん）（現・東京都立松沢病院）に入院させられたことにより，家臣の錦織剛清が著書『闇の世の中』を出版し，精神病者の監禁について取締法の必要性を訴えた．後に1900（明治33）年精神病者監護法の成立へとつながったとされている．この法は，精神病者の人権保護や治療を目的とするものではなく，精神病院および私宅における監置を合法化し，隔離するといった，治安要請の強い法律であった．また，この事件によって癲狂院から精神病院へと用いられる名称がかわっていった．　　　　　　　　　［重野　勉］

訴願前置主義

行政庁の行った処分について不服があり，その処分について争おうとする場合，個別法に審査請求（不服申立て）の手続きが定められている場合にはその手続きを経た上でないと訴訟を提起することができない，とする考え方・方式．審査請求前置主義，審査前置主義ともいう．社会保険各法には審査請求の手続きが定められているのでこの主義が採用されているが，社会福祉サービス各法には審査請求手続きは一般に定められておらず，この考え方は採用されていない．
　　　　　　　　　　　　　　　［木村　敦］

遡及適用

介護保険における被保険者は，資格要件を満たす事実が発生した日から，何ら手続きを要せず，被保険者としての資格を取得する．このように，資格取得について市町村への届出がなかった場合においても，適用すべき事実が明らかとなれば，その日より資格取得されたものとして，日をさかのぼって適用されることを遡及適用という．　　　　　［井元真澄］

側面的援助

援助場面において援助者がとるべき基本姿勢であり，援助は，援助者主導ではなく「側面から支える」という姿勢で実践されなければならないということを意味する．社会福祉領域における援助は「生活の援助」である．たとえば，医療の領域においては疾病により通院している人を「患者」とよび治療を目的とするが，社会福祉領域においては「通院しながら生活している人」ととらえ，疾病自体の治療ではなく，それによって生活上に生じる問題状況の援助を目的とする．すなわち，生活しているのはクライエント（福祉サービス利用者）自身であり，援助者には「代行」ではなく側面的援助の姿勢が求められるのである．［武田康晴］

ソクラテス

（ギリシア Socrates; BC470/469-399）

古代ギリシアの哲学者．ソクラテスは道徳の規準を人間の内面にもとめ「徳」は知識であると説いた．この知識は数学とか文法の知識ではない．また，徳は永遠の真理としての徳である．そこで彼は

人びとが真理であると誤って考えていることを正し，人間として本質を失っている人びとを真の姿に取り戻そうとしたのである．その目標として己の過ちを認め，自分の無知を知ることが大切であると説いた．すなわち，「汝自身を知れ」である．彼が人びとの無知を知る方法が対話法であった．この対話法は，「産婆術」とよばれた． 　　　　　　[成清美治]

ソシオメトリー (sociometry)

モレノ (Moreno, J.L.) らによって体系化された，集団内の人間関係やグループ構造を測定・分析する社会測定法のひとつである．ソシオメトリー理論は自発性の概念を重視しており，グループダイナミクスやグループワークの発展に寄与した．一般的には，ソシオメトリックテストで代表される集団分析の技法として知られている．ソシオメトリックテストはグループ内の選択・排斥関係を明らかにすることによって，個々のメンバーの地位指数やグループの凝集性指数などを得てグループ構造や特性を把握するものである．グループ内の選択・排斥関係を図示したものがソシオグラム (sociogram) である． 　　　　　　[加納光子]

組織化説

コミュニティ・オーガニゼーションを「コミュニティがニードを発見したり，目標を見い出したりし，そしてその順位づけを行い，さらにそれらを達成する確信や意志を開発し，必要な資源を内部や外部に求めて実際に活動をする．このようにしてコミュニティ内での協力的・集約的な能力や実践を育てる過程である」と定義したロス (Ross, M.G.) は，『コミュニティ・オーガニゼーション／理論，原理および実践』(1955) を著して，組織化説の代表的論者となった．その論説の主要点は，コミュニティ・オーガニゼーションの実践において地域住民の共通の問題が発見され，住民が参加して計画的にその問題の対策を図るプロセスが強調されたことと，具体的に達成すべきタスク・ゴール（課題目標）とともに，住民参加の自己決定や協力的活動，そしてコミュニティの問題解決能力を向上させるプロセス・ゴール（過程目標）の設定に論及したことである．[瓦井　昇]

ソーシャルアクション (social action)

社会活動法．社会福祉の間接援助技術のひとつである．社会の中で不適切であったり不足していたりする法律，制度，施設などの社会資源や社会サービスの改善，充足を求めて，当事者や一般住民を含める支援者と共に，議会や行政に対して組織的に働きかける技術である．署名や請願運動を行ったりして世論を喚起しながら行うが，社会変革を求めるものではない．その源流は，アメリカの19世紀後半の社会改良運動にあるといわれる．わが国では，戦前では方面委員（現在は民生委員）たちが中心となった救護法制定・実施を求める運動がそれに該当する．最近では障害者の作業所設立活動などがある．→ロスマンの3つのモデル 　　　　　　[久保美紀]

ソーシャルアクションモデル⇒ロスマンの3つのモデル

ソーシャルアドミニストレーション (social administration)

わが国に，第2次世界大戦後本格的に導入された社会福祉援助技術である．社会福祉の関係機関・団体や施設（社会福祉協議会や老人福祉施設その他の社会福祉サービス実施機関・団体・施設）が，その目的を達成するために，福祉活動を計画し，組織化し，運営していく過程であり，間接援助技術に位置づけられている．施設などの社会化，個性化，先駆性，高品質化と効率化，マンパワーの確

保，財源の確保，外部組織との効果的な連携などの課題をもつといわれる．1970年代以降は機関・団体・施設に限定されないで，政策や行政のあり方にまでその関心を向けている．社会福祉運営管理法ともいう． 　　　　　[加納光子]

ソーシャル・インクルージョン (social inclusion)

社会的包摂．社会的に排除されている人びとを社会のなかに包み込み，支えあうこと．国際ソーシャルワーカー連盟の「ソーシャルワークの定義」では，ソーシャルワークを必要としている人は潜在的に問題解決を図る力が備わっているにもかかわらず，社会的に排除されているか，またはその恐れがあるととらえ，ソーシャル・インクルージョンを促進する必要があるとしている．日本では，2000年厚生労働省の「社会的な援護を要する人々に対する社会福祉のあり方に関する検討会」報告書で，「社会の構成員として包み支えあう（ソーシャル・インクルージョン）ための社会福祉を構築する必要がある」と言及されている．
　　　　　[伊藤葉子]

ソーシャル・エクスクルージョン (social exclusion)

一般に，基本的な政治，経済，社会活動に参加できず，社会的に排他された状況をいう．急速に変化する現代社会にあって，個人や地域社会は，失業，低所得，劣悪な住宅，不健康，家族崩壊など，一連の複雑かつ多様な問題を抱え込んでいる．しかし，行政の不当な判断や不平等かつ無差別なサービス分配によって社会サービスの対象から除外されたり，生産性が低く，信条や活動が社会的に逸脱していると見なされたりすることによって，多くの人びとは社会とのつながりを失っている．このような状況を克服するため，先進諸国や国際機関では，1980年代後半から，従来の貧困対策に変わる新たな方向としてソーシャル・エクスクルージョンに対する理解を深め，具体的戦略を展開している．たとえばイギリス政府は，1997年にソーシャル・エクスクルージョン・ユニット（social exclusion unit）を設立し，ホームレス，貧困地域，若年層の失業・教育及び訓練などに関する積極的取り組みを行っている．わが国においても，ソーシャル・インクルージョン（social inclusion），すなわち，すべての人びとが社会の構成員として包み支え合う新たな社会連帯のしくみを目指して，社会的援護を必要とする人びとへの支援のあり方を検討している． 　　　　　[成清敦子]

ソーシャル・キャピタル (social capital)

「社会関係資本」と訳すのが一般的である．パットナム（Putnam, Robert D.）は，その概念を「社会の効率性を改善しうる信頼，規範，ネットワーク等の社会組織の特徴である」とした．1916年に教育者のハニファンが初めて使用した後，70年代に入ってから経済学者のラウリー，社会学者のブルデュー，コールマンらによって「個人」に着目した理論が展開され，90年代以降パットナムらによって一気に広められた．パットナムは，従来の「個人」の人脈等に注目した理論ではなく，ソーシャル・キャピタルは「地域」や集団に蓄積されていくものであるという考えを強調した．ソーシャル・キャピタルには，「結合型」「橋渡し型」，「垂直型」「水平型」，「構造的」「認知的」等の類型がある．ソーシャル・キャピタルが豊かな地域は，健康度が高く，犯罪抑止効果や教育効果もあり，政治も安定するといわれており，政治学，経済学，社会学だけでなく，公衆衛生学や社会福祉学の分野でも注目されている概念である．社会福祉

学の分野では，地域のボランティアや，NPO法人等を，ソーシャル・キャピタルを構成する要素のひとつとしてとらえている．　　　　　　　　　　[川島典子]

ソーシャルサポート・ネットワーク (social support networks)

1970年代以降，欧米の精神衛生，保健，社会福祉の領域において注目されている理論的・実践的アプローチである．一般的には，フォーマルな援助ネットワークを補完するような，個人を取り巻く家族，親族，友人，隣人，その他の定期的な交流をもつ人びとによって構成されるインフォーマルな援助ネットワークを強調する概念として用いられる．日本ではケアマネジメントの技術的対象として，最近になって注目されている．→ネットワーキング　　　　　　　[瓦井　昇]

ソーシャルスキルトレーニング
⇒SST

ソーシャル・ビジネス (Social Business)

一般的に社会的企業と同じであると理解されているが，厳密にいえばソーシャル・ビジネスと社会的企業とは同じものではない．2006年にノーベル平和賞を受賞した社会的企業の提唱者・実践者であるユヌス氏によれば「ソーシャル・ビジネスは，社会的企業の一部である．ソーシャル・ビジネスを設計し，経営しているすべての人は社会的企業家といえるのだ．しかし，すべての社会的企業家が，ソーシャル・ビジネスに従事しているというわけではない．」(主著『貧困のない世界を創る』)．すなわち，社会的企業とは慈善事業ではなく，貧困や環境問題解決のための企業活動であって，それは利益（収益）を生みだすビジネスでなければならない．代表的なソーシャル・ビジネスとしてグラミン銀行（バングラディッシュ），食品会社のダノン（仏），石鹸会社のユニリーバー（英・オランダ）等がある．→グラミン銀行，ユヌス，M.　　　　　　　　　　　　[成清美治]

ソーシャルプランニング (social planning)

社会福祉の間接援助技術のひとつである．社会福祉計画法とも呼ばれる．従来，行政で行われてきた経済計画，社会計画などとは別に社会福祉固有の視点にたって，ニーズを把握し，問題解決のためのビジョンの策定や課題・実施計画の立案を行うことである．地域福祉計画との関連が深い．その展開には，構想設定期，課題設定期，実施準備期，実施期，評価期があり，過程には，問題意識の明確化，目標設定，データの収集，ニーズの明確化，実施計画の検討・選択，財源の確保，実施，評価がある．[加納光子]

ソーシャルリレーションシップ
⇒社会的連帯感(しゃかいてきれんたいかん)

ソーシャルワーカー (social worker)

ソーシャルワークを行う専門職をソーシャルワーカーといい，社会福祉専門職の総称でもある．ソーシャルワーカーは利用者の主体性を尊重した問題解決のための支援を行うが，多岐にわたる領域で活動しており，職種としても多様であって，職場，職種によっては別の呼称で位置づけられていることもある．ソーシャルワーカーには知識，技術，倫理などの面で高い専門性を有していることが求められており，わが国では社会福祉士および介護福祉士法の成立により，ソーシャルワーカーの資格化が実現したが，いまだ名称独占にとどまるなど課題は多い．
　　　　　　　　　　　　　　　　[山田　容]

ソーシャルワーク (social work)

社会福祉の実践活動のことであり、さまざまな専門的社会福祉援助の全体をさす。その多くが19世紀のイギリスの慈善活動に萌芽をみることができるが、その後アメリカで理論化され、近接科学の理論や視点を取り入れつつ発展した。歴史的にケースワーク、グループワーク、コミュニティワークなどいくつかの方法が存在し、それぞれが固有の発展、展開をみせたが、今日では総合的な援助を図るための統合化がすすんでいる。福祉関係の相談機関のみならず、施設ソーシャルワーク、医療ソーシャルワーク、精神科ソーシャルワーク、学校ソーシャルワークなど多様な実践領域がある。

[山田 容]

ソーシャルワークとハウジング (social work and housing)

ハウジング (housing) とは、シェルター (shelter)；住宅 (house)；宿泊・収容施設 (accommodation) や、ホーム (home)、住居 (dwelling)、居住 (地)(residence)、居住 (権)(habitation) など、人が住まうための建物とその状態を意味する。また、人びとが暮らしを営むための住宅・施設を供給することでもあり、主として住宅政策 (housing policy) がその役割を担う。一方、生活の諸側面と密接に関わるハウジングについて、欧米ではソーシャルワークによるアプローチもみられる。クライエント (福祉サービス利用者) の視点から、ハウジングに関する問題とその背景—疾病、失業、家人の死亡など—を把握し、時にはキャンペーン活動をともないながらその解決をめざすことによって、問題の本質とニーズを明らかにする。とくに、スラム地域における問題は、取り組むべき顕著な一例である。近年、わが国においても、高齢者の在宅生活の継続を支援するリフォームヘルパー制度や介護保険における住宅改修など、住まいの問題への個別具体的な対応が高まりつつある。

[成清敦子]

ソーシャルワークにおける倫理 —原理に関する声明 (2004) (Ethics in Social Work- Statement of Principles)

国際ソーシャルワーカー連盟 (IFSW) と国際ソーシャルワーク学校連盟 (IASSW) により、2004年に採択された声明である。「倫理に関する認識は、全てのソーシャルワーカーの専門的実践に不可欠な要素である。彼らが倫理的に行動する能力と意欲は、ソーシャルワークサービスを利用する人々に提供される、サービスの質に必須の側面である」という序文に始まる。世界のソーシャルワーカーが直面する課題に対し、ケースごとの行動に関する倫理的・合理的な決定の助長を目的としている。ソーシャルワークの定義は、「ソーシャルワーク専門職は、人間の福利の増進を目指して社会の変革を進め、人間関係における問題解決を図り、人々のエンパワーメントと解放を促していく。ソーシャルワークは人間の行動と社会システムに関する理論を利用して、人々がその環境と相互に影響し合う接点に介入する。人権と社会正義の原理はソーシャルワークの拠り所とする基盤である。」とされた。原理としては、人権と人間の尊厳、社会正義を挙げている。業務に必要な技術と能力を、維持・発展することへの期待、自分たちの技術を、非人間的な目的に利用されることを許してはならないこと。誠実さを持って対応すること、同情・共感・配慮の念を持ちながら、行動をしていくこと。サービス利用者のニーズや利益を、自分たち自身のニーズや利益に従属させてはならないこと。自分たちが適切なサービスを提供できるようにするため、職

場で自分たちを専門職として、そして個人としてケアしていくのに必要な手段を講じておく必要があること．より重大な倫理的要請を除いて，サービス利用の情報の秘密厳守をする等，12項目が掲げられた．
[加納光子]

ソーシャルワークの機能

利用者の心理社会的問題に焦点を当てるカウンセリング機能，利用者の意志を受け止め理解し代弁する機能（アドボケイター），問題の軽減や防止のために利用者や家族を教育する機能（エデュケーター），ニーズや個別問題に対応したネットワークを作る機能（ネットワーカー），関係調整を積極的に行うマネージメント機能，等があげられよう．近年ソーシャルワークに求められる役割は利用者ニーズの多様化，サービスの重層化にともないソーシャルワーカーの役割は多岐にわたっている．
[倉石哲也]

ソーシャルワークの統合化

主要な援助方法であるケースワーク，グループワーク，コミュニティワークは，それぞれ独自に発展してきたが，専門分化しすぎた援助はサービス利用者の問題を総合的に支援できないという問題があった．そこで1955年の全米ソーシャルワーカー協会の結成を契機に，クライエント（福祉サービス利用者）をより総合的に援助するため各援助技術の統合化が進められることになった．各方法はそれぞれの独自性があり，統合化は単純な作業ではないが，1970年代から盛んに研究が進められコンビネーション・アプローチ（combination approach），マルチメソッド・アプローチ（malti-method approach），ジェネラリスト・アプローチ（generalist approach）などの方法が提唱されてきた．統合化には各援助方法の共通基盤を確認することが重要であり，それにはバートレット（Bartlett, H.）の「ソーシャルワーク実践の共通基盤」が大きな貢献をした．
[山田 容]

ソーシャルワークリサーチ⇒社会福祉調査法

措置

いわゆる「福祉六法」に規定されている「福祉の措置」を実施する行政機関の措置権に基づいて，福祉サービスの提供に関する決定をすること．措置権者による入所措置は行政処分であり，措置権者による民間社会福祉施設への措置委託は公法上の契約とされている．国は行政処分について，行政機関が一方的な措置決定を行い，利用者は反射的利益を受けるにすぎない（反射的利益権）という見解を示している．福祉ニーズが多様化し，サービスの供給主体も多元化しつつある今日，措置制度から契約制度へと転換する潮流にある．
[三島亜紀子]

措置入院

精神保健福祉法29条に規定されている入院形態のひとつである．措置入院とは，2人以上の精神保健指定医の診察の結果，診察を受けた者が精神障害者であり，かつ，医療および保護のため入院させなければその精神障害のために自身を傷つけまたは他人に害を及ぼす恐れがあると認められた場合，都道府県知事がその者を精神科病院または指定病院に強制的に入院させる措置をいい，この知事の権限を措置権という．措置入院は強制入院である．
[重野 勉]

措置費

各法律に基づいて都道府県または市町村（措置権者）がとるべき福祉の措置に要する経費．措置費は事務費（施設運営のための職員の人件費および施設管理費）と事業費（入所者の生活費）からな

り毎年度厚生事務次官通知により「国庫負担金交付基準」として示される．この基準をもとにして入所定員と入所者数とによって措置費額が決定される．措置権者は国と分担して措置費を支弁する義務を負っている．なお施設に入所した本人またはその扶養義務者はその負担能力に応じて一部を負担する．児童福祉施設のひとつである保育所に関しては児童福祉法の改正（1997）により「措置」から「保育の実施」に変更されたことで費用に関しては「保育の実施に要する費用」という表現になったが，国庫負担については従前どおりである． ［安部行照］

SOAP

医療および福祉分野において用いられる記録方法であり，それぞれの頭文字をとって SOAP または SOAP 記録と称する．クライエントの基礎データを収集・分析し，問題を抽出する．あるひとつの問題について，Subjective（主訴・クライエントの主観的データ），Objective（客観的データ・所見）を集め，それらを根拠に Assessment（解釈・分析・評価・プランを導き出した理由）を行い，今後の具体的な Plan（プラン・アセスメントに基づいた計画・介入）を立てる（介入も含む）．"どの問題に着目するか"という視点が大切であり，問題ごとに SOAP を作成する． ［木村志保］

ソロモン，B.（米 Solomon, B.）

アメリカのソーシャルワーク研究者で，南カリフォルニア大学名誉教授．1976年の著書 Black Empowerment（黒人のエンパワメント）では，スティグマや抑圧によりパワーの欠如状態にあるアフリカ系アメリカ人がパワーを獲得していくプロセスに注目し，ソーシャルワーク実践の枠組みとして，エンパワメントの概念を導入した．児童福祉や医療機関のソーシャルワーカーとしての実践経験をもち，研究や教育の分野で数々の賞を受けている． ［植戸貴子］

た

第１種社会福祉事業

社会福祉法第２条第２項に記載されている．救護施設，更生施設，乳児院，母子生活支援施設，児童養護施設，肢体不自由児施設，養護老人ホームその他，主として本人が入所して生活する施設や授産などの経済保護事業，その他障害者自立支援法に規定する障害者支援施設を経営する事業をいう．経営主体は原則として国，地方自治体，社会福祉法人または日本赤十字社であり，その他のものは知事の許可を必要とする．なお，共同募金を行う事業もこれに入るが，行い得るのは各都道府県の共同募金会とその全国的な連合体に限られている． [加納光子]

第１号被保険者（介護保険）

介護保険の被保険者のうち，市町村の区域内に住所を有する満65歳以上の者をいい，生活保護受給者も含め全員が住所地の市町村が行う介護保険に加入する．第１号被保険者については，要介護状態等となる原因を問わず保険給付が行われる．保険料は，被保険者の所得に応じて５段階に分けて設定される．保険料の基準額は，地域の介護サービス水準に応じて市町村単位で算定される．徴収にあたっては，一定額以上の老齢退職年金受給者については，年金からの天引き（特別徴収）により行うこととし，その他の者については市町村が個別に徴収（普通徴収）を行う．→第２号被保険者（介護保険） [寺本尚美]

第１号被保険者（年金保険）

基礎年金（国民年金）の被保険者のうち，原則として年齢が満20歳以上60歳未満であり，第２号，第３号被保険者以外の者．国内に住所のある自営業者，農業者，学生などが含まれる．第１号被保険者は一律定額の保険料を支払う．ただし，所得が一定以下の場合には保険料の減免措置がある．給付については，基礎年金（国民年金）の他，第１号被保険者の独自の給付として，付加年金，寡婦年金，死亡一時金がある他，保険料納付済み期間が６ヵ月以上あり，老齢基礎年金の受給資格を満たしていない外国人が制度から脱退した場合には脱退一時時金が支払われる． [鎮目真人]

第１種被保険者

厚生年金保険における被保険者の区分のひとつ．この種別ごとに，保険料率や被保険者期間の計算および年金の支給開始年齢等が異なる．第１種被保険者には，厚生年金保険法による男子の被保険者であって，第３種被保険者，第４種被保険者および船員任意継続被保険者以外の者が含まれる．一般的な男性被用者はこの種別に該当する． [鎮目真人]

体位変換

長時間，同一の体位でいると，身体部分にかかる圧力で筋肉疲労，血行障害が生じ，その局所が褥瘡になりやすい状態となる．また，関節を動かさないことで，関節周囲の皮膚や神経などの組織が弾力性を失い，拘縮をきたし，内臓諸器官の機能低下を招くことさえある．これらの合併症を予防するため，介護者の助力により臥位の状態で体全体の位置を定期的に変換し，安楽を保つことが必要である．→褥瘡 [林 由紀枝]

退院援助

難病や障害等のために長期にわたって入院生活を送っていた患者や障害者，老人などが，退院後の生活に何らかの専門

的援助を必要としたり，家族調整などが必要であると思われる場合にソーシャルワーカー等の専門家によってなされる心理社会的援助のこと．長期入院後の職場復帰，経済的問題，身体障害者や老人の日常生活に必要な物質的ニーズ等に関する相談，精神障害者の仲間づくりやリハビリテーションのための通所施設の紹介などが主な内容となっている．　　[田中誉樹]

退院請求及び処遇改善請求

精神科病院に入院中の者，保護者，及びその代理人である弁護士等は，都道府県知事（指定都市の市長）に対して，①措置入院者にあっては措置解除，その他の入院患者にあっては精神科病院の管理者に対する退院命令，②精神科病院の管理者に対する処遇改善命令，を求めることができる．そして，これらの請求を受理した都道府県知事（指定都市の市長）は，精神医療審査会にその審査を求めなければならないことに加え，後に，本件の請求者へ審査結果及びこれに基づきとった措置についても通知しなければならない．→精神医療審査会の役割・機能　　[青木聖久]

ダイオキシン

環境ホルモン（外因性内分泌撹乱物質）の代表的なもの．環境中に存在して，生物体内で分泌されるホルモンの働きを乱す．有機塩素化合物であるポリ塩化ジベンゾダイオキシンとポリ塩化ジベンゾフランの総称．塩素系のプラスチックの焼却やパルプ漂白時に発生する．生物体内には，食物や飲料水として吸収される．発ガン性，催奇性，免疫毒性や生殖器障害がある．ベトナム戦争で米軍が使用した枯れ葉剤に含まれ，早流産や奇形児が多く発生したことで知られる．日本ではダイオキシン対策が遅れていて，簡易ごみ焼却炉からの排出が放置され，また，大規模な焼却施設においても十分な注意が払われなかったため，焼却施設周辺住民の母乳が汚染されていることで大きな話題となった．　　[谷　康平]

待機児童

保育施設への入所資格があるにもかかわらず，保育施設の不足や定員が一杯であることが原因で入所できず入所を待っている児童を指す．また，認可保育施設に入れなかったのに待機児童に該当しない「隠れ待機児童」が多かったことを受け，厚生労働省が待機児童に関する新しい定義を次のように定めた（2017年3月）．1）「保護者が育休中」の児童は，保護者に復職の意思があれば待機児童に含める，2）「特定の施設のみを希望」「自治体が補助する認可外施設を利用」「保護者が求職活動を休止」の3ケースについては，原則として待機児童に含めないこととした．現在の待機児童数は19,895人で前年比6,186人の減少となっている（2018（平成30）年，厚労省）．
　　[木村志保]

体験としての障害

WHOのICIDHの他に上田敏は，「体験としての障害（Illness）」の存在に注意を促している．これは，障害のある人自身が主観的にその障害をどのように受け止めるかに関するものである．障害をどう受容するかによって，能力低下や社会的不利の改善・克服に大きな影響がある．つまり，自信の喪失や劣等感，あきらめなど，その人の意識の低下をまねくような状態になった場合，能力の改善や社会的不利の克服はままならなくなる．このため社会環境の整備とともに，心理面や障害の受容と克服の促進などのアプローチにより，その人自身の自覚を高めることが必要となる．　　[大西雅裕]

第3号被保険者

基礎年金（国民年金）の被保険者のう

ち，原則として年齢が満20歳以上60歳未満であり，第2号被保険者の被扶養配偶者である者．夫が民間の被用者や公務員であり，その妻が専業主婦である場合に該当する．年収が一定額以下の場合に第3号被保険者として認められる．第3号被保険者に対する給付は基礎年金（国民年金）のみである．第3号被保険者の保険料は，その配偶者である第2号被保険者が属する被用者年金の被保険者全員で負担する．したがって，第3号被保険者は個別に保険料を支払うことはない．

[鎮目真人]

第3種被保険者

厚生年金保険における被保険者の区分のひとつ．この種別ごとに，保険料率や被保険者期間の計算および年金の支給開始年齢等が異なる．第3種被保険者には，船員または坑内員であって，第4種被保険者および船員任意継続被保険者でない者が含まれる．さらに，1997（平成9）年4月からは，旧適用法人共済組合の船員組合も含むこととなった．第3種被保険者については，他の被保険者より保険料率が高いが，一定の条件を満たした場合，年金受給権を得るための被保険者期間に関する特例的短縮や55歳からの特別支給の老齢厚生年金支給等の措置が当面の間とられている． [鎮目真人]

大舎制・中舎制・小舎制

大舎制とは建物規模が大きく，個々の居室において生活していても食事や入浴，学習など生活の基本的な部分は共同の空間・設備を利用したり，共通する日課に基づいて生活している形態をいう．大舎制は管理面では機能する反面，利用者のプライバシーに欠ける面が指摘されている．また，複数の職員が関わるため職員間の融通性はあるが，利用者にとっては安定した個別的な関わりに難点がある．小舎制とはいくつかの小グループ（8～12人くらい）に分かれて，それぞれ一戸の建物で生活する形態をいう．また，建物が大規模であっても建物内で分割された形態をとっている場合も該当する．職員は担当グループごとに配属され，食事や入浴，学習など家庭的雰囲気に近い状況で基本的な生活を各グループごとで過ごす．小舎制は利用者にとって安定した個別的な関係構築が可能となる利点はあるが職員個々の負担は大きく，長期間の勤続が困難となるなどの課題がある．中舎制はこれらの中間形態にあたる．

[竹田　功]

退職者医療制度

サラリーマン（被扶養者含む）が退職後，各市町村の国民健康保険者に移行する制度であって，退職後，年齢的に医療費の必要性が高まる時期に本人が負担する医療費の増加に対する給付水準の低下の防止，退職者（高齢者）の加入による医療費の高騰化にともなう国保財政悪化の阻止，世代間の公平化等を図るため1984（昭和59）年に創設された．資格者は，65歳未満の市町村国保の被保険者であって，被用者年金の加入期間が20年以上ある人，または40歳以降10年以上加入期間のある人．2008（平成20）年4月から始まった後期高齢者医療制度に伴い段階的に廃止されることになったが，2014（平成26）年度まで経過措置が採られる． [成清美治]

大腿骨頸部骨折

(fracture of femoral neck)

大腿骨とは，下肢骨の最上部の骨である．大腿骨頸部とは，大腿骨の上端部で，骨盤の凹部に入って股関節を形成する部分である．大腿骨頸部には海綿骨が多く含まれ，閉経後の女性にみられる閉経後骨粗鬆症や老年期にみられる老人性骨粗鬆症により，骨量が減少し骨がもろい状態にあるとき，尻もちや転倒により

骨折しやすい．なお転倒の危険性は，筋力の衰えやバランス能力の低下，物的環境により，高齢になるほど増す．発生は80歳前後に多い．大腿骨頸部骨折をおこすと寝たきりの原因にもなり，さらには認知症に至ることも多い．また，治療が長期化し，治療費も高くなる．→骨粗鬆症

[岡田直人]

第2号被保険者（介護保険）

介護保険の被保険者のうち，市町村の区域内に住所を有する満40歳以上65歳未満の者で，医療保険に加入している者．生活保護受給等で医療保険に加入していない場合には適用されない．保険給付の範囲は，加齢にともなって生じる心身の変化に起因する疾病として政令で定められる15の特定疾病によって要介護状態等が生じた場合に限られる．保険料は各被保険者の加入する医療保険の保険料の算定方法に基づいて定められ，医療保険者がこれを一般の医療保険料と合わせて一括徴収する．→第1号被保険者（介護保険），特定疾病（介護保険）

[寺本尚美]

第2号被保険者（年金保険）

基礎年金（国民年金）の被保険者のうち，厚生年金や共済年金等の報酬比例年金の被保険者である者．民間の被用者や公務員などが含まれる．パートタイマーなどであっても，勤務時間や勤務日数がともに一般社員の4分の3以上であれば，報酬比例年金に加入するのと同時に第2号被保険者になるのが適当とされている．第2号被保険者の支払う基礎年金（国民年金）にかかる保険料は，報酬比例年金の保険料と一緒に，労使折半して賃金から拠出する．したがって，第2号被保険者の保険料支払い方式は，所得に応じた定率負担方式である．[鎮目真人]

第2種社会福祉事業

社会福祉法第2条第3項に記載されている．生活困窮者に生活必需品や金銭を与え生活に関する相談に応ずる事業や，児童自立生活援助事業や放課後児童健全育成事業，子育て短期支援事業その他，保育所，児童厚生施設，母子家庭等日常生活支援事業や老人デイサービス事業，老人短期入所事業，地域活動支援センターなどを経営する事業，身体障害者生活訓練等事業，精神障害者社会復帰施設を経営する事業，介護老人保健施設を利用させる事業，隣保事業など，第1種社会福祉事業よりは国や地方自治体の関与がゆるやかである．

[加納光子]

第2種被保険者

厚生年金保険における被保険者の区分のひとつ．この種別ごとに，保険料率や被保険者期間の計算および年金の支給開始年齢等が異なる．第2種被保険者には，厚生年金保険法による女子の被保険者であって，第3種被保険者，第4種被保険者および船員任意継続被保険者以外の者が含まれる．第2種被保険者については，一定の条件を満たした場合，年金受給権を得るための被保険者期間に関する特例的短縮や特別支給の老齢厚生年金が満55歳から支給される等の措置が当面の間とられている．[鎮目真人]

第二のセーフティネット

リーマンショック（2008年）後の景気悪化の影響から，離職とともに住まいの喪失を余儀なくされた，いわゆる「派遣切り」が社会問題化する中で，失業問題への「第一のセーフティネット＝雇用保険」と「最後のセーフティネット＝生活保護制度」の間に位置する「第二のセーフティネット」として創設された諸制度．2009年度より3ヵ年の暫定措置として開始していたが，2011年から恒久

化した．給付内容には，雇用保険が受給できない求職者に対する「求職者支援制度」（求職者訓練・職業訓練受講給付金），離職者で住居を失った（失うおそれのある）者への住宅手当（生活保護住宅扶助額を上限とした原則6ヵ月の家賃補助），失業等による生活困窮者に対する生活資金を貸し付ける「総合支援資金」（生活福祉資金貸付），住居のない離職者で公的給付・貸付を受けるまでの当座の生活費を貸し付ける「臨時特例つなぎ貸付資金」がある． ［砂脇 恵］

大宝律令 (たいほうりつりょう)

701（大宝1）年に，中国の唐の律令（法律）を模範としてつくられた日本最初の法典．律は刑罰に関する規定で現在の刑法にあたり，令は行政法や民法にあたる．718（養老2）年に一部が改正されて「養老律令」が完成した．両者ともに現存しないが，養老律令の解釈書である「令義解」によってその内容をほぼ知ることができる．中央官制や税制，兵役などが細かく規定された．貧窮民を救済する制度として，凶作のさいに毎年一定の粟を徴収して蓄えておく備荒制度である「義倉」が整備された．しかし，これによって農民は一定量の穀物を納めることになり，大きな負担となった．

［西川淑子］

第4種被保険者 (だいしゅひほけんしゃ)

厚生年金保険における被保険者の区分のひとつ．1985（昭和60）年の基礎年金制度創設以前の旧厚生年金制度では，老齢年金をうけるのに必要な被保険者期間は原則として20年であったが，10年以上旧制度に加入しこれを満たすことなく被保険者資格を喪失した者が，それを満たすまで任意で継続加入する場合，第4種被保険者として区分される．第4種被保険者は，旧制度から新制度への移行にともなって経過的に存在するものであり，任意継続被保険者ともよばれる．

［鎮目真人］

ダイレクト・ペイメント (direct payment)

サービス利用者がサービス利用に必要な財源を直接，行政から受け取り，介助者等とサービス利用者が雇用契約を結び，給与の支払いを行う仕組みをいう．その際，介助を担当する人の多くは，パーソナル・アシスタントとよばれ，介助者をサービス利用者自身が面接，選定して契約を結び，身体介助，生活支援に限らず，社会参加も含めた幅広い介助を行う．北欧，欧米ではダイレクト・ペイメントが実施されているところがあるが，雇用契約，労務管理等をサービス利用者が実施し，人件費の支払いは行政が介助者に直接払う場合もある．→パーソナル・アシスタント ［伊藤葉子］

田内千鶴子 (たうちちづこ) (1912-68)

高知県に生まれる．19年，日本統治下で父の赴任先であった朝鮮に渡り，木浦女学校を卒業後木浦貞明女学校の教師となった．36年にキリスト教教会の紹介で伝道師・尹致浩の設立した孤児院・木浦共生園で奉仕をはじめ，尹と結婚して孤児養育に尽力した．朝鮮戦争時の混乱で500名の孤児・難民の生活を支えるさなかの51年，夫・尹が消息不明となり，以後千鶴子が共生園を引きついで保育園や乳児院の事業なども行った．68年に56歳の若さで他界するまで約3000人の孤児を育てあげた． ［倉持史朗］

ダウン症 (しょう)

1866（慶応2）年にダウン（Down, J.L.）が初めて記載した精神遅滞のひとつで，レジャン（Legeune, J.）により，染色体異常の最初のものとして1959（昭和34）年に発見された．ヒトの常染色体のうち21番染色体の長腕部

分が過剰となって生ずる．これは，トリソミー型・転座型・モザイク型に分類されるが，トリソミー型がほとんどで約95％を占める．新生児における出現頻度は900〜1,000人に1人で，母親の出産年齢と正の相関がある．診断は，特徴的顔貌（つり上った目，短く平たい鼻，低い耳介等）から容易ではあるが，確定診断は染色体分析によってなされる．主な臨床的特徴は，① 精神運動発達遅滞，② 身体発育遅滞，③ 筋緊張低下，④ 小奇形があげられ，また，合併症として先天性の心疾患および消化器疾患，悪性腫瘍（白血病等），てんかん等がある．　　　　　　　　　　　　　　［桜井秀雄］

タウンゼント，P.
（英 Townsend, Peter; 1928-2009）

イギリスの代表的な貧困理論の研究者である．エイベル=スミスとの共著『貧困層と極貧層』では，戦後イギリスの国民扶助における捕捉率の問題を明らかにするとともに，そこにスティグマという問題が大きく介在することを指摘した．いわゆる「貧困の再発見」である．また標準的な社会生活様式からの脱落，すなわち「相対的剥奪」（social deprivation）の概念により，絶対的貧困論に対応する相対的貧困論を提示した．近年では社会的排除に関する業績がある．
　　　　　　　　　　　　　　［高間　満］

高木憲次（たかぎけんじ）（1888-1963）

東京市本郷区に生まれる．東京帝国大学医学科を卒業後，整形外科学講座教授となる．1916（大正5）年以降，東京のスラム街で肢体不自由者—不具から肢体不自由への概念の転換をはかったのは高木である—の実態調査・巡回診療にあたる．1922（大正11）年のドイツ留学時に見聞したクリュッペルハイムに示唆をうけ，帰国後，肢体不自由者の教育・治療・職業訓練を可能とする施設設立を図る．1932（昭和7）年には，日本で最初の肢体不自由児学校・光明学校，1942（昭和17）年には整肢療護園を開設している．　　　　　　　　［新家めぐみ］

高田慎吾（たかだしんご）（1880-1927）

熊本県に生まれる．1908年東京帝国大学法科大学を卒業，翌年から東京市養育院にて養護実践を重ね，12年渡米．帰国後は内務省嘱託を勤め，18年に大原孫三郎に招かれ石井記念愛善園救済事業研究室（後の大原社会問題研究所）へ入職した．研究所の中核として児童保護研究に取り組み，当時の社会情勢の中で家族制度がすでに崩壊しつつある現実を踏まえ，児童の経済的社会的保護と育児の「社会化」を構想し戦後児童福祉に大きな影響を与えた．主著『児童問題研究』（1928年）は早世した彼の遺稿集．
　　　　　　　　　　　　　　［倉持史朗］

滝乃川学園（たきのがわがくえん）

石井亮一によって創設された，日本で最初の知的障害児施設である．石井は，1890（明治23）年にミッションスクール立教女学校の教頭に着任したが，翌年，突発した濃尾大震災によって父母を亡くした孤児の存在にふれて教頭を辞職，彼らを引き取り東京府豊島郡滝乃川村に家屋を新築して生活をともにした．このように学園は「孤児の女子教育」施設としてスタートしたが，児童の中に知的障害をともなう者が2名いたところから障害児施設に移行されていった．渡米による経験や研究などによって築かれた石井の教育方針を一番ケ瀬康子氏は，「臨床心理学に基づいた教育」「労働を基本とした教育」「宗教教育」の3点に整理している（一番ケ瀬康子「石井亮一伝」『精神薄弱問題史研究紀要』第1号，1964）．→石井亮一　　［西川淑子］

宅老所（ミニデイサービス）

自宅等を利用して、痴呆性高齢者や要介護高齢者を日帰りで預かり食事の提供やレクリエーション等を行う民間デイサービス活動．在宅高齢者の孤立化の防止（社会参加の促進）や家族のレスパイトケア（介護負担の軽減）等が主な目的．地域住民の主体的な参加を重視しておりボランティアグループやNPOが実施主体となり、社会福祉協議会でも小地域福祉活動の中で介護保険を補完する事業として組織化を支援している例もある．グループホーム（認知症対応型老人共同生活援助事業）とともに「認知症ケアの切り札」として注目されている．[新崎国広]

竹内愛二（1895-1980）

京都市にて出生．1923年渡米してオベリン大学大学院修了．ソーシャルワークの専門職化と価値の実践（「福祉は価値の実践である」としばしば述べた）に貢献した．心理主義的ケースワークを研究して、1938年に日本最初のケースワークを体系的に論じた『ケースウォークの理論と実際』を著した．[加納光子]

田子一民（1881-1963）

岩手県に生まれる．内務省社会局第1課長、社会局長、新編成の社会局第2部長を歴任し、三重県知事となる．1928（昭和3）年、衆議院議員に当選し、以来6回当選．また、全国社会福祉協議会会長をつとめた．一民は社会を「個々の細胞たる分子が統一的に統合されて居る有機体」ととらえ、社会事業は「社会連帯の思想を出発点とする」とした．[米津三千代]

タスク・ゴール⇒コミュニティワークの評価

脱施設化（deinstitutionalization）

大規模入所施設でのケアではなく、必要なサービスをうけながらの地域生活へ移行させ、そのために地域福祉を充実させる取り組み．1960年代、アメリカなどにおいて、障害者施設における管理や隔離などの人権問題への批判から脱施設化の動きが起こり、ノーマライゼーション理念の普及とともに脱施設化も進んだ．欧米では施設の全面的廃止をめざしているが、日本では、グループホームなどを推進すると同時に、施設も居住形態のひとつと位置づけて重度障害者のための施設を残し、地域社会に開かれたものにしていくという方向をとっている．[植戸貴子]

脱水（dehydration）

脱水や脱水症は、高齢者に多い．身体組成の約70％は水であり、人は1日に2,600ml前後の水を摂取・排泄している．うち1,500mlは飲水として摂取し、尿として排泄している．水は体内では体液として栄養を送り、熱や老廃物を排出している．これが下痢・嘔吐、発熱、腎臓病、糖尿病により摂取する水より排泄するものが多くなると脱水になり、水分を補給しないと数日で死に至る．また脱水になると脱水症状を示し、初め傾眠状態となり、さらに進むとうわごとやせん妄、幻覚などの精神症状がみられ、最後に昏睡状態に陥る．脱水症には水分だけを失うものと塩分を同時に失うものがある．[岡田直人]

ターナー，F.J.
（加 Turner, Francis J.; 1929-不詳）

ハミルトン，G.やホリス，F.の診断主義的、心理社会的伝統をさらに推進、発展させた．カナダ出身であるが、コンサルタントとソーシャルワークプログラムについて、ドイツ、チリ、ブラジル、

イスラエル，イギリスその他多くの国を訪れて講演した．難民に対するソーシャルワークから始まり，異文化間の国際的ソーシャルワークの発展に貢献した．『ソーシャルワークにおける詳細な診断と処遇』（1968，1976，1983），『ソーシャルワークの処遇』（1974，1979，1986），『成人の精神病理学』（1984），『心理社会的セラピー』（1978）などの著書があり，『国際ソーシャルワーク雑誌』の編集者でもある． ［加納光子］

田中正造（1841-1913）

栃木県に生まれる．幼名は兼三郎．17歳で名主に選ばれ，領主の失政を糾弾したことで投獄される．1879（明治12）年，『栃木新聞』を創刊．自由民権運動に加わり，1880（明治13）年に県会議員に当選，1886（明治19）年には県会議長となり，1890（明治23）年，第1回衆議院議員に当選．1891（明治24）年，足尾鉱毒事件に関し政府に対策を迫り，以後，被害を受けた農民の側に立ち，生涯をかけて闘った．近代日本における最初の公害問題であった． ［米津三千代］

田中・ビネー式知能検査⇒知能検査

タフト，J.
（米 Taft, Jessi；1882-1960）

ロビンソン（Robinson,Virginia）と並ぶアメリカのケースワークの機能主義派の初期の研究者．1920年代の後半から30年代にかけてケースワークにおける「機能主義アプローチ」の形成と発展に貢献した．1937年の『ソーシャルワークプロセス』誌に，機能主義的ケースワークについて先駆的な論文を発表し，このなかで「機関機能の効果」について述べた．これによって，機関に決められている機能が福祉サービスでの利用者の支援に与える影響を説明しようとした．なお，機関にこのような価値があることを認めない診断主義者たちは，機関の機能は，実践の付帯的な要因であるとして，タフトの主張に異を唱えた． ［加納光子］

WISC⇒知能検査

WAIS⇒知能検査

WPPSI⇒知能検査

ダブルケア

相馬直子・山下順子両氏による造語．育児と介護が同時に担われることを意味するが，女性の晩婚化・晩産化に伴い高年齢期において育児と親の介護が同時に発生するケースが増加している．育児と介護を同時に担う人を男女別にみると女性が多く，働く女性にとっての大きな負担となっている．また，ダブルケアが原因の離職も確認されている． ［成清美治］

ダブル・バーレル質問
（double-barreled）

質問紙法において，ひとつの質問項目に2つ以上の論点を含んでいて，質問の狙いがひとつに定まらない質問をダブル・バーレル質問とよぶ．このような質問は，回答に混乱をきたすばかりでなく，調査の結果得られた回答がどちらにポイントを置いたものであるか不明確になるため，避けなければならない．
［松久保博章］

多文化共生保育

日本で暮らす外国人は年々増えつづけ，それにつれて保育所に通う外国籍の子どもも多くなっている．外国籍の子どもが日本の子どもと仲良くなり，日本の生活に慣れ，また日本の子どもが単に異文化について「理解」することだけが目

的ではなく，実際に異なる文化をもった人と人が生き合う関係をつくるために，「文化の違いを認め，互いに尊重する心を育てる」（保育指針）ことをめざす保育である．保護者向けに外国語で記されたクラス便りやしおりの配布，通訳を配置するなどの配慮とともに，積極的に外国の歌や踊り，遊びや食事などを保育に取り入れ，外国籍の子どもが自国の文化を誇りに思えるような保育実践を行い，「違い」を豊かさにしていくことが求められている． ［井上寿美］

他法優先

生活保護法に基づく保護の基本原理である「保護の補足性」の具体的内容のひとつ．第4条第2項の「他の法律に定める扶助は，すべてこの法律による保護に優先して行われるものとする」という規定による．公的年金給付，各種社会手当給付などが「他の法律に定める扶助」に該当する．これは，他の法律で対応できない生活問題についてすべて生活保護法が対応すべきことを示している．さらに注意すべきは，「資産・能力の活用」が保護の要件とされているのに対して，他法は「優先する」と定められているに過ぎないという点である． ［木村 敦］

ターミナル・ケア
（terminal care）

終末期ケアともよばれる．死が間近に迫った末期患者と，その家族・近親者を対象とする．ケアの内容には，①身体的苦痛を緩和する，②死に対する不安や葛藤，恐怖などをやわらげて精神的安定を促す，③自己実現と生活の質の向上に向けて援助する，④家族にケアへの参加を促し，患者との別れの受容を援助する，ことなどがある．医師，看護師，ソーシャルワーカー，カウンセラー，宗教家などで構成された対人援助の学際的なチームが編成されなければならない．ホスピスだけでなく，一般病棟や，施設，在宅などで死に臨む場合でも，こうしたケアの必要性は高い．→ホスピス ［鳥海直美］

ターミナル・ステージ
（terminal stage）

病気の進行をいかなる医療技術によっても阻止できずに，死ぬことが明らかとなる，死の数ヶ月前に相当する時期をいう．医学的に定義されるものではないが，がん患者の場合は，がんそのものの治療が中止された時期から死期までを指す．治療・延命に力を注いでいた医療技術に代わって，末期患者とその家族が最大限に生命の質を享受できるような援助が提供される時期である．利用者を全体的存在としてとらえ，身体的，心理的，精神・社会的，精神的ニーズに応えていくことが求められる． ［鳥海直美］

惰民観

貧困者に対する見解のひとつである．生活困窮者として援助を受ける人びとは，元来，怠け者で援助を受けることに依存・慣習化する．このような人びとを惰民とし，このような見方を惰民観という．この惰民観の代表的なものは，イギリスの救貧法（1834年）の制定にあたって，異議を唱えた経済学者のマルサスが主著『人口の原理』で述べている見解にあらわれている．なお，近代社会以前は，貧困の原因を個人の責任とするのが主流であった． ［成清美治］

多問題家族

貧困，慢性的疾患，精神疾患，アルコール依存，犯罪といった生活上の問題が顕在化している家族．多子であり，かつ養育環境が悪く，不就学，発達障害を抱える場合もある．また2世代，3世代と世代間連鎖を繰り返している場合が多い．援助効果が期待されず処遇困難ケー

スとなる．近年はアウトリーチによりこれらのケースへのネットワークを駆使した積極的な介入が課題となっている．
　　　　　　　　　　　　　　　[倉石哲也]

ダルク (DARC)

　ダルク（DARC）とは，ドラッグ（Drug＝薬物）のD，アディクション（Addiction＝嗜癖，病的依存）のA，リハビリテーション（Rihabilitation＝回復）のR，センター（Center＝施設，建物）のCを組み合わせた造語で，覚醒剤，有機溶剤（シンナー等），市販薬，その他の薬物から解放されるためのプログラムをもつ民間の薬物依存症リハビリ施設である．1985（昭和60）年に日本で初めて作られ，全国で54カ所の団体がある（2012年現在）．ダルク（DARC）のスタッフは全員が薬物依存者であり，入所者は，ミーティング（グループセラピー）・自助グループ等の活動（主として「12のステップ」を指針としたミーティング）に参加し，病気の分かち合いをしながら回復および成長し，薬を使わない生き方を実践することをめざしている．　　　　　　[木村志保]

短期記憶

　記憶は，記銘（情報を覚えこむ），保持（その情報を蓄える），再生あるいは想起（保持された情報を引き出す）のプロセスに分けて考えられるとともに，保持される貯蔵の時間幅によって，一時的に貯蔵される感覚記憶（sensory memory），即時記憶（immediate memory），短期記憶（short-term memory），長期記憶（long-term memory）に分類される．短期記憶は，数秒から最大で数日程度しか貯蔵されないとされているが，記銘と再生を繰り返す等の刺激を送ることにより，数年単位の記憶が可能とされる長期記憶にかえることができる．　　　　　　　　　　　　　[青木聖久]

短期入所

　障害者総合支援法第5条第8項に，「『短期入所』とは，居宅においてその介護を行う者の疾病その他の理由により，障害者支援施設その他の厚生労働省令で定める施設への短期間の入所を必要とする障害者等につき，当該施設に短期間の入所をさせ，入浴，排せつ又は食事の介護その他の厚生労働省令で定める便宜を供与することをいう．」と規定している．
　　　　　　　　　　　　　　　[成清美治]

短期入所生活介護

　介護保険法第8条第9項における居宅サービスのひとつである．同法において短期入所生活介護とは，居宅要介護者等について，特別養護老人ホーム等の施設や老人短期入所施設に短期間入所させ，その施設において入浴，排泄，食事等の介護その他の日常生活上の世話および機能訓練を行うこととされている．事業所ごとに医師，生活相談員，介護職員または看護職員，栄養士，機能訓練指導員，調理員などが置かれる．短期入所生活介護は一般にショートステイともよばれている．　　　　　　　　　　　[岡田直人]

短期入所療養介護

　介護保険法第8条第10項における居宅サービスのひとつである．同法において短期入所療養介護とは，居宅要介護者等について，介護老人保健施設，指定介護療養型医療施設その他の厚生労働省令で定める施設に短期間入所させ，その施設において看護，医学的管理の下における介護および機能訓練その他必要な医療並びに日常生活上の世話を行うこととされている．事業所の種類や入所者・入院患者の数に応じて，医師，薬剤師，看護職員，介護職員，支援相談員，理学療法士，作業療法士，栄養士，精神保健福祉士が置かれる．→介護老人保健施設，指

定介護療養型医療施設，精神保健福祉士

[岡田直人]

断酒会

アルコール依存症者やアルコール問題をもつ者，またはその家族を対象としたセルフヘルプグループ（自助組織）である．断酒会の全国組織である全日本断酒連盟は1963年に設立され（2011年に公益社団法人化），現在，加盟断酒会数は600，正会員数は約9,000名である．断酒会活動では，「一日断酒」「例会出席」をその基本とし，20名前後のグループで約2時間，酒害体験を話し，それを聴くこと，さらに家族も参加し，家族自身も酒害体験を話す定期的な例会を行っている．「断酒新生指針」「断酒会規範」「誓いのことば」を断酒会活動の指針としている．①会員同士は完全に平等の立場であること，②断酒例会で自身と酒の関係が見え，共通の悩みをもった者同士の信頼関係が生まれることで，断酒を継続できること，③断酒を継続することで，新しい人生を創るという自覚と自信が湧いてくること，④長い飲酒生活の間に傷つきあるいは失われた，家族や社会との信頼関係を取り戻すことにつながること，等を活動の目的としている．

[木村志保]

男女共生保育

「男のくせに泣かない」「女のくせにお行儀が悪い」といった男女別の言葉がけ，もち物の男女別の色分け，性別役割分業意識で描かれたメディアの表現などを通じ，子どもたちに社会・文化的に作られた「男らしさ・女らしさ」というジェンダー（社会的性差）意識が無意識のうちに植え付けられていく．そこで「性別による固定的な役割分業意識を植え付けることのないように配慮」（保育指針）し，また意識的に女の子が勇敢に活躍する絵本を読むなどの積極的な取り組みを通じて，子どもたちをジェンダー意識から解き放ち，誰もが「自分らしく」生きることのできる男女共同参画社会を担う主体を育むことをめざした保育．

[井上寿美]

男女共同参画社会基本法

1999（平成11）年に「男女が社会の対等な構成員として自らの意思によって社会のあらゆる分野における活動に参画する機会が確保され，もって男女が均等に政治的，経済的，社会的及び文化的利益を享受することができ，かつ共に責任を担うべき社会」の実現をめざすための男女共同参画社会基本法が成立した．そして第13条の規定によって2000（平成12）年に第1次，2005（平成17）年に第2次，2010（平成22）年12月に第3次「男女共同参画基本計画」が策定され施策の推進を図っている．第3次計画では，強調すべき視点として①女性の活躍による経済社会の活性化，②男性，子どもにとっての男女共同参画，③さまざまな困難な状況に置かれている人びとへの対応，④女性に対するあらゆる暴力の根絶，⑤地域における身近な男女共同参画の推進，の5点を挙げた上で，早急に対応すべき課題として，①実効性のある積極的改善措置（ポジティブ・アクション）の推進，②より多様な生き方を可能にする社会システムの実現，③雇用・セーフティネットの再構築，④推進体制の強化，の4点を提起している．

[高橋紀代香]

男女雇用機会均等法

「雇用の分野における男女の均等な機会及び待遇の確保等女子労働者の福祉の増進に関する法律」が正式名称．1972（昭和47）年の勤労婦人福祉法の改正法として1985（昭和60）年に制定された．女性労働者が性別により差別されず，母性を尊重されつつ充実した職業生

活を営むことを基本理念としている．均等法施行後，女性の職場進出は進んだが実態として男女格差は埋められなかった．1997（平成9）年に改正均等法が成立，1999（平成11）年から施行となり事業主の努力義務とされていた募集・採用，配置・昇進を含む雇用管理のすべての段階における女性労働者に対する差別が禁止された．また，ポジティブ・アクション（積極的取組）の促進，セクシャルハラスメント（性的いやがらせ）の防止といった新たな課題に対応するための規定が設けられるとともに，時間外・休日労働，深夜業の規制の撤廃，母性保護に関する措置の充実が図られている．

［髙橋紀代香］

治安判事

イギリスのエリザベス救貧法（1601年制定）において，救済行政の指揮監督を担った行政官名（justice of the peace）．無給の名誉職．中央行政機関である枢密院（privy council）により掌握された．もともとは国王直属の地方行政官であった．この治安判事の指揮監督のもと，教区を単位として，貧民監督官（overseers of the poor）が教区委員（church warden）の協力のもと，救貧税（poor rate）の徴収等の救貧法実施に関わる業務に従事した．→枢密院

［木村　敦］

地域移行支援

障害者総合支援法第5条第18項に基づき，障害者支援施設，のぞみの園若しくは障害者又は精神科病院に入院している精神障害者その他の地域における生活に移行するために重点的な支援を必要とする者であって厚生労働省令で定める者に対して，住居の確保その他の地域おける生活に移行するための活動に関する相談その他の厚生労働省令で定めている便宜を提供することをいう．　［成清美治］

地域医療構想

2014年6月に施行された医療介護総合確保推進法により，地域における将来の医療提供体制に関する構想として，すべての都道府県で2017年3月末までに策定された．第7次医療計画（2018年4月～）の一部として位置づけられている．具体的には，団塊の世代（1947～1949年生まれ）が75歳以上となる2025年における「高度急性期」「急性期」「回復期」「慢性期」の医療機能別に医療需要と必要な病床数を推計し，患者の状態に適した病床で良質な医療提供体制を構築しようとするものである．病床機能報告制度に基づいて病院・診療所から都道府県知事に報告される内容等の集計結果から，余剰もしくは不足が見込まれる医療機能を明らかにするとともに，構想区域ごとに設置された有識者等からなる地域医療構想構成会議によって，2025年に向けた具体的な対応方針が取りまとめられている．　［神部智司］

地域医療支援病院

1997（平成9）年12月に第3次医療法改正が行われた．そのなかで医療施設機能の体系化として，患者に身近な医療を提供するという観点から，地域におけるかかりつけ医，かかりつけ歯科医などを支援し，紹介患者への医療提供，施設・設備の共同利用・開放化，救急医療の実施などを行う目的で地域医療支援病院が制度化された．なお，都道府県知事が個別に承認をする．　［成清美治］

地域援助技術⇒コミュニティワーク

地域活動支援センター

障害者総合支援法第5条第25項に,「『地域活動支援センター』とは,障害者等を通わせ,創作的活動又は生産活動の機会の提供,社会との交流の促進その他の厚生労働省令で定める便宜を供与する施設」と規定している. ［成清美治］

地域ケア会議

市町村に設置される基幹型在宅介護支援センターで開催されるサービス調整会議. 高齢者サービス調整会議が改組されたもの. 保健・医療・福祉などの現場職員等で構成され,介護保険適用外の高齢者に対する介護予防・生活支援サービス等の総合調整を行う. 具体的機能としては,①地域型支援センターの統括,②介護予防・生活支援サービスの総合調整,③介護サービス機関の指導などがある. ［藤井博志］

地域ケアシステム

日常生活において介護を中心とした援助が必要な在宅の高齢者や障害者などに対して,その生活を支えることを目的に,地域内のさまざまなケアに関わる機関・団体が組織的,系統的に連携し,ニーズ把握から処遇検討まで一貫したケアをより包括的,効率的,継続的に行うためのシステム. この場合,福祉のみならず医療,保健等の領域も巻き込むこと,さらに制度的,公的なサービスだけでなく,NPOやボランティアによるサービスはいうまでもなく,小地域福祉活動として取り組まれているような近隣住民によるネットワーク活動などもそのシステムとして統合化することが重要である.
［佐藤順子］

地域ケアと在宅ケア

地域ケアとは施設ケアと対峙する方法論であり,在宅ケアとは非貨幣的・直接的・個別的な福祉サービスを意味している. しかし,日本の地域ケアと在宅ケアの考え方は共に1950年代以降からイギリスで政策化され,1968年のシーボーム報告により本格化した,コミュニティケアの実践に多大な影響を受けている. 1970年代のイギリスの福祉政策はコミュニティケアが中心で,「コミュニティ内での地域ケア」（care in the community）を課題として,地方自治体による対人福祉サービス（パーソナルソーシャルサービス）の供給体制を整備していた. しかし,1980年代の経済的危機は,サッチャー政権を公共支出の削減に向かわせ,コミュニティケアも「非営利の民間組織によるサービス供給やコミュニティの住民参加,そしてインフォーマルケアによる援助の理念」（care by the community）を重視し,パッチシステムといわれる人口1万人前後の近隣社会を基盤として,在宅ケアのサービス供給を重点化する. 1990年にコミュニティケア法が成立すると,地方自治体はサービスを確保する責任を負うが,その供給を直営する義務がなくなり,有効性や費用効率性を考慮して,営利・非営利の民間組織のサービスを買い上げる傾向が強まったため,コミュニティケアはサービス供給組織と利用者の間を調整するケアマネジメントを重視している. ［瓦井 昇］

地域子育て支援センター事業

保育所のもつノウハウを活用して子育て家庭に対する育児不安等についての相談指導や子育てサークル等への支援,ならびに地域の保育ニーズに応じ特別保育事業を積極的に実施する事業. それぞれの事業展開により保育所が地域の核となり,地域全体で子育てを支援する基盤が

形成できると期待される．1999（平成11）年度からは，ベビーシッター等地域の保育資源に関する情報提供も行っている．実施施設には子育て支援活動の企画，調整，実施等を担当する職員を配置している．市町村長が事業の活動の中心となる保育所を指定して行っていたが，2000（平成12）年から母子生活支援施設，乳児院，医療施設にも拡大している．

[桑名恵子]

地域コミュニティ復興支援事業

2011（平成23）年11月に「社会的包容力構築・『絆』再生事業」の一環として開始された事業である．

東日本大震災等の影響により弱体化した地域で，孤立するおそれのある者に対する生活相談や居場所づくり等の支援を面的に行うため，① 地域の見守り体制等の構築，② 巡回訪問による生活状況や課題等の把握・公民館や空き店舗等を活用した交流の場の提供・総合的な相談窓口の設置，③ 自治体間や関係者間の総合調整，の3点を柱として一体的に実施．実施主体は原則都道府県または市町村．都道府県知事が認めたNPO法人・社会福祉法人等も実施主体とする．

[米澤美保子]

地域支援事業

高齢者が要介護状態等とならないように予防し，地域のなかで可能な限り自立した日常生活を営むための支援を行うことを目的とした事業である．2005年の介護保険法改正により，2006年4月より市町村を実施主体として行われるようになった．事業内容については，必須事業として包括的支援事業および介護予防・日常生活自立支援事業，そして各市町村が地域の実情等に応じて実施できる任意事業（介護給付等費用適正化事業，家族介護支援事業，その他の事業）がある．

[神部智司]

地域診断

コミュニティワークの展開は，地域社会を歴史的・文化的・社会的に固有の要素をもつ存在として理解し，問題を個別化して把握することから始まる．そのためには地域構造と特性の他に，地域の歴史や住民意識に関する既存資料や調査報告書などを収集し，地域社会の全体像を明確する必要がある．それから住民のニーズを通した地域社会の問題状況の発見に移り，状況に応じてアンケート調査も実施していく．こうして問題が発見されたら，その解決に向けた諸条件を検討する地域診断の段階となる．そこでは「住民の問題意識の程度」「問題の発生原因」「ニーズと社会資源との関係」といった点が検討されて，問題解決の優先順位や手順が確定することになる．

[瓦井 昇]

地域生活支援事業

障害者等が自立した日常生活および社会生活を営むことができるよう，市町村および都道府県がそれぞれの地域特性や利用者の状況に応じて柔軟に実施することをねらいとして，障害者総合支援法に規定された事業である．市町村が実施する必須事業には，相談支援事業，成年後見制度利用支援事業，意志疎通支援事業，日常生活用具給付等事業，移動支援事業，地域活動支援センター機能強化事業などがある．都道府県が実施する必須事業には，専門性の高い相談支援事業，専門性の高い意志疎通支援を行う者の養成研修や派遣に係る事業，市町村域を超えた広域的な支援事業などがある．また，市町村および都道府県の判断により，障害者等の日常生活や社会参加，就労等に必要な支援を行うための任意事業もある．

[神部智司]

地域精神医学／予防精神医学
(community psychiatry/preventive psyciatry)

第2次大戦後に台頭してきた精神医学の一分野である地域精神医学には，精神障害の発生要因として生物因子を重視する流れと，精神分析や力動精神医学を基盤として精神発達の過程での対人関係の影響を重視する流れがある．前者は在宅患者の治療のために地域での医療体制やサービスの充実をめざし，後者は幼少時の環境が良ければ精神障害の発生は予防できるとして環境の改善をめざす．カプラン（Caplan, G.）は後者の立場にたち，「地域精神医学は地域社会の中での人びとの精神健康（mental health）を満たすプロセスである」として，地域社会の人びとの精神健康を高めることによって精神障害にかかる人の数を減らそうとした．そして，予防を3段階に分け，環境改善などによる精神障害者の発生予防である第1次予防，精神障害者の早期発見・早期治療である第2次予防，慢性患者の社会復帰訓練・再発予防である第3次予防を地域住民の協力によって行うことを提唱した．カプランは地域精神医学から予防精神医学へ，予防精神医学からソーシャルサポートシステム（social support system）へとその考えを進めた． [加納光子]

地域精神保健
(community mental health)

1908年に，アメリカで，ビアーズ（Beers, C. W.）が，精神医学者のマイヤー（Mayer, A.）の支援を得てコネチカット州に精神衛生協会を設立したことから，精神障害の予防や治療だけでなく，精神健康を保つための事業が，アメリカ全土に精神衛生運動として展開していった．この展開は，1960年代中頃のレイン（Laing, R. D.）などの反精神医学やカプラン（Caplan, G.）の地域精神医学や予防精神医学の台頭に支えられ，1963年のケネディ教書を経て脱入院化の方向を導き出した．わが国においては，戦前にも呉秀三らの働きはあったが，1965年の精神衛生法並びに保健所法の改正をもって，地域社会での生活を大切にする地域精神保健が始まった．1975年の公衆衛生から地域保健への政策転換や1994年の地域保健法の影響も強い．現在，わが国では，地域精神保健施策により，精神保健福祉センターや保健所，保健センターが設置されている．一方，イギリスにおいても1960年代には精神障害者の領域から始まったコミュニティ・ケアの動きがあった．なお，精神衛生は人びとを病から遠ざけようとするものであり，精神保健は人びとの健康を維持し高めようとする意味があるといわれている． [加納光子]

地域善隣事業

低所得・低資産，社会関係資本による支援が乏しい等の理由により，地域での居住を継続することが困難である又はおそれのある人を対象に，安定的・継続的に地域生活を営むことができるように支援することを目的とした事業．「低所得者高齢者の住宅確保と生活支援に関する調査研究事業」（2011〈平成23〉年度から2013〈平成25〉年度老人保健健康増進等事業）の成果をもとに，地域包括ケアに向けて居住の確保を具体的に実施する事業として，調査研究が進められている．事業の構成は，地域の既存資源（空室，空家）を活用した，ハードとしての「住まいの確保」と，入居者同士の互助の醸成を図ることに留意しつつ，ともに支え合いながら地域での暮らしをできるだけ継続できるようにするとともに，個別の対象者の状況に応じた生活支援を実施する，ソフトとしての「住まい方の支援」の2点からなる．事業の実施・運営

に向けては，日常生活圏域などにおいて，地域に根差した生活支援を行う「個別事業体」と，関係者が協力・連携して事業を推進するための「プラットフォーム機能」を整備するとともに，透明性のある利用者主体の事業運営をするため，外部チェック機能を導入することが重視されている． [成清敦子]

地域組織化・福祉組織化

地域組織化とは，ほぼコミュニティワークに該当するプロセスであり，地域社会で問題を抱える者が主体的に解決できるように，① 高齢者や障害者およびその家族などの当事者の組織化，② 校区社会福祉協議会など活動の基盤組織の構築，③ 一般の住民に対するボランティア活動の啓発や促進，などを実施するものである．それに対する福祉組織化とは，社会資源の動員および開発を目標とする福祉コミュニティ形成のプロセスである．そうした社会資源とは，施設・サービス・相談機能・各種の制度的資源，そして当事者を援助するボランティアグループなどの地域組織の資源や家族・近隣関係などインフォーマルな資源までも含んでいる．さらにこれらの社会資源を効率的に活用するための関係機関・団体間の連絡調整や，そのためのシステムの構築も福祉組織化の課題となる．→福祉コミュニティ [瓦井 昇]

地域定着支援

障害者総合支援法第5条第19項に，「『地域定着支援』とは，居宅において単身その他の厚生労働省令で定める状況において生活する障害者につき，当該障害者との常時の連絡体制を確保し，当該障害者に対し，障害の特性に起因して生じた緊急の事態その他の厚生労働省令で定める場合に相談その他の便宜を供与することをいう．」と規定している．
[成清美治]

地域における医療及び介護の総合的な確保を推進するための関係法律の整備等に関する法律（医療介護総合確保推進法）

持続可能な社会保障制度の確立を図るため，効率的かつ質の高い医療提供体制と地域包括ケアシステムを構築し，地域の医療と介護の確保を図るため，医療法と介護保険法等の法律の整備を行うことを目的として，2014年6月18日に同法が成立した．

その内容は1，新たな基金の創設と医療・介護の連携強化（地域介護施設整備促進法等関係）：① 消費税増収分を活用した新たな基金を都道府県に設置 ② 医療と介護の連携強化

2，地域における効率的かつ効果的な医療提供体制の確保（医療法関係）：地域医療構想（ビジョン）を医療計画において策定する医師確保を支援する3，地域包括ケアシステムの構築と費用負担の公平化（介護保険関係）：① 地域支援事業の充実とあわせて，予防給付（訪問介護・通所介護）を地域支援事業に移行する ② 特別養護老人ホームは，在宅での生活が困難な中程度「要介護3」の要介護者とする ③ 低所得者の保険料軽減を拡充する ④ 一定以上の所得のある利用者の自己負担を2割に引き上げる（個人の年金収入が年280万円以上）⑤ 低所得の施設利用者の食費・居住費を補填する等となっている． [成清美治]

地域の自主性及び自立性を高めるための改革の推進を図るための関係法律の整備に関する法律（第3次一括法）

地方分権の観点から，2013年6月7日に成立した．これによって，介護保険法の一部改正が行われた．その内容は都

道府県の条例に委任されるものとして，① 指定居宅介護支援の従業者の員数及び事業の運営に関する基準（法第81条）② 要介護認定又は要支援認定に関する処分に対する審査請求の事件を取り扱う合議体の定数（法第189条），また，市町村の条例に委任するものとして，① 指定介護予防支援の人員の員数並びに支援の事業運営及び介護予防のための効果的な支援の方法等に関する基準（法第115条の24）② 地域包括支援センターの包括的支援事業を実施するために必要なものに関する基準（法第115条の46）となっている．施行日は，2014年4月1日である．　　　　　　　　　［成清美治］

地域福祉活動コーディネーター（コミュニティソーシャルワーカー）

この職種は，1996（平成8）年より実施された「ふれあいのまちづくり事業」実施要綱に定められたものである．事業にはA型事業（実施主体は市区町村社会福祉協議会）とB型事業（事業実施主体は原則人口3万人未満であるが，この事業に意欲的取り組む市区町村社会福祉協議会とし，社会福祉施設と協働して事業を実施するものとする）とがあるが，地域福祉活動コーディネーターはA型事業に配置することとなっている．なお，資格として地域福祉の推進に理解と熱意のある社会福祉士あるいは社会福祉主事任用資格を有する者となっている．

［成清美治］

地域福祉基金

1991（平成3）年からの3年間にわたる国の地方交付税措置によって都道府県・市町村のほとんどに創設された基金．国からの拠出総額は9,600億円に及び，地域福祉の基盤整備に重要な役割を果たした．基金は果実運用型で，運用益を用いて行う事業は，在宅福祉等の普及・向上，健康・生きがいづくりの推進，ボランティア活動の活性化等であるが，その主たる目的は民間福祉活動の振興であることから，助成対象は民間団体に限られている．　　　　　　　［竹川俊夫］

地域福祉計画

市町村を基盤とする地域住民の生活課題に対する総合的な社会福祉計画をいう．社会福祉法においては，自治体による市町村地域福祉計画とそれを支援する都道府県地域福祉支援計画策定の条項が2003（平成15）年度から施行されている．その具体的な内容や手法は未定であるが，本来的には保健・医療・福祉分野にとどまらず，教育・文化・労働，通信，交通，住環境などの生活関連施策の総合化と当事者・住民の福祉のまちづくりへの参加・参画を促進する計画を含む．とくに後者では，社会福祉協議会による住民が主体となってつくる地域福祉活動計画が連動して策定される必要がある．　　　　　　　　　　　　［藤井博志］

地域福祉センター

地域における福祉活動の拠点として，ボランティア団体等が行うデイサービス事業，食事サービス事業，ボランティア活動支援事業等があり，地域の実情に応じた事業を実施し，地域住民の福祉の増進及び福祉意識の高揚を図ることを目的とする．事業内容により，A型，B型があり，設置主体は，A型，B型ともに，地方公共団体，または社会福祉法人．利用料は，A型，B型ともに無料，または低額（サービス実施に伴う原材料費等の実費）である．　　　　　［米澤美保子］

地域福祉の基本概念

地域福祉概念については，コミュニティケア，地域（福祉）組織化活動，予防的社会福祉の下位概念によってその構成を示した岡村重夫をはじめ諸説があるが，概ねこれらに共通し，地域福祉を方

向づける基本的な考え方には，①ボランタリズム・主体性を示す参加と住民主体，②人間の尊厳や共生の思想を示すノーマライゼーションやインクルージョン，③福祉サービスのあり方を示すコミュニティケアや在宅福祉，そして④福祉コミュニティの形成に関わる地域組織化やネットワーク等のキーワードがある．　　　　　　　　　　［竹川俊夫］

地域包括ケアシステム

まず，地域包括ケアとは「医療，介護，予防，住まい，生活支援サービスが連携した要介護者等への包括的な支援」を意味している．そして，2010（平成22）年3月に公表された「地域包括ケア研究会報告書」によると，地域包括ケアシステムとは「ニーズに応じた住宅が提供されることを基本とした上で，生活上の安全・安心・健康を確保するために，医療や介護のみならず，福祉サービスを含めた様々な生活支援サービスが日常生活の場（日常生活圏域）で適切に提供できるような地域での体制」と定義されている．また，日常生活圏域については「おおむね30分以内に必要なサービスが提供される圏域」として，具体的には中学校区が基本とされている．そのため，実質的には，2005（平成17）年の介護保険法改正で創設された地域包括支援センターが中核となり，地域包括ケアシステムの構築に取り組むことが必要となる．　　　　　　　　　　［神部智司］

「地域包括ケアシステムの強化のための介護保険法等の一部を改正する法律」

2017年5月成立．主たる改正点は，①保険者機能の強化等による自立支援・重度化防止に向けた取り組みの推進（保険者機能の抜本強化），②新たな介護保険施設の創設（介護医療院），③地域共生社会の実現に向けた取り組みの推進，④現役世代並み所得のある人の利用者負担割合の見直し（3割負担の導入），⑤保険料に総報酬制を導入（被用者保険加入介護保険被保険者における総報酬制の導入）等である．　　　［成清美治］

地域包括支援センター

介護保険法の改正（2005）にともなって，新たに地域の介護支援を行う中核的機関として設立された．業務を担うのは社会福祉士，保健師，主任ケアマネジャー等であるが，各専門職が連携して介護予防マネジメント，各種相談支援，包括的・継続的ケアマネジメント等の業務を行う．この地域包括支援センターの設置者は各市町村となっているが，市町村より委託を受けてこの事業を展開する場合，あらかじめ市町村長に届け出ることによって，設置することができる．［成清美治］

地域保健法

1994（平成6）年7月，地域保健対策の推進に関する基本方針，保健所の設置その他地域保健対策の推進に関し基本となる事項を定めることにより，母子保健法その他の地域保健対策に関する法律による対策が地域において総合的に推進されることを確保し，もって地域住民の健康の保持および増進に寄与することを目的として，制定された．同法では，従来の保健所法を地域保健法に名称変更し，国・都道府県および市町村における地域保健サービスの役割分担（地方分権による権限委譲）をはじめとする地域保健対策の枠組みが決められた．

［阪田憲二郎］

地域密着型介護サービス

地域密着型介護サービスは，各市町村が指定・監督を行うサービスで，①定期巡回・随時対応型訪問介護看護，②夜間対応型訪問介護，③認知症対応型

通所介護，④ 小規模多機能型居宅介護，⑤ 看護小規模多機能型居宅介護（複合型サービス），⑥ 認知症対応型共同生活介護（グループホーム），⑦ 地域密着型特定施設入居者生活介護，⑧ 地域密着型介護老人福祉施設入所者生活介護，⑨ 地域密着型通所介護等のサービスがある．　　　　　　　　［成清美治］

地域密着型介護予防サービス

介護保険法の改正により，新たに設けられた予防給付であり，介護給付の対象（要介護1～要介護5）である地域密着型サービスと異なって，その対象は，原則軽度者（要支援1，要支援2相当で地域包括支援センターにてケアプランを作成，マネジメントする）となっている．サービスの種類は，① 介護予防認知症対応型通所介護，② 介護予防小規模多機能型居宅介護，③ 介護予防認知症対応型共同生活介護となっている．地域密着型サービス（介護給付・予防給付共）を実施する事業者（地域包括支援センター等）は各市町村が指定し，監督することとなっている．なお，サービスを利用できる者は，当該市町村に居住する被保険者となっている．　　　　［成清美治］

地域リハビリテーション

これまで伝統的に行われてきた大都市の施設中心のリハビリテーションサービスの限界に気づいた WHO は，それまでの方向を転換した地域リハビリテーション（Community Based Rehabilitation：CBR）を1974年に提唱した．これは，CBR の中心にはコミュニティの資源が，リハビリテーションプロセスに積極的に関与すべきであるという基本的な考え方があり，その資源には障害者自身，家族，住民，学校，地方公務員などの基本的社会単位がすべて含まれるものとされている．すなわち，施設サービスに対置した概念としてとらえるのではなく，施設サービスを含んだより高次元の概念としてとらえるべきものであるとしている．　　　　　　　　［石倉智史］

小さな政府

市場の活性化と自由化が経済成長と社会的安定をもたらすと考え，経済的規制等の政府の役割を小さくし，経済活動への介入をしないことが効率的であるとする，新自由主義経済学の考え方．1970年代までの完全雇用や社会保障の充実などを「大きな政府」と批判し，1980年代にアメリカのレーガン政権・イギリスのサッチャー政権・日本の中曽根政権が推進した行政改革以降広がった．その後，農業・金融など国際的な経済自由化へと広がって，経済グローバリゼーションをもたらした．　　　　　　　［古川隆司］

知覚

個体が外界の情報を取り入れ，それに対する反応を決定するまでの処理過程を感覚，知覚という言葉であらわし，おおむね知覚は，感覚情報と過去の体験の照合が行われて，外界の情報を確認する作業をさす．知覚についての研究で知られるゲシュタルト学派は，1910年代にドイツにおいて，心的現象はひとつのまとまった形態（Gestalt）として出現し，全体的まとまりが優位に働く（プレグナンツの法則）ことを主張した．代表的な研究者にウェルトハイマー（Wertheimer, M.），ケーラー（Kohler, W.），コフカ（Koffka, K.），レヴィン（Lewin, K.）等がいる．　　　　　　［田辺毅彦］

置換⇒防衛機制

知的障害児入所施設

児童福祉法第42条に基づいて設置される施設で，「知的障害児を保護し，又は治療するとともに知識技能を与えること」を目的としている．原則として満

18歳が利用の上限であるが，入所した児童が満18歳に達しても，障害の程度が重く，引き続き入所を継続しなければ当該児童の福祉を損なうと認められた場合は，引き続き入所できる特別措置がある（法第31条）．養護学校の義務化，保護者の在宅志向，少子化といった要因から，施設数・定員数ともに減少傾向にある．一方，入所児童の重度化および18歳以上の「超過年齢者」の増加が問題となってきている．なお，強度行動障害に対しては，個室や特別の訓練設備といった強度行動障害特別処遇加算が実施されている．

[櫻井秀雄]

知的障害者更生相談所

知的障害者福祉法第12条の規定により，都道府県に設置を義務づけられている機関．知的障害者の福祉についての家庭その他からの相談に応じ，医学的，心理学的および職能的判定とこれに付随して必要な指導を行い，知的障害者福祉司に対して技術的指導を行うことを主たる業務としている．医師，心理判定員，職能判定員，ケースワーカーなどで構成されている．

[有川洋司]

知的障害者相談員

1968（昭和43）年厚生省事務次官通知に基づき，知的障害者の家庭における養育，生活の相談に応じ，必要な助言指導を行うとともに，関係機関との連絡および国民の知的障害者援護思想の普及にあたり，知的障害者福祉の増進を図ることを目的として設置された相談員．原則として社会的に信望があり，知的障害者の更生と保護に熱意と人格見識のある保護者の中から福祉事務所長が推薦し，都道府県知事により委託する．期間は2年．1990（平成2）年の法改正にともない，知的障害者福祉法第15条の2で法定化された．

[有川洋司]

知的障害者の権利宣言

1971年に第26回国連総会で採択された，知的障害者の権利を擁護する宣言．「知的障害者は，実際上可能な限りにおいて，他の人間と同等の権利を有する」と明記され，知的障害者が権利の主体者であることが国際的に確認された．医学的管理・教育・訓練・リハビリテーションおよび指導をうける権利，経済的保障および相当な生活水準を享有する権利，家族と同居し社会参加する権利，後見人を与えられる権利，搾取・乱用・虐待から保護される権利等が規定され，加盟国には，知的障害者の権利保障に向けた国内的・国際的行動が求められている．

[植戸貴子]

知的障害者福祉司

知的障害者福祉法第13条の1に規定される都道府県知事または市町村長の補助機関として任用される職員．知的障害者更生相談所や福祉事務所におかれ，知的障害に関する相談および指導のうち，専門的な知識および技術を必要とする業務を行う．社会福祉士はその任用に該当する資格の一つである．

[伊藤葉子]

知的障害者福祉法

1960（昭和35）年に精神薄弱者福祉法（法律第37号）として制定され，1998（平成10）年に現行名に名称改訂された．本法では，知的障害者についての規定はされておらず，知的障害者更生相談所等の判定にゆだねられている．法の目的は，第1条に「知的障害者の自立と社会経済活動への参加を促進するため，知的障害者を援助するとともに必要な保護を行い，もって知的障害者の福祉を図ることを目的とする」としている．そして，以下について規定している．
① 第3章では，知的障害者福祉司や福祉事務所の事務についての規定，医師や

判定員を配置し判定・相談を行い医学的，心理的，職業的な援助を行う知的障害者更生相談所など援護を行う実施者および機関等の福祉の措置について，② 第4章では，知的障害者居宅生活支援事業，知的障害者援護施設等々の事業および施設について，③ 都道府県，市町村の費用支弁等について，④ その他雑則および附則について，等々が定められている．また，18歳未満は児童福祉法による措置ではあるが，一貫した体系での援助を行うため児・者一元化した措置が行われている． ［大西雅裕］

知能検査

一般的知能を，計算力，言語能力，記憶力，などを基に想定して客観的に測定するために，ビネー（Binet, A.）によって開発され，知能指数IQ（Intelligence Quotient）で示されるが，当初は，特殊教育に適する児童の発見が目的で，児童の能力を序列化するのが目的ではなかった．代表的なものとして，田中・ビネー検査，鈴木・ビネー検査と，ウェクスラー（Wechsler, D.）の開発した検査（WAIS：成人用で75歳まで適用，WISC：児童用，WPPSI：就学前幼児用）が知られる．後者は，IQを，言語IQと動作IQに分けて評価することができる．→心理テスト ［田辺毅彦］

地方更生保護委員会

高等裁判所の管轄区域ごとに設置（本庁8ヵ所）されている法務省の地方支分部局である．3人以上15人以下の委員（更生保護法17条・同法施行令6条）と事務局が配置されている．同委員会は，3人の委員で構成される合議体の議決によって ① 仮釈放及び仮出場の許可並びに仮釈放の取消し，② 不定期刑の終了，③ 少年院からの仮退院及び退院の許可，④ 少年院からの仮退院中の者を少年院に再収容する旨の決定の申請，⑤ 保護観察所の事務の監督，⑥ その他法律に定められた事務を遂行する．→恩赦，仮釈放 ［倉持史朗］

地方公務員等共済組合

この共済組合制度は地方公務員等共済組合法が1962（昭和37）年12月に施行されることにより，それまで都道府県，市町村，職種別等によって分かれていたものが，ひとつの制度として統一化が図られることによって誕生した．この共済組合の目的は，地方公務員の病気，負傷，出産，休業，災害，退職，廃疾若しくは死亡又はその被扶養者の病気，負傷，出産，死亡若しくは災害に関して適切な給付を行うため，相互救済を目的とする共済組合の制度を設け，その行うこれらの給付及び福祉事業に関して必要な項目を設け組合員の生活の安定と福祉の向上に寄与するとある（法第1条）．また，対象は地方公務員等となっている．
［成清美治］

地方精神保健福祉審議会

精神保健福祉法第9条に規定された，都道府県における精神保健及び精神障害者の福祉に関する事項の調査審議機関である．以前は必置であり，都道府県の諮問にこたえ，意見具申を行う等という役割を担っていたが，2005年の精神保健福祉法改正後は，地方精神保健福祉審議会を置くこと自体をはじめ，その組織構成や運営に関すること等についても条例で定めることによって実施できる，という任意規定に変更された． ［青木聖久］

地方税の非課税

障害者などの経済的負担を軽減するために講じられている税制上の優遇措置のうち，地方税法による非課税の措置で，2種類ある．ひとつは住民税の非課税で，障害者・未成年者・老年者・寡婦で，分離課税とされる退職所得を除外し

た前年の所得が125万円以下の者については，住民税に係る所得割は課されない．2つめは事業税の非課税で，失明者または両眼の視力が0.06以下の視覚障害者があん摩，はり，きゅう，柔道整復その他の医業に類する事業を行う場合，事業税は課税されない． ［植戸貴子］

地方分権化

2000（平成12）年4月に施行された「地方分権の推進を図るための関係法律の整備等に関する法律」，いわゆる地方分権一括法は，地方公共団体の自主性・自立性を高め，個性豊かで活力に満ちた地域社会の実現を目的としている．この法律はこれまでの中央集権型行政システムを，住民や地域の視点に立った新しい行政システムに転換するために，「国及び地方公共団体が分担すべき役割の明確化」「機関委任事務制度の廃止及び事務区分の再構成等」「国の関与の見直し」「権限委譲の推進」「必置規制の見直し」「地方公共団体の行政体制の整備・確立」を内容とし，地域住民の全般的な福祉にも変革を促すものとなっている． ［瓦井 昇］

地方分権改革推進法

1995（平成7）年制定の地方分権改革法を踏まえ，経済財政諮問会議による「骨太の方針2006」に基づき，地方分権改革を推進するための枠組を定めた3年間の時限立法として2007（平成19）年施行．主な内容として，国からの権限委譲の推進，補助金等の財源委譲と地方自治体への税収納業務の移管，地方分権への推進計画を策定することが定められている． ［古川隆司］

地方分権の推進を図るための関係法律の整備等に関する法律（地方分権一括法）

地方分権推進のため地方分権に関わる475本の法改正を一括して行った法律．1999（平成11）年成立，2000（平成12）年施行．主な内容として，国の機関委任事務の廃止と行政事務の再編，地方自治体との上下関係の撤廃，国からの権限委譲が進められることとなった． ［古川隆司］

チームアプローチ
(team approach)

クライアント（福祉サービス利用者）の抱える課題は複雑なものも多く，ワーカー（worker）ひとりでは対処できない場合も多い．そこで他のワーカー・専門職者と協力し，課題に対応していく試みが必要とされる．このようにチーム（team）としてクライアントの課題に対応していく援助者側の試みをチームアプローチという．チームのメンバーには，保健師・医師あるいは経済・法律・建築・教育の専門職者などが考えられるが，課題に十分に対応しうるメンバーが選定される必要がある．したがって多様なチーム形態が考えられ，それぞれが得意分野で機能することが期待される． ［土屋健弘］

チーム医療

医師だけでなく，各専門職や機関が連携をはかり，協力し合って治療に関わっていくこと．わが国では医師の診断や治療方針，指示に基づいて，他のコメディカル・スタッフが援助を行っているところが多い．患者や家族の医療，福祉に対するさまざまなニーズに十分に対応し，より良質なサービスの提供が行われるためには，医師だけでなく多くの専門職の関わりが必要であり，それぞれの専門的

な視点から多角的な支援ができるよう，各スタッフが密に連携し，それぞれの職種の専門性を尊重したチーム医療が行われることが望ましい． [岡田良浩]

チャイルドマインダー
(childminder)

子どもの世話をする人．イギリスにおいては60年以上の歴史をもち，国家職業基準資格として認知され，保育のエキスパートとして家庭外保育の7割を担っているといわれる．日本ではこれを参考にして非営利組織である「日本チャイルドマインダー協会」が1995（平成7）年より導入し普及発展につとめている．協会が行うチャイルドマインダー養成セミナーを受講し検定試験に合格，認定されると個人事業主として保護者と直接契約を結ぶことができる．自宅で2～3人を預かっての個別保育を活かし，子どもへのきめ細かな対応と保護者のさまざまな価値観，ニーズ，ライフスタイルを尊重することを特色としている．
[高橋紀代香]

着脱介助

着脱とは，汚れた服を脱ぎ清潔な衣服を身につける行為．さらに，気分転換を図ったり，用途に合った衣服を着ることをも目的とする．利用者が自分自身で着脱するよう，主体性を尊重し身体状況をよく把握した上で，どうしても困難なところのみを介助することが望ましい．障害のレベルに応じた自立を目標とすることによって，利用者とともによりよい方法を見い出してゆくよう働きかけることが重要である． [林由紀枝]

チャルマーズ，T.
(英 Chalmers, Thomas; 1780-1847)

英国スコットランドの長老派教会牧師．救貧法などの公的救貧の存在は貧困者の勤勉や自助の精神を阻害するとの考えから，救貧はあくまでも自発的な民間の慈善によって取り組まれるべきであるとし，隣友運動を展開した．それは教区を複数の小教区に分け，富裕なボランティアの担当員に貧困者を訪問させてその自立を促すというものである．この運動を慈善組織協会の活動の先駆的なものとして20世紀の社会事業へとつなげて考えられることもあるが，その根本となる考え方は新救貧法やマルサス (Malthus, T.R.) と同様の貧困観・貧民観に立脚するものであった． [前田芳孝]

注意欠陥／多動性障害
(Attention-Deficit/Hyperactivity Disorder：ADHD)

ADHDは，1980年のDMS-Ⅲにおいて，「注意欠陥障害」の名称で登場した．伝統的に「微細脳損傷」（MBD）という漠然とした診断名が与えられてきたもののうち，行動面での問題に焦点を当てたものがADHDであり，認知・学習の特性を捉えたものが学習障害といえる．現在使用されているDSM-ⅣでもADHDと学習障害は別の概念として規定されているが，両者の合併がしばしばみられることから密接な関連をもつものと考えられる．ADHDは不注意，多動性，衝動性の3つの行動特性により診断される．まず，診断基準の第一が「不注意」であり，順序だてて物事を考えたり，根気良く課題をこなすことがむずかしい．また，ちょっとした周囲の刺激で気が散ってしまう，といったことであらわされる．次に，常に動き回っているという症状の「多動性」，続いて「思いつくとなんでもすぐにやってしまう」「結果を考えないで危険な行為を起こしやすい」といった「衝動性」である．以上の3症状からして，ADHD児は叱られる機会が多いため，自己評価が下がりがちとなり思春期になると自棄的になったり

非行などの「行為障害」に移行してしまうことがある．そのための対応としては，まず背景に「障害」があるという事実を認識し，その特性に合わせた環境作りがあり，さらに並行して，リタリン（一般名メチルフェニデート）等による薬物療法が行われる．　　　［櫻井秀雄］

中央更生保護審査会

更生保護法に基づき設置される，法務省の審議会のひとつである．恩赦の実施に関する法務大臣への申出，仮釈放の審査などを行う．法務大臣に対し特赦，減刑，刑の執行の免除，復権の実施について申し出，また地方更生保護委員会の決定を再審査する等の権限をもつ機関である．法務大臣が任命する委員長（1名）と委員（4名）により組織される．
　　　　　　　　　　　　　　　　［木村志保］

中央慈善協会

1908（明治41）年9月1日から10月7日にかけて開催された，内務省主催の第1回感化救済事業講習会最終日に設立された慈善救済事業の全国的組織．初代会長は渋沢栄一である．その設立趣意書によると，当面の事業計画として，①慈善救済事業の方法，状況等の調査報告，②慈善団体間の連絡，③慈善団体と慈善家の連絡，④慈善救済事業を指導奨励し，これに関する行政を翼賛すること，があげられている．同会では，1909（明治42）年7月より機関誌『慈善』を発行するなど，いわゆる上からの民間組織として，慈善救済事業をリードしていった．　　　　　　　　［池田和彦］

中央児童福祉審議会

児童，妊産婦および知的障害者の福祉，母子福祉，母子保健等に関する事項を調査審議する．厚生大臣（現厚生労働大臣）の管理に属し，その行政機関の諮問に答えるとともに，関係行政機関に意見具申や必要な勧告を行う．また，同審議会は行政担当者だけでなく，広く一般社会，各方面の専門家の意見を聴取するという重要な役割を負う．同審議会は，原則として委員（本委員）によって組織されるが，審議事項によっては臨時委員を置くことができる．委員の定数は55名以内で10部会からなっている．臨時委員については定数制限はない．児童福祉文化財についても推薦，勧告するが，児童福祉施設の設置および運営，里親の行う養育等につき，厚生大臣（現厚生労働大臣）が最低基準を定める時（児童福祉法第45条）などの審議をもすることになっている．　　　　　　　　［安部行照］

中央社会保険医療協議会

中央社会保険医療協議会（略称，中医協）は，健康保険法第82条（社会保険医療協議会への諮問）に基づいて，厚生労働大臣が厚生労働省に設置したものである．厚生労働省は，中医協に診療報酬（薬価基準，保険医療材料価格基準，保険医療機関および保険医療担当規則等を含む）に関する事項を諮問し，中医協の答申に基づき2年ごとの診療報酬改定を行っている．なお，中医協のメンバーは，支払側（7名），公益代表（6名），専門委員（10名）で構成されている．
　　　　　　　　　　　　　　　　［成清美治］

中間支援組織

行政と地域の間に立って，社会の変化やニーズを把握し，NPOをはじめとする地域におけるさまざまな団体の活動や団体間の連携を支援する組織のことである．主な役割は，資源（人，モノ，カネ，情報）の橋渡しや，団体間のネットワーク推進，調査研究などで，地域の課題解決のために活動するさまざまな団体の活動を支援する．とくに，中間支援組織に期待される役割・機能には2つの側面があるといわれている．ひとつはヒ

ト，カネ，情報といった活動に関わるニーズを満たしていくという「サービス機関的側面」であり，もうひとつは，コミュニティのニーズをくみ取ったり，各種団体と行政，企業，NPO同士をつなげる「ネットワーク的な側面」である．
[鈴木大介]

中高年寡婦加算

遺族厚生年金の付加的給付のひとつ．遺族基礎年金の受給権のない子のない妻，あるいは子が成人した妻については，遺族厚生年金だけでは受給額が十分でないため，それを補うために設けられた．加算は，厚生年金の被保険者であった夫が死亡した時に，その妻の年齢が35歳以上65歳未満であり，かつ，遺族基礎年金の受給権がない場合に，40歳から65歳になるまでの間行われる．加算額は，老齢基礎年金の4分の3に相当する額である．
[鎮目真人]

中立性

一方に偏らないサービスのこと．利用者のみならず，その家族をも含めた中において福祉サービスを提供し，支援していくことが求められている．したがって，家族等の関係する者に対する配慮なしに生活の継続性は担保されない．起こりうる問題に対し予防的に関わることで，利用者とその家族を含む関係者の生活の安定が実現するような活動が必要である．また，自分たちが属する機関や施設等の関係するサービス提供者に対しても同様であり，利用者にとって適切なサービスが利用できるよう，サービス選択のさいの助言や調整に中立性を保つことが求められている．
[山下裕史]

聴覚・言語障害者更生施設

身体障害者更生施設の一種．身体障害者手帳の交付をうけた聴覚・言語障害者が入所し，その更生に必要な指導，訓練を行うことを目的とする施設．医学的診断，治療，聴力検査，語音明瞭度検査，運動機能訓練，補聴器装用訓練，聴能訓練，読話訓練，音声・言語機能更生訓練，職業訓練を行う．入所期間は，原則1年（6ヵ月以内の延長可能）．[相澤讓治]

長期療養ケア
(long-term care)

長期療養ケアは，1960年代のアメリカにおけるナーシングホームの施設ケアと同義語であったが，在宅ケアが進むにつれロングタームケアの概念も変化していった．慢性的な障害をもつ者に対し，健康を維持するための諸サービスによって，身体的，精神的，社会的な機能をその人の最高レベルにまで高め，維持することを目的とする．つまり，QOL（生活の質）の向上，維持を目的とするものである．日本においても，施設サービスと在宅サービスが有機的な連携をとり，利用者のニーズを最優先にした地域ケアが求められている．
[山下裕史]

(財団法人)長寿社会開発センター

老人健康保持事業に関する事業を促進するため，老人福祉法第28条の2に基づいて厚生大臣（現厚生労働大臣）に指定された全国唯一の指定法人．健康で生きがいのある長寿社会をめざして，啓発・普及，全国健康福祉祭（ねんりんピック）の開催の他，厚生省（現厚生労働省）の「高齢者の生きがいと健康づくり推進事業」の中央機構として，都道府県の明るい長寿社会づくり推進機構等の関係団体との連絡・調整などの事業を行っている．1974（昭和49）年1月に天皇・皇后両陛下のご結婚50周年記念御下賜金を基金として設立された財団法人老人福祉開発センターが前身であり，1989（平成元）年11月に現在の名称に改組，1990（平成2）年8月に上記指定法人に指定された．
[狭間直樹]

直接援助技術 (direct social work)

援助者とクライエント（福祉サービス利用者）の対面関係において展開される社会福祉援助技術をいい，具体的には，ケースワークとグループワークの2種類に分類される．主に，ケースワークにおける面接やグループワークにおけるグループ活動などを通して，援助者がクライエントに直接に働きかける援助であり，クライエントがそれぞれに抱える問題を対象とする．援助者とクライエントの専門的援助関係の中で援助が行われるため，援助の成否には援助者の態度や専門性が大きく影響し，面接技術やコミュニケーションなど対人関係能力が高く要求される． [山田 容]

治療モデル (remedial model)

グループワークのモデルのひとつで，ヴィンター（Winter, R.）らに代表される．精神分析学や自我心理学等を学問的背景としており，次の定義が有名である．「個々人のもつさまざまな心理的・社会的問題を，グループワーカーの意図的介入を得たグループ体験を通して，個々に解決していこうとするものである」．問題を分析する視点や介入の方法がある程度明確であるので，ワーカーは変化を起こさせる人として期待され，その専門性は比較的高いといわれる．グループが治療の手段となるので，参加者がパーソナリティ上の問題や非社会的問題を抱えていたりするグループに用いられることが多い． [加納光子]

賃金スライド

報酬比例年金に関して，5年に一度，賃金上昇率に応じて年金給付額を改定するしくみ．賃金スライドは，経済成長による年金給付額の相対的な目減りを防ぐ役割を果たす．賃金スライドは，1994（平成6）年10月以前には，現役世代の名目賃金の伸びに応じて，それ以降では，現役世代の手取り賃金（ネット所得）の伸びに応じて，年金給付額の算定基礎となる平均標準報酬月額をスライドすることによって行われてきた．ただし，1999（平成11）年度に行われた財政再計算の時に，年金受給開始以降は年金給付額について賃金スライドを行わないことが決定された． [鎮目真人]

つ

通院医療費公費負担制度

都道府県は，精神障害者の適正な医療を普及するため，精神障害者が精神障害の医療をうける場合において，その医療に必要な費用の100分の95に相当する額を公費で負担するという制度で，一部自治体では全額公費で負担するところもあった（現在は，自立支援医療において1割負担となった）．1965（昭和40）年，精神衛生法改正で新設され，経済的理由で医療の中断や服薬の中断による再発防止を目的とした．申請は，精神障害者または保護者が申請書（精神保健福祉手帳と共通）と診断書を市区町村役場に提出する．2年ごとの更新手続きが必要である（診断書または精神保健福祉手帳を提出）．2006（平成18）年の「障害者自立支援法」の施行にともない，「自立支援医療」に移行した．→障害者自立支援法，自立支援医療 [重野 勉]

通勤災害

労働者の通勤による負傷，疾病，障害または死亡をさし，労災保険の給付対象となる．通勤とは，住居と就業の場所と

の間を合理的な経路，方法により，就業との関連をもって，往復することである．業務の性質を有するものは除かれ，よって業務災害補償とは区別されるが，通勤災害保護のために業務災害と同様の保険給付がなされている．ただし，① 療養給付につき労働者が一部負担金を支払わなければならないこと，② 休業補償給付の場合には待期3日間について労働基準法に基づき使用者から休業補償を受けられるが，通勤災害の場合にはこの補償を受けられないこと，③ 労働基準法第19条の解雇制限の適用がないこと，等につき業務災害との相違点がある． [中川 純]

通所介護

介護保険法における居宅サービスのひとつである．さらに同法において通所介護とは，居宅要介護者等について，老人デイサービスセンターに通わせ，その施設において入浴および食事の提供（これらにともなう介護を含む），その他の日常生活上の世話であって厚生労働省令で定めるもの並びに機能訓練を行うこととされている．事業所ごとに生活相談員，看護職員，介護職員，機能訓練指導員が置かれる．通所介護は一般にデイサービスともよばれている．→デイサービス，老人デイサービス事業 [岡田直人]

通所リハビリテーション

介護保険法における居宅サービスのひとつである．同法において通所リハビリテーションとは，居宅要介護者等について，介護老人保健施設，病院，診療所その他の厚生労働省令で定める施設に通わせ，その施設において，その心身の機能の維持回復を図り，日常生活の自立を助けるために行われる理学療法，作業療法その他必要なリハビリテーションを行うこととされている．事業所の種類や利用者・入所者の数に応じて，医師，理学療法士，作業療法士，看護職員，介護職員，支援相談員が置かれる．通所リハビリテーションは一般にデイケアともよばれている．→介護老人保健施設，作業療法士，理学療法士，リハビリテーション [岡田直人]

積立方式

この方式は，老齢年金の財源を被保険者期間（現役期間）の間に保険料を積み立てることによって確保する．つまり，年金給付費の財源を保険料であらかじめ積み立てておく．そのため，制度発足直後は年金受給資格者が少なく，保険料収入が給付を上回るため積立金が蓄積されるが，年金受給該当者が多くなるにつれて保険料収入を給付が上回るようになると積立金の使用が必要となる．またこの方法においては年金受給者（高齢者）と被保険者の年齢構成が予定通り推移する限り，高齢化が進展しても保険料（率）は影響を受けることがない．ただし，インフレや貨幣価値の変動に弱いところがある． [成清美治]

て

定位家族

親子関係によるところの子どもの観点からとらえた家族概念である．一般的に，人は自らの意思にかかわらず特定の親の元で出生し，養育されることになり，そこでの環境や文化等の影響を受けることになる．いわば選択する余地のない，最初に経験する「家族」であり，そこでは親子関係によって支えられる部分が大きい．また，人間は生涯に2つの家族をもつ，といわれているがそのもう一

方が「生殖家族」である．→生殖家族
[青木聖久]

TANF
(米：Temporary Assistance for Needy Families)

アメリカの貧困家庭一時扶助のことで，州政府が児童や妊婦のいる貧困家庭に対して現金給付を行う公的扶助制度．1996年の福祉改革において成立した個人責任・就業機会調整法（The Personal Responsibility and Work Opportunity Reconciliation Act）に基づき創設された．これにより，連邦政府の義務的支出とされた従来のAFDC（要扶養児童家庭扶助）は廃止され，TANFの運用は各州の裁量に任されることとなった．その目的の一つが「就労準備，労働，結婚を促進することによって，家族が政府に依存することを終わらせること」とされたことからもわかるように，受給者への労働要件（求職活動，就業体験，職業訓練等）や有期保護（受給は通算5か年まで）等を課す形で「福祉から就労へ」の促進がめざされた．[砂脇 恵]

定期巡回・随時対応型訪問介護看護

2011（平成23）年の介護保険法改正により，地域密着型サービスのひとつとして創設された．居宅の要介護者に対して，1日複数回の定期的な巡回訪問により，または随時通報を受け，介護福祉士等による入浴，排泄，食事等の介護その他の日常生活上の世話とともに，看護師等による療養上の世話または必要な診療の補助を行うサービスである．ひとつの事業所で訪問介護と訪問看護のサービスを一体的に提供する「一体型」，訪問介護事業所が訪問看護事業所と連携してサービスを提供する「連携型」の2つの類型がある．[神部智司]

デイケア (day care)

在宅の高齢者や障害者（身体障害者・知的障害者・精神障害者）等が医療機関（病院・診療所），保健所，精神保健センターや介護老人保健施設等に通うか（通所）あるいはPT（理学療法士）やOT（作業療法士）等が居宅を訪問し，生活指導や機能訓練（リハビリテーション）等のサービスを提供することである．現在，法的に認められたデイケアとしては，健康保険法の診療報酬に基づく精神科デイケアと介護保険法の給付として規定されている訪問リハビリテーション（同法第8条の5）と通所リハビリテーション（同法第8条の8）がある．→精神科デイケア，訪問リハビリテーション，通所リハビリテーション [成清美治]

デイサービス

老人デイサービス事業（老人福祉法による老人居宅生活支援事業のひとつ），または，通所介護（介護保険法による介宅サービス）のことである．65歳以上の要支援・要介護者ならびに40～64歳の医療保険加入者で特定疾病による要支援・要介護者を対象として，老人福祉法に定められる老人福祉施設（老人デイサービスセンター，養護・特別養護老人ホーム，老人福祉センターなど）に通わせ，入浴，排泄，食事等の介護その他の日常生活上の世話，機能訓練を行う．これまでその事業内容はA～E型に類型されていたが，介護保険の導入にともなってこの区分は廃止され，現在では必須事業と選択事業のメニューに対する事業費補助方式に移行した．利用者は介護報酬に基づいたサービスの1割を負担する他に，食材料費やおむつ代などの実費も負担する．→通所介護，老人デイサービス事業 [瓦井 昇]

低出生体重児
（ていしゅっしょうたいじゅうじ）

2,500g未満で生まれた赤ちゃんを低出生体重児とよび，そのなかでも1,500g未満の赤ちゃんを極低出生体重児とよんでいる．体の機能が外の環境に十分適応できないままに生まれてくるので，出生直後は保育器や集中治療室などでの特別な医療的ケアが必要となる．最近は増加傾向にある．母子保健法には，低出生体重児が生まれると保健所に届け出ること，必要に応じて保健婦などが訪問指導を行うこと（未熟児訪問指導），指定医療機関でうける必要な養育医療が給付される，または医療費が援助されること（未熟児養育医療の給付）について記されている．感染に対する抵抗力や哺乳力が弱く死亡率も高いので体温調節や感染予防に配慮した子育てが必要である．

[井上寿美]

ディーセント・ワーク
(decent work)

「働きがいのある人間らしい仕事」の意．1999年の国際労働機関（ILO）総会において，21世紀の目標として報告・提案された．失業，不安定な勤労収入，障害者や高齢者に対する保護の不十分などの労働疎外的状況を解決すべく提案された概念である．21世紀のILOの活動はディーセント・ワークの実現による上記のような労働疎外の解決，すなわち労働の人間化を目標としている．[成清美治]

ティトマス，R.M.
(英 Titmuss, Richard Morris; 1907-1973)

イギリスのウェールズ地方の小規模農家で生まれるが，病弱である上に14歳のとき第1次世界大戦後の不況が父親の農業に打撃を与えた．そのためティトマスは，中学校を退学せざるを得なくなった．その後，一家はロンドンに移り住むこととなるが，父親の死という人生最大の危機に遭遇した．そこでティトマスは18歳で家族を養うため火災保険会社に就職し，以後18年間勤務することとなる．この間，救済団体で働いていたケイ・ミラー（Kay Miller）の影響もあって次第に政治や社会問題に関心をもつようになる．そして，1938年には『貧困と人口』（Poverty and Population）を処女出版する．統計学的視点から書かれたこの著書は多くの人びとから賞賛を受け，研究者として評価されることとなった．これが，契機となって統計学会や経済学会の会員になった．また，これ以降彼の研究分野が貧困や不平等問題に向けられようになり，1943年には階級と乳児死亡率の関係をテーマとした『出生率と貧困・富』（Birth, Poverty and wealth）を，1947年には第2次世界大戦中膨大な資料を駆使してソーシャルポリシーの諸問題を指摘した『社会政策の諸問題（Problems of Social Policy）』を著した．そして，1950年にはこれらの業績が認められロンドン大学（LSE）の教授として招聘された．このようにティトマスは単なる研究者ではなく，実務に裏付けられた理論家であり，その業績はロンドン大学の社会福祉管理部の建設と発展に寄与したこと，また，社会政策や社会福祉管理（社会福祉）を理論的に体系化することを努力したと同時に社会保障や社会福祉の発展に貢献したことである．

[成清美治]

DV（ドメスティック・バイオレンス）

親密な関係にある男性から女性への暴力をいう．親密な関係は，婚姻，内縁，愛人，恋人関係などである．元夫，元恋人，元婚約者，別居中の夫など過去に親密な関係にあった男性からの暴力も含む．"身体的暴力"，"精神的暴力"，"性的暴力"，"社会的隔離"，"経済的虐待"，"子どもを利用した暴力"，がある．

また、"開放期（ハネムーン期）"、"緊張形成期"、"暴力が起こる"、というサイクルを繰り返すことが多い．1970年代半ば、アメリカで始まった"殴られた女性たちの運動"の中で、社会問題として認識された．わが国では2001年に「配偶者からの暴力防止及び被害者の保護に関する法律」（DV防止法）が制定された．→配偶者からの暴力の防止及び被害者の保護に関する法律　　　［加納光子］

適応指導教室

不登校などの長期欠席の児童に対応するために教育委員会が設置した学級である．児童は、元の学級や学校に籍をおいたまま適応指導教室に通学する（ただし、地域によっては籍を離れることもある）．適応指導教室は普通学級に比べて児童が少ないため、児童一人ひとりに教師の目が届きやすく、また、時間的なゆとりがあり、児童への支援が行いやすいというメリットがある．その反面、課題を抱えている児童は適応指導教室で対応すれば良いという、安易な考えに陥りやすいというデメリットもある．［山口倫子］

テクノエイド協会

福祉用具の研究開発等の推進、福祉用具の試験評価、情報収集及び提供並びに義肢装具士の養成等を通じ、障害者及び高齢者の福祉増進に寄与することを目的とした財団法人である．また福祉用具関連従事者の現任訓練や福祉用具の普及・推進に向けた調査・研究機関等の役割を担っている．国の福祉施策の方向性として、障害者や高齢者が地域で生活する体制整備を図るなかで、自立生活を支援するものとして、今後、福祉用具へのニーズが高まることが予測される．

［奈須田靖子］

データアーカイブ
(data archive)

アーカイブ（archive）とは本来公記録保管所など記録を保管する場所を意味する用語であるが、その複数形であるアーカイブズ（archives）になると文書保管を目的とした施設や仕組みを指すことが多い．また、IT用語としては、複数のファイルを1つに連結すること、あるいは連結されたファイルそのものを意味する．明確な定義はないが、データアーカイブという場合、データのバックアップと対照的に用いられることが多い．データをバックアップするのは時間もかかるし、システム全体のパフォーマンスを落とす要因にもなる．そこでアクセス頻度の低いデータや古いデータをテープなどのメディアに退避させて長期保管するのであるが、そのようにして長期保管されるデータの集積をデータアーカイブとよぶ．　　　　　　　　［武山梅乗］

デニスン，E.
(英 Denison, Edward; 1840-70)

セツルメント運動やそれを支える思想に多大な影響を与え、その創始者ともいわれる．イギリス・ロンドンのイーストエンドに住む貧困な下層労働者の生活の悲惨さに関心を抱き、慈善事業にその身を投じた．しかし、当時の慈善事業のあり方や、マルサス（Malthus, T.R.）の人口論に裏打ちされた当時の貧困観・貧民観に疑問を抱き、貧困の原因は劣悪な環境、とくに教育的環境の欠如にあるとして、社会改良の必要性や慈善事業の役割について主張した．また、自らイーストエンドに住み込み、労働者教育を行い、ソーシャル・セツルメントの思想を開拓した．　　　　　　　　［前田芳孝］

テーマ型コミュニティ

市民活動団体を中心にして、必ずしも

地理的な境界にとらわれず，特定のテーマの下に有志が集まって形成される集団．2005（平成17）年の国民生活審議会報告書によると，テーマ型コミュニティの特徴としては，特定分野の活動に重点を置き，問題意識を参加者間で強く共有し，従来のエリア型コミュニティでは対応が難しかった専門的課題，広域的課題にも当たることなどがあげられる．

[鈴木大介]

デュルケム

(仏 Durkheim, Émile; 1858-1917)

社会学者．社会学創始者の一人とされている．パリ大学に学び，その後，ボルドー大学，ソルボンヌ大学で教鞭をとる．『社会学年報』を創刊編集した（1896）．主な著作に『社会分業論』(1893)，『社会学的方法の規準』(1894)，『自殺論』(1897) などがある．デュルケムは，近代社会の特質を「分業」とそれに基づく社会的分化に着目してとらえた．すなわち，社会的な「分業」が進むとともに，人びとを結びつける連帯の形態が，同質的な人びととの「機械的連帯」から異質的な人びととの「有機的連帯」へと発展すると考え，そのように移行しない分業の異常状態を「アノミー的分業」とした．彼は，「アノミー」を社会的規範の動揺，崩壊などによって生じる行為や欲求の無規制状態と意味づけ，自殺の4類型（① 集団本位的自殺：社会との結びつきが強く，集団の規範・価値体系に絶対服従することから生じる自殺，② 自己本位的自殺：社会との結びつきが弱く，個人が集団から切り離され孤立することによって生じる自殺，③ アノミー的自殺：社会からの拘束が弱く，個人の欲求が無限に増大し，幻滅や虚無感が生じることによる自殺，④ 宿命的自殺：社会からの拘束が強く，欲求に対する規制が強すぎるために生じる自殺）のひとつとしている．

[成清敦子]

デルファイ法

アンケート収れん法ともよばれる．当該領域に関連する専門家集団に対する会議やアンケート調査などを通じて，調査目的，項目を明らかにしたうえで，集計の結果を知らせるとともに，必要があれば質問の修正を行い再びアンケート調査を実施するなど，こうした過程を繰り返して，さまざまな専門的見解に基づく意見の収れんを得て，一定の合意を形成しようという方法をデルファイ法とよぶ．複雑な問題を効果的に処理するための集団のコミュニケーション過程の構造化に関わる技法．主に予測に用いられるが，社会福祉計画の策定に用いることもできる．

[松久保博章]

てんかん

脳細胞のネットワークに起きる異常な発火（以下，てんかん放電）のため，てんかん発作を来す疾患あるいは症状のことである．WHO定義のてんかんとは「種種の病因によってもたらされる慢性の脳疾患であり，大脳ニューロンの過剰な放電から由来する反復性の発作（てんかん発作）を主徴とし，それに変異に富んだ臨床ならびに検査所見の表出がともなう」とされている．てんかん発作にともなう主な症状は，強直性，間代性などの不随意運動，つまり痙攣（けいれん）であるが，痙攣をともなわない発作もある．また，意識障害として，突然意識を失う・記憶が飛ぶ・急に活動が止まって昏倒する場合もある．ただし，大半の発作は一過性であり，数分〜十数分程度で回復するのが一般的である． [安岡文子]

テンニース，F.

(独 Tönnies, Ferdinand; 1855-1936)

ドイツの社会学者であるテンニースは，主著『ゲマインシャフトとゲゼルシャフト』(1887) のなかで，社会集団を

家族や村落等本質意志に基づく親密な社会である ① ゲマインシャフト（共同社会）と選択意志に基づく利益社会である ② ゲゼルシャフト（利益社会）に分類した.

このように，彼は社会を意志が作り出したものであるとし，この意志を本質意志と選択意志に分けた．この分類は，彼の社会学の立場を確立するものとなった．
[成清美治]

と

ドイツ介護保険

ドイツ介護保険法（Pflege-Versicherungsgesetz vom 26. Mai 1994, BGBl. IS. 1014）は同国の5番目の社会保険として1994年5月に成立した．この介護保険導入の背景として人口の高齢化が招来する要介護高齢者の増加とそれに伴う介護サービスに要する費用（社会扶助）の増大等をあげることができる．給付の開始は，在宅給付が1995年4月1日，施設給付は1996年7月1日である．その概要であるが，原則として介護保険は疾病保険に従属すると同時に被保険者は協力義務と自己責任を負う．また，運営は保険者である疾病金庫（8つの疾病金庫）となっており，被保険者は，① 公的介護保険の被保険者，② 民間介護保険の被保険者，③ 家族保険の被保険者，④ 継続保険が可能な者，等である．そして，保険の財源は，① 保険料，② 連邦政府の補助金，③ その他の収入等となっている．なお，給付は現物給付（在宅介護給付・部分的施設介護・全面的施設介護）と現金給付（在宅介護給付）とに分かれており，どちらか一方あるいは混合（現物＋現金）を選ぶのは要介護者である．ドイツ介護保険の給付の優先順位はまずは在宅介護給付，つづいて部分的施設介護（デイサービス，ショートステイ），最後に全面的施設介護となっており，在宅介護給付優先となっている．
[成清美治]

ドイツ連邦社会扶助法

1961年公布，1962年施行のドイツの公的扶助立法．「社会扶助の後置性（補足性）の原理」「個別性の原則」「法的請求権」「需要充足の原則」などが規定されている．運営は，「地域運営主体」と「広域運営主体」とが行う．給付内容は，必要不可欠な生計費を保障するものとしての「生計扶助」と，生活上特別な状態にある者に対する「特別扶助」（「医療扶助その他の扶助」「障害者統合扶助」「介護扶助」等11種類）とに大別される．対人社会サービスにまで及ぶという点で，ドイツの公的扶助立法は特徴的である．
[木村 敦]

トインビー，A.

（英 Toynbee, Arnold; 1852-83）

イギリスの歴史学派経済学の創始者で牧師．セツルメント運動の実践家でもある．オックスフォード大学ベリオル・カレッジ在学中よりイーストエンドのセツルメント活動に携わり，卒業後は同大の講師となった．講義録『イギリス産業革命史講義』で社会改良の理論を説き，機構・体制の一部を修正することで労働者を貧困から救済しようとし，自らもセツルメント運動の実践に身を投じ続けた．わずか31歳で早逝．生前は，バーネット，S. のベリオル・カレッジを訪問して，共にセツルメント活動を行った．彼の死後の1884年，バーネットの指導の下に，ロンドンのスラム街に世界で初めて建てられたセツルメント，トインビーホール

には，彼の名が冠されている．[川島典子]

トインビーホール
(Toynbee Hall)

1884年，バーネット（Barnett, S.）夫妻の指導により，ロンドンのイーストエンドに設置された大学人の手による世界最初のセツルメントハウス．開館は1885年1月．トインビーホールの名称は，オックスフォード大学講師であり，学生時代からセツルメント活動に加わったトインビー（Toynbee, A.）の功績を記念してつけられた．地域の改良に従事するセツラーと地域住民との対話と交流を図ることを目的とし，トインビーホールは設立された． [米津三千代]

同一視⇒防衛機制

投影⇒防衛機制

動機づけ (motivation)

欲求が生じそれを解消しようとする方向に，行動を引き起こし，その活動を方向づけ，持続する力動的な心理過程．動機づけは，生理的欲求，基本的欲求を動因とするものと，条件づけや学習を動因にするものに分けられる．また達成などの活動自体に動機づけされるものを，内発的動機づけといい，賞や罰など外的報酬に動機づけされるものを外発的動機づけという．利用者の興味関心に注意を払いその方向に沿った形で，適切な動機づけを行い，援助サービスを行うことが重要になってくる． [小崎恭弘]

統計的方法

比較的大量の事例について調査を行い，社会や集団の特性を数量的に把握しようとする方法を統計的方法とよぶ．結果の一般性には優れているが，分析が平板になりがちであるとされる．統計的調査の方法には，全数調査のほかに一定数の標本を選びだしてその調査結果から母集団の状態を統計的に推測する標本調査がある．今日では，費用，労力の点で標本調査が統計的方法の主流となっている． [松久保博章]

同行援護

障害者総合支援法第5条第4項に「『同行援護』とは，視覚障害により，移動に著しい困難を有する視覚障害者等につき，外出時において，当該障害者等に同行し，移動に必要な情報を提供するとともに，移動の援護その他厚生労働省令で定める便宜を供与することをいう．」と規定している． [成清美治]

統合教育

心身障害児が健常児とともに学ぶことを基調にした教育のあり方や実践をさし，インテグレーションとよばれる．子どもの言語や社会性の発達にはさまざまな子どもの相互交渉が必要不可欠であるという視点に立って，教育の場から差別的な価値観を排除することをねらいとしている．現行法令においては，障害の種類・程度に応じて特殊教育諸学校・学級での専門的な教育や訓練をうける個別教育が定められているが，実際にはさまざまな形態で交流・統合が図られており，特定教科や養護訓練だけを抽出して行うリソース方式や別々の学級に所属しながら授業をともにする協力学級方式などがある． [櫻井秀雄]

統合失調症

精神障害に対する差別と偏見をなくす活動の一環として行われた従来の「精神分裂病」を病名変更したもの．1993年に「全国精神障害者家族会連合会」が「日本精神神経学会」に対し，精神分裂病の病名変更の検討を要望したことが契機となり，2002年8月に同学会で変更が決定された．厚生労働省は精神保健福

祉法に関わる公文書等に統合失調症を使用することを認め，同年8月に各都道府県らに通知を行った．本来，人間がもつ内外の刺激等を統合する機能の調子を崩している状態を意味し，回復の可能性を示している．さらに，2005年に精神保健福祉法が改正された際，条文中の「精神分裂病」が「統合失調症」に改められた． ［伊藤葉子］

当事者主体（とうじしゃしゅたい）

従来の障害者福祉の考え方は，障害者は保護や治療の対象者ととらえられていた．しかし，アメリカの自立生活運動にみられるように，障害者は生活の主体者として生活することこそ本来の自立であるという考え方が広まってきた．自立概念がADLの自立からQOLの向上へとかわってきたのである．他人の介護をうけながらも障害をもつ当事者がどのような生活を送りたいのかを自ら選択し，決定することこそ本来の自立であるという考えである．援助者の役割はこのような障害をもつ当事者の望む生活を支援することにあり，また，適正な判断ができるように支援することである．　［津田耕一］

糖尿病（とうにょうびょう）

持続的な血液中のブドウ糖濃度の上昇（高血糖）をいい，Ⅰ型糖尿病とⅡ型糖尿病に分類される．Ⅰ型は，生活習慣と無関係に小児期から発病するインスリン依存型糖尿病といわれる．Ⅱ型は，発症の原因として運動や食事などの生活習慣が関連しており，インスリン非依存型糖尿病といわれ，Ⅱ型が糖尿病の大部分を占めている．症状は口渇，多尿，体重減少などをともなうこともあるが，ない場合も多い．放置すれば意識障害から昏睡に至る場合や，合併症の進展から社会的・肉体的生命が絶たれる場合がある．合併症には，細小血管症である網膜症，腎症や神経障害に加え，大血管症である心臓，脳，末梢動脈の硬化・閉塞がある．これら糖尿病に関連した合併症は，主要な死亡原因となっていることや糖尿病性腎症が透析導入の主要因となっていること，糖尿病性網膜症が視覚障害の認定原因として増加していることが社会問題になっている．そのため，生活習慣に起因するⅡ型は，その発病を予防する一次予防が重要になっている．　［安岡文子］

逃避（とうひ）⇒防衛機制

トウル，C.
（米 Towle, Charlotte; 1896-1966）

モンタナ州出身．シカゴ大学のソーシャルアドミニストレーション学部で教鞭をとった．それぞれが異なる技術と基礎知識を必要とする専門分化したカリキュラムに対して，すべてのソーシャルワーク共通の知識の核と技術を有しているジェネリック・ケースワークのカリキュラムを創設した．その著『コモン・ヒューマン・ニーズ』（社会保障庁［1945］）において，人間の基本的欲求の充足がいかに重要であるかについて，公的機関や民間の社会福祉関係者に多くの示唆を与えている．リッチモンドの社会診断に匹敵する名著といわれている．　［加納光子］

同和保育（どうわほいく）

1963年頃から部落の子どもたちの育ちと親の就労保障を目的として，部落内に保育所を建設する要求運動が高まり，「同和対策事業特別措置法」（1969）により保育所整備が位置づけられ，同和保育所の建設が進んだ．部落差別の結果として，親が家にいても子どもに最善の環境が用意されているとはかぎらない実態をふまえ，親の就労に関係なく，希望すれば誰もが入所できる「皆保育」を行ってきた．保育を0歳からの就学前教育としてとらえ，能力主義を克服し，差別をは

ねかえす主体の形成をめざしている.1981（昭和56）年「同和保育についての作成について」(17号通達)が厚生省より出され，基本的な考え方が示された．乳児保育・長時間保育・夜間保育・病児保育・完全給食の実施などにも先駆的に取り組んできた歴史をもつ．　［井上寿美］

同和問題

日本社会の歴史的発展の過程において形成された身分階層構造に基づく差別により，日本国民の一部の部落が経済的，社会的，文化的に低位の状態におかれ，現代社会においても，さまざまな不利益や差別を受け，日本国憲法に保障されている基本的人権が侵害されているという，日本固有の人権問題である．1965（昭和40）年の「同和対策審議会答申」をうけて総合的な施策を推進した結果，同和地区の状況は，生活環境を中心に大幅に改善されたが，依然として，差別意識や偏見など未解決の問題が多く残されている．　［北川　拓］

特殊尿器

電動式の自動採尿器．蓄尿部の本体と受尿部のレシーバーを導尿ホースで連絡し，レシーバーをあて排尿すると，モーターが作動し吸引する仕組み．受尿部レシーバーは，女性用，男性用，併用タイプがある．臥位，座位での使用が可能である．とくに女性の場合，姿勢や受尿部の当て方に工夫が必要な場合がある．蓄尿部の容量が3リットルからと大きく，とくに夜間の排尿介助の介護負担軽減につながる．一方，夜間のモーター音や一般の尿器と比較して高価という問題点がある．介護保険の居宅介護福祉用具購入費の対象品目となっている．→居宅介護福祉用具購入費　　　　　　［秦紀代美］

特定求職者雇用開発助成金

高年齢者（60歳以上～65歳未満），障害者，東日本大震災の被災離職者など就職困難者を雇用した事業主に助成金が支給される．助成金には特定就職困難者雇用開発助成金（高年齢者，障害者の雇用が対象），高年齢者雇用開発特別奨励金（65歳以上の離職者の雇用が対象），被災者雇用開発助成金（東日本大震災による被災離職者等の雇用が対象）の3種類がある．助成金額や期間は大企業，中小企業により異なり，たとえば重度障害者を大企業が雇用した場合には100万円（1年6ヵ月），中小企業が雇用した場合には240万円（2年）が特定就職困難者雇用開発助成金から支給される．

［酒井美和］

特定施設入居者生活介護

介護保険法に規定された居宅サービスのひとつであり，特定施設（有料老人ホーム，軽費老人ホームおよび養護老人ホーム）に入居している要介護者に対し，特定施設サービス計画に基づいて入浴，排せつ，食事等の介護その他の日常生活上の世話，機能訓練および療養上の世話が行われる．入居者が要介護者，その配偶者等に限られている「介護専用型特定施設入居者生活介護（入居定員が30名以上）」とそれ以外の「混合型特定施設入居者生活介護」に区分される．なお，要支援者を対象とした「介護予防特定施設入居者生活介護」もある．　［神部智司］

特定疾患治療研究事業

難病患者への医療費助成制度．自己負担の一部を国と都道府県が公費負担して助成する．医療費公費負担需給を申請するには，主治医の診断に基づき特定疾患医療受給者証交付申請書と必要書類を保健所に提出する．ベーチェット病，多発性硬化症，重症筋無力症，全身性エリテマトーデス，スモン，筋委縮性側索硬化症等，疾患ごとに認定基準があるが，平成22年現在，56疾患が対象となってい

[伊藤葉子]

特定疾病（介護保険）

介護保険の第2号被保険者については，要介護状態等が，加齢にともなう心身の変化に起因する特定疾病によって生じた場合に限って保険給付が行われる．具体的には，①筋萎縮性側索硬化症，②後縦靱帯骨化症，③骨折をともなう骨粗鬆症，④シャイ・ドレーガー症候群，⑤初老期における痴呆，⑥脊髄小脳変性症，⑦脊柱管狭窄症，⑧早老症，⑨糖尿病性神経障害・糖尿病性腎症・糖尿病性網膜症，⑩脳血管疾患，⑪パーキンソン病，⑫閉塞性動脈硬化症，⑬慢性関節リウマチ，⑭慢性閉塞性肺疾患，⑮両側の膝関節または股関節に著しい変形を伴う変形性関節症，⑯末期がんの16の疾病である．→第2号被保険者（介護保険） [寺本尚美]

特定非営利活動促進法⇒NPO法

特定病院・特定医師

特定病院・特定医師とは，2006（平成18）年の精神保健福祉法改正で導入された，緊急時における入院等に係る診察の特例措置の要件である．特定病院は，①精神科緊急医療への参画，②良質な精神医療の提供体制の確立，③精神障害者の人権擁護に関する取組みの実施を行っている病院で都道府県知事により認定を受けた病院である．特定医師は，医籍登録後4年間以上経過しており，2年間の精神科臨床の経験を有していることがあげられる．このため，通常，精神保健指定医による診察でのみ行えた任意入院患者の退院制限・応急入院（72時間以内），医療保護入院（保護者の同意により期間なし），に関して，特定病院における特定医師の診察で12時間に限り，対処できることとなった． [田中和彦]

特別育成費

児童養護施設などに措置されている子どもに高校進学を奨励する目的で1973（昭和48）年より国庫負担金として創設された．その内容として高等学校在学中における教育に必要な諸経費であって授業料，クラブ費，生徒会費用などの学校納付金，教科書代，参考書代，学用品費などの教科学習費，通学用品費などの通学費がある．特別育成費が支弁されるようになって久しいが，児童養護施設における高校進学率は7割程度にとどまり，一般児童の進学率と比較していまだに低いのが現状である． [竹田 功]

特別医療費補償法（オランダ）

オランダの医療介護保障として，1年以上の入院者を対象とする特別医療費補償法（Exceptional Medical Expenses Act）がある．この法律が制定されたのは1967年12月14日である．同法律施行は翌年であるが，当初の給付は3種類に過ぎなかった．その後，1990年代に精神医学ケア，ナーシングホーム，薬剤サービス，リハビリテーション，聴覚センターでのケア等が含まれるようになった．しかし，人口の高齢化，国民医療費の高騰化等もあって，医療保険制度の改革（2006）が行われた．また，同時に特別医療補償法も改正された．その内容は，①健康保険の一本化，②新たな健康保険は民間の保険会社が管理運営する，③介護給付の対象を重度の要介護者に限定し，軽度の要介護者の給付は各自治体が新たな事業として行う，④従来のケアサービス（ナーシングホーム，老人ホーム，在宅ケア）を今回の改正により，ア．家事支援，イ．個別ケア，ウ．看護，エ．介護者指導，オ．活動指導，カ．治療，キ．施設，等とした．

[成清美治]

特別支援学校

2006年の「学校教育法等の一部を改正する法律」により，盲，聾，養護学校を一本化して，障害種別を超えた教育を実施する学校．その目的は，「視覚障害，聴覚障害者，知的障害者，肢体不自由者又は病弱者に対して，幼稚園，小学校，中学校又は高等学校に準ずる教育を施すとともに，障害による学習上又は生活上の困難を克服し自立を図るために必要な知識技能を授けること」と規定されている．特別支援学校は教育を行うほか，関連教育機関の要請に応じて，必要な助言・援助に努める． [伊藤葉子]

特別支援教育
(special need education)

文部科学省の定義によると，特別支援教育とは「障害のある幼児児童生徒の自立や社会参加に向けた主体的な取り組みを支援するという視点に立ち，幼児児童生徒一人一人の教育的ニーズを把握し，その持てる力を高め，生活や学習上の困難を改善又は克服するため，適切な指導及び必要な支援を行う」とある．その対象は障害の程度によって分けられている．すなわち，①特別支援学校（盲・聾・養護学校）：視覚障害，肢体不自由，聴覚障害，病弱・身体虚弱，知的障害，②小学校・中学校は，ア．特別支援学級（障害の比較的軽い子どものために小・中学校に障害の種別ごとに置かれる小人数の学級）：視覚障害，聴覚障害，知的障害，肢体不自由，病弱・身体虚弱，言語障害，自閉症・情緒障害と通常の学級，イ．通級による指導（通級による指導は，小・中学校の通常の学級に在籍している障害の軽い子どもがほとんどの授業を通常の学級で受けながら，障害の状態等に応じた特別の指導を通級指導教室で受ける指導形態である）：視覚障害，聴覚障害，肢体不自由，病弱・身体虚弱，言語障害，自閉症，情緒障害，学習障害（LD），注意欠陥多動性障害（ADHD）・高機能自閉症等の従来の特殊教育における対象者に加えて，今回，特別支援教育の実施によって新たな対象者となったのが，通常の学級におけるLD・ADHD・高機能自閉症等の子どもたちである．この特別支援教育は，2007（平成19）年4月から「学校教育法」に位置づけられ正式に実施されることとなった．また，同年より，このような障害をもった児童・生徒に対して，「学校生活上の介助や学習活動上の支援」を行う特別支援教育支援員が各学校に配置されることとなった．なお，特別支援学校の教員は，小学校・中学校・高等学校または幼稚園の教員の免許状の他，特別支援免許状（従来は，盲学校・聾学校・養護学校に分けられていた）を取得することとなった． [成清美治]

特別支給（の厚生年金）

厚生年金保険の被保険者期間が1年以上あり，老齢基礎年金の資格期間を満たしている者に対して，満60歳から65歳になるまでの間支給される厚生年金保険の老齢給付．ただし，第2種と第3種被保険者については，特例措置として，一定の要件を満たした場合に，満55歳から59歳の間も特別支給をうけることができる．給付額は原則として，定額部分と報酬比例部分の合算額である．さらに，被扶養者がいて，被保険者期間が20年以上ある場合，加給年金が付加される．今後，特別支給の厚生年金は定額部分，報酬比例部分の順に段階的に廃止になる予定である． [鎮目真人]

特別支給金

業務上の災害を被った労働者の療養生活に対する援護および遺族に対する援護のために，労災保険給付を補うかたちで行われる支給金をいう．労働福祉事業の

一部として行われ，支給内容には，労働者災害補償保険特別支給金規則に基づき，①休業特別支給金，②障害特別支給金，③遺族特別支給金，④傷病特別支給金，⑤障害特別年金，⑥障害特別一時金，⑦遺族特別年金，⑧遺族特別一時金，⑨傷病特別年金，がある．

[中川 純]

特別児童扶養手当等の支給に関する法律

本法は，特別児童扶養手当等の支給に関する法律として1964（昭和39）年に施行された．その後，1986（昭和61）年の法改正によって，①精神または身体に障害を有する20歳未満の障害児には特別児童扶養手当を，②20歳未満の重度心身障害児には障害児福祉手当を，③20歳以上の常時特別の介護を必要とする者に特別障害者手当をというように，3つの手当を規定する法律となっている．そして支給に関する処分に対して不服がある場合，当該都道府県知事に異議申立てを行うことができる不服申立ての章とその他雑則等についての条項から成り立っている．

[大西雅裕]

特別障害給付金

国民年金制度の任意加入期間に加入しなかったことにより，障害基礎年金等を受給していない障害者に対する福祉的措置として，2005年4月より「特定障害者に対する特別障害給付金の支給に関する法律」（特別障害給付金制度）が施行された．その対象としては，①1991年3月以前に国民年金任意加入対象であった学生，②1986年3月以前に国民年金任意加入対象であった被用者（厚生年金保険，各種共済組合の加入者）の配偶者，とされている．なお，このいずれかに該当する者は，当時任意加入していなかった期間内に初診日があり，現在，障害年金の1・2級に該当する等の要件を満たす必要がある．また，支給額は障害年金1級相当者については5万円，2級相当者については4万円とされている．

→学生無年金障害者訴訟　　　[青木聖久]

特別障害者控除（同居特別障害者扶養控除）

納税義務者またはその控除対象配偶者，扶養親族が次の①～⑦にあてはまる場合，所得から控除される．控除額は所得税：40万円，地方税30万円．対象者は，①重度の知的障害者，②重度の精神障害者，③重度の身体障害者，④重度の戦傷病者，⑤原子爆弾被爆者，⑥常に就床を要し，複雑な介護を要する者，⑦65歳以上の者で①または③に準ずる障害のある者と市町村長等の認定を受けた者としている．また，同居特別障害者扶養控除では，同居している配偶者または扶養家族が特別障害者控除の対象となる場合，同居扶養者の所得から扶養控除または配偶者控除に加えて35万円を控除する．つまり，一般には所得税：73万円，地方税：56万円が控除される（金額はすべて2012年現在）．

[大西雅裕]

特別障害者手当

1986（昭和61）年に特別児童福祉手当等の支給に関する法律や国民年金法，厚生年金保険法の改正にともない障害基礎年金が創設されたことによって，従来の福祉手当に替わって創設された手当である．支給対象者は，在宅の20歳以上であって，日常生活において常時特別の介護を必要とする状態にある心身に重度の障害を有する者としている．障害により生じる負担を軽減するために支給されるが，本人または配偶者，扶養義務者の前年所得が基準額を超える場合，または原子爆弾被爆者に対する援護に関する法律に基づく介護手当を受給している場合は，支給に制限が設けられている．[大西雅裕]

特別徴収（介護保険）

介護保険の第1号被保険者の保険料の徴収方法には，特別徴収と普通徴収の2つの方法がある．特別徴収とは，被保険者が一定額以上の老齢退職年金を受給している場合に，年金保険者が老齢退職年金を支払うさいに年金から源泉徴収し，それを市町村に納付する方法をいう．この方法には，市町村の保険料徴収事務負担を軽減し，効率的で確実な保険料の徴収がなされるという利点がある．第1号被保険者のうち，特別徴収の対象になるのは，2000（平成12）年度で，年金額が年額18万円以上の老齢退職年金受給者であり，第1号被保険者の約8割を占める．→第1号被保険者（介護保険），普通徴収　　　　　　　　　　[寺本尚美]

特別養護老人ホーム
(long-term care home for the elderly)

65歳以上で，身体上，精神上著しい障害があるために，常時の介護を必要とし，かつ居宅において養護を受けることが困難な者を入所させ養護する，老人福祉法に基づく施設．入浴，食事，排泄などの介護，相談および援助，その他日常生活上の世話，機能訓練，健康管理，療養上の世話などを行う．設置主体は，都道府県，市町村，社会福祉法人であり，介護保険制度施行により，都道府県知事から指定をうけた特別養護老人ホームは，介護保険施設の一種となり，（指定）介護老人福祉施設と称される．→（指定）介護老人福祉施設　　[山下裕史]

特別養子制度

1987（昭和62）年に，改正民法において規定された制度である．従来の養子縁組（普通養子縁組）では，実の親子関係は存続され離縁も認められていたが，特別養子制度においては完全に実親子関係を断絶し離縁も原則として認めないもので，換言すれば養親と養子の関係が実親子関係になる制度である．特別養子の要件は養親が夫婦であって共同縁組することや養子となるものは満6歳未満であることなどである．また，戸籍の記載についても養親のみが親と記載され，続柄も長男，長女と記載されるなど配慮されている．　　　　　　　　　　　　[竹田　功]

特例居宅介護サービス計画費

介護保険における介護給付のひとつで，基準該当の居宅介護支援をうけた場合，離島等において指定居宅介護支援もしくは基準該当居宅介護支援に相当する介護支援をうけた場合，その他政令で定める場合，といった3つの場合に行われる給付．予防給付では，特例居宅支援サービス計画費となり，同様の内容である．→介護給付，基準該当サービスの事業者，予防給付　　　　　[井元真澄]

特例居宅介護サービス費

介護保険における介護給付のひとつで，要介護認定の申請前に指定居宅サービスをうけた場合，基準該当居宅サービスをうけた場合，離島等で指定居宅サービスもしくは基準該当居宅サービスに相当するサービスをうけた場合，その他政令で定める場合，といった4つの場合に行われる給付．予防給付では，特例居宅支援サービス費となり，同様の内容である．→介護給付，基準該当サービスの事業者，予防給付　　　　　[井元真澄]

特例居宅支援サービス計画費⇒特例居宅介護サービス費

特例居宅支援サービス費⇒特例居宅介護サービス費

特例施設介護サービス費

介護保険における介護給付のひとつ．緊急その他やむをえない理由により，被保険者が，要介護認定の申請前に指定施設サービス等をうけた場合に行われる給付．→介護給付　　　　　　　　　[井元真澄]

閉じこもり症候群

高齢者が身体的，心理的，環境要因により家に閉じこもることが，廃用症候群を発生させ，結果として寝たきり，認知症の本質的な原因となっているという介護に対する考え方．このことから，寝たきり・認知症予防には，家の中だけのサービスだけでなく，生活範囲を広げ，閉じこもりを解消する介護サービスの視点が重要とされている．　　　　　　[藤井博志]

トータルペイン (total pain)

イギリスの近代ホスピスの創始者D. シシリー・ソンダース (Dame Cecily Saunders) が提唱した苦痛を全人的にとらえた概念．ソンダースは「死の顔を変えた女性」と称される．トータルペインでは，苦痛の認知に影響する諸因子を，①身体的苦痛（痛み，日常生活動作の支障など），②社会的苦痛（仕事上の問題，家庭内の問題，人間関係など），③精神的苦痛（不安，いらだち，孤独感など），④霊的苦痛（人生の意義への問い，苦しみの意味，死の恐怖など）の4つに分類し，それぞれが深く関わっているとする．こうしたトータルペインの考えが，1986年のWHOの「WHO方式癌通治療法」の発表につながり，その後のホスピスケアのありかたに大きな影響を与えた．→ホスピスケア
　　　　　　　　　　　　　　　　[米津三千代]

都道府県児童福祉審議会

児童妊産婦および知的障害者の福祉，母子福祉，母子保健等に関する事項を調査し，審議する機関．都道府県知事の管理に属し，その行政機関の諮問に答えるとともに，関係行政機関に意見具申や必要な勧告を行う．児童および知的障害者の福祉を図るため，芸能，出版物，玩具，遊具等を推薦しまたはそれらを製作し，興行し，販売する者等に必要な勧告を行う．同審議会の委員は都道府県知事によって任命され，その定数は20名以内である．臨時委員については定数制限はない．また，都道府県知事が，児童福祉施設の設置者に対し，その事業の停止を命ずるとき（児童福祉法第46条），児童福祉施設の認可をうけないかまたは認可の取消処分をうけた施設について，その事業の停止または施設の閉鎖を命ずるとき（児童福祉法第59条）等についても審議する．　　　　　　　　　[安部行照]

留岡幸助 (1864-1934)

岡山県に生まれる．同志社神学校卒業後，丹波教会の牧師となる．1891（明治24）年，北海道集治監教誨師として空知に赴任．その後渡米し，監獄学の研究を行い，少年時代の環境が犯罪に大きくかかわっていると考えた．1899（明治32）年に巣鴨家庭学校を，1914（大正3）年には北海道家庭学校を創設し，教育農場の事業を展開した．また，『慈善問題』(1898) の中で，「昔の慈善問題」は「宗教と道徳のみ」であるが，「近代の慈善問題」は「宗教と道徳のみに止まらず学術と社会問題たるに至れる」と論じた．社会事業の展開に大きく貢献した．　　　　　　　　　　　[米津三千代]

トライアル雇用

障害者などの常時雇用や雇用機会の創出を目指し，公共職業安定所が事業者と求職者（障害者など）の間をつないで3ヵ月間の試行雇用を促す制度．雇用主は試行雇用期間の終了後に申請することにより，労働者1人当たり月額4万円を受

け取ることができる(最大3ヵ月分).試行雇用を設けることで,労働者は雇用環境を確認することができ,雇用主は労働者の適正などを図ることが可能となる.雇用主には常時雇用に向けた努力が求められるが,雇用の義務はない.なお,雇用期間中は労働者に対して,賃金が支払われる.対象者は中高年者(45歳以上),若年者(45歳以下),シングルマザー,障害者など. [酒井美和]

❥トラウマ⇒心的外傷

❥トランス・ジェンダー

生物学的性に対して社会が適用しようとする地位や役割をジェンダー(性差)と呼ぶが,この,社会が自身に対して適用しようとする性的役割に何らかの違和感を有する人,またはその状態のこと.TGとも.性同一性障害(GID)は,身体的性別に対する違和感を説明しようとする医学的概念であって,TGとは区別される. [木村 敦]

な

ナイチンゲール, F.
(英 Nightingale, Florence; 1820-1910)

看護・介護行為を専門的な知識と技術で裏づけし，専門的な教育訓練へと高め，近代看護の創始者といわれる．1854年にクリミヤ戦争でイギリス陸軍病院の看護に従事し，医療的処置にとどまらず，病人の食事，清拭や病院の衛生管理，環境整備など，病気を回復させる直接・間接的援助の改善を行った．1882年には衛生普及運動の一環として，保健訪問委員を任命され，日常生活での保健・衛生活動などを指導した．これらの活動は，現在のホームヘルプサービス業務の範囲とみなされる家事・家政的業務の実施でもあった．1860年には，聖トーマス病院に看護師学校をつくり，その養成をはじめ，職業としての看護を確立した．→ホームヘルパー，ホームヘルプサービス　　　　　　　　　　[伊藤葉子]

ナイトケア事業

老人短期入所運営事業のひとつで，夜間の介護が困難な認知症老人等を一時的に夜間のみ老人短期入所施設，特別養護老人ホーム等に入所させ，夜間における家族の介護負担の軽減を図るとともに，痴呆性老人等の在宅生活の維持，向上ならび福祉の向上に資することを目的とする．実施主体は市町村（特別区を含む）．入所期間は原則として7日以内で，夕食，翌日の朝食の提供と夜間の介護がそのサービス内容である．
[所　めぐみ]

内部障害者更生施設

障害者自立支援法施行前の身体障害者福祉法身体障害者更生施設の一種．身体障害者手帳の交付を受けた内臓機能に障害をもつ人が入所し，医学的管理のもとにその更生に必要な指導，訓練を行う施設．入所者は，医学的健康管理をうけながら，職業訓練（手工芸，弱電，写真等の特殊技術，事務，農園芸等）を行う．入所期間は原則として1年間（6ヵ月以内の延長可能）．2006（平成18）年の「障害者自立支援法」の施行にともない，廃止された．　　　　　　　[相澤譲治]

仲村－岸論争

公的扶助におけるケースワークの意義をめぐって，仲村優一と岸勇の間で1956～1963年にわたり展開された論争である．仲村は機能主義ケースワークの立場から公的扶助過程にケースワークの知見を導入すべきとした．これに対して岸は要保護者の生存権自覚とその権利意識発達のために，公的扶助とケースワークは分離すべきとした．戦後の代表的な社会福祉論争で，この検証・検討のために公的扶助研究会が全国的に組織され活動展開した．　　　　　　　　　[高間　満]

仲村優一 (1921-2015)

社会福祉学者．東京都生まれ．東京帝国大学卒業後，日本社会事業大学教授，同学長を歴任．退職後，放送大学教授，淑徳大学教授．日本学術会議会員．主著に『ケースワークの原理と技術』(1962)，『ケースワーク』(1964) 等．日本の社会福祉学研究に多大な影響を与えた．
[成清美治]

ナショナルミニマム論

ナショナルミニマムとは，国家が各種の法律，施策などによって国民に保障するべき最低限の生活水準（これは絶対的な基準ではなく，国家の発展段階や社会

状況によって規定される）のことをあらわす概念で、ウェッブ夫妻（Webb, S.J. & Webb, B.P.）によって20世紀の初めに提唱され体系化された。彼らの唱えたナショナルミニマム論の範囲は最低賃金を含む雇用条件のみではなく、余暇、健康、教育などの広範囲に及ぶものであった。この論の考え方は、後にベヴァリッジ報告に継承されてイギリス社会保障の具体的な政策目標となるとともに社会保障の基本理念となった。[前田芳孝]

生江孝之 (1867-1957)

宮城県に生まれる。青山学院神学部卒業後、1900（明治33）年から4年間渡米し、ディバイン（Devine, E.）等に師事する。1909（明治42）年、内務省の嘱託として慈善救済事業に従事する。また、中央慈善協会『慈善』の編集にあたる。内務省を退職後は日本女子大学等で社会事業の教鞭を執る。著書に、『社会事業綱要』や『細民と救済』などがある。[米津三千代]

ナラティブ・セラピー

(narative therapy)

社会構成主義の流れの中で出てきた考え方である。ここでは、自己は、語ることによって構成され、語り直すことによって再構成される。治療とは、自分の生きてきた経験を十分に表現しているとはいいがたいドミナント・ストーリーを、それまで認識していなかったオルタナティブ・ストーリーに書き換える、つまり、リ・ストーリングするように援助することである。この場合の会話は、社会的に承認され、治療者とクライエント（福祉サービス利用者）の間で共有されているが、その方向は定めず、治療者とクライエントの関係はあくまで対等である。[加納光子]

難治性疾患克服研究事業

この事業は、原因不明の難病で症例が少ないため、治療法が確立しておらず、しかも経済的困難をもたらす疾患に対して厚生労働省が行う研究事業である。1972（昭和47）年度に特定疾患調査研究事業として、スモン、ベーチェット病等の8研究班でスタートした。この調査研究事業は、2000（平成12）年度から厚生科学研究費補助金特定疾患対象研究となり、2003（平成15）年度から現在の難治性疾患克服研究事業となった。2009（平成21）年4月現在、難治性疾患克服研究事業の対象となる疾患は、130疾患となっている。[成清美治]

難聴幼児通園施設

難聴の就学前児童を保護者のもとから通園させ、補聴器装用訓練、聴能言語訓練等により言語障害の改善を図ることを目的とする施設である。超早期療育への関心が高まり、1歳でも入所する児童が多く、母親への指導も強化されている。難聴とは、聞こえにくいことをさし、障害部位により伝音難聴、感音難聴、混合難聴、非器質性難聴に分類される。また、難聴の程度により軽度、中等度、高度難聴、聾（ろう）に分類される。[櫻井秀雄]

難病

原因が不明で、治療方法が未だ確立されておらず、後遺症を残すおそれが少なくない疾病（重症筋無力症、全身性エリテマトーデスなど）、または、経過が慢性にわたり、単に経済的な問題のみならず、介護などにいちじるしく人手を要するために家庭の負担が重く、また精神的に負担の大きい疾患（小児のがん、慢性腎炎、ネフローゼ、進行性筋ジストロフィー症など）に対する社会通念的呼び名。これらに行政的に指定された疾病が

特定疾患として一部公費負担などの援助がされている. ［櫻井秀雄］

に

21世紀福祉ビジョン

1994（平成6）年，厚生大臣（現厚生労働大臣）の私的諮問機関である高齢社会福祉ビジョン懇談会がまとめた報告書．この報告書では，少子・高齢社会に向けて，国民の誰もが安心できる活力のある福祉社会をめざすために，社会保障制度の再構築が必要であり，具体的には，公正・公平・効率的な社会保障制度の確立，介護・子育て等福祉対策の飛躍的充実，自助・共助・公助による地域保健医療福祉システムの確立などが提言されている．この報告書をうけて，新ゴールドプランおよびエンゼルプランの策定が行われた． ［豊田晶子］

二次予防事業対象者

要支援・要介護状態に陥る恐れがある虚弱高齢者のことをいう．2005（平成17）年6月の介護保険法の改正によって，予防重視型システムが導入された．これにともなって，65歳以上の高齢者を，①要支援・要介護状態になる恐れのない者（健康な高齢者），②要支援・要介護状態になる恐れのある高齢者（特定高齢者），③要支援者（要支援1・2），④要介護者（要介護1〜5）に分類することにした．このなかで①②は介護予防のためのスクーリング（基本チェックリスト・医学的評価等），③④は要介護認定にて選定される．そのなかで，二次予防事業対象者の選定は，老人保健事業における基本健康診査の受診による基本チェックリストに基づいて候補者が選定される．この他の選定として，関係機関からの連絡，要介護認定非該当者，訪問活動による実態把握，本人・家族からの連絡等がある．そして，二次予防事業対象者に対しては，地域包括支援センターにおいて介護予防ケアマネジメントが実施されることとなっている．なお，ケアプランとして運動器の機能向上，栄養改善，口腔機能の向上，閉じこもり予防・支援，認知症予防・支援，うつ予防・支援等がある．当初は「特定高齢者」と呼称されていたが，2010（平成22）年8月6日に定められた厚労省通達によって，二次予防事業対象者と改められた． ［成清美治］

ニーズ (needs)

人間が社会生活を営むうえで必要不可欠な基本的要件を欠いた場合，発生するのがニーズである．ニーズは福祉サービスに対する必要，要求，需給，需要，困窮等と訳すことができ，その性質によって分類される．主なものとして，潜在的ニーズと顕在的ニーズ，規範的ニーズと比較的ニーズ，貨幣的ニーズと非貨幣的ニーズがあげられる．また，ニーズを把握することにより，サービスの方法もミクロ的視点にたった個人，家族などの個別的援助と集合的にとらえるマクロ的な視点の政策的対応とがある． ［河野雄三］

ニーズ・資源調整説

1939年の全米社会事業会議で採択された『コミュニティ・オーガニゼーション起草委員会報告書—レイン委員会報告』において，コミュニティ・オーガニゼーションは資源とニーズを効果的に適応させ，さらにそれを保持することを一般的目標とし，具体的には「ニーズの発見とその決定」「社会的窮乏と能力欠如の可能な限りの除去と防止」「社会福祉の資源とニーズとの接合，および変化するニーズに適合させる資源の調整」に関

係すると定義された．この報告書の内容はニーズ・資源調整説と位置づけられ，コミュニティ・オーガニゼーションの古典的定義となった． ［瓦井　昇］

日常生活自立支援事業

認知症高齢者，知的障害者，精神障害者等のうち判断能力が不十分な人が地域において自立した生活が送れるよう，利用者との契約に基づき，福祉サービスの利用援助等を行うものである．都道府県・指定都市社会福祉協議会が実施主体である．事業の対象者は，①認知症高齢者や知的障害者，精神障害者等，判断能力が不十分な者で，当該事業の契約の内容について判断し得る能力を有していると認められる者となっている．具体的には，①福祉サービスの利用援助，②苦情解決制度の利用援助，③住宅改造，居住家屋の貸借，日常生活上の消費契約および住民票の届出等の行政手続に関する援助等，④預金の払い戻し，預金の解約，預金の預け入れの手続等利用者の日常生活費の管理（日常的金銭管理），⑤定期的な訪問による生活変化の察知，などの援助を行う． ［鈴木大介］

日常生活動作⇒ADL

日常生活用具

重度の身体障害者やひとり暮らし老人，寝たきり老人が，それぞれの日常生活を容易にするとともに，介護家族の負担を軽減することを目的とした，主に「重度身体障害者日常生活用具給付制度」「老人日常生活用具給付等事業」により給付・貸与の対象となっている用具をいう．代表的なものとして特殊寝台，エアパッド，特殊尿器，体位変換器，入浴補助用具，歩行支援用具，火災報知器，自動消火器，緊急通報装置などがあるが，そのほか上肢障害，意思伝達，視覚障害，聴覚障害，腎臓機能障害，呼吸器機能障害など，障害の種類や程度によって給付・貸与される用具が規定されている． ［佐藤順子］

ニート

（NEET：Not in Education, Employment or Training）

一般的に若者が就職（employment）もせず，教育（education）も受けず，また職業訓練（training）も受けていない若者をいうが，その数は現在，50万人とも60万人ともいわれているが定かでない．その類型として，①非行型（ヤンキー型），②自己実現追求型（立ちすくみ型），③ひきこもり型（人間関係不調型），④自信喪失型（転職型），（労働政策研究・研究機構　小杉礼子による分類）があるとされている．なかでも深刻なのは，求職活動に参加したことがないということである．2003年の段階で，その理由は「人づきあいなど会社生活をうまくやっていく自信がない」（43.1％），「自分に向いている仕事がない」（29.2％），「自分の能力・適正がわからない」（27.7％），「なんとなく」（24.6％），「求職活動の仕方がわからない」（18.5％），「健康上の理由」（18.5％）（UFJ総研03年「若年者の職業生活に関する実態調査」）などがあげられていた．このように無業の若者たちは今後も増加する傾向にあり，社会問題化している． ［成清美治］

日本型福祉社会

オイルショック以降の「福祉見直し論」の影響で提起された，自立・自助・相互扶助・連帯などを中心とした考え方．具体的には，1979（昭和54）年の「新経済社会7ヵ年計画」でしめされ，「個人の自助努力と家庭や近隣・地域社会等の連帯を基礎としつつ，効率のよい政府が適正な負担を元に福祉の充実」を保障する新しい福祉社会がめざされた．

これは，それまでの公的責任を支柱とした福祉国家政策を継続するのではなく，相互支援・相互扶助の伝統を重視するものである． ［豊田晶子］

日本社会福祉士会

国家資格である「社会福祉士」に登録した者の専門職団体．1993（平成5）年に設立され1996年に社団法人となり，全国47都道府県に支部をもつ．社会福祉士の倫理の確立と専門的技能の研鑽，および資質と社会的地位の向上等を目的としている．活動としては専門職としての質の向上のための研修，ケアマネジメントや権利擁護・成年後見制度の研究，海外への調査派遣等を行っている．高齢化社会の到来にともない，多様化し増大している福祉ニーズに専門的に対応できる人材育成を担う団体としての活動が期待されている． ［池田和枝］

日本障害者協議会

（Japan Council on Disability：JD）

1980年，国際障害者年を成功させようと障害当事者，施設関係者，専門職，研究者等が全国的な規模で設立した「国際障害者年日本推進協議会」を出発点とし，1993年に名称を「日本障害者協議会」に変更している．その目的は，障害の種別や立場，考えの違いをこえ，障害当事者の「完全参加と平等」「ノーマライゼーション」の理念の具体的実現を目標にしている．障害者関係情報の収集と提供，社会啓発，当事者組織の育成・援助，国際交流等を推進しながら，障害者施策等に対する調査・研究，要望・提言，運動を活発に行っている．［伊藤葉子］

日本精神保健福祉士協会

精神保健福祉士に登録した者の専門職団体．1964年，精神科ソーシャルワーカーの全国組織「日本精神医学ソーシャル・ワーカー協会」として発足し，1997年の「精神保健福祉士法」成立後，1999年に「日本精神保健福祉士協会」に名称変更し，2004年に社団法人となった．精神障害者等の生活と権利を擁護する事業，精神保健福祉士の知識・技術や倫理及び資質の向上に関する事業，精神保健福祉に関する調査研究事業などを行っている． ［岡田良浩］

日本赤十字社

日本赤十字社の前身は，1877（明治10）年に設立された「博愛社」で，創設者は佐野常民である．その後，1886（明治19）年にジュネーブ条約に加入，1887（明治20）年「日本赤十字社」となる．現在の日本赤十字社は1952（昭和27）年の日本赤十字社法に基づいて設立された認可法人・社団法人類似組織で，個人参加者（社員）の結合組織である．同社の事業は，①国内災害救護，②国際活動，③赤十字病院，④血液事業，⑤救護法等講習会，⑥青少年赤十字等となっている．なお，同社の管轄は厚生労働省，名誉総裁は皇后陛下となっている． ［成清美治］

日本ソーシャルワーカー協会

1959年に設立．2007年現在，全国に20都道府県の支部があり，それぞれ定期的な研修や交流を行っている．社会福祉のすべての分野を対象にした専門職組織であるが，2005年にNPO法人化されてからは，研究者，実践者に加えて，ソーシャルワークの普及に関心のある人は，誰でも会員になることができることとなった． ［加納光子］

日本年金機構

（Japan Pension Service）

年金問題で不祥事（ずさんな年金記録等）を起こした社会保険庁が2010年1月に解体され，新たに日本年金機構が発足した．全国の窓口はこれまでの社会保

険事務所から「年金事務所」(全国に312カ所)となり新たにスタートした.日本年金機構は,国の委託・委任を受けて厚生年金,国民年金の運営事務を担う特殊法人で,業務を担う職員は非公務員となっている.また,本部は東京に置き,全国を北海道,東北,北関東・信越,南関東,中部,近畿,中国,四国,九州の9ブロックに分けている.なお,日本年金機構の主たる業務は,①適用(加入),②徴収,③相談・裁定・給付(年金受給),④記録管理の4つとなっている.なお,2007(平成19)年7月には「日本年金機構法」が制定されている. 　　　　　　　　　　[成清美治]

乳児院

児童福祉施設14種のひとつで,児童福祉法第37条に定められている.「乳児院は,乳児(必要のある場合には,おおむね2歳未満の幼児を含む)を入院させて,これを養育することを目的とする施設とする」.とくに病気に対する抵抗力が弱い乳幼児のため,看護師や医師の設置が義務づけられており,24時間体制での健康管理と安全管理に万全を期して,世話や観察・指導がなされている.家庭で養育できないさまざまな家庭環境上の問題をかかえての入所が多く,基本的信頼感を形成するためには,心身ともに健やかな成長をあたたかく見守る姿勢が強く求められ,社会的養護の根幹とよべる施設である. 　　　　　　[立川博保]

乳児死亡率

(infant mortality rate)

出生後1年未満の出生数1,000に対しての死亡乳児数の割合をいう.日本の乳児死亡率は戦後(1950年60‰)より漸減し,高度経済成長時期(1966年 18.5‰)以降は急減して1998年には3.6‰にまで低下した.このように乳児死亡率は国や地域の保健・医療・衛生水準をあらわすひとつの指標になり,とくに母子保健対策との関連が深い.乳児死亡率はさらに生後1週間以内の死亡率(早期新生児死亡率),同28日未満の死亡率(新生児死亡率)に分類される. 　　[合田　誠]

乳児保育

乳児とは出生から満1歳になるまでの子どもであるが,保育所や乳児院においては慣習的に0,1,2歳児の保育をさすことが多い.0歳児期には,歩行の開始,言葉の発生など,人間らしい生活の基盤がつくられる.1,2歳児になると,徐々に独立心が芽生え,自発的な探索活動が盛んになる.乳児保育においては,親や保育者との愛着関係の形成,安全・健康に配慮した養育,依存から自立への援助などが大切である.なお,乳児保育は女性の就労問題と関わる社会的な課題でもある. 　　　　　　[戸江茂博]

乳幼児健診

乳幼児健診の目的は乳幼児の健康状態を評価し,現在および将来の健康管理の方針を定めることである.健康診断には母子保健法第13条に基づき,保健所や市町村など地方自治体が主催して行うものと医療機関などが行う個人を対象とするものがある.通常,医師,歯科医,保健師,栄養士,発達相談員などが関わる.3歳児健診は1961(昭和36)年以来実施されており,1歳6ヵ月健診は1977年より市町村を実施主体として行われている.どちらも発達上の問題の早期発見とその指導が行われる.また,生活自立やむし歯の予防,栄養その他育児に関する指導を行う.しかし,インクルージョン(包括教育)思想の普及により,健診によるスクリーニング(選別)やその後のケアの方向性が問題とされている. 　　　　　　　　　　[桜井智恵子]

乳幼児突然死症候群
(sudden infant death syndrome：SIDS)

それまで元気であった子どもが睡眠中に急に死亡してしまい，解剖しても死因を判明できない状態をいう．原因はまだ解明されていない．生後3～6ヵ月の乳児に発生しやすく日本での発生頻度は1,000人当たり0.5前後である．異常発見時の様子は，すでに呼吸が停止していた，顔色が蒼白でぐったりしていた，四肢が冷たくなっていた，うつ伏せになっていたなどである．予防のポイントとしては，仰向けに寝かせる，睡眠中の子どもの顔色や呼吸の状態をきめ細かく観察する，布団を首から上にかからないようにする，子どもを温めすぎない，蘇生法を知る，等があげられる． [高橋紀代香]

入浴介助

保清・心身の緊張緩和・生理機能を高める目的で着脱，移動，洗体を行う一連の過程である．機械浴・一般浴・リフト浴などの種類があるが，シャワー浴や清拭と比較すると利用者のエネルギー消費量が大きい．介助時の留意点事項として，① 安全の確保，② 排泄の確認と一般状態の観察，③ 湯の温度と所要時間，④ 水分補給，があげられる． [林由紀枝]

ニューステッター, W.I.
(米 Newstetter, Wilber I.; 1896-1972)

コミュニティ・オーガニゼーション (community organization) におけるインターグループワーク (inter group work) の提唱者．地域における課題解決の方策として，福祉機関・グループの組織化に焦点を当て，その施設・機関の良好な相互作用を引き出すことを目的に，機関・グループ間の調整機能を重視し，そのさいの手法として，機関・グループを代表する者を組織化し，相互に信頼しうる関係を樹立することで，直面する地域課題に対処しようとするものである．この取り組みは，複雑な地域課題を地域ぐるみで解決していく一手法として現在でも重要な手法として認識されている． [土屋健弘]

ニューディール政策

1933年，第32代アメリカ合衆国大統領に就任したルーズベルト (Roosevelt, F.D.) が，世界大恐慌により生じた大量失業・貧困対策として打ち出した政策をさす．従来の自由競争原理に基づく資本主義経済に対して，国家が経済活動に介入し積極的な統制を行うものであり，具体的には，銀行に対する監督強化，金本位制の停止などの金融操作，ならびにTVA（テネシー渓谷開発公社）の設立による雇用の創出があげられる．1933年には連邦緊急救済法，全国産業復興法，1935年にはワーグナー法，社会保障法が制定されている． [新家めぐみ]

尿失禁

尿が無意識または不随意に排出される状態の総称．一般的には，膀胱内に蓄積された尿が不随意的に排出されるものを意味する．緊張性尿失禁（腹圧性，ストレス性），反射性尿失禁など分類されてはいるが，病態は複雑に交錯している．高齢社会を迎え，尿失禁に悩む人口が多くなってきている今日，薬物による治療はもちろん，患者の精神状態や社会的な立場を考慮したうえでの対応が求められている． [谷 康平]

尿路感染症
(urinary tract infection)

尿路すなわち腎臓，尿管，膀胱，尿道に細菌（大腸菌，緑膿菌などのグラム陰性菌およびブドウ球菌などのグラム陽性菌）が感染して発症したもの．腎盂腎炎

では発熱が中心となり，膀胱炎や尿道炎では排尿時の痛みが主症状になることが多い．尿中に細菌や膿がみられる．多くは化学療法で治療する． ［谷 康平］

ニーリエ, B.
（スウェーデン Nirje, Bengt; 1924-2006）

知的障害をもつ人たちが大規模な収容施設で隔離・管理されている状況の問題を指摘し，ノーマライゼーションの理論化と制度化に貢献した．1969年，「知的障害者の日常生活の様式や条件を社会にある人びとの標準や様式に可能な限り近づけること」をノーマライゼーションの原理と定義づけ，その具体的目標を「8つの原則」として掲げた．①1日のノーマルなリズム，②1週間のノーマルなリズム，③1年間のノーマルなリズム，④ライフサイクルでのノーマルな経験，⑤ノーマルな要求の尊重，⑥異性との生活，⑦ノーマルな経済的基準，⑧ノーマルな環境基準，の8つがある．ニーリエは，これらの原則が，障害者の権利として保障されるべきであると訴えた． ［植戸貴子］

任意加入

社会保険制度において，強制加入が一定の要件を満たすだけで自動的にその人を被保険者とする方式であるのに対して，一定の要件を満たした人について，さらに法定の手続きを経た場合にはじめて被保険者とする，という方法．例として，旧法に基づく国民健康保険制度，現行国民年金法に基づく任意加入被保険者，厚生年金保険法に基づく高齢任意加入被保険者，健康保険法に基づく任意継続被保険者等がある． ［木村 敦］

任意給付

社会保険制度において，法定給付に対して，給付するかどうかが保険者の任意とされている保険給付．医療保険制度における所得保障部分（金銭給付）である傷病手当金と出産手当金は，健康保険法に基づいては法定給付であるが，国民健康保険法に基づいては任意給付である．
［木村 敦］

任意継続被保険者

会社等を退職した者が，被保険者資格の前日まで継続して，2ヵ月以上被保険者である場合，20日以内に全国健康保険協会（協会けんぽ）の都道府県の支部に申請することによって，その後2年間は健康保険の被保険者となることができる．ただし，保険料は事業主負担分がなくなるので，全額本人負担となり，勤務時代と比較して2倍となる．なお，毎月の保険料額は，退職時の標準報酬月額（毎月の健康保険料の計算は，被保険者の実際の給与月額を一定の幅で区切った仮の報酬等級に当てはめて決定される）によって決まるが，指定期日までに保険料を納めない場合は，資格を喪失するので注意する必要がある． ［成清美治］

任意後見制度

法定後見制度とともに日本の成年後見制度を構成する公的機関の監督をともなう任意代理制度である．法定後見制度が判断能力低下後に申立てするのに対し，任意後見制度は判断能力低下前の時点で，自己の判断能力低下後の後見を行う人や後見を希望する内容を自ら決定し代理権を与える委任契約である．自分の後見のあり方を自分自身で決められる点で，被後見人本人の自己決定を尊重した制度である．委任契約内容は，公正証書を作成して定めておき，判断能力が不十分となったとき本人や四親等内の親族等の申立てにより家庭裁判所が任意後見監督人を選任した時点から代理権の効力が生じる． ［手島 洋］

任意後見監督人

任意後見監督人の職務は,任意後見人が任意後見契約の内容どおり,適正に仕事をしているかを,任意後見人から財産目録などを提出させるなどして,監督することである.また,本人と任意後見人の利益が相反する法律行為を行うときに,任意後見監督人が本人を代理する.任意後見監督人はその事務について家庭裁判所に報告するなどして,家庭裁判所の監督を受けることになる.任意後見監督人は,任意後見受任者本人や,その親族(任意後見受任者の配偶者,直系血族及び兄弟姉妹)・本人に対して訴訟をした者,破産者で復権していない者は任意後見監督人にはなることができない.本人の親族等ではなく,第三者(弁護士,司法書士,社会福祉士,税理士等の専門職や法律,福祉に関わる法人など)が選ばれるケースが多い.任意後見監督人から報酬の請求があった場合は,家庭裁判所の判断により,本人の財産から支払われる.→任意後見制度　　　　［木村志保］

任意設立

現行の国民健康保険法は,すべての市町村に国民健康保険事業の実施を義務づけている.このような特定の団体が法律によって保険者となることを義務づけられているしくみを強制設立(強制設立制)というが,その反対に,保険者団体を設立することが任意であるしくみ,または保険者となることのできる団体であっても実際に事業を実施するかどうかは当該団体の任意であるしくみを任意設立(任意設立制)という.制定当初の旧国民健康保険法に基づく国民健康保険組合が任意設立制であったのが好例.
　　　　　　　　　　　　　［木村　敦］

任意入院

精神障害者本人の同意に基づく入院.人権尊重の観点に立ったもので,1987年の精神保健法制定(従前は精神衛生法.なお精神保健法は1995年に精神保健福祉法に名称変更・改正)時に創設された規定である.精神病院の管理者は,①入院にさいして権利事項等について書面で説明を行い,入院同意書を得ること,②任意入院者から退院の申し出があった場合は退院させなければならない,③ただし,退院の申し出にさいし,指定医が診察の結果入院継続の必要性があると認める場合,管理者は,一定の事項を書面で告知したうえで72時間にかぎり退院を制限することができる,と定められている.　　　　　　　　［重野　勉］

任意包括被保険者

健康保険法に基づく被保険者の特例のひとつ.強制適用事業所以外の事業所(業種が適用外の事業所,小規模個人事業所等)の事業主は,従業員の2分の1以上の同意を得て,健康保険法の適用を厚生大臣(現厚生労働大臣)に申請することができる.その申請に基づき厚生大臣(現厚生労働大臣)が認可をした場合,その事業所は健康保険法上の適用事業所となり,その事業所に使用される者は包括して被保険者となる.これを任意包括被保険者という.　　　［木村　敦］

認可外保育所

就学前の児童を対象に児童福祉法第39条に基づく保育を行う保育施設を認可保育施設とよぶのに対し,児童福祉法に規定されておらず,児童福祉法に定める基準により認可されていない保育施設をいう.へき地保育所,事業所内保育所,駅型保育所,ベビーホテル,無認可保育所がある.このうち,へき地保育所は,へき地保育所設置要綱に基づき運営されている.認可外施設はへき地保育所を除いて増加傾向にあり,3歳未満児保育に深く関わっているなど,認可施設が

提供し得ないニーズが利用する主な理由となっている．厚生省（現・厚生労働省）は認可外保育施設に対する指導基準を定めている． ［桑名恵子］

人間の安全保障委員会
(Commission on Human Security)

人間の安全保障委員会は，2001年ノーベル経済学賞受賞のアマルティア・セン（Sen, Amartya K.）と元国連難民高等弁務官の緒方貞子を共同議長として発足し，2003年5月1日に委員会による「人間の安全委員会」報告書がアナン国連事務総長（当時）に提出された．なお，同委員会の目的は，世界における紛争や飢餓，人権侵害，貧困，環境破壊等によって被害を被っている弱者の人びとを守ろうとする考えである．また，この委員会の設立は2000年の国連ミレニアム・サミットにおける日本政府の呼びかけがきっかけとなった． ［成清美治］

妊産婦死亡率
(maternal mortality rate)

母子保健法に規定される妊産婦の定義は「妊娠中または出産後1年以内の女子」とされている．妊産婦死亡率とは出生妊産婦10万に対する死亡した妊産婦数の割合を示す．日本では1998（平成10）年の妊産婦死亡率は7.1となっており，年々減少傾向にはあるが先進欧米諸国（スイス，カナダ，スウェーデン，ドイツ，オーストラリアなど）に比較して高い数値を示している．この現状を鑑みて母性保護の観点から妊産婦に対して母子保健法をはじめ，労働基準法，母体保護法，男女雇用機会均等法などのさらなる拡充が望まれるところである．→母体保護法（優生保護法） ［合田　誠］

認証保育所

都市部を中心に認可保育所の待機児童が増加するなか，認可保育所の設置基準の一部を緩和して東京都が2001年度より制度化した新しいスタイルの保育所である．認証保育所にはA型（駅前基本型）とB型（小規模，家庭的保育所）とがある．入所にあたり審査等はなく「保育を必要とする人」であれば良く，保護者と保育所の直接契約である．認証には13時間の開所，0歳児保育の実施（A型の場合，定員の2分の1以上が0～2歳児）等が必須条件であり，職員配置は認可保育所と同じ，施設長は児童福祉施設等での勤務経験のある保育士など，多様な保育ニーズに対応するための基準となっている．この例にならい待機児童を抱える横浜，大阪等の都市で認証保育制度が誕生している． ［高橋紀代香］

認知症

2004年まで，一般的に痴呆とよんでいたが，痴呆という言葉には侮蔑的意味合いが強く，高齢者が諸制度を利用することに心理的負担を付与しているケースがあるとして，厚生労働省の検討会は2004（平成16）年11月19日，「認知症」を新呼称とする方向で合意した．同省の検討会では，同年9月より国民から意見を募集した．その結果，適切な認識が欠如する「認知障害」がもっとも多く，「認知症」「記憶障害」「アルツハイマー」「もの忘れ症」「記憶症」の順であった．しかし，「認知障害」はすでに精神医学分野で使用されており，混乱を回避するため2位の「認知症」が適切であると判断された．現在，痴呆という言葉は広く浸透しており，今後も日常的に使用される可能性が高いといえる．なお，認知症は2004年12月24日から正式に使用されることとなった．また，法律用語は2005年の通常国会で関係法が改正された． ［奈須田靖子］

認知症カフェ

2015年の「新オレンジプラン」は「7

つの柱」を立て，その4番目に「認知症の人の介護者の支援」を掲げた．その中で認知症カフェの設置が提起され，2018年度以降，すべての市町村に設置されることとなった．認知症の人とその家族・知人・支援者等の交流によって，認知症の人の生活の質を改善し，介護者の負担軽減を図ることを目的とする．認知症カフェはオランダの「アルツハイマーカフェ」(1997)がその始まりとされる． [成清美治]

認知症ケア

認知症とは，「通常慢性或いは進行性の脳疾患によって生じ，記憶，思考，見当識，理解，計算，学習，言語，判断等の多数の高次大脳機能の障害からなる症候群」(WHO)と定義されている．代表的認知症として，アルツハイマー型認知症と脳血管性認知症がある．中核症状として，記憶障害，判断力障害，見当識障害等があり，周辺症状（行動障害）として徘徊，幻覚，抑うつ，介護抵抗，不安，焦り，暴力等がある．従来の認知症高齢者に対するケアはどちらかというと経験に基づいた「対処ケア」（たとえば，認知高齢者の身体あるいは行動の抑制や禁止用語を用いる）が用いられてきたが，近年，認知高齢者の症状に応じたケアが行われるようになった．一般的に認知症の改善として薬物療法が用いられているが，心理療法も多く用いられるようになった．心理療法としては，リアリティオリエンテーション，回想法，音楽療法，バリデーションセラピー，パーソンセンタードケア等がある．認知症ケアの基本理念は，高齢者の尊厳を支えるケアでなければならない．そのことが認知症高齢者の不安を解消し，認知症高齢者が安心した生活を送ることができるのである． [山田真奈美]

認知症ケア専門士

一般社団法人日本認知症ケア学会が定める認定資格である．

日本認知症ケア学会の定義によると，認知症ケア専門士とは，「認知症ケアに対する優れた学識と高度の技能，および倫理観を備えた専門技術士を養成し，わが国における認知症ケア技術の向上ならびに保健・福祉に貢献することを目的」としたものである．資格には「認知症ケア専門士」と「認知症ケア上級専門士」があり，資格を取得するには，学会が実施する認定試験（筆記，論述・面接）に合格することが必要である． [成清美治]

認知症ケアパス

「認知症の人の状態に応じた適切なサービス提供の流れ」とされる．厚生労働省が平成24年6月に「今後の認知症施策の方向性について」を発表．その基本目標として「ケアの流れ」を変えることを打ち出しており，① 標準的な認知症ケアパスの作成・普及，② 早期診断・早期対応，③ 地域での生活を支える医療サービスの構築，④ 地域での生活を支える介護サービスの構築，⑤ 地域での日常生活・家族の支援の強化，⑥ 若年性認知症施策の強化，⑦ 医療・介護サービスを担う人材育成の7つの視点を挙げた．その筆頭に挙げられたのが「認知症の状態に応じた適切なサービス提供」を目標とする「標準的な認知症ケアパスの作成・普及」である．標準的な認知症ケアパスの目的は，認知症の人が認知症を発症したときから，生活機能障害が進行していく中で，その進行状況にあわせて，いつ，どこで，どのような医療・介護サービスを受ければよいのかをあらかじめ標準的に決めておくものである． [山口倫子]

認知症高齢者の日常生活自立度判定基準

地域や施設などの現場において，認知症高齢者に対する適切な対応がとれるよう，医師により認知症と診断された高齢者の日常生活自立度を保健師，看護師，社会福祉士，介護福祉士，介護支援専門員などが客観的かつ短時間に判定することを目的として，1993（平成5）年に厚生省（現厚生労働省）により作成された判定基準．判定にさいしては，意思の疎通の程度，みられる症状・行動に着目して，日常生活の自立度を「Ⅰ」「Ⅱ」「Ⅲ」「Ⅳ」「M」の5区分にランク分けすることで評価する．評価に当たっては，家族など介護にあたっている者からの情報も参考にすることとされている．
→障害高齢者の日常生活自立度判定基準
[石田慎二]

認知症サポーター

2005（平成17）年より厚生労働省が開始した「認知症を知り地域をつくる10ヵ年キャンペーン」の一環とし位置づけられた．このキャンペーンは市民が認知症になっても安心して地域で暮らせるまちづくりをめざすもので，認知症サポーターの役割は，認知症に関する住民講座等に参加し，知見と理解を深め，認知症やその家族を応援するのである．また，認知症サポーター養成のための住民講座の対象は，地域住民，学校，地元企業等となっている．なお，認知症サポーターは2011（平成23）年12月末現在，309万人に達している． [成清美治]

認知症施策推進5か年計画（オレンジプラン）

2012（平成24）年9月に厚生労働省が公表した，認知症施策を推進するための5か年計画（2013（平成25）年度から2017（平成29）年度まで）である．認知症の人が住み慣れた地域で暮らし続けることができる社会づくりを目標としており，①標準的な認知症ケアパスの作成・普及，②早期診断・早期対応，③地域での生活を支える医療サービスの構築，④地域での生活を支える介護サービスの構築，⑤地域での日常生活・家族の支援の強化，⑥若年性認知症施策の強化，⑦医療・介護サービスを担う人材の育成，の7項目で構成されている．
[神部智司]

認知症対応型共同生活介護

介護保険法（第8条の18）に規定してあるサービスである．介護保険によって，介護給付が支給される．要介護認定をうけた者であって認知症の状態にある者に対して，その共同生活を営むべき住居において，入浴，排泄，食事等の介護，その他の日常生活上の世話および機能訓練を行うことである．5～9人の軽度から中度の認知症の高齢者がそれぞれ個室をもち，介護スタッフとともに生活をする形態，グループホームのことである．老人ホーム等に併設された形，一戸建て等で独立した形，マンションのフロアを利用し合築した形のものなどがある．→介護給付，居宅介護サービス費
[今村雅代]

認知症対策等総合支援事業

2006（平成18）年度に，従来の認知症関連予算事業を再編して創設されたものである．認知症対策等総合支援事業は，認知症介護指導者，介護従事者等に対する研修を行う「認知症介護実践者等養成事業」，主治医等を中心とした早期診断等の地域医療体制の構築を図る「認知症地域医療支援事業」，従事者の権利擁護意識向上を図る研修等を行う「高齢者権利擁護等推進事業」，認知症への理解を促進するための「認知症理解・早期サービス普及等促進事業」「認知症介護

研究・研修センター運営事業」，さらに2007（平成19）年度から実施されている「認知症地域支援体制構築等推進事業」，2008（平成20）年度から実施されている「認知症ケア高度化推進事業」，2009（平成21）年度に創設された「認知症対策普及・相談支援事業」（認知症理解・早期サービス普及促進事業が変更されたもの）や「認知症対策連携強化事業」「若年性認知症対策総合推進事業」などにより構成されている．

[真鍋顕久]

認知行動療法
（cognitive behavioral therapy）

行動療法のひとつで自己強化による行動変容をめざす方法である．行動を強化または消去するさいの結果として与えられる因子を外的因子によるものからクライエント（福祉サービス利用者）自身の内的因子の認知におきかえて働きかける．また，行動生起の起因となる条件刺激を認識し，刺激と認識の認知を操作することで行動の変容をめざそうとするものである．クライエントの不安，恐怖といった神経症不安や嗜癖行動などの心理治療に応用される．　　　[倉石哲也]

認定NPO法人

NPO法人のうち，一定の基準を満たすものとして所轄庁の認定を受けた法人．税制上の優遇措置を受けることができる．2012（平成24）年の法改正により，国税庁長官が認定する認定制度（「旧制度」）が廃止され，都道府県の知事又は指定都市の長が認定する新たな認定制度として創設された．また，認定要件の緩和，寄附金税額控除制度の創設，特例措置の見直しなどが行われた．

[鈴木大介]

認定こども園

2006（平成18）年6月「就学前の子どもに関する教育，保育等の総合的な提供の推進に関する法律」（通称，認定こども園設置法）が制定され同年10月より試行された．これにより2005年度に全国35ヵ所で「総合施設モデル事業」として実施されていたが，正式に「認定こども園」として発足した．その機能は①就学前の子どもに教育・保育を提供する，②地域における子育て支援を行うものであり，地域のすべての就学前の子どもとすべての家庭を対象としている．保育所と幼稚園がもつ機能とそれぞれにはない機能を付加することにより都道府県より認定を受けることができる．認定こども園の類型は①幼保連携型，②幼稚園型，③保育所型，④地方裁量型の4つに分類される．→総合施設モデル事業

[高橋紀代香]

認定社会福祉士

認定社会福祉士認証・認定機構の認定制度により付与されるものである．認定社会福祉士認定規則第2条において，認定社会福祉士とは，「社会福祉士及び介護福祉士法（昭和62年法律第30号）第2条第1項に定める相談援助を行う者であって，所属組織を中心にした分野における福祉課題に対し，倫理綱領に基づき高度な専門知識と熟練した技術を用いて個別支援，他職種連携及び地域福祉の増進を行うことができる能力を有することを認められた者をいい，次の各号に掲げる役割を果たす．(1) 複数の課題のあるケースの対応を担当する．(2) 職場内でリーダーシップをとる．実習指導など人材育成において指導的役割を担う．(3) 地域や外部機関との対応窓口となる（窓口として緊急対応，苦情対応などに関わる．）(4) 関連分野の知識をもって，他職種と連携する．職場内でのコーディネートを行う．組織外に対して自分の立場から発言ができる．」と規定されている．なお，認定社会福祉士認証・認定機構

は，認定社会福祉士並びに認定上級社会福祉士の認定，および認定制度の対象となる研修を認証する，公正中立な第3者機関である．→社会福祉士　　　[山口倫子]

ニンビズム (Nimbyism)

not in my back yard の頭文字をとった造語で，障害者などの施設を建設しようとすると，「必要性はわかるが，我が家の裏ではやめてくれ」といった反対運動が起こる．このように，差別と偏見で，地域に施設などの移転や設立を反対したり，設立されても，通路を指定するなどの条件や制約を付けたりすることをいう．→施設コンフリクト　　[加納光子]

ね

ネグレクト

一般的に，日常的な結びつきが近い関係にあり，かつ，力の強い位置関係にある者がそうでない者に対して行う虐待の一形態である．通常，虐待の対象としては，児童が親から受けるものが多く，身体的・精神（心理）的・性的虐待と並び，養育放棄や，児童が困惑している状況でも取り合わず無視すること等をいう．2000年施行，2004年に改正された児童虐待防止法では，「児童の心身の正常な発達を妨げるような著しい減食又は長時間の放置」「保護者としての監護を著しく怠ること」が挙げられているが，児童の他に，高齢者や障害者の介護を同様に放置することもネグレクトの範囲に入る．　　　　　　　　　[青木聖久]

寝たきり (bed ridden)

高齢者で寝たきり状態が6ヵ月以上続き日常生活に介護が必要な者を寝たきり老人とよぶ．日本の寝たきりの高齢者は2025年には230万人と推計されている．また寝たきり老人の発生率は，高齢の者ほど増す．高齢者の寝たきりになる原因は，閉じこもりによる廃用症候群が多い．また骨粗鬆症による大腿骨頸部骨折がその原因としてよく知られる．1995年の「国民生活基礎調査」では，要介護高齢者の寝たきり期間は「3年以上」が全体の53％で，約4分の3が1年以上となっている．政府は寝たきり老人を減らすため，ゴールドプラン (1989) の「寝たきり老人ゼロ作戦」に始まり，ゴールドプラン21 (1999) では「ヤングオールド作戦」を展開している→骨粗鬆症，ゴールドプラン，ゴールドプラン21，大腿骨頸部骨折，廃用症候群

[岡田直人]

ネットワーキング (networking)

地域社会における生活者の権利の確立と生活圏域の拡充をめざす市民運動の展開の概念であり，コミュニティ・ディベロップメントとも関連をもっている．地域福祉におけるネットワーキングは，要援護者の社会的な支援を形成する意味で使われることが多く，それは心身障害者や要援護老人などの多面的なニーズに応じ，医師，看護師，保健師，ホームヘルパーなどの専門職が組織化して連携するフォーマル・サポート・ネットワークと，親族，友人，ボランティア，隣人などの間に連携をとるインフォーマル・サポート・ネットワークがあるが，最終的には両者を結びつけることが目標となる．

[瓦井　昇]

年金事務所 (旧社会保険事務所)

日本年金機構の末端地方組織．全国に312ヵ所設置されている．厚生年金保

険法，国民年金法に基づく事務等を行う旨規定されている．具体的には，厚生年金保険と国民年金の適用事業所や被保険者，あるいは受給権者にとっての直接の窓口として，保険料の徴収，被保険者資格の確認や年金の裁定などの制度の適用，保険給付等の業務を行っている．

[木村　敦]

年金生活者支援給付金

2012年に成立した「年金生活者支援給付金の支給に関する法律」に基づき，年金受給者の生活の支援を図ることを目的として支給される給付金．公的年金等の収入金額と一定の所得との合計額が一定の基準以下の者に対して支給される「老齢年金生活者支援給付金」「補足的老齢年金生活者支援給付金」と，所得の額が一定の基準以下の者に対して支給される「障害年金生活者支援給付金」「遺族年金生活者支援給付金」がある．　[木村　敦]

年金制度

年金制度は老齢や障害，生計維持者の死亡による所得の減少，喪失を補うために世代間扶養の考え方により，一定期間の加入を条件に所得保障（給付）が行われる．また，加入に関しては20歳以上60歳未満の全員が国民年金（基礎年金）に加入（強制）するのが原則となっている（加入者数は2011年3月末現在約6,800万人である）．なお，国民年金は被保険者を3つのグループに分類している．そのひとつは自営業者等が加入する第1号被保険者，そして民間のサラリーマンや公務員等が加入する第2号被保険者，さらに第2号被保険者の被扶養配偶者（専業主婦）である第3号被保険者となっている．　[成清美治]

年少人口

人口の年齢構造は，年少人口，生産年齢人口，老年人口に分けられる．年少人口とは，0歳以上15歳未満の人口群をいい，幼少人口ともいう．1940年代後半の第1次ベビーブームで増加し，その後は減少したが，1970年代前半の第2次ベビーブームで一時期増加した．総人口に占める年少人口の割合も，1961年に30％を下回り，1975年には24％，1988年には20％，1999年には15％を下回った．推計ではわが国の人口量がピークに達する2007年には14.3％に減少した後，減少が緩やかになって，2025年には13.1％に安定するとみられている．

[平井　正]

の

スの実施が期待されている．　[藤井博志]

農業協同組合

農協法に基づく農業を営む組合員の営農・生活の向上を図る組合組織．JAと略す．農協は組合員の生活保障の一環として健康管理活動を進めてきたが，組合員の高齢化を背景として，1985（昭和60）年に高齢者福祉活動に取り組む方針が出された．また，農協法では1992年の改正にともない，農協の行う高齢者福祉事業の組合員以外の利用が認められ，地域の公共的団体として介護サービ

脳血管性認知症
(vascular dementia)

脳血管障害を原因とする認知症の総称であり，なかでも多発性脳梗塞（多発梗塞性認知症（痴呆））がその原因としてもっとも多い．アルツハイマー病に次いで多い認知症で，アルツハイマー病と混ざった混合型認知症もある．原因となる血管障害により多様な症状を示し，経過も一様でない．発症が急性で階段状に悪

化する．比較的人格が保たれ，ある程度病識があるが，感情失禁をともなうなどの特徴をもつ．記憶障害は日時によって変動しやすく「まだら認知症（痴呆）」ともよばれる．アルツハイマー病と違い，高血圧，心疾患，糖尿病，高脂血症などの生活習慣病を予防することである程度発症を予防することができる．→アルツハイマー病，記憶障害，認知症

[岡田直人]

脳性麻痺（のうせいまひ）(cerebral palsy：CP)

受胎から新生児期の間に，発達中の脳が損傷されたために起こる永続的で，非進行性の運動障害の総称で，麻痺や失調，あるいは機能不全といった症状を呈する．出生前，周産期，出生後の種々の原因により生ずる．出生前の原因として，先天性遺伝性疾患，染色体異常，母体の疾病など．周産期では低酸素性脳障害，頭蓋内出血，核黄疸，低血糖症，髄膜炎など．出生後の原因としては，脳炎，髄膜炎，頭部外傷などがある．病型として，痙直型，ジスキネジア型（アテトーゼ型とジストニア型），強剛型，緊張低下型がある．治療法としては，薬物療法や整形外科的療法の他，ボイタ・ボバース法や動作療法などのリハビリテーションがある．

[櫻井秀雄]

脳卒中（のうそっちゅう）（脳血管障害（のうけっかんしょうがい））

大きく脳出血と脳梗塞に分かれる．脳出血には，高血圧が原因となる脳内出血や脳動脈瘤破裂などのクモ膜下出血がある．脳梗塞には，動脈硬化症が原因の脳血栓，心疾患などによる血栓が脳動脈を閉塞して起こる脳塞栓がある．これらをまとめて脳卒中（脳血管障害）という．脳の中枢神経組織が損傷によって，片マヒ，脳の言語領域の損傷による失語，感覚系機能の認知能力の障害による失認，習得していた運動動作が不可能になる失行などの高次脳機能障害がでる．[石倉智史]

能力低下（のうりょくていか）（能力障害（のうりょくしょうがい） disability）

機能障害により社会生活上において，その人個人の能力の低下や機能の減退により身辺動作（食事・排泄・衣服の着脱など）や移動動作，コミュニケーションなどがうまく行えないことを示す．また，生活環境や文化などのその人の生活に即した視点での判断であるため，個人や地域により能力障害の基準は大きく異なる．つまり，日常的に必要性のない，または必要性があまりない行動や活動についてその能力が低下していても，その人にとって社会生活上の困難がなければ能力障害の範囲にはあてはまらない．
→ ICIDH

[大西雅裕]

農林漁業団体職員共済組合法（のうりんぎょぎょうだんたいしょくいんきょうさいくみあいほう）

1958年制定，1959年実施の法律．この法律に基づき農林漁業団体職員共済組合が保険者となり長期給付（年金保険給付）を管掌していたが，現在は厚生年金保険に統合され，特例給付のみを行っている．他の共済組合（国家公務員共済組合，地方公務員共済組合，私立学校教職員共済）と異なり短期給付（医療保険給付）は行っていなかった．[木村 敦]

野口幽香（のぐちゆか）(1866-1950)

兵庫県に生まれる．幼児教育，保育事業の開拓者．有産階級のために設立された幼稚園の教員であったが，貧民労働者や農民の子どものためにこそ幼稚園は必要であると痛感して，1900（明治33）年に東京麹町に「二葉幼稚園」を創設した．これは幼稚園とは名づけているものの，日本で最初の保育所であった．2年後には，スラム街であった四谷鮫ケ橋に本格的な貧民幼稚園を設立している．野口の保育観は若き日にうけたキリスト教信仰をバックとしたものであり，また保育事業の他に母子施設や労働者女子のための教育事業等にも貢献した．→二葉保

育園　　　　　　　　　　　[西川淑子]

❧ ノーマライゼーション
(normalization)

障害者や高齢者等も，人格を尊重され，他の人びとと同じ権利を享受し，地域社会で主体的な生活と社会参加が保障されるのがノーマルな社会であるという思想に基づき，そのようなノーマルな生活を実現していくことを意味する．1950年代デンマークで，知的障害者の大規模収容施設における劣等処遇・保護・隔離に対して，親の会が反対運動を起こしたことに始まる考え方で，1960年代から北欧諸国や北米にもこの思想が広がった．今では，すべての障害者・高齢者・児童などにも適用され，国際的に普及した福祉の基本理念のひとつとなっている．　　　　　　　　　[植戸貴子]

❧ ノロウィルス

非細菌性急性胃腸炎を引き起こすウィルスの一種であり，食品を汚染する食中毒とウィルスの保持者によりその身の回りの人を汚染する感染症の両面をもっている．主な症状は，吐気，嘔吐，下痢，腹痛であり，一般に1〜3日間続く．高齢者や乳幼児などの抵抗力の弱い人では，脱水症状を起こすことがある．患者の糞便や嘔吐物には多くのウィルスが存在する．高齢者福祉施設において集団発生事例もみられる．　　　　　[真鍋顯久]

は

徘徊

　心理的に不安定な状態で目的もないのに落ち着きがなく，うろついて歩き回ること．目的をもってでかける場合（新居に変わり，旧居に戻りたい，亡くした身内をさがすなど）もある．とくにアルツハイマー病の中期（第2期で発病後2～10年）の間，続く場合が多い．対応のさいの留意点としては，①飲まず食わずの状態で歩いていることが考えられるため，水分補給の必要性，②否定的・指示的な言い方などで厳しく責めないこと，③暖かく迎え，安心感のある雰囲気をつくっておくこと，④徘徊の理由を理解し，共感的な態度で接するなどがある．→アルツハイマー病　［綾部貴子］

配偶者からの暴力の防止及び被害者の保護に関する法律（DV防止法）

　配偶者からの暴力を防止し，被害者を保護することを国及び地方公共団体の責務として明確にし，人権の擁護と男女平等を実現させるために，2001年4月に成立，公布された法律である．都道府県に配偶者暴力相談支援センターが置かれたこと，司法手続きとして保護命令の制度（6ヵ月間の接近禁止・2週間の退去命令）ができたこと，配偶者からの暴力を受けている者を発見した者は，その旨を配偶者暴力相談支援センター又は警察官に通報する努力義務があることなどが定められている．なおこの法律でいう配偶者からの暴力は，配偶者（婚姻の届出をしていないが，事実上婚姻関係と同様の事情にある者を含む）からの身体に対する不当な攻撃であって生命又は身体に危害を及ぼすものをいう．また，被害者には上記の事実婚や離婚後のもと配偶者も含まれている．なお，改正が2004年6月と2007年7月（一部改正）になされた．保護命令制度の拡充や市町村基本計画や配偶者暴力相談支援センターに関する事項等が改正された．→DV

［加納光子］

売春防止法

　1956（昭和31）年に成立した法律第118号．売春が人としての尊厳を害し，性道徳に反し，社会の善良の風俗を乱すことになるとして，売春を助長する行為等を処罰するとともに，性行または環境に照らして売春を行うおそれのある女子に対する補導処分および保護更生の措置を講ずることによって売春の防止を図ることを目的とする法律．保護更生に関する規定は1957（昭和32）年，刑事処分に関する規定は1958（昭和33）年から施行された．この法律には2つの特色がある．①売春問題の解決には売春婦を刑罰の対象として考えず保護更生の対象として扱う．②管理売春資金提供など売春を助長させる行為を厳罰に処すという態度をとっているのが本法の特色である．　　　　　　　　　　　［安部行照］

バイステック，F.P.
（米 Biestek, Felix Paul; 1912-1994）

　ケースワーク（casework）に関する研究者のひとり．ワーカー（worker）とクライエント（client）関係における目的あるいは相互作用における態度・力動的な性質に関心を寄せ，ケースワーク関係が普通の人間関係とは異なる専門的な対人関係であることを主張した．

［土屋健弘］

バイステックの7原則

バイステック (Biestek, F.P.) が、ケースワーカーとクライエント (福祉サービス利用者) との間に結ばれる援助関係の基本的要素として体系化したもの。バイステックはクライエントの基本的欲求と、それに対応するワーカーとクライエントとの関係のあり方から次のようなケースワークの7つの原則を導き出した。① 個別化、② 意図的な感情の表出、③ 統制された情緒的関与、④ 受容、⑤ 非審判的態度、⑥ クライエントの自己決定、⑦ 秘密保持、である。これらはケースワーク関係における原則ではなく、ワーカーのとるべき望ましい態度と倫理、さらには技能を示したものであるという批判的見解がある。　[久保美紀]

排泄介助

人間にとって排泄が正常に行えることは生命維持活動に不可欠なことである。排泄機能は精神的要因、環境的要因の影響をうけやすい。とくに高齢になるとその排泄機能が低下し、機能障害を起こしやすい。排泄を介助されることは人として自尊心を損ないかねないものであり、そのことを熟知したうえで人格を尊重し、支障なく援助することは重要な介助技術である。トイレ介助、ポータブル便器の介助、便器、尿器の介助がある。
[吉田悦み]

バイタルサイン (vital sign)

人間の生きている状態をあらわすいくつかの客観的な指標である。基本的には、呼吸・脈拍・血圧・体温・意識レベルなどである。これらのバイタルサインを測定することは、人間の健康状態をあらわすことを意味する。また、その変化を比較することにより、健康なものは疾病の早期発見につながり、病気に罹っているものには生命の危機や異常を発見することができる。したがって、異常時はもちろんのこと、平常時の値も把握しておく必要がある。　[山本明美]

ハイデガー, M.
(独 Heidegger Martin; 1889-1976)

20世紀最大の哲学者といわれるハイデガーは実存主義者 (無神論的) で人間の存在の意義・意味について問いかけたのである。彼は実存主義 (有神論的) の先駆者とされているキルケゴールの影響を受け実存主義に没入していくのであるが、その後、現象学の権威であるフッサールの影響も受け人間の存在についての探求者といわれた。彼は主著『存在と時間』(1927) のなかで、人間の存在について問いかけるのであるが、彼によると人間は本質的に他者に対する気遣い・関心・配慮 (ケア) を持ち合わせているもので、このケアが存在しない人間は存在 (=実存) する意義を失うことになると指摘している。つまり、彼の論理はケア論の原型ともいえるものである。
[成清美治]

排尿感知器

排泄自動検知通知システムともいう。尿意を伝えられない者、排尿感のない者に代わり介護者へ排尿を伝える装置。排尿パターンを把握し、段階的におむつ外しを可能にする。排尿後の速やかな対応を可能にし、床ずれ、居室内の臭いを防ぐ役割も果たす。構造的には、おむつ内に挿入するセンサー部分およびワイヤレス発信機、受信アンテナ、受信機等により構成される。プライバシーに配慮しブザーではなく振動で知らせるものもある。
[川瀬良司]

排尿障害

一般には、排尿困難を主とした排尿状態の異常をいう。尿量の異常 (多尿、乏

尿，無尿など），排尿回数の異常（頻尿，希尿など），排尿困難，尿閉，尿失禁などをさす．原因としては，腎臓，尿管，膀胱，尿道の尿路における腫瘍，炎症，結石や神経系の異常によるものまで多岐にわたる．X線，超音波，排尿機能検査により判別される．→尿失禁，頻尿

[谷　康平]

廃用症候群 (はいようしょうこうぐん)

ギプス固定や長期臥床などにより，筋，骨，関節などの運動に関する器官をはじめ，各臓器が本来もっている機能が十分に発揮されなくなった状態．筋，骨，関節などの萎縮による筋力低下，骨粗鬆症，関節拘縮や，循環器系，消化器系，呼吸器系の機能低下による起立性低血圧，食欲不振・便秘，息切れなどが発現する．→骨粗鬆症　　　　　　[谷　康平]

ハヴィガースト，R.J.

(Havighurst, Robert James; 1900-1991)

アメリカの教育学者．成人教育学の台頭期の代表的な研究者．発達課題という考えが，学校教育において，教育目標を発見し設定することに役立つ，教育的努力を払うべき時期を示すという点で，有益であると述べ，個人が健全な発達を遂げるために，発達のそれぞれの時期で果たさなければならない課題を設定した．各課題は，①身体的成熟から生ずるもの（歩行の学習，異性への関心など），②社会からの文化的要請により生ずるもの（市民として社会的に責任ある行動をとることの学習など），③個人的な動機や価値意識から生ずるもの（職業の選択や準備，価値の尺度など）からなっており，多くの場合，これら3つのすべてが関係しているとした．そして，人生を，乳幼児期，児童期，青年期，壮年期，中年期，老年期の6つの発達段階に分けた．　　　　　　　　　　[加納光子]

ハウジングプア

貧困ゆえに居住権が侵害されやすい環境で起居せざるをえない状態．世界的な不況の影響により，雇い止めや解雇で，仕事と同時にそれまでの住まいを失い，ネットカフェや個室ビデオ店へと避難し，さらには路上生活をせざるをえない状態へと至るような居住の不安定化が深刻な社会問題となっている．このような現状にあって，2007（平成19）年に制定されたセーフティネット法では住宅確保要配慮者に対する賃貸住宅の供給，2013（平成25）年に制定された生活困窮者自立支援法では離職により住宅を失った生活困窮者等に対する住居確保給付金の支給が促進されている．今後，特に低所得者に対する住宅政策においては，公的な住宅供給が縮小される中で，民間住宅を活用した適切な供給とともに，住宅手当のさらなる充実が求められている．

[成清敦子]

パーキンソン病 (びょう)

脳内のドパミン不足をきたす神経変性疾患の一種で，錐体外路性運動障害が生じる原因不明の難病．特定疾患治療研究事業の対象疾患として医療費助成が認められ，介護保険における特定疾病でもある．症状は，静止時振戦，筋強剛，動作緩慢・無動，姿勢反射障害を四主徴とし，その他に仮面様顔貌，瞬目減少，脂顔，小声で早口，前傾で四肢を屈曲した姿勢，小刻み歩行，すくみ足，突進歩行，方向転換困難と便秘や排尿障害，低血圧などの自律神経系症状も呈する．高齢者では，認知症の頻度が高い．治療は，補充療法であるL-ドパが著効し，ドパミン受容体刺激薬，抗コリン薬も有効である．　　　　　　　　　　[安岡文子]

博愛思想 (はくあいしそう)

社会福祉は，交換や報酬を求めない愛

他的行為であるが，歴史的には慈善，博愛，救済（救護），保護（扶助），保障（補償）などとよばれる支援のあり方の変遷を重ねてきた．博愛思想は，ヒューマニズムの影響を受けた啓蒙思想と関係が深く，慈善の時代の後に来るものと一般的には位置づけられている．フランス革命時の「自由・平等・博愛」はあまりにも有名な言葉である．なお，博愛思想に基づく博愛主義は個人的利己心，人種的偏見，国家的利益，宗教的またはイデオロギー的党派性を捨てて人類全体の福祉増進のために，全人類はすべて平等に相愛すべきものであるとする主義（『広辞苑』第5版）である．「赤十字」の創立者であるアンリ・デュナン（Dunant, Jean Henri; 1828-1910）はスイスの博愛主義者であった．なお企業の社会的貢献を意味する Philanthropy は博愛，人類愛と訳される． ［加納光子］

博愛社 (はくあいしゃ)

1877（明治10）年に元老院議官佐野常民と大給恒は西南の役で「官軍と薩摩軍の負傷者を敵味方なく救護する」という主旨のもと，ヨーロッパの赤十字同様の民間救護団体「博愛社」の設立運動を行うが政府には認められなかった．佐野が征討総督有栖川宮熾仁親王に直訴し設立許可を得た．西南の役が終結後，博愛社の存廃問題が浮上したが，小松宮彰仁親王を初代総長に佐野常民と大給恒が副総長を務め，恒久永劫の保護団体とした．1886年，日本政府がジュネーブ条約加盟後，1887年，博愛社は「日本赤十字」に改称し，のちに国際赤十字に加盟した． ［中村明美］

白亜館会議 (はくあかんかいぎ)

ホワイトハウス会議とも称されルーズベルト大統領（Roosevelt, T.）の招集によって「要救護児童の保護に関する会議」として1909年に第1回の会議が開かれた．そこで「児童は緊急やむをえない限りは家庭から引き離してはならない」という原則が確認された．第2回は1919年で，このときに今後10年に1回の開催が決定され，1930年の第3回会議では，児童の保健・保護に関する社会責任が強調され，「アメリカ児童憲章」が採択された．これらの一連の会議の成果は1912年の連邦児童局の設置，母子援助法の制定，1935年の社会保障法の中の児童福祉サービスに関する部分として結実した．この会議は一般婦人も参加して広範な分野にわたる児童の問題を討議するところに特徴がある． ［安部行照］

バークレイ報告 (ほうこく) （Barclay report）

1982年5月，イギリスの全国ソーシャルワーク研究所が発表した『ソーシャルワーカー：役割と任務』（Social Workers：Their Pole and Tasks）のこと．1980年に社会サービス担当国務大臣ジェンキン（Jenkin, P.）より諮問をうけ，バークレー（Barclay, P.）を委員長とする18人の委員からなる委員会の報告書．今後のソーシャルワークのあり方について「多数派報告」，「ハドレイ少数派報告」，「ピンカー少数派報告」の3つの見解が提示されている．［米津三千代］

箱庭療法 (はこにわりょうほう) （sand play therapy）

心理療法のひとつで，砂の入った箱（57×72×7㎝）の中にさまざまなミニチュア（動物，乗り物，家屋，樹木など）を置いて，クライエント（福祉サービス利用者）がその人独自の世界をつくる．1920年代にローウェンフェルト（Lowenfeld, M.）が子どもの心理療法として考案したものを，カルフ（Kalff, D.M.）が，ユング心理学を基に発展させ，成人や精神病者にも用いられるようになった．日本では，1960年代に，河合隼雄や秋山さと子によって広められ

た．通常のセラピーに比べて，クライエントの心的世界を治療にともなうその世界の変容が視覚的に確認できるという利点があるが，治療者の共感も重要である．→心理療法，ユング，C.G.

[田辺毅彦]

バザーリア法(ほう)

イタリアで1978年に世界で初めて制定された精神医療改革に関する法律（180号法）のことである．バザーリア法は通称で，イタリアで「自由こそ治療だ」というスローガンを掲げて，精神科病院の廃絶を唱えた精神科医フランコ・バザーリア（Basaglia, Franco; 1924-1980）に由来する．続く法833号によってさらに整備された．これらの法律は，精神病院への入院，再入院の禁止や新たに精神科病院を設立することを禁じた．そして，イタリア全土で，予防・医療は，原則として患者の自由意志のもと，地域精神保健サービス機関で行うこととなった．これによって患者は，町に戻って，自宅やグループホームに住み，通院などによってケアを受けることになった．また，地域には理・美容の組合，家具を作る組合などの協同組合があり，加入している精神障害者の自立生活を支えている．

[加納光子]

長谷川式簡易知能評価スケール (HDS-R)

長谷川和夫（1929-）が1974（昭和49）年に考案した長谷川式簡易知能評価スケール（HDS）を1991年に改良したものである．簡易知能テストの種類は多数あるが，その中でも，現在日本でもっともよく利用されているものである．質問項目は，① 年齢，② 日時の見当識，③ 場所の見当識，④ 3つの言葉の記銘，⑤ 計算，⑥ 数字の逆唱，⑦ 3つの言葉の想起，⑧ 5つの物品記銘，⑨ 野菜の名前：言葉の流ちょうさの9項目である．最高得点は30点で，20点以下だと痴呆の疑いがある．ただし，得点はそのときの環境，被験者の心身の体調や協力度などにより左右し，得点の高低だけで痴呆の程度を判断することは危険である．→見当識障害，認知症

[岡田直人]

長谷川良信 (1890-1966)

茨城県に生まれる．6歳にして出家得度．宗教大学（現・大正大学）の本科を卒業した後，仏教社会事業の先達である渡辺海旭に師事する．東京市養育院巣鴨分院などの勤務を経て，宗教大学社会事業研究室の理事となる．19年には同校がある東京・西巣鴨においてセツルメント活動の拠点としてマハヤナ学園を創設し，主著『社会事業とは何ぞや』を発表した．マハヤナ学園では保育事業や法律相談，夜間教育等を行った．同園での女子教育を発展させて65年には淑徳大学を創立している．

[倉持史朗]

パーソナリティ (personality)

その個人がさまざまな状況で環境と関わるさいの適応機能に関する全体的な特徴であり，生後の環境条件によってつくられる．ある程度一貫した持続性，独自性をもち，知能や感情・情動などの側面も包含する広い概念である．心理学で使用する場合は価値的，道徳的意味は含まない．個人の特徴をあらわすのに「性格」という語もあるが，これはパーソナリティの下位概念として位置づけられ，個人の情動的・意志的側面からの行動特徴をいう．類型論や特性論などのパーソナリティ理論を基に各種の人格検査法が生み出されている．→人格検査

[藤井 薫]

パーソナル・アシスタント (personal assistant)

サービス利用者自身が選び，その介助

内容を決めることのできる介助者およびその仕組み．ダイレクト・ペイメントの仕組みを通して，公的な財源を使ってサービス利用者が介助者を直接選び，雇用契約をする．業務内容が限定されることのあるホームヘルパーとは異なり，介助内容についてもサービス利用者との契約により決定される．国によっては，医療依存度の高い業務についても契約に基づきパーソナル・アシスタントが行う場合もある．→ダイレクト・ペイメント

[伊藤葉子]

パーソン・センタード・ケア
(person centred care)

イギリスの心理学者であるトム・キットウッドが提唱した認知症ケアの考え方．パーソンセンタードケアでは，介護者の食事や排泄介助などの身体的ケア・スケジュールを中心に考えるのではなく，認知症をもつ人の気持ちや心理的ニーズを中心に考えケアを行う．認知症の人は，それぞれに異なる生活歴や性格，感性を持ち，何をどのように感じているのかも同じではない．その違いを踏まえた上で，認知症の人の気持ちに寄り添った支援を行うことが重要だと考える．支援を実践するために，認知症ケアマッピング（DCM）があり，ケアマッピングでは5分ごとに認知症の方の行動や介護者等との関わりを6時間以上連続して観察・記録する．それにより，認知症の方の気持ちに寄り添ったケアに取り組むための評価を行うことができる．[酒井美和]

パーソン・センタード・プランニング
(Person-Centered Planning; PCP)

このプランニングの目的は，知的障害並びに認知症の人の尊厳の確立のための本人を中心とした計画づくりをすることである．つまり，PCPは障害者，認知症等に対して，傾聴し，彼らが価値を有し，彼らが尊敬できる一市民として，帰属できる社会を構築することを目的とする．なお，パーソン・センタード・プランニングの4つの要素（VIPS）として，①人びとの価値を認めること，②個人の独自性を尊重すること，③その人の視点に立つこと，④相互に支え合う社会的環境を提供する，等をあげることができる．

[成清美治]

パターナリズム (paternalism)

父子（家族）主義，温情主義．父親の子どもに対する権利，義務，責任の関係にみられる権限，干渉，保護，温情等が主義としてあらわれること．またその内容．とくに子どもに関わる法制度においては，親，教師，児童福祉施設や少年院等の専門家，行政，司法関係者が，責任をもって保護したり，慈愛や温情をもって育てたりすることをさす．古来より父権は，優者，強者とされており，その権限を基盤として弱者としての妻子を保護するものとして考えられてきた．パターナリズムにおける慈愛や温情は，強大な権威を背景としていることに特徴がある．

[河崎洋充]

働き方改革

国は，①労働生産性の向上，②就業機会の拡大，③意欲・能力を存分に発揮できる環境を作ることの3つが現在の日本の雇用労働をめぐる重要な課題とまず認識した．そうしたうえで，労働者が個々の事情に応じ多様な働き方を選択できる社会を実現し，一人ひとりがより良い将来の展望を持てるようにするための施策を「働き方改革」と命名した．その認識のもとに「働き方改革を推進するための関係法律の整備に関する法律」が2018年に成立した．骨子は，①働き方改革の総合的かつ継続的な推進，②長時間労働の是正，多様で柔軟な働き方の実現，③雇用形態にかかわらない公正

な待遇の確保である． [木村 敦]

八浜徳三郎 (1871-1951)

岡山県笠岡に生まれる．91年笠岡教会にて受洗．同志社別科に学んだ後，神戸などで牧会活動に従事．1911年の内務省・細民調査に協力し，12年に大阪市にて青木庄蔵らが非営利（公益）の大阪職業紹介所を設立した際には，留岡幸助の推薦を受け同紹介所の主事に着任した（21年より所長に就任）．職業紹介事業を貧困者への慈善事業的なものではなく，彼らの生存権，労働権に対する社会的義務と位置づけ，同事業の全国的な発展に尽力した．主著は『下層社会研究』(1920年)． [倉持史朗]

発達障害

(developmental disorders)

発達期にさまざまな原因が作用して，中枢神経系に障害が生じる結果，認知・運動・社会性などの機能の獲得が妨げられることである．具体的には知的障害，広汎性発達障害（自閉症など），特異性の発達障害（学習障害など）などがあげられる．障害種別は異なるものの，これらの間には対応や処遇，あるいは生活上の援助などで共通する部分も多い．また明確な区別が行いにくい場合や，いくつかの障害が重なり合っている場合もある．おのおのの個別性と共通性についての認識が大切である． [小崎恭弘]

発達障害者支援センター

発達障害者支援法第14条に基づき，全都道府県，指定都市に設置され，発達障害の早期発見，早期の支援等を図るなど，発達障害をもつ人やその家族に対する支援を総合的に行う．その支援内容は，発達支援および就労支援を中心とし，関係施設職員，小中学校，特別支援学校等の教職員等への情報提供および研修等の関係機関支援，児童相談所，保健所，医療機関，学校，ハローワーク等との連絡調整の実施がある． [伊藤葉子]

発達障害者支援法

既存の障害者福祉の対象外だった発達障害を法的に認定し，発達障害者の心理機能の適正な発達及び円滑な社会生活の促進のために，療育，就労，地域生活支援，権利擁護等の支援を受けられることを目的とした法律．本法律では「発達障害」を「自閉症，アスペルガー症候群その他の高機能広汎性発達障害，学習障害，注意欠陥多動性障害その他これに類する脳機能障害であってその障害が通常低年齢において発現するものとして政令で定めるもの」としている．2005年4月1日に施行された． [伊藤葉子]

発達心理学

(developmental psychology)

個体の精神発達の過程を扱う心理学の総称．受精から死に至るまでの，変化の過程とその変化のしくみを心理的な立場よりとらえるものである．従来は生物学的視点が強かったが，教育学，社会学，医学研究などと結びつき学際的に関わるようになってきた．これまでは乳幼児期，学童期，思春期，青年期までのとくに変化のいちじるしい年齢層を対象にして発展してきた．しかし近年は，それ以後の各時期においても関心が多く払われるようになってきた．とくに全世代を対象としている生涯発達心理学としてとらえられている． [小崎恭弘]

パートナーシップ (partnership)

福祉的な諸課題に取り組む際，行政機関を突き上げることにより問題解決を図るというような両者の関係性から脱皮した新たなあり方である．両者は協力関係を築きながら共に解決の糸口を求めていく，正にパートナーとなる．また，このパートナーシップという言葉は，ソーシ

ャルワーカーとクライエントの間でも用いられており，両者間で対等な関係性を確立するということであり，クライエントは積極的に参加する主体としてとらえられることになる． [青木聖久]

ハートマン，A.
(米 Hartman, Ann; 不詳)

ハートマンは生態学的視点を導入して，ケースワークにおける家族中心アプローチを提唱した．彼女は家族と家族を取り巻くシステムの相互関係を明らかにするため援助の小道具としてエコマップ（「生態地図」あるいは「社会関係図」）を1970年代に開発した．このように彼女は生態学と一般システム理論そして，家族療法をもとにソーシャルワーク実践と理論の結合を試みた．→エコマップ [成清美治]

バートレット，H.
(米 Bartlett, Harriett; 1897-1987)

ソーシャルワークに関する研究を進めたひとり．さまざまな発展過程をたどってきた援助方法あるいはアプローチをひとつにまとめていくさいの基盤となる共通項に関する研究を進めた．その結果，ソーシャルワーク実践の共通基盤として，個人・集団・社会組織に働きかけるソーシャルワーカーの「調整活動レパートリー」が，クライエント（福祉サービス利用者）への専門的な態度を促す「価値の総体」とクライエントを取り巻く状況を理解するための「知識の総体」から導き出されることを明確にし，その後のジェネラリスト・アプローチ（generalist approach）の体系化に多大な影響を及ぼした． [土屋健弘]

PERT法
(program evaluation and review technique)

時間や費用などを必要とする一連の活動を矢印で，作業の相互関係を疑似矢線とよばれる点線の矢印で，それぞれあらわしたアクティビティと作業の区切り時点を示すイベントの関係を通して，問題内容を把握し全体の関連を明確に表現する計画と管理の技法をPERT法とよぶ．この方法により，ネットワーク作成の対象とする費用，時間，マンパワーを図示することができ，それらの有効な運用，管理が可能になる．PERT法は，社会福祉計画，とくに地域福祉計画に関する技法のひとつである． [松久保博章]

バーネット，S.A.
(英 Barnett, Samuel Augustus; 1844-1913)

世界初のセツルメント運動の拠点となったトインビー・ホールの初代館長．彼は28歳の時にイギリス・ロンドンのイーストエンドの聖ユダ教会司祭に任命され，妻のヘンリエッタ（Henrietta）とともに，その地の貧困者の救済に努力し，セツルメント運動を展開していった．デニスン（Denison, E.）とともにセツルメント運動の創始者ともいわれ，トインビー・ホールの名称のもととなったトインビー（Toynbee, A.）にも多大な影響を与えた．また，セツルメント運動の国際的な発展にも尽力した． [前田芳孝]

ハミルトン，G.
(米 Hamilton, Gordon; 1892-1967)

伝統的ケースワークのアプローチである診断主義の代表的な研究者．フロイトの精神分析の影響を受けた診断主義に依拠しながら，インテーク（intake interview）・社会調査・社会診断・社会治療といった一連の過程に基づく方法を確立した．診断主義は問題の所在に心理的側面を重視してきたが，ハミルトンは個人の抱える課題が心理的な側面からのみ引

き起こされるのではなく，個人を取り巻く環境が大きく関与していることを示し，この点を重要な視点として診断主義の立場から訴えた．この訴えは，その後の折衷主義の中に影響を与えていくことになった． [土屋健弘]

林市蔵（はやしいちぞう）(1867-1952)

熊本県に生まれる．内務省勤務を経て1918（大正7）年大阪府知事に就任する．同年8月に起こった米騒動をひとつの契機として，10月には当時知事顧問であった小河滋次郎とともに方面委員制度を創設し，貧民救済を開始する．林は，本制度の目的に関わって「真に救済を受くべき要求を有つて居る人には遺憾なく救済の目的を達したい」と述べ（林市蔵「方面委員の設置に就て」『救済研究』第6巻10号，1918），知事退官後も方面委員の顧問として，庶民信用金庫の頭取となって貧困者に対して貯蓄を奨励するなどその指導・育成に尽力した． [新家めぐみ]

林歌子（はやしうたこ）(1864-1946)

福井県に生まれる．社会事業家．1982（明治25）年，小橋勝之助に招請を受け，博愛社に赴任する．渡米して博愛社基金の獲得に奔走するなど，博愛社の経営危機にあたり尽力した．また，1899（明治32）年，日本基督教婦人矯正会大阪支部を創設し支部長に就任，その後1938（昭和13）年に日本基督教婦人矯正会5代会頭となる．なお，1918（大正7）年には婦人参政運動を起こし，矯正会大阪婦人ホームを中之島に設立．1920（大正9）年，曽根崎新地遊郭廃止運動を起こす．1923（大正12）年，関東大震災の被災者救済を行う．1928（昭和3）年，ロンドン軍縮会議に軍縮実現の請願のため渡英した． [米津三千代]

林訴訟（はやしそしょう）

無職で野宿生活を強いられていた林勝義氏の提起した生活保護法をめぐる訴訟．氏は1993（平成5）年7月，名古屋市中村区福祉事務所に対して生活保護の申請を行ったが，医療扶助単給しか認められず生活扶助などが認められなかった．氏はこの行政処分の違法確認訴訟を，名古屋市を相手取り，1994年5月に名古屋地裁に提訴した（同月処分取消訴訟に変更）．名古屋地裁は1999年10月，氏の主張を全面的に認容し，当該行政処分を取り消し，原告に25万円を損害賠償として支払うことを命令する判決を下した．しかし控訴審は第1審判決を破棄する判決を，上告審は林氏の死去により訴訟は終了しているとの判決を下した． [木村 敦]

原胤昭（はらたねあき）(1853-1924)

東京都に生まれる．日本の監獄保護事業の第一人者．キリスト教の機関誌『東京新報』を発刊したり，日本初のキリスト教主義の女学校「原女学校」を東京に創設したりしてキリスト教の伝道に努めた．その後，監獄改良に触発され教誨師となって北海道集治監（監獄）に勤めた．原の就任が引き金となって北海道の教誨師にキリスト者が急増した．『獄事叢書』を刊行して実務者の研究に貢献し，また「東京出獄人保護所」を開設して釈放者の救済活動を行った．その他，中央慈善協会の設立に関わって，児童虐待問題にも取り組んだ． [西川淑子]

バリアフリー (barrier free)

バリア（障壁，障害）を取り除くこと．全米建築基準協会（ANSI）による「身体障害者にアクセスしやすく使用しやすい建築・施設設備に関するアメリカ基準仕様書」（American Standard Specifications for Making Buildings and Facilities Accessible to, Usable by, the Physically Handicapped, 1961）において世界で初めて障害者配慮設計のための基準として策定され，国連障害者生活環境専門会議報告書「バリアフリーデザイン」（Barrier Free Design, 1974）により普及した．わが国においては，障害者の生活圏拡大運動を背景とする「福祉のまちづくり」の具体的課題として登場した．今日では，すべての人びとの活動や社会参加の促進をめざして，物理的バリアフリー，心理的バリアフリー，制度的バリアフリー，情報のバリアフリーなど物心両面におけるバリアの除去が求められている． ［成清敦子］

バリアフリー化推進要綱

この要綱は2003（平成15）年6月1日にバリアフリーに関する関係閣僚会議で決定された．目的は，10年を目途として，高齢者，障害者をはじめとするすべての人びとが社会の担い手として役割をもつ国づくりをめざすことである．なお，バリアフリー化推進にあたっての視点は次の通りである．①利用者のニーズを踏まえた施策の展開，②ハード施策とソフト施策の総合的推進，③政策間連携・調整の推進，④官民を通じた社会全体での取り組みの推進，⑤国民への積極的な情報提供・情報公開，等である． ［成清敦子］

バリアフリー新法（高齢者，障害者等の移動等の円滑化の促進に関する法律）

2005年7月に国土交通省が策定した「ユニバーサルデザイン政策大綱」をふまえ，2006年に「高齢者，身体障害者等が円滑に利用できる特定建築物の建築の促進に関する法律（ハートビル法）」と「高齢者，身体障害者等の公共交通機関を利用した移動の円滑化の促進に関する法律（交通バリアフリー法）」を統合・拡充して制定された法律である．知的・精神障害者も対象にし，関係者の責務を定め，公共交通機関にタクシー事業者を新たに加えた．施策の計画，検証，実行を段階的，継続的に発展させることをめざす「スパイラル・アップ」を規定し，基本構想作成過程における当事者参加制度を創設した．→高齢者，身体障害者等が円滑に利用できる特定建築物の建築の促進に関する法律（ハートビル法）
［伊藤葉子］

バリデーション

バリデーションとは，アルツハイマー型認知症および類似の認知症の高齢者とコミュニケーションを行うための方法のひとつであり，ナオミ・フェイル（Feil, Naomi アメリカ）により開発され，1963年以来，世界各国で実践されている．日本では，バリデーショントレーニング協会（Validation Training Institute, Inc. 本部：アメリカ）の承認を受けた「公認日本バリデーション協会」が公式団体として普及・啓発活動を行っている．「受け入れて，共感する」ことを原則とし，「真心をこめたアイコンタクト（目と目を合わせること）を保つ」「低い，優しい声で話す」「タッチング（触れる）」といった技術を用いる．集中してバリデーションを行うのは，1日に5～10分程度とされる． ［木村志保］

ハル・ハウス（Hull-House）

アメリカの代表的なセツルメント運動家で，ノーベル平和賞を共同受賞したアダムズ（Addams, J.）は，ロンドンのトインビーホール（Toynbee Hall）を視察後，アメリカに帰国し，シカゴにセツルメント事業の拠点である「ハル・ハウス」（1889）を創設した．当初の事業はクラブ組織によるグループ活動（子どもクラブ，若い婦人の読書会，移民のた

めのプログラム等）を中心に展開されたが，のちにソーシャル・グループワークや地域調査活動にまで発展することとなった．ハル・ハウス以外のアメリカの著名なセツルメント活動として代表的なものはコイト（Coit, S.）によって始められたニューヨークの「隣人ギルド（Neighborhood Guild）」（1886）や同じくニューヨークにスカダーとファイン（Scudder, V.D. and Fine, F.）の二人によって設立された「カレッジ・セツルメント（Colledge Settlement）」（1889），そしてボストンにウッズ（Woods, R.）が設立した「アンドーヴァー・ハウス（Andover House）」（1890）等がある．→アダムズ, J.
[成清美治]

◆ パールマン, H.H.
（米 Perlman, Helen Harris; 1905-2004）
ケースワークにおける問題解決アプローチ（problem solving approach）を提唱した．当時，診断主義と機能主義の間で論争が繰り広げられていたが，有効に機能するケースワークを求め，診断主義の立場から機能主義の優れた点を取り込みケースワーク論を展開した．その中でケースワークを，利用者を社会的に機能する主体者としてとらえ，施設機関機能を担う援助者と問題を担う利用者との役割関係に基づく問題解決の過程であるととらえた．また4つのP（person, problem, place, process）を提唱し，現在でもケースワークを構成する重要な要素として理解されている．なお，のちにprofessional person（専門職）とprovisions（援助制度対策）を加えた6つのPとした．
[土屋健弘]

◆ ハローワーク
公共職業安定所．仕事を探す人に対し，窓口での職業相談，職業紹介，雇用保険の給付，仕事についての情報提供等を行う．事業主に対しては，人材の紹介，雇用保険の適用，助成金・給付金の支給，雇用管理サービスのほか，地域の労働市場，労働条件の実態を把握するための情報提供等を行う．障害者雇用についても，職業紹介，就業指導等のほか，地域障害者職業センターとの連携の下，障害に配慮した就職のための支援サービスを提供する．
[伊藤葉子]

◆ バワーズ, S.
（Bowers, Swithun; 1908-1992）
カナダの社会福祉学者である．1915年から1947年にわたって，多数のケースワークの定義を丹念に収集，分析・検討して，ケースワークの概念を二大別した．ひとつは'技術（Art）'であり，もうひとつは'方法または過程（Method or Process）'であった．そして，前者は1930年まで，後者はそれ以後の定義に多く見られるとした．1949年に論文「The Nature and Definition of Social Casework」のなかで，「ソーシャル・ケースワークは，クライエントとその環境の全体またはその一部との間に，より良い調整をもたらすのに適当な個人のもつ能力，および地域社会の資源を動員するために，人間関係についての科学的知識と対人関係における技能とを活用する技術（art）である」（仲村優一訳）と定義を示した．
[加納光子]

◆ バーンアウト・シンドローム
（burnout syndrome）
燃え尽き症候群．アメリカの精神分析学者，フロイデンバーガー（Freudenberger, H.J.）が提唱した概念．仕事熱心で，我を忘れて仕事に打ち込んでいた人が，何らかのきっかけから突然陥る無気力で非活動的な精神状態のこと．抑うつ，全身倦怠，頭痛，不眠，虚脱感などが主な症状としてあらわれる．理想が高

く，責任感の強い，真面目でエネルギッシュな性格の人が陥りやすく，とくに看護や福祉領域の援助専門職についている人びとの間に多くみられることから，援助専門家のメンタルヘルスの問題として，近年，よく取り上げられるようになってきている． ［田中誉樹］

バンク＝ミケルセン，N.E.
（デンマーク Bank-Mikkelsen, Neils Erik; 1919-1990）

「知的障害者の生活をできるだけノーマルな生活状態に近づける」というノーマライゼーションの理念を提唱・普及させ，「ノーマライゼーションの父」とよばれる．第2次世界大戦中にナチに対する反対運動を理由に収容所生活を送り，戦後は，社会省知的障害福祉課に勤務した．ナチの収容所のような，大規模収容施設における知的障害者の隔離・劣等処遇を批判し，親の会の活動に関わりながら，知的障害者の地域生活への移行に取り組み，ノーマライゼーションをうたった「1959年法」の作成に携わった．
［植戸貴子］

犯罪被害者等基本法

犯罪等により害を被った者およびその家族（遺族）の尊厳を重視し，再び平穏な生活を営むことができるための支援を保障するために2004年に制定された法律（05年4月施行）．同法8条に基づいて政府は「犯罪被害者等基本計画」を閣議で決定し（05年12月），本計画を受けて07年12月には「更生保護における犯罪被害者等施策」もスタートした．同施策では仮釈放等審理期間中の「意見等聴取」のほか，「心情等伝達」，「被害者等通知」，被害者等への「相談・支援」が行われることになった．→保護観察官
［倉持史朗］

ハンセン病問題の解決の促進に関する法律（2009）

2001（平成13）年，「ハンセン病療養所入所者に対する補償金の支給に関する法律」が制定されたものの，「らい予防法」を中心とした国の隔離政策に起因するハンセン病患者であった者が受けた身体および財産に関わる被害や，その他社会生活全般にわたる被害は必ずしも回復されなかった．そこで，地域社会から孤立することなく良好かつ平穏な生活を営み，差別や偏見に苦しむことがないよう，ハンセン病患者であった者等の福祉の増進，名誉の回復等をするための基本理念を定め，国と地方公共団体の責務を明らかにすることを目的として，2009（平成21）年に制定された法律．具体的には，①国は，国立ハンセン病療養所の入所者に対して必要な療養を行い，入所者の意思に反して退所させてはいけないこと，②国は，ハンセン病患者であった者に対し，社会復帰の支援や，日常生活および社会生活の援助をすること，③国は，ハンセン病の患者であった者の名誉回復を図るために，国立のハンセン病資料館を設置し，歴史建造物等を保存すること，④都道府県は，ハンセン病患者であった者の親族の援護をすること，等が定められている． ［川島典子］

伴走型支援

社会復帰や社会参加を目指す人に対して個別的支援を行うことである．『「生活支援戦略」中間まとめ』（厚生労働省，2012（平成24）年）では，生活困窮者支援体系の確立に向けて，＜総合的な相談と「包括的」かつ「伴走型」の支援＞を推進するという方向性が打ち出された．アウトリーチを含む包括的な総合相談体制の強化やチームアプローチによる支援を展開すること，また，公的機関だけでなく民間との協働による就労・生活

支援を展開することで生活困窮状態からの脱却を図ることを目指す． [木村志保]

バンデューラー, A.
(Bandura, Albert; 1925-)

　カナダの出身．心理学者．1950年代後半，当時優勢であった行動主義学習理論のなかで社会的学習理論（モデリングによる学習）を提唱したことで知られる．学習理論では，学習が他の個体を観察することによっても成立することを実証した．1990年代に提唱された自己効力感（self-efficacy，社会的認知理論の中核の概念．外界に対し，自分が何らかの働きかけをすることが可能であるという感覚）についての理論は，心理学にとどまらず，教育学や社会学にも大きな影響を及ぼした．カナダのブリティッシュコロンビア大学を卒業し，1952年アメリカのアイオワ大学で博士号を取得．アメリカのスタンフォード大学の心理学教授として活躍した．1974年にはアメリカ心理学会会長も務めた．学問的功績に対して，ウィリアム・ジェームス賞やジェームズ・マキーン・キャッテル賞を受賞している． [加納光子]

反動形成（はんどうけいせい）⇒防衛機制（ぼうえいきせい）

ピア・カウンセリング
(peer-counseling)

　同等な立場の人同士，あるいは友人がカウンセリングに当たること．社会福祉では，当事者同士の相談・助言をいう．とくに心身に障害や疾患をもち困難な状況から立ち直った人などが，同じ障害，疾患をもった人たちに自分の過去の経験を基に相談・助言をすることを指す．それを行う人をピア・カウンセラーという． [河崎洋充]

ピアジェ, J.
(スイス Piaget, Jean; 1896-1980)

　スイスで生物学の学位を取ったが，やがて，幼児の認知発達研究の第一人者となった．認識そのものを，有機体の環境への生物学的適応のひとつと考え，遺伝的要因よりも，環境との不断の相互作用により構造化されると提唱した．この状態を，同化と調節，体制化という概念で説明し，認識の道具としてのシェマの重要性を強調した．人間の発達は，感覚運動期，前操作期，具体的操作期，形式的操作期の4つの段階を経ること，初期の幼児の自己中心性，中期以降の数，量，空間，時間などの概念の変化についてさまざまな実験を行った． [田辺毅彦]

ビアーズ, C.W.
(米 Beers, Whittinghom, Clifford; 1876-1943)

　アメリカにおける精神衛生運動の創始者として知られている．自身は躁鬱病患者として，数回の精神科病院の入院を経験しており，その苦い入院生活の体験的知識をもって，精神障害者の処遇改善運動と保健衛生活動を展開する．1908年に自らの体験を綴った『我が魂にあうまで』（*A Mind That Found Itself*）を著した．マイヤー．Aやジェームス．Wら医療・心理従事者からの積極的な支持をうけながら，その精力的な活動を通して，同年コネチカット州において，最初の精神衛生委員会が結成される．その翌年には彼の念願であった全国精神衛生委員会が結成され，全国的に精神衛生運動（Mental Hygiene Movement）が広がっていった． [重野　勉]

ピアソンの積率相関係数

2つの変数が間隔尺度や比率尺度で測定できるデータ、すなわち定量的変数である場合、その直線的相関係数を示すものとしてもっとも一般的なものがピアソンの積率相関係数である。ピアソンの積率相関係数は-1から1の値をとり、相関係数が1のとき相関図においてデータが右上がりの直線上に、-1のときに右下がりの直線状に並ぶ。相関関係の値が大きくとも共変関係があるだけであり因果関係があるとはいえず、また逆に相関関係が0（無相関）であっても、2変数間の関係が直線的な関係ではなくU字や逆U字の関係をとることもあるので、その間にいかなる関係もないと断言することはできない。また、第3の変数が2つの変数間に影響を及ぼして見かけ上の相関関係が生じることもあり、その見かけ上の相関関係を擬似相関という。→相関係数 ［武山梅乗］

PSW ⇒精神科ソーシャルワーカー、精神保健福祉士

PFスタディ⇒人格検査

PM理論

リーダーシップ（指導権、指導力、統率力など）の類型化がなされている理論である。リーダーシップと集団のもつ機能は関係が深い。三隅二不二は、集団のもつ2つの機能をP（performance）機能—目的遂行機能、M（maintenance）機能—集団維持機能と呼び、その程度を5段階評定尺度ではかった。平均より上を、P、M、下をp、m、とし、それぞれを組み合わせて、リーダーの行動をPM、Pm、pM、pmに4分類した。PM型のリーダーのときは、集団の生産性も成員の満足度も高く、逆にpm型のリーダーのときは、生産性も満足度も最も低いとした。ただ、Pm型では生産性優先になりやすいが、状況によってはPM型のリーダーよりも指導性を発揮しやすいという。 ［加納光子］

ビエラ, J.

（英 Bierer, Joshua; 1901-1984）

ロンドン・マールボロ・デイ・ホスピタルの精神科医師。カナダのキャメロンとほぼ時を同じくして、1948年にイギリス最初のデイ・ホスピタルを創設したことで知られる。精神障害者のコミュニティ・ケアをめざして、利用者同士のピア・カウンセリングや、危機介入サービスなどといった、医師の提供する医療と並行して、福祉における具体的なサービスを、利用者が自主運営していくことを積極的に支援していった。その活動はソーシャル・クラブやセルフヘルプ・グループの結成につながっていった。

［重野 勉］

POS

（Problem Oriented System）

「問題志向型システム」と訳され、患者の立場とQOLを考慮しながら、医療上の問題の解決を図るため診察記録を作成、監査して、望ましいケアを目指すためのシステムのことである。このシステムは、情報をPOMR（Problem Oriented Medical Record;問題志向診療記録）に分類して記録し、医療チームのメンバーが情報を共有する。その分類は、①Subjective data（主観的情報）、②Objective data（客観的情報）、③Assessment（判断評価）、④Plan（計画）となっている。なお、POSは医療、看護分野で多数用いられているが、ソーシャルワークの記録のあり方に対する示唆を与えている。 ［成清美治］

ひきこもり (social withdrawal)

主に不登校や出社拒否など集団から離

れたことを契機として、社会との関わりを忌避し、その後年余におよぶ自宅閉居を続ける心理・社会的状態をいう．これは新しい社会病理現象として、1990年代以降にメディアによりクローズアップされてきたもので、閉じこもりがちの不登校の子どもたちが学齢期を過ぎ、そのまま青年となった状態に対してつけられた名称ともいえる．斎藤環（さいとうたまき）は、「20代後半までに問題化し6ヵ月以上自宅に引きこもっている状態」と、より具体的に定義づけている（斎藤環『社会的ひきこもり』PHP新書、1998）． [岩崎久志]

ひきこもり地域支援センター

ひきこもりに特化した専門的な相談窓口．2009（平成21）年から、「ひきこもり地域支援センター設置運営事業」により、都道府県、指定都市で設置、運営されている．厚生労働省が、精神保健福祉、児童福祉、ニート対策等において行ってきた、ひきこもりを含む相談等の取り組みの一層の充実を図るため、2009（平成21）年度から実施している「ひきこもり対策推進事業」を構成する事業のひとつ．他の推進事業として、「ひきこもりサポーター養成研修、派遣事業」がある． [成清敦子]

非言語的コミュニケーション
(nonverbal communication)

五感や声の調子、態度、顔の表情、身振りなどの動作を通して利用者の感情や状態を理解すること．コミュニケーションの主な手段とされる言葉（言語的コミュニケーション verbal communication）では関係をつくることがむずかしい場合に非言語的コミュニケーションは必要不可欠となる．たとえば、言葉を十分に身につけていない児童（乳児や障害児など）には遊びを通して、また、老人や障害者などにはレクリエーションなどを活用することによって、言葉では表現しきれない背後に隠された感情やニーズを表出させることができる．→コミュニケーション [綾部貴子]

非行 (delinquency)

一般に非行とは、法律や社会規範に反する行為、道義にはずれた不正の行為をいうが、多くは少年非行（juvenile delinquency）の意で用いられている．この場合は少年法で規定される20歳未満の者が刑罰法令に触れる行為もしくは触れる虞のある状態で、同法第3条において行為類型別に、①14歳以上20歳未満の少年の罪を犯した行為（犯罪少年）、②14歳未満の少年の刑罰法令に触れる行為（触法少年）、③保護者の正当な監督に服さないなどの事由があって将来罪を犯す虞のある少年の行為（虞犯少年）に分けられている．さらに少年の飲酒・喫煙などの不良行為などを含む広い概念としてとらえられている．→少年法

[合田 誠]

ビスマルク，O.
(独 Bismarck, Otto; 1815-1898)

ドイツ帝国の「鉄血宰相」として有名な初代宰相（1871-1890在位）．1883年に疾病保険、1884年に災害保険、1889年に養老および廃疾保険をそれぞれ法制化し、世界初の社会保険制度を導入した．こうした社会保険制度はその後各国で導入されていくこととなる．今日の社会保障が社会保険を中心に成り立っていることを考えれば、ビスマルクによる社会保険制度の導入は今日の社会保障の先駆という一面をもっており、その意義は大きいが、社会主義運動の弾圧（たとえば、1878年の社会主義者取締法）という"ムチ"に対する"飴"という側面もあった． [前田芳孝]

必要即応の原則

生活保護法第9条（「保護は、要保護者の年齢別、性別、健康状態等その個人又は世帯の実際の必要の相違を考慮して、有効且つ適切に行うものとする」）等に規定される生活保護実施上の原則のひとつ．この原則は、保護を実施するか否か、または保護の程度を決定するにあたって実施行政機関が、形式的・機械的にこれを行うのではなく、それぞれの要保護者（生活困窮者）について、個別に（「ケース」ごとに）、その生活状態・状況を十分にかつ慎重に勘案してこれを行わなければならないことを意味している．
　　　　　　　　　　　　　　　[木村　敦]

PTSD
(Post-Traumatic Stress Disorder)

心的外傷後ストレス障害．心身に危険が及ぶような極限状況やそのような不安が常時続くような状況で起こる心身障害をさす．具体的には、事故、災害、戦争、幼児期の虐待、レイプ等の犯罪による暴力の被害による．症状としては、不眠やフラッシュバック（恐怖体験が生々しく蘇ること）から、被害妄想や鬱状態に移行し、自殺に至ることもある．当初は、1970年代に、アメリカのベトナム戦争帰還兵の症状として研究されたが、日本においても、阪神大震災や地下鉄サリン事件の後遺症などで知られるようになった．→心的外傷　　　[田辺毅彦]

PDCA（サイクル）

社会福祉領域では、計画に基づいて実践を行い、その実践を評価し援助計画にフィードバックさせ、援助実践をスパイラルアップさせていく援助サイクルとして用いられる．Plan（計画），Do（実施・実行），Check（点検・評価），Act（処置・改善）の頭文字をつなげたものであり、PDCAサイクルともいう．Plan（計画）とは、現在の状況や将来予測をもとにして援助計画を作成すること，Do（実施・実行）とは、作成した計画に沿って援助を行うこと，Check（点検・評価）とは、援助実践が計画通りに進んでいるかどうかを確認すること，Act（処置・改善）とは、援助が計画に沿っていない部分を調べて調整・フィードバックすることをいう．直接援助の場面だけでなく、社会福祉計画等、間接援助の場面でも用いられる．　　　　　[鈴木大介]

人づくり革命

内閣総理大臣を議長として2017年に設置された「人生100年時代構想会議」は、2018年に「人づくり革命基本構想」を公表した．構想の内容は、①幼児教育の無償化、②高等教育の無償化、③大学改革、④リカレント教育、⑤高齢者雇用の促進の各点に及んでいる．人づくり革命は「生産性革命」とともに安倍晋三内閣の経済政策の柱と考えられている．
　　　　　　　　　　　　　　　[木村　敦]

ひとり親家庭
(one-parent family, single parent family)

従来は「片親家庭」や「欠損家庭」と表現されてきたが、近年両親が揃っている「ふたり」親の家庭に対置させ、中立的に表現するために「ひとり」親家庭もしくは「単親」家庭とされるようになった．ひとり親家庭の形態は母親と子どもからなる「母子家庭」および父親と子どもからなる「父子家庭」である．これらのひとり親家庭の生活状況などを把握するには厚生省がほぼ5年ごとに実施している「全国母子世帯等についての調査」が資料となる．生活状況として「母子家庭」の経済的貧困傾向，「父子家庭」の家事・育児の困窮傾向が認められ、それぞれの支援策の必要性が窺い知れる．→母子及び寡婦福祉法　　　　[合田　誠]

ピネル，P.
(仏 Pinel, Philippe; 1745-1826)

18世紀後半のフランスの精神科医師．1793年からフランス郊外のビセートル病院やサルペトリエール病院において，鎖による拘束を受けていた精神病者を，鎖から解き放ったことで知られる．心理療法の重要性と人道主義を主張し，精神病者を病者としてとらえ，ひとりの人間として処遇するという，当時としてはきわめて先駆的な偉業であった．献身的な回診と，現在でいう作業療法や芸術療法の導入，また家族との面会や社会復帰のための支援に至るまで，人道主義に基づく精神科医療の改革を行っていったことで，近代精神医学の父といわれる．

[重野　勉]

日野原重明 (1911-2017)

日本の医師・医学博士．京都帝国大学医学部卒業後，京都大学医学部内科助手を経て，聖路加看護大学教授・学長，聖路加病院名誉院長．医学のみならず多方面で活躍．主著は『生きることの質』(1993)，『十歳のきみへ』であるが，他に，『日野原重明著作集』(1987-1988)，『日野原重明著作・講演集』(1991) がある．『十歳のきみへ』は寿命・人間・家族・平和をテーマとした若年層対象の著作であるが，ひろく各年代の人々によって読まれた．

[成清美治]

被服圧

衣服圧ともいう．着衣している服の拘束による圧力や重圧のことであり，それらは行動に何らかの障害をもたらす．たとえば，上衣（シャツやトレーナーなど）は肩や首など，下衣（スカートやズボンなど）は腰などで支えられており，衣服との接点には重圧がかかってくる．とくに高齢者などは，極度の圧力がかかると衣服が身体をしめつけてしまい，身体的・精神的に大きな影響をうけることになる．そのため，身動きのとれるようにある程度ゆとりのある衣服を着ることが必要となる．

[綾部貴子]

被扶養者

健康保険法においては，被保険者本人のみならず被保険者が扶養する者についても療養の給付等の保険給付が行われる．被扶養者の範囲は，①直系尊属，配偶者（「内縁関係」を含む），子，孫，弟妹であって主として被保険者により生計を維持する者，②3親等以内の親族であって被保険者と同一世帯に属し主として被保険者により生計を維持する者，③「内縁関係」にある配偶者の父母および子であって被保険者と同一世帯に属し主として被保険者により生計を維持する者，等である．

[木村　敦]

ピープルファースト
(People First)

1973年にカナダで開催された知的障害をもつ当事者の会議での発言がきっかけとなり生まれた言葉．これは，障害者である前にまず，第一に人間としてありたい (People First) という当事者による権利の主張が込められている．その後，ピープルファーストは知的障害当事者の組織名称として使われ，1974年にカナダで初めて組織化された．現在では，知的障害をもつ人たち自身がセルフ・アドボカシーをする当事者組織として世界会議も開催されている．日本では，1995年に東京で結成され，全国に広がっている．

[伊藤葉子]

ヒポクラテス
(ギリシア Hippokratès; B.C. 460年頃-375頃)

紀元前460年頃，地中海のコス島（ギリシャ）のアスクレピオス学派の家系に生まれたとされる．医師である父から幼

少の頃より医学教育をうけ，それまでの古い病人の治療法であった神や呪術から解き放ち，人間の自然治癒力を基本とした治療法である「自然治癒」の考え方を広めた．その結果，「医学の父」とうたわれるまでになり，今日の西洋医学の基礎を築いた．しかし，ヒポクラテスの自然治癒の考え方は，19世紀以降の近代西洋医学の台頭によってその影響力を失っていったのである．ただ，現代医学の功罪が問われている中にあって再び彼の医学観が見直されている． ［成清美治］

被保険者

社会保険制度において，一般に，保険料納付義務を負い保険給付を受ける権利を有する者のこと．強制被保険者と任意被保険者とに大別される．前者には，市町村国保において当該市町村に住所を有し適用除外規定に該当しない者，健康保険法に基づく強制被保険者，国民年金法に基づく第1・2・3号被保険者，厚生年金保険法に基づく強制適用事業所に使用される者等があり，後者には，健康保険法上の任意包括被保険者と任意継続被保険者，国民年金法上の高齢任意加入被保険者等がある． ［木村　敦］

被保護人員

生活保護法による保護を現に受けている者の数のこと．現行法施行翌年の1951年，被保護人員は204万2,550人となり（2011年までの最大値），以来，高度経済成長期を経て134万台にまで急激に減少した．1970年代後半から1980年代半ばまでの間，いったん微増傾向に転じるが，1980年代後半より急減，1995年に88万2,229人と最低値を記録した．しかしその後，バブル経済崩壊の影響により増加傾向が進んでいる．とくに，高齢化の進行，リーマンショック後の雇用情勢の悪化を背景に，2011年2月には205万人を超え，2012年7月（速報値）では，213万1,011人に達している．
［砂脇　恵］

日雇労働者健康保険法

1953（昭和28）年制定．日雇労働者についての医療保険制度の適用は，「保険」という技術の問題から困難であるとされてきたが，保険料納付について「スタンプ方式」を採用するなどし，成立した．戦後日本経済においていわば「景気の調整弁」的役割を課せられた日雇労働者の医療・健康問題について本法は重要な役割を果たしてきた．1984年，健康保険法に吸収され廃止．現在の健康保険法は，日雇労働者を被保険者の「特例」とし，「特例」的に保険給付を行う（健康保険法第5章〔第123条から第149条まで〕「日雇特例被保険者に関する特例」）． ［木村　敦］

病院 (hospital)

患者を収容して種々の医療行為を実施する医療機関で，20人以上の患者を収容する設備のあるもの，そして厚生省令の定める員数の医師，看護師，その他の従業員，各科専門の診療室，手術室，処置室，臨床検査施設，X線装置，調剤所，消毒施設，給食施設，給水施設，暖房施設，洗濯施設，汚物処理施設，診療記録，などが備わっているものをいう．総合性，専門性に優れ，研究機関としての役割も果たしている大学病院，特定の領域で高い専門性をもつ専門病院，その他の一般病院などに分けられる．
［田中誉樹］

評価 (evaluation)

社会福祉領域においては，個々の援助内容や援助過程に関する場合，また，援助過程において活用する社会資源や社会システムに関する場合と2つの意味で使われる．いずれの場合も「客観性」および「具体性」が求められるが，とくに個

別のケースにおいては，援助の有効性・効率性・適切性などが重要な焦点となる．また「評価」の具体的な形態としては，行政機関などによる監査，市民やオンブズマン（ombudsman）などによる第三者の評価，当該機関などによる自己点検，援助者自身による自己評価などがある． [武田康晴]

病児保育事業

病児保育事業とは，疾病にかかっている保育を必要とする乳幼児と保護者の就労などの事由により家庭において保育を受けることが困難な小学生を保育所，病院など厚生労働省令で定める施設で保育を行う事業をいう（児童福祉法第6条の3第13）．事業には，病院等に付設された専用スペース等において看護師等が一時的に保育する①「病児対応型・病後児対応型」，②体調不良児の一時預かりや子育てなどに関する相談支援を実施する「体調不良児対応型」，③看護師等が自宅へ訪問して一時的に保育する「非施設型（訪問型）」，①・②において保育所等で体調不良になった児童を送迎し一時的に保育する④「送迎対応」がある．全国2572カ所で実施されており，②の「体調不良児対応型」事業所が約1000カ所，①のうち「病児」対応型が約900カ所，回復傾向にある「病後児」対応型が約600カ所で，①の年間利用児童は延べ約64万人であった（2016年度）． [倉持史朗]

標準報酬

労働者の賃金をいくつかの段階に分け，そのそれぞれの段階について示された標準的な金額．月額と日額とがある．社会保険制度において保険料を算定するための基準金額として使用される．保険料を，実際の賃金に保険料率を乗じて得た金額でなく，この標準報酬（月額）に保険料率を乗じて得た金額とすることによって，保険料徴収に係わる実務が簡素化される． [木村 敦]

標準報酬月額

健康保険・厚生年金保険の保険料及び年金額の算定の基礎とするために，標準的な報酬月額を等級と金額の区分で定めたもの．健康保険は第1級5万8,000円～第47級121万円，厚生年金保険は第1級9万8,000円～第30級62万円（2004年10月から）となっている．報酬の範囲は，金銭・現物を問わず被保険者が事業主から労務の対償として受けるものすべてをいう．臨時に支給されるもの（大入袋等）は対象にならない．年3回以下支給される賞与は特別保険料の対象となる． [阪田憲二郎]

平塚らいてう（1886-1971）

東京都に生まれる．婦人運動家，社会運動家．本名は明（はる）．1911（明治44）年，生田長江の勧めにより，「元始，女性は太陽であった」を発刊の辞とする女性だけの文芸誌『青鞜』を創刊．賛助員または会員に与謝野晶子，田村俊子，野上弥生子らが結集した．誌名の『青鞜』は18世紀英国の女性サロン「ブルーストッキング」による．1932（昭和7）年，らいてうは「社会が母性を保護するべきだ」と主張し，母性を個人の問題とする与謝野晶子と母性保護論争を展開した．1934（昭和9）年，市川房江らと新婦人協会を設立し，機関誌『女性同盟』を創刊． [米津三千代]

ヒーリー，W.

（米 Healy, William; 1869-1963）

シカゴの精神科病院の精神科医師で，1909年頃より問題行動をともなう児童を，治療対象として研究をすると同時に，具体的な治療においては，精神科のチーム・アプローチを積極的に導入したことで知られる．彼の児童を対象とした

精神科治療と，問題行動の矯正に対する取り組みがモデルとなって，1922年にビアーズ．Aの貢献で知られる全国精神衛生委員会によって，模範児童クリニックが全米5ヵ所の都市に配置され，精神科医と臨床心理技術者，精神科ソーシャルワーカー等のチーム医療が，アメリカ全土に浸透していくこととなった．

[重野　勉]

ヒル，O.
(英 Hill, Octavia; 1838-1912)

住環境改良家．イングランド東部ウィズビーチに資本家の娘として生まれる．両親共に急進的な考えをもつ家庭で，祖父スミス（Smith, T.S.）は熱病と公衆衛生に関する権威である．ロンドンに移住後，キリスト教社会主義に基づく女性のための共同ギルドで働き，困窮する人びとの生活実態に直面する．1864年，ラスキン（Ruskin, J.）から資金貸与を受け，ロンドンの南西地区メリルボーンに3軒の集合住宅を購入し，スラムにおける住宅と住民の生活改善を目的とした住居改良運動に着手する．後にその方法は欧米で手本とされた．彼女の実践は，慈善組織協会（Charity Organization Society, 1870）の組織化と運営にも大きな影響を及ぼしている．公害防止運動，都市や地方におけるオープンスペースを確保・保存する運動にも尽力し，ナショナル・トラスト（the National Trust for the Preservation of Places of Historic Interest or Natural Beauty, 1895）の創設に関わった．[成清敦子]

ピンカー，R.
(英 Pinker, Robert; 1931-)

イギリスの社会福祉学者．ハローウェイスクールとロンドン大学政治・経済学部卒業後，ゴールドスミス大学，チェルシー大学，ロンドン大学教授等を歴任する．彼はアメリカとロシアをモデルにイギリスを媒介とし，社会福祉が成立した体制とその基盤を従来の福祉概念を超えた新たなる角度から歴史的に追究した．また，「バークレイ報告」（1982）の多数派報告を批判し，ソーシャルワークの専門的意義・役割を重視した．代表的著作として『社会福祉三つのモデル』（1979）があるが，そのなかで彼は，社会秩序・社会変革・社会福祉の諸理論の根底には，①古典経済理論，②マルクス主義，③重商主義があると指摘している．なお，彼は福祉多元主義に批判的であった．

[成清美治]

ピンカス，A.とミナハン，A.⇒システムアプローチ

貧困線 (poverty line)

貧困状態を客観的に測定するための基準のこと．イギリスのラウントリー（Rowntree, B.S.）は，「生理的能率の維持」に要する衣食住費，光熱費等を合算したものを貧困線として設定し，その水準を下回る状態を貧困と規定した．貧困線の考え方は，最低生活費の算定方式の原型である．わが国で生活保護制度の生活扶助基準の算定方式で1948～1960年度まで採用されたマーケット・バスケット方式は，この考え方を継承したもので，ラウントリー方式ともよばれる．→生活保護基準　[砂脇　恵]

貧困戦争

第2次世界大戦後，経済繁栄を誇っていたアメリカにおいて，南部農業の機械化にともなって職を追われた黒人の北部移住により，住民構成に変化が生じた北部都市の中から貧困が再発見された．そうした貧困の追放を目的として，1960年代初頭，第36代大統領ジョンソン（Johnson, L.B.）により打ち出された諸施策を総じて貧困戦争（war on poverty）という．それは，1964年に制定さ

れた経済機会法を柱に，経済機会局を総司令部として，ボランティア動員，職業訓練部隊，幼児保育，地域活動などを主要戦略として展開された． ［新家めぐみ］

貧困の発見

19世紀末のイギリスにおいて，C.ブースやB.S.ラウントリーが実施した貧困調査の結果，労働者階級の約3割が貧困状態であり，その理由が失業や不安定雇用，低賃金など社会・経済的問題にあることが科学的に実証されたこと．その歴史的意義は，「個人の罪から社会の責任へ」の貧困観の転回にある．すなわち，それまで貧困の原因を個人の怠惰や飲酒・浪費，道徳観の欠如など個人に帰責する認識が支配的であったが，貧困の発見を契機に，貧困は個人の責任ではなく，むしろ失業・低賃金労働を生み出す社会構造との関わりにおいて理解する見方へと転回することとなった．この貧困の発見が，後の社会保障制度を成立させる実証的根拠ともなった． ［砂脇　恵］

貧困ビジネス

無料低額宿泊所やいわゆる「無届け施設」の中には，著しく狭隘（きょうあい）で設備が十分でない劣悪な施設に住まわせ，居室やサービスに見合わない宿泊料やサービス利用料を生活保護費の中から徴収する，いわゆる「貧困ビジネス」とされる施設が存在することが報告されており，「無料低額宿泊所」を法律で規制する改正案が検討されている（「生活困窮者自立支援及び生活保護部会報告書」，社会保障審議会，2017（平成29）年）． ［木村志保］

貧困率

所得が国民の「平均値」の半分に満たない人の割合をいう．国民の間の所得格差を表す指標のひとつで，絶対的貧困率と相対的貧困率に大別されるが，一般には，経済協力開発機構（OECD）の指標に基づく「相対的貧困率」をいう．「平均値」とは，世帯の可処分所得を世帯人員数の平方根で割って調整した所得（等価可処分所得）の中央値のことである．この50％に達しない世帯員の割合が「相対的貧困率」である．2010年10月，日本政府は，政府として初めて貧困率を発表し，注目を浴びた．2009（平成21）年の貧困線（等価可処分所得の中央値の半分）は，112万円（実質値）となっており，「相対的貧困率」（貧困線に満たない世帯員の割合）は16.0％となっている．また，「子どもの貧困率」（17歳以下）は15.7％となっている．ただ，計算式の可処分所得に資産は含まれていないので，相対的貧困率が国民生活の実態をそのまま反映しているかどうかには，疑問もある． ［加納光子］

頻尿

1日の排尿回数は平均5〜7回くらいであるが，その回数が多いものをいう．原因としては多尿（1日の平均尿量1〜1.5ℓより多いもの）にともなう排尿回数の増加するものと，多尿はないが膀胱炎など膀胱容量の減少によるもの，膀胱炎や前立腺肥大症など膀胱刺激症状によるものなどが考えられる．とくに夜間に回数の増加するものを夜間頻尿という． ［谷　康平］

貧乏物語

社会主義者である河上肇（かわかみはじめ，1879-1945）が，貧民の現実とその原因・対策を論じたものとして有名である．『大阪朝日新聞』に掲載したものに加筆して，1917（大正6）年単行本として出版された．「いかに多数の人が貧乏しているか」「なぜに多数の人が貧乏しているか」「いかにして貧乏を根治しうべきか」を，国内外の調査や文献をもとに論じている．しかし，貧乏根絶

の方法として彼が重要だとしたのは贅沢の廃止であり、倫理的解決策を出ないという批判をうけた。1930（昭和5）年の『第二貧乏物語』では、考え方を修正して社会主義革命による貧困断絶を説いている。　　　　　　　　　　[西川淑子]

貧民監督官（ひんみんかんとくかん）
(overseers of the poor)

エリザベス救貧法において治安判事の監督のもとに、救貧税（poor rate）の徴収と救貧事務を行った。貧民監督官は、各教区（parish）ごとに有力な世帯主から2～4名が選出、任命された。また、1662年に制定された居住地法（Settlement Act）は、貧民監督官の訴えによっては、かつて居住していた教区へ送還しうるが教区の負担にならない労働者には移住を認めるというものであった。この法律は当時、貧民監督官であった小作人や借地農の利害を反映するものであったとされている。→エリザベス救貧法
　　　　　　　　　　　　　　[西川淑子]

ふ

ファミリーサポートセンター事業（じぎょう）

ファミリーサポートセンターは、地域において子どもの預かり等の援助を行いたい者と援助を受けたい者からなる、地域住民の相互活動の会員組織である。市町村がこれを設立して子育てと就労とを両立させるためにファミリーサポートセンター事業を実施する。事業内容は会員の募集、登録、その他の会員組織業務、相互援助活動の調整、講習会の開催、交流会の開催、子育て支援関連施設事業との連絡調整がある。また相互援助活動は①保育施設の保育時間開始時や保育終了後の子どもの預かり、②保育施設までの送迎、③学校の放課後・冠婚葬祭や他の子どもの学校行事・買い物等外出の際の預かり等の活動である。またファミリーサポートセンターにはアドバイザーを配置し相互援助活動の調整等を行う。　　　　　　　　　　[高橋紀代香]

フィランソロピー (philanthropy)

ギリシャ語のPhilein（愛する）とAnthropos（人類）とを語源とする"Philanthopia"（人を愛する）の英語訳。日本の場合、博愛、慈善活動、民間公益活動、ボランティア活動、奉仕活動などと訳される。本来は個人の自発的な利他的行為をさしており、寄付をする、ボランティア活動をする等の行為をともなうことが、単なる博愛とは違うとされる。個人や企業の非営利の社会貢献活動、民間の公益活動として用いられることが多い。　　　　　　　　　　[南　多恵子]

瘋癲（ふうてん）

精神状態が不安定で、錯乱や感情の起伏が激しい状況の者や、精神障害、あるいは精神障害者のことを指す古くからの俗語である。さらに歴史を遡れば癲癇狂ともいわれた。1960～1970年代においては、精神障害の意味から遊離し、仕事や学業を怠り、無為に日常を過ごしている若者を指して「フーテン」とよんだ。差別的な意味あいが強いことから、現在はほとんど使われていない。　[重野　勉]

フェースシート (face sheet)

氏名や住所、生年月日など個人情報を記入する用紙。一般にサービス業等の顧客・利用者の情報管理に使用されている。とくに精神科医療機関のカルテや、社会福祉施設のケース記録の表紙に使用されていることが多い。住所や電話番号

だけでなく，病名や家族の連絡先など個人の重大なプライバシーに関する情報が記入されているため，容易に人目につかないように，厳重な保管が必要である．最近では情報を効率的に処理し，また保護するために，パソコンで管理しているところも増えてきている． ［岡田良浩］

フェビアン主義（しゅぎ）（Fabianism）

この思想の名前は，冷静沈着な戦術家で有名な古代ローマの将軍ファビウス（Fabius）の名に因んでつけられた．また，この思想の特徴は議会制民主主義に基づいて斬新的に社会主義化を図るところにある．この運動は19世紀にイギリスにおいて始まったもので，当時から労働党のイデオロギーに影響を与えた．この運動を組織化した団体がフェビアン協会（1884）である．中心メンバーは劇作家のジョージ・バーナード・ショー（Shaw, G.B.）と社会改良家のシドニー・ジェイムズ・ウェッブ（Webb, S.J.）であった．彼らは当時のイギリスのビクトリア朝の末期における貧困と社会的不平等を批判し，生産手段の社会化にともなう所得配分の公平化を訴えた．この思想は今日においても，イギリス労働党の政策に影響を与えている． ［成清美治］

フェミニストソーシャルワーク
（feminist social work）

フェミニズムは，女性解放思想のことで，近代的人権概念を女性にも拡張することを求めた．婦人参政権運動にみられる法的平等のみならず，雇用の平等や，性別役割分業についての社会通念の変革等を求めた．フェミニスト・ソーシャルワークはこのフェミニズムを基盤として，女性の尊厳と自己決定権への支援を求めて，発展してきたものである．フェミニズムにも，ブルジョワ的フェミニズム，ラディカルフェミニズム，ポストモダニズムフェミニズムなど多様な流れがあるように，フェミニスト・ソーシャルワークも多様な考え方がある．［加納光子］

フォーカスグループインタビュー

特定のテーマに向けて焦点を絞り込んだ組織化された集団討議形式の調査方法であり，質的情報を収集することを目的とする．グループの選定は有意標本抽出で行うこと，ひとつのグループは特定のテーマに対して，自分の意見を出すことができるメンバーで構成されること（同じような属性から6-12名程度を選定することが望ましい）とされる．具体的には，司会者・記録者・対象者（グループ）で構成され，所用時間は1.5～2時間程度とする．司会者は，フォーカスグループインタビューの目的・目標・期待される効果などを明確化し，対象者の率直な意見を活発に出してもらうよう進める．グループダイナミクスの応用によって，単独インタビューでは得られにくい深く幅広い情報内容を引き出すことが可能であることが特徴とされる．［木村志保］

フォーマル・ケア（formal care）

行政，社会福祉法人，地域の団体・組織，民間企業などに属する専門職によって提供される公式なケアの総称．専門職による援助は，一般に訓練と経験によって習得した基準に基づいており，さらに，援助の責任と権限が公式に認められている．利用者がサービス機関を選択できるようになりつつある中で，限定された対象に画一的なケアを提供してきた行政や社会福祉法人は，ケアの供給体制やサービスの内容に柔軟性が求められている．→インフォーマルケア ［鳥海直美］

付加年金（ふかねんきん）

基礎年金（国民年金）の第1号被保険者のみを対象とする独自給付のひとつで，老齢基礎年金に上乗せする任意加入制の老齢給付．付加保険料を納付した第

1号被保険者が満65歳に達し，老齢基礎年金の受給権を得たときに支給される．一定月額の保険料を納付し，保険料納付済み期間の月数に定額単価を乗じた額が支給される．付加年金は老齢基礎年金に付随した上乗せ給付であるため，受給権の発生，消滅，支給の繰り上げ・繰り下げ等のすべてが老齢基礎年金に連動する．ただし，付加年金に関しては，物価スライドによる年金額の自動改定は行われない． ［鎭目真人］

賦課方式

この方式の特徴は積立金や積立期間が不要であり，短期間において老齢年金給付費を賄うことができるところにある．すなわち，毎年高齢者に支払われる年金は，その年度の被保険者が支払う保険料で賄われる．また，物価の上昇や賃金の変動を考慮して年金額を改定した場合，保険料（率）も上昇するのでこれらに影響されることはない．つまり，この方式は，現役世代の保険料負担で高齢者世代の生活を支えるという世代間扶養の考え方に基づいて運用されている．ただ，保険料は年金受給者数と被保険者の割合によって決定されるので，年金受給者（高齢者）が増えれば財源の面で影響をうけることになる． ［成清美治］

複合型サービス

2011（平成23）年の介護保険法改正により，地域密着型サービスの一つとして創設された．居宅の要介護者に対して，居宅サービス（9種類）および地域密着型サービス（4種類）のなかから2種類以上を組み合わせることにより提供されるサービスのうち，「訪問看護」と「小規模多機能型居宅介護」の組み合わせのほか，一体的に提供されることが特に効果的かつ効率的なサービスの組み合わせにより提供されるサービスである．2012（平成24）年に「訪問看護」と「小規模多機能型居宅介護」を組み合わせたサービスが開始されたが，提供されるサービス内容がイメージしにくいことから，2015（平成27）年度介護報酬改定で「看護小規模多機能型居宅介護」へと名称変更されている． ［神部智司］

福祉アクセシビリティ

社会福祉サービスへの接近性のことを指す．一般に「何らかの福祉サービスを利用しようと望んでいる個人の側で障害が生じないこと」と定義している．つまり，住民が利用したいと思う施設サービスや在宅福祉サービスや相談援助サービスを何の支障やスティグマもなく利用できるかどうかの度合いを示している． ［川島典子］

（独立行政法人）福祉医療機構

国の特殊法人改革により，社会福祉・医療事業団の事業を引き継いで2003（平成15）年10月に発足した独立行政法人．国の政策と連携しながら福祉・医療サービスの基盤整備を図ることを目的とし，福祉貸付事業，医療貸付事業，経営診断・指導事業，長寿・子育て・障害者基金事業，退職手当共済事業，福祉保健医療情報ネットワーク（WAM NET）事業，年金担保貸付事業・労災年金担保貸付事業等の法定事業を，国の出資によって実施している． ［竹川俊夫］

福祉活動専門員

厚生省（現・厚生労働省）による「社会福祉協議会企画指導員，福祉活動指導員，福祉活動専門員設置要綱」に基づき，市区町村社会福祉協議会に配置（1名）されるコミュニティワーカー．要綱上では「民間社会福祉活動の推進方策について調査，研究及び企画立案を行うほか広報，指導その他の活動に従事する」とされている．ちなみに，全国社会福祉協議会には企画指導員，都道府県社会福

祉協議会には福祉活動指導員が配置されている． [藤井博志]

福祉環境整備基準

高齢者や障害者が暮らしやすい生活環境を整備するため，国や地方自治体が公共の施設などの構造・設備に対して定める基準の総称．1994（平成6）年に制定された「高齢者，身体障害者等が円滑に利用できる特定建築物の建築の促進に関する法律」における基礎的基準および誘導的基準に加えて，各自治体が定める「福祉のまちづくり」のための条例・指針・要綱等において，高齢者・障害者が円滑に安全に利用できるように建築主が努力すべき基準が定められている．具体的には，病院・劇場・百貨店・公共交通機関・道路・公園などの公共施設における，出入り口・廊下・階段・便所などの設備について基準がある． [狭間直樹]

福祉教育

（social welfare education）

社会福祉への理解を深めるとともに地域福祉の主体形成を図ることを目的に行われる教育の総称．福祉教育には，子どもの豊かな成長をめざした学校教育等で行われる福祉教育，住民を対象に社会福祉の啓発や地域福祉推進の主体形成を目的として行われる社会教育・生涯学習，社会福祉従事者への専門教育などの領域がある．社会福祉法（2000年）において地域福祉の推進が明記されており，今後，学校と地域の社会福祉協議会および社会福祉施設等の社会資源との多様な連携・協働によるネットワーキング構築を通しての取り組みがますます重要になる．
 [新崎国広]

福祉公社

1981（昭和56）年に武蔵野市福祉公社が設立されて以来，全国に広がっている市区町村が設立・運営に関与する在宅福祉サービスの供給組織である．第三セクター方式で財団法人格をもつことが多く，基本財産の全部または一部が市区町村から出資され，役員や事務局の職員に市区町村の公務員が派遣されている．主な事業内容は，高齢者や障害者を対象とした有料の在宅福祉サービスであるが，有償ボランティアである公社の協力員が参加する福祉サービスを実施するところも多い．→福祉の民営化 [瓦井昇]

福祉国家

国民の平和と生活の安定を重視するため，政府が国民の生活を所得，医療，教育などの面からの保障と完全雇用，高齢者・障害者・子ども・ひとり親家庭などに対する福祉サービスを提供する国家をいう．福祉国家という言葉は，独裁的なナチスの「戦争国家」に対抗して，平和で安定したイギリスの国家理念をあらわす言葉として用いられたといわれている．1942年，イギリスで，国民の最低限度の生活を保障する「ベヴァリッジ報告（社会保険および関連サービス）」が発表され，世界で福祉国家という言葉が注目された． [鶴田明子]

福祉コミュニティ

地域社会での福祉課題の発生・顕在化から解決に至る過程において，要援護者の援助に必要な福祉的機能を確立するとともに，ノーマライゼーションの理念に依拠して，要援護者の尊厳を守るまちづくりを目標とする概念である．それは岡村重夫が，地域福祉の基盤となるコミュニティ型地域社会の形成を目的とする一般的地域組織化と，生活困難者の利益に同調して代弁する個人や機関・団体が，共通の福祉関心をもって関与する福祉コミュニティの形成を目的とする福祉組織化を定義したことを始まりとしている．しかし今日では，さまざまな福祉コミュニティ概念が提唱され，その理論も錯綜

している．また実践の現場では，福祉コミュニティがもつ規範的なイメージがひとり歩きしている状況もあり，これまでの理論と実践を社会科学的に再構成する必要が生じている． 　　　　　[瓦井　昇]

福祉サービス第三者評価事業

厚生省（現厚生労働省）・福祉サービスの質に関する検討会は「福祉サービスの第三者評価に関する中間まとめ」（2000年6月2日）を報告した．社会福祉基礎構造改革のもとでの，行政による「措置」から「利用者」制度への移行にともなう各事業者が提供するサービスの自己評価を行うことなど，より一層のサービスの質の向上を求めるため第三者評価機関の導入を示唆している．同報告書のなかで，「第三者評価とは，事業者の提供するサービスを当事者（事業者及び利用者）以外の第三者機関が評価することである」と定義した．また，社会福祉法第78条第1項に「社会福祉事業の経営者は，自らその提供する福祉サービスの質の評価を行うことその他の措置を講ずることにより，常に福祉サービスを受ける者の立場に立って良質かつ適切な福祉サービスを提供するよう努めなければならない．」とある．この条文は自己評価を原則としているが，自己満足に終わる可能性があるので，第三者評価機関の設置が必要であることを意図している．すなわち，外部による公正中立な第三者評価機関の設置を各事業者に義務づけることにより，福祉サービスの質的向上を図ることが可能となる． 　　[成清美治]

福祉事務所

社会福祉法第14～17条に規定される「福祉に関する事務所」のこと（都道府県および市は必置，町村は任意設置．条例に基づき設置）．福祉六法（都道府県福祉事務所については，老人福祉法，身体障害者福祉法を除く）に関する現業事務を掌る行政機関であり，2012年4月現在，1,249ヵ所ある．福祉事務所には，所長，査察指導員，現業員，事務員の設置が義務づけられており，査察指導員および現業員の任用には社会福祉主事資格が求められる．地方分権一括法制定にともなって2000年4月から，人口10万人を目安に設定する「福祉地区」に福祉事務所を設置するという規定は廃止され，生活保護担当現業員（ケースワーカー）の配置基準も法定数から標準数に改められた． 　　　　　　　　　　[砂脇　恵]

福祉社会 (welfaresociety)

福祉国家の発展形態としての福祉水準の高い社会をいう．国民全体の意識や行動を通じ，福祉土壌づくりを重視し，発展させる概念である．個人（家族）生活の充実，社会参加活動，地域文化の創造，地域社会の充実，多様な住民団体との連携を図り，福祉コミュニティを基礎とする自己実現をめざす社会をいう．学問的には「福祉国家」「福祉社会」との区別は諸説に分かれている． [荒井 緑]

福祉住環境コーディネーター

ノーマライゼーションの考え方に基づき，住み慣れた家，住み慣れた地域で，すべての人が自立と尊厳ある「自分らしいくらし」を継続していくことができるよう，主として住環境の側面から支援する職種．超高齢化社会を目前に，とくに高齢者や障害者が住み良い住環境整備を進める人材として登場．1999（平成11）年より，東京商工会議所主催の検定試験が実施されている．1級から3級まであり，「住宅は人間生活の基盤である」という立場から，住み手が抱える住環境に関する問題を明らかにし，一人ひとりの価値観や自己決定を尊重しつつ，他職種との連携によってその解決を図り，生活全体の質の向上をめざす． [成清敦子]

福祉人材センター

福祉関係の人材の確保や養成を目的として，福祉人材確保法および社会福祉法（旧社会福祉事業法）に基づき，都道府県知事の指定をうけて都道府県社会福祉協議会に設置されている．具体的には福祉人材の無料職業紹介を中心に，福祉の仕事説明会，再就労講習会，福祉入門講座の開催，また専門研修事業等，各県の実情に応じて実施されている．とくに無料職業紹介は，職業安定法に基づき，厚生労働大臣の認可を得て実施されている．また，全国社会福祉協議会には中央人材センターが設置され，市町村社会福祉協議会等には支所として人材バンクが設置されているところもある．[藤井博志]

福祉センター

福祉的相談に応じる等の施設として各種福祉センターが存在する．本項では，精神保健福祉センター，母子・父子福祉センター，老人福祉センターについて示す．精神保健福祉センターは，「精神保健及び精神障害者福祉に関する法律（昭和25年5月1日法律第123号）」を根拠法として，各都道府県（政令指定都市含む）に設置されている．精神保健及び精神障害者の福祉に関する知識の普及，調査研究，複雑または困難な相談・指導，専門的な知識及び技術を必要とする自立支援医療費の支給認定に関する事務，精神医療審査会の事務などを行う．母子・父子福祉センターは，「母子及び父子並びに寡婦福祉法（昭和39年7月1日法律第129号）」を根拠法とする．無料，または低額な料金で，母子家庭等に対して，各種の相談に応じ，生活指導・生業の指導を行う等，母子家庭等の福祉のための便宜を総合的に供与することを目的としている．老人福祉センターは，「老人福祉法（昭和38年7月11日法律第133号）」を根拠法とする．無料，または低額な料金で，高齢者に関する各種の相談に応じ，高齢者に対して，健康の増進，教養の向上およびレクリエーションのための便宜を総合的に供与することを目的とする．[米澤美保子]

福祉組織化⇒地域組織化・福祉組織化

福祉多元主義

市場に供給される福祉サービスについて，供給主体を公共セクター・民間非営利ないし営利セクター・企業セクターなどに分類し，それぞれの属性に応じた役割分担を図って多元的にサービス供給が行うことが効率的であり望ましいとする考え方．福祉ミックス論はその立場に立つ．国や地方自治体の公的責任に基づくサービス供給が望ましいとする考え方と対立する．[古川隆司]

福祉的就労

保護雇用制度が確立されていない現在では，種々の理由により一般就職が困難な障害者を対象とした就労機会の保障が必要である．就労支援施設等々での日課の中で，各種の生産活動に従事する活動を福祉的就労という．いわゆる一般雇用ではないが，生産活動に参加することで対価として何らかの報酬が支払われる．しかしその報酬額は，一般就労に近い額から，生きがい的な就労としてのものまで大きな差がある．[大西雅裕]

福祉の情報化

住民・当事者の生活課題解決に向けた判断・行動に必要な，住民・当事者自身や福祉施策・福祉サービスに関するさまざまな事柄の知識が福祉情報である．この福祉情報を福祉活動において意識的に利用することや福祉情報を流通する福祉システムを整備し住民・当事者の生活支援を図ることが，福祉の情報化である．

とくに契約型福祉制度においては，住民・当事者が自らの利用する福祉サービスを選択するために必要な福祉情報（第三者，利用者，事業者自身によるサービス評価情報など）の公開と情報取得の支援を行う利用者支援の取り組みが重要である． ［手島　洋］

福祉のまちづくり

すべての人が人間として尊重され，安全で快適な生活を送ることができる地域社会を創造すること．ノーマライゼーションの考え方に基づき，都市基盤整備，地域福祉計画としてのまちづくりがある．1960年代後半以降，障害者の生活圏拡大運動が各地で活発化したのをきっかけに，町田市が全国に先駆けて「建築物などに関する福祉環境整備要綱」（1974）を策定した．国レベルでは厚生省が「身体障害者福祉モデル都市事業」（1973～1975）に着手し，以後，都道府県や市区町村も含め，福祉的視点に立ったまちづくりが進められている．
［成清敦子］

福祉の民営化

福祉における民営化とは，通常，公的責任に基づく社会福祉経営を民間団体に委託したり，行政が公的資金で民間福祉サービスを買い取ることなどを意味する．しかし近年の非営利福祉団体の増加を背景として，行政直轄の官僚主義的経営の弊害を除去するために，シルバーサービスの経営といった営利企業による民営化だけでなく，非営利のボランタリーな団体を含む民間のエネルギーを組み入れて経営する「非官営化」の意味にまで拡大して，広く福祉の民営化と解釈する傾向にある． ［瓦井　昇］

福祉犯罪

福祉犯罪とは，少年の福祉を害する犯罪のことである．児童福祉法，売春防止法，風俗営業適正化法，児童買春・児童ポルノ禁止法，青少年保護育成条例，その他の特別法に違反する犯罪である．少年警察活動規則によれば，児童買春に係る犯罪，児童にその心身に有害な影響を与える行為をさせる犯罪その他の少年の福祉を害する犯罪であって，警察庁長官が定めるものをいう．『平成24年版　子ども・若者白書』によると，2011（平成23）年中，これらの法律の違反で福祉犯の犠牲者となった少年は7,332人で，前年に比べ8人（0.1％）減少した．このうち，児童買春・児童ポルノ禁止法に係る被害者となった少年は，1,219人であり，前年に比べ136人（10.0％）減少した．
［加納光子］

福祉ホーム

障害者総合支援法第5条第26項に，「『福祉ホーム』とは，現に住居を求めている障害者につき，低額な料金で，居室その他の設備を利用させるとともに，日常生活に必要な便宜を供与する施設をいう．」と規定されている． ［成清美治］

福祉ミックス論

市場において福祉サービスを供給する組織・団体・機関について，公益性・営利性・官民などの特性を分類し，その最適な組み合わせによるサービス供給が望ましいとする考え方．日本では丸尾直美等が主張，1990年代以降，高齢者向けのシルバーサービスの参入やNPOなどによる在宅介護という形で実現されてきた．半面，従来維持されてきた社会保障・社会福祉に対する国の責任が曖昧化される懸念があるとの批判もある．
［古川隆司］

福祉用具

「福祉用具の研究開発及び普及の促進に関する法律」（1993）では，「心身の機能が低下し日常生活を営むのに支障の

ある老人又は心身障害者の日常生活上の便宜を図るための用具及びこれらの者の機能訓練のための用具並びに補装具」と定義されている．福祉用具は機能として，身体機能の補完（たとえば，杖），介護する者の負担軽減（たとえば，移動用リフト），機能訓練（たとえば，歩行器），独居老人等の自立生活支援（たとえば，緊急通報装置）を有する．福祉用具を必要とする人の生活をとらえて適切な用具を選択，使用することにより，身体機能の補完だけでなく，生活の改善，社会参加，生活の質（QOL）の向上にも結びつくといえる．また，福祉用具を利用する人が「介助なしで自分でできる」と感じ，心理面においてもよい影響をもたらすことが期待できる．[岡本秀明]

福祉用具給付貸与

介護保険の居宅サービスの中に位置づけられる．居宅での要介護者・要支援者に対して，日常生活の自立を助長するための用具および機能訓練のための用具の貸与を行うこと．厚生省（現厚生労働省）が定める福祉用具の貸与の種目には，車椅子，特殊寝台（付属品を含む），褥瘡予防具，体位変換器，手すり，スロープ，歩行器，歩行補助杖，痴呆性老人徘徊感知機器，移動用リフト（つり具の部分は除く）があげられる．なお，入浴または排泄介助で活用される福祉用具は，衛生的配慮から貸与になじまないため，特定福祉用具として居宅介護福祉用具購入費を支給する．[綾部貴子]

福祉用具専門相談員

厚生労働大臣の指定する［福祉用具専門相談員指定講習会］40時間を修了した者を福祉用具専門相談員という．講習の内容は，老人保健福祉に関する基礎知識（2時間），介護と福祉用具に関する基礎知識（20時間），関連領域に関する基礎知識（10時間），福祉用具の活用に関する実習（8時間）である．福祉用具の貸与を行う指定事業者は，利用者にあった福祉用具の選定・相談等を行う専門相談員を2名以上置くことになっている．この専門相談員は，介護福祉士，社会福祉士，看護師，理学療法士，作業療法士等の有資格者と福祉用具専門相談員指定講習会修了者とされている．

[米津三千代]

福祉用具の研究及び普及の促進に関する法律

心身の機能低下により日常生活に支障のある高齢者や障害者の自立を促進し，介護者の負担を軽減するため，介護ベッドや車椅子，移動用リフトなどの福祉用具の研究開発・普及を促進することを目的とした法律で，1993（平成5）年に制定された．厚生大臣（現厚生労働大臣）と通商産業大臣（現経済産業省）は，福祉用具の研究開発・普及促進のための基本方針を策定し，国は必要な財政・金融上の措置等を講じ，地方公共団体は福祉用具の展示，相談等の援助等を行い，製造業者は福祉用具の品質の向上，苦情の適切な処理等に努めるなど，それぞれの立場での責務が定められている．

[植戸貴子]

腹膜透析（CAPD）（持続携帯式腹膜透析）

CAPDは，末期腎不全の治療法の一種であり，腎臓の機能を人工的に代替することである．その原理は，腹膜を半透過膜として溶質の拡散を行い，腹腔内に注入する灌流液の浸透圧差を用いて水分と溶質を除去する．身体障害者福祉法が規定する内部障害の腎機能障害に規定される治療法の一種として認められている．その方法は，腹腔内に埋め込んだチューブを通して一日に四回（朝，昼，夕方，就寝前），30～40分かけて自分で実施する．そのため，自宅や会社でも実施

可能なので，特別な装置を用いて病院でしかできない血液透析と違って，自分の生活と合わせて無理なく行える利点がある． ［安岡文子］

藤木訴訟

入院中の藤木氏（原告）は，夫も療養中のため居住地の東京都江戸川区福祉事務所から生活保護を受給．後，夫は他の女性と与野市に転居．与野市福祉事務所は氏も同一世帯として，氏の障害厚生年金を収入認定し保護を取り消した．氏は入院地を管轄する東京都北多摩西部福祉事務所（後，武蔵村山市福祉事務所，被告）に対して保護申請を行ったが却下された．氏は，婚姻関係はすでに破綻し世帯同一とみなすことはできないと主張し，1969（昭和44）年8月，東京地方裁判所に対して当該行政処分の取消を求め訴訟を起こした．これが藤木訴訟（第一次藤木訴訟）である．東京地裁は，1972年12月，原告の主張を認め被告の行った行政処分を取り消す判決を下した． ［木村 敦］

扶助の種類

生活保護法第11条，同条2項により，生活・教育・住宅・医療・介護・出産・生業・葬祭の8種類の扶助が規定されている．それぞれの具体的な範囲は第12条から第18条までに定められ，その方法は第30条から第37条までに規定される．医療扶助および介護扶助が現物給付の方法を原則とし，それ以外の扶助は金銭給付を原則としている． ［木村 敦］

婦人相談員

売春防止法に規定される婦人相談所と配偶者からの暴力の防止及び被害者の保護に関する法律（通称：DV防止法）に規定される配偶者暴力相談センターに配置されている．基本的業務は，売春防止法に基づき，要保護女子の発見に努め，相談に応じ，必要な指導を行い，およびこれらに付随する業務とともに，DV防止法の制定にともない，DV被害者支援の中核的役割を担うなど，女性の人権全般についての相談や自立支援も担っている． ［真鍋顕久］

婦人相談所

婦人相談所は，売春防止法に基づき設置されているが，社会情勢の変化や個人の意識変革にともない，多岐にわたるさまざまな相談に対応しており，売春行為や離婚，家庭内不和など社会生活を営む上で困難な問題を抱える女性からの相談を受けるとともに，一時避難の場についての情報提供や，必要に応じて一時保護を行うなど，当該女性の更生・援助を図ることを目的とした機関である．配偶者からの暴力の防止及び被害者の保護に関する法律によって，平成14年（2002）年度から配偶者暴力相談支援センターの業務を併せもった機関となっているところも多い． ［真鍋顕久］

婦人保護施設

(facilities for women in need of protection)

売春防止法第36条に基づいて設置されている施設である．婦人保護施設への入所措置は婦人相談所による委託で，その目的は要保護女子（性行または環境からみて売春を行うおそれのある女子）に対し，自立更生を図るために生活・職業指導や授産・就職指導などを行う．また，2002（平成14）年からは，配偶者からの暴力被害者の保護を行うことができることとなった（DV法）．入所者は要保護女子のみでなく，近年は精神障害者や知的障害者など多様化し，かつ高齢化が重複し，自立更生が困難なケースが増加している．設置は，都道府県の任意となっている．2007（平成19）年調査（厚労省）現在，全国で50ヵ所．→売春

防止法　　　　　　　　［合田　誠］

ブース，W.
(英 Booth, William; 1829-1912)
救世軍の創設者として有名．少年時代に家庭没落の経験をしている．もとはキリスト教プロテスタントの一派であるメソディスト派の牧師であったが，26歳で牧師をやめ，36歳のときに独立の宗教団体を設立．この団体を率いて伝道活動を中心に行っていたが，貧困者救済の慈善活動を展開するにあたり，49歳のときに団体名を救世軍と改称している．この救世軍は後に世界的な組織をもつにいたっている．→救世軍　　［前田芳孝］

ブース，C.
(英 Booth, Charles; 1840-1916)
「科学的貧困調査の創始者」とよばれる．穀物商の子として生まれ，後に船会社の社長となる．貧困問題に対して早くから関心をもち，40歳以降には私財をなげうってロンドン貧困調査を実施し，社会階層論的手法を用いて分析を行い，貧困原因の社会性を導きだした．さらにその結果を1903年に『ロンドン市民の生活と労働』(Life and Labour of the People in London)［全17巻］にまとめて出版するとともに，無拠出老齢年金制を提案するなど，社会政策・社会福祉の重要性を説き，20世紀初めのイギリスの救貧行政に多大な影響を与えた．→ロンドン貧困調査　　［前田芳孝］

不正受給
要保護状態にないにもかかわらず，生活保護を受給すること．1980年，暴力団関係者の不正受給事件が問題化し，これをきっかけに厚生省（当時）は「生活保護の適正実施について」（123号通知）を発布し，資産調査の厳格化等による生活保護の「適正化」を推し進めた．その名目として掲げられたのが「不正受給防止」である．だが，不正受給はごくわずかな例外に過ぎないことに注意しておく必要がある．2010年度現在，不正受給額は128億7千万円で，保護費総額（3兆3千億円）の0.38％に過ぎず，不正受給件数は25,355件で，受給件数全体の1.8％とごくわずかである．［砂脇　恵］

二葉保育園
1890年に私塾新潟静修学校に日本で初めての託児施設が開設された．二葉保育園は常設保育園の最初のものである．1900（明治33）年，貧民幼稚園として福祉的性格を備えた二葉幼稚園が，野口幽香，森島峰によって東京の下町に開設された．定員100名，5クラス編成で保育内容は一般の幼稚園に準じたが，早朝から夜遅くまで3歳未満児も預かった．保育料は無料であったが毎日1銭をもってこさせ，そのうち5厘をおやつ代，5厘を義務貯金とするなど開拓的な実践を行った．1915（大正4）年に内務省の所轄となり二葉保育園と改称した．子どもや親たちへの愛が二葉の精神として，その後に一般化していく保育園という名称とともに受け継がれている．→野口幽香　　［高橋紀代香］

普通徴収（介護保険）
介護保険の第1号被保険者の保険料の徴収方法には，特別徴収と普通徴収の2つの方法がある．普通徴収とは，老齢退職年金を受給していない者または一定額未満の老齢退職年金受給者について，市町村が直接納入の通知をし保険料を徴収する方法をいう．普通徴収の場合には，配偶者および世帯主も，保険料を連帯して納付する義務を負う．特別徴収の対象になるのは，2000年度で老齢退職年金の年金額が年額18万円未満の者のほか，老齢福祉年金，障害年金，遺族年金の受給者等である．→第1号被保険者（介護保険），特別徴収　　［寺本尚美］

フッゲライ (Fuggerei)

　フッゲライ（フッガー家が建設した貧困家庭用集合住宅）はドイツ南部のバイエルン地方（バイエルン州）の代表的都市アウグスブルク（Augsburg）の旧市街地に存在する．この住宅は当時，ヨーロッパ第一の豪商であったアウグスブルク出身のヤーコブ・フッガー（Fugger, J., 1459-1525）によって建てられた．その入居条件は敬虔なカトリック信者で勤勉な貧者となっている．この集合住宅は52棟あり，その敷地内には施設専用の教会・小庭園・小広場・噴水や当時（15世紀）の生活の様子を再現したフッゲライ博物館（Fuggerei Museum）がある．また，現在も品行方正な貧しいカトリック信者の人びとにわずかな家賃で住居が提供されている．　　　　［成清美治］

不登校児対策

　不登校児とは学校において，いじめ，体罰，校則などの管理逃避・拒否のように自分の意志で行かない場合や，腹痛，嘔吐などの身体症状などの神経症的原因により学校に行けない子どものことをいう．その他，文部省（現文部科学省）が30日以上の長期欠席児童生徒を不登校児ととらえる場合もある．不登校児対策として1991年より「ひきこもり・不登校児福祉対策モデル事業」が実施され，児童相談所や児童養護施設，情緒障害児短期治療施設などの機能を活用したり，ふれあい心の友訪問援助事業，不登校児童宿泊等指導事業などの各種事業を展開している．民間ではフリースクール，ホームエデュケーションの取り組みもある．
→メンタルフレンド　　　　　［合田　誠］

フードスタンプ法
（Food Stamp Program）

　アメリカ連邦政府による低所得者対象の食料扶助プログラムである．資産や所得が一定の基準に満たない個人や世帯に対して，政府から認定を受けた一般の食料品店で利用できる食料品購入のためのクーポン券（バウチャー）支給制度である．2008年，補足的栄養支援（Supplemental Nutrition Assistance Program：SNAP）に名称変更された．所得制限があり，さらに，16歳から60歳までの稼働能力者に対しては，就労あるいは所定の職業訓練に参加していることが義務づけられており，その要件を欠くと受給資格が剥奪される場合がある．
　　　　　　　　　　　　　　［高間　満］

不服申立て⇒審査請求，再審査請求

部分浴

　認知症老人，長期臥床や体力低下等の理由により入浴できない時に身体の一部分のみを湯につけて洗う行為．この方法により清潔効果があがる．また局所の保温だけではなく，湯の温度，時間を工夫することにより全身保温効果も望める．身体的に疲労させず精神的に爽快感を与えることができる．代表的なものとして足浴，手浴がある．就寝前に行うことによって睡眠を誘導する作用もある．
　　　　　　　　　　　　　　［吉田悦み］

普遍主義 (universalism)

　社会政策や社会福祉の基本的な制度的枠組みを示す概念である．福祉サービスを求めるすべての人びとが「いつでも，誰でも，必要な時に必要なサービスが利用できる」ことが望ましいという考え方．近年，わが国の社会福祉においては「選別主義から普遍主義」への転換が図られ，普遍主義は「社会保険給付」や「福祉サービス」をうけるさいに個別の資産調査（ミーンズテスト）を必要としない福祉制度改革の基本的な原理のひとつとなっている．　　　　　　［荒井　緑］

プライエボリー（デンマーク）

デンマークでは「社会支援法」（1974制定・1976年施行）が国民すべての福祉サービスに関する法律であった．しかし，時代の経過とともに同法が国民生活の実態と乖離するようになってきた．なかでも高齢者ケアサービスはこれまでプライエム（高齢者居住施設）を中心に施設ケアサービスが展開されてきたが，国民のニーズと乖離するようになった．そして，「施設ケア」から「在宅ケア」へのケアサービスの政策転換により，プライエムの存在そのものが疑問視されるようになった．1987年には生活支援法が改正され（実施は1988年），プライエムの新設が禁止された．また，同年には高齢者の住宅（プライエボリー）に関する設計基準を設定した「高齢者住宅法」が制定された（実施は1988年）．こうしてデンマークの高齢者ケアサービスは，プライエムからプライエボリー（スタッフが24常駐して介護サービスを行う介護付住宅）に移行することとなった．このプライエボリーの特徴はプライエムのように「居住（施設）」と「ケア」が一体化しているのではなく，「住宅」と「ケア」が分離したものとなっている．しかも，ケアの主導権は住人にあり，ユニットケア（少人数の居住空間でのケア）を主体とした生活空間（「住まい」）である．なお，1998年には「社会支援法」が廃止され，新たに「社会サービス法」等が制定され，社会福祉の抜本的な「改革」が実施された． ［成清美治］

プライマリ・ヘルスケア
（primary health care）

WHO（世界保健機構）の「2000年までにすべての人に健康を」というスローガンに基づいた事業．個人や家庭の健康を保持するため，地域にあって最初に機能し，継続的に対応していく「主治医」的な役割を担う医療システムのこと．疾病に対して迅速かつ適切で有効な対応（治療，他機関への紹介など）を行い，障害や慢性疾患については継続的な療養やリハビリテーションを施行する．地域における総合的，継続的，全人的医療の実現を目的としている． ［田中誉樹］

フラストレーション（frustration）

欲求不満，欲求阻止とよばれている．個人の欲求が何らかの理由により，充足できないこと，あるいはそのような状態をさす．フラストレーションへの対応として，攻撃的適応機制，逃避的適応機制，防衛的適応機制があげられる．これらはそれぞれ独立して機能するのではなく，複雑に関連しあいフラストレーションに対応していくのである．利用者のフラストレーションの原因や，強さ，あるいは利用者特有の適応機制はどのようなものか，理解を深めることが重要である．
［小﨑恭弘］

ブラットショー，J.
（英 Bradshaw, J.; 1944-）

現在，イギリスのヨーク大学教授（社会政策・社会福祉学部）で，イギリスの社会（福祉）政策の研究者であるが，ニーズ論の研究家として著名である．彼は，社会（福祉）政策論の中核であり，社会福祉サービスの考え方の基本的概念である，ソーシャル・ニーズを異なる4つの視点から分類した．それは，以下の通りである．① 規範的ニード（normative needs）：専門家や専門職あるいは行政官や社会科学者等によって，それぞれの状況において定められたニードをいう，② フェルトニード（felt need）：ニードがあることを本人が，自覚している場合で「欲求（want）」と同等である．③ 表出的ニード（expressed need）：フェルトニードが，サービス利用者によって行動（申請）に移される場

合のことをいう．④ 比較ニード（comparative need）：サービスを受けている人と同じ状況にありながらサービスを受けていない人びとがいる場合，それらの人びとはニードをもつ人びとであるとする．この場合，個人レベルと地域レベルで比較を行う．主論文「ソーシャル・ニードの分類法（taxonomy of social needs）」（1972）． ［成清美治］

❧ プラトン
（ギリシア Platôn; BC427-347）

ギリシアの哲学者でソクラテスの弟子．彼の思想の特徴は，真の本質は日常生活を超えたところにあるという「イデア論」（理性によってのみ認識される実在）である．また，エロス（憧憬）は人間の本性であり，イデアの世界である現象界と英知界と2つの世界を結ぶものであるとしている．そして，人間の魂は3つの部分から出来ており，魂の第1の部分の位置を下腹部とし，役割を欲望であり，対応する階級を職人とした．魂の第2の部分の位置を横隔膜とし，役割を激情（勇気）であり，対応する階級を軍人とした．魂の第3の部分の位置を頭とし，役割を理性であり，対応する階級を政治家とした．このよう人間の魂を3つに分類した．彼は個人の魂を社会（国家）にもあてはめ，知恵（政治にあたる）・勇気（防衛にあたる）・節制（生産にあたる）を個人の国家に対する3つの魂とした．これが，プラトンの国家観である． ［成清美治］

❧ フリーター
日本で正社員・正職員以外の就労形態（契約社員・契約職員・派遣社員・アルバイト・パートタイマーなどの非正規雇用）で生計を立てている人を指す言葉．和製の造語（「フリーランス・アルバイター」の略称）である．『労働経済白書』における定義は，"年齢15歳〜34歳の卒業者（学生は含まれない）に限定し，女性は未婚の者．アルバイトやパートで働いているか，現在無業の者は家事も通学もしておらず「アルバイト・パート」の仕事を希望する者"をいう．恒常的なアルバイトを主な収入源とする人とほぼ同義である．2004年で213万人．2013年で182万人となっている． ［加納光子］

❧ ブリーフサイコセラピー
（brief psychotherapy）

心理療法を短期間で終結させようとする各派の治療に対する態度・方法の総称．もともとは精神分析の簡易型療法を萌芽とし，その後1960年代からはシステム理論を背景とするアメリカのパロアルトの精神研究所（MRI）を中心に発展している．標準型の精神分析が終結までに長期間を要し，費用面でも大きな負担となりがちなのに対して，ブリーフサイコセラピーは治療期間が短く，また病理モデルではなく小さな変化を目標とする点で効果的かつ効率的な療法である．最近では，心理臨床の他にも，福祉，教育，医療などの幅広い分野で注目されている． ［岩崎久志］

❧ ふれあいいきいきサロン
地域を拠点に，住民である当事者とボランティアとが協働で企画し，内容を決め，共に運営していく仲間づくり活動をいう．全国社会福祉協議会が命名し，市区町村社会福祉協議会をはじめとして急速に広がっている．活動は，おしゃべりやゲーム，体操，趣味活動とさまざまであるが，これらの小地域福祉活動が結果として高齢者の閉じこもり解消としての効果があることから，介護・痴呆予防活動として注目されている．また，近年では，障害者，子育てサロンとしても広がりをみせている．→介護予防・生活支援事業，閉じこもり症候群 ［藤井博志］

ふれあい型給食サービス

自宅でひとり暮らしをしている概ね65歳以上の高齢者などを対象として、月1～4回の頻度で地域住民ボランティアらによる配食活動を実施したり、会食会活動を通して利用者が地域住民と一緒に会話を楽しみながら食事をすることを目的として展開されている給食サービスのひとつ。利用者の食生活を支援することはもとより、地域住民とのコミュニケーションを通して、利用者の社会的・心理的孤立感の解消や社会参加の促進、さらには住民相互のネットワーク形成などの役割を果たすサービスとして位置づけられている。

[神部智司]

ふれあいのまちづくり事業

地域福祉総合推進事業として、1991（平成3）年に創設された国庫補助によるモデル事業。市区町村社会福祉協議会が指定され推進する。具体的には、地域福祉総合相談としての「ふれあい福祉センター」、要援護者への住民や専門機関による支援チーム活動としての「地域生活支援事業」、住民参加活動や在宅福祉サービスの開発実施などの「住民による地域福祉事業」、「福祉施設協働事業」の4つのメニューを地域福祉活動計画等により総合的に推進する。なお、この事業では地域福祉コーディネーターが配置される。

[藤井博志]

プレイセラピー⇒遊戯療法

ブレインストーミング

人びとがお互いに批判することなく自由に、できるだけ多くの意見を出し合い、他のメンバーの意見によって自分の考えを発展させ、互いに啓発しあうことによって、より新しい独創的アイディアや創造性を高めていく方法をブレインストーミングとよぶ。社会福祉計画に関する技法のひとつであり、地域福祉計画において用いられる。討論メンバーは、ほぼ5～7人程度が適当で、各メンバーが平等の立場にあることが重要である。出された意見を整理して、具体的目標の集約、問題解決のための方向性を得る。

[松久保博章]

フレクスナー

(Flexner, A. 1866-1959)

アメリカの教育学者。1915年に開催された全米慈善・矯正会議において「ソーシャルワーカーは専門職業か」という題目で講演し（「フレクスナー報告」）、ソーシャルワークの専門職業性に一石を投じた。この報告は専門職業としてのソーシャルワークのその後の展開に大きな影響を与えた。

[成清美治]

フレーベル，F.W.

(独 Fröbel, Friedrich Wilhelm August; 1782-1852)

幼稚園の父とよばれる。ドイツの教育思想家である彼の教育思想は、子どもの内に宿っている善なる神性をゆがめることなく発現・助長させることを基本理念としている。そのためには家庭での教育、とくに母親から子どもへの教育が重要であるとし、乳幼児期の子どもに対しては「決して命令的・規定的・干渉的であってはならない」とした。また、子どもの遊びにおける教育的意義を重要視し、「恩物」（Gabe＝神から与えられたもの）と名づけた一連の遊具を考案し、普及させ、その教育理念を母親が学ぶための「幼児教育指導者講習科」とよばれる学校をつくった。そして講習を受けた女性が子育てを実践し、遊戯と作業を中心とする保育によって子どもの創造性を発展させるための集団保育施設を設立した。それが1840年に「キンダーガルテン（幼稚園）」とよばれる幼児教育施設となり、世界の幼稚園の原形とされてい

る．彼の「恩物」はその教育思想とともに世界的にひろがっていった．［吉弘淳一］

💠 フロイト，S.
(オーストリア Freud, Sigmund; 1856-1939)

オーストリアの神経学者で，自由連想法を用いた精神分析技法を創始した．彼は神経症の治療を通じて，人間の心の無意識的な領域について考察し，欲望（イド）・自我（エゴ）・超自我（スーパーエゴ）という精神構造とその力動的葛藤を明らかにした．また，人間の本能の働きを重視し，本能が生物学的な種の保存と自己の保存を統合した生の本能（エロス）と，生きるための欲求を解消し無の状態に帰ろうとする死の本能（タナトス）から成ると考え，エロスを維持しようとする心のエネルギーをリビドーと名づけ，幼児期から性欲が存在するとの汎性欲論を展開し，批判も多かった．
［田辺毅彦］

💠 ブローカー
(human service broker)

クライエント（福祉サービス利用者）と社会資源との仲介機能を果たす人をブローカーという．仲介機能は，調停機能，代弁役割・権利機能，ケアマネージャー（ケースマネジャー）機能と並んで，ソーシャルワークにおけるクライエントと諸資源とを結びつける機能のひとつである．活動方法には，面接によって，クライエントのニーズや問題をとらえたうえで，ソーシャルワーカーの所属機関がその問題解決に適さない場合，他の適した機関・組織を紹介するリファーラル（紹介）や，他の機関・組織にクライエントのニーズが満たされるように交渉・調整する方法がある．
［加納光子］

💠 プログラム規定説

憲法についてのひとつの学説．法的権利説（具体的権利説）と比較される．「プログラム」はこの場合，宣言（的条項）の意である．社会保障制度に関していうと，憲法第25条は，生存権を中心とする社会権・社会権的基本権について，その存在を，国民に対して，一般的な宣言として示したものに過ぎないとする説ということになる．したがってそこからは，国民は憲法第25条をよりどころとして社会保障給付を請求する具体的権利をもち得ない（具体的権利は各種給付を規定した個別法に基づいて発生する）という一定の結論が導き出される．
［木村　敦］

💠 プロセス・ゴール⇒コミュニティワークの評価

💠 プロセスレコード
(process records)

クライエントとソーシャルワーカーの相互作用過程を明らかにし，実践に役立たせることを目的とする逐語録形式の記録技法である．相互作用場面を後から振り返り，その時のソーシャルワーカー自身の感情や思考，実践場面における判断の根拠について深く考え直したり，関係の相互作用を省察・洞察する．実践に参与しているときの自己の無自覚な傾向性（偏り）を知ることにより，自己の実践を根拠付け，相対化することが可能となる．具体的な項目としては，クライエントの反応（言動・表情・状況等），ソーシャルワーカーが感じたこと・考えたこと，ソーシャルワーカーの対応（言動・関わり・声の調子等），分析・考察（言動の振り返り）等により構成される．
［木村志保］

💠 文書完成検査（SCT）⇒人格検査

へ

併給の調整

一般に併給の調整とは，複数の社会保障給付の受給権がある場合に，重複給付による過剰給付を避けるために給付の調整を行うことをいう．同一の社会保険法内での給付の調整，社会保険各法間での給付の調整などがある．前者の例では，年金制度におけるひとり1年金の原則があり，2以上の年金受給権を同一人が取得した場合，本人の選択により，1年金を受給し他の年金が支給停止される．後者の例では，雇用保険の失業給付の受給権がある人が特別支給の老齢厚生年金の受給権を得た場合，後者が支給停止になるといったことがあげられる．　[鎮目真人]

ベヴァリッジ，W.H.
(英 Beveridge, William Henry; 1879-1963)

イギリスの経済学者．労働次官であった1941年当時，「社会保険および関連サービス各省委員会」の委員長に就任，翌年にはいわゆるベヴァリッジ報告を政府に提出し，第2次世界大戦後のイギリス社会保障制度の確立に貢献した．彼の計画は，社会保険から社会保障制度への転換という意味において画期をなすものであるが，所得再分配の主たる手段を定額拠出―定額給付に固執させたために，給付水準の低下をもたらした．ともあれ，この構想をもとに戦後イギリスにおいて福祉国家が成立されることとなった．
[新家めぐみ]

ベヴァリッジ計画

第2次世界大戦後，イギリス社会再建の柱のひとつとして構想された社会保障制度創設計画をさす．本計画の内容は，1942年にベヴァリッジ個人の名において政府に提出された報告書『社会保険および関連サービス』のうちに示されている．この社会保障制度体系は，雇用の維持，包括的保健・医療サービスの保障，児童手当の支給を前提として，社会保険中心主義（公的扶助と任意保険は補助的機能）により，ナショナルミニマムの原則，対象人口と対象事故についての包括性の原則，定額拠出―定額給付の原則等が貫かれている．　[新家めぐみ]

ベーシックインカム
(Basic Income)

最低限所得保障のこと．頭文字をとってBIとも表記される．日本語では「基本所得」「基本所得保障」など．政府がすべての国民に対して就労の有無にかかわらず生活に必要な最低所得を定期的に国民に支給するシステム．これによって働き方が多様化し，労働意欲が向上すると言う考え方もある．BI思想の初出はトマス・ペイン（Paine, Thomas）の『人間の権利』("Rights of Man")（1791-92）とも言われる．　[成清美治]

ペスタロッチ，J.H.
(瑞 Pestalozzi, Johann Heinrich; 1746-1827)

ルソーの思想に強い影響を受け，貧しい子どもや孤児のための福祉と教育に情熱を燃やしたスイスの教育家．「隠者の夕暮れ」「リーンハルトとゲルトルート」「幼児教育の書簡」などの教育理論の著書がある．「隠者の夕暮れ」の冒頭で，「玉座の上にあっても，木の葉の屋根の蔭に住まわっても，本質において同じ人間」であると記し，すべての人間は生まれながらに平等であると主張した．「リーンハルトとゲルトルート」において民衆の問題の根底には貧困があり，民衆の

救済のためには経済的な自立が必要であると述べ，そのためには民衆への教育が必要不可欠であると主張している．頭と心と手，つまり知的，道徳的，身体的な能力を調和的に発展させることが教育の目的だと考え，その教育は家庭での日常生活において育まれるとし「生活が陶冶する」という言葉を残している．さらに，子どもの知的な能力を伸ばすためには，「幼児の環境にあるいっさいの事物は，思考の刺激として役立つ」として直感教授を主張した．スイスのシュタンツに孤児院を設立し，フランス革命につづく社会混乱によって激増した孤児たちの救済に尽力した．そこでの教育実践から，人為的な方法でなく，子どもを取り巻く自然と，子ども自身の要求といきいきした活動のうちに教育の方法・原理を求めるという近代教育学の基礎的な考えかたを確立した．また教育における家庭の役割，とくに母親の役割を重視し，その思想は彼に師事したフレーベルに受け継がれていく．ペスタロッチによって設立された学校はヨーロッパの教育の中心地となり，後年彼は「スイス国民教育の父」とよばれた． [吉弘淳一]

ベテルの家（いえ）

1978（昭和53）年に浦川赤十字病院の回復者クラブどんぐりの会の有志数名が浦川教会の旧会堂を拠点として，昆布の袋詰め作業から活動を始め，1984（昭和59）年に精神障害のある当事者などの地域拠点活動として，北海道浦河町に設立され，2009（平成21）年に社会福祉法人となった．生活共同体，働く場としての共同体，ケアの共同体と言う3つの性格を有しており，現在は，さまざまな障害をもった，100名以上の当事者が地域で暮らしている．また，小規模授産施設，共同住居，グループホームなどを運営する一方，北海道日高地方特産の日高昆布の通販を始め，海産物，農産物の通販などいろいろな事業を起こしている．そして，認知行動療法を取り入れた「当事者研究」はユニークでかつ，他でも取り入れやすく，また，「三度の飯よりミーティング，安心してサボれる職場づくり，自分でつけよう自分の病気，手を動かすより口を動かせ，偏見差別大歓迎，幻聴から幻聴さんへ，場の力を信じる，弱さを絆に，…」といった独特のユーモアあふれる理念をもっている．毎年1回行われる「べてるまつり」では，「幻覚妄想大会」などユニークな企画が行われている． [加納光子]

ベビーシッター（baby-sitter）

乳幼児の保育所等の送迎，短時間保育，病児保育や家事援助つき保育等，施設保育では対応できないさまざまなサービスを行う人．保育士や看護師等の有資格者が多く，ベビーシッター会社が派遣するものと，個人で直接依頼をうけて行うものがある．1991（平成3）年に（社団法人）全国ベビーシッター協会が設立され，ベビーシッターの育成・普及の研修活動や行政機関との連携が図られてきている．また新エンゼルプランでは多様な保育需要に対応するために，ベビーシッターを利用した場合，その利用料の一部を助成する在宅サービス助成事業が加えられた． [桑名恵子]

ベビーホテル（baby-hotel）

民間の認可外保育施設のひとつで，夜間（概ね20時以降）保育や宿泊保育を行う．認可保育所のように規制がなく預けやすく融通がきくなどの理由で利用する人が多く1970年代に急激に増えた．しかし，法的な規制や指導基準もなく，1980年初頭，劣悪なベビーホテルでの死亡事故が相次ぎ社会的に大きな波紋を及ぼした．1981（昭和56）年，厚生省（現厚生労働省）は行政の立ち入り調査等指導監督の規定による認可外保育施設

の「指導基準」を設定し、各施設の指導にあたらせている。ベビーホテル利用者の実態に対応するため、乳児院や児童養護施設での短期預かり、また認可保育所での夜間保育が実施されることになった。
［桑名恵子］

ベル, D.
(Bell, Daniel; 1919-2011)

西洋文化の支配的な形態としてのモダニズム（近代主義ともいう。伝統的な枠組にとらわれない表現を追求した，20世紀初めに起こった芸術運動）を拒否し，モダニズムに対抗するものとして宗教の重要性に着目した．また，「イデオロギーの終焉」論（先進資本主義諸国における「豊かな社会」の到来とともに，階級闘争を通じた社会の全面的変革という理念はその効力を失ったとする論）は世界的な流行語ともなり，脱工業社会の概念を用意したことでも知られる．『ポスト工業化社会の到来』の中で，脱工業化の時代には「新しい知識階級」が，金融や情報に関する新しい技術を駆使しながら，組織運営の様式も経済外的諸要因を配慮する「社会学化様式」に変わっていくとした．コロンビア大学社会学部教授（1959-69），ハーバード大学教授（1969-90）を務めた． ［加納光子］

ヘルシンキ宣言

「インフォームド・コンセント」の考えが生まれる直接的な契機ともいえる事象である．1964年，フィンランドのヘルシンキにて，第18回世界医師会が行われ，医学の進歩のために人体実験は不可欠であることを認めた上で，被験者個人の利益と福祉を科学や社会に対する寄与よりも優先するべき，という原則が定められた．これらは，主に医師が守るべき倫理的原則の採択であったが，加えて，患者の権利（選択や自由意思）としてのインフォームド・コンセントが確認されている． ［青木聖久］

ヘルスツーリズム
(health tourism)

健康の増進・回復につながる旅行のこと．「NPO法人日本ヘルスツーリズム振興機構」は，「『健康・未病・病気の方，また老人・成人から子供まですべての人々に対し，科学的根拠に基づく健康増進を理念に，旅をきっかけに健康増進・維持・回復・疾病予防に寄与する』もの」と定義している． ［成清美治］

ヘルスプロモーション
(health promotion)

1986年にWHO（世界保健機構）がオタワ憲章の中で提唱した概念で，「人びとが自分の健康をコントロールし，改善することができるようにする過程」であると定義されている．この定義からもわかるように，ヘルスプロモーションにおいては，健康を単なる個人の心身の状態と考えるのではなく，個人および社会全体の幸福の健全な追求のための重要な資源であると考える．また健康を，専門家が疾病の予防や治療を行うことで人びとに提供するものではなく，地域住民一人ひとりがそれぞれの生活の場で自らのライフスタイルに問題意識をもち，お互いに協力しあって主体的に実現していくものであるととらえている．行政や保健，医療の専門家は，適切かつ十分な情報を提供し，必要なサービスを提供することで，住民を支援するのである．ヘルスプロモーションとは，このような住民主体の健康増進過程をさしている．
［田中誉樹］

ベルタランフィ, L.
(Bertalanffy, L. von; 1901-1972)

オーストリア出身の理論生物学者．サイバネティックやシステム工学その他の関連分野の出現に先だって最初に導入さ

れた一般システム理論を唱えた人である．ウイーン大学卒業後，同大学教授を務めた．1947年オタワ大学に移り，以後，南カリフォルニア大学などいくつかの大学で勤務した．1967年，アメリカ精神医学会名誉会員となる．一般システム理論は人間，集団，社会の活動を探究しようとする包括的な理論的枠組みで，精神分析とともに米国精神医学における基本的準拠枠である．システムは相互に作用しあう要素の集合と定義され，物質，社会，人間，諸科学等すべてシステムと考えられる． ［加納光子］

ベンサム, J.
（英 Bentham, Jeremy; 1748-1832）

功利主義の実践家．ドイツ思想の観念論と異なってイギリスの思想は経験を重視した政治思想と結びついていた．功利主義思想もこうした状況から生まれたのである．

功利主義の創設者であるベンサムは，快楽こそ人間が求める最高の価値（幸福）であるという考えを展開した．すなわち，彼の考える功利主義とは「最大多数の最大幸福」を原理とした個人の幸福と社会全体の幸福の調和を意図する考えであり，彼は快楽の量的差異によって善悪を図ろうとする快楽の計算を試みた．しかし，のちに同じ功利主義者のJ.S.ミルがこれを批判して，量的差異と質的差異の区別を明らかにした．

このように，ベンサムの功利主義は社会全体の幸福を優先するもので，個人の幸福を優先するものではない．［成清美治］

便失禁

便が無意識または不随意に排出される状態．肛門は内肛門括約筋（平滑筋―不随意筋）と外肛門括約筋（骨格筋―随意筋，横紋筋），そして肛門挙筋（骨格筋）によって閉じている．便意があっても排便を抑制できるのは後2者の収縮による．認知症や脊髄圧損傷など大脳から脊髄までの神経路に何らかの障害があると，意識的な排便抑制ができなくなり便失禁が生じる． ［谷　康平］

ほ

保育教諭

2012年の「改正認定こども園法」によって創設された，学校と児童福祉施設の機能を併せもつ「幼保連携型認定こども園」に配属される，幼稚園教諭普通免許状と保育士資格の両方を有する者．2019年までは特例制度としてどちらか一方の条件のみを有する者でも勤務できることとなっている． ［成清美治］

保育計画

保育所における全体的な計画を保育計画という．それぞれの園の保育目標とそれを具現化した望ましい子ども像に向かってどのように保育を進めていくのか，0歳から6歳までの全在所期間を見通した計画で，指導計画（年間・期間・月間）の基本となるものである．各年齢の子どもの姿，保育のねらいと内容，保育士の援助などにより構成され，系統的で一貫性がなければならない．保育計画は保育所の全職員と保護者の子どもたちへの願いや思いが集約され，日常保育のより所となるところに作成の意義がある．同時に家庭や地域との連携のあり方についても基本的方針を明確にすることが，多機能化する保育所の保育計画として必要なことである． ［高橋紀代香］

保育士

保育所，乳児院，児童養護施設等，児

童福祉施設で児童の保育にあたる職員．従来は保母とよばれ女性の職種であったが，1977（昭和52）年から男性にも門戸が開かれた．1998（平成10）年の児童福祉法施行令改正で1999（平成11）年より男女共通名称の保育士となった．資格は厚生労働大臣の指定する保育士養成学校を卒業した者，または都道府県知事が行う保育士試験に合格した者である．保育士は子どもの権利を守り成長を援助し確かなものにしていく専門職として，保育活動に必要な専門的知識・技能の修得が必須である．同時に児童虐待に象徴される子どもたちの危機的状況に対して心の傷を受容する力，地域住民の子育ての相談に応じる力など，資質の向上が求められている． 　　　　［高橋紀代香］

保育所

児童福祉法に基づき保育に欠ける乳幼児を保育することを目的とする児童福祉施設であり厚生労働省の管轄である．養護と教育が一体となったところに保育所保育の特性があり，保育は保育士が担当する．保護者の労働などを保障し，同時に子どもの心身の健全な発達を図ることを基本的機能として，育児と仕事の両立のためにさまざまな保育ニーズに応えている．また，非定型的機能として家庭育児の支援により，家庭や地域の育児力を再生していく役割を担っていくことが期待されている．2010（平成22）年現在，約2万2,900ヵ所，202万人が入所しているが，都市部を中心にとくに3歳未満の待機児童の解消が緊急の課題である． 　　　　［高橋紀代香］

保育所運営費

入所児童の保育を行うのに要する費用であり，児童福祉法改正前の措置費に該当する．入所児童を保護し，その育ちを保障する保育所の営みに要する費用である．一般に保育所最低基準を維持するための費用になっている．保育所運営費は，児童処遇費，職員処遇費，施設維持管理費を中心に構成され，市町村長が入所した児童数に応じて支弁するが，その全部または一部を扶養義務者から所得に応じて保育料として徴収する．保育所運営費と徴収金との差額は国と地方自治体で負担する．保育料の徴収基準は市町村税と所得税とを手がかりに各自治体が決定している． 　　　　［桜井智恵子］

保育所等における第三者評価

①保育所，②児童養護施設，③母子生活支援施設，④乳児院の第三者評価事業が公正・適切に実施されるよう「児童福祉施設における福祉サービスの第三者評価事業の指針」がだされ（2002年4月局長通知），保育所においても保育サービスの質を確保するため保育第三者評価を導入した．評価基準は評価対象・評価分類・評価項目から構成され評価対象についてみると，Ⅰ．子どもの発達援助，Ⅱ．子育て支援，Ⅲ．地域の住民や関係機関等との連携，Ⅳ．運営管理となっている．第三者評価は保育サービスの提供事業者が第三者評価機関を選んで受ける自主的なもので，自らの保育の質を点検するという姿勢での取り組みが大切である． 　　　　［高橋紀代香］

保育所における情報提供

情報提供は，改正児童福祉法（1997）における特色のひとつである．これまでは市町村が保護者の労働等の事由により保育に欠けると認めた児童について保育所が措置することになっていた．しかし今回の改正で市町村に保育の実施責任は残しつつ保護者に情報を提供し，保護者が保育所を選択できることになった（第48条の2）．保護者が希望する保育所を決める時の判断材料として，市町村および各保育所から保育所の施設，設備および運営の状況，保育内容等が情報として

提供される．そして，保育に支障がない限りにおいて地域住民の家庭保育に関する相談に応じたり助言を行うことが定められた．　　　　　　　　［桜井智恵子］

保育所併設型民間児童館

原則として，保育所と同一敷地内に併設された児童館．就労家庭等の支援の一環として乳幼児の保育と小学校低学年児童への遊びの指導および保護を一体的に行うもので，就労家庭の多様な保育および就学児童の健全育成の一層の向上を図るものである．放課後，行き場のなくなった卒園児たちのため，また「きょうだい一緒に迎えに来られる」という保護者のニーズに応え，園独自の自主事業として進めてきたところが多い．（財団法人）こども未来財団のモデル事業であったが，2000（平成12）年より国庫補助事業となった．時間延長開館（必要に応じて夕食の供与），日曜・祝祭日の利用供与，地域住民との交流などを行うことが求められている．　　　　［高橋紀代香］

保育所保育指針

厚生省（現厚生労働省）児童家庭局が1965（昭和40）年に作成した保育所における保育内容の指針．保育所における保育内容の一層の充実を図る目的で通知された．1990（平成2）年，2000（平成12）年の改定を経て，2008（平成20）年に3度目の改定が行われた．この改定により，保育指針はこれまでの局長通知から厚生労働大臣による告示となった．改定の背景として，地域における子育て支援の活動の活発化，保護者の多様なニーズに応じた保育サービスの普及，2006（平成18）年の保育所と幼稚園の機能を一体化した「認定こども園」制度の創設，就学前教育の充実，ワーク・ライフ・バランスの実現における保育所への期待等，保育所をめぐる環境の変化がある．新保育指針では，保育所の役割の明確化，保育の内容の改善，保護者支援，保育の質を高める仕組みが示された．　　　　　　　　　［桑名恵子］

保育相談支援

「保育所保育指針」は，保育所が「各地域や家庭の実態等を踏まえるとともに，保護者の気持ちを受け止め，相互の信頼関係を基本に，保護者の自己決定を尊重」（同指針第4章の1）して子育て支援を行われなければならず，また保育所が「日常の保育に関連した様々な機会を活用し子どもの日々の様子の伝達や収集，保育所保育の意図の説明などを通じて，保護者との相互理解を図るよう努め」（同上）なければならないことを定めている．また指針は，地域住民のための相談支援機関であるべきことも定めており（同章の3），これらが現段階での保育相談支援と考えられる．［成清美治］

保育ソーシャルワーク

保育の現場において地域の在宅子育てに対する相談・援助活動が求められ，さまざまな実践が行われている．これらをソーシャルワークの一領域，保育ソーシャルワークとして位置づけ子育て支援活動を確かなものにしていくことが重要になっている．また，在園児たちの生活実態は厳しいものがあり，園児への支援とともに家族への支援，保護者との関係づくりや育児力を培う個別のかかわりも緊急の課題である．これらに対してもソーシャルワークのプロセスを取り入れた方法が工夫されている．さらに地域子育て支援として保育所のもつ社会資源の活用，他の専門機関への橋渡し，子ども集団や保護者集団の活用，子育て支援グループの育成，地域の子育てネットワークの形成等，多くの実践が期待されている．保育所保育は保育士などが保育ソーシャルワークの専門性を高めることにより，さらに充実したものとなっていくで

保育対策等促進事業

これまで「特別保育事業」として地域の保育ニーズに応えてきたが2005年4月より「保育対策等促進事業の実施について」（厚生労働省雇用均等・児童家庭局長通知）により「特別保育事業実施要綱」が「保育対策等促進事業実施要綱」と改正された．

この事業の内容は①一時・特定保育事業，②乳児保育等促進事業，③地域子育て支援センター事業，④休日・夜間保育事業，⑤待機児童解消促進事業，⑥保育環境改善等事業の6事業でありそれぞれに実施要綱が定められている．②の中に障害児保育円滑化事業・保育所体験特別事業が加わり，⑤の中に送迎保育ステーション試行事業・家庭的保育事業・認可化移行促進事業・分園推進事業が加わり，⑥の中に保育サービス提供施設設置促進事業・保育所障害児受入促進事業・放課後児童クラブ障害児受入促進事業・分園推進事業・認可化移行環境改善事業・放課後児童クラブ設置促進事業が加わった． ［高橋紀代香］

保育に欠ける児童

1951（昭和26）年児童福祉法改正時に，保育所と幼稚園の混同を避けるため，第39条に「保育に欠ける」との文言を入れ，保育所入所対象児の限定を図った．保護者が労働や疾病，看護などのために終日乳幼児の世話ができない状況におかれている子ども．1997（平成9）年改正児童福祉法第24条には，「保育に欠けるところがある場合において，保護者から申込みがあったとき」保育を市町村の責任とし，市町村が乳幼児を措置する方式から保護者が希望する保育所を選択して利用する方式に変更された．保護者から申込みがない乳幼児については，市長村は原則的に保育の実施責任を負わない．改正法ではこれによっておきる不都合を避けるため，保育が必要と報告通知をうけた乳幼児の保護者に対し，市長村は保育の実施の申込みを行うよう干渉を行わなければならないと規定している．

［桜井智恵子］

保育ニーズ

昨今の保育ニーズの多様化にともない，保育所・幼稚園もこれに応える必要が生まれている．保育ニーズとして，乳児保育，保育時間の延長，夜間保育，休日保育，産休明けからの保育，一時保育，特別な配慮を必要とする子どもの保育などがある．とくに共同体の教育機能の低下をうけて家庭が養護機能を一身に引きうけるため，支援が必要となっている．各保育機関では地域社会の保育ニーズを的確にとらえ，個々の保育を組立て実現することが望まれる．また，地域保育センターとして地域住民，医療，福祉関係機関，学校とのネットワークを形成し，連携課題を明確にして役割分担を図る必要がある． ［桜井智恵子］

保育の実施

保護者の申込みをうけ，保育の実施を行うのは市町村である．保育の実施に関する条例準則第2条によると，保育の実施に該当する保護者の状態は，①居宅外で労働することを常態としていること，②居宅内で当該児童と離れて日常の家事以外の労働をすることを常態としていること，③妊娠中であるかまたは出産後間がないこと，④疾病にかかり，もしくは負傷し，または精神もしくは身体に障害を有していること，⑤長期にわたり疾病の状態にある，または精神もしくは身体に障害を有する同居の親族を常時介護していること，⑥震災，風水害，火災その他の災害の復旧に当たっていること，⑦市［町村］長が認める前各号に類する状態にあること，となって

防衛機制 (defense mechanism)

対人関係における欲求不満や葛藤状態から生じる不安の回避のため無意識的に働く心理メカニズムのこと.①抑圧:否定的な欲求や衝動の記憶の非意識化,②合理化:失敗などの自己正当化,③同一視:他人の思考,感情の追体験による心理的安定感,④投影:他人の否定的な欲求や衝動に対する非難,⑤反動形成:欲求とは正反対の行動や態度形成,⑥逃避:引きこもりや病気,⑦置き換え:代理の対象に向けられた感情,⑧補償:得意な分野による劣等感の回避,⑨昇華:攻撃や性的衝動などの高次の形態による実現,⑩退行:心理状態がより未発達な段階に逆戻りすること. ［田辺毅彦］

放課後子どもプラン

2007年から厚生労働省と文部科学省の連携によって実施されることになった.この背景には,子どもを取り囲む環境のいちじるしい変化とともに子どもが巻き込まれる事件が相次ぎ起こり,子どもの安全をいかに守るのかが大きな課題となっていることがある.従来の厚生労働省が管轄する放課後児童健全育成事業(放課後児童クラブ)や文部科学省が管轄する地域子ども教室を連携し,市町村が実施主体となった「放課後子どもプラン」を推進していく.今後,両方の事業のためのコーディネイターを配置し,できる限り一体化の運営に発展させることがねらいである. ［吉弘淳一］

放課後児童健全育成事業

児童福祉法第6条の3第6項に定められている,児童居宅生活支援事業のひとつで,「放課後児童健全育成事業とは,小学校に就学しているおおむね10歳未満の児童であって,その保護者が労働等により昼間家庭にいない者に政令で定める基準に従い,授業の終了後に児童厚生施設等の施設を利用して,適切な遊びおよび生活の場を与えて,その健全な育成を図る事業をいう」と明記されている.すなわち,共働き家庭の増加にともない,下校後に放置される低学年児童を児童館や児童遊園の資源を使い,遊びの指導を通して児童の自主性,社会性,および創造性を高めようとする健全育成活動である.今後の充実が望まれる.その利用の促進については,児童福祉法第21条の11で市町村に責務が課せられている. ［立川博保］

膀胱留置カテーテル

尿道から挿入したカテーテルを膀胱内に留置し,持続的に尿を排泄する方法である.その目的は,①排尿障害のために頻回に尿道にカテーテルを挿入する必要がある場合,②手術創や床ずれなど腹部・背部から陰部周辺に傷がある場合の汚染防止や清潔保持,③手術後の安静保持である.挿入中の注意点は,①感染防止のために清潔保持,水分摂取,膀胱内に尿を停滞させないこと,②尿の量や性状,流出状態などの尿の観察,③膀胱の萎縮等長期留置の弊害を防ぐため,必要がなくなればやめることなどである. ［山本明美］

報酬比例年金

被保険者の報酬(賃金)に比例して社会保険料を拠出し,その拠出に応じて給付額が定まる年金制度.日本では,民間の被用者が加入する厚生年金と公務員・私立学校教職員が加入する共済年金制度がこれに当たる.基礎年金における給付は一般的に定額給付で最低生活保障を目的としているが,報酬比例年金は被保険者の所得に比例した給付によって従前の生活水準を維持する目的を有している.ただし,生命保険会社などによる私的年

法人成年後見人

成年後見制度において，財産管理や身上監護などの幅広い後見事務に対応できる専門的知識・能力・体制を備えた法人を後見人に選任した方が適切な場合，家庭裁判所は，その適格性を勘案したうえで法人を成年後見人に決定することができる．従来の禁治産制度において是非が不明確であった法人が後見人になることについて，2000（平成12）年の民法改正において法定化された．法人の資格は，別段制限がなく，社会福祉法人，公益法人，営利法人でも可能であり，とくに住民福祉活動を進めてきた市区町村社会福祉協議会への期待が高い．[手島 洋]

法定給付

社会保険制度において，保険者が必ず実施しなければならない旨，法律に規定された保険給付のこと．任意給付に対する語．そのうち，必ず実施しなければならない給付を絶対的法定給付，特定のやむをえない事情が存在する場合には行わないこともできる給付を相対的法定給付とよぶ．前者に，健康保険法・国民健康保険法等に規定される療養の給付，健康保険法上の傷病手当金の支給等，後者に，国民健康保険法上の葬祭費・出産育児一時金の支給等がある． [木村 敦]

法定雇用率

「障害者の雇用の促進等に関する法律（障害者雇用促進法）」に基づき，民間企業，国及び地方公共団体に課されている身体障害又は知的障害をもつ人の雇用割合．1998年7月1日より常用労働者数56人以上規模の一般民間企業は1.8％，48人以上規模の一般企業特殊法人は2.1％，職員数48人以上の国，地方公共団体は2.1％，職員数50名以上の都道府県等の教育委員会は2.0％となっている．重度身体障害又は重度知的障害をもつ人についてはそれぞれ1人の雇用をもって，2人を雇用しているものとみなされる．2005年の改正では，精神障害者も算定対象となった（短時間労働者の場合は0.5人カウント）．2010年7月より短時間労働（週所定労働時間20時間以上30時間未満）も対象となった．[伊藤葉子]

法的権利説

憲法についてのひとつの学説．具体的権利説ともよばれる．社会保障制度に関していうと，「プログラム規定説」が，憲法第25条は単なる宣言的条項であって，国民に具体的な権利を賦与したものではない，とするのに対して，憲法第25条はそれそのものがすでに社会保障給付に関する請求権等の具体的権利を賦与したものであり，国民は憲法25条をよりどころとして（個別法の規定を待つことなくても）具体的に各種社会保障給付を請求する権利を有する，とする．

[木村 敦]

報徳社

二宮尊徳の思想による農民扶助のための相互融資機関．尊徳は，「宗教とか道徳とかいうものは，ただ生きんとする欲望から出発した生活の手段であり」，「レールである」，「これに縛られて却って人類の幸福を妨げる」と，天道人道論を展開し，道徳に経済を融合させた．1843（天保14）年，小田原に結成されたのが始まり．1876（明治9）年，岡田左平治らは遠江（とおとうみ）に報徳を結成する．明治の初めには全国に広がり，1924（大正13）年には，大日本報徳社の結成に至る． [米津三千代]

方面委員制度

慈善事業から社会事業への転換を特徴

づけるものとして，前者における救済を成立させていた「隣保相扶」という共同体的連帯の崩壊を再編しようとする方面委員制度の導入があげられる．ドイツのエルベルフェルト制度をモデルとして，当時，大阪府知事（林市蔵）のブレーンであった小河滋次郎によって創設された方面委員制度は，市町村の小学校区域をひとつの単位として，その区域における関係市区町村吏員や警察吏員，学校関係者などに方面委員を嘱託し，国民の生活状況を調査した上で貧困を発見し，救済するという方法をとった． [新家めぐみ]

訪問介護 (home help service)

ホームヘルプサービス．介護保険の居宅サービスの中に位置づけられる．対象者は，居宅（軽費老人ホームおよび有料老人ホーム，その他の厚生省（現厚生労働省）が定める施設の居室も含む）の要支援者や要介護者である．介護福祉士や訪問介護員（ホームヘルパー）等がその者の居宅に訪問し，身体介護（食事の世話，入浴，清拭，排泄，着脱衣など），生活援助（調理，洗濯，掃除，買い物など），日常生活上での相談および助言などの援助を行うこと．在宅福祉3本柱のうちのひとつ．ゴールドプラン21では，2004年度までに訪問介護員の整備目標値を35万人としている．→ゴールドプラン21，老人ホームヘルプサービス事業 [綾部貴子]

訪問看護 (visiting nurse)

介護保険の居宅サービスの中に位置づけられる．対象者は，主治医によって治療の必要性が認められた，居宅の要支援者や要介護者に限定されている．老人訪問看護ステーションの看護師，保健師等がその者の居宅に訪問し，療養上の世話，または，必要な治療の補助を行う．具体的なサービス内容としては，病状観察や床ずれ処置，清拭・洗髪，カテーテル等の管理，ターミナル・ケアなどがあげられる． [綾部貴子]

訪問入浴介護 (visiting bath service)

（訪問）入浴サービス．介護保険の居宅サービスの中に位置づけられる．対象者は，居宅での入浴が困難な要介護者等である．内容としては，訪問介護員（ホームヘルパー）がその者の居宅に訪問し，入浴介護を行う場合と，浴槽やボイラーなど入浴器具を積んだ訪問入浴車に同乗してオペレーターや看護師，介助員が訪問し，入浴器具を提供，入浴介護を行う場合がある．訪問入浴介護には，身体の清潔の保持や移動の面で利用者の疲労負担が少ないこと，環境の変化がないため心身機能が維持できること，家族の介護負担の軽減などのメリットがある． [綾部貴子]

訪問リハビリテーション (visiting rehabilitation)

介護保険の居宅サービスの中に位置づけられる．対象者は，主治医によって治療の必要性が認められた居宅の要支援者や要介護者に限定されている．利用者の基本的な動作能力や本来もっている心身の機能の維持回復を図り，日常生活の自立を助長することを目的としている．具体的には，PT（理学療法士），OT（作業療法士）等が居宅に訪問し，理学療法（マッサージ，筋力トレーニング等）や作業療法（ゲームや絵画などを通じてのADL訓練）等の必要なリハビリテーションを行う． [綾部貴子]

ボウルビー報告

イギリスの児童精神科医であり，精神分析学を学んだボウルビィ（Bowlby, John; 1907-80）は，1950年にWHOの嘱託となり，施設入所の影響についての調査を依頼され，翌年1951年に報告

書を提出した．そのなかで，ホスピタリズムの原因と症状を示したともいえるマターナル・デプリベーション（Maternal Deprivation）の概念について述べ，母親（あるいは生涯母親の役割を果たす人物）との人間関係が暖かくて親密で継続的で，満足と幸福感に満たされていれば乳幼児の精神衛生は良くなるが，このような人間関係が欠如している子どもの状態のことをいうとした．この状態に陥った子どもの発達は例外なく遅れるが，すべての子どもが愛情欠損的精神障害を示すとは限らない．しかし，乳幼児期における施設での生活体験が，一般的には，人格の成長に有害であると述べた．
[加納光子]

保健医療サービス

保健医療サービスとは，保健（健康維持）と医療（治療）に関連する施策，サービスをいう．保健サービス提供機関は，「地域保健法」に定めている保健所，市町村保健センター等となっている．また，医療サービス提供機関は，「医療法」に定めている病院，診療所，助産所，老人保健施設等となっている．そして，保健医療サービスに従事する専門職として，医師，歯科医師，保健師，看護師，薬剤師，管理栄養士，臨床検査技師，エックス線技師，そして，社会福祉専門職である医療ソーシャルワーカー，介護福祉士等を挙げることができる．従来，保健と医療のサービスは個別対応であったが，高度経済成長以降の生活環境と生活形態そして疾病構造の変化によって，効果的・効率的サービスを提供するために保健・医療に加えて福祉の連携が必要となった．この保健・医療・福祉の連携を具体化したものが介護保険制度である．
[成清美治]

保健・医療サービス法（スウェーデン）

スウェーデンでは，1982年にこの「保健・医療サービス法」（The Swedish Health and Medical Services Act）を制定した．同法では，「全ての国民が健康を確保し，医療が平等に提供されることを目的とする．医療の供給に関しては，全ての国民の平等と尊厳が尊重されなければならない．また，保健医療は最も必要な人びとに優先的に提供すべきである」（第2条）とその目的を定義づけている．すなわち，保健医療サービスは国民に対して良質な医療を平等に提供することである．なお，保健医療サービス提供の責任は，国・県・地方自治体となっている．
[成清美治]

保険給付

社会保険制度は，一定の条件のもとに制度に包括した（制度を適用した）者（被保険者）に対し，あらかじめ法律等で設定した傷病，失業，出産，生計支持者の死亡，老齢，障害などといった生活上の事故（保険事故）にさいして，現物（医療，葬祭等）または現金（金銭）の形でさまざまな給付を行う．これを保険給付とよぶ．健康保険法や国民健康保険法等に規定された療養の給付は上記現物給付であり，国民年金法・厚生年金保険法等に基づく各種年金給付や医療保険各法上の傷病手当金，出産手当金，出産育児一時金などは現金（金銭）給付である．
[木村 敦]

保健師

保健師助産師看護師法に規定されている専門職で，1993（平成5）年の改正により男子も資格取得が可能となった．保健師国家試験に合格し厚生労働省の免許をうけ，保健師の名称を用いて保健指導にあたる．勤務先は大半が保健所や市

町村保健センターで，ついで病院，診療所，学校，事業所等である．健康の保持増進，疾病の予防，早期発見・早期治療などを主な役割として，具体的な活動内容は健康相談，健康教育，家庭訪問による育児指導，在宅患者の看護指導，高齢者援助等でその活躍が期待されている．

[高橋紀代香]

保健師助産師看護師法

1947年制定．保健師，助産師及び看護師の資質を向上し，もって医療及び公衆衛生の普及向上を図ることを目的とする．保健師の業務内容は，厚生労働大臣の免許を受けて，保健師の名称を用いて保健指導に従事することであり，助産師は，厚生労働大臣の免許を受けて，助産又は妊婦，じょく婦若しくは新生児の保健指導を行うことを業とする女子のことである．看護師は，厚生労働大臣の免許を受けて，傷病者若しくはじょく婦に対する療養上の世話又は診療の補助を行うことを業とする者である（法第1条から第4条）．

[成清美治]

保健事業

国民健康保険法に規定された各種事業のこと．①被保険者の健康の保持増進のための事業（健康教育・健康相談・健康診査等），②被保険者の療養環境の向上のための事業（療養用具の貸付け等），③保険給付のために必要な事業（国保病院・診療所の設置・運営等），④被保険者の療養・出産のための費用に係る資金の貸付け等の事業，に大別される．これは，国民健康保険法が，単に医療費の保障だけでなく医療供給体制の整備にまで踏み込んでいることの証であるが，市町村は現実には財政状況逼迫のさなかにあって十分に整備できない状態にある．

[木村 敦]

保険事故

社会保障制度に関していうと，社会保険制度に包括された者（制度の適用をうけた者，被保険者）は，その生活において，あらかじめ法律等で規定された傷病，出産，失業，老齢，障害，主たる生計支持者の死亡などといった一定の事由（生活事故）に遭遇した場合，それらに対応して現物または現金（金銭）の形で，法律等に基づいて給付（保険給付）をうける権利を有する．これらの給付（保険給付）をうける権利を発生させる生活上の事故・事由が一般に保険事故とよばれている．

[木村 敦]

保険者

保険の経営主体として，保険料を徴収し，保険事故が発生した場合に保険給付を支給し，事業の管理運営を行う者．社会保険では，国，地方公共団体あるいはそれらに代わって保険事業を営むことを認められた公法人が保険者となる．具体的には，国民年金，厚生年金，船員保険，政府管掌健康保険，雇用保険，労働者災害補償保険の保険者は政府であり，国民健康保険，介護保険の保険者は市町村である．また，組合管掌健康保険の保険者は健康保険組合である．一方，私保険の保険者は，株式会社，相互会社，共同組合等の民間の機関である．

[寺本尚美]

保健所

地域における保健，衛生活動の中心的役割を担う機関．医師，薬剤師，保健師，助産師，看護師，精神保健福祉士など，各領域の専門家がおり，療養指導，療育相談，健康診断，伝染性疾患の予防，訪問活動，個人や家族に対するカウンセリングなどを行う．地域保健法第5条に規定するもので，市または特別区が設置することとなっている．その目的は，地域における保健，衛生活動を行

う. [田中誉樹]

保険料

保険の加入者が保険給付に要する費用の財源として保険者に支払う料金. 保険事故発生率を基礎とし, 収支相等の原則を適用して数理的に計算される. 私保険の保険料は個々の被保険者のリスクの程度に応じた個別保険料だが, 社会保険の場合は, 被保険者の年齢・性・職業等を問わず被保険者全体のリスクの程度に応じた平均保険料が採用される. さらに, 社会保険では, 被保険者の負担能力に応じて費用を負担する応能主義の保険料をとるのが一般的である. これらの保険料を, 被用者の場合は被保険者と事業主が折半負担し, 自営業者の場合は本人が全額負担する. [寺本尚美]

保険料納付済み期間

公的年金の加入期間のうち, 定められた保険料を実際に納付した期間. 基礎年金の場合, 加入可能期間が原則として40年なので, その期間のうちで実際に保険料を納めた期間が保険料納付済み期間となる. また, 厚生年金の場合は, 適用事業所の被用者となってから原則として満65歳未満までが加入可能期間なので, その期間のうちで実際に保険料を納めた期間が保険料納付済み期間となる. 保険料納付済み期間については, 保険料免除期間や保険料未納・滞納期間とは異なり, 給付に関してペナルティが設けられることはない. [鎮目真人]

保険料免除期間

基礎年金の第1号被保険者であった期間のうち, 法定免除か申請免除によって保険料納付の免除をうけた期間をいう. 法定免除は, 障害基礎年金または被用者年金の1級・2級の障害給付受給権者や生活保護法の生活扶助受給者など国民年金法で定められた要件に該当する場合に認められる. 申請免除は, 年間所得が一定額以下の低所得者や学生が都道府県知事に免除申請をして承認をうけた場合に適用される. 免除期間も加入期間とされるが, その期間については老齢基礎年金の給付額が減額される. [鎮目真人]

保険料率

健康保険, 厚生年金保険等の被用者保険において保険料は, 標準報酬月額および賞与等の金額に一定の割合を乗じて算出することとなっている. この割合を保険料率という. 現行の保険料率は, 協会健康保険が1,000分の96.3～106.1, 厚生年金保険が1,000分の183である. さらに上記2制度においては, 標準報酬月額および賞与等の金額に保険料率を乗じて得た金額を労働者(被保険者)と使用者(事業主)とが折半して負担することとなっている. なお, 組合管掌健康保険において保険料率は, 各組合が自主的に定めることとなっている.

[木村 敦]

歩行介助

歩行は人にとってもっとも基本的な移動行動である. その歩行に何らかの障害が生じることは, 日常生活に重大な支障をきたすこととなる. 最初の段階では安全に歩行できるよう介助し, その後, 段階的に自立に向け介助していく行為を歩行介助という. 状態により杖や歩行器を使用する場合もある. [吉田悦み]

保護観察

地方裁判所の管轄区域ごとに設置されている保護観察所(本庁50ヵ所)で実施されるもので, 1号観察(家庭裁判所の決定により保護観察に付された者)から5号観察まで区分された5種類の対象者に向けて行われる制度である. 保護観察所に所属する保護観察官と民間篤志家である保護司の協働体制による「指導監

督」と「補導援護」等を通じて対象者の改善更生を図る．懲役刑など矯正施設における施設内処遇に対して，対象者を実社会で生活させながら地域社会の資源等を活用して処遇することから社会内処遇ともよばれる．→保護観察官，保護司，更生保護法　　　　　　　　[倉持史朗]

保護観察官

医学・心理学・教育学・社会学その他の更生保護に関する専門知識に基づき，保護観察，調査，生活環境の調整その他の犯罪者および非行少年の更生保護，犯罪予防に従事する国家公務員で，保護観察所と地方更生保護委員会の事務局に配置されている（更生保護法31条）．保護観察所に配属する保護観察官は，主として保護司との「協働態勢」によって対象者の処遇や生活環境の調整等を行うが，2007年12月から始まった「更生保護における犯罪被害者等施策」により被害者等への相談・支援を専任する保護観察官も同観察所に配置されることとなった．→保護観察，保護司　　　　　　[倉持史朗]

保護観察所

法務省設置法および更生保護法に基づいて設置される法務省の地方支分部局で，犯罪や非行を犯し家庭裁判所の決定により保護観察となった少年，刑務所や少年院から仮釈放となった者，保護観察付の刑執行猶予となった者に対して保護観察を行う機関である．また，保護観察所では，刑務所や少年院に収容されている者が釈放後に立ち直りに適した環境の中で生活できるように，本人と家族等と融和を図り，就職先を斡旋するなど，その受け入れ体制を整えておくための環境調整を行い，刑務所や少年院を満期釈放になるなど刑事上の手続きによる身体の拘束を解かれた者に対しては，必要に応じて更生緊急保護の措置を行うほか，犯罪・非行予防等の啓発活動を行っている．→保護観察，保護観察官　[木村志保]

保護基準

生活保護法第8条の「保護は，厚生労働大臣の定める基準により測定した要保護者の需要を基とし，そのうち，その者の金銭又は物品で満たすことのできない不足分を補う程度において行うものとする」という規定に基づき，厚生労働大臣が告示（「生活保護法による保護の基準」）の形で定める生活保護の基準．これが日本で現実に保障される「最低生活」の程度ということになる．このうち，生活扶助基準の算定方式は，「マーケットバスケット方式」「エンゲル方式」「格差縮小方式」と変遷し，現在では「水準均衡方式」が採用されている．

[木村　敦]

保護司

保護司は，保護司法に基づき，法務大臣から委嘱された非常勤の国家公務員である．ただし，実費以外の給与は支給されず無給であり，実質的には民間のボランティアといえる．任期は2年である．業務内容は，保護観察官で十分でないところを補うことである．保護観察を受けている人と接触をもち，生活状況を把握した上で，立ち直りに必要な指導や家族関係，就学・就職に対する助言を行うほかに，社会復帰を果たすときの調整・相談も行う．実践した援助内容については，報告書にまとめ，保護観察所への報告書提出が求められる．　　[真鍋顕久]

保護施設

生活保護法第38条に，救護施設，更生施設，医療保護施設，授産施設，宿所提供施設の5種類が規定されている．うち，救護施設と更生施設は生活扶助を行うための施設である．生活扶助は居宅で行われることが原則であるが，例外的な施設入所保護がこれらにおいて行われ

る．医療保護施設は医療扶助を行うための施設である．授産施設は生業扶助を行うための施設である．生業扶助は金銭給付が原則であるが，例外的な現物給付による扶助を行うための施設がこれである．宿所提供施設は住宅扶助を例外的に現物給付の方法で行うための施設である．

[木村　敦]

保護者

精神保健福祉法第20条に，「保護者」規定が設けられている．これは，精神障害者の人権尊重，権利擁護の観点から，身近にあって精神障害者に適切な医療と保護の機会を提供する役割を果たす者に関する規定で，① 後見人又は保佐人，② 配偶者，③ 親権を行う者，④ その他扶養義務者の中から家庭裁判所が選任した者，の順位で選任されることとなっており，① を除いては順位変更も可能である．なお，この規定の名称は1993年の精神保健法改正以前は「保護義務者」であったこと，さらに，1999年の精神保健福祉法改正により，精神障害者の自己決定権を尊重する趣旨から，自らの意思で医療を受けている者（任意入院者・通院患者）が保護の対象から除外されている．

[青木聖久]

保護受託者制度

児童福祉法第27条第1項第3号に規定されているように「保護者のない児童又は保護者に監護させることが不適当であると認められる児童で学校教育法に定める義務教育を終了したものを自己の家に預り，又は自己の下に通わせて，保護し，その性能に応じ，独立自治に必要な指導を希望する者」を保護受託者という．つまり，児童養護施設などを退所した子どもを対象に社会生活への適応性を高めたり，独立自治に必要な職業能力を与えることを主な内容としている．委託期間は1年以内とされ，委託期間が終了しても継続は可能としている．保護受託者は年々減少しており，委託児童も減少し続けている．また，保護受託者制度は里親制度に対して通称「職親制度」ともよばれている．

[竹田　功]

保護処分 (educative measures)

家庭裁判所の少年審判により，非行行為のあった少年に対し決定される教育的，福祉的要素のある保安処分（社会を保安する目的で刑事罰の代替として，または補充として用いられる処分）のこと．処分内容は少年法第24条第1項に，① 保護観察所の保護観察に付す，② 児童養護施設または児童自立支援施設への送致，③ 少年院への送致と規定されている．これらの処分が一般の保安処分と異なるのは，少年法の理念でもある健全育成を目的とし非行性の除去と社会復帰への援助という点である．処分決定に対して少年・保護者は抗告権を有する．→少年法，非行

[合田　誠]

保護請求権

保護請求権とは，単に，たとえば「生活保護の申請書を提出する権利」のみを認めているという趣旨ではない．これには大別して3つの権利内容が含まれている．すなわち，① 保護そのものが権利である（権利性，実体的権利），② 保護の申請から実施に至る一連の手続き過程が権利に基づいている（手続的権利），③ 決定内容に不満がある場合に不服申立てや裁判上の救済手続をとることができる（行政争訟権，自己貫徹の権利），である．これは，戦前の救護法，戦後になっても旧生活保護法では認められず，現行生活保護法のもとで初めて認められた．

[木村　敦]

保護の補足性の原理

生活保護第4条において，保護は，生活困窮者が自らの資産・労働能力等をそ

の最低生活の維持のために活用することを要件として実施されること、また、親族扶養や他法による扶助は保護に優先することを定めた原理．要保護世帯の資産（稼働収入・預貯金・その他資産）や労働能力の活用、別世帯の親族からの仕送りや他の制度の給付額を充てても、最低生活費を下回る場合に、その不足する部分を生活保護によって補うことを意味する．保護の要件は資産・能力の活用のみであり、とくに親族扶養に関しては、現になされる扶養（仕送り）が保護に優先されるにとどまる．したがって、扶養義務者の存在を理由に保護の適用をしないという解釈・運用は法の趣旨に反する．

[安部行照]

保護率

人口1,000人にしめる生活保護受給者（被保護者）の割合のことで、千分比（‰ パーミル）で表す．保護率は一般に、景気変動や低所得層の状況などの経済的側面、少子高齢化や家族機能などの社会的側面、社会保障制度の動向、生活保護行政の運用状況などの制度的側面によって変動する．保護率は1951年度の24.2‰を最高値として長らく減少傾向をたどってきたが、最低値を記録した1995年度の7.0‰を底に、以降増加を続けている．2012年7月現在（速報値）は16.7‰に達した．保護率の国際的動向（2010年現在）をみると、ドイツ97‰、イギリス92.7‰、フランス57‰で、先進諸国の中でも日本の保護率はいちじるしく低い．

[砂脇 恵]

母子及び父子並びに寡婦福祉法

1964（昭和39）年法律第129号．この法律は1964（昭和39）年7月に母子福祉法として制定・施行され、1981（昭和56）年6月の改正により母子家庭の母であった寡婦に対しても福祉の措置がとられるよう規定されるに及んで現行名となった（1982年4月施行）．本法は「母子家庭及び寡婦に対し、その生活の安定と向上のために必要な措置を講じ、もって母子家庭及び寡婦の福祉を図ること」（第1条）を目的としている．この法律によると児童とは20歳未満をいい、母子相談員の設置、母子福祉資金・寡婦福祉資金の貸付、母子家庭・寡婦居宅介護等事業、母子福祉施設その他の措置について規定している．

[安部行照]

母子家庭・寡婦・父子家庭介護人派遣事業

1975（昭和50）年より、配偶者のない女子（母子家庭の母親）が、疾病その他の理由により日常生活などに支障が生じた場合、乳幼児への保育や食事の世話、専門的知識をもって行う生活及び生業に関する助言・指導などを供与する介護人が派遣される．当初は母子家庭のみが対象であったが、1982（昭和57）年からは父子家庭、1986（昭和61）年には寡婦というように対象が拡大された．
→母子及び寡婦福祉法，母子・寡婦福祉資金

[合田 誠]

母子家庭自立支援給付金

母子家庭自立支援給付金は、配偶者のない女子で現に児童を扶養しているものの雇用の安定および就職の促進を図るため、各都道府県・市・福祉事務所設置町村において実施されている給付金である．母子家庭自立支援給付金事業として、次の①から③がある．①「自立支援教育訓練給付金事業」：母子家庭の母の主体的な能力開発を支援するもので、雇用保険の教育訓練給付の受給資格を有していない者が指定教育講座を受講し、修了した場合、経費の一部が本人へ支給される．②「母子家庭高等技能訓練促進費事業」：看護師、介護福祉士等の資格取得を目的として2年以上養成機関で修業する者に対する生活費としての経済支

援．③「常用雇用転換奨励金事業」：有期で雇用している母子家庭の母を，常用雇用への転換に向けた職業訓練（OJT等）を行い，職業訓練開始後6ヵ月以内に常用雇用に転換し，その後6ヵ月間継続して雇用した事業主に対しての経済支援．　　　　　　　　　　　［真鍋顕久］

母子家庭の母の就業の支援に関する特別措置法

2003年より施行された．第1条「この法律は，最近の経済情勢の変化により母子家庭の母の就業がいっそう困難となっていることにかんがみ，支給開始後一定期間を経過した場合等における児童扶養手当の支給が制限される措置の導入に際して，母子家庭の母の就業の支援に関する特別の措置を講じ，もって母子家庭の福祉を図る」ことが目的である．これによって，2008年3月31日までの期間，その就業の支援に特別な配慮がされなければならないこととなった．
　　　　　　　　　　　［吉弘淳一］

母子家庭等就業・自立支援センター事業

2003（平成15）年に「子ども・子育て応援プラン」において定められた母子家庭の就業相談，就業支援講習会の実施，就職情報の提供等，一貫した就業支援サービスを行うセンターを設置する事業．全都道府県・指定都市・中核都市に設置することが義務づけられ，2007（平成19）年には99カ所が設置された．この事業の背景には，母子家庭の急増等の新しい時代の要請に対応するため，2002（平成14）年に「母子及び寡婦福祉法」が改正され（2003年より施行），2003（平成15）年には「母子家庭の母の就業の支援に関する特別措置法」が成立したこと等があげられる．本事業も，これらの法律に基づき行われた母子家庭の自立支援策のひとつである．［川島典子］

母子家庭等日常支援事業

母子家庭および父子家庭を対象として，病気，自立のための就学，冠婚葬祭その他の社会的事由により，一時的に介護，保育などのサービスが必要な母子家庭および父子家庭に，家庭生活支援員の派遣，または家庭生活支援員の居宅等の方法によって，必要な介護・保育を行う事業．サービス内容には，乳幼児の保育や居住の掃除，食事の世話，生活必需品の買い物などが含まれる．実施主体は地方公共団体（都道府県または市町村）であり，費用については，国と地方公共団体が2分の1ずつ負担している．なお，この事業の一層の普及・利用促進を図るため，2002（平成14）年の母子及び寡婦福祉法の改正において，従来の「居宅介護人等事業」という名称を「日常生活支援事業」に改称するとともに，事業の実施場所を拡大するなどの改善を図った．
　　　　　　　　　　　［吉弘淳一］

母子・寡婦福祉資金

「母子及び父子並びに寡婦福祉法」の第10条および第19条の2に規定される母子及び寡婦福祉資金貸付制度をいう．これはもともと1952（昭和27）年に制定された「戦争犠牲者遺族に対する母子福祉資金貸付制度」に基づいてはじまり，1964（昭和39）年の「母子福祉法」の制定にともない同法に取り込まれた経緯がある．貸付は都道府県および指定都市，中核市が実施主体となり，経済的自立の助成，扶養している子どもの福祉を増進するために行われている．貸付資金の種類は13種類あり，近年，多く利用されているのは「修学資金」で，全体の7割を越え，以下「修学支度資金」「生活資金」と続いている．→母子及び寡婦福祉法，母子家庭・寡婦・父子家庭介護人派遣事業　　　　［合田　誠］

母子健康手帳

母子健康手帳は一般的に「母子手帳」と呼ばれるものであり，妊婦健康診査の結果や，乳幼児の健診の記録，予防接種の履歴が記載された母子の健康記録として重要なものである．また，妊娠，出産，育児に関する指導・心得なども記載され育児の指導書にもなっている．通常，妊娠した者は，速やかに居住地の市区町村長に「妊娠届」を提出しなければならないが，これによって市区町村長から母子健康手帳が交付される．母子健康手帳は，保育所入所時に，成育過程の把握のために活用されたりもする．

[真鍋顕久]

母子自立支援プログラム策定事業

2005（平成17）年から東京・大坂・指定都市でモデル的に実施され，2006（平成18）年から全国展開された母子家庭の母等の職業的自立を促すための事業．就職の準備段階としての準備講習と，実際の就職に必要な技能・知識を習得させるための無料の職業訓練をセットにした「準備付き職業訓練」を実施するとともに，ハローワークとの連携の下，児童扶養手当受給者の自立・就業支援に活用すべき自立支援プログラムを策定し，これに基づいた支援を行う事業である．福祉事務所等に自立支援プログラム策定員を配置して，個別に面接・相談を実施し，本人の生活状況・就業の取り組み・職業能力開発や資格取得への取り組み等についての状況把握を行って，個々のケースに応じたきめ細かな自立支援プログラムを策定し，確実に自立促進を図っていく．

[川島典子]

母子生活支援施設

児童福祉施設14種の中のひとつで，児童福祉法第38条に定められている．「母子生活支援施設は，配偶者のない女子，又はこれに準ずる事情にある女子及びその者の監護すべき児童を入所させて，これらの者を保護するとともに，これらの者の自立の促進のために，その生活を支援することを目的とする施設とする」とされている．すなわち，夫との死別や離婚・行方不明や暴力からの避難等によって，生活困窮に陥ったり，未婚の出産によって就労できない母子の精神面と生活面の両方から援助し，将来の母子の自立を図る施設である．ひとり親家庭・母子家庭は年々増加傾向にある．

[立川博保]

母子相談員

母子及び寡婦福祉法に基づき都道府県に置かれ，母子家庭及び寡婦に対して相談指導を行う者である．知事は社会的に信望があり，職務を行うための熱意と識見をもっている者のうちから母子相談員を委嘱する．原則は非常勤職員として母子福祉資金・寡婦福祉資金の貸付，生活費，就職など生活上の相談に応じる．社会福祉主事または児童福祉司任用の資格者は常勤の母子相談員となることができ，家庭紛争，児童の養育，結婚といった生活倫理上の問題など，取り扱いの困難なケースの相談にあたる．[高橋紀代香]

母子福祉施設

「母子及び父子並びに寡婦福祉法」に規定された社会福祉施設である．同法の第20条に都道府県，市町村等が母子家庭の母親やその子どもに対し心身の健康を保持し，生活の向上を図るための利用施設と規定している．施設の種類は同法第21条に母子・父子福祉センター（無料または低額な料金で母子・父子家庭に対し各種の相談や生活指導，生業指導を行う施設）および母子・父子休養ホーム（無料または低額な料金でレクリエーションその他休養のための施設）の2種類

の施設を定めている．1999（平成11）年現在，全国で母子・父子福祉センターは74ヵ所，母子・父子休養ホームは17ヵ所ある．また，母子・父子福祉施設は寡婦に対しても準用されている．

[合田　誠]

母子保健

母子保健とは，母親と乳児の健康の保持と増進を図ることであるが，わが国において母子保健施策が具体的に始まったのは戦後の「児童福祉法」（1947）の制定と翌年の母子衛生対策要綱による．しかし，乳児死亡，周産期死亡，妊産婦死亡の改善に取り組んだのは，「母子保健法」（1965）の制定以降である．同法の4つのサービスの柱は，①健康審査 ②保健指導 ③療養援護 ④医療対策となっている．また，同法は1994年に改正され，都道府県と市町村の役割分担の明確化．3歳児検診，妊産婦への訪問指導等が市町村に一元化されることとなった．→母子保健法　　[成清美治]

母子保健法

1965（昭和40）年8月に公布され，翌年に施行された．この第1条「母性並びに乳幼児及び幼児の健康の保持及び増進を図るため，母子保健に関する原理を明らかにするとともに，母性並びに乳児及び幼児に対する保健指導，健康診査，医療その他の措置を講じ，もって国民保健の向上に寄与する」内容は，母子健康手帳の交付，1歳6か月児・3歳児健康診査，保健指導や訪問指導等について規定している．1991（平成3）年，法律の一部改正によって，母子保健に関する知識の普及を都道府県だけでなく，市町村レベルにも義務付け，母子健康手帳の交付事務も翌年から施行された．→母子保健　　[吉弘淳一]

補償⇒防衛機制

補助・保佐・後見

成年後見制度の3つの類型（種類）のことで，判断能力の低下度が軽い方から順に補助・保佐・後見に分けられる．旧制度である禁治産・準禁治産の類型は，それぞれ後見・保佐に名称が変更され，また補助は2000（平成12）年の改正時に新たに加えられた類型である．補助は，軽度の精神上の障害による判断能力低下者を対象としており，被補助人に必要な特定の法律行為のみ補助人が代理でき（残存能力の活用），本人の申立てまたは同意を開始の要件にしている（自己決定の尊重）．また，補助開始の審判のさいには，医師の診断書があれば鑑定書は不用であり，制度利用の利便性を高めている．

[手島　洋]

ホスピス（hospice）

臨死患者に対して，病気の治療（cure）ではなく全人的な関わり（care）を行うことを目的とする施設のこと．死期の迫った患者や老人が，家族やスタッフに支えられながら，自分らしい死の迎え方ができるよう，身体的，精神的にサポートをする．そのために，病気の苦痛を緩和するペイン・コントロールやカウンセリング，家族に対する心理教育的関わりなどが行われる．近年，ターミナルケアに従事するスタッフのバーンアウトがよく問題とされる．常に死と向かい合っていなければならないスタッフの精神的ストレスをいかに和らげていくのかということも重要な問題である．→バーンアウト・シンドローム　　[田中誉樹]

ホスピスケア

治療的効果が期待しにくい患者に対し，できる限り痛みや苦しみを除去し，患者とその家族を身体的・精神的・社会的な側面からケアすること．また，ホスピスケアでは，さまざまな症状の緩和を

めざし、患者の残された時間を意義ある生活が送れるようケアすることに力点があることから、人生の量より質が重視される。
[米津三千代]

ホスピタリズム (hospitalism)

施設病、あるいは施設症といわれる。施設、病院などに長期滞在しているときに起こる、情緒の不安定さや心身の異常などをさす。これらの症状は児童施設を中心に議論されてきたが、知的障害者施設や精神障害者の長期入院においても、同様に重要な課題である。これらの指摘があり、児童福祉施設の保育内容、あるいは他の施設や病院などにおいての生活や指導内容に大きな見直しが図られた。
[小崎恭弘]

補装具

障害者総合支援法第5条第23項に、「『補装具』とは障害者等の身体機能を補完し、又は代替し、かつ、長期間にわたり継続して使用されるものその他の厚生労働省令で定める基準に該当するものとして、義肢、装具、車いすその他の厚生労働省が定めるものをいう。」と規定している。
[成清美治]

補装具製作施設

身体障害者更生援護施設のひとつ。「無料または、低額な料金で補装具の製作又は修理をおこなう」(身体障害者福祉法第32条)施設である。施設長、義肢装具技術員、訓練指導員が配置されている。当該施設が自ら製作した補装具の価格は、基準価格の95%以下とされている。
[相澤譲治]

補足給付制度

イギリスの公的扶助制度は、ベヴァリッジ報告を受け、1948年制定の国民扶助法によって一応その完成をみる。その後、1959年に国民扶助法は改正され、また、1966年には社会保障省法の制定によって扶助の管轄庁であった国民扶助庁が廃止され、新たに補足給付委員会が発足した。これら一連の改革によって成立した公的扶助制度が補足給付制度であり、以来、イギリスでは公的扶助において法的には扶助という語は用いられていない。制度は1988年まで存続したが、同年、所得扶助という新たな給付がこれにとってかわることとなった。[木村 敦]

捕捉率

最低生活水準(わが国の場合、生活保護基準)を下回る状態で暮らす生活困窮者のうち、公的扶助を受給している者の割合のこと。テイクアップレート(take up rate)ともいう。これまでの研究で、わが国の生活保護制度の捕捉率は15～20%程度と推計されてきた。国民生活基礎調査(2007年)をベースに厚生労働省が試算した低所得世帯数に対する被保護世帯数の割合も32.1%にとどまっている。捕捉率の国際的動向(2010年度現在)をみると、フランス91.6%、スウェーデン82%、ドイツ64.6%、イギリス47～90%で、先進諸国の中でも日本の捕捉率はいちじるしく低い。
[砂脇 恵]

母体保護法 (旧優生保護法)

優生保護法(1948年制定)では、「優生上の見地から不良な子孫の出生を防止すること」などが目的であった。この中で、一部の精神疾患や知的障害、身体障害などについて「遺伝を防止するため優生手術を行うことが公益上必要」と医師が認め、都道府県の審査を経れば本人の同意なしに不妊手術が実施できた。このような「優生思想」の部分は障害者差別の助長と人権侵害だとの批判が強く、1996(平成8)年6月に削除され、優生保護法は母体保護法に改正された。同法は、不妊手術および人工妊娠中絶に関

する事項を定めること等により，母性の生命健康を保護することを目的とし，「優生手術」は「不妊手術」に改められた．

[阪田憲二郎]

ポータブルトイレ

便座，バケツ等からなり，移動可能な便器で，居室等に置いて利用が可能であるもの．プラスチック一体型，金属製コモード型，ベッドサイド設置型があり，木製の家具調で見かけのよいものもある．背もたれ，ひじ掛け，洗浄便座，高さの調節といった機能が付いているものもある．トイレまで行けないことや失禁が起こるといった理由で，安易におむつを利用するのではなく，適切なポータブルトイレを選択して利用することにより排泄行為が自分で行えるようになり，身体機能の低下や，自尊心の低下などの心理面への悪影響を防ぐことが期待できる．

[岡本秀明]

補聴器(ほちょうき)

難聴者の耳の聞こえを補助する道具．形によりポケット型（イヤホンと本体をコードでつなぐ），耳かけ型，耳あな（挿耳）型，眼鏡型がある．伝導方法により気導式，骨導式に分けられる．外耳，中耳の障害（伝音性難聴）には前者を，内耳の障害（感音性難聴）には後者を用いる．一般的には気導式が多い．眼鏡型は後者による伝導方式で，音を頭の骨に振動させ伝える．また，増幅（調整）方法によりアナログ式，デジタル式，プログラム式に分けられる．→補装具

[川瀬良司]

ホッブス，T.

(英 Hobbes, Thomas; 1588-1679) イギリスの哲学者．個人主義的あるいは利己主義的幸福主義を唱え，自然法と社会契約に基づく絶対主義を築き，主著『リバイアサン』(1651)にて絶対主義的国家論を述べる．

彼の絶対主義思想の特徴は，人間は本来「万人が万人を敵とする」利己的動物であるから社会契約を行い，国家の主権者に絶対的な権力を与え，平和と福祉を図るべきものであるとした．しかし，ホッブスの利己主義的幸福論に対して，イギリスの道徳哲学者であるシャフツベリー，A.A.C. 等は，これに反対し，人間における利他的な面を重視した．[成清美治]

ボディメカニクス

生体力学ともいわれ，身体の筋肉，骨格，内臓などの各系統間の力学的な相互関係のことをいう．この力学的な相互関係が良好で無理のない状態を良いボディメカニクスという．介護する者は良いボディメカニクスを実践することにより，最小の力で容易に行動することができ，腰痛等から身を守ることができる．また，介護される者にとっても，安全，安楽となる．介護する者は，自分自身と介護される者双方にとって，どのような姿勢や動作をすれば，効果的で無理のない介助ができるのかを知ることが大切である．

[岡本秀明]

ホームケア促進事業(そくしんじぎょう)

要援護老人等とその老人を介護している家族を対象とし，老人短期入所施設，特別養護老人ホームもしくはそれに準ずる施設に滞在させ，家族に介護技術等を習得させることにより要援護老人の在宅生活の維持，向上を図ることを目的とする，老人短期入所運営事業のひとつ．利用期間は，要援護老人は3週間程度の入所，介護者は宿泊を含む7日間程度である．

[所めぐみ]

ホームヘルパー (home helper) (訪問介護員)(ほうもんかいごいん)

自宅での日常生活に困難をともなう高齢者や障害者などを対象として，家庭を

訪問して身体介護や家事援助および相談・助言を行う専門職．老人福祉法の第12条に「老人家庭奉仕員事業による世話」が規定され1963年以降家庭奉仕員と呼称されていた．資格を取得するには，1級課程230時間，2級課程130時間に分けられた都道府県（または指定事業者）が行う訪問介護員養成研修を受講する．社会福祉協議会，社会福祉法人，民間シルバーサービス，NPOなどホームヘルプサービスの供給主体が多様化するに応じて，ホームヘルパーの雇用先も多様化しているが，非常勤やパートの雇用体系が多い．　　　　　　　[鳥海直美]

ホームヘルプサービス (home help service)

1956（昭和31）年の長野県上田市に起源をもつこのサービスは，在宅での身体介護・家事援助の訪問サービスとして，1989（平成元）年のゴールドプラン以降，老人分野を中心に急速に拡大している．1990（平成2）年の福祉8法改正では，老人居宅介護等事業，身体障害者居宅介護等事業・知的障害者居宅介護等事業，児童居宅介護等事業として老人，障害児者への在宅サービスとして第2種社会福祉事業に位置づけられた．また，介護保険制度では「訪問介護」として位置づけられ，精神保健及び精神障害者福祉に関する法律の改正（1999）では，2002年から精神障害者ホームヘルプサービスが実施されることになった．なお，障害者自立支援法との関係においては，同法第5条第2項「居宅介護」において，障害者等につき，居宅において入浴，排せつ又は食事の介護等のホームヘルプサービスを受けることができる．　　　　　　　　　　　　　　　　[藤井博志]

ホームレス (homeless people)

「安定した住居をもたない状態にある」人びとのこと．ヨーロッパでは，路上生活者（roofless people）のみならず，一時的滞在施設（避難所等）入居者，知人等の家を転々とする人びと等も含めた広い概念で用いられるが，日本の場合はroofless peopleに限定して用いられる．日本におけるホームレス数は，2003年の25,296人から，2012年の8,933人にまで減少している（厚生労働省「ホームレスの実態に関する全国調査」）．2012年調査では，路上生活に至った理由に「仕事が減った」（34.0％），「倒産や失業」（27.1％）があげられており，ホームレス問題の主たる要因は，失業・不安定雇用問題にあるといえる．さらに，収入月額は「1万円未満」の者が全体の94％を占めており，いちじるしい生活困窮状態にある．また，ホームレスの人びとの高齢化・長期化が近年の特徴であり，「60歳以上」の者は全体の55.2％を占め，路上生活「10年以上」の者は26.0％ともっとも多く，「5年以上10年未満」の者とあわせると46.2％を占めている．　　　　　　　　[砂脇恵]

ホームレスの自立の支援等に関する特別措置法

1990年代半ば以降，大都市を中心にホームレス状態にある人びとが増加し，ホームレス対策に係る法制化を求める地方からの要請に応える形で，2002（平成14）年8月「ホームレスの自立の支援等に関する特別措置法」が制定された（10年間の時限立法）．同法では，ホームレスを「都市公園，河川，道路，駅舎その他の施設を故なく起居の場所とし，日常生活を営んでいる者」（第2条）と規定し，その自立支援施策の目標として，安定した雇用や居住の確保，保健医療の確保，生活相談・指導の実施，生活保護法による保護の実施，ホームレスの人権の確保等を掲げている．なお，同法の規定に基づき，「ホームレスの自立の支援等に関する基本指針」が策定される

とともに，年に1回，「ホームレスの実態に関する全国調査」が実施されている．

[砂脇 恵]

ボランタリズム（voluntarism）

ラテン語のVOLO（意志する）やVOLUNTAS（自由意志）からきている．ボランタリズムは英語で，"voluntarism"あるいは"voluntaryism"と標記する．前者は哲学や心理学における「理性や知性の働きよりも意志による自発性や自主性を重視する」を意味し，後者は17世紀後半の名誉革命から芽生えた自由への志向による「国家や行政の権力から自立し，自由の立場にある」理念を意味する．　　　　　　　[石井祐理子]

ボランティア（volunteer）

自己の意志を出発点とする「自発性」，権力などに拘束されない「自由性」，自らが活動する「主体性」に基づいて，一人ひとりの人権を尊重し，自らの暮らしを守ること（人）である．18世紀から西欧社会で自らの町を自らの手で守ろうと，独立をめざした市民が「義勇兵」としてボランティアとよばれたことが始まりといわれている．そうした活動は自然に無償性や先駆性，利他性という二次的な要素も持ち合わせる．わが国では1960年ごろから普及しはじめ，現在は福祉現場だけでなく多領域においても大きな期待が寄せられている．なお，社会参加の一形態として高齢者が行う，高齢者ボランティア（シルバーボランティア）の活動にも，期待が寄せられている．　　　　　　　　　　　[石井祐理子]

ボランティアアドバイザー
　　（volunteer adviser）

生活体験，活動を共有する仲間としての共感・視点に立って，これから活動したい人や既に活動をしている人に対する日常的な相談・助言を主な役割とする．学校，職場，地域サークルなどに所属する人は，活動希望者に情報提供やきっかけを与え活動へのつなぎになるような働きかけを行う．一方，病院，福祉施設，ボランティアサークルに所属する人は，活動上の疑問や悩みを抱えるボランティアに対して，同僚や先輩として相談・助言を行う．日頃からボランティアコーディネーターやグループリーダーと協働し連携することが必要である．[石井祐理子]

ボランティア活動保険

ボランティア活動中に，ボランティアがケガをした場合の「傷害保険」と，第三者の身体または財物に損害を与えた場合に見舞金などを支払う「賠償責任保険」が備わった保険．1年間契約や，行事単位契約など活動の内容に合わせて選ぶことができる．最近は，自然災害時のボランティア活動に対する内容も加わり，より安心してボランティア活動ができるよう工夫されている．相談・申込みに関しては，市区町村・都道府県社会福祉協議会が窓口．掛け金は，（たとえば全国社会福祉協議会が実施している保険であれば，）保障に応じて1年間で300円，450円，460円，690円などがある．

[石井祐理子]

ボランティア基金

ボランティア活動を支援する目的で設けられた基金．それを運用して生まれる利息を，ボランティア活動支援資金として配分する．市民の寄付金と行政の出資金を積み立てるものや，企業が出資しているものがある．支援先の決定方法については，規定の申請書類で申し込み，一定の審査を経て支援先や支援金額が決定するというのが一般的である．

[石井祐理子]

ボランティア国際年
(International Year of Volunteers：IYV)

「2001年ボランティア国際年」と標記される場合もある．ボランティア活動は，社会福祉だけでなく国際的にみても人道支援や人権擁護，民主化，世界平和に関するさまざまな分野において，きわめて重要な役割を果たすようになってきた．しかし，一方で，自発性・無償性・先駆性・多様性をともなうとともに非公式で組織化されにくいため，正当な評価がうけにくい現状にある．このようなボランティア活動への環境を整え，その実績を認めるために1997年11月22日に国連総会において日本の提唱により「2001年をボランティア国際年」とすることが正式に決議された．ボランティア国際年の目的として，①ボランティアに対する認識を高める，②ボランティア環境の整備，③ネットワーク化，④ボランティア活動の促進を掲げている．→国際ボランティア　　　　　　　　[新崎国広]

ボランティアコーディネーター
(volunteer coordinator)

ボランティア活動をしたい人や活動中の人の抱えるニーズに対して，情報提供や相談援助を行い，またボランティアを求めている人や団体に対して，ボランティアが関わる意義を判断して適切なボランティアを紹介したり，ボランティア以外のサービスについて情報提供を行い，社会資源とつなぎを図る専門職である．ボランティアセンターをはじめ，福祉施設や社会教育施設・生涯学習関連施設，企業，学校などが活動の場となっている．1976（昭和51）年にコーディネーターの質的向上をめざし，大阪ボランティア協会が日本で初めて専門講座を開講した．　　　　　　　　　　　[石井祐理子]

ボランティアセンター
(volunteer center)

ボランティア活動を支援する拠点として，教育機能，研究調査機能，情報提供機能，連絡調整機能，活動援助機能，組織開発機能を総合的に備えた組織．1960年代前半に登場した善意銀行がその前身であり，現在わが国のほとんどのボランティアセンターは社会福祉協議会の中に設置されて，地域住民のボランティア活動への参加意識や福祉課題への関心を高める取り組みを行っている．最近は，企業や大学内にも設置され，それぞれ特徴的な活動を展開している．

[石井祐理子]

ボランティア体験月間

ボランティア活動を推進・実施する全国48団体で構成される「広がれボランティアの輪」連絡会議では，「いつでも，どこでも，誰でも，楽しく」活動に参加できる環境・気運づくりを進めている．従来から全国の市町村社会福祉協議会等のボランティアセンターなどで「夏休みボランティア体験事業」として独自に取り組まれていたものを，1994（平成6）年度から7～8月を「ボランティア体験月間」として主唱し，主に社会福祉施設や市民団体等で行われる体験プログラム等への参加促進をはかっている．以来，参加者数は年々増えている．[南　多恵子]

ボラントピア事業

福祉ボランティアのまちづくり事業．地域住民の主体的な参加によるボランティア活動の推進を通して，福祉のまちづくりに向けての活動基盤の整備と地域福祉活動の発展を目的として1985（昭和60）年度から開始された事業で，正式には「福祉ボランティアのまちづくり事業」という．国から2年間の補助指定をうけた各市区町村の社会福祉協議会を実

施主体とし，ボランティア活動推進協議会の設立・運営をはじめ，地域における福祉ニーズの調査や福祉教育の推進，在宅福祉サービスの充実，ボランティアの養成・研修事業，さらにはボランティアセンターの活動基盤の整備などが行われている．　　　　　　　　　　　[神部智司]

堀木訴訟（ほりきそしょう）

1970（昭和45）年，全盲の母・堀木フミ子は生別母子世帯で児童扶養手当支給を申請したが，障害福祉年金を受給していたため，児童扶養手当法の伴給制限条項を理由に手当認定請求を却下された．伴給制限条項は父が障害者だと申請でき母が障害者だと申請できない性差別のもので，憲法第14条「法の下の平等」，憲法第13条「幸福追求権」，憲法第25条「生存権」に違反するとして，兵庫県知事を神戸地裁に提訴したもの．論点は憲法第25条の1項の実体的権利と2項の反射的利益の分離であった．一審は原告が勝訴し，翌年の1973（昭和48）年前記併給可能と改正されたが二審は敗訴した．1982（昭和57）年最高裁判決は憲法第25条の「健康で文化的な最低限度の生活」の具体化は立法府に広範な裁量権を認め，他の施策・制度から総合的に判断すれば違憲ではないと上告棄却とした．この裁判では社会福祉給付は権利ではなく，反射的利益にしか過ぎないということを示した．→朝日訴訟
　　　　　　　　　　　　[中村明美]

ホリス，F.

（米 Hollis, Florence; 1907-1987）

ケースワーク（casework）における診断主義に属し，心理社会アプローチ（psychosocial approach）を提唱した．このアプローチはクライエント（福祉サービス利用者）を「状況の中の人」あるいは「人と環境の全体関連性」という観点から理解しようとし，とくに生活課題のとらえ方では，クライエント個人に内在する病理的側面あるいは外的な環境だけが引き起こすものではなく，互いが影響を及ぼしあった結果引き起こされたものであると理解した．この考え方は，問題の所在をとらえるさいに，個人と環境との相互作用という観点を浮き上がらせ，システム（system）的観点をソーシャルワーク（socialwork）に取り入れていくひとつの契機となった．

[土屋健弘]

マイクロカウンセリング
（micro counseling）

カウンセラーの訓練プログラムでありアイヴィ（Ivey, Allen.E.）が開発した．カウンセリングや心理療法における技法を，分類・構造化したマイクロ技法の階層表に基づいて，一度にひとつずつ習得していくことを目標とする．階層は次のように構成されている．まず，基本的かかわり技法として，かかわり行動（文化的に適合した視線の位置，身体言語など），クライエント観察技法，開かれた質問・閉ざされた質問，励まし・言い換え・要約，感情の反映，意味の反映がある．次に焦点のあて方（文化的に，環境的に，脈絡的に，あるいはクライエントに，問題に，他の人に，私たちに，面接者に），積極技法（指示，解釈，自己開示など），対決（矛盾，不一致），技法の連鎖および面接の構造化があり，最後に技法の統合へといたる． [加納光子]

埋葬料

健康保険法，各共済組合法に規定された現金（金銭）給付．被保険者の死亡にさいして，埋葬を行う人に埋葬料または埋葬費が支給される．家族が埋葬を行った場合（被保険者に生計を維持されていた人であれば，被扶養者でなくてもかまわない．）に5万円の埋葬料が支給される．死亡した被保険者に家族がいない場合には埋葬を行った人に，埋葬料の額の範囲内で，埋葬にかかった費用が埋葬費として支給される． [木村 敦]

毎日型給食サービス⇒生活援助型給食サービス

マイノリティ

一般的には社会の偏見の対象としてとらえられるような，人種・身体・文化の差異等によって，社会の多数派から区別されるときに用いられ，「限られた極少数者」というような意味で使われることが多い．障害福祉分野においては，精神障害者がこのようにとらえられることが少なくない．また，マイノリティの対概念がマジョリティ（多数派）である． [青木聖久]

牧野訴訟

1967（昭和42）年2月提訴，1968（昭和43）年7月15日一審（東京地裁）判決，1970（昭和45）年7月和解成立．旧国民年金法に規定された老齢福祉年金の夫婦受給制限について，同規定が憲法第13条ならびに第14条に違反すると原告（北海道の開拓農民であった牧野亨氏）が主張し争われた裁判．東京地裁は，同規定は憲法第14条に違反し無効であると判示した．一審判決後，国民年金法は改正され，この夫婦者について老齢福祉年金を減額支給する旨の規定は削除された．この訴訟は1970年代の一連の福祉年金についての訴訟の発端となった． [木村 敦]

マクロ・ソーシャルワーク
（macro social work）

北米で用いられはじめて，1990年代に各国に広がった言葉である．社会福祉をマクロの視点，つまり巨視的に捉え，国レベルの社会福祉の政策，制度，計画などの広範な実践を意味している．関連した用語として，個人，家族，小集団レベルの福祉問題を扱うミクロ・ソーシャルワーク（micro social work）や，地

域レベルの福祉問題を扱うメゾ・ソーシャルワーク（mezzo social work）がある． ［加納光子］

マーケットバスケット方式(ほうしき)

生活保護法に基づく保護基準のうち，生活扶助の基準を算定するための一方法．旧法時代の1948（昭和23）年から1960（昭和35）年まで採用されていた．「買い物かご」という言葉が意味する通り，最低生活を営むために必要な食料品，衣類，日用品といった費目を，まさにスーパーマーケットで買い物をするかのように積算し，その金額（いわばレジで示された金額）を生活扶助の基準とする方法である．目にみえてわかりやすいという長所がある一方で，主観的要素が入りやすいという欠点があり，1961（昭和36）年に廃止され，エンゲル方式がかわって採用された． ［木村　敦］

マザー・テレサ
（旧ユーゴスラビア Mother Teresa; 1910-97）

旧ユーゴスラビアのアルバニア系の家庭に生まれた．1928年，18歳のとき，ロレット修道会に入会し，カトリックの修道女としてインドに派遣された．1929年から48年までカルカッタの「聖マリア高等学校」で地理を教え校長も務めたが，1946年9月10日，ダージリンに向かう列車の中で「貧しい人の中でも，もっとも貧しい人に仕える」という神のお召しの声を聞き，ロレット修道会の長上と大司教，そして1948年4月にはローマ教皇から院外活動の許可を得て，医療宣教修道女会で看護のための集中訓練を受け12月からカルカッタでスラム街の子ども達に字を教え始めた．1950年10月，修道女会「神の愛の宣教者会」を設立し，マザーテレサとよばれた．伝統的な誓願「清貧・貞潔・従順」に「貧しいものにつかえる」といい項目を加えた．1952年「死を待つ貧しい人の家」，55年孤児のための施設「聖なる子どもの家」を開設，57年ハンセン病の巡回診療，63年に男子修道会「神の愛の兄弟宣教者会」を創立，などなど，多くの施設その他を開設し広範囲に活動した．79年にはノーベル平和賞を受賞した．日本に2度おとずれ，各地で講演している． ［加納光子］

マーシャル，T.H.
（英 Marshall, Thomas Humhrey; 1893-1981）

社会学，社会政策論の研究者．ケンブリッジ大学で歴史学を学ぶ．卒業後，同大学のフェロー（特別研究員）となる．その後，W.H. ベヴァリッジ（いわゆる「ベヴァリッジ報告」の作成者）が学長の時，ロンドン・スクール・オブ・エコノミックス（LSE）に赴任，後に同大学の教授となる．彼はLSE退職後，パリのユネスコの社会科学部部長，そして，国際社会学会長を歴任した．彼の社会学者として有名な著作は社会学としての『市民権と社会階級（Citizenship and Social Class）』（1950）と社会政策論としての『20世紀英国における社会政策（Social Policy in the Twentieth Century）』（1965, 1967, 1970, 1975）である． ［成清美治］

益富政助(ますとみせいすけ)（1878-1967）

熊本県に生まれる．東京基督教青年会宗教部に所属中，国鉄職員に精神講話を行ったことを契機として，1908（明治41）年，修養団体・鉄道青年会を発足し，幹事長に就任．鉄道省・文部省から委嘱された欧米の不具者再教育施設の視察経験を活し，1924（大正13）年，東京・巣鴨の廃兵院構内に「啓成社」を設立し，不具者再教育にあたる．彼は，障害ゆえの欠点を克服するものは，技能の向上をおいて他にないと考え，「文明の

世界に廃人なし」をスローガンとして障害者対策の近代化に努力した．
[新家めぐみ]

マズロー，A.H.
(米 Maslow, Abraham Harold; 1908-70)

アメリカの心理学者．従来の二大心理学（行動主義とフロイトの精神分析理論）は，人間の健康で成長へ向かう側面には注目していないと批判して，病的側面などばかりではなく，心の健康な面を含めて全体的に人間を理解する必要を主張した．自己実現についての研究から，人間の生来的欲求を，生理的な欲求，安全の欲求，所属・愛情の欲求，自尊の欲求，自己実現の欲求に分けた．そしてこれらが階層性をもち，生理的欲求がみたされれば安全を求める欲求が生じ，それがみたされれば次の所属や愛の欲求が生じ，これがみたされればまた次の欲求が生じるとした．これらは外部的にみたされればおさまるので'欠乏動機'とよび，最後の自己実現の欲求は不断に拡大する欲求であるところから'成長動機'とよんだ．ロジャースらとともに，ヒューマニスティック心理学（Humanistic Psychology）の代表的存在とみなされている．研究分野は哲学・教育・政治・経済など多岐に及んだ． [加納光子]

町会所 (まちかいしょ)

1791（寛政3）年，老中松平定信の命により，「天明の飢饉」等による貧民の増大・打ちこわしの増加への対策として，江戸市中に設立された．17世紀末から18世紀初頭にかけて，江戸等各市中における自発的組織である相互扶助組織（「町方合力」等）は，すでに公共的制度（「町方施行」）へと発展し始めていた．しかしこれらの制度は公共的であるといってもなお臨時的な貧困対策としての色彩が濃いものであった．町会所はこれら臨時的制度を恒常化させたものであるといえる．財源としては，「七分積金」に幕府の出資金が加えられた．→七分積金制度 [木村 敦]

マッキーヴァー，R.M.
(MacIver, R. M.; 1882-1970)

イギリスのスコットランド生まれ．エジンバラ，オックスフォードの両大学で学ぶ．アバディーン大学を経て1915年にカナダのトロント大学教授に赴任する．その後，アメリカのコロンビア大学教授となり，社会学，政治学界等に影響を与える．彼は，主著『コミュニティ（Community）』(1917)のなかで，集団をコミュニティ（共同体）とアソシエーション（結社体）に分類した．前者は人間の共同生活が営まれる自然発生的に生まれた集団であり，後者は目的を遂行するために人為的につくられた集団である．なお，集団の類型として他に有名なものとして，テンニース（Tönnies, F.）のゲマインシャフト（共同社会）とゲゼルシャフト（利益社会），クーリー（Cooley, C.）の第一次集団（プライマリー・グループ）と第二次集団（セカンダリー・グループ）等がある．[成清美治]

マッピング (mapping) 技法 (ぎほう)

マッピングとは，ある状況におけるクライエント（福祉サービス利用者）をとりまく家族やその他の人びと，あるいは社会資源の相互関係や全体像を，さまざまな「記号」や「関係線」を用いることによって，わかりやすいように視覚的に描き出していく図式法である．関心事を中心に家族構造を符号であらわしていく家族図（ファミリーマップ），三世代以上の拡大家族を図式化した世代関係図または家族関係図（genogram），1975年にアン・ハートマン（Hartman, A.）が考案した，もっと広い社会資源などを含むエコマップ，クライエントをとりまく

ケアを中心とした見取り図であるケアマップに用いられている。　　　［加納光子］

マネジドケア (Managed care)

従来、治療を行うさいの決定権の大部分は医師に委ねられていたが、決定権の多くが支払い者（保険者）などに移り、医師以外の人によって医療が管理化されること。従来の出来高払いの医療保険のしくみと異なる点は、保険加入者（患者）と病院・医師の関係では、保険加入者が医療サービスをうけられる病院・医師に制限があることや保険者が医療サービスの内容をチェック（診療審査）すること。また、病院・医師と保険者の関係では、患者の数に応じて対価が支払われる「人頭払い」などである。マネジドケアの効果としては、過剰医療抑制、医療サービスの標準化、効率性をめぐっての医療機関間の競争促進、予防医療指向の高まり、などがあげられる。［阪田憲二郎］

マルクス，K.H.

（独 Marx, Karl Heinrich; 1818-1883）

ドイツの共産主義思想家。科学的社会主義思想の創始者。ドイツのトリール市に生まれ、ボン大学・ベルリン大学で法学を学ぶ。エンゲルス（Engels, F.）とともにドイツ古典哲学、イギリスの経済学、フランスの社会主義を発展させた。主な著述は『経済学批判』(1859)、『資本論』(1867～1894)。エンゲルスとの共著として『ドイツ・イデオロギー』(1845～1846)、『共産党宣言』(1848)などがある。マルクスの学説は、その後の社会科学、社会問題、社会福祉研究に多大な影響を与えている。　　　［本多洋実］

マルサス，T.R.

（英 Malthus, T. R.; 1766-1834）

イギリスの思想家で新救貧法制定に大きな影響を与えた。彼はその著『人口論』(1798)において、貧困の原因は食糧生産のスピードを超える人口増加にあるとし、貧困に陥らないようにするためには、労働者の自助と産児制限が重要であるとした。そして救貧法による救済をしないことが、貧民に自助精神を教え込む最良の方法であるとした。［高間　満］

マルサスの人口論（じんこうろん）

イギリスの経済学者であったマルサス（Malthus, T.R.）が、産業革命過程で深刻化した貧困の原因を人口増加の法則との関わりにおいて明らかにした所論をさす。彼は、著書『人口の原理』(1798)において、貧困の原因を、人口の自然的増加が生活資糧の増加を上回ることに求めた。それゆえ両者の均衡をはかるためには、死亡率の増加（積極的抑制）と出生率の低下（予防的抑制）―後年には結婚の延期（道徳的抑制）を付加―を推進する他ないと説いた。　　［新家めぐみ］

慢性腎不全（まんせいじんふぜん）

糖尿病性腎症、慢性糸球腎炎などの各種慢性腎疾患が徐々に進行したり、急性腎不全が長期化して腎機能の障害が高度となり、尿の生成や老廃物・有害物質の排泄障害をきたし、体液の恒常性（ホメオスターシス）が維持できなくなった状態をいう。症状は腎臓の代償能力の程度によって、無症候性のものから、臨床検査値だけの異常、全身にわたる広範な症状を呈する尿毒症症状が出現するものまでさまざまである。慢性腎不全が進行し、食事療法や薬物療法などの治療に反応せず、尿毒症症状が出現した時点で透析療法が開始される。　　　［安岡文子］

慢性閉塞性肺疾患（まんせいへいそくせいはいしっかん）

(COPD : Chronic Obstructive Pulmonary Disease)

慢性の気道閉塞を特徴とする病像を呈する疾患（肺気腫・慢性気管支炎・びま

ん性汎細気管支炎）の総称である．身体障害者福祉法が規定する内部障害の呼吸器機能障害をきたす代表的な疾患であり，予測肺活量1秒率と動脈血ガス分圧および行動範囲などを指標として障害の程度が判定される．介護保険における特定疾病にも認定されている．気道閉塞の病像は，有毒なガスや微粒子の吸入，とくに喫煙がきっかけとなって，肺胞の破壊や気道炎症が起こり，不可逆的な息切れをきたす．多くの場合，咳嗽や喀痰がみられ，肺機能検査上では，気道抵抗の増加，一秒量，一秒率，強制呼出肺活量などの低下をきたす．　　　　［安岡文子］

マンパワーシミュレーション

2018年に内閣官房・内閣府・財務省・厚生労働省が共同で作成した「2040年を見据えた社会保障の将来見通し（議論の素材）」に基づいて，厚生労働省は医療・介護分野のマンパワー需給シミュレーションを行った．現在の医療・介護関係計画が順調に実行されたとして，高齢期における医療や介護を必要とする者の割合が低下した場合，医療福祉分野における就業者数は2040年度には2018年度から81万人程度減少することが，さらに，労働投入量当たりの生産性の向上が図られ，医療福祉分野における就業者数全体でも効率化が達成された場合には，53万人程度減少することが示された．

［木村　敦］

み

三浦文夫（みうらふみお）（1928-2015）

東京都出身．東京大学文学部社会学科卒．同大学院修了．多くの政府審議会委員や東京都社会福祉審議会委員長などを歴任．武蔵野大学名誉教授．元日本社会事業大学学長．同名誉教授．日本社会福祉学会名誉会員．群馬社会福祉大学顧問，東北福祉大学大学院客員教授，その他社会的・学問的な要職を歴任している．他数の著作があるが，1979年の全国社会福祉協議会福祉研修センターの研修教材『社会福祉経営論　序説』を経て，1980年の『社会福祉経営論　序説　政策の形成と運営』で，社会福祉研究の新たな方向を示した．主題は社会福祉の政策（計画）とその管理・運営であった．社会福祉に関する政策（計画）とその運営に関する知識は公的セクターのみならず，民間の在宅福祉サービスの推進を行う場合にも必要であるという立場に立ち，狭義の「行政」よりも広義を含んで「経営」という言葉を用いた．そして，社会福祉を「社会的に援護が必要と考えられる人びと（要援護者またはニードをもつ人びと）の自立をはかるために，この自立を妨げている問題（ニード）の充足をはかるという機能をもつもの」と捉えて，社会福祉ニードとその充足の方法（サービス），そして両者を結合させる社会福祉サービスの運営を考究した．「要援護性」の概念や，社会的ニードの「貨幣的ニード」（現金給付で対応）と「非貨幣的ニード」（現物給付で対応）の類型などが有名である．

［加納光子］

ミニデイサービス⇒宅老所（たくろうしょ）

ミュージックセラピー（music therapy）⇒音楽療法（おんがくりょうほう）

ミルフォード会議
(The Milford Conference)

1923年から1928年にかけてアメリカで，当時のソーシャルワーク分野，6組織の代表者が，ケースワークの系統的な分析・協議をするために開催した会議である．そこでは，ソーシャルワークが共通のスキルを有する専門職（ジェネリック）か，別個のスキルを有する専門職（スペシフィック）かをめぐって論争があり，1929年の報告書では結果として「ジェネリックなソーシャルケースワークの中心的な重要性」が強調された．この後，この2つの概念の統合化が推進された． [加納光子]

民間あっせん機関による養子縁組のあっせんに係る児童の保護等に関する法律

本法は，様々な事情で実親による養育が困難になった児童に家庭と同様の養育環境を確保する一つの方法としての「養子縁組」をあっせんする民間事業者に対して，許可制度を導入するなど適正な養子縁組の実施と児童の福祉の増進を図る法律として2016年12月に成立，18年4月より施行した．本法の「あっせん」とは「養親希望者と児童との間をとりもって養子縁組の成立が円滑に行われるように第三者として世話すること」を意味し，事業を行おうとする者（民間あっせん機関）は都道府県知事など児童相談所を設置する自治体首長の許可が必要となる．その数は2018年12月現在で18機関である．その他，養子縁組に際しての「児童の最善の利益」を最大限に考慮すること，国内におけるあっせんを優先することなどが規定されている． [倉持史朗]

民間非営利組織⇒NPO

ミーンズテスト⇒資産調査／資力調査

民生委員

「社会奉仕の精神をもって，常に住民の立場に立つて相談に応じ，及び必要な援助を行い，もつて社会福祉の増進に努めるもの」（民生委員法1条）とされ，社会福祉への理解と熱意があり，地域の実情に精通した者を都道府県知事が推薦し，厚生労働大臣が委嘱する．その職務は，①住民の生活状態の把握，②援助を必要とする者に対する生活の相談，助言，援助，③福祉サービスの利用に必要な情報の提供，④社会福祉事業者等との連携およびその事業に対する支援，⑤福祉事務所等関係行政機関の業務への協力であり，⑥必要に応じて住民の福祉推進を図るための活動を行うことにある．無報酬の民間協力者であり，児童委員も兼務する． [砂脇 恵]

無過失責任原則

最初19世紀末のドイツで確立した職業危険に関する原則．過失責任主義に対し，労働災害に関しては，労働者・使用者双方において何らの過失がなくとも，使用者がその賠償責任を負わなければならないという原則．今日においては各国の業務災害保障制度にこの原則が採用されているが，日本では1911（明治44）年制定の工場法において初めて規定され，さらに，1931（昭和6）年制定の労働者災害扶助責任保険法において事業主の災害扶助についての責任が明確化されることとなった． [木村 敦]

麦の郷

1999年にWHO・WAPR（世界心理社会的リハビリテーション学会）の合同選考委員会で認定された日本の5つのベスト・プラクティス（先進的活動）のひとつとなる実践をしてきた施設である．1977（昭和52）年に「たつのこ共同作業所」として，和歌山県で発足し，1989年に社会福祉法人一麦会として認可された．1990（平成2）年，精神障害者生活訓練施設「麦の芽ホーム」，精神障害者通所授産施設「むぎ共同作業所」を開所した．

障害者，障害乳幼児，不登校児，高齢者の問題に取り組む総合リハビリテーション施設を目指し，国際的な視野をもって，行政機関・民間団体の共同のもと，労働の場を増やす，仕事開発をする，ヘルパーの養成をする，法人職員へ障害者を雇用する，一般事業所への就労支援をする，などの活動をしている．［加納光子］

無告の窮民

1874（明治7）年制定の恤救規則は，「人民相互の情誼」による助け合いを窮民救済の原則とし，「目下難差置無告の窮民」のみを例外的に対象とするものであった．すなわち，無告の窮民とは，人民相互の情誼による救助を期待し得ない，他に頼る者もない窮民である．彼らはまた，村落共同体的秩序の外にあって，しかし，これを救助することが創出過程にある天皇制国家の存在意義を主張することとなる，そういう存在でもあった．1875（明治8）年の窮民恤救申請のさいの調査箇条では，無告の窮民を規定しつつ，恤救規則の制限的性格がより明確に打ち出されている．［池田和彦］

無作為抽出法

（random sampling）

母集団に含まれるすべての個体がサンプルとして選ばれる確率が等しくなるように設計されたサンプリングのこと（くじ引きと考えればわかりやすい）で，現在における科学的標本抽出の唯一の方法である．調査の利便性や標本精度の問題から，無作為抽出の技法として，母集団の全個体に一連番号をふった上，1回ずつくじを引くようなやり方で抽選番号を決めていく「単純無作為抽出法」，母集団の全個体に一連番号をふった上，はじめの一標本（スタート番号）だけくじを引いて決め，あとを等間隔に抽出していく「系統抽出法」，集団から直接標本を抽出せず，母集団をいくつかのクラスター（かたまり）に分けてそのクラスターを一次抽出単位として抽出した上で，当たったクラスターのなかから二次抽出を，さらに当たったクラスターから三次抽出を…していく「副次抽出法」，そして「層化抽出法」などが使い分けられている．→サンプリング，層化抽出法

［武山梅乗］

無差別平等の原理

生活保護法の適用にあたっては，その者が現実に生活困窮状態にあるかどうかという点のみが問題とされ，その生活困窮状態（貧困）に陥った原因は問題とされない，という考え方．同法第2条の「すべて国民は，この法律に定める要件を満たすかぎり，この法律による保護を，無差別平等に受けることができる」という規定がその根拠とされている．ただ，この「国民」という文言が運用上は日本国籍保有者と解釈されており，定住外国人について生活保護法は準用される（職権としての保護が行われる）のみであるという問題がある．［木村 敦］

無料低額診療事業

この事業は，社会福祉法第2条第3項の9に規定する「生計困難者のために，無料又は低額な料金で，診療を行う事

業」に基づくもので，第2種社会福祉事業として位置付けられている．対象者は低所得者，要保護者，ホームレス，DV被害者，人身取引被害者等の生計困難者となっている．無料低額診療事業の基準は，生活保護法による保護を受けている者及び無料又は診療費の10％以上の減免を受けた者の延数が取扱患者の総延数の10％以上であることとなっている．

受診手続は本人（家族）が関係機関（社会福祉協議会，福祉事務所等）に相談をする．その結果，診療機関が関係機関と協議のうえ減免額並びに減免が必要と認めた場合，無料（低額）診察券（関係機関で保管）を発行，それを持参して本人（家族）は，無料低額診療事業実施診療施設で受診する．　　　　　　[成清美治]

め

名称独占

国家資格で，登録した有資格者だけがその名称を独占すること．業務独占に対して用いられており，その定められた業務を資格のない者が行っても違法ではない．社会福祉士や介護福祉士は名称独占で，資格がない者がその名称を使用すると違法になるが，それらの専門業務である相談や介護は誰がやっても罰せられない．その理由は，相談や介護の社会サービスが日常的なものであるためといわれる．今後の課題としては，より専門性を高めるために，業務独占にしてサービスの質を確保した方がよいともいわれている．　　　　　　　　　　　　[鶴田明子]

メイヤロフ，M.

（米 Mayeroff, Milton; 1925-1979）
アメリカの哲学者．著書 On Caring (Harper & Row, 1971邦訳『ケアの本質―生きることの意味』田村真，向野宣之訳，ゆみる出版，1987年）などにおいて，ケアすることの意味について哲学的に考察している．メイヤロフによれば，ケアとは「もっとも深い意味で，その人が成長すること，自己実現することをたすけること」である．そして，そうすることによって，ケアする人自身もまた「自身の生の真の意味」を生きることになるという．ケアとは，一方的な行為ではなく，ケアするものと受けるものが互いに相手を必要とし，相手を自分の外側にあるものではなく，自分の存在の延長にある存在であると感じることで，お互いに成長していくという，相互補充的な関係の上に成立する行為なのである．

彼のいうケアの概念は，福祉，医療，心理臨床，宗教など，あらゆる領域の援助関係や治療関係の本質的な性格を明らかにするものであるといえる．[田中誉樹]

メインストリーミング

ノーマライゼーションの理念を具体化する取り組みの一環として，教育界におけるインテグレーションが上げられるが，アメリカではこのよび方が一般的である．「主流（本流化）教育」と訳されているが，障害児の残された機能を最大限に生かし，障害のない同世代の仲間と可能な限り一緒に学び，さまざまな体験を通して学習し，成長していくことがお互いの人格形成にとって大切であるという考え方である．　　　　　　　　[石倉智史]

メタボリックシンドローム

（metabolic syndrome）
内臓脂肪症候群と訳され，内臓脂肪の多いタイプの肥満体で，血圧や血糖などの値が高めの状態を指す．自覚症状がほとんどないため，治療を受けている人は少ないといわれている．死の四重奏（心

筋梗塞, 糖尿病, 脳卒中, 高血圧症)の前段階といわれており, ある日, いきなり心筋梗塞や脳卒中など生命にかかわる重大な病気を発症することがある. 日本の診断基準では, 腹囲(へそ回り)が男性85センチ以上, 女性90センチ以上という項目を必須項目とし, これに加えて, ①最高血圧130以上か, 最低血圧85以上, ②空腹時血糖値が1デシ・リットルあたり110ミリ・グラム以上, ③中性脂肪が1デシ・リットルあたり, 150ミリ・グラム以上か, HDLコレステロールが同40ミリ・グラム未満, という3項目のうち2項目以上に該当するとメタボリックシンドロームと診断される. 2004年の時点で,「国民健康・栄養調査」によると, 有病者は1,300万人, 予備軍は1,400万人であると推計されていた. 　　　　　　　　　　　[加納光子]

❧ メディア・リテラシイ (media literacy)

情報が流通する媒体(メディア)を使いこなす能力のことである. つまりメディア情報を正しく理解し, 情報を読みとき, 使いこなす能力のことである. 総務省によると, 次の3つを構成要素とする, 複合的な能力のことである. ①メディアを主体的に読み解く能力, ②メディアにアクセスし, 活用する能力, ③メディアを通じコミュニケーションする能力. 特に, 情報の読み手との相互作用的(インタラクティブ)コミュニケーション能力, のことである.
〈総務省 http://www.soumu.go.jp/main_sosiki/joho_tsusin/top/hoso/kyouzai.html, 渡辺武達, 山口功二編『メディア用語を学ぶ人のために』世界思想社, 2006〉　　　　　[加納光子]

❧ メディケア (Medicare)

アメリカのヘルスケア制度の中で最大の医療健康保険である. 1965年に制定され, 65歳以上の高齢者や一定の障害者に対する全国規模の公的医療保障制度. メディケアは医療機関保険制度と補足医療保険制度(高齢者や視覚障害者, 身体障害者などに月々金銭給付を行う)の2つの制度から成っている. 財源は政府予算と社会保険料(雇用者と被用者の均等負担)と患者の自己負担金で組まれている. しかし, 1980年代に政府と議会がコスト削減に乗り出したが, メディケアに対する支出が増加しており, 政府のコスト削減が課題となっている.
　　　　　　　　　　　[阪田憲二郎]

❧ メディケイド (Medicaid)

アメリカで1965年に制定された低所得者や貧困者等の公的扶助受給者などに対する公的医療保障制度(医療扶助). 制度の運用は政府が費用の約半分を負担し, 州が平均所得に応じて50〜80%を負担する. 州は政府の受給適格基準や給付額のガイドラインに従って残りの費用や制度の運用を行う. また, 所得扶助制度の受給資格のない者で医療ニーズのある者にも適応を拡大している. 近年メディケイドへの政府支出は増加しており, コスト削減が課題となっている.
　　　　　　　　　　　[阪田憲二郎]

❧ 面接

援助者がクライエント(福祉サービス利用者)と向かい合い, 意図的に援助目的にそった会話などを行う社会福祉援助における重要な援助手法である. 面接によって援助者は利用者の主観的見解も含め必要な情報を収集することができ, 援助の展開段階においては治療・介入的な面接も行われる. 面接は援助関係の形成にもきわめて大きな意味をもち, 援助者による観察や傾聴により利用者の心情や変化を知ることもできるが, これらには面接を行う援助者の態度や技法が強く影響する. 一定の条件を整えた面接室にお

ける構造化されたものの他，施設内での生活場面での面接も行われる．[山田 容]

面接法（interview method）

被面接者個人に関する事実，あるいはその人の属する社会・文化についての事実を，面接を通じて聞き出すもので，すでに知られていることを確認するとともに，未知なものに深く入り込んで新しい角度から事態を明らかにしようとする質的調査法の一種である．被面接者との間にラポール＝親密な人間関係を築き上げられるかどうかが非常に重要なポイントとなる．あらかじめ質問項目を系統的に整理し，事前によく計画されているフォーマルインタビュー（構造化面接，定型面接）とインタビューの進行と，質問項目の設定を同時にしていくインフォーマルインタビュー（非構造化面接，自由面接）とがある．フォーマルインタビューは後で結果がきれいに整理できる反面，新しい発見が期待できないという短所をもつ．これに対してインフォーマルインタビューは，経験がないと，見当違いなインタビューになり時間が無駄になるという危険性をもつが，うまくいくと新しい発見があったり，期待以上の情報を集めたりすることが可能になる．→質的調査　　　　　　　　　　　　[武山梅乗]

メンタルフレンド

「ひきこもり・不登校児福祉対策モデル事業」のひとつの取り組みである「ふれあい心の友訪問援助事業」において活動する大学生などをいう．不登校児童に対して，児童相談所の児童福祉司が年齢的に子どもたちの兄，姉に該当する理解と情熱のある大学生を指導し，各家庭に派遣することで子どもたちの良き理解者になり，交流を通して援助活動を実施している．→不登校児対策　　[合田 誠]

も

盲児施設

児童福祉法第43条の2に規定されている児童福祉施設で，盲児（強度の弱視児を含む）を入所させて保護すると共に，独立自活に必要な指導または援助を行う．なお，児童福祉施設最低基準第60条によると，盲児施設の設備基準として，児童の居室，講堂，遊戯室，訓練室，職業指導に必要な設備，音楽に関する設備，調理室，浴室及び便所等を設けることとなっている．　　　　[成清美治]

盲人ホーム

あんま指圧マッサージ師免許，はり師免許，きゅう師免許をもっている視覚障害者であって，自営し，または雇用されることの困難な人に対し，施設を利用させるとともに必要な技術指導を行い，盲人の自立更生を図ることを目的とする施設．管理者と指導員をおき，利用者の生活の向上や更生を図ることと職域の開拓に努めなければならないとされている．
　　　　　　　　　　　　　　　[相澤譲治]

盲導犬訓練施設

身体障害者福祉法に基づく施設である．無料または低額な料金で盲導犬の訓練を行ったり，視覚障害者に対して盲導犬の利用に必要な訓練を行う施設である．2000年の身体障害者福祉法の一部改正により，身体障害者福祉法に基づく施設として追加され，2001（平成13）年度から施行された．　　　[津田耕一]

盲ろうあ児施設

児童福祉法第43条の2に規定されている児童福祉施設である．盲児施設，ろ

うあ児施設等があり，第1種社会福祉事業に該当する．盲児施設の目的は，盲児（強度の弱視を含む）を入所させて，これを保護するとともに独立自活に必要な指導または援助を行う．また，ろうあ児施設の目的は，ろうあ児（強度の難聴児を含む）を入所させ，これを保護するとともに，独立生活に必要な指導または援助を行うこととなっている．→盲児施設，ろうあ児施設 ［成清美治］

燃え尽き症候群⇒バーンアウト・シンドローム

モニタリング（monitoring）

援助計画の通りに援助が順調に遂行されているか，また，変化していくクライエント（福祉サービス利用者）の状況やニーズに援助が柔軟に対応しているかどうかを継続して評価していくことである．援助過程が進行していく途上でもクライエントの生活は継続しており，クライエント自身の状態や環境，ニーズは刻々と変化している．一方，活用している社会資源やサービスは急激に変化するものではない．したがって，援助の目標や計画が現時点で適切であるかどうかを細かく評価し，必要であれば，援助計画や援助目標，援助内容を修正していくことが重要なのである． ［武田康晴］

モラトリアム（moratorium）

ある状態を一時的に保ち続ける以下の，3つの意味をもっている．① 支払猶予：法令によって，金銭債務の支払いを一定期間猶予させること．戦争，天災，恐慌などの非常事態において，信用制度の崩壊や経済的混乱を避ける目的で使用された経済用語である．② 製造，使用，実施などの一時停止：核実験や原子力発電所設置などにもちいられてい

る．③ 猶予期間またはそこにとどまっている心理状態：心理社会的モラトリアムともいう．心理学用語で，青年がアイデンティティの確立まで，社会で一定の役割を引き受ける社会的責任や義務から猶予される猶予期間またはそこにとどまっている心理状態のことで，心理学者E.H. エリクソンが提唱した概念である． ［加納光子］

森田療法

森田正馬が考案した神経症の治療法で，本人が必要以上に心身の不調に注意を向けている場合，その病識を意識しすぎないよう誘導し，自然に任せて事実を「あるがままに」受容し，自発心を発揮して生きていくよう態度転換のこつを体得させることを目的とする．外来と入院の2つの治療があるが，入院治療（40～60日）では，4期にわたる段階（① 隔離して絶対安静，② 隔離が少し緩和されて軽い作業，③ さまざまな重作業，④ 日常生活に戻る準備期間）があり，治療者は彼らと共同生活を行い，社会復帰ができるよう援助する．［田辺毅彦］

問題解決アプローチ
（problem solving approach）

パールマン（Perlman, H.H.）によって体系化されたものであり，ケースワークを「問題解決」する過程としてとらえるところに特徴がある．このアプローチでは，クライエント（福祉サービス利用者）とワーカーの間で確認された問題に焦点を当て，問題解決のための動機づけや対処能力が高められ，問題解決のための機会の利用が積極的に行われることを援助の目的としている．このアプローチでは，自我心理学や役割理論，診断主義や機能主義に基づくケースワーク論などが理論的背景となっている． ［駒井博志］

や

夜間保育(やかんほいく)

夜間,保護者の就労等により保育に欠ける児童の保育を行うものである.ベビーホテル問題への対策として,1981(昭和56)年に保育事業として制度化された.夜間保育所の開所時間は,原則として概ね11時間とされ,午後10時ぐらいまでの保育と定められているが,現実には午後10時を超えた保育も行われている.仮眠のための設備,補食や給食の提供などが必要となる.異年齢の小規模な集団生活が展開されるが,養護面の適切な対応や個別的な援助がとくに望まれる.
[戸江茂博]

矢島楫子(やじまかじこ) (1833-1925)

熊本県に生まれる.女子教育家,廃娼運動家.小学校教員から,キリスト教受洗によって女子教育に貢献した.その後,「禁酒」「平和」「純潔」を掲げたアメリカ矯風会のレビット女史の来日に影響をうけ,1886(明治19)年東京キリスト教婦人矯風会を組織して,日本での矯風会活動をスタートさせた.1893(明治26)年には日本キリスト教婦人矯風会会頭となって公娼廃止活動を展開した.その事業は廃娼運動にとどまらず,廃業女子のための施設「慈愛館」の建設や乳幼児保護事業など多岐にわたった.矯風会の世界大会に出席するためイギリスやアメリカに赴くなど,近代初期の婦人活動家としても活躍した. [西川淑子]

薬価基準(やっかきじゅん)

保険診療において使用する医薬品について,使用した保険医療機関が診療報酬として保険者に請求できる価格を厚生大臣(現厚生労働大臣)が定めたもの.医療機関が医薬品を購入するさいに,定価より安い価格で購入し,保険請求する時は薬価基準に載っている価格により請求することによって,いわゆる「薬価差益」が生じ,病院経営の財源となっていたが,医薬品の乱用につながり,医療財源を圧迫している状況が明らかになった.そのため,現在では,医療機関の医薬品購入価格を調査し,薬価として見直す方法がとられ,薬価基準に反映させている.
[阪田憲二郎]

やどかりの里(さと)

1965(昭和40)年大宮厚生病院を退職した精神科ソーシャルワーカーの谷中輝雄が,当時,大部分の精神病院内で行われていた人権に配慮されない劣悪処遇や,精神障害者の社会復帰についてまったく関心がない現状に疑問を感じ,埼玉県大宮市を中心として数名の当事者と一緒に地域生活を始めたことに端を発する.1990年には社会復帰施設を建設,その後地域生活支援センター,作業所,グループホームを作っている.グループホームは1つのアパートの4から5世帯をやどかりの里が契約して,住居の確保が困難な人に提供する形をとっている.リーダーが決められて,入居者同士の支えあいが行われている.家族と同居しながらやどかりの里に通っている人もいる.サークル活動も盛んである.なお,福祉工場であるやどかり情報館は1997年に開設された.こうして,当事者が町で当たり前に生活して行くことを目標として,支援活動を展開している.また,マンパワーの育成も重要課題と考え,研修センターにおいて人材育成にも取り組んでいる.
[岡田良浩]

谷中輝雄(やなかてるお) (1939-2012)

東京都生まれ.明治学院大学大学院修

了．社団法人やどかりの里会長．元仙台白百合女子短期大学教授．元社会福祉法人全国精神障害者社会復帰施設協会会長．30年間に及ぶ精神障害者福祉活動の功績を認められ，2000（平成12）年朝日福祉賞受賞．→やどかりの里

[岡田良浩]

柳園訴訟（やなぎその そしょう）

現場労働者であった柳園氏は，宇治市の病院に入院中，現在地保護をうけていたが，転院にともなう手続きの不具合で再入院ができなくなり，宇治市福祉事務所から保護廃止処分をうけた．この，「居住事実不明」（表向きは「傷病治癒」）を理由とする保護廃止処分を取り消す決定を求め，原告は1990（平成2）年4月京都地裁に提訴した．これが柳園訴訟である．提訴後の1992（平成4）年1月，柳園氏は逝去した．1993（平成5）年10月京都地裁は，保護廃止理由の「傷病治癒」「居住実態不明」はいずれも存在せず保護廃止は違法性が強いと判断し，原告の請求を認容した．

[木村 敦]

山田わか（やまだ わか）（1879-1957）

神奈川県に生まれる．大正・昭和期の婦人運動家．シアトルで26歳まで娼婦をしていたが娼婦救済施設に逃げ込み，1905（明治38）年結婚し帰国する．婦人参政権運動に加わり，1934（昭和9）年，母性保護法制定促進婦人連合の初代委員長として活躍し，1937（昭和12）年には母子保護法が国会を通過した．1935（昭和10）年自ら「母を護る会」を創設し母子寮，保育所を開設した．1947（昭和22）年には売春防止法による売春婦更生施設幡ヶ谷女子学園を設立し，職業的自立をめざす生活教育と技術教育を行った．

[中村明美]

大和川病院事件（やまとがわびょういんじけん）

1993（平成5）年2月に大和川病院より転院した患者が転院先の病院で数日後に死亡し，大和川病院入院中に暴行をうけていたことが判明．以後，看護職員の水増しや面会の制限，入院患者への劣悪な処遇などの事実が次つぎに明らかになった．同病院では精神保健法（現・精神保健福祉法）に基づく改善命令，保険医療機関の指定取消し，精神保健指定医の指定取消しおよび開設許可の取消し等が行われ，院長他，関係職員4名が詐欺容疑で逮捕された．

[岡田良浩]

山室機恵子（やまむら きえこ）（1874-1916）

岩手県に生まれる．山室軍平の妻として，救世軍の活動に尽力したが，過労がたたって42歳の若さで死没した．明治女学校在籍中に植村正久や津田梅子に出会いキリスト教徒となる．卒業後，貧困家庭の女子職業教育機関である「女紅学校」の教員となった．またその傍らで『女学雑誌』の編集や婦人矯風会の書記としても活躍した．山室と結婚後は救世軍に入信して，廃業した女子のための施設「東京婦人ホーム」の主任となり，彼女たちの生活全般に携わり，結婚や就職といった機会を世話して送り出した．貧民層に蔓延した結核のための療養所を創設するため，募金活動に奔走したが，1916（大正5）年，開設を目前にして死亡した．→救世軍，山室軍平

[西川淑子]

山室軍平（やまむろ ぐんぺい）（1872-1940）

岡山県に生まれる．1895（明治28）年，わが国に救世軍が創設されると，日本救世軍初代司令官となって社会活動や慈善活動の先頭にたった．山室の活動は，「慈善鍋」とよばれる無料の食事提供や失業者の労働紹介所の設置等，救世軍の活動として多岐にわたっている．その中でも自分の生命の危険をさらして闘

ったといわれるのが廃娼運動である．救世軍の機関誌『ときのこえ』に，廃業を訴える文章を掲載して遊郭で配布するなどの直接行動には遊郭側との乱闘となることもあった．このように，山室の業績は，社会問題の改善に直接的に挑んでいったところにある．→救世軍　［西川淑子］

ヤングハズバンド報告 (Younghusband Report)

1955年にヤングハズバンド（Younghusband, D, E.）によってなされた，ソーシャルワークの専門教育や理論的基盤に関する報告のこと．正式には「地方自治体保健・福祉サービスにおけるソーシャルワーカーに関する調査委員会」という．主な内容としては，当時のサービスの現状と歴史のまとめ，援助の対象となる人びとの，ニーズの性質による3つのカテゴリーへの分類整理（直接的で明らかなニーズ，より複雑なニーズ，特別に困難な問題），それに対応するソーシャルワークサービスの分類（ワーカー助手，中堅ワーカー，高度の専門性を有するワーカー），および専門教育過程において教えられるべき内容（人間行動，社会経済的環境と社会構造，ソーシャルサービス，ソーシャルワークの原理と実践，選択によるその他の諸技能の5項目）の提示など．ソーシャルワーク発展の歴史において，その専門性の基礎を確立するために，大きな役割を果たした報告である．　［田中誉樹］

ゆ

友愛訪問 (friendly visiting)

19世紀後半から20世紀にイギリスやアメリカにおいて慈善組織協会（COS）の友愛訪問員が貧困者の自立を援助するために行った個別訪問指導活動のことをいう．活動内容は貧困者の個別調査を施行し，慈善団体間の連絡調整し救済の適正化を図ること．ボランティアが貧困家庭と個別に接し，友愛の精神に基づく生活指導を中心に貧困者の自立援助を行うなどがあった．ボランティアは次第に有給のワーカーとなり，活動で培われた個別処遇の方法はケースワーク方法へ発展した．　［中村明美］

有期保護制度

公的扶助の受給権に一定の年限を課す制度．「福祉から就労へ」の促進をめざしたアメリカの貧困家庭一時扶助（TANF, 1996年）の場合，公的扶助の利用は通算5か年とし，原則として，それ以上の期間の受給を認めていない．日本の生活保護制度については，全国知事会・全国市長会が設置した「新たなセーフティネット検討会」が2006年に有期保護制度の導入を提案したが，法改正には至っていない．有期保護制度導入のねらいは生活保護の「適正化」，すなわち廃止までの期限を定め受給を抑制することにある．生活保護制度は生存権保障の最後のセーフティネットである．その適用はあくまで要保護性の有無で判断しなければならず，受給期間のいかんによって保護を受ける権利が制限されてはならない．　［砂脇　恵］

遊戯療法 (play therapy)

遊びを媒介として行われる心理療法のこと．言語によってでは自分の考えや感情を十分に表現できない場合，遊びを主な表現やコミュニケーションの手段として治療が展開される．多くは子どもに対して適用される．遊びそのものがもつ作用として，子どもの心身を成長させ，内的世界を表現し，自己治癒力を活性化さ

優生保護法⇒母体保護法

有料老人ホーム

老人福祉法第29条において「老人を入居させ，入浴，排せつもしくは食事の介護，食事の提供またはその他の日常生活上必要な便宜であって厚生労働省令で定めるものの供与をする事業を行う施設であって，老人福祉施設でないものをいう」と規定されている．その多くが営利法人によって経営されている．有料老人ホームを設置しようとする者は，都道府県知事に施設名称や設置予定地，定款，事業開始予定日，その施設において供与をされる介護等の内容などの事項を届け出なければならない．なお，介護保険法上の特定施設として，都道府県知事より「特定施設入居者生活介護」を提供するサービス事業者の指定を受けることもできる． ［神部智司］

ユニセフ⇒国連児童基金

ユニットケア

特別養護老人ホーム等における入居者への集団処遇の反省から，入居者の特性に応じて小人数とその居住空間をつくりケアする試み．近年のグループホームや入居施設の個室化の動向をうけたもので，施設の居住性を高め，家庭的な雰囲気の中で入居者の生活のペースに合わせた新しいケアの取り組みである． ［藤井博志］

ユニバーサルデザイン
(universal design)

従来，バリアフリーがある特定の利用者を意識した既存のバリアを前提とするデザインであったのに対し，年齢，性別，能力，障害のレベルなどを超えて，「できる限り最大限すべての人に利用可能な製品，建物，空間をデザインすること」をめざす．後のノースカロライナ州立大学ユニバーサルデザインセンター所長メイス（Mace, R.L.）が1980年頃提唱した．同センターは，「ユニバーサルデザインの7原則」として，①誰にでも実用性が高く，市場向きであること（equitable use），②使用上の適応度が高いこと（flexibility in use），③簡単で直感的に使用できること（simple and intuitive），④必要な情報をすぐ理解できること（perceptible information），⑤危険につながらないこと（tolerance for error），⑥効率よくかつ快適に使用できること（low physical effort），⑦操作上の寸法・空間を考慮していること（size and space for approach and use）を提案している．近年，わが国においてもバリアフリー概念の広まりとともに関心が高まっており，行政レベルでの取り組みも始まっている．
［成清敦子］

ユビキタス（Ubiquitous）社会

「ユビキタス」という言葉はラテン語で「いたるところに在る．遍在する．」ということを意味する．「ユビキタス」が初めて情報通信分野で用いられたのは，1988年のアメリカにおいてであった．

社会の至る場所にある，あらゆるモノにコンピュータを埋め込み，それらが互いに自律的な通信を行うことによって生活や経済が円滑に進む社会．ユビキタスコンピューティング環境が整った社会．e-Japan構想の実現後の次の課題として，総務省が2004年5月に打ち出したu-Japan政策から広まった用語でユビキタスネットワーク社会ともいう．
［加納光子］

ユヌス, M.
(バングラデシュ Yunus, Muhammad; 1940-)

ユヌスは経済学者でありグラミン銀行(農民や貧困者を対象とした銀行)総裁でもある．彼は2008年のノーベル平和賞を受賞した．受賞理由は「貧困層の経済的・社会的基盤の構築に対する貢献」である．彼はグラミン銀行を通じて貧しい人びとに融資をすることによって社会貢献を果たしてきた．その融資先はバングラデシュ全土であるが，その融資先の90％以上が女性である．これは，ユヌスが，女性が経済力を所有すると貧困から脱出できるという考え方をもっていたからである．なお，主著に『貧困のない世界を創る』がある．→グラミン銀行

[成清美治]

ユング, C.G.
(スイス Jung, Carl Gustav; 1875-1961)

スイスの精神科医で，フロイトと共に精神分析の発展に尽くしたが，独自の分析心理学を提唱するに至った．とくに，個人の無意識の底には集合的無意識があると仮定し，神話や伝説，儀式などの働きや意味について考察を行い，これらを象徴するキャラクターを元型(archetype)とよんだ．元型には，母親のイメージを体現するグレイトマザー(great mother)，自らの否定的な面の象徴である影(shadow)，女性性と男性性の象徴であるアニマとアニムス(anima, animus)，知恵の象徴である老賢人(wise old man)などがある．→フロイト, S.

[田辺毅彦]

よ

養育費相談支援センター

ひとり親家庭の子どもの養育については現に子どもを監護する親・監護しない親双方に扶養義務がある(母子及び父子並びに寡婦福祉法 第5条)．しかし，養育費の取り決めと実際の支払い・受給率については十分ではなく，そのことはひとり親家庭で育つ子どもたちの健やかな成長に多大な影響を与える．そのような状況から厚生労働省は2007(平成19)年度から各地方自治体の母子家庭等就業・自立支援センターに養育費専門相談員を配置(112カ所中配置は45カ所：2016年度)し，さらには上記機関が抱える困難事例に対する支援，専門相談員等の研修，ひとり親家庭からの電話・メール等による相談対応を行う機関として養育費相談支援センターを設置した(07年度)．同センターは公益社団法人・家庭問題情報センターが厚生労働省からの委託を受けて同事業を行っている(2019年1月現在)．

[倉持史朗]

要介護状態(介護保険)

身体上または精神上の障害があるために，入浴，排泄，食事等の日常生活における基本的な動作の全部または一部について，ある程度長期にわたり継続して，常時の介護を必要とすることが見込まれる者の状態のことである．また，短期間で回復が見込めない場合をさしている．介護を必要とする程度に応じて5段階に区分されている．→要介護状態区分

[今村雅代]

要介護状態区分

介護認定審査会が，介護保険の給付をうける要件を満たしているか否かを審査および判定するさい，要介護状態の程度を5つに区分するものである．その程度に応じて，うけられるサービス内容が決

定される．要介護1は生活の一部について部分的介護を要する状態，要介護2は中程度の介護を要する状態，要介護3は重度の介護を要する状態，要介護4は最重度の介護を要する状態，要介護5は過酷な介護を要する状態と定められている．
［今村雅代］

要介護認定

被保険者の要介護認定申請をうけて，市町村は，ケアマネジャーによる全国一律の方法での訪問調査を実施するとともに，主治医の意見を求める．訪問調査結果と主治医の意見書に基づき，各市町村に設置されている介護認定審査会において，要介護状態に該当する場合は，要介護状態区分等にそって審査および判定を行う．要介護と審査判定の結果が出た場合，被保険者がうけるものである．→介護認定審査会，ケアマネジャー，要介護状態区分　　　　　　　［今村雅代］

養護児童

元来，「養護」とは，生命の危険がないよう，またその心身の成長が阻害されないように保護して育てることをいう．児童福祉の観点や，法律上では「要保護児童」として解釈され，児童福祉法第25条には要保護児童の通告が国民の義務として明示されている．児童養護施設の設置目的に掲げられている，虐待されている児童，その他，環境上養護を要する児童が含まれているのは当然のことである．→児童養護施設，乳児院
［立川博保］

養護老人ホーム

65歳以上で，環境上および経済的理由により，居宅において養護を受けることが困難な者を入所させて養護するとともに，その者が自立した日常生活を営み，社会的活動に参加するために必要な指導および訓練その他の援助を行う，老人福祉法にもとづく施設．第1種社会福祉事業．養護老人ホームは，入所定員が20人以上である規模を有していなければならない．一居室の入所人員は，原則として1人（処理上必要と認められる場合は2人）以下とする．　　　［山下裕史］

養子縁組

血縁関係にない間柄であっても，戸籍法上の親子関係を成立させるという民法に規定されている制度．成年養子縁組と未成年養子縁組があり，未成年養子縁組のみ普通養子縁組と特別養子縁組がある．普通養子縁組は出生した親との戸籍上の繋がりを残したまま縁組家庭の戸籍となるのに対し，特別養子縁組は出生した親の戸籍上の繋がりを断ち切り，縁組家庭の実子として縁組をする．特別養子縁組については家庭裁判所の審判を必要とし，縁組をする児童は6歳未満でなければならない．　　　　　［木内さくら］

要支援状態（介護保険）

要介護状態となるおそれがあり，社会的支援を要する状態のことである．身体上または精神上の障害があるため一定期間にわたり継続して，日常生活を営むのに支障があると見込まれる状態であり，要介護状態以外の状態をさす．要介護状態となることを予防するという考え方に基づき，残された機能の保持・向上，および喪失した能力の回復をめざした支援が行われる．→要介護状態，要支援認定
［今村雅代］

要支援認定

被保険者の要支援認定申請をうけて，市町村は，ケアマネジャーによる全国一律の方法での訪問調査を実施するとともに，主治医の意見を求める．訪問調査結果と主治医の意見書に基づき，各市町村に設置されている介護認定審査会において，要支援状態に該当するか否かについ

て，審査および判定を行う．要支援と審査判定の結果が出た場合，被保険者が支援をうけるものである．→介護認定審査会，ケアマネージャー，要支援状態
[今村雅代]

幼児教育の無償化

生涯にわたる人格形成の基礎を培う幼児教育の重要性や，幼児教育の負担軽減を図る少子化対策の観点から，「新しい経済政策パッケージ」(2017年12月，閣議決定)，「経済財政運営と改革の基本方針2018」(2018年6月，閣議決定)において，次の方針が示され，2019年10月1日から実施される予定である．

1) 幼稚園，保育所，認定こども園等を利用する子どもたちの利用料の無償化 (0歳から2歳児の子どもたちの利用料については住民税非課税世帯を対象として無償化)．2) 幼稚園の預かり保育 (保育の必要性があると認定された場合)，認可外保育施設の利用料の無償化.
[木村志保]

陽性転移

過去の特定の人物に対する感情や態度を，現在の人間関係の中で，ある人物 (過去の特定の人物とは関連性のない人物) に対して向けることである．感情転移ともいわれ，信頼，愛情等の感情および態度の場合，これを陽性転移という．転移は精神分析療法において重視される概念で，治療者と患者との関係性の中で患者が反復・反応する感情や態度をさすことが多い．精神科では患者が治療者に対して陽性転移を起こすことがしばしばある．精神分析療法では，転移を適切に解釈する転移分析を行うことで，患者は対象との関係について洞察を深めることが可能である．
[岡田良浩]

幼稚園

1876 (明治9) 年に開設された東京女子師範学校附属幼稚園が日本で最初の幼稚園であり，1947 (昭和22) 年に学校教育法に規定される学校として位置づけられた．幼児を保育し適当な環境を与えて，その心身の発達を助長することを目的としている．3歳から就学前の幼児が対象で保護者の希望により入園できる．所轄は文部科学省で公立幼稚園は教育委員会，私立は知事の所管となり，幼稚園教諭が保育を担当する．近年，預かり保育など保護者の保育ニーズへの対応とともに，子育て支援の幼児教育センター的役割を果たしていく，地域に開かれた幼稚園づくりが課題となっている．
[高橋紀代香]

幼稚園教育要領

学校教育法に基づく幼稚園における教育課程の基準である．1948 (昭和23) 年の「保育要領—幼児教育の手引き」に代わって，1956 (昭和31) 年に「幼稚園教育要領」を作成．幼児教育の目標の具体化と指導計画作成の基本姿勢を示して国家的基準が成立した．その後，1964 (昭和39) 年に改定，さらに急激な社会情勢の変化を背景に見直しを迫られ1989 (平成元) 年には大きく改定し，現行のものは1998 (平成10) 年12月告示，2000 (平成12) 年の施行である．保育内容は子どもたちの発達の視点から5領域が示され，心情，意欲，態度など生きる力の基礎を培うことを確認している．そして幼児の主体的な活動が確保されるよう，一人ひとりの行動の理解と予想に基づき計画的に環境を構成することが，新たに示唆された．[高橋紀代香]

幼保一元化

未就学の子どもたちが過ごす場は，家庭教育の補完を行う幼児教育施設としての幼稚園と，「保育に欠ける」子どもを保育する児童福祉施設としての保育所という二元体制がとられてきた．この二元

体制への問題提起は，戦後の法制化以前から行われ，すでに1970年代に一部の自治体では幼稚園と保育所を併設し，「幼児園」といった名称で実質的には一体的に運営するという一元化が実現されている．1990年代に入り，少子化による施設の統廃合，財政負担の軽減，利用者ニーズなどの観点から一元化についての議論が再燃している．すべての子どもに教育と養護を保障するために福祉と教育の統一を行う，また子どもたちの地域でともに育つ権利を保障するという観点からの一元化を作り出すことが必要である． ［井上寿美］

要保護児童

児童福祉法第6条の3第8項にて，保護者がいない，または現に監護している者がいない，もしくは環境上虐待等の理由により保護者に監護させることが不適当であると認められる児童をさすとされている．環境上の理由は他に，経済的困難・保護者の身体および精神の疾病・母親の出産等も含む． ［木内さくら］

要保護児童地域対策協議会

児童虐待の早期発見や防止のため，虐待を受けた子どもをはじめとする要保護児童等に関する情報の交換や支援内容の協議を地域ごとに行うためのもの．2004年度の児童福祉法改正により法的に位置づけられた．構成員としては児童相談所や市町村の児童福祉担当部局等の児童福祉関係者以外にも，医療機関や保健所等の保健医療関係者，学校等の教育関係者，警察や司法関係者，配偶者暴力相談支援センターの関係者，人権擁護委員等と多岐にわたっている．入所施設から退所した児童の見守りについてもあわせて扱っている． ［木内さくら］

要養護児童

保護者のない子どもや保護者に監護させることが不適当であると認められる子どもなど養育・保護を必要とする子どものことをいう．そしてこのような子どもを発見した者は福祉事務所または児童相談所に通告しなければならない（児童福祉法第25条）．具体的には児童養護施設の目的（児童福祉法第41条）に規定されている．①保護者のない児童：実際に監督保護する者がいない子どものことで，その例としては，保護者と死別した子どもまたはこれに準ずる保護者の生死不明の子ども，保護者に遺棄されている子ども，保護者が長期にわたり入院または拘禁されている子どもなどがあげられる．②保護者に虐待されている児童：身体的虐待，心理的虐待，ネグレクト，性的虐待など保護者から不適切な関わりをされている子どもをいう．③環境上養護を要する児童：いちじるしく子どもの福祉を阻害する行為として禁止している行為をうけている子ども（児童福祉法第34条第1項）や保護者の心身に病気があり，必要な衣食住および監護をうけることができない子どもをいう．

［竹田　功］

養老院

わが国において老人のみを保護収容する施設として最初に登場したは聖ヒルダ養老院（1895）であった．そして，神戸友愛養老院（1899），名古屋養老院（1901），大阪養老院（1902），東京養老院（1903）と全国の主要都市で次々に養老院が誕生した．これらはすべて私的施設であるが，「救護法」（1929）の制定により，救護施設（養老院・孤児院・病院等）のひとつとして法的に位置づけられた．戦後，新「生活保護法」（1950）の制定により保護施設（養老施設・救護施設・更生施設・医療保護施設・授産施設・宿所提供施設）のひとつとして，経済的・身体的に困っている者を収容する「養老施設」として定められ

た．その後，老人福祉法（1963）の制定により，「養護老人ホーム」「特別養護老人ホーム」と名称変更となり，生活保護法から除外されることとなった．

[成清美治]

養老律令

養老律令は，718（養老2）年に藤原不比等を総裁として編纂がおわり，その39年後の757（天平勝宝9）年に施行された王朝法令であり，「律」は刑法典，「令」は刑法以外の行政法・商法などの法典である．701（大宝元）年に唐の律令にならってできあがった大宝律令（702年施行）にさらに修正を加えたものである．

[真鍋顕久]

抑圧⇒防衛機制

ヨーク貧困調査

ラウントリー（Rowntree, B.S.）によってイギリス・ヨーク市で実施された調査．1899年に同市のすべての賃金労働者世帯を対象として第1次調査が実施され，その調査および分析の結果が『貧困―都市生活の一研究』（1901）にまとめられた．それにより約30％の世帯が第1次貧困（総収入でも生存を維持するのが困難），または第2次貧困（総収入で何とか生存を維持できる）状態にあるなどの貧困の実態やその原因が明らかにされた．1936年に第2次，1950年に第3次の調査が実施され，それぞれ『貧困と進歩』（1941），『貧困と福祉国家』（1951）にまとめられた． [前田芳孝]

横山源之助 (1871-1915)

富山県に生まれる．号は天涯茫々生．内田魯庵，二葉亭四迷，松原岩五郎らの影響をうけ，貧困・労働問題に強い関心を寄せる．1894（明治27）年，横浜毎日新聞社に入社．社会探訪記者として，足利方面職業地視察，阪神地区労働時勢調査など下層社会の労働や生活実態を報告．こうした実証的な調査をもとに，『日本之下層社会』(1899)を刊行．労働運動や，南米移住事業にも関わる．後に，植民地問題にも取り組む．[米津三千代]

与謝野晶子 (1878-1942)

大阪府に生まれる．歌人．本名は志よう．1900（明治33）年，与謝野鉄幹と出会い，翌年1901（明治34）年に結婚する．同年8月に，人間解放の奔放な情熱と官能の美を高らかに歌った第一歌集『みだれ髪』を刊行．日露戦争時に出征した弟によせた詩「君死にたまふことなかれ」を『明星』に発表し，大きな反響をよんだ．大正期には平塚らいてうと「母性保護論争」を展開するなど，婦人問題についての評論活動を行う．また，1921（大正10）年設立の文化学院の学監になり，自由主義教育にも尽力をそそいだ． [米津三千代]

4つのP

パールマン（Perlman, H.H.）がケースワークで問題解決に不可欠な構成要素としてあげたもの．「人びと（person）が，社会的に機能するあいだにおこる問題（problem）をより効果的に解決することを助けるために福祉機関（場所：place）によって用いられるある過程（process）である」というケースワークの定義から，援助を必要としている人：クライエント（福祉サービス利用者）（person），対象となる問題：クライエントとクライエントをとりまく社会環境との間の不適応（problem），援助を展開する場所：社会福祉機関（place），問題解決のための援助過程：ワーカーとクライエントとの相互作用（process）という4つを抽出してケースワークの構成要素とした． [久保美紀]

予防給付
よぼうきゅうふ

2005（平成17）年6月の介護保険法の改正にともなって，拡充された介護予防のための給付で，既存のサービスを見直し，新しく創設されたサービスである．この背景には，改正前の介護保険法における軽度者（要支援・要介護1）の大幅な増加がある．対象は要介護状態等の軽減あるいは悪化の防止に対して効果的である軽度（要支援1，要支援2）の者となっている．その介護予防サービス（介護保険法第8条の2）の種類は，①介護予防訪問入浴介護，②介護予防訪問看護，③介護予防訪問リハビリテーション，④介護予防居宅療養管理指導，⑤介護予防通所リハビリテーション，⑥介護予防短期入所生活介護，⑦介護予防短期入所療養介護，⑧介護予防特定施設入居者生活介護，⑨介護予防福祉用具貸与及び特定介護予防福祉用具販売等となっている．また，マネジメントは地域包括支援センター等が実施することになっている．なお，介護予防サービス費は介護保険給付（第52条）となっている（ただし，利用者負担あり）． ［成清美治］

予防的社会福祉
よぼうてきしゃかいふくし

予防的社会福祉には，個人の社会生活において困難や不適応に陥らないように，その発生を予防する取り組みがある．その具体的な制度やサービスには，各種の相談事業や情報提供サービス・紹介サービスなどが該当し，こうしたものは早期発見・早期対応の予防的機能といわれる．しかし予防的社会福祉はそれだけでなく，ノーマライゼーションなどの思想に基づいて社会制度やサービスなどを改善し，個人の生活条件に適合させた社会関係を保たせるように働きかけて予防を図る側面もある． ［瓦井 昇］

予防的リハビリテーション
よぼうてき

要支援・要介護状態になることを予防することを目的とするリハビリテーション．また，廃用性症候群のような2次的障害の予防も含まれる．地域におけるリハビリテーションでは，独居高齢者・虚弱な高齢者の身体機能が低下しないよう予防的リハビリテーションの充実が必要である．介護保険制度においては，要支援と認定された者に，要介護状態の予防のため行うリハビリテーションのことをいう．自立支援・介護予防を図ることに重点がおかれている． ［米津三千代］

ら

ライシャワー事件 (じけん)

1964（昭和39）年，精神障害の青年が，駐日，米大使のライシャワー氏を刺傷した事件．これを機に，精神病者への取締りが強化された．また，1965（昭和40）年，社会防衛策を強化した精神衛生法の大改正へとつながった．→精神衛生法改正
[重野　勉]

ライフサイクル

人間が誕生してから死に至るまでの一連の過程を表現する用語で生活周期と訳す．一般には成人男女が結婚し家族が形成されると子どもが生まれる．子どもは乳幼児期，学齢期を経て成人に達し，就職や結婚を経て親となる．そして，壮年期，老年期に入り，高齢者としての生活の中で配偶者の死亡などが経験され，家族は消滅する．子どもの数が増えるに従い養育費・教育費の生計費に占める比重が高くなる．その後，子どもが独立し養育費・教育費は減少する．同時に親は就労収入が途絶える．このようにライフサイクルにおいては，家族の成立・発展・消滅にともなって所得と生計費の変動がみられる．
[平井　正]

ライフモデル (life model)

従来の医学モデルと異なり，その問題となる因果関係を個人と社会環境との関係性に着目し，それらが相互に影響される関係にあるとする．これまでのように相互作用と把握せずに，交互交流（transaction）としてとらえ，因果律を円環するものとして認識する．新たな援助実践の方式は画期的なものとして，1970年以降アメリカで評価されだした．一般システム理論から導き出された生物体の論理を人間と環境との相互交流ととらえ人間の生態系を認識する概念である．ジャーメイン（Germain, C.B.）によって提唱された．生態学的視座（ecological perspectives）との関連が深い．
[河崎洋充]

ラウントリー，B.S.
（英 Rowntree, Benjamin Seebohm; 1871-1954）

ブース（Booth, C.）の影響をうけ，ヨーク貧困調査を実施した．第1次貧困，第2次貧困という2つの「貧困線」（単なる肉体的能率を維持できる消費水準）を理論的に設定し，これを判断基準として対象世帯を分類するという手法で分析を行い，貧困の実態とその原因を明らかにし，貧困の原因が社会的なものであることを示した．ブースともども20世紀初めのイギリスの救貧行政，さらには福祉国家の形成に多大な影響を与えた．なお，貧困線という発想は最低生活費算定方式の基礎となり，マーケットバスケット方式（ラウントリー方式）確立へとつながった．→ヨーク貧困調査
[前田芳孝]

烙印づけ (らくいん)

穢れた者，忌むべきもの，避けられるべき者であることを，人びとに告知するため肉体に焼印等で印をつけたことからきている．ゴフマン（Goffman, E.）は烙印（stigma スティグマ）づけを「他の人とは異なる属性，それも好ましくない属性，欠点，短所，ハンディキャップ」で「人の信頼をひどく失わせるような属性」としている．現代社会では，①身体障害者，精神障害者，②人種，民族，宗教，③貧困，依存，④社会規範にもとる行為，などが対象となる．
[杉原真理子]

ラップ：WRAP 元気回復行動プラン

クープランド，メアリー（Copeland, Mary Ellen）らが1990年代に開発したプログラムであり，Wellness Recovery Action Plan の頭文字をとったものである．

「元気でいるために，そして気分がすぐれないときに元気になるために，また自分で責任をもって生活の主導権を握り，自ら望むような人生を送るために，自分自身でデザインするプラン」のことである．

ラップは，精神的な困難を抱えた当事者自身が自分の心身の状態を把握し，自身に合った対処の方法で，辛い症状を軽減し，予防するプログラムである．

具体的には，①「元気に役立つ道具箱（運動や入浴等）」，②「日常生活管理プラン（食事，家族との対話等）」，③「引き金（過労，喪失等）」，④「注意サイン（緊張感，物忘れ等）」，⑤「クライシスプラン」などの項目について，順に書き出す．

自分の良い所，日常生活の幸せな部分，自分の力に注目することにより，自信を取り戻し，またグループメンバーとともに作業をすることによって，体験の共有や，モデルを発見することができる．
[加納光子]

ラヒホイタヤ（lähihoitaja）

フィンランドの社会ケアと保健医療ケア分野の共通資格．①准看護師，②精神障害者看護助手，③歯科助手，④保育士（病児保育），⑤ペディケア士，⑥リハビリ助手，⑦救急救命士，⑧知的障害者福祉士，⑨ホームヘルパー，⑩日中保育士の，10の資格を統合して創設された．専門学校へは15歳（中学卒業程度）で入学でき，3年間の教育を受ける．
[成清美治]

ラポール（rapport：仏語）

ラポート（英語）ともいう．調和的，共感的な信頼関係のこと．社会福祉援助を円滑に行ううえで援助者と利用者との間には，相互に信頼性のある援助関係が結ばれることが重要であるが，利用者の状況や個性，年齢や援助者の援助技量（援助的コミュニケーションなど）により，信頼関係が結ばれる時間，期間に差が生じる．また，その後の援助の展開に影響してくるなど重要な要素である．
[河崎洋充]

ランク，O.
（Rank, Otto; 1884-1939）

オーストリアの精神療法家で意思心理学に基づく意思療法の創始者である．精神科医ではなかったが，フロイト（Freud, S.）の愛弟子の一人であった．しかし，人間性を肯定的にとらえて，やがてフロイトの機械的，生物学的な人間観等を批判して，人間の意思によって治療は可能であると考え，フロイトと決別して渡米した．ペンシルヴァニア大学で，タフト（Taft, Jessie）とロビンソン（Robinson, Virginia）に理論的影響を与え，タフトとロビンソンらは，意思心理学を背景にして，クライエントを主体にし，機関の機能を重視した援助手法をもつ，機能派あるいはペンシルヴァニア学派とよばれるケースワークのグループを形成した．
[加納光子]

理学療法士
(physical therapist：PT)

身体に障害のある人びとに対し，または，障害の発生が予測される人びとに対し，その基本的能力（座ったり，立ったり，歩いたり）の回復や維持，および障害の悪化の予防などの身体的自立を高めるために，種々の検査，測定などを行い，運動療法，日常生活動作訓練，熱・光・水・電気などのエネルギーを利用した物理的な療法を行う専門職である．3年間の専門教育ののち，国家試験を受け資格を得，リハビリテーション病院や身体障害者更生援護施設などで活動している．　　　　　　　　　　　　　　［石倉智史］

リカバリー

新たなリカバリー概念は，1980年代後半のアメリカにおいて，精神科専門誌に，精神障害をもつ人たちが投稿した一連の手記から始まった．精神症状が残存しているのに素晴らしい生き方をしているのはなぜかという読者の驚きが発端であった．その後，2000年代の初めにアメリカでは，全米のユーザー（当時者）からなる「リカバリー勧告団」を結成して，リカバリーを構成する要素を特定した．その結果，①自己決定，②個別性，③エンパワメント，④その人の全体的な現象，⑤非直線的な経過，⑥ストレングス（強み），⑦仲間のサポート，⑧尊厳，⑨自分の人生に対する責任，⑩希望とした．また，合衆国保健福祉省の薬物乱用精神保健管理庁（SAMHSA）は2006年に「精神保健リカバリーとは，癒しの旅であり，精神保健上の問題をもった人が自分の可能性を実現しょうと努力する中で，意味のある人生を送ることができるように変化することである．」と定義した．

現在，日本に導入されているリカバリープログラムは，Illness Management and Recovery（IMR）や Wellness Recovery Action Plan（WRAP）など，アメリカで考案されたものがほとんどである．　　　　　　　　　　　　　　　［加納光子］

力動的診断 (dynamic diagnosis)

ソーシャルワークにおける対象理解方法のひとつ．とくに直接的援助（direct social work）において生活環境の力動に焦点を当て（person-in-enviroment），生活問題を理解しようとする診断モデルである．生活系におけるクライエント（利用者）本人の相互力動によって生活問題が発生，維持されていると仮説をたて，どのような援助が問題継続の力動を変容できるのか，その手段を検討する．　　　　　　　　　　　　　　　［倉石哲也］

リスク社会 (risk society)

リスク社会論は，元イギリスのブレア首相のブレーンであり，同政権の「第三の道」の理論的支柱であった社会学者のA．ギデンス（Giddens, Anthony）が唱えたものであった．リスク社会とは，要約すると「将来の危機に対して備える社会」ということである．すなわち，我々が現在生活している21世紀の社会は，さまざまなリスク—経済的リスク，精神的リスク，肉体的リスク，環境的リスク等—が存在する社会であるので事前に危機に対して備えることが必要である．今日の少子・高齢社会においては，社会保障あるいは社会福祉の公的サービスがすべての人びとに対して充足されることは困難であるので，できるだけ各個人が日常生活において自らリスクに対処ができるようにしておくことが大切であ

る．つまり，「自助努力」，「自己責任」と「セーフティネット」というキーワードが重要となる． [成清美治]

リスク・マネジメント
(risk management：**危機管理**)

危機管理は，国際問題（外交問題など），国内問題（経済危機や自然災害など），企業での経営問題などにたいして，広範囲に用いられている概念（この場合はクライシス・マネジメントということが多い）である．社会福祉の領域では，介護保険の施行や，社会福祉基礎構造改革の進展により，良質でかつ安全な福祉サービスの提供を目指して，「福祉サービスを提供する過程における事故の未然防止や，発生した場合の，損害賠償等，法人・施設の責任問題などを含む対応」を中心にリスク・マネジメントを捉えている（厚生労働省の「福祉サービスにおける危機管理に関する検討会」による）．しかし，基本的な視点は，福祉サービスの質の向上（クオリティ・インプルーブメント（QI））にあり，「より質の高いサービスを提供することによって多くの事故が未然に回避できる」と考え，利用者，家族などとのコミュニケーションや，苦情解決への積極的な取り組みを重要視している． [加納光子]

リースマン
(Riesman, D., 1909-2002)

アメリカの社会学者．フィラデルフィア生まれ．ハーバード大学卒業後，弁護士などを経て，シカゴ大学，ハーバード大学等で教鞭をとる．都市の中流階級を扱った主著『孤独な群衆』(1950) のなかで，社会的性格を「伝統指向型」「内部指向型」「外部指向型（他人指向型）」の3つに分類した． [成清美治]

リーダーシップ (leadership)

小集団の先頭に立って構成員を引っ張っていく人の素質や力量，統率力のこと．社会福祉援助技術の場では，グループワークやコミュニティワークの場で用いられる．積極的に発言し，企画し実行していく技量だけでなく，所属する集団の構成員の多数の意見や不満を調整し，まとめていく技量も必要とされる．リーダーは，あくまでもその所属する小集団の構成員（当事者・利用者等）であり，それに関わるグループワーカーやコミュニティワーカーのことではない．

[河崎洋充]

リッチモンド，M.E.
(米 Richmond, Mary E.; 1861-1928)

アメリカ，イリノイ州で生まれる．アメリカにおいて19世紀後半の慈善組織協会運動発展に貢献し，優れた実践家，指導者，理論家として活躍した．具体的活動では友愛訪問の専門的水準を高め，ケースワークの科学的実践方法を提示し，その理論化，体系化をしたことで「ケースワークの母」と称されている．主著は『社会診断』(*Social Diagnosis*, 1917)，『ソーシャルケースワークとはなにか』(*What is Social Case Work ?*, 1922) などがあり，これらはケースワークの古典となっている． [中村明美]

リード，W.J.
(Reid, W.J.)

1970年代に，エプスタインとともに，短期間の限定された期間において，クライエント自身が認識し，解決できる可能性がある具体的な生活課題が対象となる，計画性と短期性が特徴であり，ソーシャルワーカーと利用者が契約の中で，目標を定め，解決のための「課題」を設定し，限られた時間の中で，取り組んでいく手法である課題中心ソーシャルワークを提唱した． [加納光子]

リバースモーゲージ
(reverse mortgage)

高齢者などが自宅などを担保に貸付金を定期的に受け取り、生活や介護の費用に当て、死後の売却処分などにより、返済することになる「持ち家転換年金」「資産担保年金」「逆抵当融資」などとよばれるタイプの融資制度．基本的な仕組みは、①住宅資産を担保にする、②貸付金を年金的に終身にわたり定期的に受け取る、③契約終了時に担保不動産を処分することにより一括返済する、ことになる．現在の社会福祉サービスは、受給資格や負担水準は所得の額によって決定されている場合が多い．所得や預金のない場合は、自宅があっても税金で生活や介護・医療の費用がまかなわれ、受けられるサービスの量も限られてくる．そして本人の死亡後はそれまで往来がなくても、法的な相続者に遺産が相続されているのが現状である．こうしたことの対応も含めて、日本では1981年に東京都武蔵野市で導入したのが最初である．リバースモーゲージには、担保割れの3大リスク——①長寿化、②不動産価格低下、③金利上昇——があるが、2003年度以降、公的なリバースモーゲージとして全国都道府県の「長期生活支援資金貸付制度」が始まり、利用件数は増加している．民間企業によるリバースモーゲージもある． ［加納光子］

リハビリテーション
(rehabilitation)

戦後、多くの戦傷者に対して職業復帰や生活保障の必要性が高まったことで医療施設とともに、職業復帰のための訓練が実施されていたのが始まり．わが国においては1949（昭和24）年に身体障害者福祉法に基づく諸施策により始まり、「更生」「社会復帰」とよばれていた．WHO（1968）による定義では「医学的、社会的、教育的、職業的手段を組み合わせ、かつ相互に調整し」と今日の主要4分野を明確にし、国連（障害者に関する世界行動計画、1982）においては、「各個人が自らの人生を変革していくための手段を提供していくことをめざし、かつ、時間を限定したプロセスである」とし、一面的なとらえ方ではなく、当事者本人により、時間的制限のもと提供されるものであるとしている．リハビリテーションの目的は、従来のADLからQOLの向上へと変化している．つまり、当事者の能力を引出し、生きがいのある人生を援助していくことである．上田敏は「全人間的復権」と称している．
 ［石倉智史］

リハビリテーション医療（いりょう）

リハビリテーションとは、人間であることの権利や尊厳が何かの理由で侵害され、社会からはじき出されたものの復権を意味する．リハビリテーション医療は、リハビリテーションを実現するための医療からのアプローチである．類似用語として「リハビリテーション医学」がある．上田敏は「医学とは診療の実際から生まれた学問であり、医療は学問で裏づけられた診療であるという点で、この両面は表裏一体のものである」としている．つまりリハビリテーション医療とはリハビリテーション医学を基盤として展開される医療といえる．実態としてのリハビリテーション医療は、医療機関等において、運動機能の障害や呼吸器障害、心臓、腎臓などの内部障害あるいは精神障害を保持する患者の機能障害（impairment）、能力障害（disability）、社会的不利（handicap）に対して理学療法、作業療法、言語療法などのあらゆる医学的対応と同時に職業的あるいは社会的リハビリテーションの視点から、チームアプローチ、地域のネットワーク体制を図りながら展開されている． ［熊谷忠和］

リハビリテーションインターナショナル (RI) ⇒国際リハビリテーション

リビング・ウィル (living will)

治療が困難な病気にかかり、延命のための治療を望まない場合に、文書でその意思を表すこと、またはそれを記録したもの。死んだ後に効力を発するのではなく、生命があるうちに効力を及ぼす。リビング・ウイルは「健やかに生きる権利」「安らかに死ぬ権利」を自らの意思で守るものだといえる。日本においては法制化されていないが、カリフォルニア州では「カリフォルニア州自然死法」が1976年に制定されている。　[米津三千代]

リフォームヘルパー

介護保険制度の円滑な実施の観点から、2000年に「介護予防・生活支援事業」（2003年4月1日より「介護予防・地域支えあい事業」に名称変更）が創設された（2001年4月1日より実施）。この事業は高齢者が要介護状態にならないよう、また、状態が悪化しないようにするために介護の予防対策や自立生活を確保できるよう必要な支援を行うことを目的としている。このなかの住宅改修支援事業において高齢者向けに居室等の改良を希望する者に対して、居宅を訪問等により、家屋の構造、高齢者の身体状況及び保健福祉サービスの活用状況を踏まえて住宅改修に関する相談・助言を行うとともに、介護保険制度の利用（住宅改修費）に関する助言を行うのがリフォームヘルパーである。なお、この業務を担当するのは保健師・理学療法士・作業療法士等の資格を有する者である。[成清美治]

流動食

食物の残渣や不消化物、刺激物を含まない流動性の食物で、たとえば、重湯、スープ、牛乳、また、牛乳と卵黄をまぜてクリーム状にしたものやアイスクリーム等がある。流動食の摂取方法には経口流動食と経管流動食とがある。経口摂取する場合は、味を楽しむことができるので飽きがこないように嗜好を考慮し、味の変化、適温（保温、保冷）、適量などに心がける。経管により摂取する場合は、咀嚼、嚥下能力の低下で誤嚥の危険性が高く、意識障害がある場合に用いられる。この方法は管が詰まらないように食品を吟味し、温度には注意する。→誤嚥
[新治玲子]

領域

保育所や幼稚園で子どもの育ちの姿をとらえるさいの枠組み・視点。心身の健康に関する「健康」、人との関わりに関する「人間関係」、身近な環境との関わりに関する「環境」、言葉の獲得に関する「言葉」、感性と表現に関する「表現」の5つの観点から構成されている。保育指針では、3歳児以上の保育内容や配慮事項が、基礎的事項とともにこの5つの領域別に記されている。各領域は、それぞれが独立して存在するものではなく、子どもが主体的に活動する生活や遊びを通して相互に関連し合いながら育まれていくものである。したがって領域を学校で扱う教科のようにとらえ、各領域別に指導計画をたてて指導することはできない。
[井上寿美]

療育医療

結核にかかっている児童のための制度。児童福祉法第21条の9に基づき、骨関節結核その他の結核にかかっている児童に対して、療養だけでなく学習の援助も行うために、厚生大臣や都道府県が指定する病院（指定療育機関）において、生活指導、学習と療養生活に必要な物品の給付などを行うことが規定されている。
[田中誉樹]

療育相談

療育とは、障害のある児童に対して医療や保育を施し、児童の発達能力を促進し、自立を育成することである．児童福祉法第19条に療育の指導等、次のように規定されている．すなわち、保健所長は、身体に障害のある児童或いは病気の児童に対して、診査を行い、または相談に応じ、必要な療育の指導を行わなければならないし、また、できるとしている．

[成清美治]

療育手帳

知的障害児・者に一貫した相談・援助を行い、各種の措置をうけやすくするため1973（昭和48）年に制度化された（昭48厚生省発児156）手帳で、交付対象者は児童相談所または知的障害者更生相談所において知的障害と判定された者である．この制度の実施主体は都道府県知事（政令指定都市にあっては市長）であり、知的障害者の居住地を管轄する福祉事務所が窓口となる．また、障害の程度が重度の「A」（① 知能指数35以下、あるいは、② 知能指数50以下で1〜3級に該当する身体障害の合併）と、それ以外の「B」に区分されている．さらに、都道府県、政令指定都市により手帳の名称や、程度認定、申請の手続き等が異なるところがある．

[櫻井秀雄]

療育の給付

「児童福祉法」第20条に規定されている．すなわち、都道府県は、骨関節結核その他の結核にかかっている児童に対し、療育に併せて学習の援助を行うため、これを病院に入院させて療育の給付を行うことができることとなっている．また、療養の給付は、医療並びに学習及び療養生活に必要な物品の支給とする．なお医療は、① 診察、② 薬剤又は治療材料の支給、③ 医学的処置、手術及びその他の治療並びに施術、④ 病院又は診療所への入院及びその療養に伴う世話その他の看護、⑤ 移送等となっている．

[成清美治]

利用者本位

高齢者保健福祉推進10ヵ年戦略の見直し（新ゴールドプラン）では、「今後取り組むべき高齢者介護サービス基盤の整備に関する施策の基本的枠組み」のひとつとして、「利用者本位・自立支援」があげられている．そこでは、個々人の意志を尊重した利用者本位の質の高いサービス提供を通じ、高齢者の自立を支援することがめざされた．社会福祉基礎構造改革の基本理念としても、利用者本位の福祉サービス利用制度を構築することが掲げられている．従来のようなかぎられた者の保護・救済から、利用者本位の利用制度への転換を図るためには、利用者の福祉サービス利用を支援するため、権利擁護、サービスの質の確保、情報開示、苦情解決などの方策が求められる．

[三島亜紀子]

量的調査

(quantitative research)

統計や数理的分析などの定量的方法を用いて行う、アンケート調査に代表されるような調査のことである．量的調査は、安田三郎にしたがえば、(1) 多数の事例について、(2) 少数の側面を全体の中から切り取って、(3) 客観的に計量して、(4) 相関係数等の客観的な分析方法によって普遍化を行うという点に大きな特徴がある．しかし、量的調査には、多数の事例を調べることができる、あるいは客観性や普遍性を主張できるという長所が認められる一方で、現実の表層的な把握にとどまりその複雑性に対する配慮に欠ける、分析結果を解釈することや因果関係を推論することなどの点において質的調査に劣るなどの短所も指摘されて

いる. →質問紙法　　　　　[武山梅乗]

療養介護

障害者総合支援法第5条第6項に,「『療養介護』とは, 医療を要する障害者であって常時介護を要するものとして厚生労働省令で定めるものにつき, 主として昼間において, 病院その他の厚生労働省令で定める施設において行われる機能訓練, 療養上の管理, 看護, 医学的管理の下における介護及び日常生活上の世話の供与をいい, また,『療養医療介護』とは, 療養介護のうち医療に係るものをいう.」と規定している.　　　[成清美治]

療養給付費負担金

国民健康保険法に規定されている, 保険者たる市町村に対する国庫負担金. 療養給付費等の100分の34と規定されている. 被用者保険において被保険者は一般に事業主と折半で保険料を負担するが, 市町村国保の被保険者についてはこの事業主が存在しない. したがって, 国民健康保険制度は被保険者の負担する保険料（とわずかな国庫補助）だけで運営していくことが非常に困難である. これはその点を考慮に入れた規定である. なお, これに100分の9の国庫調整交付金ならびに100分の7の都道府県調整交付金を加え, 公費負担分は療養給付費等の100分の50となる.　　　　　[木村　敦]

療養取扱機関

健康保険法, 各共済組合法, 国民健康保険法等に基づいて療養の給付等を行おうとする医療機関（病院, 診療所）は, 各関係法に基づき厚生大臣（現厚生労働大臣）の指定をうけなければならない. この指定をうけた医療機関が保険医療機関とよばれ, または一般に療養取扱機関と称される. さらに療養の給付等を行うためには医療機関が上記指定をうけていることだけでなく, 医師が保険医として登録していることも併せて必要となる. この, 医療機関の指定と医師の登録との両方を要求するしくみを一般に「二重指定制」とよぶ.　　　　　　　[木村　敦]

療養の給付

健康保険における保険給付のひとつ. 被保険者の業務以外の事由による疾病または負傷について, 保険医療機関・保険薬局（以下, 保健医療機関等）で, ①診察, ②薬剤または治療材料の支給, ③処置・手術その他の治療, ④居宅における療養上の管理およびその療養にともなう世話その他の看護, ⑤病院または診療所への入院およびその療養にともなう世話その他の看護をうけることができる. 被保険者は療養の給付をうける場合, 保険医療機関等に被保険者証を提出し, 定率や定額の一部負担金を支払い, 治るまで治療を受けることができる. なお, 75歳以上の老人および65歳以上75歳未満の一定の障害がある者などは, 老人保健法の医療をうける.　　[阪田憲二郎]

療養費の支給

健康保険法, 各共済組合法, 国民健康保険法等の法律に基づいて, 医療給付は療養の給付という医療の現物給付の方法で行われることが原則となっている. しかし, 緊急その他やむをえない事情で被保険者が保険医療機関（療養取扱機関）以外で診療（医療行為）をうけた場合や, 医療給付に必要な材料等が保険医療機関で用意できない場合には, 被保険者が一旦医療機関で医療費の全額を支弁し, 後日請求に基づき保険者より保険給付分の償還払（払い戻し）をうけるという方法が認められている. これを療養費の支給という.　　　　　　　[木村　敦]

療養病床

病院の病床または診療所の病床のうち一群のものであって, 主として長期にわ

たり療養を必要とする患者を収容することを目的とする病床．1992（平成4）年の医療法の改正により設けられた．一般の病院の基準よりも看護師や介護スタッフの数が多く，1人当たりのベッドスペースが広くとられており，また談話室や浴室を備えるなど，長期療養患者に対する配慮がなされている．介護保険制度の導入により，介護保険制度適用の「介護療養型医療施設」と医療保険制度適用の「療養病床」に分けられた．なお，今後介護療養型医療施設は廃止，療養病床は削減されることとなっている．→介護療養型医療施設　　　　　［石田慎二］

療養補償給付

業務上の傷病を被った労働者に対する労災保険給付のひとつ．現物給付として労災病院など一定の医療施設において行われる療養の給付，および金銭給付として療養の給付をすることが困難な場合に行われる療養費用の支給の2つに分かれる．療養補償給付における療養の給付においては，法が定める療養の範囲内で，政府が必要と認める，①診察，②薬剤，治療材料の支給，③処置，手術その他の治療，④居宅における療養上の管理，療養にともなう世話および看護，⑤病院または診療所への入院，その他，療養にともなう世話および看護，⑥移送，について保険給付が認められる．

［中川　純］

旅客運賃の割引

障害者に対する経済的負担の軽減措置のひとつで，JR旅客運賃割引と航空運賃割引の2種類がある．JRの場合，身体障害者手帳および療育手帳の交付をうけた人が対象で，第1種の場合，重度障害者本人と同行する介護者ひとりがおのおの5割引，第2種の場合，本人のみ5割引となる．第1種は区間制限がなく急行券も割引の対象となるが，第2種は100kmを超える場合のみ適用される．航空運賃では，重度障害者に介護者が同行の場合，本人と介護者ひとりがおのおの25％割引となり，障害の程度が一定以上であれば，本人のみ25％割引となる．

［植戸貴子］

リレーションシップ・ゴール⇒コミュニティワークの評価

臨床診断

個人病理について面接，コミュニケーション，観察，参与といった，直接的間接的関わりを通して得られた情報から評価，分析を加えようとするもの．ただしソーシャルワークのなかでは発達障害，精神障害などの医学領域で行われることが多く，精神科医などの専門家が行う．ソーシャルワークではこれらの問題が生活状況に及ぼす直接的な影響について臨床的生活診断を実施する．　［倉石哲也］

隣人まつり

この「隣人まつり」の発端は，フランス人のペリファン・アタナーズという区議会議員の青年が居住していた地域で1999年にある老女が孤独死した．この事件をきっかけに彼とその友人達は，隣近所同士の者が食べ物を持ち寄り，集まり，おしゃべりをするというパーティを企画した．その後，この運動は世界中の欧州を中心に29ヵ国（約800万人）に広がり，わが国においても東京都等をはじめとして各地で同まつりが開かれるようになった．この背景には現代社会の人間関係の希薄さによる孤独・孤立（とくに高齢者）に対する危機感の存在がある．

［成清美治］

リンデマン，E.

(Lindemann, Erich; 1900-1974)

1940年代から1960年代にかけて構築された危機理論を，キャプラン（Caplan,

G.）らとともに構築したアメリカの精神科医でハーバード大学医学部教授等を務めた．リンデマンによると典型的な危機は死別であった．1942年のボストンのココナッツ園ナイトクラブの火災の後で発生した遺族などの急性の悲歎反応について研究し，人が危機に陥りそこから回復する過程には一定の法則があり，グリーフワーク（grief work：悲しみを癒す作業）は故人への執着を緩め，その体験を成熟した対処の仕方へと生かすことができるとした． ［加納光子］

隣保事業⇒セツルメント

隣保相扶

家族，親族，そして地域における近隣の人びとが相助け合うという意．第2次世界大戦前・中の救済立法・行政において，国家，行政責任を回避する目的で強調された．まず，恤救規則においては，「人民相互の情誼」が強調されたが，これは血縁・地縁的共同体的相互扶助，言い換えるとこの隣保相扶，あるいは「相扶共済」の強調ということになる．また，救護法においては，義務救助主義が確立する反面，この隣保相扶が法律の前提とされ，依然として日本の救済立法は相互扶助組織の延長線上から発展することができなかった． ［木村　敦］

る

累積度数

（cumulative frequency）

度数分布表で，各階級や選択肢に含まれるすべての度数を上から（あるいは下から）順に加えていったものを累積度数といい，累積度数が全体に占める割合をパーセントなどの相対度数で示したものを累積相対度数という．累積度数は，メディアンや四分度数を求める際に必要になる．また，累積度数や累積相対度数が意味をもつためには，階級や選択肢が順序尺度以上の尺度で測定された変数でなければならず，名目尺度の場合，累積度数や累積相対度数を算出する意味がない．→尺度 ［武山梅乗］

累積度数分布
施設に対する満足度

	度数	相対度数(%)	累積度数	累積相対度数(%)
1．満足	439	49.1	439	49.1
2．やや満足	219	24.5	658	73.5
3．どちらでもない	100	11.2	758	84.7
4．やや不満	78	8.7	836	93.4
5．不満	59	6.6	895	100.0
合　　計	895	100.0		

ルーズベルト，F.

（米 Roosevelt, Franklin Delano; 1882-1945）

一連の総合的な経済・社会政策であるニューディール政策を行ったアメリカの大統領．ニューディール政策は，1929年，ニューヨークの株価大暴落に端を発した世界大恐慌を乗り切るために打ちだされた政策である．救済，復興，改革の3つの柱をスローガンにし，計画的な経済活動の統制を行い，1935年には社会

保障法を制定して、社会保険、公的扶助、児童・母子福祉事業への補助等の救済事業の整備を行った。この一連の改革により、アメリカは経済危機を脱したが、それが評価され、ニューディール政策は、その後の資本主義国家の経済モデルや危機回避モデルとなり、公的責任を求める福祉国家思想へ影響を及ぼした。

[川島典子]

ルソー, J.J.
(Rousseau, Jean-Jacques; 1712-1778)

スイス生まれのフランスで活躍した思想家。子どもの発見者とよばれる。1762年、後のフランス革命に影響を与えた「社会契約論」とともに、彼の教育思想を小説形式で著した「エミール」を出版している。彼はエミールのなかで、「万物をつくる者（神）の手をはなれるとき、すべてはよいものであるが、人間の手にうつるとすべてが悪くなる」と記してあるように、人は生まれながらに「善」となる者であるとして、性善説の立場をとっている。そのため、既存の社会制度や人間による教育ばかりにとらわれるのではなく、子どもが内に秘める成長力や活動力である「自然」を尊重する教育を目指した。この教育思想は「消極教育」とよばれる。さらに、子どもを大人の縮図とみなすのではなく、子どもは大人とは違う独自の価値観をもち、大人とは異なる感受性、考えかたをもつ存在だと主張した。こうした彼の子ども観は「子どもの発見」とよばれ、のちの児童中心主義の教育観のみならず、今日の教育においても多大な影響を与えた。

[吉弘淳一]

れ

レイン報告（ほうこく）
(Lane Committee Report)

1939年に全米社会事業会議に提出された、コミュニティ・オーガニゼーションの討議計画に関する起草委員会の報告（Report of Drafting Committee on Project for Discussion of Community Organization）のこと。この委員会の委員長がレイン（Lane, R.P.）であることから、レイン報告とよばれる。地域社会のニーズと資源を効果的に調整する「ニーズ・資源調整説」の立場から、コミュニティ・オーガニゼーションの機能の固有性を示した。→ニーズ・資源調整説

[米津三千代]

ルグラン, J.
(英 Le Grand, Julian; 不詳)

イギリスの経済学者であるルグランは、ブレア労働党政権の各委員を歴任し、政策運営に影響を与えた。彼の理論の特徴は、福祉国家の準市場化であり、公共サービスの提供モデルとして、①信頼モデル、②成果主義モデル、③発言モデル、④選択・競争モデル、等をあげている。この概念のもとで、彼は教育分野あるいは医療分野において、質の向上と効率化をめざした。

[成清美治]

レジオネラ菌（きん）

グラム陰性の桿菌（かんきん）であり、人に肺炎をおこす病原性をもっている。自然界では淡水や湿った土壌に生息しており、クーラーの冷却水、循環濾過式浴槽、噴水などの修景水、給湯器など人工的な水利用施設にも生息している。レジオネラ菌の抵抗性は、酸には耐性であるが、熱には比較的弱く、60℃で32分間、66℃では2分間で殺菌される。人への感染経路は経気道であり、レジオネラを含んだ水がエアロゾルになって空

中に散布されるときに吸入して感染する．クーラーの冷却塔，温泉の泡発生装置，噴水，シャワーなどは多くのエアロゾルを発生させ，感染の機会を増やす．
[安岡文子]

レジャー憲章

国際レクリエーション協会が1970年にジュネーブの会議において「レジャー憲章」を採択した．レジャーとレクリエーションが基本的人権に属するものであり，すべての人びとが享受すべき権利であるとし，レジャー・レクリエーションに参加する権利やレジャー教育の必要性，レジャー環境の整備の必要性を提唱している．
[大野まどか]

レジリエンス (resilience)

最初，欧米の児童精神医学の領域で，虐待等を乗り越えてきた子どもたちに対し用いられてきた「回復力」を指す臨床概念であった．しかし，当初のような子どもだけでなく，青年や成人も，苦難を乗り越えると，以前よりも実質的な能力の発達が認められることもあるので，近年，ストレングスモデルのキー概念のひとつとしても用いられている．「ストレスの多い状況に対して，うまく対応する能力，柔軟で前向きな適応力」のことである．
[加納光子]

レスパイトケア (respite care)

「レスパイト＝休息」，つまり，家族等介護者が休息できるよう一時的に介護を請け負うサービス．介護による身体的・精神的疲労から介護者を一時的に解放することが，家庭機能の維持と向上につながり，在宅生活の継続に結びつくと考えられる．日本で行われているサービスでは，短期入所事業がこれに当たる．短期入所事業は，児童福祉法，身体障害者福祉法，知的障害者福祉法，老人福祉法にそれぞれ基づいて行われている．
[柿木志津江]

レスポンデント条件づけ (respondent conditioning) ⇒古典的条件づけ

レッセ・フェール

19世紀初頭から中葉にかけて台頭したイギリスの支配的思想で，一般的には自由放任主義と訳される．市民革命後，有力視されつつあったブルジョアジーの言論・宗教・出版など私的生活領域への国家の干渉を拒否する―ここで国家は夜警国家と位置づけられた―という内容をもち，「なすにまかせよ」（laissez faire）をスローガンとした．とりわけ，経済活動における国家介入を排除することによって自由主義経済を出現させたことは重要である．コブデンやブライトなどによって担われた穀物法廃止運動や1834年に制定された改正救貧法はその表現として理解されている．
[新家めぐみ]

劣等処遇の原則 (principle of less-eligibility)

労働能力（有能）貧民の救済水準は，独立・自活している労働者の最低階層の労働・生活状態よりも，実質・外見ともに低いものでなければならないとする救貧行政上の原則．イギリスで1834年の救貧法改正法（新救貧法）において確立した．この原則を確実にするしくみとして，労働能力（有能）貧民の処遇を労役場（ワークハウス）での強制労働に限定するという方法（労役場制度：ワークハウスシステム）が採用された．劣等処遇の原則，労役場制度ともに，1930年の保健省「救済規制通達」によって廃止された．
[木村 敦]

レビー小体型認知症
(Dementia with Lewy Bodies：DLB)

アルツハイマー型認知症や脳血管性認知症とならぶ認知症の一種であり、全認知症の約20％を占める。認知障害だけでなくパーキンソン病のような運動障害も併発するのが特徴。症状は、妄想や色彩豊かで明瞭な幻視をみることが多く、パーキンソン様症状に加え自律神経障害にともなう便秘や尿失禁、日常生活を阻害する因子となる起立性低血圧など血圧の調節障害がみられる。気分や態度の変動も大きく、一見全く穏やかな状態から無気力状態、興奮、錯乱といった症状を一日のなかでも繰り返したり、日中に惰眠をむさぼったりすることもある。進行性病変で、最終的には寝たきり状態をきたす。　　　　　　　　　　[安岡文子]

ろ

ロイヤルフリー病院
(Royal Free Hospital)

1885年、イギリスにて世界で初めて医療ソーシャルワークの前身であるアルモナーが採用された病院。最初にアルモナーが採用されてから10年間で7つの病院でアルモナーが採用されるが、すべてロイヤルフリー病院で実習を行っている。シーボーム改革以後、病院ソーシャルワーカーの身分が地方自治体に移管され、分野別のソーシャルワーカー協会も英国ソーシャルワーカー協会に統合されたが、1989年の児童法、1990年のNHSおよびコミュニティ・ケア法によりソーシャルワークの共通基盤を重視しつつ、ソーシャルワーカーは成人、児童、精神障害など専門別に分かれている。
[伊藤葉子]

ろうあ児施設

児童福祉法では、「盲ろうあ児施設」として第43条の2に規定されている。入所対象は強度の難聴を含むろうあの児童であり、生活の場の保障とともに、独立自活に必要な援助をすることを目的とする。また、施設において児童福祉施設最低基準に基づき、保護に必要な設備のほか専門職員を置くことになっている。発生予防の強化と学校教育の進展により、対象児が減少する傾向にある一方、残存能力をもつ難聴幼児のための通所による治療訓練が強調され、難聴幼児通園施設の制度化が図られた。なお、学校教育はろう学校で行われる。　　[櫻井秀雄]

労役場 (ワークハウス)

劣等処遇の原則を確実にする場として使用された、労働能力貧民を収容し強制労働に従事させる施設。貧民は、救済をうけることの懲罰として使役されていることが他者の目からみて明らかであるような服装をさせられ、老若男女を問わず（実際には、子どもも含めて）、不眠不休といってもよいほどの時間、強制労働に従事させられた。このような、労働能力貧民の処遇を労役場（ワークハウス）内での懲罰的なものに限定したことを労役場制度（ワークハウスシステム）という。それには、人びとを救済からできるかぎり遠ざけようとする意図があった。
[木村　敦]

老人憩いの家

60歳以上の高齢者を対象とし、健康増進、趣味、教養の向上、レクリエーション等、社会参加などの機会を確保するための利用型施設である。老人憩いの家は公益事業としての施設であり、利用料は無料である。老人福祉法における老人

福祉施設ではなく，市町村が設置主体であるが，社会福祉法人への委託が可能となっている．1965(昭和40)年，厚生省社会局通知により制度化した．[山下裕史]

老人医療無料化

老人医療費支給制度のことをさし，70歳以上の高齢者の医療費について，医療保険制度による自己負担分を公費で負担し，医療費を無料化した制度．1970年代当初から革新自治体において単独事業化されていたが，1973(昭和48)年の老人福祉法の改正により国庫補助事業になった．この制度により，高齢者が医療費の負担なしに適時適切な受領が促進された反面，無料化によって，行きすぎた受診や高齢者の健康に対する意識の向上が図られない等の問題が生じ，1983(昭和48)年の老人保健法施行により，老人福祉法による老人医療費支給制度は，同年1月をもって終了した． [福田公教]

老人居宅介護等事業

老人福祉法による「老人居宅生活支援事業」のひとつである．在宅の要介護高齢者に対して，居宅において，入浴，排泄，食事等の介護その他日常生活上の世話を行う．介護保険法では居宅サービスに位置づけられる．→訪問介護

老人クラブ活動

おおむね60歳以上の高齢者が会員となって，自らの力によりその生活を健全で豊かなものにするために結成する自主的な組織．同一小地域に居住する高齢者が自主的に集まり，教養の向上，健康の増進，社会奉仕活動などによる地域社会との交流を総合的に実施している．老人福祉法では，地方公共団体が老人クラブその他当該事業を行う者に対して，適当な援助をするように努めなければならない旨が規定されており，これに基づき老人クラブ活動の運営に対して各種の助成が行われている． [石田慎二]

老人性認知症疾患治療病棟

介護療養型医療施設のひとつで，精神症状や問題行動がとくにいちじるしいにもかかわらず，寝たきり状態にない認知症高齢者であって，自宅や他の施設で療養が困難な者を入院させることにより精神科的医療と手厚いケアを短期集中的に提供することを目的とする施設．この病棟を有する医療機関は，認知症高齢者に関する相談，家族に対する在宅療養の指導，認知症高齢者に対するデイケアなどを実施し，地域に開かれた施設として機能するよう努めるとともに，認知症高齢者に対する高度専門医療機関として地域の医療機関，保健所および社会福祉施設などと十分に連携を保つこととされている．1病棟は，おおむね40〜60床とすることとされている．→老人性認知症疾患療養病棟 [石田慎二]

老人性認知症疾患療養病棟

介護療養型医療施設のひとつで，精神症状や問題行動を有しているにもかかわらず，寝たきり状態にない認知症高齢者であって，自宅や他の施設で療養が困難な者を入院させることにより精神科的医療とケアを提供することを目的とする施設．この病棟を有する医療機関は，認知症高齢者に関する相談，家族に対する在宅療養の指導などを実施し，地域に密接した施設として機能するよう努めるとともに，地域の医療機関，保健所および社会福祉施設などと十分に連携を保つこととされている．1病棟は，50床を上限とすることとされている．→老人性認知症疾患治療病棟 [石田慎二]

老人デイサービス事業

65歳以上の要支援・要介護者ならびに40〜64歳の要支援・要介護者を対象

として，老人福祉施設（老人デイサービスセンター，養護・特別養護老人ホーム，老人福祉センターなど）に通わせ，入浴，排泄，食事等の介護その他の日常生活上の世話，機能訓練を行う．1990（平成2）年，老人福祉施設として位置づけられ，ゴールドプランにおいては，ショートステイ，ホームヘルプサービスと並んで，在宅福祉の3本柱として在宅福祉サービス推進事業の中核となった．介護保険制度実施にともない，事業者の申請があり都道府県知事が指定したものを通所介護とよぶ．→通所介護，デイサービス　　　　　　　　　　　[山下裕史]

老人福祉計画

1990（平成2）年の「老人福祉法等の一部を改正する法律」によって策定が義務づけられることになった行政計画．住民にもっとも身近な市町村で，在宅福祉サービスと施設福祉サービスがきめ細かく一元的かつ計画的に提供される体制づくりを進めるために法改正が行われ，老人福祉計画の策定はその中心的な課題となった．これにより社会福祉行政に初めて計画行政の手法が導入されることになり，高齢者保健福祉の増進という目標を設定し，中長期的な展望をもって福祉のみならず保健，医療部門との連絡調整によって段階的に行政活動を達成していくことが数値目標として明示的に計画化された．市町村老人福祉計画では，老人居宅生活支援事業および老人福祉施設による事業の供給体制の確保に関する計画が定められる．都道府県老人福祉計画では，市町村老人福祉計画の達成に資するため，広域的な見地から，老人福祉事業の供給体制の確保に関する計画が定められる．　　　　　　　　　　　[岡田忠克]

老人福祉指導主事

老人福祉法第6条に規定する老人福祉の業務に従事する社会福祉主事のこと．その業務は，福祉事務所において，老人福祉分野の実情把握に努め，情報の提供，相談に応じ，必要な調査および指導を行いつつ，福祉事務所長の指揮監督をうけて，とくに以下の2つの業務を行っている．①福祉事務所の所員に対し老人の福祉に関する技術的指導を行う．②老人の福祉に関する必要な情報の提供，相談，調査および指導のうち，専門的技術を必要とする業務を行う．→福祉事務所　　　　　　　　　　　[福田公教]

老人福祉センター

地域の高齢者に対して無料または低額な料金で，生活，住宅，身上，健康等の相談に応じるとともに，健康増進，教養の向上，レクリエーションのための設備や教養講座の提供等の便宜を供与することを目的とする．設置主体は，市町村または社会福祉法人が運営しており，生きがいづくりを目的に設置された利用施設である．この老人福祉センターは，特A型（大規模型），A型（中規模型），B型（小規模型）と3種類に分けられ，事業・機能にそれぞれ違いがある．[山下裕史]

老人福祉法

1963（昭和38）年に制定された高齢者の福祉の増進を目的として制定された法律．いわゆる福祉6法のひとつ．高度経済成長期を背景に政治，社会，生活構造の転換が進む中，高齢者人口の増加や高齢者の生活ニーズの拡大に対処すべく制定された．第2条では基本的理念が掲げられており，高齢者が生きがいをもてる社会の創造や社会的活動への参加がうたわれている．また，その責務を国，地方自治体に課している．1990（平成2）年には法改正がなされ，老人福祉計画策定，在宅福祉サービスの法制化，特別養護老人ホーム等の入所事務の町村への措置権限の委譲が行われた．[岡田忠克]

老人福祉法等の一部を改正する法律

「老人福祉法等の一部を改正する法律」（通称福祉関係八法の改正）が成立したのは1990（平成2）年である．この改正の主目的は高齢社会の到来に備えるため在宅福祉サービスの推進，福祉サービス（在宅・施設）の市町村への一元化，市町村及び都道府県老人保健福祉計画の策定等となっており，それに関連して八法（老人福祉法，身体障害者福祉法，知的障害者福祉法，児童福祉法，母子及び寡婦福祉法，社会福祉事業法，老人保健法，社会福祉・医療事業団法）が一部改正された．この改正の趣旨は前年に高齢化社会に対応するために策定された「高齢者保健福祉推進10ヵ年戦略」（通称ゴールドプラン）等を適切に実施するためのものであった．なお，この改正により市町村の老人保健福祉計画の策定が義務付けられたが，その結果ゴールドプランの見直しとなり，新たに「高齢者保健福祉推進10ヵ年戦略の見直し」（通称新ゴールドプラン）が1994（平成6）年に厚生省・大蔵省・自治省（現厚生労働省・財務省・総務省）の3者合意の下で策定された． ［成清美治］

老人保健法

1982（昭和57）年に公布される．その第1条において，「国民の老後における健康の保持と適切な医療の確保を図るため，疾病の予防，治療，機能訓練等の保健事業を総合的に実施し，もって国民保健の向上及び老人福祉の増進を図ることを目的とする」と規定している．その基本的理念として，国民の自助と連帯の精神に基づいて，心身の変化を自覚し，健康増進に努めるとともに医療費を公平に負担するものとしている．医療等以外の保健事業には，①健康手帳の交付，②健康教育，③健康相談，④健康診査，⑤機能訓練，⑥訪問指導を規定している．なお，「健康保険法等の一部を改正する法律」（2006年6月）に基づき「老人保健法」が改正され，「高齢者の医療の確保に関する法律」（2008年4月1日より施行）となった．［山下裕史］

労働基準法の一部を改正する法律（2008）

2008（平成20）年12月に公布され，2010（平成22）年4月1日より施行された労働基準法の改正．改正された点の概要は，①時間外労働の削減，②年次有給休暇の有効活用，である．①の具体的方策として，限度時間を超える時間外労働の労使による削減を図ること，法定割増賃金を45時間超えの時間外労働に対しては25％に引き上げること（努力義務），60時間を超える時間外労働に対しては現行25％から50％に引き上げること（法定措置），労使協定により割増賃金の支払いに代えて年次有給休暇を付与することを可能とする「代替休暇制度」を創設すること等であった．②に関する具体的方策としては，労使協定により年に5日分は子の通院の事由等に対応して時間単位での年次有給休暇取得を可能とする制度等の創設をあげている．

［川島典子］

労働者災害補償保険制度

略して労災保険制度と表記されることが多い．労働者の業務上や通勤による病気や怪我に対して必要な保険給付を行い，あわせて被災労働者の社会復帰の促進等の事業を行う制度である．原則1人でも労働者を使用する事業に適用される．労働者災害補償保険（以下　労災保険）における労働者とは，職業の種類を問わず，適用事業に使用される者で賃金を支払われる者である．アルバイトやパートタイマー等雇用形態に関係なく，労働者であれば労災保険が適用される．給

付の種類は，療養（補償）給付，休業（補償）給付，障害（補償）給付，遺族（補償）給付，葬祭給付，傷病（補償）給付，介護（補償）給付，二次健康診断等給付である．昭和22年に制定され，その後の高齢化・核家族化などの社会変容から介護（補償）給付を，「過労死」の増加傾向から二次健康診断等給付を創設するなど，社会状況の変化に合わせて労災保険制度は存続している．

[米澤美保子]

労働者疾病保険（ドイツ）

1883年制定の労働者疾病保険法に基づく，世界最古の社会保険制度．日本の全国健康保険協会支部に該当する地区疾病金庫または健康保険組合に該当する企業疾病金庫が保険者となり，医療・薬剤・治療用品・保養治療等の疾病給付，出産給付，在宅介護給付，家政援助，リハビリテーション給付，埋葬金の支給などの保険給付を行う．日本と異なり，ドイツは医療保険について国民皆保険体制を採っていない．すなわち，所得の高い職員，自営業者，公務員等は，任意に加入することは可能であるが，原則として医療保険制度への加入が免除されている．

[木村　敦]

労働者年金保険法

1941（昭和16）年制定．1944（昭和19）年には厚生年金保険法と改称されている．法制定当初は，①10人以上の勤労者を雇用する工場・事業所を強制適用保険者とし，②55歳を支給開始年齢とし，③20年以上被保険者であることを要件として老齢年金を支給するが，④その「最高額ハ平均標準報酬年額ノ二分ノ一ニ止メル」と規定する制度であった．同制度については，高齢化社会の到来に対する老後生活保障政策ではなく，長期保険としての年金保険制度の貯蓄的性格に着目したところの戦時生産政策の一環であったとする評価が妥当であろう．

[木村　敦]

労働能力（有能）貧民

自身の資力によっては生活が不可能となった者のうち，重病・高齢等の事由がなく，労働能力を有しそれによって生活を維持することが可能であると考えられるものの意．14世紀に初めて，「たくましい乞食」として労働不能（無能）貧民と区別された．それ以来これは懲罰の対象となり，エリザベス救貧法においても就労が強制された．改正救貧法も労役場制度を規定したが，18世紀来，救貧法の中心課題はこの労働能力貧民の処遇であった．20世紀になるとこれは失業対策の課題であると考えられるようになり，救貧法は形骸化した．

[木村　敦]

労働福祉事業

業務上の災害を被った労働者およびその遺族の福祉の増進を図るため，政府によって行われる事業をいう．一部は労災保険が出資する労働福祉事業団によっても行われる．主な事業は，①労災病院の設置，労災リハビリテーション作業所の運営など被災労働者に対する社会復帰促進事業，②被災労働者の療養生活の援護および遺族の援護のために支給される特別支給金などの援護その他被災労働者およびその遺族に対する援護事業，③業務災害防止活動に対する援助などの労働安全事業，④賃金支払いの確保などの労働条件確保事業等，である．

[中川　純]

労働不能（無能）貧民

自らの資力で生活が不可能となったもののうち，重病・高齢・障害（廃疾）等の理由により，労働による生計維持が不可能である者の意．法的には，14世紀半ばに初めて労働能力（有能）貧民と区別されたとされる．イギリスのエリザベ

ス救貧法において救済の対象となったが，なお直系親族（祖父母から孫まで）による扶養義務が優先され，それでも生活ができなければ「救貧院」（poor house）に収容して，または在宅で金品を給付するという内容であった.

[木村　敦]

労働力調査

日本の完全失業率など雇用・失業の実態を把握することを目的とする調査である．調査は毎月実施されている．調査対象者は，全国約4万世帯．総務省によると，労働力調査の結果の利用として次の6点が挙げられている．①政府の景気判断や雇用政策など行政上の施策への利用，②国民経済計算における雇用者報酬の推計への利用，③経済財政白書や男女共同参画白書などの白書における分析での利用，④地方公共団体の雇用推進計画策定の基礎資料としてなど地方公共団体における利用，⑤国際労働機関（ILO）などへの結果提供による国際比較のための利用，⑥民間企業や学術研究機関などによる利用．

[米澤美保子]

老年化指数

0歳から14歳の年少人口に対する65歳以上の老年人口の比率のこと．人口の高齢化を測定する指標のひとつとして用いられ，その要因として出生率を重視しているところに特徴がある．→老年人口指数

[福田公教]

老年人口指数

15歳から64歳までの生産年齢人口に対する65歳以上の老年人口の比率のこと．人口の高齢化を測定する指標のひとつとして用いられ，社会が高齢者を扶養するさいの負担の大きさを示している．→老年化指数

[福田公教]

老齢基礎年金

全国民を対象にした基礎年金制度における老齢給付．被保険者が一定の年齢に達した場合に，基礎的な生活費を保障するものとして給付される．日本の場合，受給開始年齢は，繰り上げや繰り下げ支給を選択しなければ，65歳である．受給権は，制度が社会保険料方式によって運営されている場合では，一定期間以上の保険料を納付している場合に得られる．日本の場合は，25年以上の保険料納付済み期間が必要である．なお，他の国で一般的な税方式による運営の場合では，一定期間以上当該国に居住している者が受給権を得る．

[鎮目真人]

老齢厚生年金

民間の被用者を対象にした厚生年金保険における老齢給付．被保険者が一定の年齢に達した場合に，基礎年金（国民年金）に上乗せして支給される．受給権は，厚生年金保険に1ヵ月以上加入するとともに，老齢基礎年金の受給資格を満たした場合に得られる．保険料は，毎月，標準報酬月額に保険料率を乗じて算出された額を，賞与が支給された時は，それに特別保険料率を乗じて算出された額をそれぞれ労使折半して負担する．受給額は，厚生年金に加入した期間とその間の標準報酬月額の平均に応じて定まる．

[鎮目真人]

老々介護

65歳以上の高齢者が同じく65歳以上の高齢者を介護すること．具体的には，高齢の夫婦間相互の介護，高齢の兄弟姉妹同士の介護，ともに高齢となった親子間相互の介護などが想定される．

[成清美治]

ローカル・ガバナンス

一般に「協治」とか「統治」と訳され

る.「ローカル・ガバメントからローカル・ガバナンスへ」という言葉で代表されるように,政府がすべてを決定するのではなく,さまざまな主体が福祉の管理や運営・調整に関わるという意味あいをもつ.地方自治体レベルでのこうした変化を「ローカル・ガバナンス」という.行政と市民が対等な立場に立った上で協力し合いながら地域の問題点を解決していくことでもある. ［川島典子］

◈ ロジャーズ,C.R.
(米 Rogers, Carl Ransom; 1902-1987)

アメリカの臨床心理学者で,クライエント中心療法(person centered approach)の創始者.治療者の分析より,来談者(クライエント)自身の率直な表現が治療的人格変化をもたらすと考え,3点のカウンセラーの条件を重要視した.①治療者の内的な自己の体験と表出を一致させる.②来談者の無条件の尊重を行い,話を客観的に判断せず,心理的トラブルの原因を単純に過去に求めず,現在の体験を重要視する.③来談者への共感的理解を行い,時には来談者自身が明瞭に感じとれない感情や体験を共感し,来談者にフィードバックする. ［田辺毅彦］

◈ ロス,M.
(加 Ross, Murray; 1910-2001)

コミュニティ・オーガニゼーション(community organization)における地域組織化論(プロセス論)の提唱者.地域課題という観点から地域に存在する課題を住民自らが発見し,それらの優先順位を模索しながら,地域住民が協力し必要な対応策を獲得していくプロセス(process)を重視する.つまり,結果を勝ち取り,課題を解消していくことを目的としながらも,その過程における住民の相互作用が地域の力として蓄積され,さらなる課題に対処する力となっていく点に注目したのである.この考え方は,今日でもコミュニティを基盤とする援助の一手法として影響を与えている. ［土屋健弘］

◈ ロストウ
(Rostow, W.W., 1916-2003)

アメリカの経済学者.ニューヨーク生まれ.イェール大学,オックスフォード大学で学び,同大学,ケンブリッジ大学,マサチューセッツ工科大学,テキサス大学等で教鞭をとる.「経済発展5段階説」がよく知られる.主著『世界経済―歴史と展望』(1978)等. ［成清美治］

◈ ロスマンの3つのモデル

1960年代のアメリカは,急激な産業化・都市化によるコミュニティの崩壊といった問題を抱えていた.このような社会的危機に対処するために,コミュニティ・オーガニゼーション(CO)には問題解決の機能の拡充が求められた.そのためCO実践のアプローチを類型化した論説がいくつか発表されたが,なかでもロスマン(Rothman, J.)が1968年に発表した「小地域開発モデル」「社会計画モデル」「ソーシャル・アクション・モデル」の3つに類型化した実践モデルが,幅のある適用性が高く評価された.その各モデルの概要は,次のとおりである.①小地域開発モデル:自助とコミュニティの諸集団の全体的調和を目標とするモデルであり,人口構成が同質的で目標への合意をえやすい地域社会において,住民参加を機軸にして組織化を図る伝統的なCOの方法を展開する.②社会計画モデル:社会資源の効率的な配分による課題達成を目標とするモデルであり,一定の社会資源がなく,住民の間でニーズや利害が錯綜する状況において,問題解決案や客観的な最善策を明確にする計画を立案する.③ソーシャル・ア

クション・モデル：不利益を被っている住民が組織化を図って発言権や意思決定権を獲得し、社会資源の改善や開発をしたり、権力機構を変革する活動のモデルである。社会資源の不平等配分などにより住民の利害が対立する状況において、他のモデルが有効に対応できない場合に用いる。　　　　　　　　　　［瓦井　昇］

ロバーツ，E.V.
（米 Roberts, Edward V.; 1939-1995）

エド・ロバーツ。1939年、カリフォルニア州生まれ。幼い頃にポリオに罹患したことにより四肢まひ、呼吸器障害を患う。1962年カリフォルニア州立大学バークレー校に入学。政治学博士号を取得後、1972年にバークレーに自立生活センターを設立し所長となる。1975年から83年にはカリフォルニア州のリハビリテーション局長となり、1983年には世界障害問題研究所を設立。何度か来日を果たすとともに日本の障害当事者の研修をバークレーにて受け入れ、日本の自立生活運動および自立生活センター設立に多大な影響を与えた。　［伊藤葉子］

ロビンソン，V.
（米 Robinson, Virginia; 1883-1977）

ペンシルバニア大学大学院のソーシャルワーク教授。1930年代に同大学院の主流であった機能主義ケースワークにおいて、タフトと並ぶ主要な論客として知られる。彼女は1930年に著書『ソーシャル・ケースワーク—心理学の変遷』において、ランクの意志心理学に強く影響を受けた機能主義ケースワーク理論を展開し、当時主流であった診断主義ケースワークはもとより、リッチモンドに対しても強い批判を加えた。1942年には『ソーシャルケースワーク技術の養成』を著し、機能主義ケースワーク実践におけ

る、スーパービジョンの体系化を図った。
　　　　　　　　　　　　　　　［重野　勉］

ロールシャッハ・テスト⇒人格検査

ロールズ，J.
（米 Rawls, John; 1921-2002）

アメリカの政治哲学者。メリーランド州の港町ボルティモアに生まれる。プリンストン大学で学位を取得後、コーネル大学、ハーバード大学で教鞭をとり、政治哲学、社会哲学を教える。主著は『正義論（A Theory of Justice）』（1971）である。この著書のなかで彼は正義の2つの原理を提起している。ひとつは「基本的自由に対する平等の権利」、もうひとつは「格差原理」である。前者では、他者の自由を侵害しない限り自由は許されるべきものであるとしている。後者では、社会的・経済的不平等にある最も恵まれない立場にある人びとに対して最大の便益を供与しなければならない。たとえば累進課税、社会福祉政策、開発途上国に対する援助等である。こうした考え方は、能力は個人のものではなく社会の共有財産であるという思想に基づいているからである。これらの基本的自由と社会的公正に基づいたロールズの思想は、以後の政治倫理に多大なる影響を与えることとなった。　　　　　［成清美治］

ロールプレイ（roleplay）

心理劇の一形式で役割演技と訳される。一般にロールプレイの5つの構成要素として、①監督、②補助自我、③演者、④観客、⑤舞台がある。与えられた役割を演じることは、新しい自己や新しい問題解決の方法を発見することにつながる。さまざま役を体験することによって、人間としての成長や物事を多面的にとらえられるようになる。ロールプレイは、セラピーや行動療法だけでなく、

個人や集団の指導，教育現場など幅広く用いられている． ［米津三千代］

ロンドン貧困調査

ブース（Booth, C.）によってイギリス・ロンドンで1886年から1902年にかけて3回にわたり実施された調査．調査は学童をもつ18万世帯の家庭を対象とする全数調査で実施され，社会階層論的手法によって数量的解析が行われた．その結果，貧困の実態やその原因（① 全人口の30％以上が「貧困線」以下の生活を送っていること，② 貧困の原因が，個人的なものではなく，不規則な労働や低賃金といった「雇用上の問題」や，疾病・多子といった「環境上の問題」といった社会的なものであり，とくに前者が大きな原因であることなど）が明らかにされた． ［前田芳孝］

わ

YMCA (Young Men's Christian Associ-ation) ⇒ウイリアムズ, G.

ワイマール憲法
第1次世界大戦後（1919），ドイツの民主化を図る目的で制定されたドイツ共和国憲法の通称をさす．本憲法では，国民の直接選挙による大統領制，比例代表選挙による議院内閣制，国民投票・国民発案制が採用されている．とりわけ，「人間たるに値する生存」という観点が導入され，経済的自由が一定の制限の下で実現されるとする社会的権利保障の思想が明記されている点は，社会福祉を学ぶ上で重要である．しかしこの憲法は，ナチス政権の成立により有名無実化することとなった． ［新家めぐみ］

ワーカビリティ (workability)
パールマン（Perlman, H.H.）によって指摘された「クライエント（福祉サービス利用者）自身が援助を活用する能力」のことであり，クライエントのもつ情緒的・知的・身体的な能力等からなる．クライエントは，提供される援助を活用しながら，自分自身が直面する問題に対して，適切な機会（opportunity）に，適切な動機づけ（motivation）をもって，適切な能力（capacity）を発揮することにより問題を解決していく．したがって，援助関係において，クライエントのワーカビリティを援助者が的確に評価していくことは非常に重要である． ［武田康晴］

ワーキングプア (working poor)
ワーキングプアとは，フルタイムで働いても，生活保護を下回る収入しか得ることができず貧困層から抜け出すことができない労働者のことをいう．この原因として，正規雇用者数が減少し，非正規雇用者がいちじるしく増加したことが指摘されている．非正規雇用者の所得は年収200万円未満が約75％を占めている（総務省統計局「労働力調査（詳細集計）」（2011年平均））．このようなワーキングプアを解消していくためには，雇用関係における非正規雇用者の正規雇用者化への転化の推進を図ることが重要となる．また，これらの人びとの中には，住居を失い「ネットカフェ難民」として，インターネットカフェで寝泊まりしている者も多数存在する． ［成清美治］

ワークハウステスト法 (Workhouse Test Act)
1722年に制定されたイギリスの法律で「労役場テスト法」ともよばれる．各教区は，教区内に家屋を購入または賃借して労役場（workhouse）とし，増え続ける貧民を収容管理し，労働を課すことができるとした．労役場は何人とも請け負い契約ができたため，職業的請負人によって経営された場合には，貧民は過酷な労働の中で悲惨さをきわめた．労役場への収容を拒否する者には救済をうける権利をなくすことを規定したこの法律は，救貧費の節減のために貧民に救済申請を思いとどまらせることが目的であった． ［西川淑子］

ワークフェア (workfare)
ワークフェアの語意は，労働（work）と福祉（welfare）の合成語であり，福祉にたよるだけではなく，労働を重視し自立を図る勤労福祉を意味する．その起源はアメリカのニクソン大統領の福祉政策改革にある．すなわち「福祉サービス

を本当に必要な人に限定」した，自己責任・自立を強調した「小さな政府」をめざした政策である．その後，この政策は，イギリスのサッチャー政権下で同国に政策移転されイギリスをはじめヨーロッパで普及することになる．　[成清美治]

❥ ワークライフバランス
　(work life balance)

　日常生活において，仕事と生活の両立を図ることである．充実した生活が仕事における生産性を高め，仕事での充実感が生活の質を高めるという好循環が好ましき企業経営を支えるという考え方である．この考え方は次世代育成支援対策推進法（2005）により，国が少子化対策として，企業に子育て支援の充実を求めたことが契機とされる．　[高間　満]

❥ 渡辺海旭（1872-1933）

　東京・浅草に生まれる．浄土宗僧侶．1900（明治33）年のドイツ留学時に，ヨーロッパでは宗教が社会対立の調和機能を果たしていること，また宗教が社会の尊敬の対象であり，その価値を維持するためには社会事業を推し進める必要があることを痛感する．帰国後は，教育，宗教に従事するばかりでなく，1912（明治45）年には，渡辺が中心となって仏教徒社会事業研究会を創設し，マハヤナ学園，四恩瓜生会の経営に関わるなど，仏教者の立場から広く社会事業を行った．
　[新家めぐみ]

❥ 割れ窓理論
　(Broken Windows Theory)

　窓ガラスを割れたままにしておくと，1枚目の窓を割るのは心理的抵抗が大きいが，割れている窓が1枚あると他の窓を割る時の心理的抵抗は非常に少ないこともあり，しかも，その建物は十分に管理されていないと思われ，ごみが捨てられ，やがて地域の環境が悪化し，凶悪な犯罪が多発するようになる，という犯罪理論．軽犯罪を取り締まることで，犯罪全般を抑止できるとする．米国の心理学者ケリング，ジョージ（Kelling, G.L.）が提唱した．ブロークンウインドーズ理論．米国ニューヨーク市ではジュリアーニ市長（在任1994～2001）がこの理論を応用し，地下鉄の落書きなどを徹底的に取り締まった結果，殺人・強盗などの犯罪が大幅に減少し，治安回復に劇的な成果をあげたとされる．日本でも，地方自治体の広報などに紹介されている．
　[加納光子]

参　考　文　献

秋元美世他編集『現代社会福祉辞典』有斐閣，2003年
秋山智久『社会福祉実践論』ミネルヴァ書房，2000年
朝日新聞社『知恵蔵』1994年
アドラー，A.著／高尾利数訳『人間知の心理学』春秋社，1987年
新たな社会的養育の在り方に関する検討会「新しい社会的養育ビジョン」2017年
井岡勉・成清美治『地域福祉概論』学文社，2001年
井神隆憲・杉村公也・福本安甫・鈴木國文編『社会リハビリテーションの課題』中央法規出版，2000年
池田謙一編『ネットワーキング・コミュニティ』東京大学出版会，1997年
石橋真二・井上千鶴子他『介護福祉士国家試験・実技試験免除のための介護技術講習テキスト』日本介護福祉士養成施設協会，2005年
一番ケ瀬康子「石井亮一伝」『精神薄弱問題史研究紀要』第1号，1964年
一番ケ瀬康子・高島進編『社会福祉の歴史（講座社会福祉)』有斐閣，1981年
一番ケ瀬康子等監修『日本女性人名辞典』日本図書センター，1998年
一番ケ瀬康子監修，丹野真紀子『ケースワークと介護』一橋出版，1996年
伊藤正男，井村裕夫，高久史麿総編集『医学大辞典』医学書院，2003年
稲見誠編『必携　病児保育マニュアル』1，全国病児保育協会，2015年
井上由美子『バリアフリー』中央法規出版，1994年
イリイチ，I.著／玉野井芳郎訳『ジェンダー』岩波書店，1984年
岩田正美『ホームレス／現代社会／福祉国家』明石書店，2000年
岩間伸之「わが国におけるライフモデル研究の現状と課題」『同志社社会福祉学』第5号，同志社大学社会福祉学会，1991年
岩間伸之訳「グループにおける相互サポートの形成」『社会福祉学論集』第6号，同志社大学大学院文学研究科社会福祉学専攻院生会，1992年
上田　敏『科学としてのリハビリテーション医学』医学書院，2001年
上田　敏『リハビリテーションの理論と実際』ミネルヴァ書房，1992年
上田　敏「障害の受容」『総合リハビリテーション』8，1980年
ウォーリン，S.J.・ウォーリン，S.著／奥野　光・小森康永訳『サバイバーと心の回復力―逆境を乗り越えるための七つのリジリアンス』金剛出版，2002年
氏原寛，小川捷之，東山紘久，村瀬孝雄，山中康裕編『心理臨床大辞典』培風館，1992年
右田紀久恵・井岡　勉編『地域福祉いま問われているもの』ミネルヴァ書房，1984年
梅津八三他監修『新版　心理学辞典』平凡社，1981年
エリクソン，E.H.著／仁科弥生訳『幼児期と社会1』みすず書房，1997年
エリクソン，E.H.著／仁科弥生訳『幼児期と社会2』みすず書房，1980年
エンゼルプラン関連施策研究会編『エンゼルプラン関連施策ガイドブック』追録12-13号，中央法規出版，2000年
大熊一夫『精神病院を捨てたイタリア　捨てない日本』岩波書店，2009年
大阪ボランティア協会「はじめのボ／さぁ，はじめようボランティア」『住友海上火災保険㈱ボランティア総合補償制度』2000年
大塚達雄編『ソーシャル・ケースワーク論　社会福祉実践の基礎』ミネルヴァ書房，1995年

大塚達雄・阿部志郎・秋山智久『社会福祉実践の思想』ミネルヴァ書房，1989年
大塚達雄・井垣章二・沢田健次郎・山辺朗子編『ソーシャル・ケースワーク論』ミネルヴァ書房，1994年
大塚達雄・硯川眞旬・黒木保博『グループワーク論』ミネルヴァ書房，1986年
大利一雄『グループワーク　理論とその導き方』勁草書房，2003年
大友信勝・近藤久江・北川清一監修編集『現代の生活と社会福祉第1巻』中央法規出版，2000年
大橋謙策「福祉教育・ボランティア学習の理論化と体系化の課題」『福祉教育・ボランティア学習研究年報』Vol.2, 東洋館出版，1997年
大山正・藤永保・吉田正昭編『心理学小辞典』有斐閣，1987年
小笠原祐次・橋本泰子・浅野仁『高齢者福祉』有斐閣，1997年
岡本明『福祉心理学入門』学芸図書，1995年
岡田藤太郎『社会福祉学一般理論の系譜』相川書房，1995年
岡田正章他編『現代保育用語辞典』フレーベル館，1997年
岡堂哲雄編『心理検査学―心理アセスメントの基本』垣内出版，1975年
岡村重夫『新しい老人福祉』ミネルヴァ書房，1979年
岡村重夫『地域福祉概論』光生館，1973年
岡本民夫『ケースワーク研究』ミネルヴァ書房，1973年
岡本民夫・小田兼三編著『社会福祉援助技術総論』ミネルヴァ書房，1990年
岡本民夫・大塚達雄『ソーシャルケースワーク』ミネルヴァ書房，1993年
岡本夏木・清水御代明・村井潤一監修『発達心理学辞典』ミネルヴァ書房，1995年
小川捷之編『臨床心理用語事典1　用語・人名篇』至文堂，1981年
小川捷之編『臨床心理用語事典2　診断・症状・治療篇』至文堂，1981年
小倉襄二他編『社会福祉の基礎知識』有斐閣ブックス，1989年
小田健三・杉本敏夫・久田則夫編著『エンパワメント　実践の理論と技法　これからの福祉サービスの具体的指針』中央法規，1999年
恩田彰・伊藤隆二編『臨床心理学辞典』八千代出版，1999年
介護・医療・予防研究会編『高齢者を知る事典　気づいてわかるケアの根拠』厚生科学研究所，2000年
香川正弘・宮坂広作『生涯学習の創造』ミネルヴァ書房，1994年
柏女霊峰『現代児童福祉論』誠信書房，1995年
柏女霊峰，山縣文治編著『新しい子ども家庭福祉』ミネルヴァ書房，1998年
柏女霊峰・渋谷昌史編『子どもの養育・支援の原理―社会的養護総論』明石書店，2012年
加藤正明編者代表『新版精神医学事典』弘文堂，1993年
加藤孝正編『新しい養護原理』ミネルヴァ書房，1997年
上笙一郎・山崎朋子『光ほのかなれども』朝日新聞社，1980年
加茂陽他編『重要用語300の基礎知識21　福祉』明治図書，2000年
柄澤昭秀『新老人のぼけの臨床』医学書院，1999年
川崎二三彦『虐待』明石書店，1999年
川村匡由『福祉系学生のためのレポート＆卒論の書き方』中央法規出版，1999年
北島英治・白澤政和・米本秀仁編著『社会福祉士養成テキストブック2　社会福祉援助技術論（上）』ミネルヴァ書房，2002年
キューブラーロス，E.著／川口正吉訳『死ぬ瞬間―死にゆく人々との対話』読売新聞社，

1971年

京極高宣『社会福祉学小事典』ミネルヴァ書房，2000年

京極高宣『新版　日本の福祉士制度』中央法規出版，1998年

京極高宣監修『現代福祉学レキシコン第二版』雄山閣出版，1998年

「クラーク勧告」『精神保健福祉資料』国立精神・神経センター

ケイトン，H.・グラハム，N.・ワーナー，J.著／朝田隆監訳『痴呆症のすべてに答える』医学書院，1999年

健康増進法研究会監修『速報健康増進法』中央法規出版，2002年

黒澤貞夫編『最新介護福祉全書16巻　障害形態別介護技術』メジカルフレンド社，1997年

小出進他編『発達障害指導事典』学習研究社，1996年

厚生省社会・援護局，児童家庭局『改訂　社会福祉用語辞典』中央法規出版，1995年

厚生省編『厚生白書』（平成11，12年版）ぎょうせい

厚生省健康政策局指導課監修『医療法人制度の解説』日本法令，1996年

厚生省社会局・大臣官房老人保健福祉部児童家庭局監修『社会福祉8法　改正のポイント』第一法規出版，1990年

厚生省社会福祉法規研究会監修『平成12年度版 社会福祉六法』新日本法規，1999年

厚生省児童家庭局『児童相談所運営指針（改訂版）』

厚生省大臣官房政策課監修『21世紀への架け橋』ぎょうせい，1991年

厚生省・日本医師会『末期医療のケア―その検討と報告』中央法規出版，1989年

厚生省年金局監修『21世紀の年金を「選択」する（平成9年版年金自書）』社会保険研究所，1998年

厚生統計協会編・発行『国民の福祉の動向』各年版

厚生統計協会編・発行『国民衛生の動向』各年版

厚生労働省「『子育て安心プラン』について」2017年

厚生労働省子ども家庭局家庭福祉課「ひとり親家庭等の支援について」2018年

厚生労働省子ども家庭局長「民間あっせん機関による養子縁組のあっせんに係る児童の保護等に関する法律等の施行について（通知）」（2017年11月27日）

厚生労働省雇用均等・児童家庭局長「『病児保育事業の実施について』の一部改正について」2017年

厚生労働省「社会的養護の現状について（参考資料）」2017年

厚生労働省「社会的養護の現状について（参考資料）」2019年

厚生労働省ホームページ　http://www.mhlw.go.jp/

厚生労働統計協会『国民の福祉と介護の動向　2018-2019』厚生労働統計協会，2018年

㈶高齢者住宅財団，人にやさしい建築・推進協議会編著『高齢社会の住まいと福祉データーブック』風土社，1998年

國分康孝編『カウンセリング辞典』誠信書房，1990年

児島穣二・小松源助・高島進『社会福祉の基礎知識』有斐閣ブックス，1999年

小島蓉子・岡田徹『世界の福祉』学苑社，1994年

児島美都子『新医療ソーシャルワーカー論』ミネルヴァ書房，1993年

児島美都子『医療ソーシャルワークの現代と国際性』勁草書房，1998年

児島美都子・成清美治編著『医療福祉概論』学文社，1997年

ゴッフマン，E.著／石黒毅訳『スティグマの社会学――烙印を押されたアイディンティティー』せりか書房，1970年

五島シズ「痴ほう性老人介護のポイント」長谷川和夫編『痴ほう性老人の介護はどうすればよいか』平凡社,1992年
小林和則『高齢社会の資産活用術リバースモーゲージ：その仕組みと問題点』清文社,1999年
小林利宣編『教育臨床心理学中辞典』北大路書房,1990年
小松源助『リッチモンド ソーシャルケースワーク』有斐閣,1979年
小松源助『ソーシャルワーク実践理論の基礎的研究―21世紀への継承を願って』川島書店,2002年
五味百合子編『社会事業に生きた女性たち』ドメス出版,1973年
小森康永他編著『ナラティヴ・セラピーの世界』日本評論社,2000年
最新医学大辞典編集委員会編『最新 医学大辞典 第3版』医歯薬出版,2005年
斉藤環『社会的ひきこもり』PHP新書,1998年
坂野雄二編『臨床心理学キーワード』有斐閣双書,2000年
坂野雄二編『臨床心理学キーワード 補訂版』有斐閣,2005年
佐治守夫・水島恵一他編『臨床心理学の基礎知識』有斐閣,1979年
定藤丈弘『自立支援生活の思想と展望』ミネルヴァ書房,1996年
佐藤久夫・北野誠一・三田優子編『福祉キーワードシリーズ障害者と地域生活』中央法規出版,2003年
澤口裕二他「キネステティクの概論と実際 第3回 キネステティクによる体位変換法」『臨床老年介護』vol.9. No.3,2002年
澤口裕二『さーさんのかかってキネステティク』日総研,2002年
ディーター・ジェッター著／山本俊一訳『西洋医学史ハンドブック』朝倉書店,1996年
塩原勉・松原治郎・大橋幸他編『社会学の基礎知識』有斐閣,1978年
塩原勉・松原治郎・大橋幸編集代表『社会学の基礎知識』有斐閣,1969年
児童福祉法規研究会編『最新 児童福祉法の解説』時事通信社,1998年
島津淳「訪問介護からみた介護報酬上の政策課題」『社会福祉研究第79号』鉄道弘済会,2000年
社会事業研究所『戦前期・社会事業基本文献』日本図書センター,1991年
社会福祉辞典編集委員会『社会福祉辞典』大月書店,2002年
社会福祉の動向編集委員会編『社会福祉の動向』各年版 中央法規出版
社会福祉士養成講座編集委員会編『相談援助の理論と方法Ⅱ 第2版』中央法規出版,2010年
社会福祉士養成施設協議会編『社会福祉士国家試験解説集 第6回～第11回』中央法規出版,1998年～1999年
社会保障研究所編『社会保障の潮流―その人と業績』全国社会福祉協議会,1977年
社会保障入門編集委員会編『社会保障入門2007』中央法規,2007年
社会保険庁監修『社会保険の手引き（平成12年版）』社会保険研究所,2000年
社会・労働保険実務研究会編『社会保険・労働保険の実務百科（改訂版）』清文社,2000年
ジャーメイン,C.著／小島容子編訳『エコロジカル・ソーシャルワーク』学苑社,1992年
ジョアン・バラクロー他編著／児島美都子・中村永司監訳『医療ソーシャルワークの挑戦』中央法規出版,1999年
「障害者綜合リハビリテーション施設『麦の郷』における取り組み」『月刊福祉』86(6),全国社会福祉協議会,2003年
小学館編『日本大百科全書』小学館
庄司淳一・奥山真紀子・久保田まり編著『アッタチメント 子ども虐待・トラウマ・対象喪

失・社会的養護をめぐって』明石書店，2008年
白石大介『対人援助技術の実際』創元社，1988年
白澤政和『ケースマネジメントの理論と実際』中央法規出版，1992年
「シリーズ・21世紀の社会福祉」編集委員会編『社会福祉基本用語集（改訂版）』ミネルヴァ書房，1999年
シルバーサービス振興会編『改訂福祉用具専門相談員研修用テキスト』中央法規出版，2003年
新明正道『ゲマインシャフト』恒星社厚生閣，1970年
新版精神保健福祉士養成セミナー編集委員会『新版精神保健福祉士養成セミナー　精神保健学―精神保健の課題と支援―』ヘルス出版，2012年
鈴木裕子編『女性解放思想の展開と婦人参政権運動』不二出版，1996年
硯川眞旬『新社会福祉方法原論』ミネルヴァ書房，1996年
スピッカー，P. 著／西尾祐吾訳『スティグマと社会福祉』誠信書房，1987年
スペクト，ハリー・ヴィッケリー，アン編／岡村重夫・小松源助監修訳『社会福祉実践方の統合化』ミネルヴァ書房，1980年
隅谷三喜男『戦後社会政策の奇跡』（社会政策学会研究大会社会政策叢書第14集）啓文社，1990年
関宏之『障害者問題の認識とアプローチ』中央法規出版，1997年
石畑良太郎・佐野　稔編『現代の社会政策［第3版］』有斐閣，1996年
セン，A.／大石リラ訳『貧困の克服――アジア発展の鍵は何か』集英社新書，2002年
セン，A.／徳永澄憲・松本保美・青山治城訳『経済学の再生――道徳哲学への回帰』麗澤大学出版会，2002年
全国児童心理治療施設協議会『心理治療と治療教育』（各号）
全国児童心理治療施設協議会『児童心理治療施設ネットワーク』（http://zenjishin.org/index.html）
全国社会福祉協議会『ホームヘルプ事業運営の方法』全国社会福祉協議会，1993年
全国老人保健施設協会編『平成16年度 介護白書』ぎょうせい，2004年
全国老人保健施設協会編『平成19年版 介護白書』オフィスTM，2007年
総務省「放送分野におけるメディアリテラシー」http://www.soumu.go.jp/main_sosiki/joho_tsusin/top/hoso/kyouzai.html
総務省『平成16年度　情報通信白書』
総務庁行政管理局監修『個人情報保護法』第一法規出版，1992年
総理府『国際婦人年及び「国連婦人の十年」の記録』1986年
外林大作・辻正三・島津一夫・能見義博編『心理学事典』誠信書房，2000年
高島進『社会福祉の歴史―慈善事業・救貧法から現代まで―』ミネルヴァ書房，1995年
高野史郎『イギリス近代社会事業の形成過程』勁草書房，1985年
高橋重宏他編著『子ども家庭福祉論』建帛社，2000年
滝内大三「親子心中と日本人の子供観」『京都府立大學學術報告』24，1972年
竹内孝仁『介護基礎学』医歯薬出版，1998年
建部久美子編『臨床に必要な介護概論』弘文堂，2007年
立川幸治・阿部敏子編『クリティカル・パス』医学書院，1999年
ターナー，F.J. 著／米本秀仁監訳『ソーシャルワーク・トリートメント―相互連結理論アプローチ』中央法規出版，1999年
田中未来・待井和江・井上肇・三神敬子・松本峰雄編『子どもの教育と福祉の事典』建吊社，1992年

谷口明広・武田康晴『自立生活は楽しく具体的に』かもがわ出版，1994年
田村誠『マネジドケアで医療はどう変わるか』医学書院，1999年
中央法規出版編集部『改正児童福祉法・児童虐待防止法のポイント』中央法規出版，2016年
塚本哲他監修『新版　社会福祉事業辞典』ミネルヴァ書房，1977年
辻元清美・早瀬昇・松原明『NPOはやわかりQ&A』岩波ブックレット，2000年
筒井のり子監修『施設ボランティアコーディネーター』大阪ボランティア協会，1998年
デイヴィド・クリスタル編『岩波＝ケンブリッジ世界人名事典』岩波書店，1997年
同志社大学社会福祉学会編『社会福祉の先駆者たち』筒井書房，2004年
ドラン，J.A.著／小野博博・内尾貢子訳『看護・医療の歴史』誠信書房，1978年
ドルフマン，R.A.著／西尾祐吾・上續宏道訳『臨床ソーシャルワーク—定義、実践そしてビジョン』相川書房，1999年
内閣府「若年無業者に関する調査（中間報告）」2002年
内閣府『平成19年版　高齢社会白書』ぎょうせい，2007年
内閣府国民生活局『ソーシャルキャピタル・豊かな人間関係と市民活動の好循環を求めて』内閣府，2003年
内閣府編『厚生白書（平成15年版）』ぎょうせい，2003年
内閣法制局法令用語研究会編／津野修編集代表『有斐閣　法律用語辞典』有斐閣，1994年
内務省社会局編『感化事業回顧三十年』（日本〈子どもの歴史〉叢書25）久山社，1998年
中島義明編集代表『心理学辞典』有斐閣，1999年
長野昭「骨粗鬆症」山口和克監修『病気の地図帳』講談社，1992年
仲村優一・児島蓉子・トムソン，L.H.『社会福祉英和・和英用語辞典』誠信書房，1981年
仲村優一編『ケースワーク教室』有斐閣，1992年
仲村優一他編『現代社会福祉事典』全国社会福祉協議会，1988年
仲村優一／一番ケ瀬康子編集委員会代表『世界の社会福祉1　スウェーデン・フィンランド』旬報社，1998年
仲村優一／一番ケ瀬康子編集委員会代表『世界の社会福祉4　イギリス』旬報社，1999年
仲村優一／一番ケ瀬康子編集委員会代表『世界の社会福祉8　ドイツ・オランダ』旬報社，2000年
仲村優一・一番ケ瀬康子編集代表『世界の社会福祉9　アメリカ・カナダ』旬報社，2000年
成清美治『ケアワークを考える』八千代出版，1996年
成清美治『ケアワーク論—介護保険制度との関連性のなかで』学文社，1999年
成清美治『新・ケアワーク論』学文社，2003年
成清美治『ケアワーク入門』学文社，2009年
西村健監修／小林敏子・福永知子『痴呆性老人の心理と対応』ワールドプランニング，1995年
西村洋子編『最新介護福祉全書14巻　介護概論』メジカルフレンド社，1997年
日本グリーフ協会　ホームページ　http://www.grief-care.org/about.html
日本社会事業大学救貧制度研究会編『日本の救貧制度』勁草書房，1960年
日本社会福祉実践理論学会編『改訂　社会福祉実践基本用語辞典』川島書店，1997年
日本教職員組合養護教員部編『「健康増進法」のねらいを考える「健康日本21」の法制化』アドバンテージサーバー，2003年
日本精神保健福祉士協会編集『第12回精神保健福祉士国家試験問題解答・解説集』ヘルス出版，2010年
日本地域福祉学会編『地域福祉事典』中央法規出版，1997年

日本知的障害者愛護協会編『障害福祉の基礎用語―知的障害者を中心に―』日本知的障害者愛護協会，1996年

日本知的障害福祉連盟編『発達障害白書2000』日本文化科学社，1999年

日本放送出版協会編『おとしよりの在宅ケア』日本放送出版協会，1995年

二文字理明編訳『スウェーデンの障害者政策』現代書館，1998年

野中猛『図説医療保健福祉のキーワード　リカバリー』中央法規，2011年

野々山久也編著『家族福祉の視点―多様化するライフスタイルを生きる』ミネルヴァ書房，1992年

服部万里子「新しい介護報酬でどのような変化が？」『おはよう21』第14巻第7号，2003年

早川和男・岡本祥浩『居住福祉の論理』東京大学出版会，1993年

早川和男『居住福祉』岩波書店，1997年

バイステック，F.P.著／尾崎新・福田俊子・原田和幸訳『ケースワークの原則』誠信書房，1996年

ハヴィガースト，R.J.著／児玉憲典・飯塚裕子訳『ハヴィガーストの発達課題と教育―障害発達と人間形成』川島書店，1997年

パットナム，ロバートD.著／河田潤一訳『哲学する民主主義　伝統と改革の市民的構造（Makinng Democracy Work Civic Tradition in Modern Italy）』NTT出版，2001年

Microsoft® Encarta® 2008.

バドウィ，M.・ビアモンティ，B.編著／児島美都子・中村永司監訳『医療ソーシャルワークの実践』中央法規出版，1994年

パトリシア・ブラウネル他著／多々良紀夫・塚田典子監訳『世界の高齢者虐待防止プログラム』明石書店，2004年

東日本監査法人『新型特別養護老人ホーム―個室化ユニット化への転換』中央法規出版，2003年

ヒューソン，ミンチェル著／菅由美子監訳・升井めぐみ訳『心へのアプローチ　園芸療法入門』エンパワメント研究所，2000年

ヒューマンケア協会『自立生活の鍵―ピアカウンセリングの研究―』ヒューマンケア協会，1995年

病院経営情報研究所編『最新医療業務辞典』経営書院，1994年

平岡公一・平野隆之・副田あけみ編『社会福祉キーワード』有斐閣ブックス，1999年

平岡蕃他編『対人援助　ソーシャルワークの基礎と演習』ミネルヴァ書房，1996年

平松毅『個人情報保護―制度と役割―』ぎょうせい，1999年

平山尚他『社会福祉実践の新潮流』ミネルヴァ書房，1998年

廣松渉ほか編『岩波哲学・思想事典』岩波書店，1998年

ピンカー，R.著／磯辺　実・星野政明監訳『社会福祉三つのモデル』黎明書房，1981年

福祉士養成講座編集委員会編『社会福祉制度の主な動きとポイント』中央法規出版，2003年

福祉士養成講座編集委員会編『新版　介護福祉士養成講座1　社会福祉概論』中央法規出版，2001年

福祉士養成講座編集委員会編『新版　介護福祉士養成講座14　形態別介護技術』中央法規出版，2001年

福祉士養成講座編集委員会編『新版 社会福祉士養成講座1　社会福祉原論』中央法規出版，2001年

福祉士養成講座編集委員会編『新版 社会福祉士養成講座3　障害者福祉論』中央法規出版，2001年

福祉士養成講座編集委員会編『新版 社会福祉士養成講座7　地域福祉論』中央法規出版, 2001年
福祉士養成講座編集委員会編『新版　社会福祉士養成講座8　社会福祉援助技術論Ⅰ』中央法規出版, 2002年
福祉士養成講座編集委員会編集『新版　社会福祉士養成講座8　社会福祉援助技術論Ⅰ（第3版）』中央法規出版, 2006年
福祉士養成講座編集委員会編『新版 社会福祉士養成講座9　社会福祉援助技術論Ⅱ』中央法規出版, 2001年
福祉士養成講座編集委員会編『新版 社会福祉士養成講座10　心理学』中央法規出版, 2001年
福祉士養成講座編集委員会編『新版 社会福祉士養成講座11　社会学』中央法規出版, 2001年
福武直・松原治郎編『社会調査法』有斐閣, 1998年
福本博文『リビング・ウイルと尊厳死』集英社, 2002年
藤井信男他『生活環境データの統計的解析入門』日新出版, 1995年
藤島一郎『口から食べる嚥下障害Ｑ＆Ａ』中央法規出版, 1995年
ブライヤ, V.・グレイサー, D. 著／加藤和生監訳『愛着と愛着障害―理論と証拠にもとづいた理解・臨床・介入のためのガイドブック』北大路書房, 2008年
ブリッグス・アサ, マカトニー・アン, 阿部志郎監訳『トインビーホールの100年』全国社会福祉協議会, 1987年
古川孝順『社会福祉のパラダイム変換』有斐閣, 1997年
古川孝順『社会福祉基礎構造改革―その課題と展望―』誠信書房, 1998年
古川孝順・庄司洋子・定藤丈弘『社会福祉論』有斐閣, 1993年
古川孝順・松原一郎・社本　修編『社会福祉概論』有斐閣, 1995年
古川孝順・定藤丈弘・川村佐和子編『社会福祉士・介護福祉士 のための用語集』誠信書房, 2000年
古川孝順編『子どもの権利と情報公開』ミネルヴァ書房, 2000年
古川孝順編『社会福祉21世紀のパラダイムⅠ［理論と政策］』誠信書房, 1998年
古畑和孝編『社会心理学小辞典』有斐閣, 1997年
フローレンス・ホリス著／本出裕之他訳『現代精神分析双書6　ケースワーク―心理社会療法』岩崎学術出版
べてるの家　ホームページ　http://urakawa-bethel.or.jp/betheltoha.html
ベルタランフィ, L.v. 著／長野敬・太田邦昌訳『一般システム理論』みすず書房, 1973年
ボウルビィ, J. 著／黒田実郎訳『乳幼児の精神衛生』岩崎学術出版社, 1967年
星野貞一郎『社会福祉原論』有斐閣, 1998年
保田井進・硯川眞旬・黒木保博編著『福祉グループの理論と実際』ミネルヴァ書房, 1999年
ホームヘルパー養成研修テキスト作成委員会編『ホームヘルパー養成研修テキスト2級課程〔第2巻〕利用者の理解・介護の知識と方法』長寿社会開発センター, 2000年
ボランティア協会編『ボランティア＝参加する福祉』大阪ボランティア協会, 1981年
ボランティアコーディネーター，アドバイザー研修プログラム研究委員会中間報告書「ボランティアアドバイザーの役割と養成の進め方」全国社会福祉協議会, 全国ボランティア協会活動振興センター, 1995年
ボランティアコーディネーター白書編集委員会『ボランティアコーディネーター白書　1999-2000』大阪ボランティア協会, 1999年
ホルバーン, S.・ビーツェ, P.M. ／中園康夫ほか監訳『パーソン センター プランニング』相

川書房，2005年
本明寛・大村政男編『応用心理学講座10　現代の心理臨床』福村出版，1989年
マクナー，S.・ガーゲン，K.J. 著／野口裕二・野村直樹訳『ナラティヴセラピー』金剛出版，1997年
マグワァイア, L. 著／小松源助・稲沢公一訳『対人援助のためのソーシャルサポートシステム』川島書店，1994年
待井和江・福岡貞子『乳児保育』ウェルビーイング，2000年
松尾英輔『園芸療法を探る──癒しと人間らしさを求めて──』グリーン情報，2000年
松島綱治・酒井敏行・石川昌・稲寺秀邦編『予防医学事典』朝倉書店，2005年
三浦文夫『社会福祉経営論序説　政策の形成と運営』碩文社，1980年
見田宗介・栗原彬・田中義久編『社会学事典』弘文堂，2000年
三野宏治「日本におけるクラブハウス言説の潮流についての研究」『Core Ethics』vol.5，2009年
宮原均・相川忠夫『憲法─人権編─』一橋出版，1995
宮淑子『セクシャルハラスメント』（朝日文庫）朝日新聞社，2000年
向谷地生良『べてるの家から吹く風』いのちのことば社，2007年
麦の郷　ホームページ　http://www7.ocn.ne.jp/~ichibaku/muginosato.html
村田久行『ケアの思想と対人援助─終末期医療と福祉の現場から』川島書店，1994年
村松常男『精神衛生』南山堂，1953年
森岡清美・塩原　勉・本間康平編集代表『新社会学辞典』有斐閣，1993年
森上史朗編『最新保育資料集2000』ミネルヴァ書房，2000年
文部科学省　ホームページ　http://www.mext.go.jp/
文部科学省「いじめの防止等のための基本的な方針」（2013年10月11日／最終改訂2017年3月14日）
八木繁樹『報徳運動100年のあゆみ』龍渓書舎，1980年
矢谷令子監修・大谷明編『生活場面から見た福祉機器活用術』中央法規出版，2001年
柳崎達一『知的障害者福祉論』中央法規出版，1999年
山岡義典編著『NPO基本講座』ぎょうせい，1997年
山縣文治『ソーシャルビーイングの事始め』有斐閣ブックス
山縣文治・柏女霊峰編『社会福祉用語辞典』ミネルヴァ書房，2000年
山松質文『音楽療法へのアプローチ―ひとりのサイコセラピストの立場から』音楽之友社，2001年
ヤングハズバンド, E.L. 著／本出祐之監訳『英国ソーシャルワーク史　下』誠信書房，1986年
遊佐安一郎『家族療法入門―システムズ・アプローチの理論と実際』星和書店，1984年
養子と里親を考える会編著『里親支援ガイドブック』エピック，2016年
吉川悟『家族療法入門―システムズアプローチの〈ものの見方〉』ミネルヴァ書房，1993年
吉川武彦「地域精神保健医療と老人問題」『精神医療ガイド　平成3年度版』NOVA出版，1991年
吉田久一『社会事業理論の歴史（第2版）』一粒社，1980年
吉田久一『新版　日本社会事業の歴史』勁草書房，1981年
吉田久一他『人物でつづる近代社会事業史の歩み』全国社会福祉協議会，1971年
淀川キリスト教病院ホスピス編『緩和ケアマニュアル』最新医学社，2003年
『マイクロソフトエンカルタ百科事典2000』マイクロソフト社，2000年
『南山堂医学大辞典』南山堂，1998年

ラップ，C.A.・ゴスチャ，R.J. 著／田中英樹監訳『ストレングスモデル』金剛出版，2008年
里宇明元『最新医療シリーズ　リハビリテーション医学の新しい流れ』先端医療技術研究所，2005年
レイモンド，J. コルシニ著／金子監監訳『心理療法に生かすロールプレイ・マニュアル』金子書房，2004年
渡辺武達・山口功二編『メディア用語を学ぶ人のために』世界思想社，1999年
「ワールド・オブ・ワーク」2006年第2号（通巻6号），ILO駐日事務所

付資料

表 付-1 社会福祉施設等の目的・対象者等の一覧

平成30('18)年

施設の種類	種別	入(通)所・利用別	設置主体	施設の目的と対象者
保護施設				
救護施設 (生保法38条)	第1種	入所	都道府県 市町村 届出 社会福祉法人 認可 日本赤十字社	身体上又は精神上著しい障害があるために日常生活を営むことが困難な要保護者を入所させて、生活扶助を行う
更生施設 (生保法38条)	第1種	入所	同上	身体上又は精神上の理由により養護及び生活指導を必要とする要保護者を入所させて、生活扶助を行う
医療保護施設 (生保法38条)	第2種	利用	同上	医療を必要とする要保護者に対して、医療の給付を行う
授産施設 (生保法38条)	第1種	通所	同上	身体上若しくは精神上の理由又は世帯の事情により就業能力の限られている要保護者に対して、就労又は技能の修得のために必要な機会及び便宜を与えて、その自立を助長する
宿所提供施設 (生保法38条)	第1種	利用	同上	住居のない要保護者の世帯に対して、住宅扶助を行う
老人福祉施設				
養護老人ホーム (老福法20条の4)(一般)(盲)	第1種	入所	都道府県 市町村 届出 社会福祉法人 認可	65歳以上の者であって、環境上の理由及び経済的理由により居宅において養護を受けることが困難なものを入所させ、養護するとともに、自立した日常生活を営み、社会的活動に参加するために必要な指導及び訓練その他の援助を行う
特別養護老人ホーム (老福法20条の5)	第1種	入所	同上	65歳以上の者であって、身体上又は精神上著しい障害があるために常時の介護を必要とし、かつ、居宅においてこれを受けることが困難なものを入所させ、養護する
軽費老人ホーム (老福法20条の6)(一般)(経過的旧A型)(経過的旧B型)	第1種	入所	都道府県 市町村 届出 社会福祉法人 許可 その他の者	無料又は低額な料金で、老人を入所させ、食事の提供その他日常生活上必要な便宜を供与する
老人福祉センター (老福法20条の7)(特A型)(A型)(B型)	第2種	利用	都道府県 市町村 届出 社会福祉法人 その他の者	無料又は低額な料金で、老人に関する各種の相談に応ずるとともに、老人に対して健康の増進、教養の向上及びレクリエーションのための便宜を総合的に供与する
障害者支援施設等 障害者支援施設 (障害者総合支援法5条11項)	第1種	入所 通所	国・都道府県 市町村 届出 社会福祉法人 許可 その他の者	障害者につき、主として夜間において、入浴、排せつ又は食事の介護等の便宜を供与するとともに、これ以外の施設障害福祉サービス(生活介護、自立訓練、就労移行支援)を行う
地域活動支援センター (障害者総合支援法5条27項)	第2種	利用	都道府県 市町村 社会福祉法人 その他の者	障害者等を通わせて、創作的活動又は生産活動の機会の提供、社会との交流の促進その他障害者が自立した日常生活及び社会生活を営むために、必要な支援を行う
福祉ホーム (障害者総合支援法5条28項)	第2種	利用	同上	現に住居を求めている障害者につき、低額な料金で、居室その他の設備を利用させるとともに、日常生活に必要な便宜を供与する
身体障害者社会参加支援施設 身体障害者福祉センター (身障法31条)(A型)(B型)(障害者更生センター)	第2種	利用	都道府県 市町村 届出	無料又は低額な料金で、身体障害者に関する各種の相談に応じ、身体障害者に対し、機能訓練、教養の向上、社会との交流の促進及びレクリエーションのための便宜を総合的に供与する
補装具製作施設 (身障法32条)	第2種	利用	都道府県 市町村 届出 社会福祉法人 その他の者	無料又は低額な料金で、補装具の製作又は修理を行う
盲導犬訓練施設 (身障法33条)	第2種	利用	同上	無料又は低額な料金で、盲導犬の訓練を行うとともに、視覚障害のある身体障害者に対し、盲導犬の利用に必要な訓練を行う
視聴覚障害者情報提供施設 (身障法34条) 点字図書館	第2種	利用	同上	無料又は低額な料金で、点字刊行物及び視覚障害者用の録音物の貸し出し等を行う
点字出版施設	第2種	利用	同上	無料又は低額な料金で、点字刊行物を出版する
聴覚障害者情報提供施設	第2種	利用	同上	無料又は低額な料金で、聴覚障害者用の録画物の製作及び貸し出し等を行う

表 付-2　社会福祉施設等の目的・対象者等の一覧

平成30('18)年

施設の種類	種別	入(通)所・利用別	設置主体	施設の目的と対象者
婦人保護施設 (売春防止法36条, DV防止法5条)	第1種	入所	都道府県 市町村　届出 社会福祉法人 その他の者　許可	性行又は環境に照らして売春を行うおそれのある女子(要保護女子)を収容保護する。又，家族関係の破綻，生活困窮等の理由により生活上困難な問題を抱えた女性及びDV被害女性を入所保護し，自立を支援する
児童福祉施設 助産施設 (児福法36条)	第2種	入所	都道府県 市町村　届出 社会福祉法人 その他の者　認可	保健上必要があるにもかかわらず，経済的理由により，入院助産を受けることができない妊産婦を入所させて，助産を受けさせる
乳児院 (児福法37条)	第1種	入所	同上	乳児(保健上，安定した生活環境の確保その他の理由により特に必要のある場合には，幼児を含む)を入院させて，これを養育し，あわせて退院した者について相談その他の援助を行う
母子生活支援施設 (児福法38条)	第1種	入所	同上	配偶者のない女子又はこれに準ずる事情にある女子及びその者の監護すべき児童を入所させて，これらの者を保護するとともに，これらの者の自立の促進のためにその生活を支援し，あわせて退所した者について相談その他の援助を行う
保育所 (児福法39条)	第2種	通所	同上	保育を必要とする乳児・幼児を日々保護者の下から通わせて保育を行う
幼保連携型認定こども園 (児福法39条の2)	第2種	通所	同上	義務教育及びその後の教育の基礎を培うものとしての満3歳以上の幼児に対する教育及び保育を必要とする乳児・幼児に対する保育を一体的に行い，これらの乳児又は幼児の健やかな成長が図られるよう適当な環境を与えて，その心身の発達を助長する
児童厚生施設 (児福法40条) 児童館 小型児童館，児童センター，大型児童館A型，大型児童館B型，大型児童館C型，その他の児童館	第2種	利用	同上	屋内に集会室，遊戯室，図書館等必要な設備を設け，児童に健全な遊びを与えて，その健康を増進し，又は情操を豊かにする
児童遊園	第2種	利用	同上	屋外に広場，ブランコ等必要な設備を設け，児童に健全な遊びを与えて，その健康を増進し，又は情操を豊かにする
児童養護施設 (児福法41条)	第1種	入所	同上	保護者のない児童(乳児を除く。ただし，安定した生活環境の確保その他の理由により特に必要のある場合には，乳児を含む)，虐待されている児童その他環境上養護を要する児童を入所させて，これを養護し，あわせて退所した者に対する相談その他の自立のための援助を行う
障害児入所施設 (児福法42条)　(福祉型) 　　　　　　　　(医療型)	第1種	入所	同上	障害児を入所させて，保護，日常生活の指導，独立自活に必要な知識技能の付与及び治療を行う
児童発達支援センター (児福法43条)　(福祉型) 　　　　　　　　(医療型)	第2種	通所	同上	障害児を日々保護者の下から通わせて，日常生活における基本的動作の指導，独立自活に必要な知識技能の付与又は集団生活への適応のための訓練及び治療を提供する
児童心理治療施設 (児福法43条の2)	第1種	入所 通所	同上	家庭環境，学校における交友関係その他の環境上の理由により社会生活への適応が困難となった児童を，短期間，入所させ又は保護者の下から通わせて，社会生活に適応するために必要な心理に関する治療及び生活指導を主として行い，あわせて退所した者について相談その他の援助を行う
児童自立支援施設 (児福法44条)	第1種	入所 通所	国・都道府県 市町村　届出 社会福祉法人 その他の者　認可	不良行為をなし，又はなすおそれのある児童及び家庭環境その他の環境上の理由により生活指導等を要する児童を入所させ，又は保護者の下から通わせて，個々の児童の状況に応じて必要な指導を行い，その自立を支援し，あわせて退所した者について相談その他の援助を行う
児童家庭支援センター (児福法44条の2)	第2種	利用	都道府県 市町村　届出 社会福祉法人 その他の者　認可	地域の児童の福祉に関する各般の問題につき，児童に関する家庭その他からの相談のうち，専門的な知識及び技術を必要とするものに応じ，必要な助言を行うとともに，市町村の求めに応じ，技術的助言その他必要な援助を行うほか，保護を要する児童又はその保護者に対する指導及び児童相談所等との連携・連絡調整等を総合的に行う

表 付-3 社会福祉施設等の目的・対象者等の一覧

平成30('18)年

施設の種類	種別	入(通)所・利用別	設置主体	施設の目的と対象者
母子・父子福祉施設 母子・父子福祉センター (母子父子寡婦福祉法39条)	第2種	利用	都道府県 市町村 社会福祉法人 }届出 その他の者	無料又は低額な料金で、母子家庭等に対して、各種の相談に応ずるとともに、生活指導及び生業の指導を行う等母子家庭等の福祉のための便宜を総合的に供与する
母子・父子休養ホーム (母子父子寡婦福祉法39条)	第2種	利用	同　　上	無料又は低額な料金で、母子家庭等に対して、レクリエーションその他休養のための便宜を供与する
その他の社会福祉施設等 授産施設 (社福法2条2項7号)	第1種	通所	都道府県 市町村 社会福祉法人 }届出 その他の者　許可	労働力の比較的低い生活困難者に対し、施設を利用させることによって就労の機会を与え、又は技能を修得させ、これらの者の保護と自立更生を図る
宿所提供施設 (社福法2条3項8号)	第2種		都道府県 市町村 社会福祉法人 }届出 その他の者	生計困難者のために、無料又は低額な料金で、簡易住宅を貸し付け、又は宿泊所その他の施設を利用させる
盲人ホーム (昭37.2.27社発109号)		利用	都道府県 社会福祉法人 }届出	あん摩師、はり師又はきゅう師の免許を有する視覚障害者であって、自営し、又は雇用されることの困難な者に対し施設を利用させるとともに、必要な技術の指導を行い、その自立更生を図る
無料低額診療施設 (社福法2条3項9号)	第2種		都道府県 市町村 社会福祉法人 }届出 その他の者	生計困難者のために、無料又は低額な料金で診療を行う
隣保館 (社福法2条3項11号)	第2種		同　　上	無料又は低額な料金で施設を利用させることその他近隣地域における住民の生活の改善及び向上を図る
へき地保健福祉館 (昭40.9.1 厚生省社222号)		利用	市町村	いわゆるへき地において地域住民に対し、保健福祉に関する福祉相談、健康相談、講習会、集会、保育、授産など生活の各般の便宜を供与する
へき地保育所 (昭40.4.3 厚生省児発76号)	第2種	通所	同　　上	へき地における保育を要する児童に対し、必要な保護を行い、これらの児童の健全な増進を図る
地域福祉センター (平6.6.23 社援地74号)		利用	地方公共団体 社会福祉法人	地域住民の福祉ニーズに応じて、各種相談、入浴・給食サービス、機能回復訓練、創作的活動、ボランティアの養成、各種福祉情報の提供等を総合的に行う
老人憩の家 (昭40.4.5 社老88号)		利用	市町村	市町村の地域において、老人に対し教養の向上、レクリエーション等のための場を与え、老人の心身の健康の増進を図る
老人休養ホーム (昭40.4.5 社老87号)		利用	地方公共団体	景勝地、温泉地等の休養地において、老人に対し低廉で健全な保健休養のための場を与え、老人の心身の健康の増進を図る
有料老人ホーム (老福法29条)	公益事業	入所	設置者の制限なし 届出	老人を入居させ、入浴、排せつ若しくは食事の介護、食事の提供又はその他の日常生活上必要な便宜を供与する

注 1) 種別の「第1種」とは、第1種社会福祉事業であって、利用者への影響が大きいため、経営安定を通じた利用者の保護の必要性が高い事業 (主として入所施設サービス) である。経営主体は、行政および社会福祉法人が原則で、施設を設置して第1種社会福祉事業を経営しようとするときは、都道府県知事等への届出が必要になる。その他の者が第1種社会福祉事業を経営しようとするときは、都道府県知事等の許可を得ることが必要になる。個別法により、保護施設、養護老人ホーム、特別養護老人ホームは、行政および社会福祉法人に限定されている。

2) 種別の「第2種」とは、第2種社会福祉事業であって、比較的利用者への影響が小さいため、公的規制の必要性が低い事業 (主として在宅サービス) である。経営主体について、制限はなく、すべての主体が届出をすることにより事業経営が可能となる。

編集代表者紹介

成清美治（なりきよしはる）　神戸親和女子大学客員教授（社会福祉学博士）
加納光子（かのうみつこ）　武庫川女子大学発達臨床心理学研究所
　　　　　嘱託研究員

第13版　現代社会福祉用語の基礎知識

2001年4月1日	第1版第1刷発行
2011年4月20日	第10版第1刷発行
2013年3月30日	第11版第1刷発行
2015年4月10日	第12版第1刷発行
2019年3月20日	第13版第1刷発行
2019年11月20日	第13版第2刷発行

編集代表　成清美治
　　　　　加納光子

発行者　田中千津子

発行所　株式会社 学文社

〒153-0064 東京都目黒区下目黒 3-6-1
電話03(3715)1501代・振替00130-9-98842

（落丁・乱丁の場合は本社でお取替します）・検印省略
（定価はケースに表示してあります）　印刷／新灯印刷
ISBN 978-4-7620-2891-5